NX 12 Nastran 유한요소 해석법
(CAE 기초부터 응용까지)

저 자

고 재 철
김 선 용
박 용 석

ONSIA

NX 12 Nastran 유한요소 해석법

NX 12 Nastran 유한요소 해석법
(CAE 기초부터 응용까지)

ISBN 978-89-94960-33-3

저자: 고재철, 김선용, 박용석
발행일: 2021년 6월 21일
출판사: (주)온솔루션인티그레이션
전화: 070-8232-0341
팩스: 02-6918-4602
이메일: support@onsia.kr
정가: 37,000원

* 이 책은 저작권법에 의하여 보호를 받는 저작물이므로 무단 전재 또는 복제를 금합니다.

* 이 책의 부분 복사에 대한 저작권은 '한국문학예술저작권협회'에 의해 신탁관리되고 있습니다.
자세한 사항은 한국문학예술저작권협회(www.kolaa.kr)로 문의 바랍니다.

http://www.onsia.kr

(주)온솔루션인티그레이션의 교육 및 엔지니어링 서비스 프로그램

(주)온솔루션인티그레이션은 CAD/CAM/CAE 소프트웨어 사용법에 대한 교육과 기술 컨설팅 서비스를 제공하는 전문회사입니다.

다양한 경험과 전문지식을 바탕으로 CAD/CAM/CAE 관련 교육과정 개발, 기술서적 출판, 강사 파견 및 설계, 해석 용역 서비스를 수행하고 있습니다.
(전화: 070-8065-7894, 팩스: 02-6918-4602, 이메일: support@onsia.kr)

교육

기업체 맞춤 교육과정 및 교재 개발
NX, CATIA, CAE(Nastran) 강의

기술서비스

기구설계 용역, 강도, 진동, 피로, 열유체, 충돌 등 각종 해석 용역

당사 출판 서적

- CATIA V5 기본 모델링-2판: ISBN 978-89-94960-27-2
- CATIA V5 서피스와 실무 모델링-2판: ISBN 978-89-94960-31-9
- CATIA V5 유한요소 해석법: ISBN 978-89-94960-28-9
- NX 10 서피스 모델링: ISBN 978-89-94960-25-8
- NX 12 모델링 가이드: ISBN 978-89-94960-29-6
- SIEMENS NX 모델링 가이드: ISBN 978-89-94960-32-6
- SOLIDWORKS 기본 모델링: ISBN 978-89-94960-30-2

http://www.onsia.kr

학습자료 다운로드 안내

홈페이지(www.onsia.kr)에 id를 등록하고 "정식 구매자 등록"을 하시면 학습자료를 내려받고 관련 서비스를 이용하실 수 있도록 회원 등급을 조정하여 드립니다. 정식 구매를 하지 않으신 분은 홈페이지의 서비스 이용에 제한을 받을 수 있습니다.

인터넷 주소 창에 아래 주소를 입력하면 실습용 파일을 다운로드 하실 수 있습니다.
https://bit.ly/3ikTB2j (이 주소는 변경될 수 있습니다.)

목 차

Chapter 1
NX 기본 사용법   1

1.1 NX 시작하기 2
1.2 NX UI(User Interface, 사용자 인터페이스) 4
1.3 Roles 10
1.4 마우스 사용법 11
1.5 스케치와 모델 생성 15
    1.5.1 스케치 생성 15
    1.5.2 사각형 그리기 15
    1.5.3 돌출 시키기 17
1.6 View 팝업 메뉴 18
1.7 형상 변경 하기 20
1.8 형상 추가하기 20
1.9 형상 제거하기 22
1.10 파일 관리 23
1.11 Customer Default 설정 및 초기화 24
    1.11.1 자동치수 24
1.12 User Interface 설정 26
    1.12.1 단위 창 위치 초기화 27
    1.12.2 정보 메시지 초기화 27

Chapter 2
모델링 주요 기능 - I   29

2.1 Sketch 30
    2.1.1 스케치 절차 30
    2.1.2 커브 생성 31
    2.1.3 호(Arc) 33
    2.1.4 Snap Point 옵션 34
    2.1.5 치수 구속 35
    2.1.6 기하 구속 35
    2.1.7 구속의 상태 36
    2.1.8 스케치의 수정 37

2.1.9 Intersection Point 45

2.1.10 Intersection Curve 45

2.1.11 Project Curve 45

Chapter 3
모델링 주요 기능 - II   47

3.1 Extrude와 Section 48

    3.1.1 섹션 48

    3.1.2 Curve Rule 48

    3.1.3 Boolean 옵션 49

    Exercise 01 50

    Exercise 02 53

    Exercise 03 56

    3.1.4 Offset Curve 58

    3.1.5 Limit 옵션 59

3.2 Revolve 59

    Exercise 04 60

3.3 데이텀 60

    Exercise 05 64

    3.3.1 데이텀 좌표계 66

3.4 Edge Blend 67

3.5 Chamfer 67

3.6 Shell 67

3.7 복사 기능 68

    3.7.1 복사의 대상 68

    3.7.2 복사 방법 69

    Exercise 06 70

    3.7.3 Mirror Feature 72

    3.7.4 Mirror Geometry 72

    3.7.5 Pattern Geometry 73

    Exercise 07 74

3.8 Synchronous Modeling 74

    3.8.1 Move Face 74

    Exercise 08 76

    3.8.2 Resize Blend 76

Chapter 4
Cantilevered Beam   79

- 4.1 개요 80
- 4.2 모델 생성 80
- 4.3 Preprocessing 81
- 4.4 Solving 88
- 4.5 Post Processing 90
- 4.6 결과 분석 99
- 4.7 파일의 이해 102
    - 4.7.1 파일의 종류 102
    - 4.7.2 파일 관리 103
    - 4.7.3 Work Part와 Displayed Part 105
- 4.8 용어와 개념 106
    - 4.8.1 실험과 해석 106
    - 4.8.2 노드, 요소, 요소망, 유한요소 모델 108
    - 4.8.3 재료의 물성치 109
    - 4.8.4 응력 (Stress) 111
    - 4.8.5 변형률 (Strain) 112
    - 4.8.6 탄성 계수 113
    - 4.8.7 포아송비 114
    - 4.8.8 Linear 114
    - 4.8.9 Statics 116
    - 4.8.10 상용 소프트웨어를 이용한 해석 과정 이해 ..117
- 4.9 Quiz 119

Chapter 5
Fillet의 효과   121

- 5.1 개요 122
- 5.2 Preprocessing 122
    - 5.2.1 해석용 파일 생성 122
    - 5.2.2 Idealization 123
    - 5.2.3 Mesh 생성 126
    - 5.2.4 경계조건 및 하중 128
- 5.3 Solving 131
- 5.4 Post Processing 132
- 5.5 필렛 반경이 10mm인 경우 133
    - 5.5.1 파일 준비 133

    5.5.2 메쉬 생성 134

    5.5.3 경계조건 및 하중. 134

    5.5.4 Solving 134

    5.5.5 Post Processing. 134

    5.5.6 파일 저장 및 종료 137

5.6 결과 분석 137

5.7 보충 138

    5.7.1 모델 수정 138

    5.7.2 Mesh Control. 139

    5.7.3 FE Model Update 139

5.8 Quiz 140

Chapter 6
보강대 효과   143

6.1 개요 144

6.2 Preprocessing 144

    6.2.1 해석용 파일 생성. 144

    6.2.2 WAVE Geometry Linker 146

    6.2.3 보강대 생성 146

    6.2.4 Mesh 생성 147

    6.2.5 변위 구속과 하중. 148

6.3 Solving 148

6.4 Post Processing. 148

6.5 보강대가 없는 해석 결과 152

6.6 결과 분석 154

6.7 보충 154

    6.7.1 Mesh Collector. 154

    6.7.2 요소의 크기 155

    6.7.3 Fixed와 Fixed Translation. 157

    6.7.4 Load Container와 Constraint Container 158

6.8 Quiz 159

Chapter 7
*Subcase*와 *Symmetry*   161

7.1 개요 162

7.2 모델 생성 163

7.3 Pre Processing. 164

7.4 Solving 166

7.5 Post Processing 166
7.6 다른 하중에 대한 해석 169
    7.6.1 Subcase 생성 169
    7.6.2 Solving. 169
    7.6.3 Post Processing. 170
7.7 결과 분석 178
7.8 보충 178
    7.8.1 Iterative Solver와 Sparse Matrix Solver 178
    7.8.2 Solution과 Subcase 178
    7.8.3 XY Graph 이용 180
7.9 Symmetry 해석 181
    7.9.1 모델 준비 181
    7.9.2 Pre Processing 182
    7.9.3 Solving. 185
    7.9.4 Post Processing. 185
    7.9.5 결과 검토 186
7.10 Quiz 187

Chapter 8
정적 평형과 *Singularity* 189

8.1 개요 190
8.2 모델 생성 191
8.3 Pre Processing. 191
    8.3.1 Mesh 생성 191
    8.3.2 경계조건 192
8.4 Solving 193
    8.4.1 Model Setup Check 193
    8.4.2 Solving. 193
    8.4.3 결과 확인 및 오류 수정 193
8.5 Post Processing 195
8.6 결과 분석 197
8.7 보충 198
    8.7.1 사용자 정의 구속 198
    8.7.2 Singularity 198
8.8 Quiz 199

Chapter 9
변위 구속에서의 좌표계 이용 201

9.1 개요 202
9.2 모델 생성 203
9.3 Pre Processing 203
    9.3.1 메쉬 생성 203
    9.3.2 경계조건 생성 204
9.4 Solving 206
9.5 Post Processing 206
9.6 필렛과 요소의 크기 210
    9.6.1 파일 생성 210
    9.6.2 Mesh 생성 211
    9.6.3 SIM 파일 생성 및 경계조건 정의 212
    9.6.4 Solving 212
    9.6.5 Post Processing 213
    9.6.6 요소에 크기에 대한 고찰. 214
9.7 결과 분석 215
9.8 보충 216
    9.8.1 하중의 Scale 216
    9.8.2 파괴이론 216
    9.8.3 원통좌표계를 이용한 변위 표시 218
9.9 Quiz 219

Chapter 10
2D 요소를 이용한 해석   221

10.1 개요 222
10.2 해석 모델. 222
10.3 FE 모델 생성 223
10.4 경계조건 229
10.5 Solving & Post Processing 230
10.6 추가 예제. 233
    10.6.1 해석용 파일 생성. 233
    10.6.2 중간 서피스 생성 234
    10.6.3 Mesh 생성 235
    10.6.4 2D Mesh의 방향과 두께 확인 236
    10.6.5 변위구속과 하중 239
    10.6.6 Solving. 239
    10.6.7 Post Processing 241
    10.6.8 Solid Mesh와 Shell Mesh 비교. 242
    10.6.9 결과 분석 246

10.7 보충 246
    10.7.1 수동 메쉬와 자동 메쉬 246
    10.7.2 Element의 종류. 246
    10.7.3 3D Element 247
    10.7.4 3D Tetrahedral Mesh 248
    10.7.5 3D Swept Mesh 250
    10.7.6 2D Element 253
    10.7.7 2D Mesh 253
    10.7.8 Mesh Point. 256
    10.7.9 2D Mapped Mesh 257
    10.7.10 2D Dependent Mesh. 260
    10.7.11 Mesh Preferences 261
10.8 Quiz 263

Chapter 11
1D 요소를 이용한 I-Beam 해석   265

11.1 개요 266
11.2 해석 모델. 266
11.3 FE 모델 생성 267
    11.3.1 FEM 파일 생성 267
    11.3.2 노드 생성 267
    11.3.3 빔 요소의 단면 설정. 268
    11.3.4 Beam 요소 생성 268
    11.3.5 집중질량 생성 272
11.4 경계조건 273
11.5 Solving & Post Processing 274
11.6 추가 예제. 278
    11.6.1 FE 모델 생성. 279
    11.6.2 Solving 및 결과 확인 281
    11.6.3 모델 수정 281
    11.6.4 Solving & Post Processing. 284
11.7 보충 285
    11.7.1 1D Element 285
    11.7.2 R-Type Element. 286
    11.7.3 0D Element 287
    11.7.4 Bailout 파라미터 288
11.8 Quiz 290

Chapter 12
1D 요소를 이용한 Truss 구조물 해석   *291*

- 12.1 개요 292
- 12.2 모델 생성 293
- 12.3 Mesh 생성 294
  - 12.3.1 해석용 파일 생성 및 Solution 설정 294
  - 12.3.2 FEM 옵션 변경 294
  - 12.3.3 단면 생성 295
  - 12.3.4 1D Mesh 생성 295
  - 12.3.5 Node 위치 변경 300
  - 12.3.6 0D 요소 생성 301
  - 12.3.7 연결 요소 생성 302
- 12.4 경계조건 303
- 12.6 FE 모델 수정 및 Solving 304
  - 12.6.1 중복 노드(Duplicate Node) 체크 및 연결 304
- 12.5 Solving 304
  - 12.6.2 Solving 및 결과 표시 305
- 12.7 Graph 생성 306
- 12.8 보충 309
  - 12.8.1 Mesh 체크시 주의 사항 309
  - 12.8.2 Ignore Nodes in Same Mesh 옵션 309
- 12.9 Quiz 310

Chapter 13
1차원 요소를 이용한 FE 모델의 연결   *311*

- 13.1 개요 312
- 13.2 모델 생성 313
- 13.3 Meshing 315
  - 13.3.1 메쉬 생성 315
  - 13.3.2 메쉬 설정 확인 및 두께 표시 316
  - 13.3.3 연결성 확인 317
- 13.4 경계조건 319
- 13.5 Solving 319
- 13.6 FE 모델 수정 320
  - 13.6.1 Node를 공유하도록 FE 모델을 수정하는 방법 320
  - 13.6.2 1차원 요소를 이용하여 연결하는 방법 322
- 13.7 보충 325

13.7.1 Polygon Geometry 수정 325
13.7.2 1D Connection 327
13.7.3 Nastran Input File 328
13.8 Quiz 331

Chapter 14
1D 요소와 2D 요소의 연결을 이용한 해석   333

14.1 개요 334
14.2 모델 생성 335
14.3 Mesh 생성 336
    14.3.1 2D 요소 생성 336
    14.3.2 Mesh Point 생성 337
    14.3.3 하중면 생성 337
    14.3.4 빔 단면(1D Element Section) 생성 338
    14.3.5 Bar 요소 생성 338
    14.3.6 중복 노드 체크 339
14.4 경계조건 339
    14.4.1 변위 구속 339
    14.4.2 하중 340
14.5 Solving 340
14.6 Post Processing 340
14.7 추가적인 연습 341
14.8 Quiz 342

Chapter 15
1D 요소와 3D 요소의 연결을 이용한 해석   343

15.1 개요 344
15.2 해석용 파일 준비 345
15.3 Geometry Idealization 345
15.4 Meshing 346
    15.4.1 1D Connection 346
    15.4.2 3D Mesh 생성 346
    15.4.3 질량 분산 347
    15.4.4 0D 요소 생성 347
15.5 경계조건 348
    15.5.1 변위 구속 348
    15.5.2 하중 349
15.6 Solving 349

15.6.1 Model Setup Check 349
15.6.2 Solving 351
15.7 Post Processing 351
15.8 Group에 대한 결과 표시 353
15.8.1 Group 생성 353
15.8.2 Solution 설정 354
15.8.3 Solving 및 PostProcessing 355
15.9 보충 356
15.9.1 M-Set, N-Set, S-Set 356
15.9.2 RBE2와 RBE3 357
15.9.3 다중 의존성(Multi Dependency) 359
15.9.4 1D Connection 361
15.9.5 Coupling 364
15.10 Quiz 365

Chapter 16
Alternator Bracket 해석   367

16.1 개요 368
16.2 해석용 파일 준비 369
16.3 Geometry Idealization 369
16.4 Meshing 370
16.4.1 2D Mesh 생성 370
16.4.2 1D Mesh 생성 370
16.4.3 0D 요소 생성 372
16.5 Element Edge 체크 373
16.6 경계조건 374
16.6.1 변위 구속 374
16.6.2 하중 374
16.7 Solving 375
16.8 Post Processing 375

Chapter 17
Contact Analysis   377

17.1 개요 378
17.2 모델 생성 378
17.3 Meshing 379
17.3.1 해석용 파일 생성 379
17.3.2 접촉 부분 Mesh 생성 380

  17.3.3 3D Mesh 생성 382
17.4 경계조건 382
  17.4.1 Simulation Object. 383
17.5 Solving 384
  17.5.1 Solving. 384
  17.5.2 결과 확인 384
  17.5.3 하중 증대 385
17.6 Post Processing 385
17.7 베어링-하우징 해석 388
  17.7.1 개요 388
  17.7.2 파일 준비 389
  17.7.3 Meshing. 390
  17.7.4 경계조건. 392
  17.7.5 Solving. 394
  17.7.6 Post Processing. 394
  17.9.1 결과 검토 396
17.8 보충 396
  17.8.1 2D Dependent Mesh. 396
  17.8.2 Mesh Mating Condition 397
  17.8.3 Contact Parameter 400
17.9 Quiz 401

Chapter 18
용접과 볼트를 이용한 연결   403

18.1 개요 404
18.2 점 용접 모델 405
  18.2.1 모델 생성 405
  18.2.2 Meshing. 406
  18.2.3 경계조건. 407
  18.2.4 Solving. 408
  18.2.5 Post Processing. 408
18.3 볼트 연결 모델. 408
  18.3.1 모델 준비 408
  18.3.2 Meshing. 409
  18.3.3 경계조건과 하중 412
  18.3.4 Solving. 413
  18.3.5 Post Processing. 413

Chapter 19
억지끼움 해석   415

- 19.1 개요 416
- 19.2 온도 효과에 의한 억지끼움 해석 416
  - 19.2.1 Bushing의 팽창 417
  - 19.2.2 Bushing과 Plate 해석 421
- 19.3 접촉면 오프셋을 이용한 억지끼움 해석 425
  - 19.3.1 새로운 Solution 생성 425
  - 19.3.2 Contact 설정 425
  - 19.3.3 변위 구속과 하중 426
  - 19.3.4 Solving 427
  - 19.3.5 Post Processing 427
- 19.4 결과 검토 428
- 19.5 보충 429
  - 19.5.1 Temperature Set 429

Chapter 20
Element 검사   431

- 20.1 개요 432
- 20.2 FEM 파일 및 SIM 파일의 생성 433
- 20.3 메쉬 생성 433
- 20.4 Element Quality Check 434
  - 20.4.1 Element Quality 434
  - 20.4.2 Element의 품질 개선 437
  - 20.4.3 Element Normal 검사 438
- 20.5 경계조건 정의 및 해석 수행 439
- 20.6 메쉬 수정 및 Solving 439
- 20.7 Post Processing 440
- 20.8 보충 442
  - 20.8.1 Element Quality Thresholds 442
  - 20.8.2 Aspect Ratio 442
  - 20.8.3 Warp 443
  - 20.8.4 Skew 443
  - 20.8.5 Taper 444
  - 20.8.6 Jacobian 444
  - 20.8.7 Jacobian Zero 444
  - 20.8.8 Solid Properties 체크 445

Chapter 21
Buckling 해석   447

21.1 개요 448
21.2 모델 생성 449
21.3 Meshing 449
21.4 변위 구속과 하중 449
21.5 Solving 450
21.6 Post Processing 450
21.7 횡하중에 대한 Buckling 해석 453
21.8 결과 분석 455

Chapter 22
모달 해석   457

22.1 개요 458
22.2 모델 준비 및 Meshing 458
    22.2.1 파일 및 Solution 생성 458
22.3 Meshing 459
22.4 변위 구속 459
22.5 Sloving 및 결과 확인 459
22.6 네비게이터의 모달 해석 461
    22.6.1 개요 461
    22.6.2 파일 오픈 및 확인 461
    22.6.3 Assembly FEM 생성 462
    22.6.4 해석 수행 및 Post Processing 468
    22.6.5 "Angled" Arrangement에 대한 해석 수행 469
    22.6.6 결과 검토 472
22.7 보충 472
    22.7.1 Glue Parameter 472
    22.7.2 Assembly Arrangement 473

Chapter 23
열전달 해석   475

23.1 개요 476
    23.1.1 전도(Conduction) 476
    23.1.2 대류(Convection) 477
    23.1.3 복사(Radiation) 478
    23.1.4 Thermal-Structural 해석 479
23.2 해석 과정 479

23.2.1 파일 및 Solution 생성 480
23.2.2 Meshing. 480
23.2.3 Thermal Boundary Condition .481
23.2.4 Sloving 및 결과 확인 482
23.2.5 Thermal - Structural 해석 484
23.3 프라이팬 해석 486
23.3.1 개요 486
23.3.2 파일 및 Solution 생성 487
23.3.3 Idealization. 487
23.3.4 경계조건 생성 487
23.3.5 Simulation Object 생성(Surface-to-Surface Gluing) 488
23.3.6 Mesh 생성 및 해석 수행 489
23.3.7 해석 수행 및 결과 확인 489
23.3.8 손잡이 재질 변경 및 해석 수행 491
23.3.9 결과 검토 492

Chapter 24
피로 해석   *493*

24.1 개요 494
24.1.1 SN 커브 494
24.1.2 피로 특성 분석 방법 496
24.1.3 응력집중 499
24.1.4 Damage의 누적 500
24.2 해석 과정 501
24.2.1 Linear Statics 해석 502
24.2.2 Durability Process와 Event 생성 503
24.2.3 Solve 및 결과 확인 504

Chapter 25
Geometry Optimization   *511*

25.1 개요 512
25.1.1 Geometry Optimization 해석의 타입 512
25.1.2 Geometry Optimization의 절차 513
25.2 해석 예제 514
25.2.1 Linear Statics 해석 514
25.2.2 Optimization 프로세스 생성 516

  25.2.3 Solve 519
  25.2.4 결과 검토 522

Chapter 26
Adaptive Analysis   527

26.1 개요 528
26.2 해석 예제. 528
  26.2.1 Linear Statics 해석 528
  26.2.2 Adaptive Analysis. 529

(빈 페이지)

Chapter 1
NX 기본 사용법

■ 학습목표

- NX를 실행할 수 있다.
- NX의 UI(User Interface, 사용자 인터페이스)를 구성하는 요소의 명칭과 역할을 알 수 있다.
- 마우스 사용법을 알 수 있다.
- NX에서 환경 설정을 할 수 있다.
- 모델을 생성하고 수정할 수 있다.

1 장: NX 기본 사용법

1.1 NX 시작하기

그림 1-1은 NX를 시작했을 때 나타나는 첫 화면을 보여준다. 이 화면에서는 NX 파트 파일을 열거나 새로운 파트 파일을 생성할 수 있다.

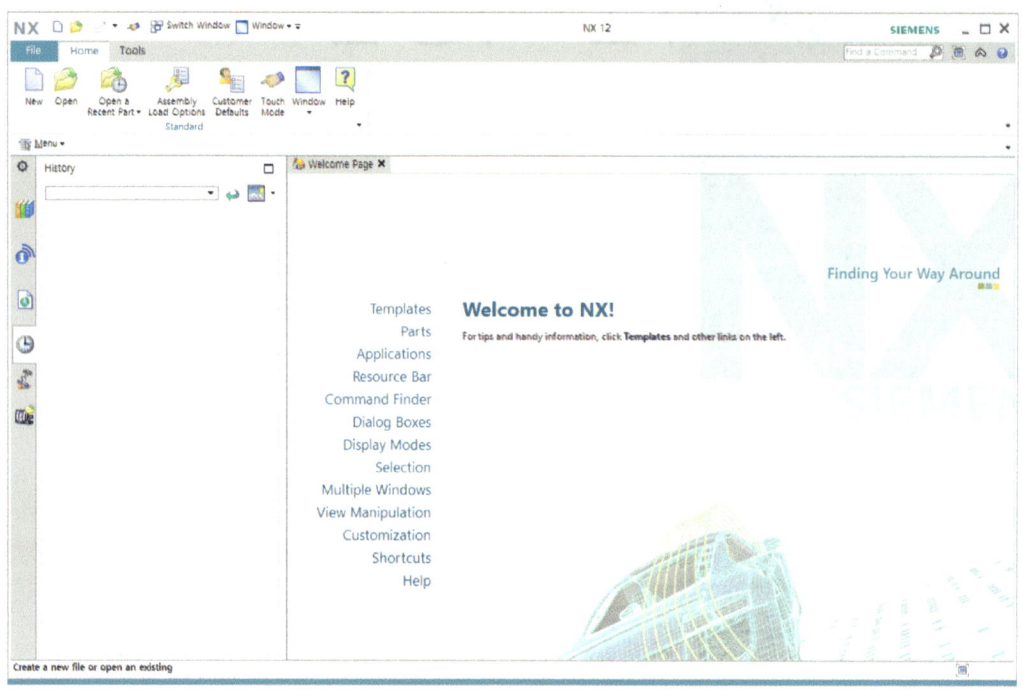

그림 1-1 NX의 시작 화면

Home 탭에 있는 New 아이콘을 누르면 그림 1-2와 같은 New 대화상자가 나타난다. Model 탭을 누르고 Templates 옵션에서 Model을 선택하여 파트를 모델링 하기 위한 파일을 생성할 수 있다. Drawing 탭을 누르면 도면 작업을 위한 파일을 생성할 수 있으며 Simulation 탭을 누르면 공학 시뮬레이션을 수행하기 위한 파일을 생성할 수 있다 (그림 1-3). Folder 입력창의 오른쪽에 있는 열기 버튼( )을 눌러 파일을 저장할 폴더의 경로를 설정하고 Name 입력창에 파일의 이름을 입력한다.

본 교재에서는 대부분 이미 만들어져 있는 모델을 이용하여 시뮬레이션을 수행하는 절차를 따른다. 이 경우 시뮬레이션을 위한 FEM 파일, SIM 파일을 4장부터 설명되는 절차에 따라 생성한다. 파트 파일 없이 시뮬레이션을 하는 경우에는 그림 1-3의 대화상자에서 FEM 파일, SIM 파일을 생성 한다.

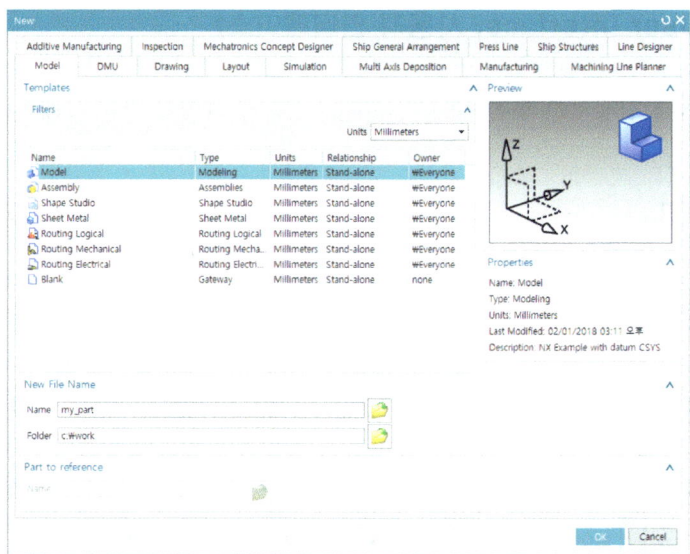

그림 1-2 New 대화상자(Model 탭)

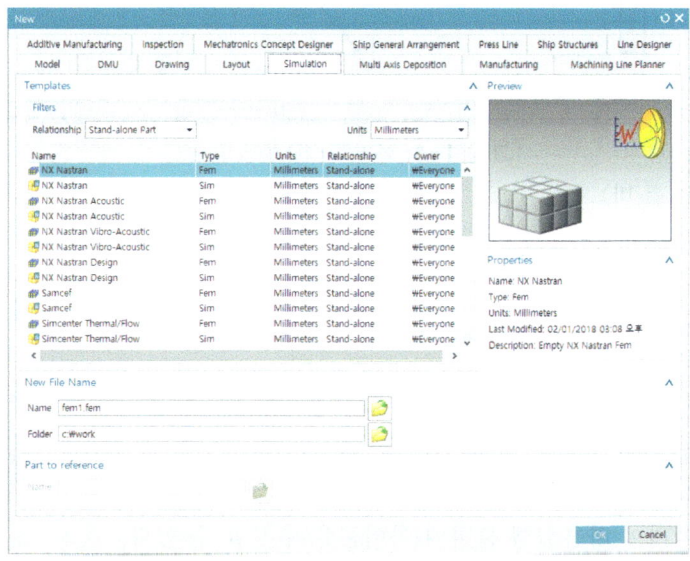

그림 1-3 New 대화상자(Simulation 탭)

1.2 NX UI(User Interface, 사용자 인터페이스)

아래 그림은 NX를 실행시킨 후 Model Template으로 새 파일을 만든 상태이다.

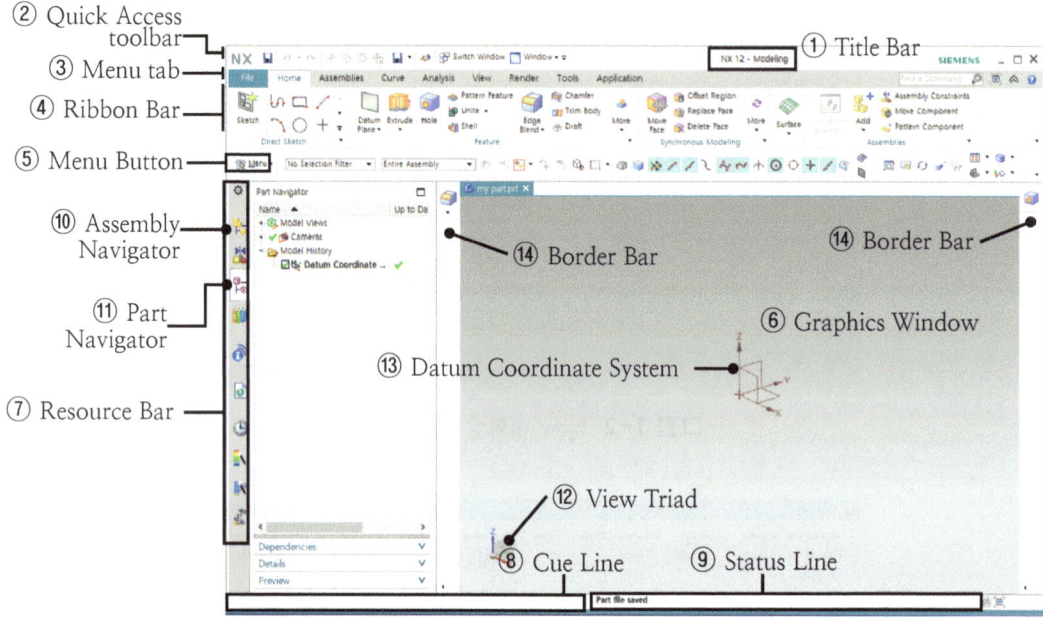

그림 1-4 화면 구성(Modeling)

① Title Bar(타이틀 바)
NX의 버전, 어플리케이션을 확인할 수 있다.

② 빠른실행 툴바(Quick Access Toolbar)

자주 사용하는 기능 아이콘을 추가하여 빠르게 사용할 수 있다. 그림 1-5는 빠른실행 툴바에 Extrude 아이콘을 추가한 것이다. 추가할 아이콘에 마우스 포인터를 올려 놓은 후 오른쪽 버튼을 누르면 그림 1-6과 같은 팝업메뉴가 나타나고 Add to Quick Access Toolbar를 선택하여 빠른실행 툴바에 아이콘을 추가할 수 있다.

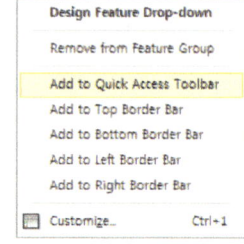

그림 1-5 빠른실행 툴바   그림 1-6 아이콘 추가

③ 메뉴탭(Menu Tab)

탭을 누르면 메뉴 그룹에 들어 있는 아이콘이 나타난다. 리본바(Ribbon Bar)의 비어 있는 영역에 마우스 오른쪽 버튼을 눌러 탭을 추가하거나 없앨 수 있다.

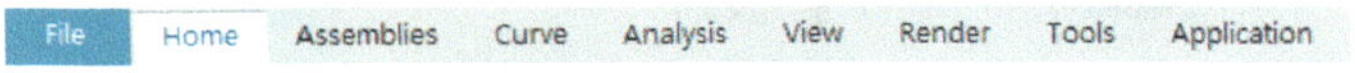

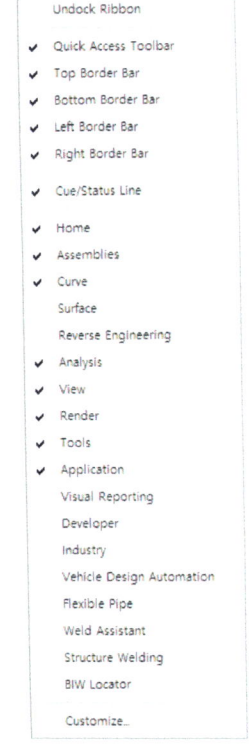

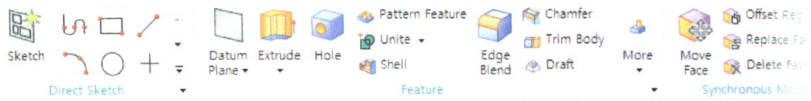

그림 1-7 메뉴탭

그림 1-8 메뉴탭 표시

④ 리본바(Ribbon Bar)

메뉴탭을 누르면 리본바에 아이콘이 표시된다. 그림 1-9는 Home 탭을 눌렀을 때 리본바에 나타나는 아이콘이다.

그림 1-9 Home 탭 그룹의 아이콘

⑤ Menu 버튼(Menu Button)

NX의 현재 Application에서 제공하는 기능들을 비슷한 범주(Category)로 구분하여 보여준다. 아이콘을 누르는 대신 Menu 버튼을 이용하여 애플리케이션의 기능을 실행시킬 수 있다.

그림 1-10 Menu 버튼

⑥ Graphics Window(그래픽스 윈도우)
파트가 만들어지고, 보여지고, 수정되는 실질적인 작업 공간이다. 한글로는 '작업창'이라 부른다.

⑦ Resource Bar(리소스 바)
Part Navigator와 Assembly Navigator 등의 도구(Tool) 등을 페이지 형태로 모아서 보여주는 영역이다.

⑧ Cue Line(큐 라인)

사용자가 무엇을 해야 하는지를 메시지로 보여주는 영역이다. 이 메시지에는 다음 작업에 대한 내용도 포함되는 경우도 있다. 아래 그림은 Sketch 기능을 실행한 직후 Cue Line에 표시되는 메시지이다.

Select objects to infer CSYS

그림 1-11 Cue Line에 표시되는 메시지의 예

위 메시지의 의미는 다음과 같다.

CSYS(Coordinate System)을 정의할 오브젝트를 선택하시오.

⑨ Status Line(스테이터스 라인)

마지막으로 수행한 작업에 대한 메시지를 보여주는 영역이다. 아래 그림은 파트 파일을 저장한 직후 Status Line에 표시되는 메시지이다.

Part file saved

그림 1-12 Status Line에 표시되는 메시지의 예

⑩ Assembly Navigator(어셈블리 네비게이터)

그림 1-13과 같이 어셈블리 파트의 구조(서브 어셈블리와 컴포넌트의 구성)를 보여준다.

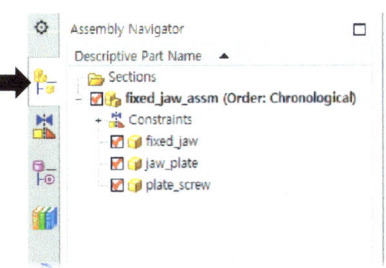

그림 1-13 Assembly Navigator

⑪ Part Navigator(파트 네비게이터)

그림 1-14와 같이 파트의 Model History를 보여준다. 사용자는 파트를 구성하는 Feature(피쳐)를 Part Navigator에서 수정할 수도 있다.

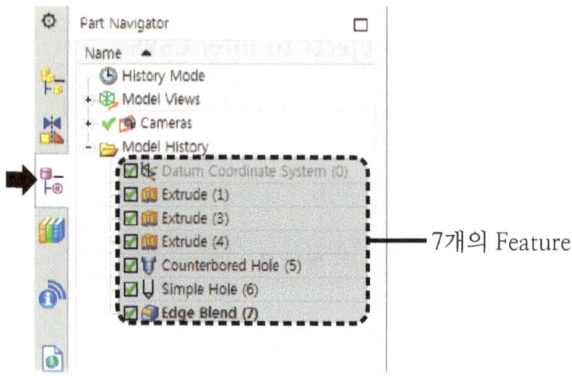

그림 1-14 Part Navigator

⑫ View Triad(뷰 트라이애드)

모델의 방향(orientation)을 절대좌표 기준으로 알려주는 역할을 한다.

그림 1-15 View Triad

⑬ Datum Coordinate Sytem(데이텀 좌표계)

Feature의 하나로 다음 3가지 오브젝트로 구성된다. 다양한 용도로 사용되며 가장 대표적인 용도는 Sketch 평면으로 사용되는 것이다.

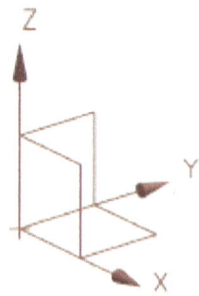

그림 1-16 Datum Coordinate System

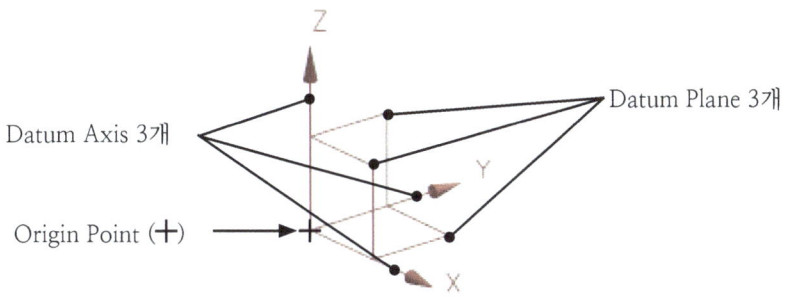

그림 1-17 Datum Coordinate System을 구성하는 오브젝트

> **! Point를 쉽게 선택하는 방법**
>
> NX를 처음 배우는 분들이 가장 힘들어 하는 것 중에 하나가 Datum Cooridinate System에 있는 점을 선택하는 것이다. 점은 확대하여 볼 수 없기 때문에 쉽게 선택하는 별 다른 방법이 없다. 자신 있게 선택하거나 Quickpick 기능을 사용하도록 하자.

⑭ 보더바(Border Bar)

Graphics Window의 네 곳 테두리에 자주 사용하는 아이콘을 배치할 수 있다. 이 영역을 보더바(Border Bar)라고 한다. 아이콘에 마우스 오른쪽 버튼을 누른 후 나타나는 그림 1-6의 팝업 메뉴에서 Top Border Bar, Bottom Border Bar, Left Border Bar, Right Border Bar에 아이콘을 추가한다. 추가된 아이콘 위에 다시 마우스 오른쪽 버튼을 눌러 제거할 수 있다.

1.3 Roles

모델링을 할 때 작업자의 수준에 맞게 또는 산업 분야에 필요한 기능(command) 만을 보여주고 나머지는 감추어 NX UI를 단순화 혹은 최적화 시켜준다.

본 교재에서는 Advanced Role을 사용한다.

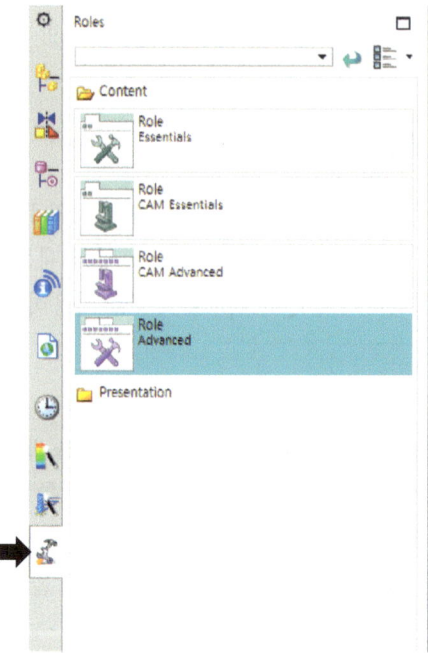

그림 1-18 Roles

1.4 마우스 사용법

본 교재는 휠(Wheel) 마우스를 기준으로 한다.

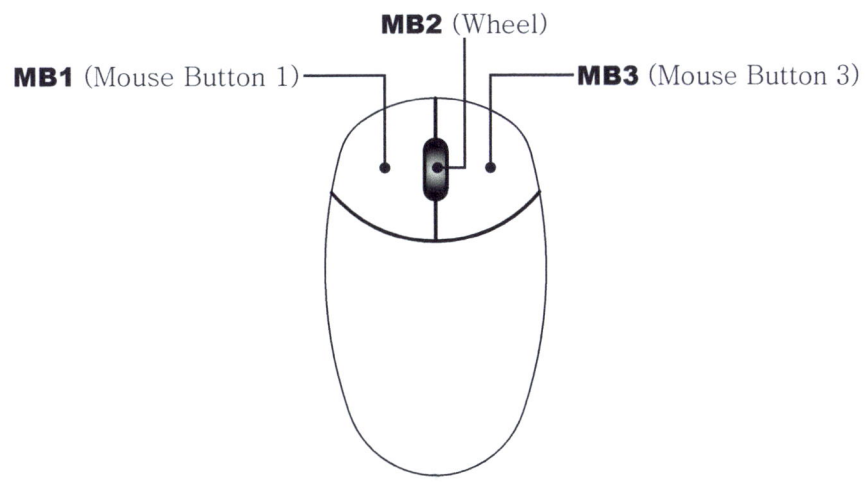

그림 1-19 휠 마우스 버튼의 이름

① MB1 클릭: 오브젝트 선택

오브젝트를 선택할 수 있다. 선택된 오브젝트는 주황색으로 보이며 팝업메뉴가 나타나 모델링 기능을 빠르게 실행시킬 수 있다.

화면의 빈 곳에 MB1을 클릭하면 그림 1-20과 같은 빠른뷰 툴바가 나타나 원하는 기능을 빠르게 실행시킬 수 있다.

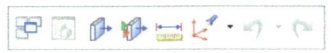

그림 1-20 빠른뷰 툴바

② Shift + MB1 클릭: 선택된 오브젝트의 선택 해제

MB1으로 선택한 오브젝트 중에서 원하는 것을 선택 해제할 수 있다. 선택한 오브젝트를 모두 해제하고 싶은 경우 Esc 키를 누르면 된다.

③ MB2 클릭: OK, 대화상자에서 다음 스텝 진행

대화상자에서 OK 버튼을 누르는 것과 동일하다. 단, OK 버튼을 누를 수 있는 경우에만 해당한다.

④ MB2 누르고 드래그: View Rotate (뷰 회전)

작업창에서 MB2를 누르고 드래그 하면 View를 회전 시킬 수 있다.

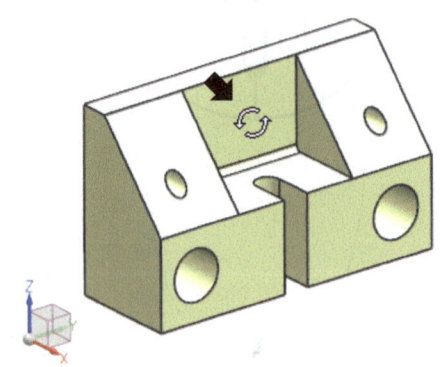

그림 1-21 View Rotate 시 마우스 커서의 모양

⑤ Ctrl+MB2 누르고 드래그: View Zoom In/Out (뷰 확대/축소)

View를 확대/축소할 수 있다.

그림 1-22 View Zoom In/Out

⑥ MB2 돌리기: View Zoom In/Out (뷰 확대/축소)

마우스 휠을 돌리면 마우스 커서의 위치를 기준으로 View를 확대/축소할 수 있다. View를 확대 하려면 휠을 작업자의 몸을 기준으로 바깥쪽으로 돌리고, 축소 하려면 안쪽으로 돌리면 된다.

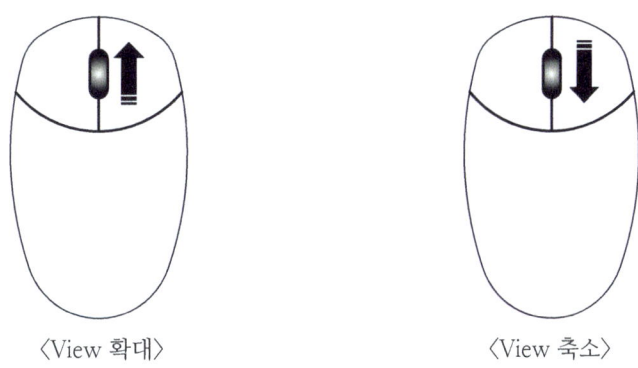

〈View 확대〉　　　　　　　　　　〈View 축소〉

그림 1-23 마우스 휠 조작

⑦ Shift + MB2 클릭: View Pan (뷰 수평 이동)

View를 가로, 세로 방향으로 수평 이동 할 수 있다.

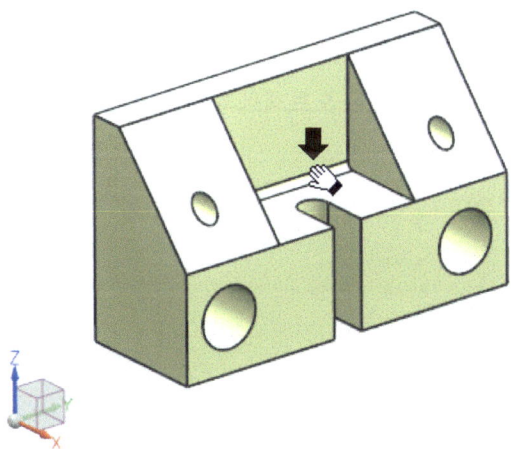

그림 1-24 View Pan 시 마우스 커서의 모양

⑧ MB3 클릭: 팝업 메뉴 표시

팝업 메뉴를 표시한다. 팝업 메뉴의 종류는 MB3를 클릭하는 순간 마우스 커서의 위치에 따라 다르다. 작업창의 빈 영역에 MB3를 클릭 하면 그림 1-25와 같이 Selection Minibar와 View 팝업 메뉴가 나타난다.

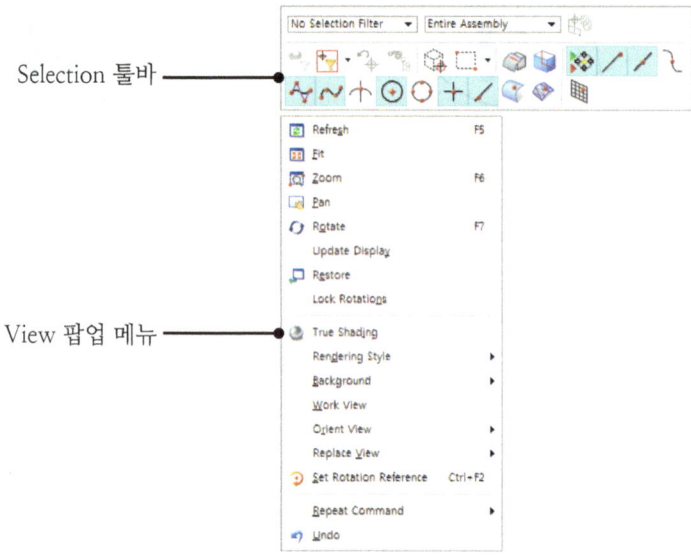

그림 1-25 Popup Menu

마우스 커서 밑에 오브젝트가 있는 경우 오브젝트의 종류에 따라 일부 다른 옵션의 팝업 메뉴가 나타난다.

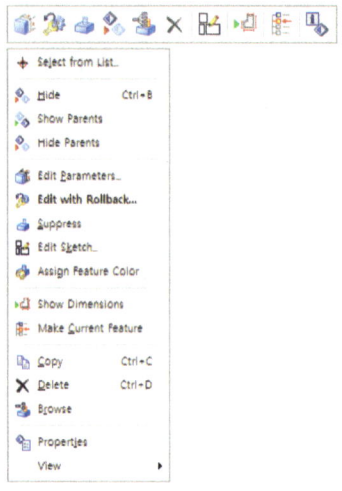

그림 1-26 Extrude 피쳐에 대한 Popup Menu

1.5 스케치와 모델 생성

1.5.1 스케치 생성

1. Sketch 아이콘을 누른다.
2. XY 평면을 선택한 후 OK 버튼을 누른다. 스케치 면이 화면에 똑바로 정렬된다.

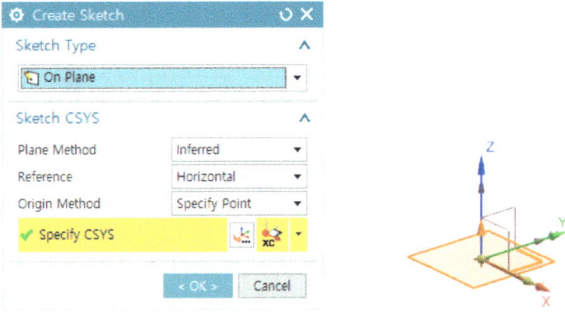

그림 1-27 스케치 평면 선택

3. MB2를 누른 후 마우스를 움직여 본다. 화면이 회전된다.
4. MB3를 누른 후 팝업 메뉴에서 Orient View to Sketch를 선택한다. 스케치 면이 정렬된다.

1.5.2 사각형 그리기

1. Rectangle 아이콘을 누른다.
2. 그림 1-28과 같이 임의의 위치 ❶과 ❷를 클릭하여 사각형을 생성한다. 사각형에 치수가 나타난다. 치수선을 드래그 하여 위치를 조정한다. 이 치수는 임의로 그린 사각형의 크기에 맞게 자동으로 생성된 것이다. 치수가 흐리게 표시되어 있다.
3. 치수를 더블클릭 하여 그림 1-30과 같이 변경한다. 치수가 진한 파란색으로 표시된다.
4. Finish Sketch 아이콘 (🏁)을 누른다.

1 장: NX 기본 사용법

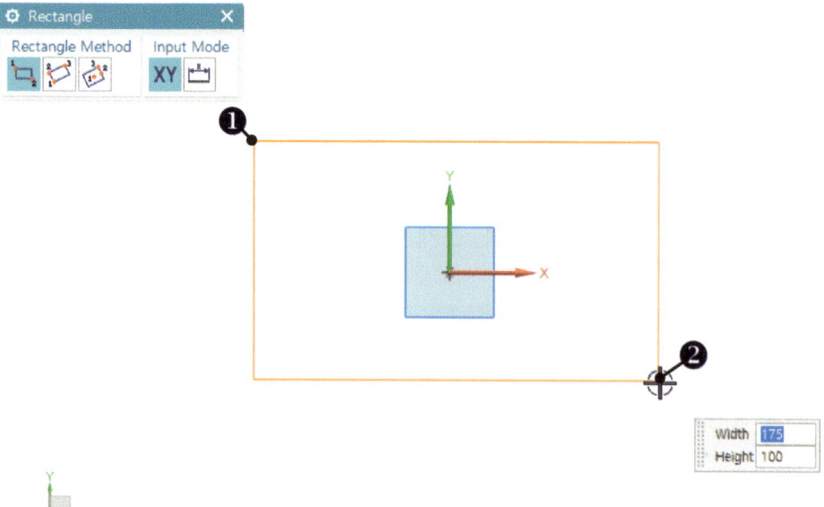

그림 1-28 사각형 그리기

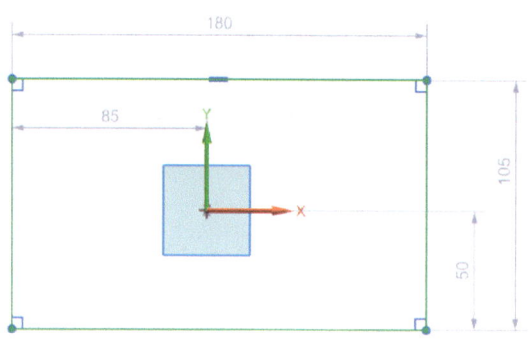

그림 1-29 자동 치수

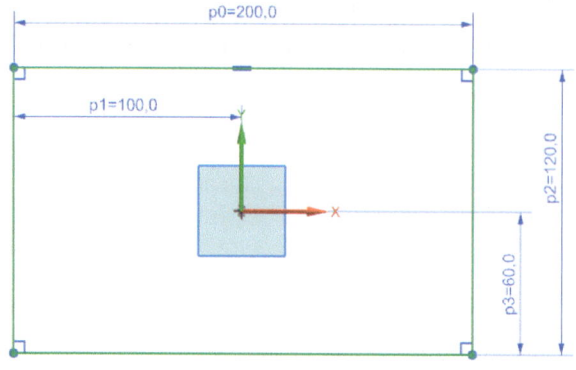

그림 1-30 치수 변경

1.5.3 돌출 시키기

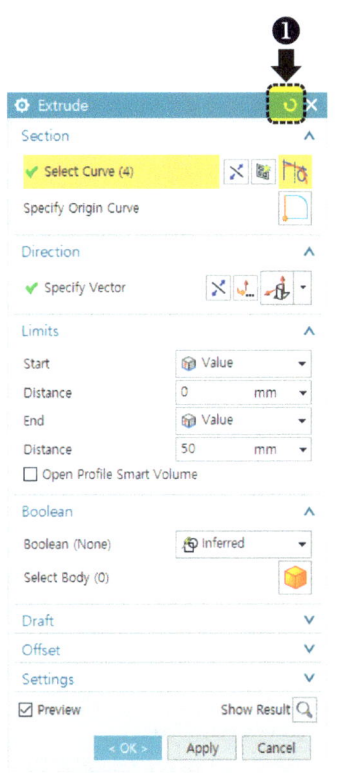

1. Feature 〉 Extrude 아이콘을 누른다.
2. 대화상자에서 Reset 버튼을 누른다. (그림 1-31의 ❶)
3. 사각형을 선택한다.
4. Distance 입력창에 50을 입력하고 Enter를 누른다. 그림 1-32와 같이 미리 보기가 변경된다.
5. OK 버튼을 누른다.

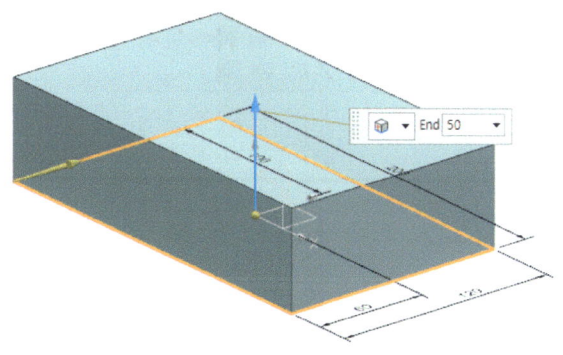

그림 1-31 Extrude 대화상자　　　**그림 1-32** 돌출 형상 미리 보기

6. MB2를 누르고 마우스를 움직여 본다. 모델이 회전된다.
7. Home 키를 누른다. 그림 1-33과 같이 화면에 꽉 차게 모델 방향이 회전된다.

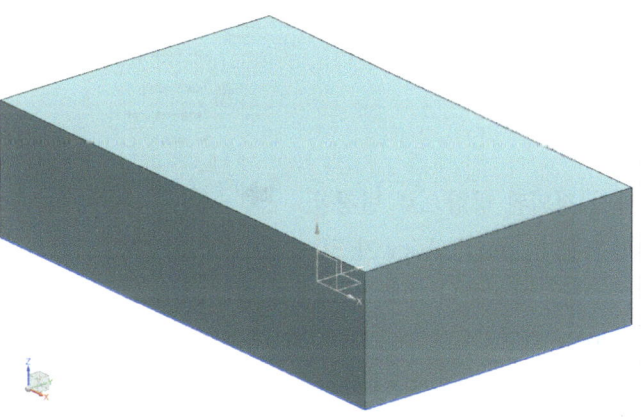

그림 1-33 Trimetric View

17

1 장: NX 기본 사용법

1.6 View 팝업 메뉴

뷰 팝업 메뉴는 작업 시 빈번하게 사용되는 옵션 들을 단일 메뉴로 제공한다.

① Rendering Style

오브젝트의 겉보기 상태를 설정한다. 일반적인 작업에서는 주로 Shaded with Edges와 Static Wireframe을 번갈아 사용한다.

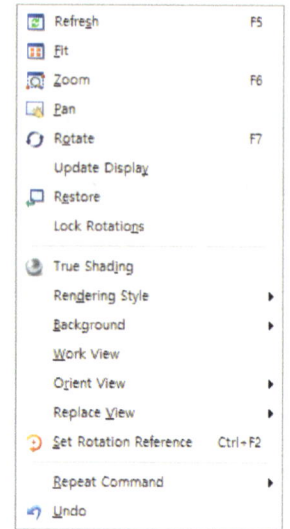

그림 1-34 View Popup Menu

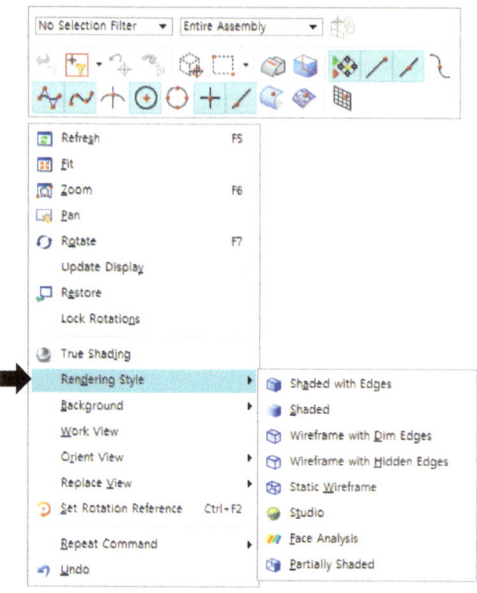

그림 1-35 Rendering Style

② Orient View

View의 방향을 사전 정의된 방향으로 변경할 수 있다. Trimetric 혹은 Isometric View가 3D 모델을 파악하기에 가장 용이하다. Trimetric View의 단축키는 Home 키다.

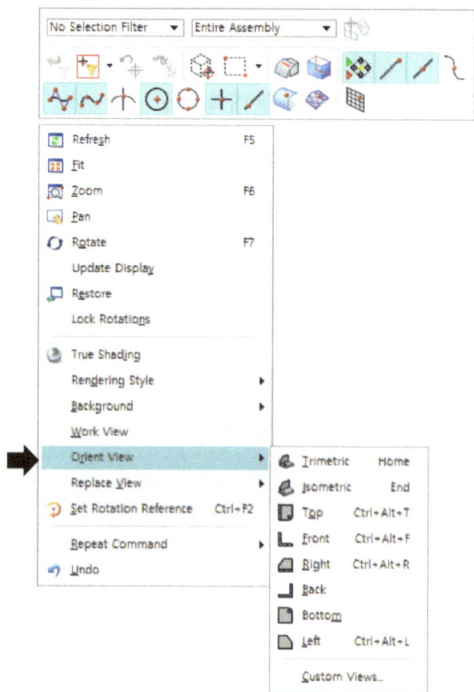

그림 1-36 Orient View

③ Set Rotation Reference

View Rotate 시 회전 중심을 지정할 수 있다.

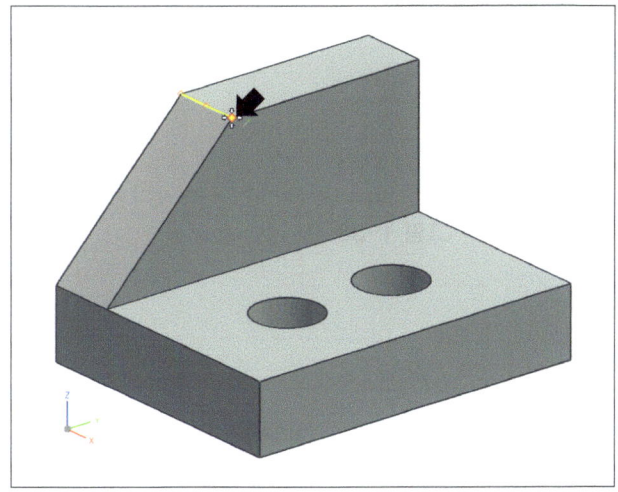

그림 1-37 모서리의 끝 점을 View 회전 중심으로 지정

④ Clear Rotation Reference

Set Rotate Reference로 지정한 회전 중심을 삭제한다.

⑤ Repeat Command

최근에 사용한 기능을 선택하여 실행시킬 수 있다.

⑥ Undo

수행한 마지막 작업을 취소한다.

1.7 형상 변경 하기

1. Part Navigator에서 Extrude(1) 피쳐를 더블클릭 한다.
2. Extrude 대화상자의 Distance를 80으로 변경한 후 OK 버튼을 누른다.

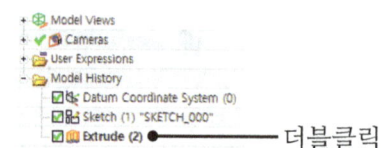

그림 1-38 Part Navigator

1.8 형상 추가하기

1. Sketch 아이콘을 누른다.
2. 그림 1-39와 같이 모델의 윗면을 선택한 후 OK 버튼을 누른다. 잘 못 선택한 스케치는 Part Navigator에서 삭제한다.
3. Circle 아이콘을 누른 후 그림 1-40과 비슷한 위치에 비슷한 크기의 원을 생성한다. 자동으로 치수가 생성된다. 치수 수정은 생략한다.
4. Finish Sketch 아이콘을 누른다.

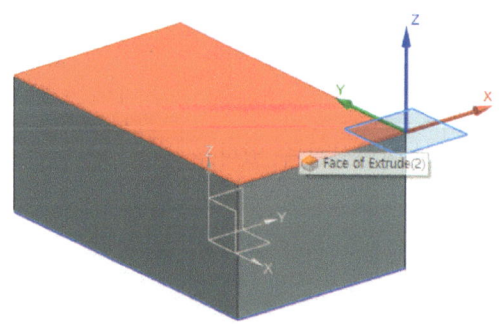

그림 1-39 스케치 면 선택

5. Extrude 아이콘을 누르고 대화상자에서 Reset 버튼을 누른다. (그림 1-31 참고)
6. 원을 선택한다. 이 때 평면을 선택하면 스케치가 실행된다. Finish Sketch 아이콘을 누른 후 그림 1-41의 대화상자에서 Finish 버튼을 누른다.
7. Extrude 대화상자의 Distance 입력창에 50을 입력한 후 Boolean 옵션에서 Unite를 선택한다.
8. OK 버튼을 누른다. 그림 1-43과 같이 형상이 추가된다.

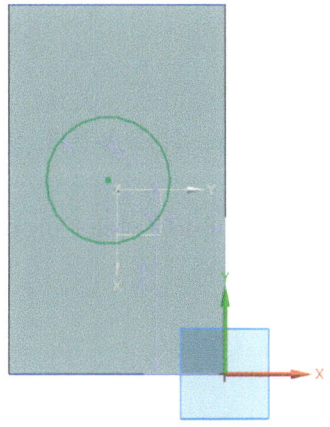

그림 1-40 원 생성

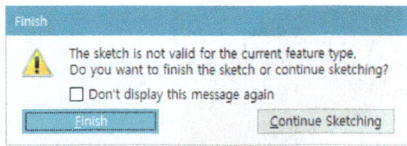

그림 1-41 Finish 대화상자

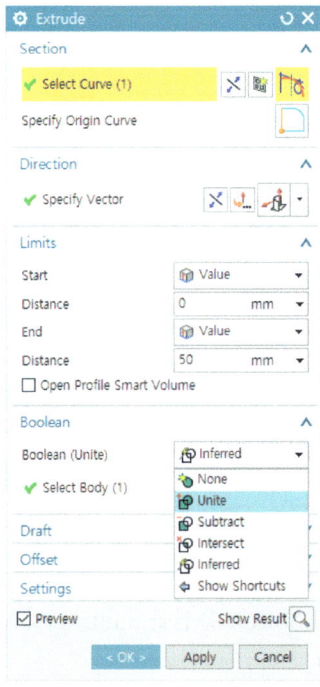

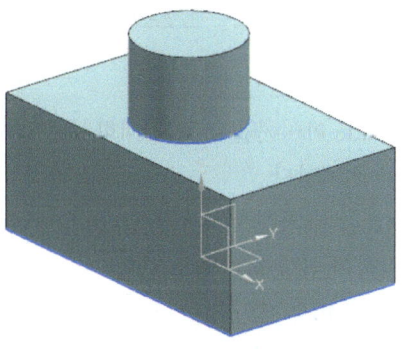

그림 1-42 Extrude 대화상자　　　　**그림 1-43** 생성된 Extrude 피쳐

1.9 형상 제거하기

1. Sketch 아이콘을 누른다.
2. 그림 1-44와 같이 측면을 선택한 후 OK 버튼을 누른다. 잘 못 선택한 스케치는 Part Navigator에서 삭제한다.
3. Circle 아이콘을 누른 후 그림 1-45와 비슷한 위치에 비슷한 크기의 원을 생성한다. 자동으로 치수가 생성된다. 치수 수정은 생략한다.
4. Finish Sketch 아이콘을 누른다.

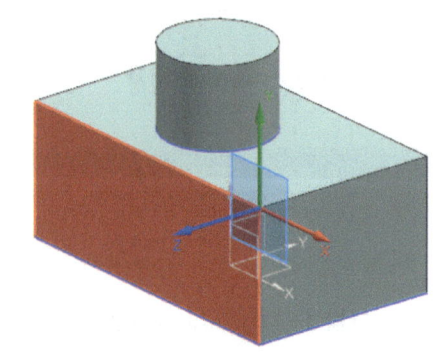

그림 1-44 스케치 면 선택

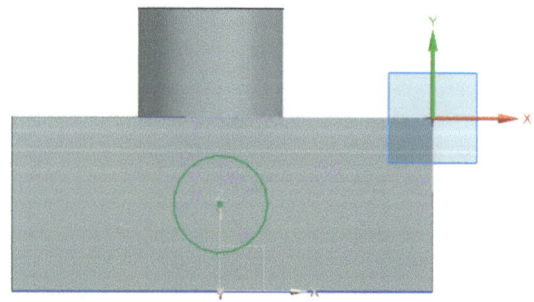

그림 1-45 원 생성

5. Extrude 아이콘을 누르고 대화상자에서 Reset 버튼을 누른다. (그림 1-31 참고)
6. 원을 선택한다.
7. Extrude 대화상자에서 Reverse Direction 버튼을 누르거나 화면의 돌출 방향 화살표를 더블클릭하여 방향을 반대로 한다.
8. 그림 1-46과 같이 End Limit 옵션을 Through All로, Boolean 옵션을 Subtract로 변경한 후 OK 버튼을 누른다. 그림 1-47과 같이 형상이 제거 된다.

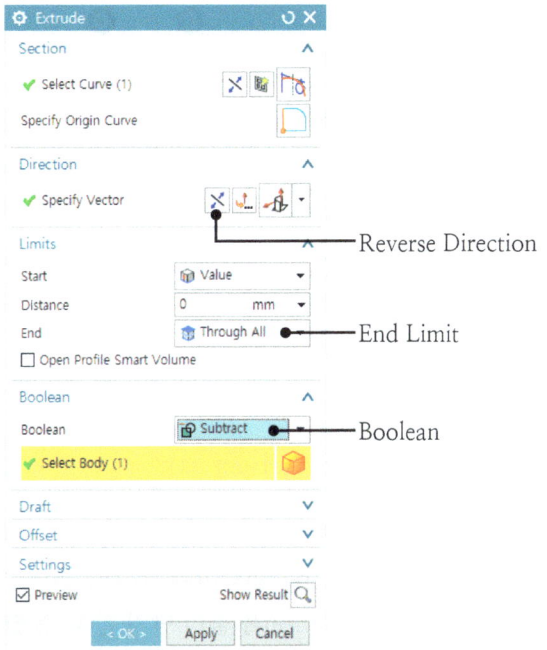

그림 1-46 Extrude 대화상자

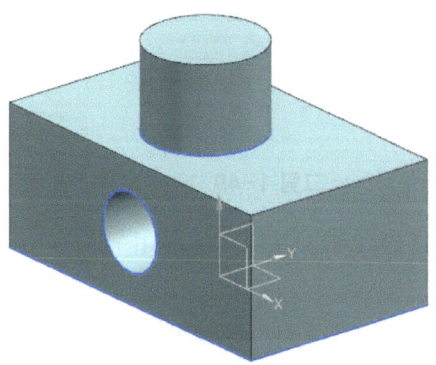

그림 1-47 제거된 형상

1.10 파일 관리

1. File 〉 Save 〉 Save를 선택하여 파트 파일을 저장한다. (파일명은 my part이다.)

2. File 〉 New를 선택하여 새 파일을 생성한다. 파일명은 model1으로 둔다. 이렇게 되면 현재 실행된 NX에 파트 파일이 my part와 model1 두 개 존재하게 된다. 그림 1-48의 A, B, C 부분을 눌러 파트 파일을 전환할 수 있다.

1 장: NX 기본 사용법

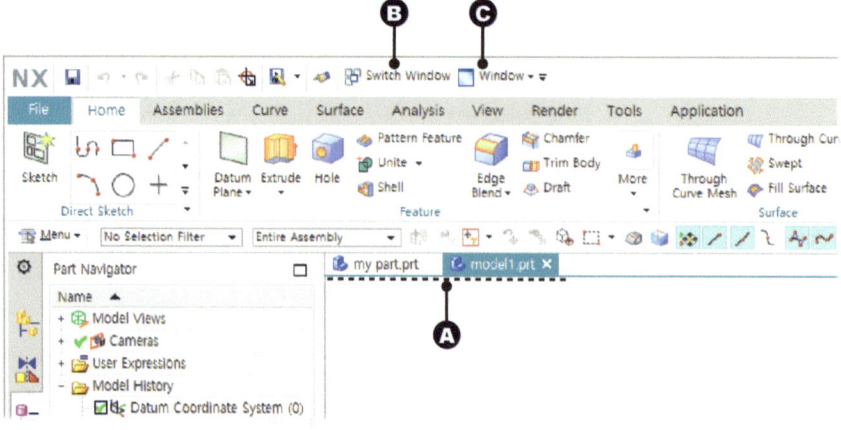

그림 1-48 파트 파일 전환 방법

3. File 〉 Close 〉 All Parts를 선택한다. 그림 1-49와 같은 대화상자가 나타난다. model1 파트를 저장하지 않았기 때문에 나타나는 현상이다. Yes 를 눌러 저장 후 닫을 수 있고, No를 눌러 저장하지 않고 닫을 수 있으며 Cancel을 눌러 닫지 않을 수 있다.

4. No Close를 눌러 model1을 저장하지 않고 닫는다.

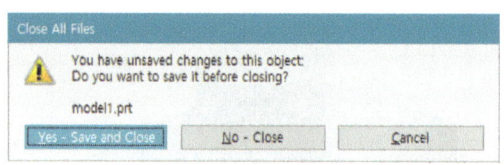

그림 1-49 닫기 옵션

5. 화면 왼쪽의 History 창의 빈 곳에 MB3 〉 Clear History를 선택한다. 파트 파일의 사용 이력을 삭제한다.

6. Open 아이콘을 눌러 앞에서 생성한 파트를 열어 보자.

1.11 Customer Default 설정 및 초기화

1.11.1 자동치수

스케치를 생성할 때 치수가 자동으로 생성되지 않도록 하기 위해 Menu 버튼 〉 File 〉 Utilities 〉 Customer Defaults를 선택하고 그림 1-50의 대화상자에서 Continuous Auto Dimensioning in Design Applications 옵션을 해제한다.

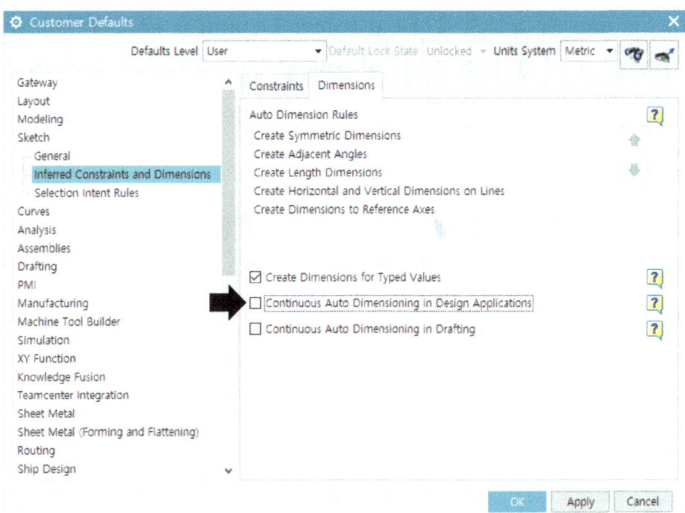

그림 1-50 자동치수 옵션

다른 설정 변경 사항은 Customer Defaults 대화상자에서 Manage Current Settings 버튼을 눌러 확인할 수 있다.

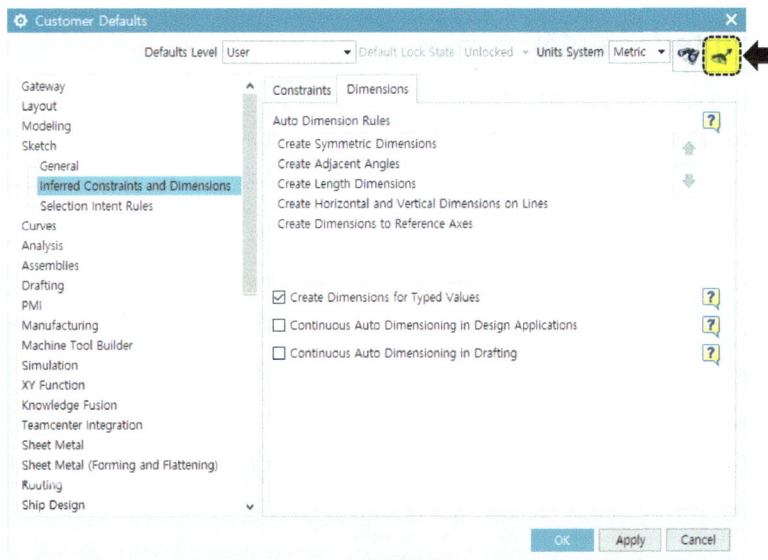

그림 1-51 Manage Current Settings 버튼

Manage Current Settings 대화상자에서 Customer Default를 내보내거나 불러들일 수 있으며 설정 사항을 선택한 후 삭제할 수 있다. 변경한 설정을 삭제하면 초기 해당 옵션이 초기화되며 NX를 다시 실행시키면 적용된다. 자동치수 관련 옵션만 남겨두고 모두 삭제한 후 NX를 다시 실행시킨다.

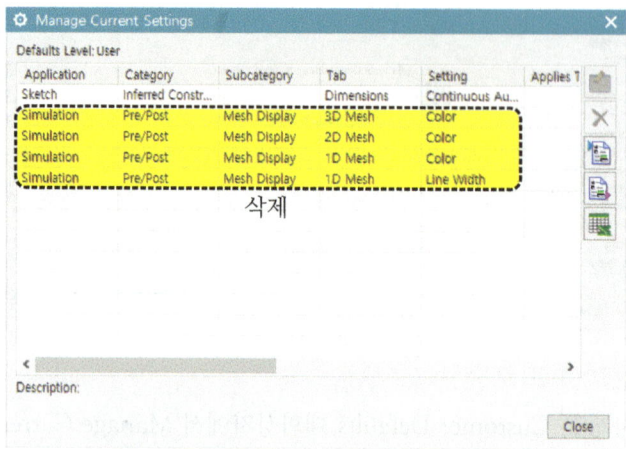

그림 1-52 Manage Current Settings 대화상자

1.12 User Interface 설정

Menu 버튼 > Preferences > User Interface를 선택하여 NX의 User Interface를 변경할 수 있다. NX에 익숙하지 않는 처음 사용자는 이 설정을 변경하지 않도록 한다.

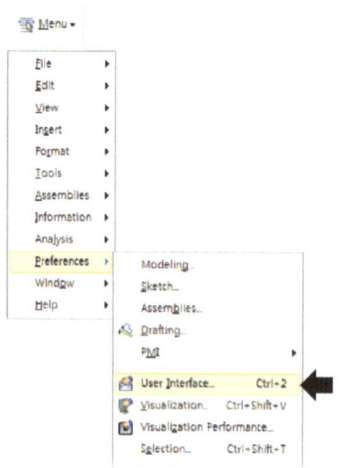

그림 1-53 User Interface 메뉴

1.12.1 단위 창 위치 초기화

Layout 메뉴(그림 1-54)에서는 툴바의 형태나 위치 등을 초기화 할 수 있다. Classic Toolbars 옵션을 체크하면 NX 8.5까지 사용되었던 형태의 툴바 형태를 사용할 수 있으며 Reset Window Position 버튼을 누르면 Resource Bar, Selection Bar 등 NX 의 단위 창 위치를 초기화 할 수 있다. Resource Bar 옵션을 이용하여 리소스 바의 위치나 형태를 변경할 수도 있다.

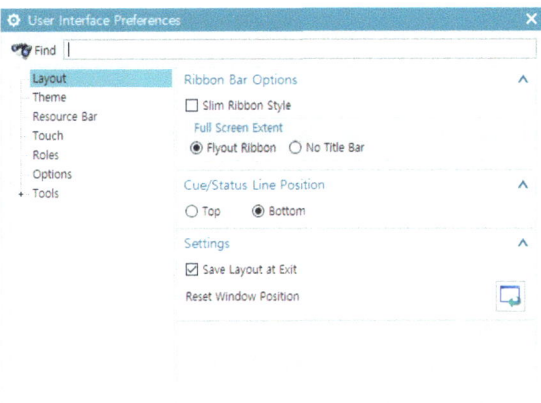

그림 1-54 Layout 메뉴

1.12.2 정보 메시지 초기화

General 탭(그림 1-55)에서는 각종 정보 메시지가 표시되지 않을 경우 초기화하여 다시 나타나게 할 수 있다. NX 를 처음 시작할 때 초기 화면의 Welcome Page를 다시 나타나게 할 수 있으며 "Don't display this message again" 옵션을 체크하여 정보창이 나타나지 않는 경우 초기화 하여 다시 나타나게 할 수 있다.

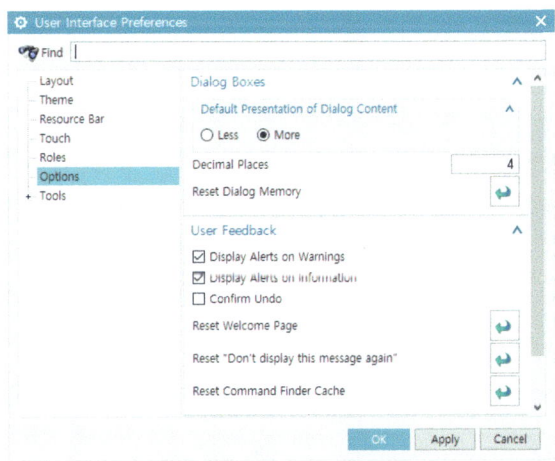

그림 1-55 Options 메뉴

(빈 페이지)

Chapter 2
모델링 주요 기능 - 1

■ 학습목표

- Sketch 절차와 구속조건 사용법을 이해한다.

2.1 Sketch

2.1.1 스케치 절차

다음의 절차에 따라 스케치를 생성한다.

1. Sketch 아이콘을 누른 후 평평한 면을 선택하여 스케치 면을 정한다.
2. Direct Sketch의 기능을 이용하여 스케치 커브를 생성한다. (그림 2-1)
3. 치수구속, 기하구속을 생성한다. (그림 2-2)
4. Finish Sketch 아이콘을 눌러 스케치를 종료한다.

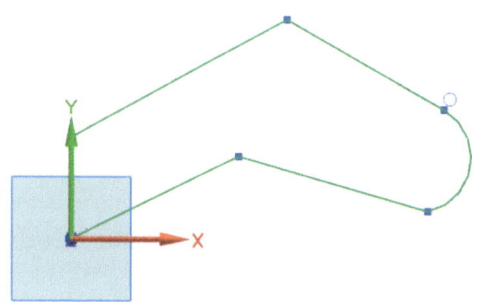

그림 2-1 대강 그린 스케치

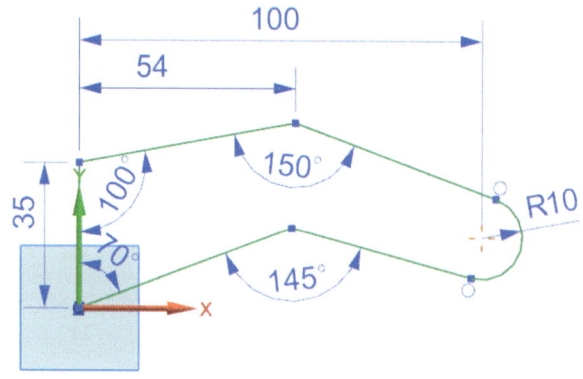

그림 2-2 스케치의 형상 정의

2.1.2 커브 생성

직선(Line)

Direct Sketch 아이콘 그룹의 Line 아이콘을 눌러 직선을 생성한다. 아이콘을 누른 후 시작 위치와 끝 위치를 클릭한다. 직선을 생성한 후 ESC 키를 누르거나 마우스 가운데 버튼(휠)을 누르면 Line 기능이 종료된다. 수평선에는 Horizontal 기호가 표시되며 수직선에는 Vertical 기호가 표시된다. 각각의 선은 수평 또는 수직으로 구속되어 있다고 표현한다. 기울어진 선을 그리면 선 위에 아무런 기호도 표시되지 않는다. 이런 선은 구속되어 있지 않다고 표현한다.

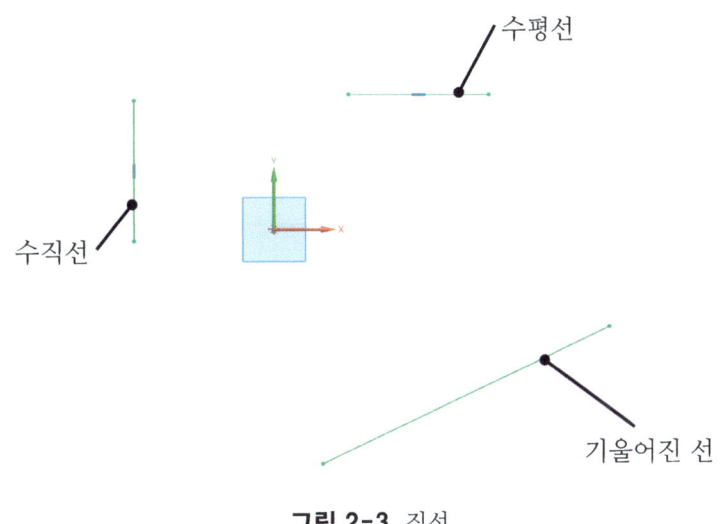

그림 2-3 직선

직선의 구성 요소

직선 위에 마우스 커서를 올려 놓으면 직선의 구성 요소를 인식할 수 있다. 직선은 두 끝 점(End Point)과 중간 점(Mid-point), 그리고 선(Curve)으로 구성된다. 각각을 구분하여 선택할 수 있어야 한다.

〈끝 점〉　　　　〈중간 점〉　　　　〈선〉

그림 2-4 직선의 구성 요소

끝 점이나 중간 점을 MB1으로 선택하면 그림 2-5와 같은 메뉴가 나타나고 선을 선택하면 그림 2-6의 메뉴가 나타난다. x를 선택하여 직선을 삭제할 수 있다. 선택을 취소하려면 ESC를 누르거나 화면의 빈 곳을 클릭하면 된다.

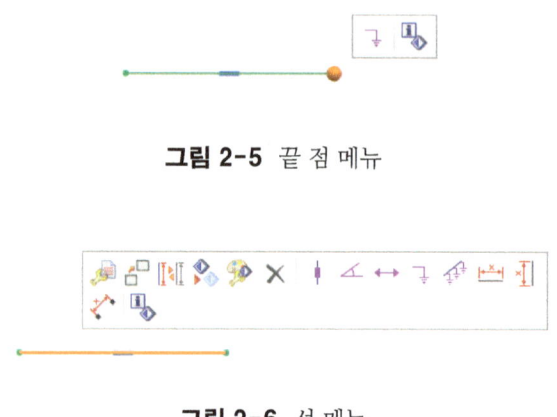

그림 2-5 끝 점 메뉴

그림 2-6 선 메뉴

원(Circle)

Direct Sketch 아이콘 그룹에서 Circle 기능을 이용하여 원을 생성한다. 원은 중심점과 원형의 선으로 구성된다. 중심점과 커브를 구분하여 선택할 수 있어야 한다.

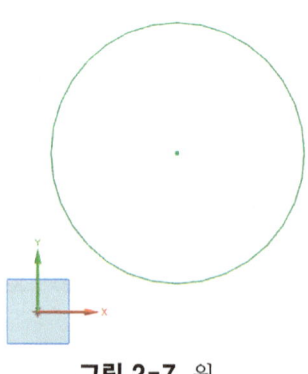

그림 2-7 원

호(Arc)

Arc 기능을 이용하여 호를 그릴 수 있다. Arc 툴바의 첫 번째 옵션(그림 2-8의 **A**)을 선택하면 호 상의 세 점을 지정하여 호를 그릴 수 있다. 연속하여 세 점을 지정할 수도 있고(그림 2-9), 양 끝을 먼저 지정한 후 중간점을 나중에 선택할 수도 있다(그림 2-10).

Arc 툴바의 두 번째 옵션(그림 2-8의 **B**)을 선택하면 호의 중심점을 지정한 후 양 끝을 지정하여 호를 생성할 수 있다. (그림 2-11)

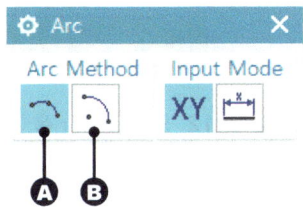

그림 2-8 Arc 툴바

그림 2-9 Arc 그리기 1   **그림 2-10** Arc 그리기 2

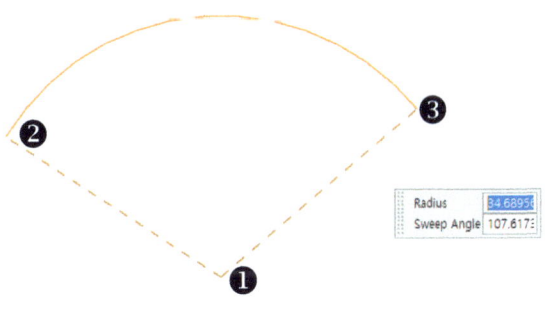

그림 2-11 Arc 그리기 3

2.1.3 Snap Point 옵션

스케치 커브는 스케치 면 상에서 마우스 왼쪽 버튼으로 점을 선택하여 정의한다. 점을 지정할 때는 그림 2-12의 Snap Point 옵션을 이용할 수 있다. 이 기능을 이용하면 기존의 커브, 모서리, 꼭지점, 원의 중심점 등을 이용하여 원하는 점을 쉽게 선택할 수 있다. 이 기능은 스케치를 그릴 때는 물론이고, 점을 선택하여야 하는 단계에서는 언제든지 활성화 된다. 점을 선택하는 단계에서 마우스 포인터를 오브젝트 위에 올려 놓으면 스냅이 걸리고 걸린 스냅 기호에 맞게 구속 조건이 설정된다.

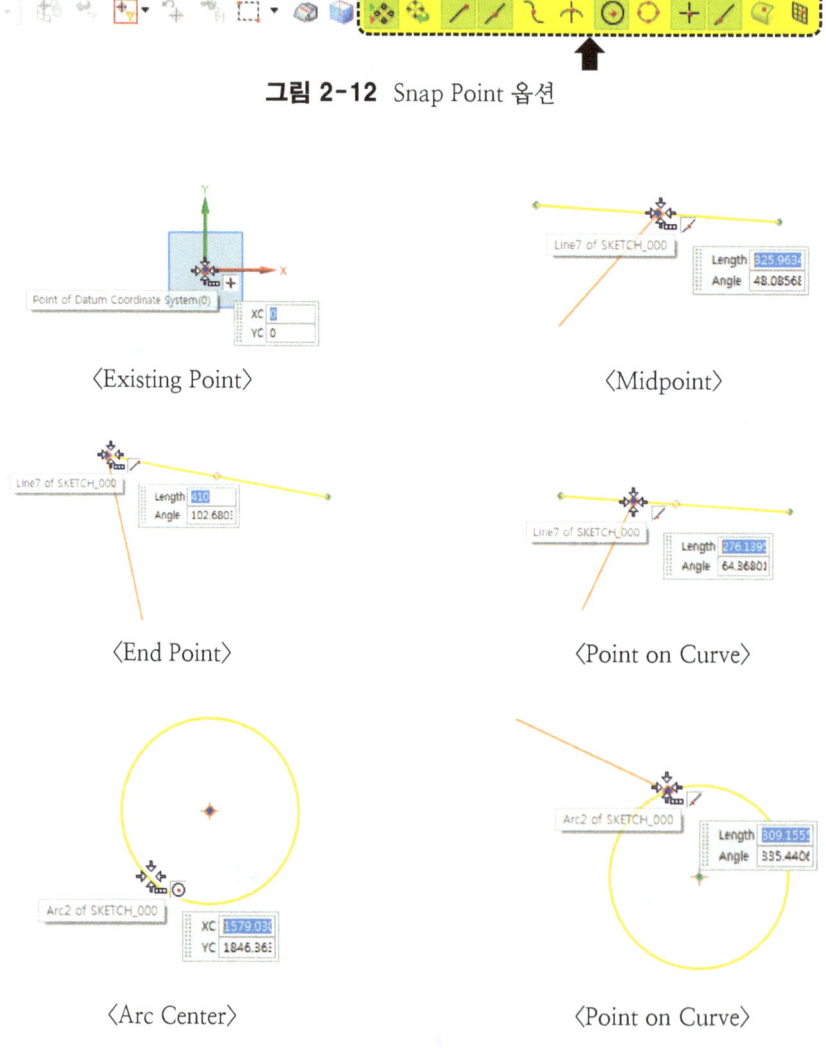

그림 2-12 Snap Point 옵션

⟨Existing Point⟩   ⟨Midpoint⟩

⟨End Point⟩   ⟨Point on Curve⟩

⟨Arc Center⟩   ⟨Point on Curve⟩

그림 2-13 스냅이 걸렸을 때의 마우스 포인터

2.1.4 치수 구속

치수 구속은 길이, 거리, 각도, 직경, 반경 등 숫자를 이용하여 스케치 커브의 크기를 정의하는 것이다.

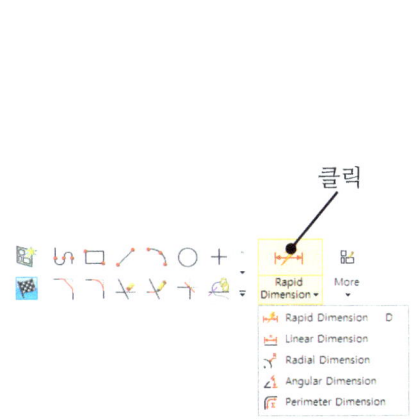
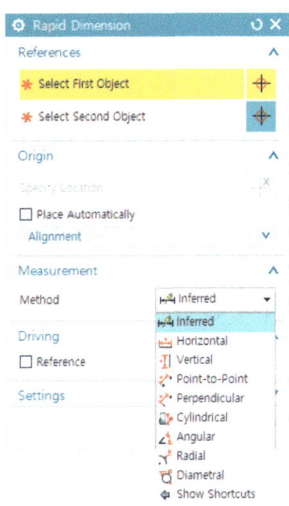

그림 2-14 치수 구속 아이콘 그룹   그림 2-15 Rapid Dimension 대화상자

2.1.5 기하 구속

기하구속은 일치, 동심, 일직선, 동일 반경, 동일 길이 등 기하학적인 조건을 이용하여 스케치 커브의 모양이나 크기를 정의하는 것이다. 즉, 숫자가 들어가지 않고 조건을 이용하여 스케치를 정의하고자 할 때 기하 구속을 이용한다.

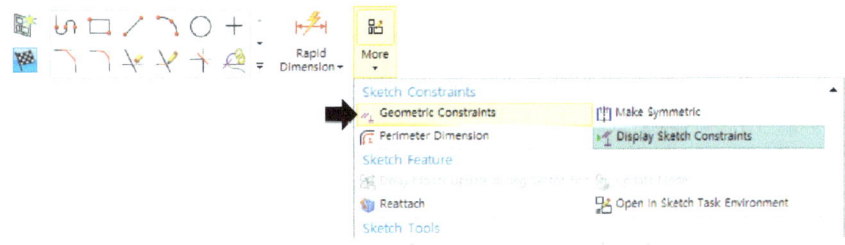

그림 2-16 Geometric Constraints 아이콘

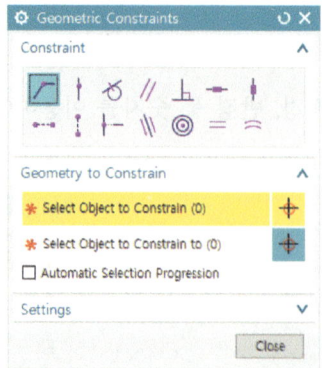

그림 2-17 Geometric Constraints 대화상자

2.1.6 구속의 상태

Constraint 버튼 또는 치수 구속 버튼을 누르면 스케치 커브의 색깔로써 구속의 상태를 확인할 수 있다. 구속이 덜 되어 있는 점에는 갈색의 화살표(그림 2-18의 화살표로 가리키는 부분)가 나타난다. 이를 DOF Arrow라고 하며 드래그 하여 그 방향으로 점이 이동 될 수 있음을 알려준다.

드래그 할 때는 Constraint 버튼 또는 치수 구속 버튼을 꺼야 한다.

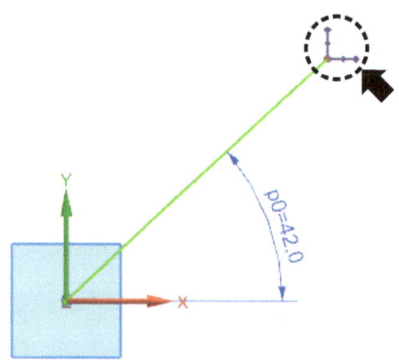

그림 2-18 DOF Arrow

2.1.7 스케치의 수정

Direct Sketch 기능을 이용하여 스케치를 수정할 수 있다. Part Navigator 에서 스케치 피쳐에 MB3를 누른 후 Edit을 선택하면 Direct Sketch가 실행된다. 치수를 더블클릭하여 수정한 후 Direct Sketch 아이콘 그룹에서 Finish Sketch 버튼을 눌러 종료한다. 또는 단축키 Q를 눌러도 된다.

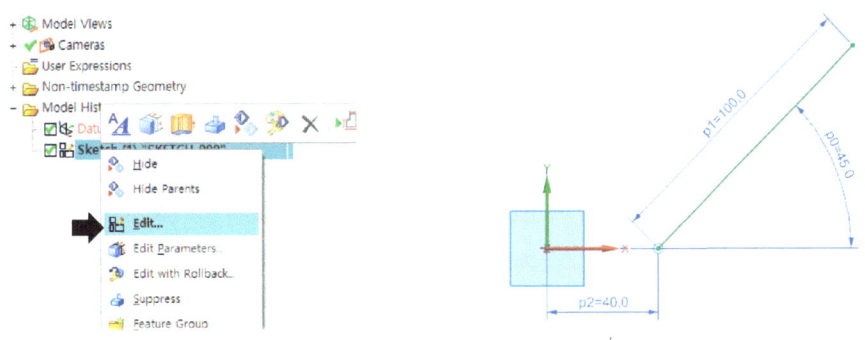

그림 2-19 Direct Sketch를 이용한 수정

Sketch 환경에서 스케치를 수정하려면 Sketch 피쳐에 MB3를 누른 후 팝업메뉴에서 Edit with Rollback을 선택한다. Sketch 환경으로 들어가며 스케치 커브를 삭제하거나 구속조건을 수정할 수 있다. 수정 후 Finish Sketch 버튼을 누른다. 또는 단축키 Q를 눌러도 된다.

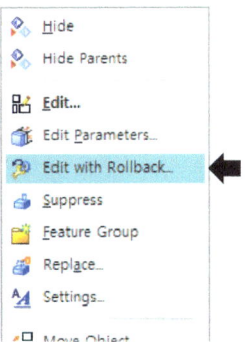

그림 2-20 Edit with Rollback 메뉴

2 장: 모델링 주요 기능 - 1

> **!** *각종 초기화*

NX를 사용하다 보면 각종 상태를 초기화해야 할 필요성이 있다.

1. 리본바, 메뉴 등의 초기화
Role을 이용한다. 초기 상태는 Essentials이며 이 교재는 Advanced Role을 이용한다.

2. 대화상자의 초기화
대화상자의 Reset 버튼을 이용한다.

3. 모델뷰의 초기화
Home 키를 누른다. Trimetric View를 설정하는 것이다.

4. Rendering 상태의 초기화
화면의 빈 곳에 MB3를 누르면서 윗방향으로 드래그 한다. Shaded with Edges 상태를 설정하는 것이다.

5. Customer Default의 초기화
　① File 〉 Utilities 〉 Customer Defaults를 선택한다.
　② Customer Defaults 대화상자에서 Manage Current Settings 버튼을 누른다.
　③ 현재 변경되어 있는 항목을 삭제한다.

　24 페이지의 "1.11 Customer Default 설정 및 초기화"를 참고한다.

6. NX 화면 초기화
　① Menu 버튼 〉 Preferences 〉 User Interface를 선택한다.
　② Layout 탭에서 Reset Window Position 버튼을 누른다.

　26 페이지의 "1.12 User Interface 설정"을 참고한다.

정삼각형 그리고 Extrude — Exercise 01

그림 2-21와 같이 수평선의 가운데가 원점과 일치하는 정삼각형의 스케치를 그린 후 Extrude 해보자.

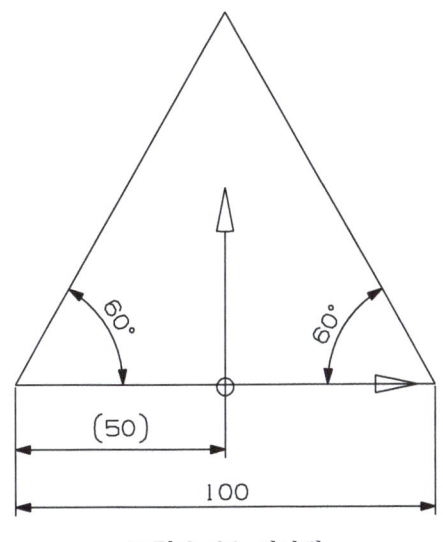

그림 2-21 삼각형

파일 생성

File 〉 New를 선택하고 그림 2-22와 같이 폴더와 파일명을 지정한 후 OK 버튼을 눌러 새 파일을 생성한다.

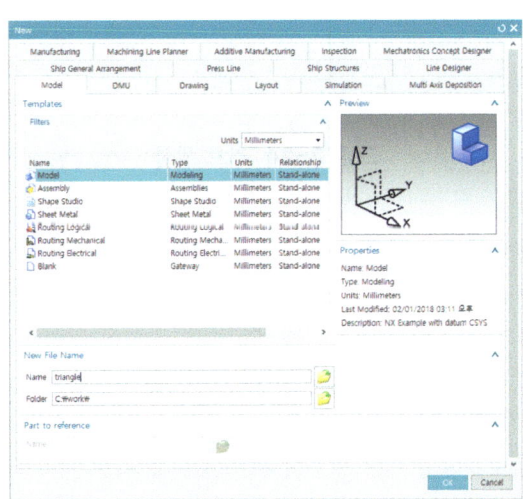

그림 2-22 파일 생성

스케치 커브 생성

1. Sketch 아이콘을 누르고 XY 평면을 선택한다.
2. Create Sketch 대화상자에서 OK 버튼을 누른다.

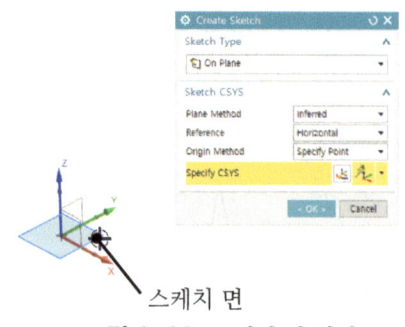

그림 2-23 스케치 면 설정

3. Direct Sketch 아이콘 그룹에서 Profile 아이콘을 누른다.
4. Alt 키를 누르고 그림 2-24와 같이 삼각형을 그린다. Alt 키를 누르면 구속이 생성되지 않는다. 단, 마지막 점을 선택할 때는 Alt 키를 놓고 처음 점에 스냅이 걸리도록 한다.
5. ESC 키를 두 번 눌러 Profile 기능을 종료 시킨다.

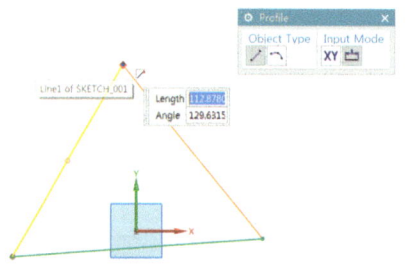

그림 2-24 커브 생성

구속 생성

1. C 키를 누른다. 기하 구속에 대한 단축키이다.
2. 그림 2-25의 정보창의 내용을 읽어 보고 OK 버튼을 눌러 닫는다.
3. 그림 2-26의 대화상자에서 Midpoint 버튼을 누른다.

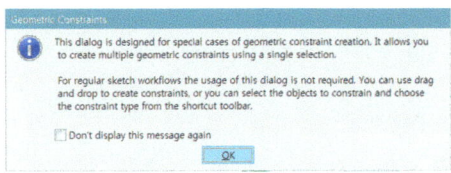

그림 2-25 기하구속 적용 방법에 대한 안내

그림 2-26 Geometric Constraints 대화상자

4. 직선을 선택한다. (그림 2-27의 Ⓐ)
5. MB2(마우스 가운데 버튼)를 누른다. 다음 선택 단계로 진행된다.
6. Ⓑ의 점을 선택한다. Midpoint 구속이 적용되며 대화상자는 Geometric Constraints 대화상자는 여전히 나타나 있다.

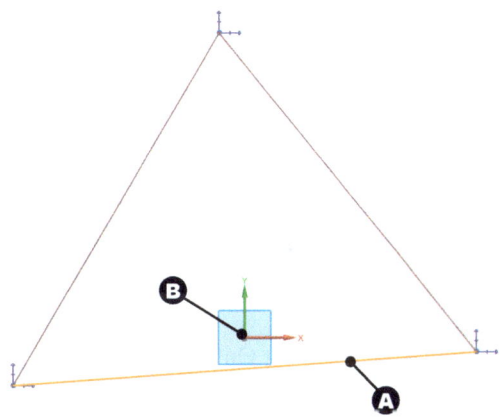

그림 2-27 Midpoint 구속 적용

7. 대화상자에서 Collinear 버튼을 누른다.
8. 그림 2-28의 Ⓒ 직선을 선택하고 MB2를 누른다. 대화상자의 다음 옵션이 진행되며 큐라인에는 구속을 적용할 오브젝트를 선택하라는 메시지가 나타난다.
9. 그림 2-28의 Ⓓ 직선을 선택한다. 직선이 X 축에 일치된다.

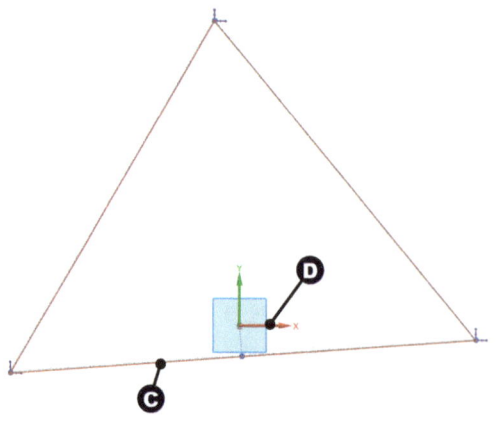

그림 2-28 Collinear 구속 적용

연속하여 나머지 구속을 적용하자.

1. 대화상자에서 Point on Curve 버튼을 누른다.
2. 첫 번째 오브젝트로 그림 2-29의 **E** 점을 선택한다. 끝 점에 스냅이 걸렸을 때 선택하여야 한다. MB2를 누르고 두 번째 오브젝트로 **F**의 Y 축을 선택한다.

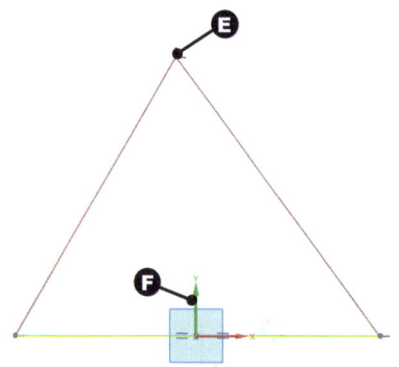

그림 2-29 Point On Curve 구속 적용

3. 대화상자에서 Equal Length 버튼을 누른다.
4. 그림 2-30의 **G**, **H**, **I** 직선의 길이가 같도록 구속한다. 첫 번째 오브젝트로 두 개의 직선을 선택하고, 두 번째 오브젝트로 나머지 직선을 선택한다.
5. Close 버튼을 눌러 대화상자를 닫는다.

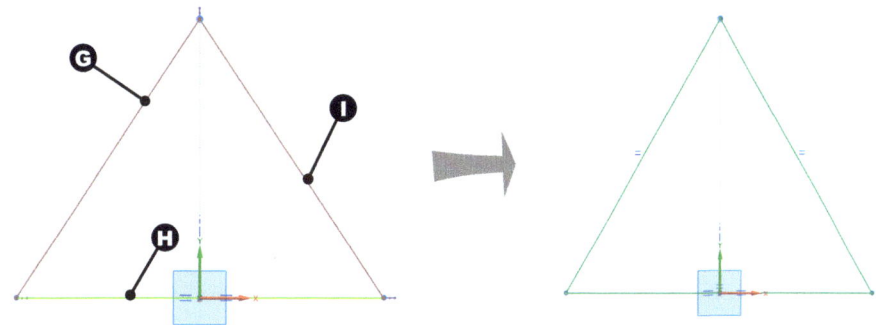

그림 2-30 Equal Length 구속 적용

치수를 기입하자.

1. D 키를 누른다. Rapid Dimension 아이콘의 단축키이다.
2. 삼각형의 세 변 중 하나를 선택한다.
3. 치수를 100으로 입력한다.

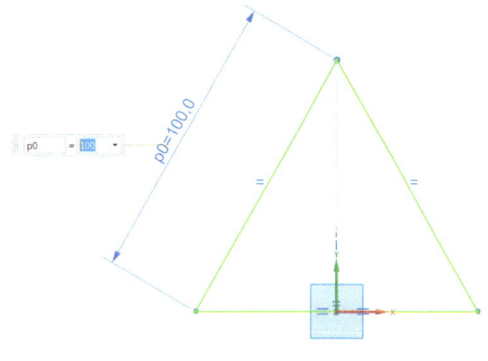

그림 2-31 치수 기입

4. Finish Sketch 아이콘을 눌러 스케치를 종료한다.

스케치 치수 수정

1. Part Navigator의 Sketch 피쳐에 MB3(마우스 오른쪽 버튼)를 누른 후 팝업메뉴에서 Edit With Rollback을 선택한다.
2. 앞에서 생성한 100 치수를 더블클릭한다.
3. 치수 200을 입력한 후 Enter 키를 누른다. 한 변의 길이가 200인 정삼각형으로 수정됨을 확인한다.

4. Q 키를 눌러 스케치를 종료한다.

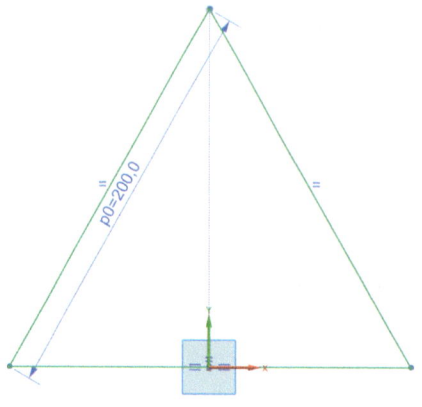

그림 2-32 치수 수정

Extrude

1. Home 키를 눌러 Trimetric View를 표시한 후 화면을 적절히 확대 또는 축소한다.
2. Feature 아이콘 그룹에서 Extrude를 클릭한다.
3. 대화상자를 Reset 한 후 삼각형의 스케치를 선택한다.
4. Distance 입력창에 50을 입력한 후 Enter 키를 누른다.
5. 대화상자에서 OK 버튼을 누른다.
6. File 〉 Save를 선택하여 파일을 저장한다.
7. File 〉 Close 〉 All Parts를 선택하여 모든 파일을 닫는다.

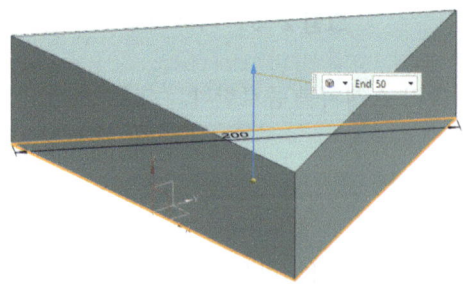

그림 2-33 Extrude

END of Exercise

2.1.8 Intersection Point

스케치 작업 시 현재 스케치 평면과 선택한 선 또는 모서리와 연관성 있는 교차점을 생성할 수 있다. 그림 2-34는 스케치 평면과 원형의 모서리 사이의 교차점과 기준축을 보여준다.

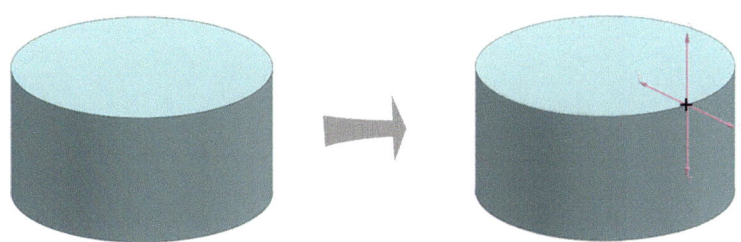

그림 2-34 Intersection Point

2.1.9 Intersection Curve

스케치 작업 시 현재 스케치 평면과 선택한 면과 연관성 있는 교차선(그림 2-35에서 화살표가 가리키는)을 생성한다. 교차시킬 면은 연결되어 있어야 한다.

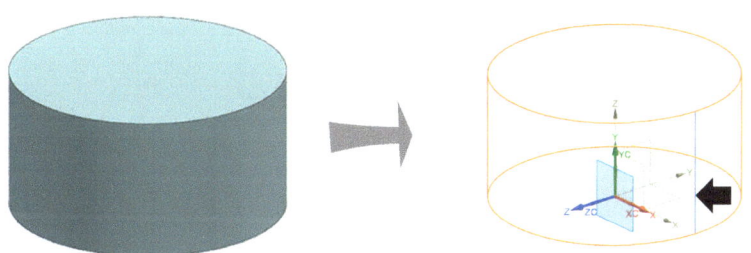

그림 2-35 Intersection Curve

2.1.10 Project Curve

스케치 작업 시 선택한 선, 모서리, 점을 현재 스케치 평면에 연관성 있게 투영한다.

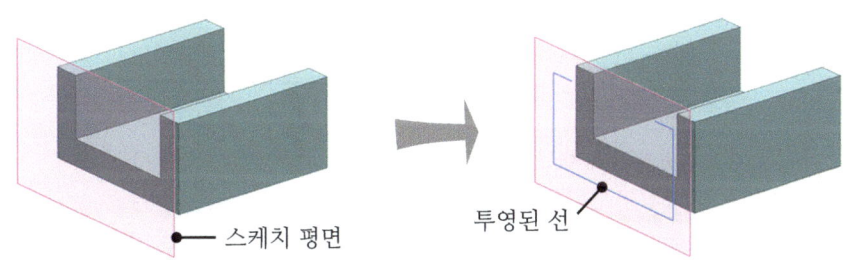

그림 2-36 Project Curve

(빈 페이지)

Chapter 3
모델링 주요 기능 – II

■ 학습목표

- 3차원 형상 생성 과정 및 수정 방법을 이해한다.

3.1 Extrude와 Section

3.1.1 섹션

그림 3-1의 스케치 중 사각형을 선택하여 그림 3-2와 같은 돌출 형상을 만들 수 있다. 이 때 스케치 커브 중 실제 돌출되는 사각형을 이루는 커브를 섹션이라고 한다.

Curve Rule을 이용하여 스케치 중 일부를 섹션으로 정의할 수도 있고, 스케치 전체를 섹션으로 선택할 수도 있다.

폐곡선을 Extrude 하면 솔리드 바디가 생성되고, 개곡선을 Extrude 하면 시트바디가 생성된다. 솔리드 바디는 안쪽이 꽉 차 있는 바디를 말하고, 시트바디는 두께가 없이 면으로만 이루어진 바디를 말한다.

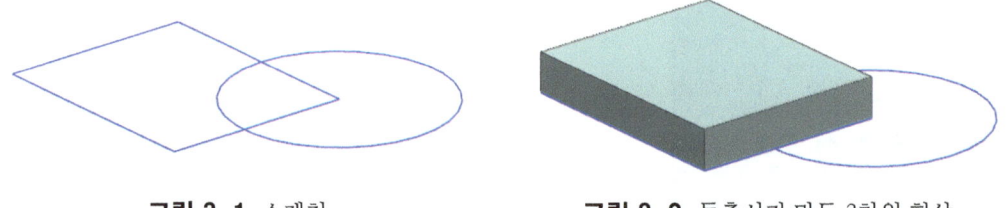

그림 3-1 스케치   그림 3-2 돌출시켜 만든 3차원 형상

3.1.2 Curve Rule

섹션을 교차하면 형상을 만들지 못하거나 의도하지 않은 형상이 생성될 수 있으므로 Curve Rule을 이용하여 원하는 커브를 섹션으로 선택할 수 있다.

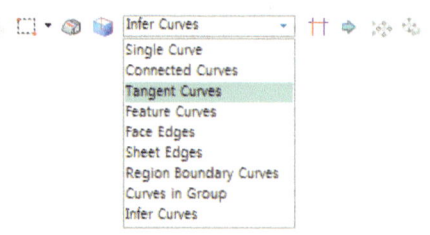

그림 3-3 Curve Rule

Stop at Intersection 버튼을 누르면 교차점을 기준으로 하여 선 또는 모서리의 일부를 섹션으로 선택할 수 있다.

그림 3-4 Stop at Intersection 옵션

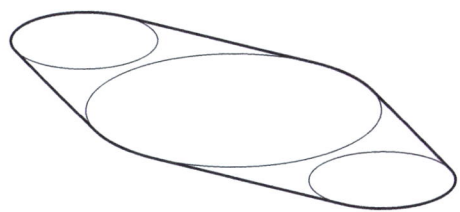

그림 3-5 Stop at Intersection 옵션을 이용하여 선택한 예 (굵은 선)

3.1.3 Boolean 옵션

두 번째 이후에 생성하는 솔리드 바디는 기존 솔리드 바디와 불리언 작업을 수행할 수 있다. 불리언의 종류에는 다음의 세 종류가 있다.

① Unite: 생성되는 피쳐를 기존의 바디와 합친다.
② Subtract: 기존의 바디에서 현재 생성 중인 피쳐와의 공통 부분을 제거한다.
③ Intersect: 기존의 바디와 현재 생성 중인 피쳐와의 공통 부분을 남긴다.

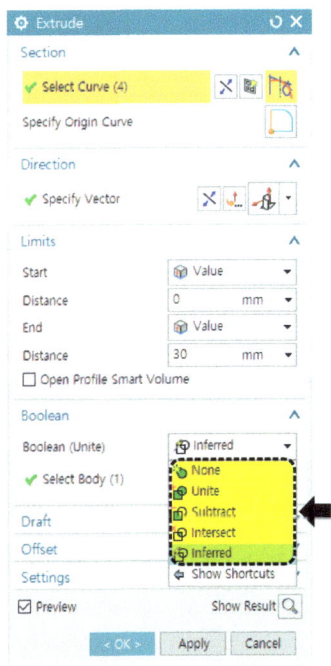

그림 3-6 Extrude의 Boolean 옵션

3 장: 모델링 주요 기능 - II

Exercise 01　모델링 연습

도면의 형상을 단일 솔리드 바디로 모델링 하시오.

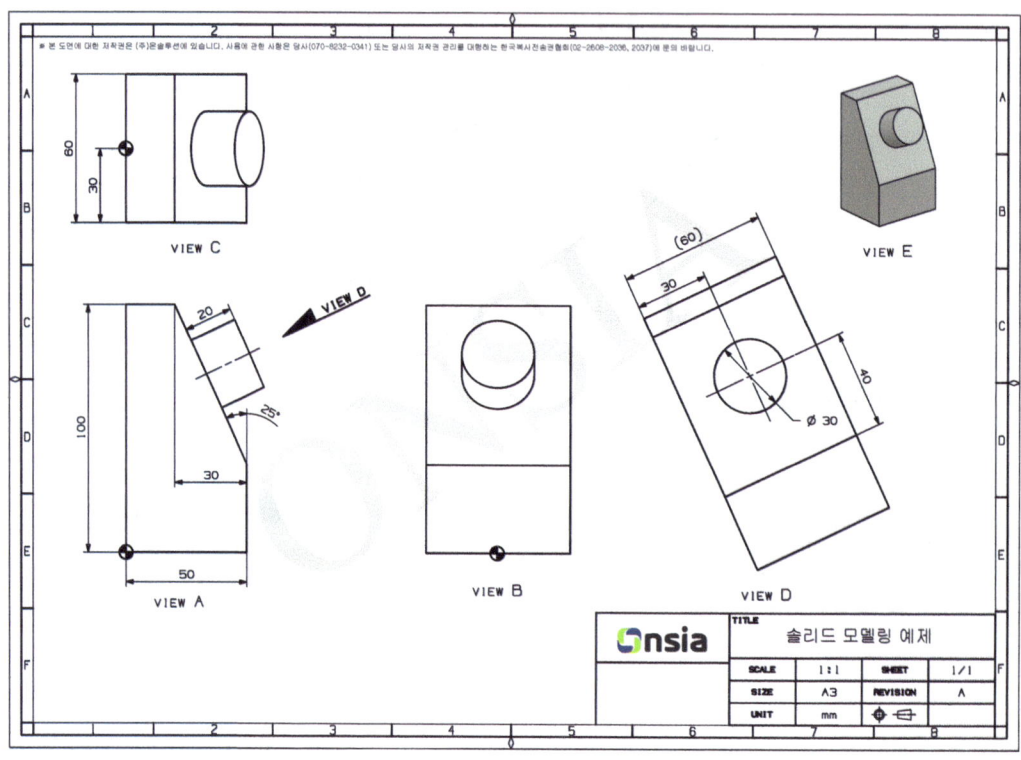

그림 3-7　실습용 도면

첫 번째 Extrude 피쳐 생성

1. ZX 평면에 스케치를 그린다.
2. 그림 3-9와 같이 Extrude 한다. End Limit 옵션으로 Symmetric Value를 선택하고 Distance 입력창에 30을 입력한다.

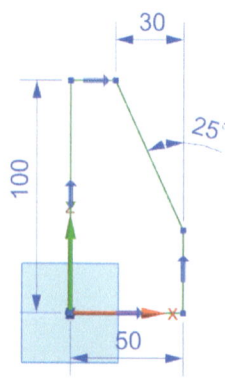

그림 3-8　첫 번째 스케치

50

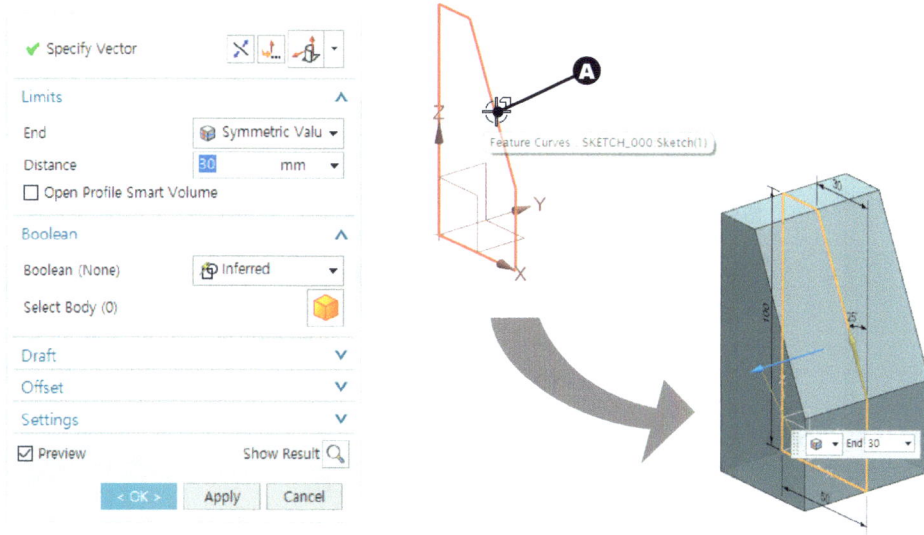

그림 3-9 첫 번째 Extrude 피쳐 생성

두 번째 Extrude 피쳐 생성

1. Sketch 아이콘을 누르고 그림 3-10의 ❸ 면을 선택한다.
2. 그림 3-11과 같이 스케치를 그리고 Finish Sketch 아이콘을 누른다.

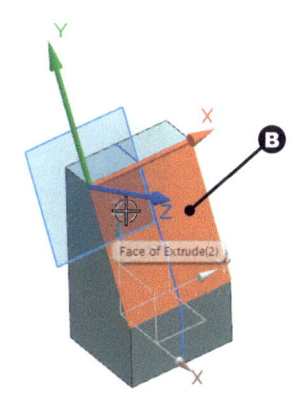
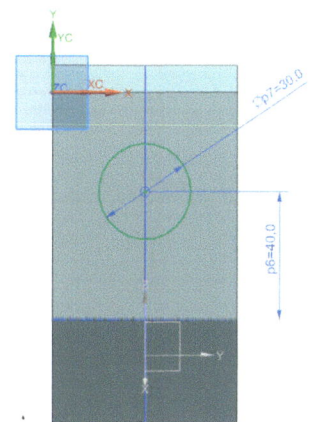

그림 3-10 두 번째 스케치면   **그림 3-11** 두 번째 스케치

3. 그림 3-12와 같이 Extrude 한다. Boolean 옵션으로 Unite를 선택한다.

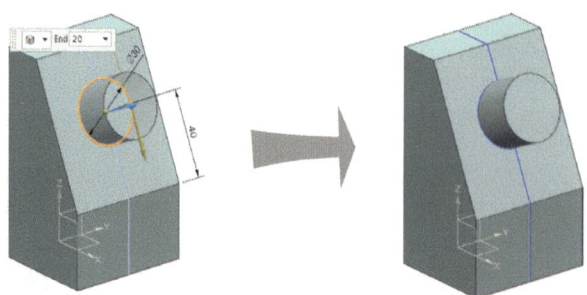

그림 3-12 두 번째 Extrude 피쳐

불필요한 개체 숨기기

1. View 탭의 Visibility 아이콘 그룹에서 Show and Hide 버튼을 누른다.
2. Show and Hide 대화상자에서 All 항목의 - 부분을 클릭한다. 모든 개체가 숨겨진다.
3. Solid Bodies 항목의 + 부분을 클릭한다. 솔리드 바디만 나타난다.
4. 키보드에서 Home 키(Trimetric View)를 누른다.

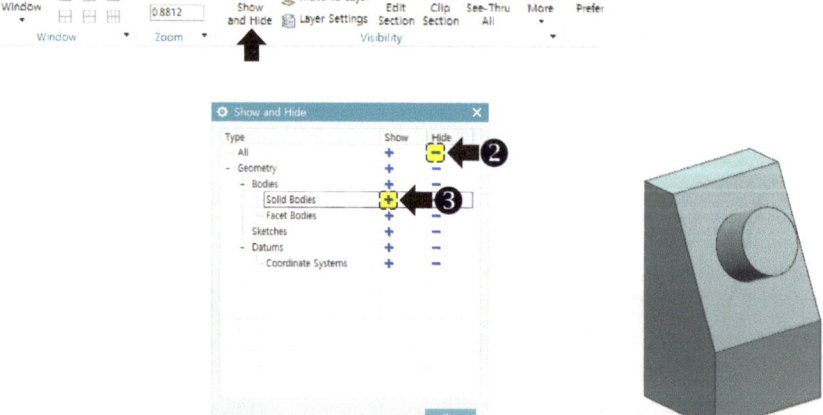

그림 3-13 화면 정리

파일 저장

1. Save 버튼을 눌러 파일을 저장한다.
2. File > Close > All Parts를 선택하여 파일을 모두 닫는다.

END of Exercise

ch03_ex02.prt   **커브의 투영(Project Curve)** Exercise 02

Project Curve 기능을 이용하여 모델링을 수행하자.

Project Curve 생성

1. 실습용 파일을 열고 Datum 좌표계를 보이게 한다.

2. Menu 〉 Preferences 〉 Sketch를 선택하고, Session Setting에서 Change View Orientation 옵션을 끈다.

3. Sketch 아이콘을 누르고 그림 3-14의 바닥면을 스케치 면으로 선택한다. 스케치 면이 회전되지 않는다.

4. View의 방향을 Trimetric으로 전환한다.

5. Direct Sketch 아이콘 그룹에서 Project Curve 아이콘을 누른다.

그림 3-14 스케치 면 선택

그림 3-15 Project Curve 아이콘

6. Curve Rule을 Face Edges로 선택한다.

7. 그림 3-16의 ❹ 면을 선택한다. 선택한 면을 이루는 모든 모서리가 선택되는 것을 알 수 있다. (총 4개의 커브)

8. Project Curve 대화상자에서 OK 버튼을 누른다. 그림 3-17과 같이 커브가 생성된다.

3 장: 모델링 주요 기능 - II

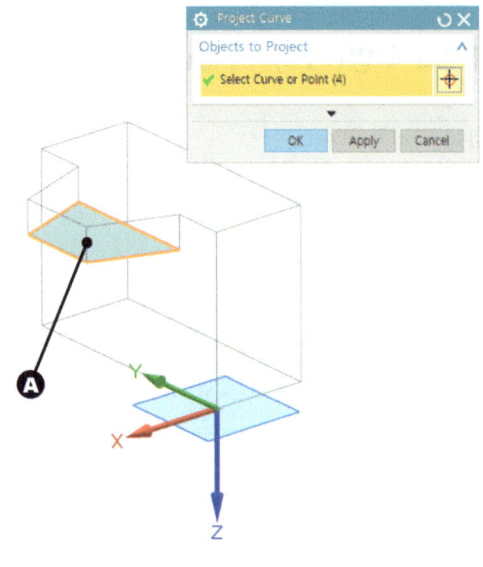
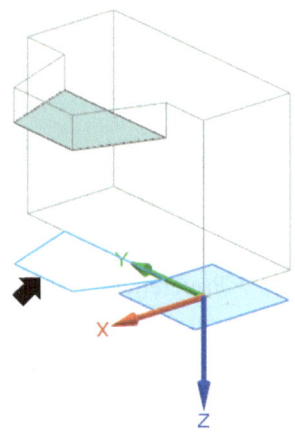

그림 3-16 선택할 면   그림 3-17 Project 하여 생성된 커브

Extrude 피쳐 생성

1. 키보드에서 Q 를 눌러 Sketch를 종료한다.
2. Feature 아이콘 그룹에서 Extrude 아이콘을 누른다.
3. 대화상자를 Reset 한 후 Project 하여 생성한 커브를 선택한다.
4. 그림 3-18과 같이 10 mm 돌출시켜 Unite 한다.

원본 형상과 모양은 같고 돌출 높이만 다른 형상을 생성할 수 있다.

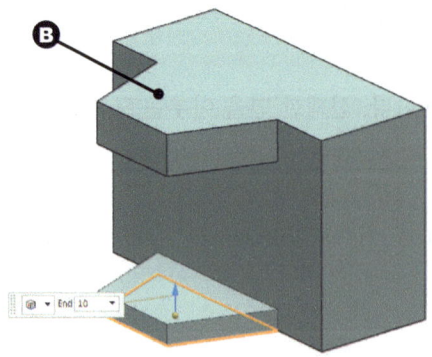

그림 3-18 Extrude 피쳐 생성

54

원본 형상 수정

1. 그림 3-18의 Ⓐ 피쳐에 대한 스케치를 보이게 한 후 더블클릭한다. Sketch 환경으로 들어감을 알 수 있다.

2. 그림 3-19와 같이 스케치를 수정한 후 Sketch 환경을 빠져 나간다.

그림 3-20과 같이 형상이 수정된다.

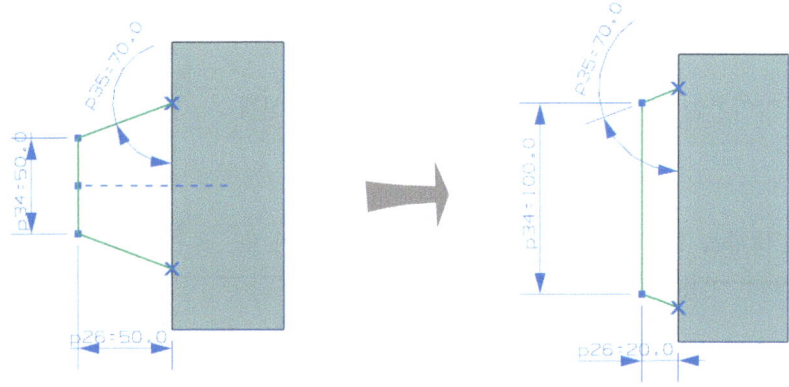

그림 3-19 원본 스케치 수정

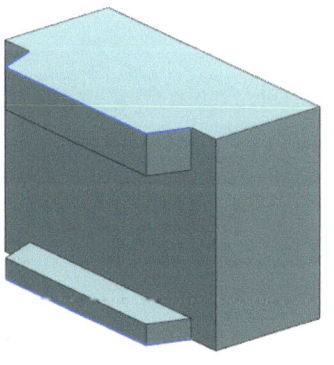

그림 3-20 수정 후의 형상

3 장: 모델링 주요 기능 - II

Exercise 03 교차 커브(Intersection Curve) *ch03_ex03.prt*

Intersection Curve 기능을 이용하여 모델링을 수행하자.

스케치 생성

1. 실습용 파일 (ch03_ex03.prt)을 연다.

2. 그림 3-21과 같이 데이텀 좌표계를 보이게 한다.

3. Sketch 아이콘을 누르고 YZ 평면을 스케치 면으로 선택한다.

4. View의 방향을 Trimetric으로 전환시킨다. (Home 키 또는 해당 아이콘 이용)

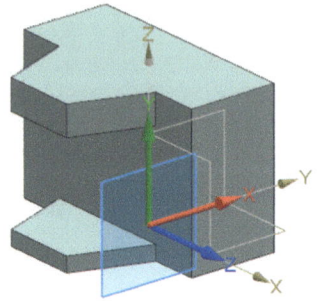

그림 3-21 스케치 면 선택

5. Direct Sketch 아이콘 그룹에서 Intersection Curve 아이콘을 누른다.

6. 그림 3-22의 Ⓐ 면을 선택한다.

그림 3-23과 같이 교차선이 생성된다.

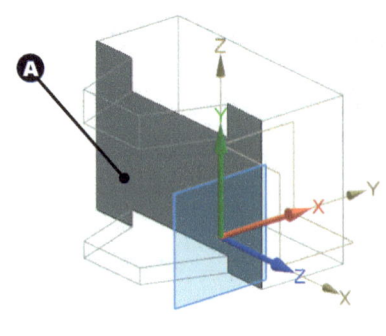 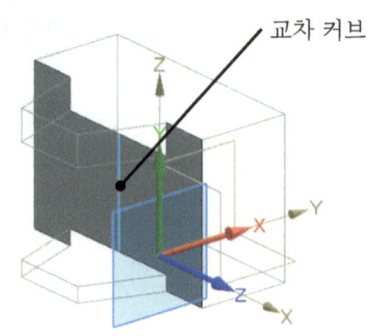

그림 3-22 교차시킬 면   **그림 3-23** 생성된 교차 커브

7. 연속하여 그림 3-24와 같이 ⓑ 면과의 교차선을 생성한다.

8. Intersection Curve 대화상자에서 OK 버튼을 누른다.

9. 그림 3-25와 같이 Line ⓒ를 생성하여 스케치를 완료한다. Line은 두 교차선의 중심점을 선택하여 생성한다.

10. Sketch를 종료한다.

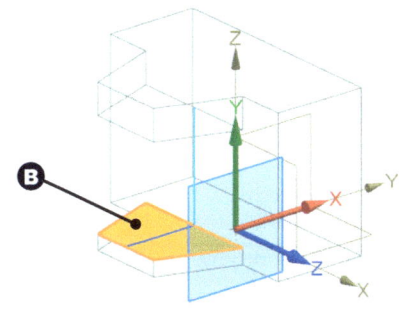 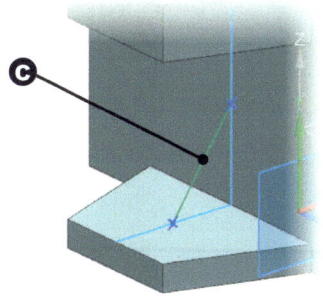

그림 3-24 생성된 교차 커브   그림 3-25 스케치 완성

Extrude 피쳐 생성

1. Feature 아이콘 그룹에서 Extrude 아이콘을 누른다.

2. 대화상자를 Reset 한다.

3. Curve Rule 옆에 있는 Stop at Intersection 버튼을 누른다.

4. 그림 3-27과 같이 삼각형의 섹션을 선택한다.

5. Limit 옵션을 선택한 후 Unite 하여 Extrude 피쳐를 생성한다.

6. 파일을 저장하지 말고 닫는다.

3 장: 모델링 주요 기능 – II

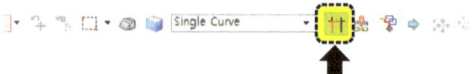

그림 3-26 Stop at Intersection 옵션

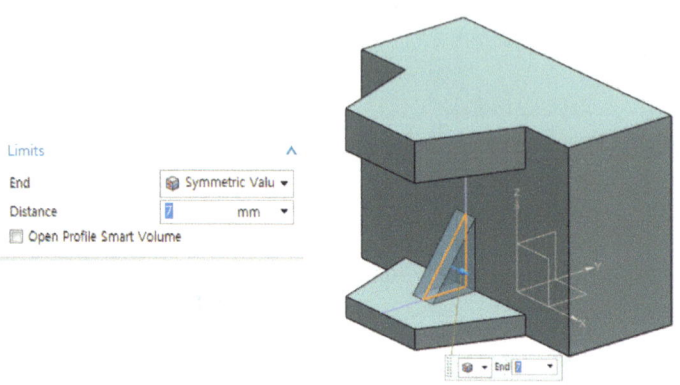

그림 3-27 Extrude 피쳐 생성

END of Exercise

3.1.4 Offset Curve

스케치에서 선 또는 모서리를 스케치 평면 상에서 오프셋한다.

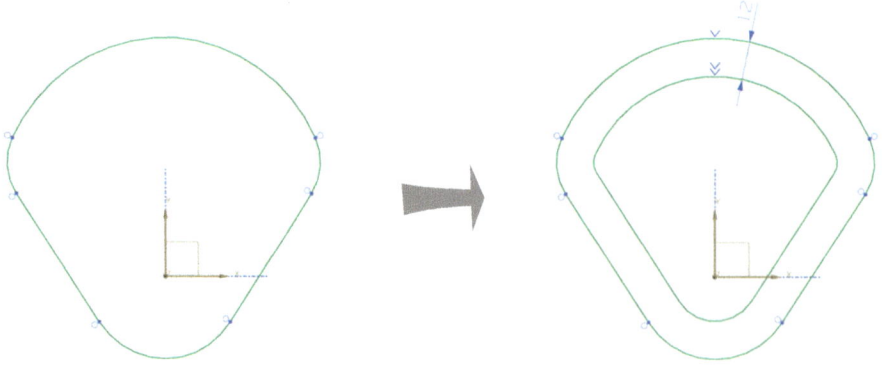

그림 3-28 Offset Curve 적용 전   그림 3-29 Offset Curve 적용 후

3.1.5 Limit 옵션

Extrude는 Limits 옵션을 이용하여 돌출의 양을 정의한다. 값을 이용하여 돌출량을 정의할 수도 있지만 형상 또는 개체를 이용하여 돌출량을 정의할 수도 있다. 미리보기에서 화살표의 시작점은 Start Limit을 의미하고, 화살표의 머리는 End Limit을 의미한다. 화살표의 머리 부분이나 시작점 부분을 드래그하여 값을 조절할 수 있다.

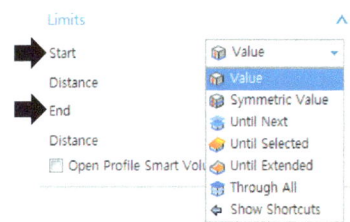

그림 3-30 Start / End Limit 옵션

3.2 Revolve

Revolve 기능을 이용하면 커브, 모서리, 직선 또는 데이텀 축(Datum Axis)을 회전축으로 하여 섹션을 회전시킨 형상을 만들 수 있다.

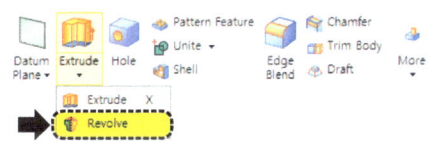

그림 3-31 Revolve 아이콘

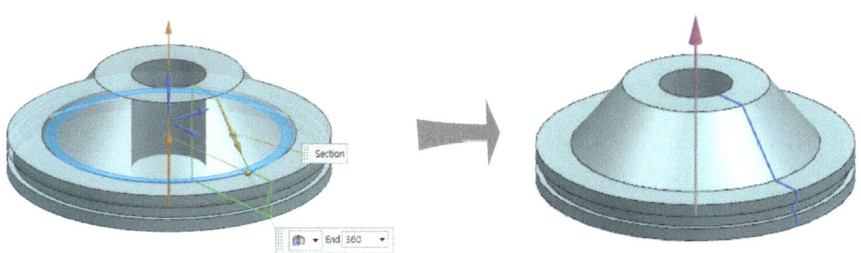

그림 3-32 Revolve 형상

3.3 데이텀

형상을 이루는 개체가 아니면서 형상을 생성하는데 이용되는 모델링 요소를 데이텀이라고 한다. 데이텀은 항상 기존 형상을 참조하여 정의한다. 기존 형상과 연관성(Associativity)이 있어서 참조하는 형상을 변경하면 데이텀도 따라서 변경된다. 또한 이후에 데이텀을 이용하여 생성한 형상도 같이 변경된다.

데이텀에는 데이텀 축과 데이텀 평면, 점이 있다.

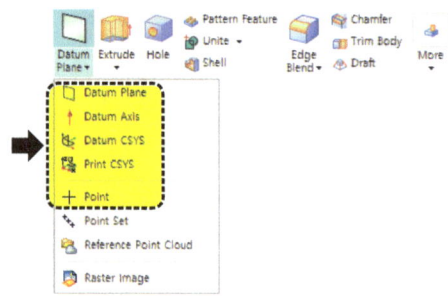

그림 3-33 Datum 생성 아이콘

Exercise 04   데이텀 평면을 이용한 모델링

At Angle 타입으로 데이텀 평면을 생성한 후 이후 모델링을 진행해 보자.

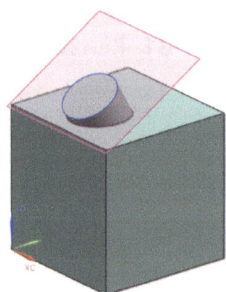

그림 3-34 완성할 모델

Block 생성

1. 임의의 이름을 새 파일을 생성한다.
2. Menu 버튼에서 Insert 〉 Design Feature 〉 Block을 선택한다.
3. Reset 버튼을 누르고 OK 버튼을 눌러 정육면체를 생성한다.

데이텀 평면 생성

1. Feature 아이콘 그룹에서 Datum Plane 아이콘을 누른다.
2. Datum Plane 대화상자에서 Reset 버튼을 누른다.
3. Planar Reference와 Through Axis를 선택한다.
4. Angle 입력창에 45를 입력하고 Enter 키를 누른다. 그림 3-35와 같이 45도 기울어진 데이텀 평면이 미리보기 된다.
5. OK 버튼을 눌러 데이텀 평면을 생성한다.

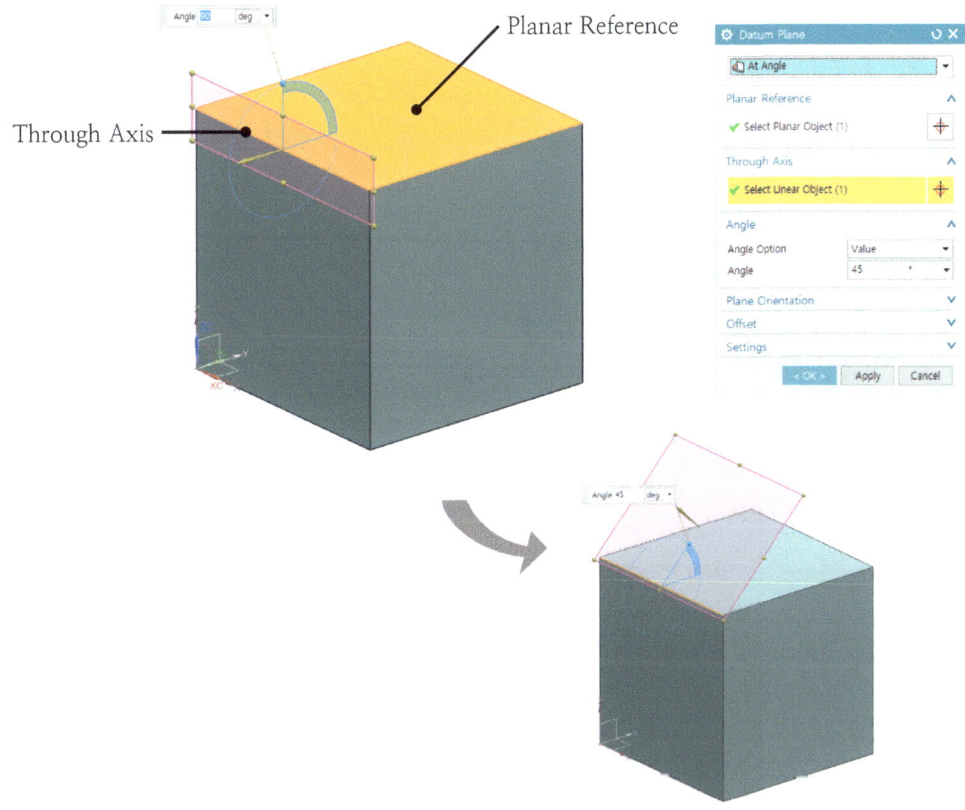

그림 3-35 데이텀 평면 생성

3 장: 모델링 주요 기능 - II

데이텀 평면을 이용한 모델링

1. Sketch 아이콘을 누르고 Datum Plane을 스케치 면으로 지정한다.
2. 그림 3-36, 그림 3-37을 참고하여 스케치를 그린 후 스케치를 종료한다.
3. 스케치로 그린 원을 그림 3-38과 같이 Extrude 한다. End Limit 옵션으로 Until Next를 사용하며 Boolean은 Unite를 선택한다.

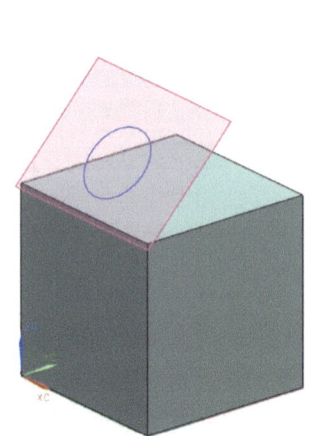

그림 3-36 데이텀 평면에 그린 스케치

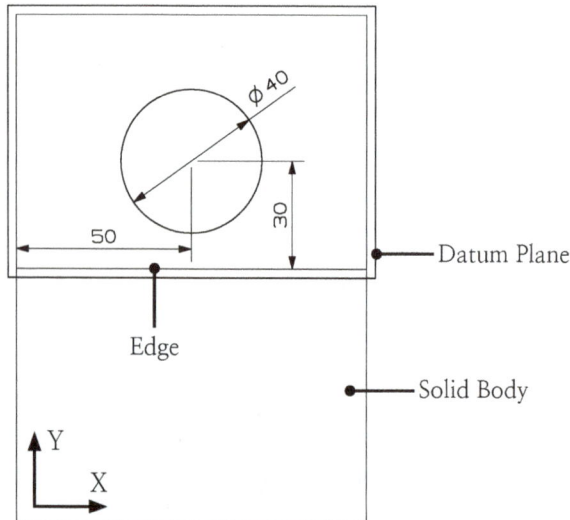

그림 3-37 스케치의 위치 및 치수 정보

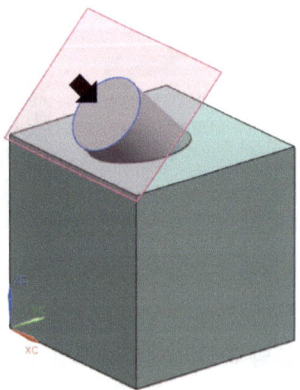

그림 3-38 Extrude 결과

모델 수정

1. 파트 네비게이터의 Details 패널을 펼친다. (그림 3-39에서 화살표가 가리키는 부분을 클릭하면 패널이 펼쳐진다.)
2. 작업창에서 데이텀 평면을 선택한다.
3. 파트 네비게이터 → Details 패널의 Expression 열의 p6=45를 더블 클릭한다. p6는 임의로 정해진 변수 이름으로서 사용자마다 다를 수 있다.

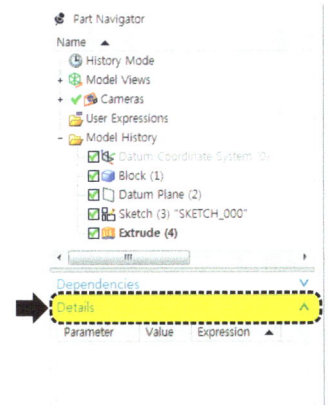

그림 3-39 Details 패널이 펼쳐진 상태

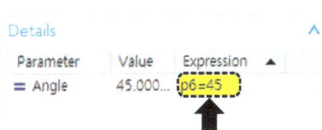

그림 3-40 더블 클릭할 수식

4. Detail 패널에서 숫자 45 대신에 30을 입력한 후 키보드에서 Enter 키를 누른다. 그림 3-42와 같이 모델이 수정되는 것을 확인할 수 있다.
5. 키보드에서 Esc 키를 눌러 데이텀 평면의 선택을 해제한다.
6. 파일을 저장하지 말고 닫는다.

그림 3-41 45를 30으로 수정한 상태

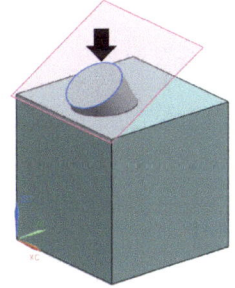

그림 3-42 모델이 수정된 결과

END of Exercise

3 장: 모델링 주요 기능 – II

Exercise 05 | Datum Axis와 Revolve

두 개의 평면이 만나는 곳에 데이텀 축을 정의한 후 Revolve 기능을 이용하여 피쳐를 추가해 보자.

그림 3-43 완성할 모델

Chamfer

1. Feature 아이콘 그룹에서 More 〉 Block 아이콘을 클릭하여 100x100x100 크기의 블록을 생성한다. 아이콘이 없으면 Role을 Advanced로 선택한다.
2. Feature 아이콘 그룹에서 Chamfer 아이콘을 누르고 그림 3-44와 같이 모델을 생성한다.

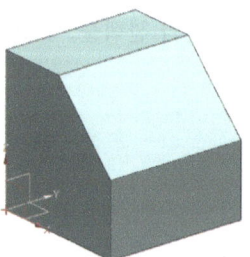

그림 3-44 Chamfer

데이텀 축 생성

1. Feature 아이콘 그룹에서 Datum Axis 아이콘을 누른다.
2. Datum Axis 대화상자를 Reset 한다.
3. 순서에 상관없이 그림 3-45에서 ❶, ❷ 면을 선택한다.
4. OK 버튼을 눌러 그림 3-46과 같이 데이텀 축을 생성한다.

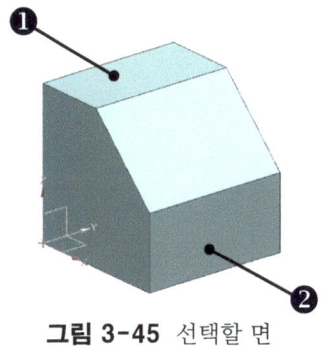
그림 3-45 선택할 면

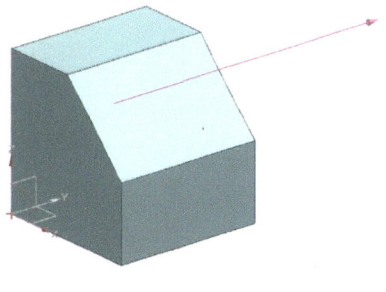
그림 3-46 생성된 데이텀 축

스케치 생성

Sketch 아이콘을 누르고 그림 5-97과 같이 스케치를 그린다. Mid-Point 구속을 이용하여 윗면의 중앙에 생성한다. Sketch를 종료하지 않고 계속 진행한다.

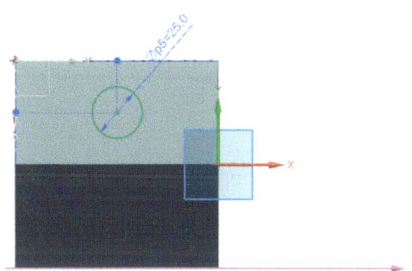
그림 3-47 스케치 생성

Revolve 피쳐 생성

1. Revolve 버튼을 누르고 스케치를 섹션으로 선택한다.
2. MB2를 누른다.
3. 축을 선택한다. (그림 3-48의 ❸)
4. End Limit을 Until Selected로 선택한다.
5. 그림 3-48의 Ⓐ 면을 선택한다.
6. Boolean 옵션에서 Unite를 선택한다.
7. OK 버튼을 누른다. 그림 3-49와 같이 Revolve 피쳐가 생성된다.

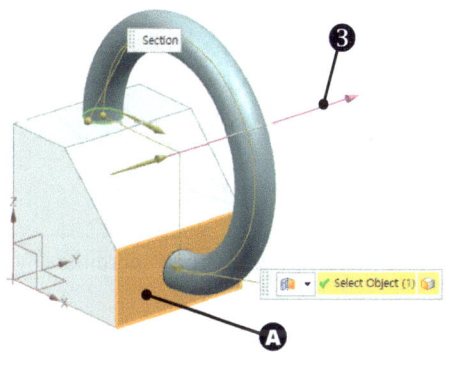
그림 3-48 Revolve 피쳐의 미리보기

그림 3-49 완성된 모델

END of Exercise

3.3.1 데이텀 좌표계

그림 3-50의 오브젝트를 데이텀 좌표계라 부른다. Feature 아이콘 그룹의 Datum CSYS 아이콘을 이용하여 데이텀 좌표계를 생성할 수 있다.

데이텀 좌표계는 세 개의 데이텀 평면과 세 개의 데이텀 축, 한 개의 좌표계, 한 개의 점으로 이루어 진다. 한꺼번에 8개의 오브젝트를 생성하여 모델링에 이용할 수 있는 것이다.

Model 템플릿에는 데이텀 좌표계가 이미 생성되어 있다.

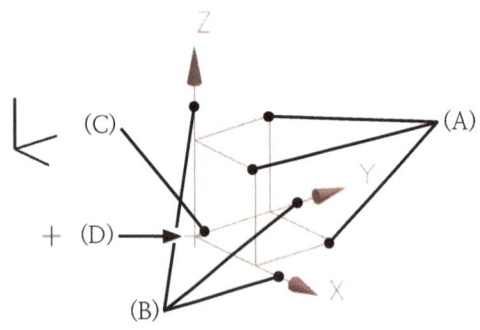

(A) Datum Plane: 3개
(B) Datum Axis: 3개
(C) Coordinate System: 1개
(D) Point: 1개

그림 3-50 Datum Coordinate System

3.4 Edge Blend

뾰족한 모서리를 둥글게 만들어 준다. 일반적으로 필렛이라고 부른다.

그림 3-51 Edge Blend

3.5 Chamfer

Chamfer(모따기)는 뾰족한 모서리를 깎아 평평하게 만드는 기능이다.

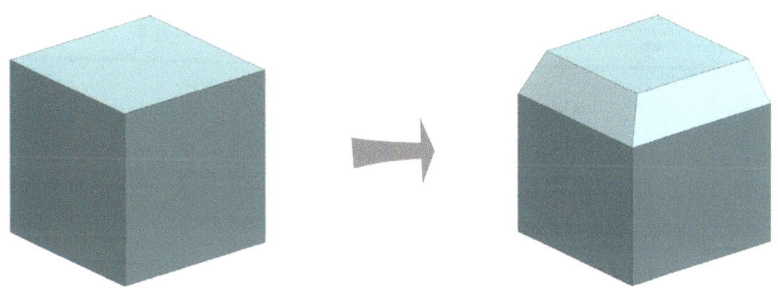

그림 3-52 Chamfer

3.6 Shell

솔리드 바디를 파내어 두께를 형성한다.

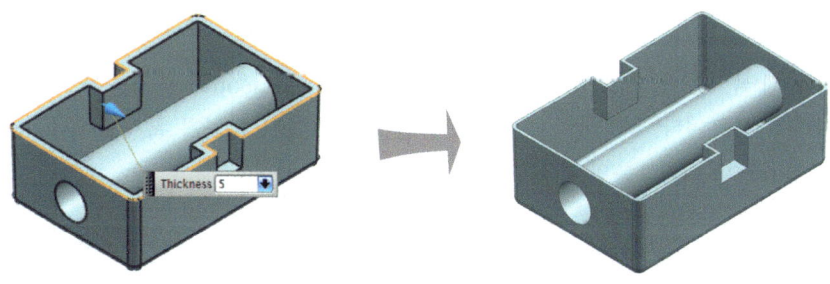

그림 3-53 Shell

3.7 복사 기능

3.7.1 복사의 대상

모든 복사 기능 사용시 복사의 대상을 선택하게 되어 있다. 작업창의 모델에서 직접 선택할 수도 있고 때로는 파트 네비게이터에서 선택할 수도 있다. 복사 기능 대화상자의 복사 대상 선택 단계에서 Type Filter를 보면 어떤 대상을 선택할 수 있는지 확인할 수 있다.

그림 3-54는 Pattern Feature 아이콘을 눌렀을 때 선택할 수 있는 복사 대상 피쳐의 종류를 보여주고, 그림 3-55는 Pattern Geometry 아이콘을 눌렀을 때 선택할 수 있는 복사 대상 지오메트리의 종류를 보여준다.

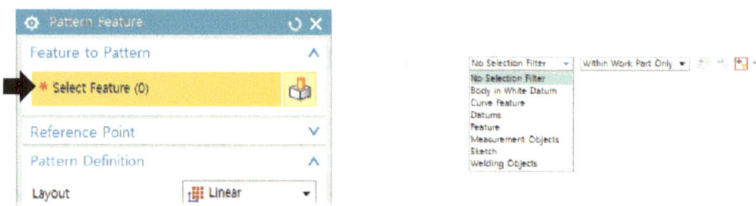

그림 3-54 Pattern Feature 기능의 복사 대상

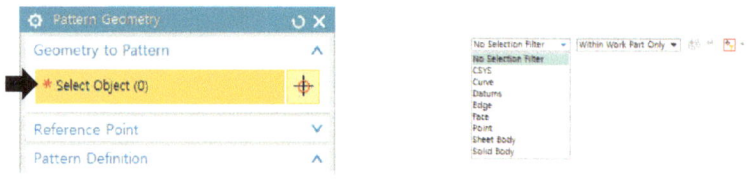

그림 3-55 Pattern Geometry 기능의 복사 대상

Pattern Feature 기능과 Mirror Feature 기능의 복사 대상은 모두 피쳐다. 원본 피쳐를 정의하는 옵션도 함께 복사된다. Pattern Geometry 기능과 Mirror Geometry 기능은 모델링 결과 형상을 복사하는 기능이다. 따라서 모델 생성 방법을 정의하는 피쳐를 복사할 수는 없다. 그림 3-56은 Feature 아이콘 그룹의 복사 기능을 보여준다.

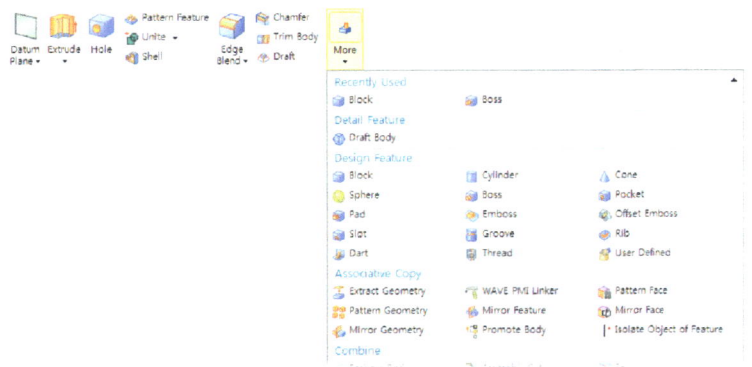

그림 3-56 Feature 아이콘 그룹의 복사 기능

3.7.2 복사 방법

복사의 방법은 Pattern Feature 기능의 Layout 드롭다운에서 확인할 수 있다.

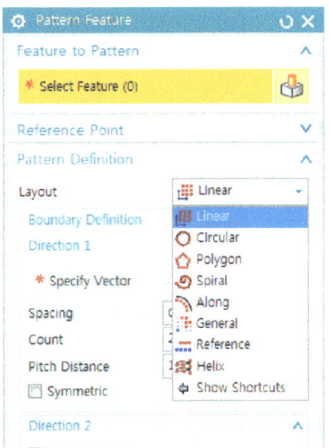

그림 3-57 Layout 드롭다운

Exercise 06 — Linear 타입 패턴

ch03_ex06.prt

주어진 파일을 이용하여 Boss를 생성한 후 양 방향으로 패턴을 생성해 보자.

1. 실습용 파일을 연다. W 키를 눌러 WCS를 숨기고 데이텀 좌표계를 숨긴다.
2. Feature 아이콘 그룹에서 More 버튼을 누른 후 Boss를 선택한다.
3. 그림 3-58과같이 Boss 피쳐를 생성한다. (직경: 10mm, 높이: 20mm, 위치: 그림 참조)
4. Pattern Feature 아이콘을 누르고 대화상자를 Reset 한다.
5. 대화상자에 Select Feature 옵션이 활성화 되어 있는 것을 확인하고 Boss 피쳐를 선택한다.
6. MB2를 눌러 Direction 1 옵션으로 진행한다. Specify Vector 영역이 활성화 된 것을 확인한다. 선형 배열의 첫 번째 방향을 지정하는 옵션이다.

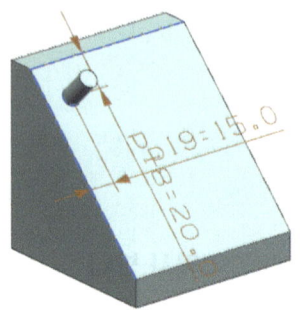

그림 3-58 Boss 피쳐 생성

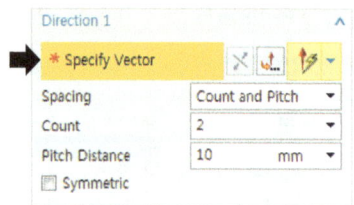

그림 3-59 Direction 1의 Specify Vector 옵션

7. 그림 3-60의 모서리 Ⓐ를 선택한다.
8. Spacing 타입을 설정하고 값을 입력한다.
9. Enter 키를 누르면 그림 3-60과 같이 패턴의 미리보기가 나타난다.

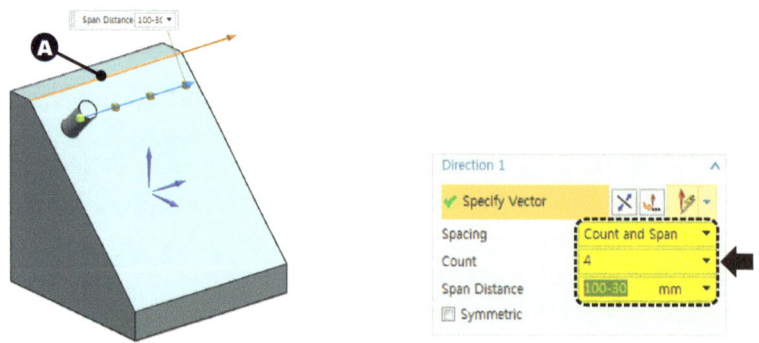

그림 3-60 Direction 1 옵션 설정

70

10. Direction 2 옵션 그룹에서 Use Direction 2를 체크한다. Specify Vector 영역이 활성화 된 것을 확인한다. 선형 배열의 두 번째 방향을 지정하는 옵션이다.

11. 그림 3-61의 모서리 ❷를 선택한다.

12. Direction 2 의 Spacing 타입을 설정하고 값을 입력한다.

13. Enter 키를 누르면 미리보기가 나타난다.

14. OK 버튼을 눌러 그림 3-62와 같이 패턴을 생성한다.

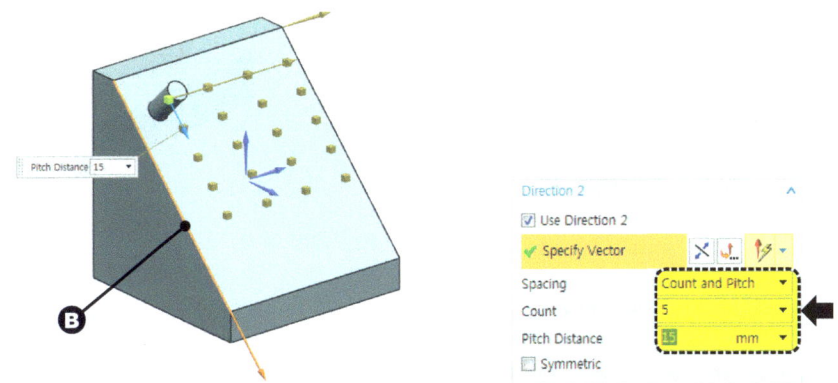

그림 3-61 Direction 2 옵션 설정

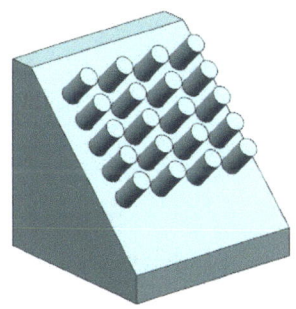

그림 3-62 생성된 패턴 피쳐

END of Exercise

3.7.3 Mirror Feature

이 기능을 이용하면 피쳐를 대칭복사할 수 있다. 대칭 기준면으로는 데이텀 평면이나 형상의 평면을 이용할 수 있다. 데이텀 평면이나 스케치 피쳐를 대칭복사할 수 있고 Boolean이 적용된다. 따라서, Boolean이 적용된 피쳐를 복사할 때는 복제본이 형상을 벗어나면 안된다.
여러 개의 피쳐를 한꺼번에 복사할 수도 있다.

그림 3-63 피쳐의 대칭 복사

3.7.4 Mirror Geometry

Menu 버튼의 Insert 〉 Associative Copy 〉 Mirror Geometry를 선택하면 Mirror Geometry 대화상자가 나타나고 Type Filter를 보면 어떤 지오메트리를 선택할 수 있는지 알 수 있다. 그림 3-65와 같이 솔리드 바디 전체를 대칭복사 하려면 Mirror Geometry 기능을 이용한다.

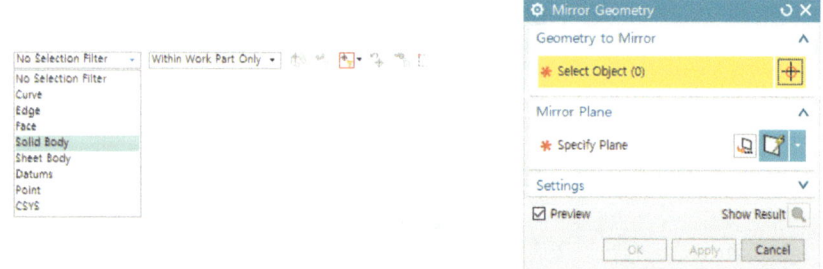

그림 3-64 Mirror Geometry 대화상자

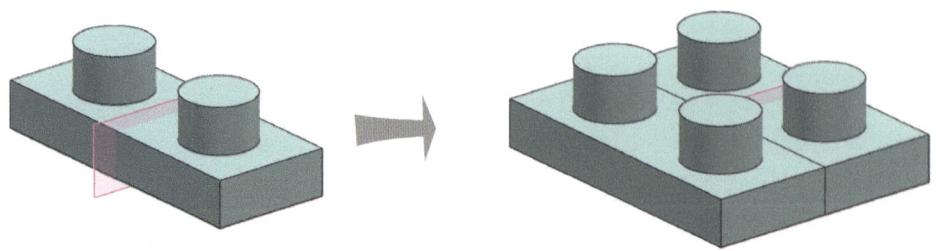

그림 3-65 바디의 대칭 복사

3.7.5 Pattern Geometry

Menu 버튼의 Insert > Associative Copy > Pattern Geometry를 선택하면 Pattern Geometry 대화상자가 나타나고 선형 패턴, 원형 패턴, 점 패턴 등의 배열을 생성할 수 있다. 복사의 대상은 Mirror Geometry 기능과 유사하고, 복사 방법은 Pattern Feature와 같다. 복사의 대상으로 커브와 페이스를 선택할 수 있기 때문에 Face Rule과 Curve Rule이 함께 나타난다. Face를 선택할 때는 선택 우선순위로 인하여 바로 선택할 수 없고 Type Filter를 변경해야 한다.

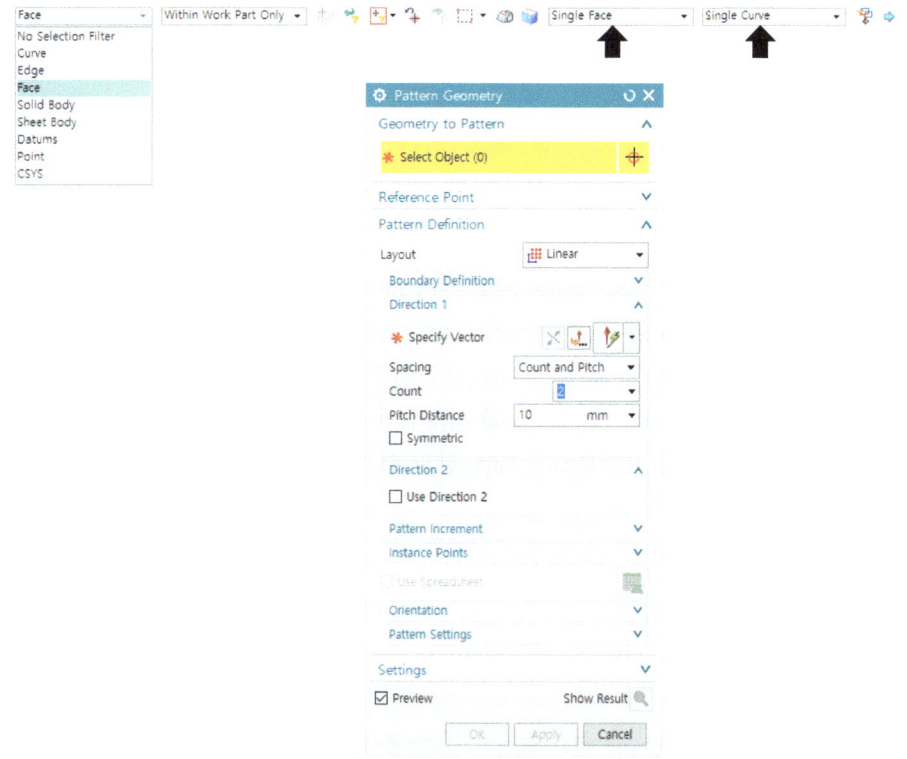

그림 3-66 Pattern Geometry 대화상자

3 장: 모델링 주요 기능 – II

3.8 Synchronous Modeling

Synchronous Modeling 기능을 이용하면 파라미터를 수정할 필요 없이 형상만을 이용하여 모델을 편리하게 수정할 수 있다. 파라미터가 필요 없기 때문에 다른 CAD에서 생성한 모델의 형상도 수정할 수 있다. 그림 9-28은 Synchronous Modeling 아이콘 그룹을 보여준다.

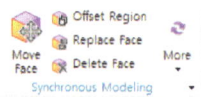

그림 3-67 Synchronous Modeling 아이콘 그룹

3.8.1 Move Face

면을 선택하여 지정된 방향으로 이동시킬 수 있다.

Exercise 07   **Move Face**   *ch03_ex07.stp*

1. 예제 파일 ch03_ex07.stp를 연다. Open을 실행한 후 그림 3-68과 같이 파일 형식을 .stp로 변경한 후 파일을 연다. 변환 작업으로 인해 약간의 시간이 걸릴 수 있다.

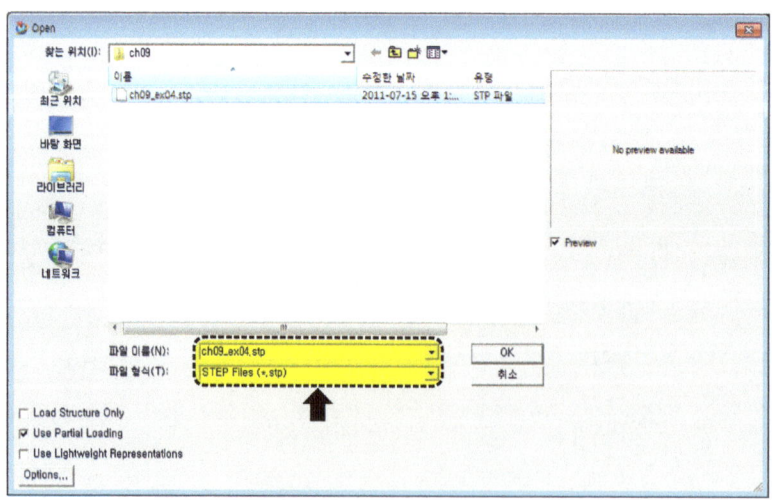

그림 3-68 STP 파일 열기

2. 열린 모델에서 Curve를 모두 삭제한 후 저장한다.

3. Synchronous Modeling 아이콘 그룹에서 Move Face 아이콘을 누른다.

4. Move Face 대화상자에서 Reset 버튼을 누른다.

5. 그림 3-69에서 화살표가 가리키는 면을 선택한다.

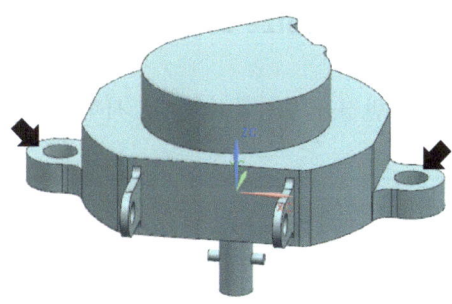

그림 3-69 선택할 면

6. 그림 3-70과 같이 Move Facce 대화상자의 Transform 그룹의 Distance 값에 4를 입력한 후 키보드에서 Enter를 누른다. 그림 3-71과 같이 선택한 면이 면의 법선 방향으로 4mm 이동하는 것을 확인 할 수 있다.

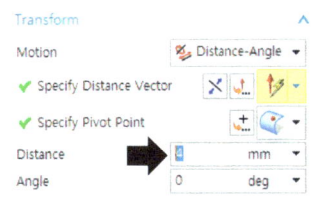

그림 3-70 이동 거리 입력

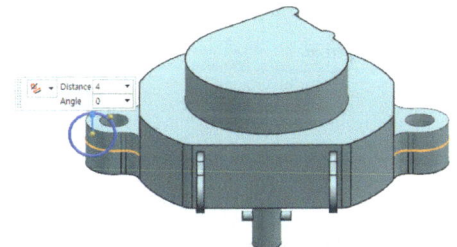 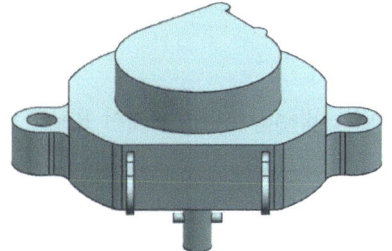

그림 3-71 Move Face의 결과

7. Move Face 대화상자에서 OK 버튼을 누른다.
8. 파일을 저장하지 말고 닫는다.

END of Exercise

3.8.2 Resize Blend

필렛 반경을 수정할 수 있다. 서피스는 반드시 원통형이어야 한다.

Exercise 08 **Resize Blend**   *ch03_ex07_stp.prt*

1. 예제 파일 ch03_ex07_stp.prt를 연다. Exercise 07(Move Face)에서 ch03_ex07.stp를 열 때 NX는 같은 폴더에 변환된 파일 ch03_ex07_stp.prt이 자동으로 생성된다.
2. Synchronous Modeling 아이콘 그룹에서 More 버튼을 누른 후 Resize Blend 아이콘을 클릭한다.

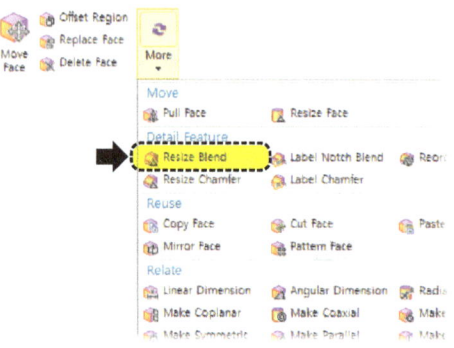

그림 3-72 Resize Blend 아이콘

3. Resize Blend 대화상자에서 Reset 버튼을 누른다.
4. 그림 3-73에서 점선이 가리키는 4개의 면을 선택한다. 대화 상자의 Radius 값에 현재 필렛 반경 1.5mm가 표시된다.
5. Radius 값에 0.5를 입력한 후 키보드에서 Enter를 누른다. 그림 3-74와 같이 미리보기로 확인할 수 있다.
6. 대화상자에서 OK 버튼을 누른다. 그림 3-74와 같이 필렛 반경이 수정된 것을 확인할 수 있다.
7. 파일을 저장하지 말고 닫는다.

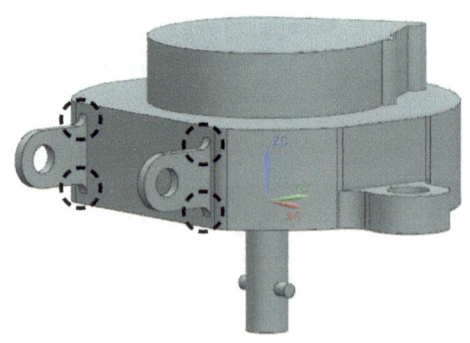

그림 3-73 선택할 면

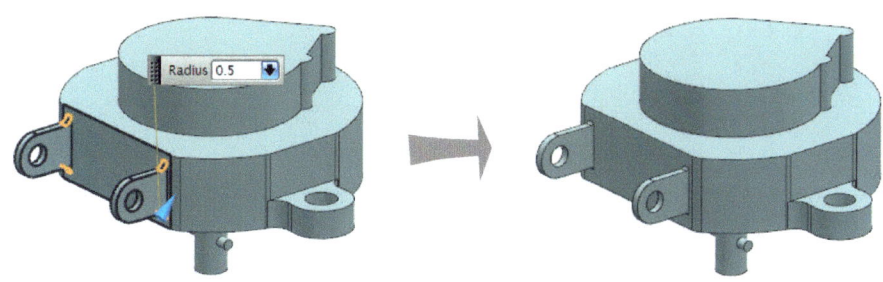

그림 3-74 Resize Blend의 결과

3 장: 모델링 주요 기능 - II

(빈 페이지)

Chapter 4
Cantilevered Beam

■ 학습목표

- Cantilevered Beam의 해석을 통하여 NX를 이용한 해석 절차를 이해한다.
- Simulation에서 사용하는 파일의 종류를 이해한다.
- 해석의 기초 원리를 이해한다.

Chapter 4: Cantilevered Beam

4.1 개요

그림 4-1과 같은 Cantilevered Beam에 대한 해석을 수행하고 결과를 표시해 보자.

한쪽 끝 면은 완전히 고정되어 있고(Fixed), 다른 쪽 끝 면에는 -Z 방향으로 1000N의 하중이 가해진다. 기준 좌표계의 방향을 고려하여 모델을 생성한 후 Structural Analysis를 수행할 것이다. 재료는 Steel을 이용한다.

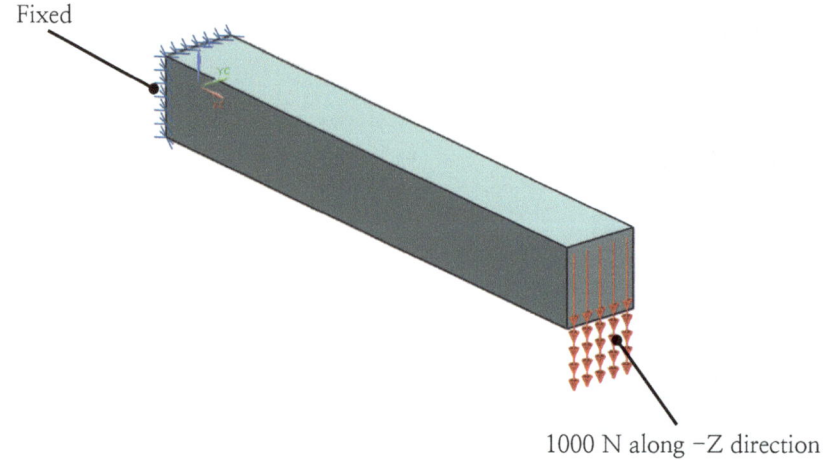

그림 4-1 해석 모델

4.2 모델 생성

파트 생성

1. NX를 실행시킨 후 Model 템플릿으로 새파일을 생성한다. 폴더는 nx_sim으로 하고 파일명은 cantilevered_beam으로 한다.
2. 그림 4-2와 같이 YZ 평면에 스케치를 생성하고 150 mm 돌출시킨다.
3. 파일을 저장한다.

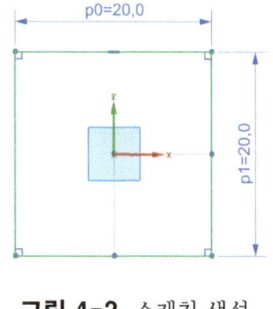

그림 4-2 스케치 생성

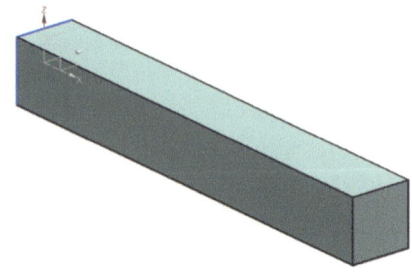

그림 4-3 모델 생성

4.3 Preprocessing

Pre/Post 애플리케이션 실행

1. NX의 Application 탭 > Simulation 그룹 > Pre/Post를 눌러 Pre/Post 애플리케이션을 실행시킨다.

그림 4-4는 Pre/Post 애플리케이션이 실행된 후의 NX 화면을 보여준다.

리소스 바에 Simulation Navigator(화살표로 가리키는 부분)가 나타나 있으며 Context, Start, Geometry Preparation, Synchronous Modeling 아이콘 그룹이 나타나 있다. 그렇지 않다면 리소스 바(NX 화면의 왼쪽 세로 부분)에서 Role > Content > Advanced를 선택하여 아이콘을 초기화 한다. 아이콘을 초기화 한 후에는 Simulation Navigator를 다시 표시한다.

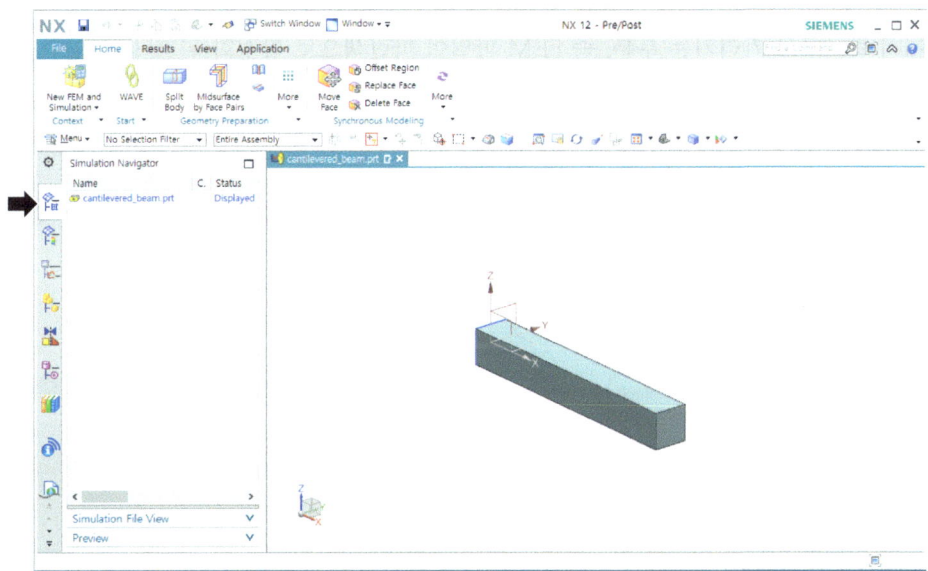

그림 4-4 Pre/Post 화면

FEM 파일과 SIM 파일 생성

Simulation을 수행하기 위해서는 FEM 파일과 SIM 파일을 생성해야 한다. FEM 파일에서는 FE Model을 생성할 수 있고, SIM 파일에서는 하중, 경계조건, 해석 타입 등 Simulation 수행에 적용할 수 있는 각종 옵션을 설정할 수 있다.

Chapter 4: Cantilevered Beam

1. Context 아이콘 그룹에서 New FEM and Simulation 아이콘을 누른다.

2. 그림 4-5의 New FEM and Simulation 대화상자의 Solver Environment 옵션 영역을 확인한다.

Solver는 NX Nastran으로 설정되어 있고, Analysis Type으로 Structural이 선택되어 있다.

3. New FEM and Simulation 대화상자에서 OK 버튼을 누른다.

그림 4-6과 같은 Solution 대화상자가 나타난다.

4. Solution Type이 SOL 101 Linear Statics로 되어 있음을 확인하고 OK 버튼을 누른다.

그림 4-7은 FEM 파일과 SIM 파일을 생성한 후의 NX 화면을 보여준다. Simulation Navigator에서 화살표로 가리키는 부분, 즉 FEM 파일이 파란색으로 활성화 된 것을 확인한다. 또한 Home 탭에 FE 모델을 생성하기 위한 여러 가지 아이콘 그룹이 나타나 있고, Nodes and Elements 탭이 나타나 있음을 확인한다.

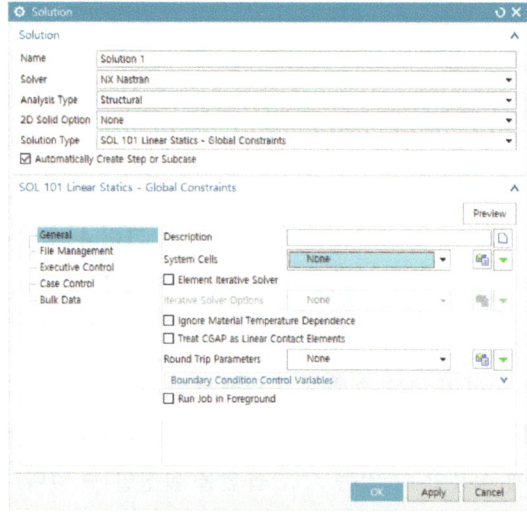

그림 4-5 New FEM and Simulation 대화상자　　그림 4-6 Solution 대화상자

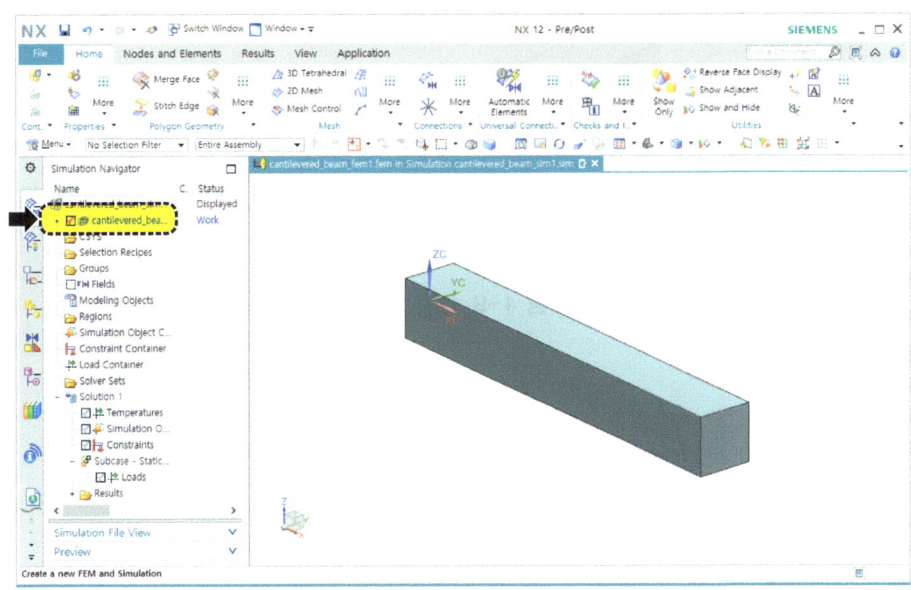

그림 4-7 FEM 파일이 활성화 된 상태

Mesh 생성

3차원 Mesh를 생성하자.

1. Home 탭 > Mesh > 3D Tetrahedral 아이콘을 클릭한다.
2. 대화상자를 Reset 한다. (그림 4-8의 ⓐ)
3. 작업창에서 모델을 선택한다.
4. 대화상자에서 Automatic Element Size 버튼(그림 4-8의 ⓑ)을 누른다.
5. 대화상자에서 OK 버튼을 누른다.

그림 4-9는 Mesh가 생성된 후의 FE Model을 보여준다.

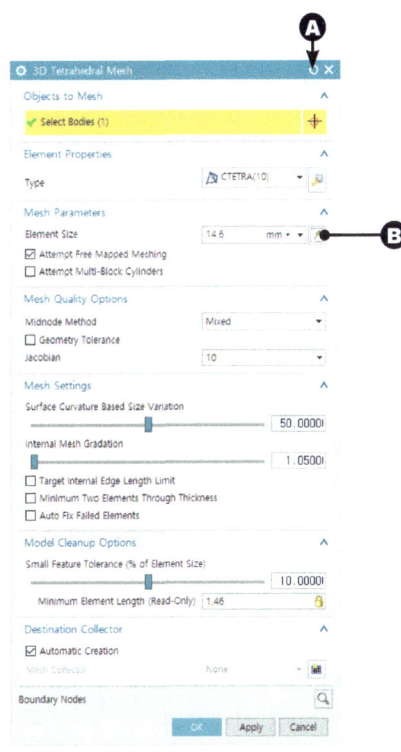

그림 4-8 3D Tetrahedral Mesh 대화상자

Chapter 4: Cantilevered Beam

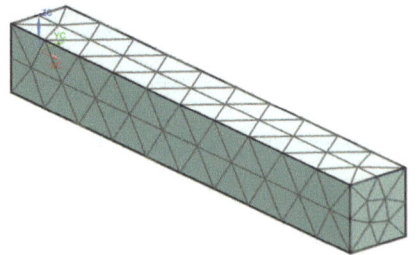

그림 4-9 FE Model

변위 구속

변위 구속이나 하중은 SIM 파일을 Activate 시킨 후 정의할 수 있다. 모델의 면, 모서리, 점 등을 선택하여 경계조건이나 하중을 정의한다.

1. 그림 4-10의 Ⓐ 부분을 클릭하여 Simulation File View 창을 확장시킨다.
2. 그림 4-10의 Ⓑ 부분을 더블클릭한다.

Simulation Navigator에는 _sim1.sim 파일이 파란색으로 활성화되며 Status 칼럼에 Displayed &Work라고 표시된다. 칼럼의 경계 부분과 Simulation Navigator의 경계 부분을 드래그 하여 영역을 조절할 수 있다. Home 탭에는 변위 구속과 하중을 정의할 수 있는 아이콘들이 나타나 있다.

그림 4-10 Simulation Navigator

3. Home 탭 〉 Loads and Conditions 그룹에서 Constraint Type 아이콘을 누른 후 Fixed Constraint를 선택한다.

4. 모델을 회전시켜 그림 4-11의 Ⓐ 면을 선택한다.
5. Fixed Constraint 대화상자에서 OK 버튼을 누른다.

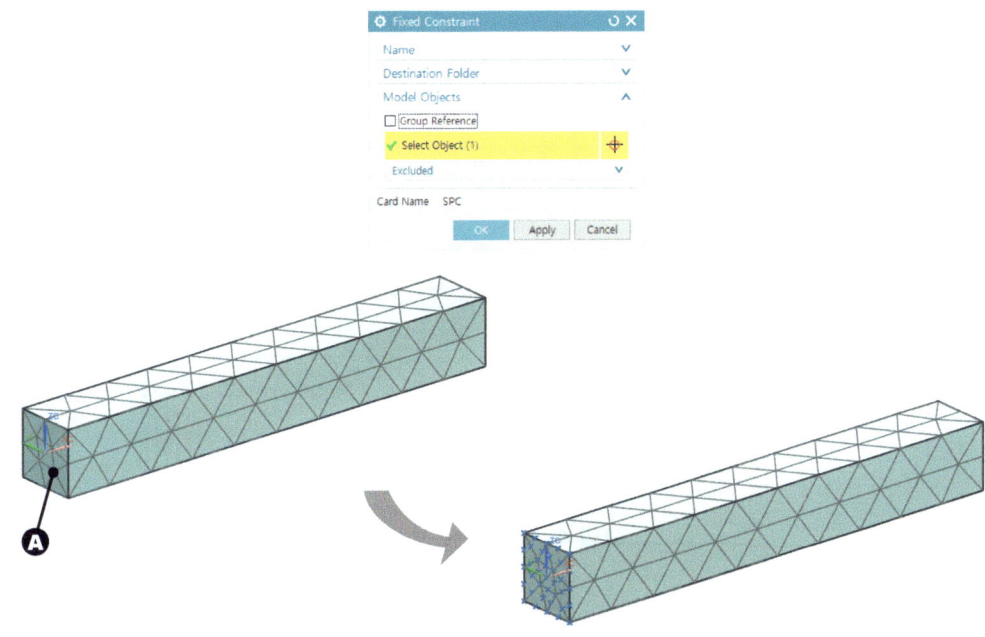

그림 4-11 Fixed Constraint 생성

하중

연속하여 반대쪽 면에 1000N의 하중을 생성하자.

1. Trimetric View를 표시한다.
2. Home 탭 > Loads and Conditions 그룹 > Load Type 아이콘을 클릭한 후 Force를 선택한다.
3. Force 대화상자를 Reset 한다.
4. WCS의 반대쪽 면을 선택한다. (그림 4-12의 Ⓑ)
5. 대화상자의 Force 입력창에 1000N을 입력한다.
6. Direction 옵션을 -ZC로 설정한다. (그림 4-12의 Ⓒ)
7. Force 대화상자에서 OK 버튼을 누른다.

85

Chapter 4: Cantilevered Beam

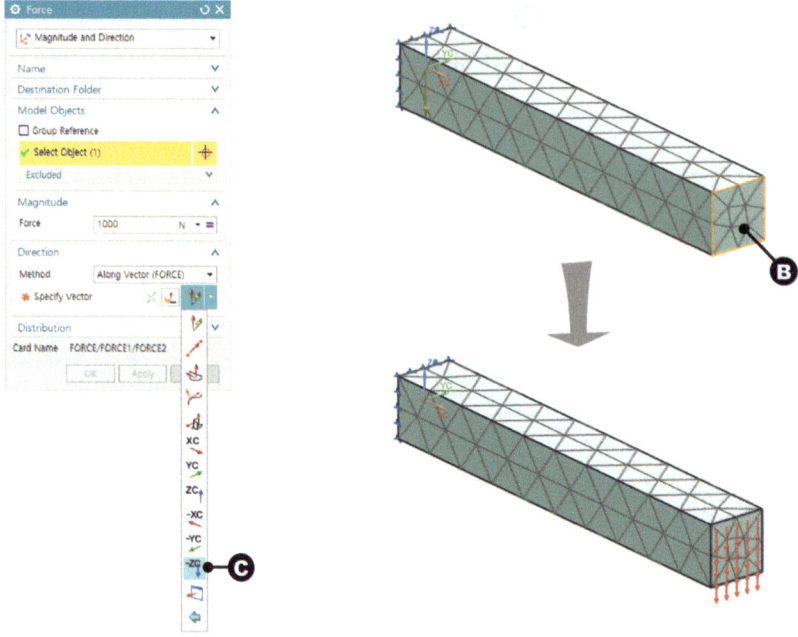

그림 4-12 Force 생성

Simulation Navigator 확인

Simulation Navigator의 Load Container와 Constraint Container를 펼치면 그림 4-13과 같다.

Load Container, Constraint Container가 Solution 1과 같은 레벨에 정의되어 있고, Solution 1의 Constraints와 Subcase – Static Loads 1에 Fixed(1)과 Force(1)이 나타나 있다. 이는 Solution 1이 해당 변위 구속과 하중 조건을 이용한 해석임을 의미한다.

현재 SIM 파일이 Work로 되어 있음을 인지한 후 파일을 저장한다. SIM 파일, FEM 파일, _i.prt 파일이 저장된다.

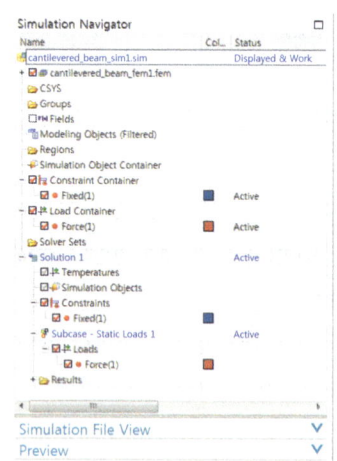

그림 4-13 Simulation Navigator

재질 설정

해석의 결과는 재질에 따라 분석 결과가 달라진다. 재질은 fem 파일에서 설정한다.

1. Simulation Navigator에서 fem 파일을 더블클릭 한다. _fem1.fem 항목이 Work로 지정됨을 확인한다. 아이콘 그룹도 변경된다.

2. _fem1.fem 파일을 그림 4-14와 같이 확장 시키고 3D Collectors 하위에 있는 Solid(1)을 더블클릭 한다.

3. Mesh Collector 대화상자에서 Edit 버튼을 누른다. (그림 4-15의 화살표)

4. PSOLID 대화상자에서 Choose material 버튼을 누른다. (그림 4-16의 화살표)

5. Material List 대화상자에서 Steel을 선택한 후 OK 버튼을 누른다. 이어서 나타나는 모든 대화상자에서 OK 버튼을 누른다.

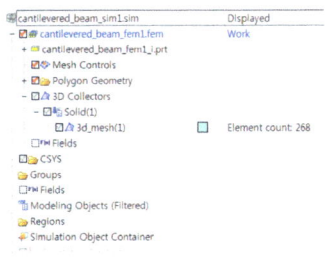

그림 4-14 Fem 파일 확장

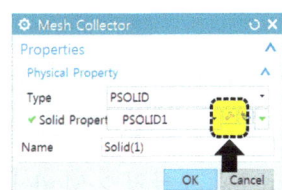

그림 4-15 Mesh Collector 대화상자

그림 4-16 PSOLID 대화상자

Chapter 4: Cantilevered Beam

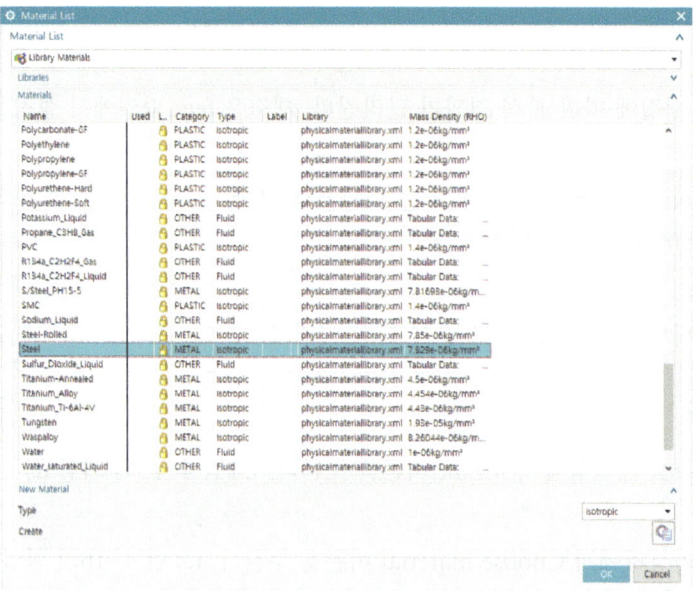

그림 4-17 Material List 대화상자

Model Setup Check

해석 수행을 위한 기본 요건에 오류가 없는지 확인해 보자. SIM 파일의 Solution에서 수행한다.

1. Simulation Navigator에서 SIM 항목을 더블클릭 한다.
2. Solution 1에 우클릭 > Model Setup Check를 선택한다.
3. 그림 4-19와 같은 Information 창의 메시지를 확인한다.
4. Mesh, Material, Solution, Load/BC에 오류가 없음을 확인한 후 Information 창을 닫는다.

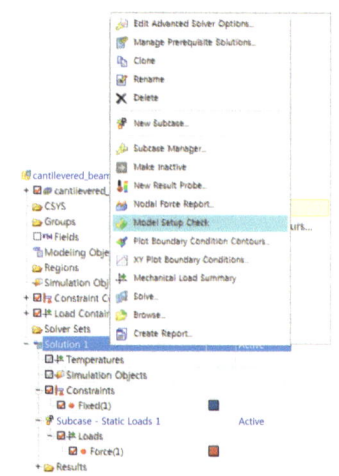

그림 4-18 Model Setup Check 메뉴

4.4 Solving

체크 결과 이상이 없으면 해석을 수행한다.

1. Solution 아이콘 그룹에서 Solve 아이콘을 누른다. 또는 그림 4-18에서와 같이 Solution 1 에 우클릭 > Solve를 선택한다.

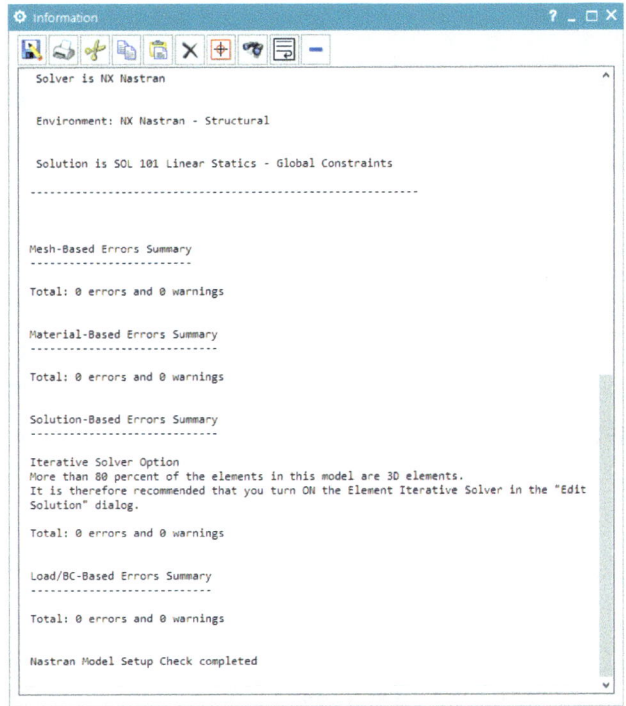

그림 4-19 체크 결과

2. 그림 4-20의 Solve 대화상자에서 Model Setup Check 옵션을 해제한다. 체크는 앞에서 수행하였다.
3. Solve 대화상자에서 OK 버튼을 누른다.

계산이 진행됨을 표시하는 창이 나타난다.

4. 계산이 끝나면 그림 4-21과 같은 Solution Monitor가 나타난다. No 버튼을 눌러 대화상자를 닫는다. 내용을 확인하려면 Yes 버튼을 누르면 된다.
5. Analysis Job Monitor에서 Cancel 버튼을 눌러 대화상자를 닫는다.
6. Information 창을 닫는다.
7. Simulation Navigator의 항목 가장 아래에 있는 Results 항목을 펼친다.

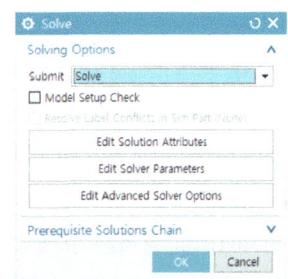

그림 4-20 Solve 대화상자

Chapter 4: Cantilevered Beam

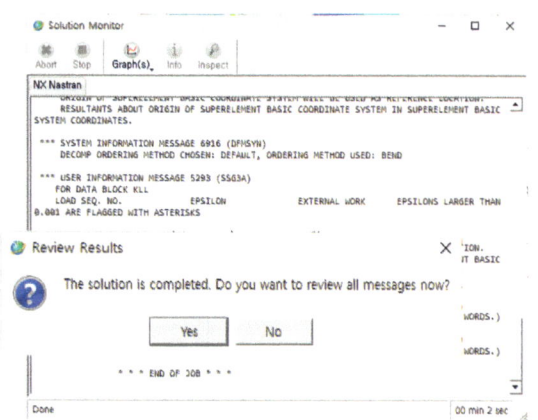

그림 4-21 Review Results

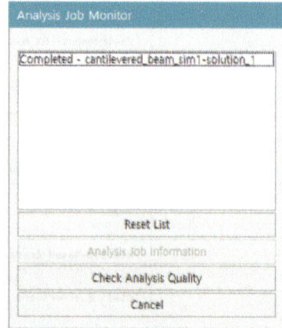

그림 4-22 Analysis Job Monitor

그림 4-23 Result

4.5 Post Processing

해석의 결과를 표시해 보자.

변형 표시

1. Simulation Navigator에서 Results > Structural 항목을 더블클릭 한다. Post Processing Navigator가 표시된다.
2. Structural 항목의 앞에 있는 + 기호를 클릭하여 펼친다.
3. Displacement - Nodal을 더블클릭 한다.

그림 4-24와 같이 변위가 표시된다. 변형값이 큰 부분은 빨간색으로 표시되고, 변형값이 작은 곳은 파란색으로 표시된다.

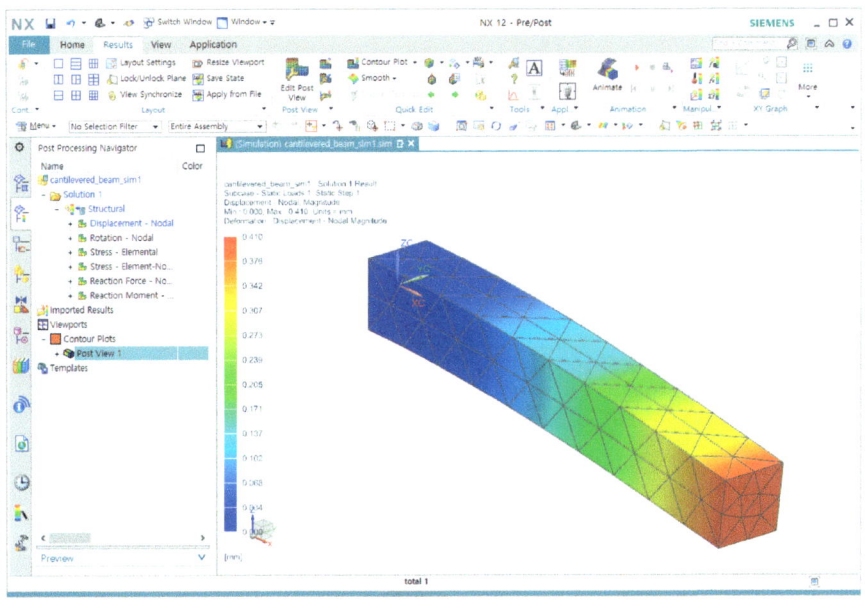

그림 4-24 Displacement 표시

응력 표시

1. Post Processing Navigator에서 Solution 1 하위에 있는 Stress - Elemental 항목을 더블클릭 한다. 그림 4-25와 같이 요소에 응력값이 표시된다.

2. Solution 1 하위에 있는 Stress - Element Nodal 항목을 더블클릭 한다. 그림 4-26과 같이 응력이 노드에 표시되고 요소의 위치에 따라 다른 색으로 변화 양상을 보여준다.

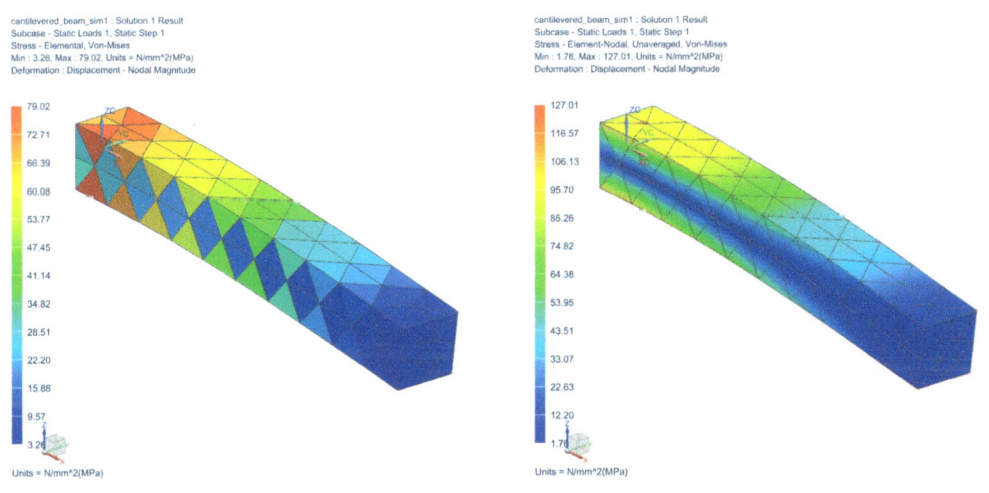

그림 4-25 Stress - Elemental   그림 4-26 Stress - Element Nodal

Chapter 4: Cantilevered Beam

Von-Mises 응력을 표시해 보자.

1. Stress - Elemental 앞에 있는 + 기호를 클릭하여 확장시킨다.
2. 여러 가지 Stress 성분 중 Von Mises를 더블클릭한다.

작업창에 Von-Mises 응력이 표시된다.

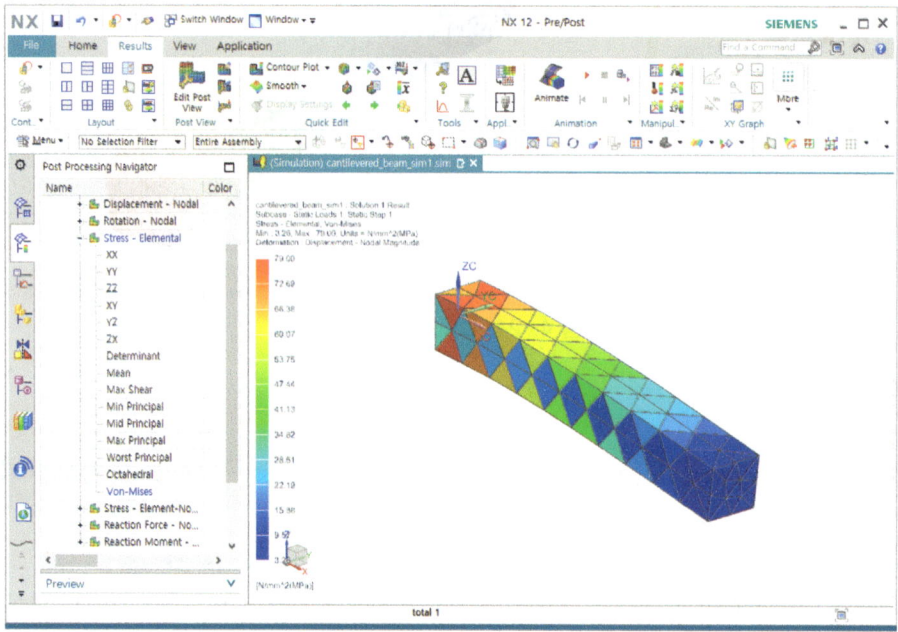

그림 4-27 Von-Mises Stress

모델 표시

FE 모델을 표시해 보자.

1. Home 탭 > Context 그룹 > Return to Home 아이콘을 누른다.

작업창에는 FE 모델이 표시되고, 리소스바에는 Simulation Navigator가 표시된다. (그림 4-28 참고) SIM 파일이 Work로 되어 있음을 확인한다.

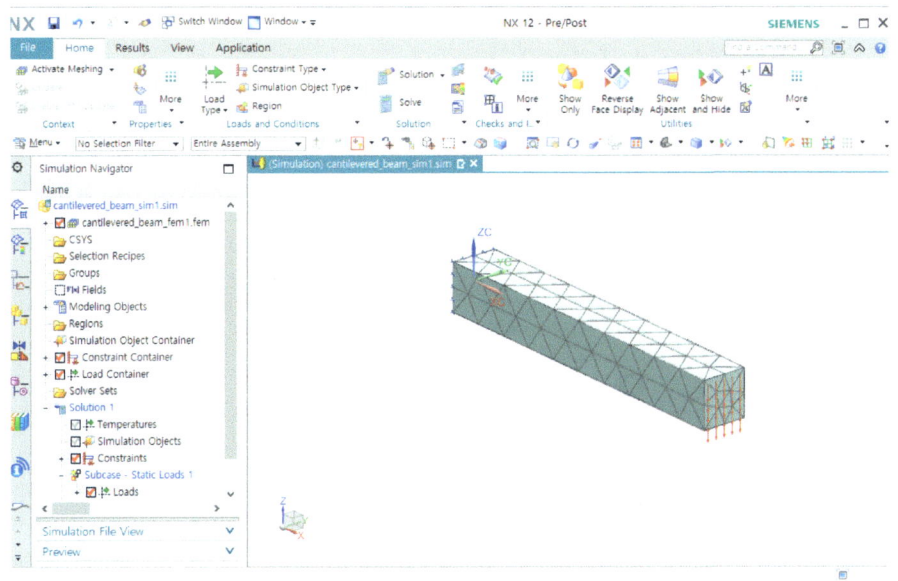

그림 4-28 FE 모델

FE 모델을 화면에서 숨겨보자.

1. FEM 파일 + 기호 부분을 클릭하여 확장시킨다. _i.prt 파트와 Mesh Control, Polygon Geometry, 3D Collectors 항목이 표시된다.

2. 3D Collectors 항목 앞에 있는 체크 마크를 클릭하여 해제한다. 그림 4-31과 같이 Mesh(즉, FE 모델)가 숨겨진다. FE 모델이 숨겨진 후 보이는 형상은 Polygon Geometry이다.

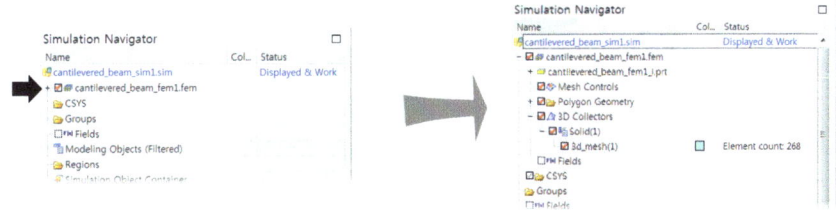

그림 4-29 확장된 Simulation Navigator

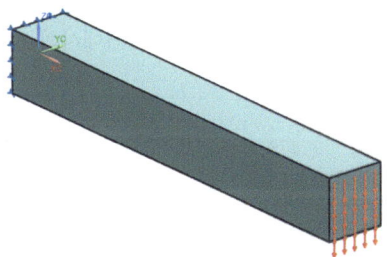

그림 4-30 FE 모델을 숨긴 후의 모델

전단응력 성분을 표시해 보자.

1. 리소스 바에서 Post Processing Navigator를 클릭하여 활성화 시킨다. (그림 4-32의 Ⓐ)
2. Solution 1 > Structural > Stress - Elemental 앞에 있는 + 기호를 클릭하여 확장시킨다.
3. Stress 성분 중 XY(그림 4-31의 Ⓑ)를 더블클릭한다. 그림 4-32와 같이 XY 평면과 평행한 면 상에서의 전단응력이 표시된다.

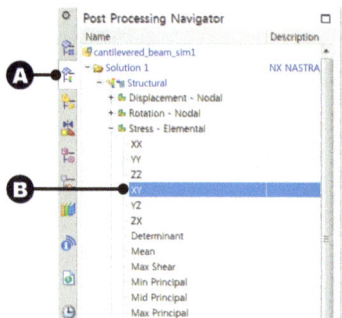

그림 4-31 확장된 Stress 성분

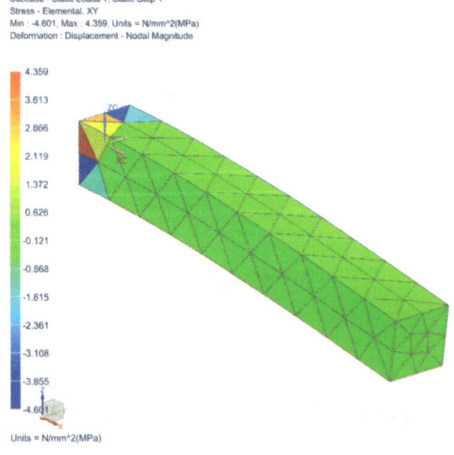

그림 4-32 XY 평면과 평행한 면에서의 전단응력

전단응력을 Tensor로 표시해 보자.

1. Post Processing Navigator의 아래 부분에 있는 Post View 3를 더블클릭한다. 항목 뒤의 숫자는 다를 수 있다.
2. Post View 대화상자의 Display 탭 > Color Display 옵션 옆에 있는 드롭다운 목록에서 Tensors를 선택한 후 대화상자에서 OK 버튼을 누른다.

그림 4-34와 같이 XY 평면과 나란한 면(즉, Z 방향과 수직인 면)에서의 X 방향과 Y 방향 전단응력 성분이 화살표로 표시된다.

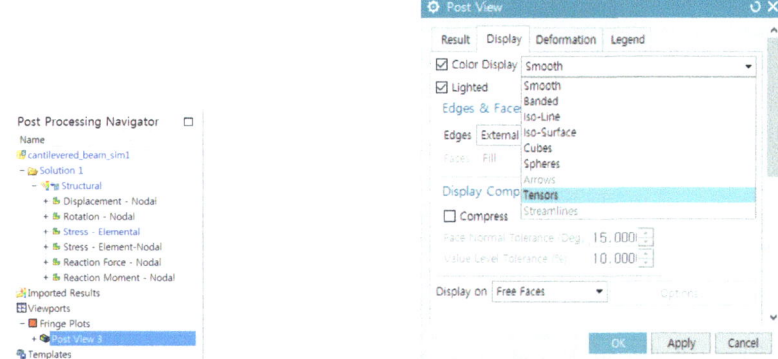

그림 4-33 Post View 옵션 설정

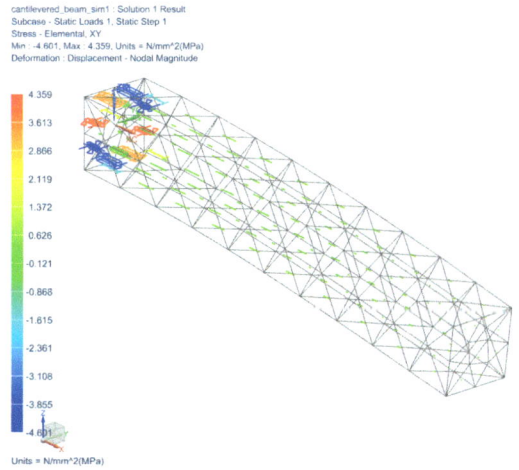

그림 4-34 Tensor 형태의 결과 표시

Mesh의 크기 변경

Mesh에 대한 변경은 Mesh를 활성화 시킨 후 수행하여야 한다.

1. Home 탭 > Context 그룹 > Return to Model 아이콘을 클릭한다.
2. Context 그룹 > Activate Meshing 아이콘을 누른다.
3. 리소스 바에서 Simulation Navigator를 클릭하여 표시한다.

Simulation Navigator의 항목은 변함이 없고 FEM 파일이 파란색으로 표시되며 Status 칼럼에 Work라고 표시되어 있다. 작업창의 하중과 변위 경계조건의 기호는 흐리게 표시된 것을 확인한다.

3. Simulation File View 부분을 클릭하여 그림 4-35의 아래 부분과 같이 확장시킨다.

이 부분 역시 FEM 항목이 파란색으로 표시되어 있으며 Status 칼럼에 Work라고 표시되어 있다.

현재 상태는 SIM 파일이 표시된 상태(Displayed)에서 FEM 파일이 Work로 되어 있는 상태이다.

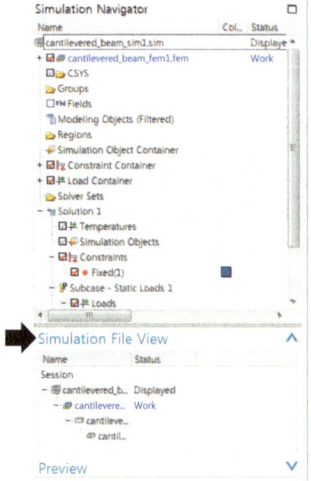

그림 4-35 Simulation File View 창

그림 4-35와 같이 SIM 파일이 표시된 상태에서도 Mesh의 크기를 변경할 수 있지만 FEM 파일을 표시(Displayed)한 후 변경하는 것이 혼동을 줄일 수 있다.

1. Simulation File View 창에서 FEM 항목에 우클릭 > Make Displayed Part를 선택한다.

그림 4-37과 같이 Simulation Navigator가 변경된다. 그림 4-35와 비교할 때 최상 부분에 FEM 항목이 표시되어 있음을 알 수 있다. 또한 Status 칼럼에는 FEM 항목에 Displayed & Work라고 표시되어 있다.

그림 4-36 Make Displayed Part 메뉴

그림 4-37 FEM 파일이 Work 이면서 Display 된 상태

2. 3D Collector 앞의 체크 마크를 선택하고, 그림 4-38과 같이 펼친다.
3. 3D Collector 하위에 있는 3d_mesh(1)을 더블클릭한다.
4. 3D Tetrahedral Mesh 대화상자의 Element Size 입력창에 7을 입력하고 Enter를 누른 후 대화상자에서 OK 버튼을 누른다.

그림 4-40과 같이 Mesh의 크기가 변경된다.

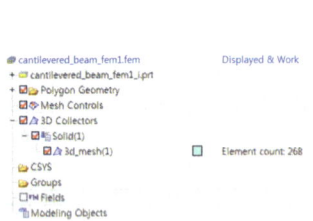
그림 4-38 3D Collector 표시

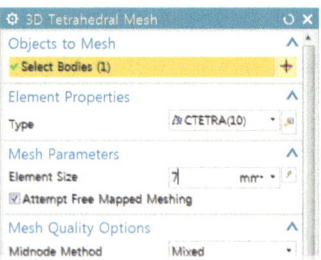
그림 4-39 Element Size 변경

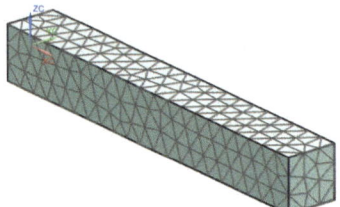
그림 4-40 변경된 FE 모델

해석 재 수행

Mesh의 크기가 달라지면 해석의 결과도 달라진다. 그러나 Mesh의 크기를 변경했다고 해서 앞에서 수행한 해석 결과가 바로 업데이트 되는 것은 아니며 해석을 다시 수행해야 한다.

해석을 수행할 때는 SIM 파일을 Work로 지정하여야 한다.

1. Simulation File View 창에서 SIM 파일을 더블클릭한다. 그림 4-41과 같이 SIM 파일이 Display 되며 Work로 지정된다.
2. Solution 1에 우클릭 > Solve를 선택한다.
3. Solve 대화상자에서 Model Setup Check 옵션은 해제하고 OK 버튼을 누른다.
4. Solution Monitor와 Information, Analysis Job Monitor를 닫는다.

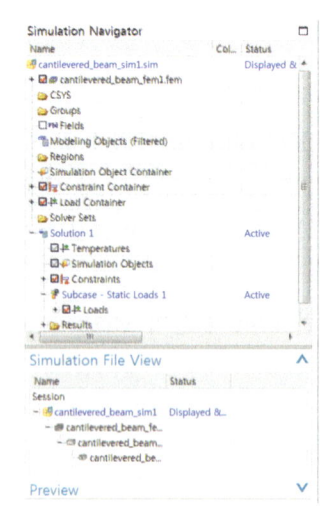
그림 4-41 Simulation Navigator

5. 리소스 바에서 Post Processing Navigator를 클릭하여 표시한다.
6. Solution 1 〉 Results 〉 Structural 에 우클릭 〉 Load를 선택한다.
7. Stress – Elemental을 더블클릭 하여 그림 4-42와 같이 표시한다.

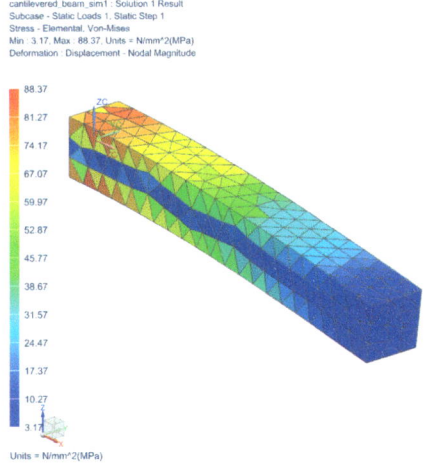

그림 4-42 Von-Mises Stress (Elemental)

4.6 결과 분석

Steel의 항복응력과 Von Mises Stress를 비교해 보자.

먼저 요소의 크기에 따른 결과값의 차이에 대해 생각해 보자. 그림 4-25의 결과를 볼 때 최대 응력은 약 79MPa이며, 그림 4-42의 결과를 보면 최대 응력이 약 88MPa로 나타난다. 일반적으로 요소의 크기를 작게 할 경우 응력 값이 계속 높아진다. 그러나 요소의 크기를 무한정 작게 할 수는 없으며 어느 정도 크기에 도달하면 응력값의 변화가 거의 없어진다. 이 해석에서는 그림 4-42의 요소 크기에 대한 결과의 의미를 생각해 보자.

그림 4-42의 결과는 Stress-Elemental의 결과를 보여준다. Stress-Element Nodal을 표시하면 그림 4-43과 같다.

두 타입에서 결과값이 다르게 나타난다. 그렇다면 어떤 결과값을 기준으로 판단을 내릴 것 인가를 결정해야 한다. 변위 결과는 Node에 대한 값을 표시하고, 응력 결과는 Element에 대한 값을 계산하게 되어 있으므로 Stress-Elemental의 결과를 이용하여 비교하는 것이 타당하다. 그러나, 요소의 크기가 클 때는 Node에 대한 값을 이용하여 판단하는 것이 안전하다. 요소의 크기를 작게 할 경우 Stress-Elemental과 Stress-Element Nodal의 결과값이 비슷해지는 경향이 있다.

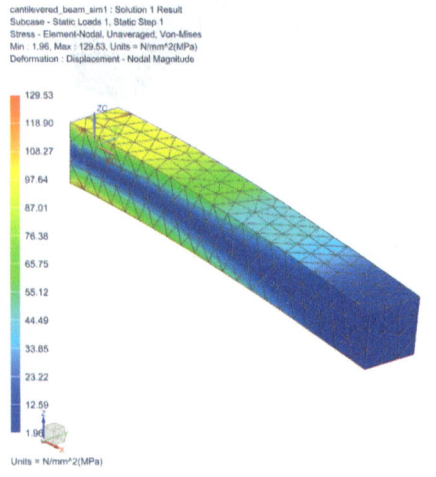

그림 4-43 Von-Mises Stress (Element Nodal)

Steel의 항복 강도를 알아보자. 이 값은 Material의 Properties를 이용하여 확인할 수 있다.

1. Context 아이콘 그룹에서 Return to Home 또는 Return to Model 아이콘을 누른다.
2. Context 아이콘 그룹에서 Activate Meshing 아이콘을 누른다. Meshing 관련 기능들이 활성화 된다.
3. Home 탭 > Properties 그룹 > Manage Materials 아이콘을 누른다.
4. 그림 4-45의 Manage Materials 대화상자에서 Steel에 우클릭 > Information 을 선택한다.

그림 4-44 Manage Materials 아이콘

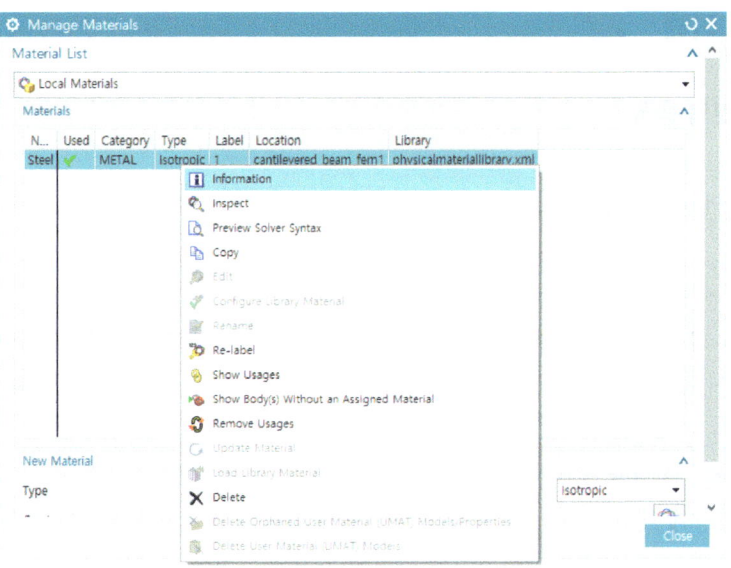

그림 4-45 Manage Materials 대화상자

그림 4-46과 같은 Information 창이 나타나며 선택한 재료의 물성치를 보여준다. 스크롤바를 아래로 내리면 Yield Strength 부분이 나타난다. 각 온도에서의 항복강도에 해당하는 데이터를 보여준다. 20 ℃에서의 항복강도는 138 MPa 임을 알 수 있다. 최대응력은 88MPa 이므로 1000 N의 하중이 가해질 때 이 구조물은 항복이 발생하지 않는다고 판단할 수 있다. 안전계수는 1.57이다.

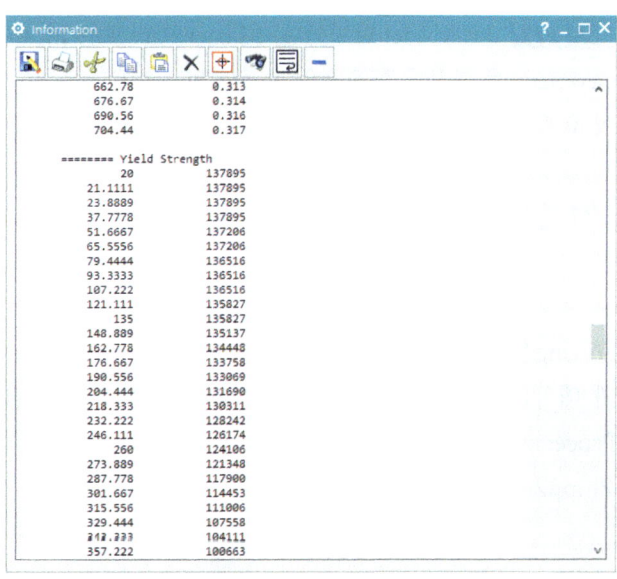

그림 4-46 Information 창

파일 저장 및 종료

1. Context 그룹 > Activate Simulation 아이콘을 클릭한다.
2. Save 아이콘을 눌러 파일을 저장한다.
3. File 탭 > Close > All Parts를 선택하여 모든 파일을 닫는다.

4.7 파일의 이해

4.7.1 파일의 종류

NX Pre/Post에서는 다음과 같은 네 종류의 파일을 직접적으로 다루며 각 파일의 용도가 정해져 있다.

Master Part: 설계 원본 파일을 의미한다. 확장자는 .prt이며 3차원 형상에 대한 데이터가 들어 있는 파일이다. 해석을 수행하는 엔지니어는 이 파일을 직접적으로 수정하지 않는다.

Idealized Part: Master Part의 형상을 참조하는 파일이다. 확장자는 Master Part와 같이 .prt이며 3차원 형상에 대한 데이터를 담을 수 있다. Master Part의 형상은 설계 원본 데이터로서 해석을 수행하기에 적합하지 않을 수 있다. 형상을 수정할 필요가 있을 때는 Idealized Part를 수정한다.

FEM 파일: FE Model 파일이다. Master Part 또는 Idealized Part의 형상을 참조하여 Polygon Geometry를 생성한 후 요소(Element)와 노드(Node)를 정의한다. 또는 Polygon Geometry 없이 요소와 노드를 이용하여 해석을 수행할 FE 모델을 정의할 수도 있다.

SIM 파일: Simulation 파일이다. FEM 파일에서 정의된 FE 모델에 경계조건과 하중을 부여하고, 해석 타입을 설정한다.

Solving을 하고 나면 여러 가지 파일이 추가적으로 생성된다. 그림 4-47은 위의 4 개 파일과 해석을 수행한 후에 생성된 파일을 보여준다. 해석 결과로 나온 파일 중 .op2 파일은 Post Processing을 할 때 사용되는 파일이다. 정상적으로 해석이 수행되었을 경우 의미 있는 용량의 .op2 파일이 생성된다.

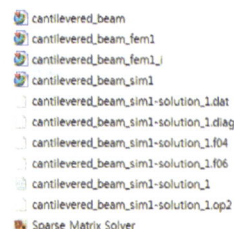

그림 4-47 파일의 종류

4.7.2 파일 관리

Tutorial에서 저장한 파일을 열어보자. History에 나타난 파일을 이용하지 말고 Open 기능을 사용하기로 한다.

1. Open 아이콘을 누른다.
2. 저장된 폴더를 지정한다.
3. 파일 형식을 Simulation Files로 지정하고 cantilevered_beam_sim1을 선택한다.
4. OK 버튼을 누른다.

Simulation Navigator는 그림 4-49와 같다. Simulation File View 창을 보면 SIM 파일과 함께 FEM 파일이 로드 되었음을 알 수 있다. 그림 4-35와 비교해 보자.

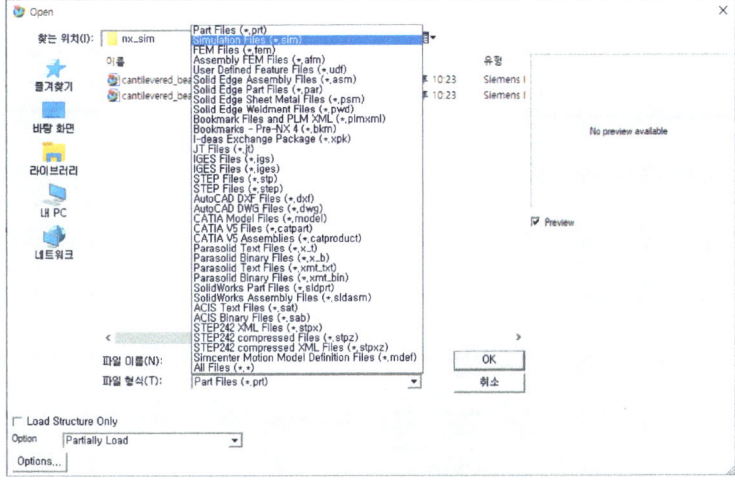

그림 4-48 파일 형식

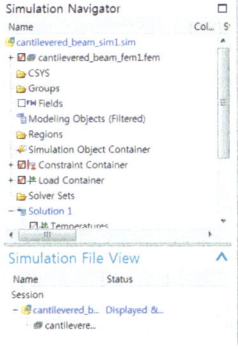

그림 4-49 Simulation Navigator

저장하고 닫은 파일을 열 때 SIM 파일을 열면 FEM은 자동으로 로드 된다. 그러나 Idealized Part와 Master Part는 자동으로 열리지 않으므로 별도로 열어야 한다. Open 아이콘을 눌러 열 수도 있으나 여기서는 Simulation Navigator에서 바로 열어보자.

1. Simulation Navigator에서 FEM 파일을 확장시킨다. Idealized Part의 Status 칼럼에 Not Loaded라고 표시되어 있다. (그림 4-50)
2. Idealized Part에 우클릭 > Load를 선택한다.

그림 4-51은 Idealized Part를 로드 한 후의 Simulation Navigator를 보여준다. Master Part가 자동으로 로드 되어 있음을 알 수 있다.

그림 4-50 FEM 파일 확장

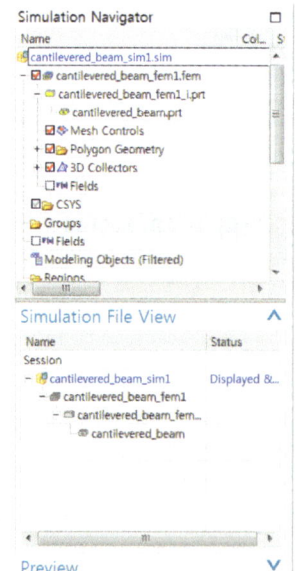

그림 4-51 Simulation Navigator

4.7.3 Work Part와 Displayed Part

화면에 표시된 파트를 Displayed Part라 하고, 작업 파트를 Work Part라 한다. FE 모델 생성 작업을 하려면 FEM 파일을 Work Part로 지정하여야 하고, Simulation 설정 관련 작업을 하려면 SIM 파일을 Work Part로 지정해야 하며 3차원 형상을 수정하려면 Idealized Part를 Work Part로 지정해야 한다. Work Part와 Displayed Part는 다를 수 있다.

Simulation File View 창에서 파일을 더블클릭 하면 해당 파일이 Work & Displayed Part로 변경된다. 파일에 우클릭하여 Work Part와 Displayed Part를 변경할 수도 있다.

SIM 파일이 Displayed & Work로 지정되어 있을 때는 그림 4-52와 같이 경계조건과 하중 심볼이 선명하게 표시되고, SIM 파일이 Display 되어 있고, FEM 파일이 Work인 경우 그림 4-53과 같이 경계조건과 하중 심볼이 흐리게 표시된다.

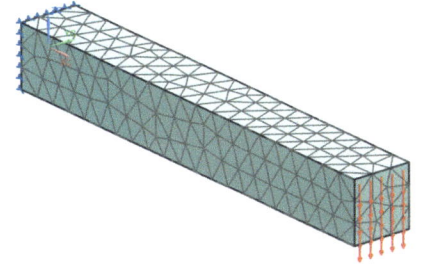
그림 4-52 SIM 파일 Work & Displayed

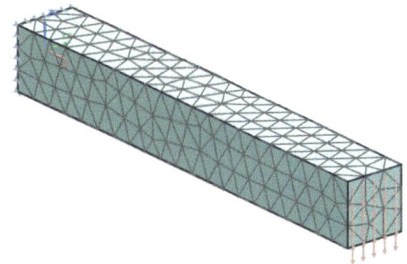
그림 4-53 SIM 파일: Displayed
FEM 파일: Work

해석용 모델을 수정하기 위해 Idealized Part를 Work로 지정하면 그림 4-54와 같은 Warning 메시지가 나타난다. 형상을 수정하려면 Master Part를 Promote 하거나 Wave Geometry Linker를 이용하여 형상에 링크를 걸어야 한다. 그림 4-55는 Idealized Part를 Work로 지정한 상태이다. Home 탭의 Start 아이콘 그룹에 Promote 아이콘과 Wave 아이콘이 나타나며 형상을 수정에 필요한 기능을 사용할 수 있다. Idealized Part는 .prt 확장자를 가지므로 형상을 생성할 수 있는 Modeling 애플리케이션을 실행시킬 수 있으며 보다 복잡한 형상 수정 작업을 할 수 있다.

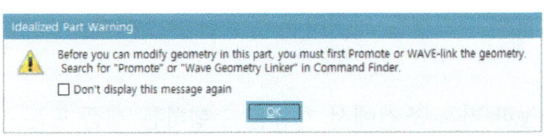
그림 4-54 Warning 메시지

Chapter 4: Cantilevered Beam

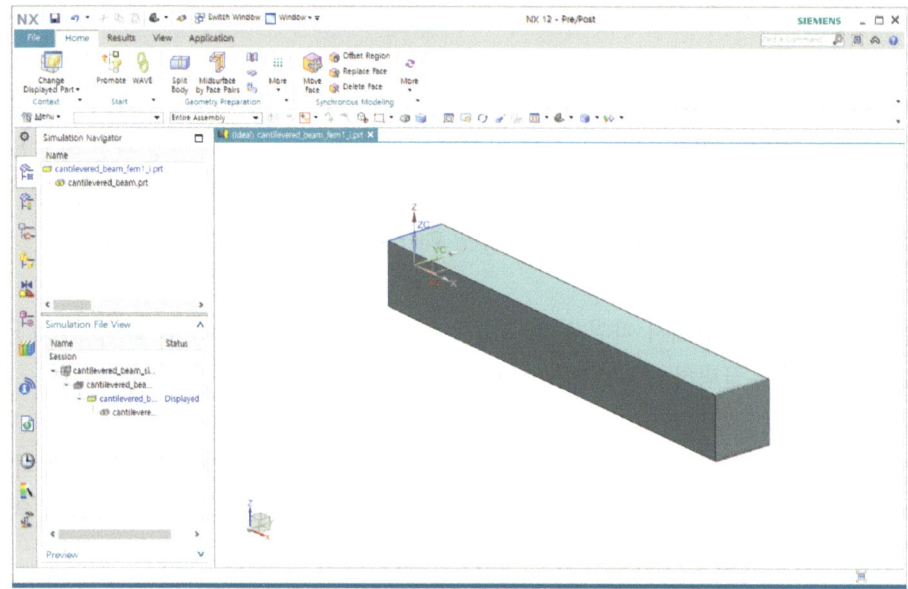

그림 4-55 Idealized Part를 Work로 지정한 상태

4.8 용어와 개념

4.8.1 실험과 해석

제품을 설계한다는 것은 설계하고자 하는 제품과 관련되어 있는 모든 공학적인 사항을 검토하여 최종 제품이 원하는 성능을 문제 없이 발휘할 수 있도록 계획을 세우는 것이다. 설계를 하면서 생길 수 있는 문제들을 검토하는 방법으로 실험적인 방법과 해석적인 방법을 사용할 수 있다.

실험적인 방법은 각종 실험 장비와 기법을 이용하여 성능을 검사하는 것이다. 실험 장비에 대한 투자가 필수적이고, 기본적으로 시제품이 있어야 하기 때문에 실험 조건을 만드는데 시간과 비용이 많이 소모된다. 실험 결과가 만족스럽지 않으면 설계를 변경하여 시제품을 다시 만들어야 하고, 실험 조건을 앞에서와 똑같이 만들어 다시 실험을 수행하여야 한다. 시제품을 다시 만들어야 하기 때문에 비용과 시간이 많이 소모되고, 앞에서 수행한 것과 똑같은 실험 조건을 만들어야 하기 때문에 실험 준비에도 많은 노력이 필요하다. 실험에 있어서 재현성(Repeatability) 문제는 실험의 신뢰성을 결정하는 중요한 요소이다.

실질적인 접근이 불가능한 가혹 조건에서 기능을 수행하는 제품 또는 부품에 대한 실험에 있어서는 실험이 가능하도록 환경을 바꾸고 결과를 보정하는 과정을 거치게 되는데, 이러한 과정을 통하여 실험 데이터의 정확성은 떨어지게 된다. 어떤 경우에는 환경적인 이유로 인하여 실험적인 접근이 불가능한 경우도 있다. 예를 들면, 무중력 상태, 초 고온 또는 초 저온 환경에서의 실험 등이 그에 해당된다. 이러한 조건에서는 실험이 불가능하기 때문에 해석적인 접근을 통해서만 문제를 이해할 수 있고 해결책을 제시할 수 있다.

해석적인 방법은 각종 해석 이론을 도입하여 컴퓨터를 이용하여 공학적인 검토를 수행하는 것이다. CAE라는 용어는 Computer Aided Engineering의 약어로서, 컴퓨터를 이용하여 수행하는 모든 공학적인 해석의 총칭이다. CAE에는 구조해석, 열해석 등과 같이 유한요소를 이용한 해석 방법과 각종 동역학적인 해석, 특정 산업 제품에 적합하게 개발된 각종 컴퓨터 해석 프로그램을 이용한 해석이 포함된다. FEM은 Finite Element Method의 약어로, 유한요소 개념을 이용하여 각종 공학적인 해석을 수행하는 이론이다.

해석적인 방법을 이용하면 앞에서 언급한 실험적인 방법을 이용할 때에 비하여 여러 가지 장점이 있다. 해석을 수행하고자 하는 제품의 설계 데이터와 주어진 환경에 대한 정확한 이해를 기반으로 하여 실제 제품이 없어도 가상적인 실험을 수행할 수 있다. 따라서 해석 준비에 필요한 시간을 줄일 수 있고, 해석 결과에 따라 형상을 변경할 경우에도 컴퓨터를 이용하여 쉽게 수정할 수 있기 때문에 수정된 해석을 수행하는데 일반적으로 시간과 비용이 적게 든다. 모델 수정이 쉽게 이루어질 수 있기 때문에 설계를 변경할 때마다 시제품을 만들어야 하는 실험에 비하여 비용이 절대적으로 적게 들고, 설계 변경 횟수에 제약을 받지 않을 수 있어 최적의 설계 형상을 찾아내는데 유리하다. 극한 상황에서 기능을 수행하는 제품이나 부품에 대한 해석도 실험적인 방법에서와 같은 어려움 없이 수행할 수 있다.

해석의 이러한 장점을 최대한 활용하려면 해석 프로세스 정립이라는 또 다른 노력이 필요하다. 해석에 대한 기본 이론과 그 이론을 현업에서 쉽게 사용할 수 있는 소프트웨어 및 하드웨어적인 여건은 충분하지만 그러한 여건이 시스템 및 해석 결과에 대한 엔지니어의 분석까지 대신하지는 않는다. 해석을 준비하는 과정과 결과를 분석하는 과정은 실험을 준비하는 과정 만큼이나 많은 노력과 시간을 필요로 한다. 하지만 특정 제품의 사용 환경에 대한 이러한 과정이 정확히 정립되고 나면 그 프로세스를 비슷한 상황으로 쉽게 확장시킬 수 있고, 그로 인하여 해석 시간을 획기적으로 단축시킬 수 있다는 점을 간과해서는 안된다.

실험으로 접근이 불가능한 경우를 포함하여 제품에 대한 모든 분석을 유한요소 해석법으로 수행할 수 있는 것은 아니다. 실험적인 방법을 사용하는 것이 훨씬 효과적일 수도 있고, 실험적인 접근이 불가능한 경우가 있는 것처럼 해석적인 접근이 불가능한 경우도 있다.

또한, 실험과 해석의 결과 중 어떤 것이 더 정확한가에 대한 논란이 많다. 이러한 논란에 대한 정답은 없다고 하는 것이 옳다. 어떤 경우에는 실험이 더 정확하고, 어떤 경우에는 해석이 더 정확할 수 있다. 실험은 이상적인 상황을 완벽하게 만들지 못하고 해석은 현실적인 상황을 완벽하게 만들 수 없기 때문에 실제로 제품을 분석하는데 있어서는 실험적인 방법과 해석적인 방법을 적절히 이용하여 각 방법의 장점을 최대한 활용하여야 한다.

4.8.2 노드, 요소, 요소망, 유한요소 모델

노드(Node)는 좌표값을 갖고, 요소(Element)는 노드(Node)을 순차적으로 연결하여 정의된다. 여러 개의 요소로 이루어진 그물 모양의 단위 개체를 요소망(Mesh)이라고 하며, 요소망은 노드를 통하여 서로 연결되어 있어야 한다. 유한요소 모델은 여러 개의 요소망을 연결하여 정의한다. NX에서는 Nodes and Elements 탭의 기능을 이용하여 노드와 요소를 생성할 수 있다. 그림 4-57은 네 개의 노드를 이용하여 생성한 사각형 요소를 보여준다. 그림 4-58은 여러 개의 요소로 이루어진 유한요소 모델을 보여준다.

모든 구조물은 연속 모델이며 역학적인 상태는 편미분 방정식의 형태로 표현할 수 있다. 복잡한 형상에 대한 대부분의 공학적인 문제를 풀기 위해서는 편미분 방정식을 차분화하여 수치해석적인 기법을 사용한다. 이러한 접근 방법 중 하나가 FEM(Finite Element Method)이다. FEM 에서는 편미분 방정식으로 표현되는 연속체에 대한 지배방정식을 작은 요소(Element)에 대하여 차분화 한 다음 전체 유한요소 모델에 대한 행렬식을 만들어 수치적으로 해를 구한다.

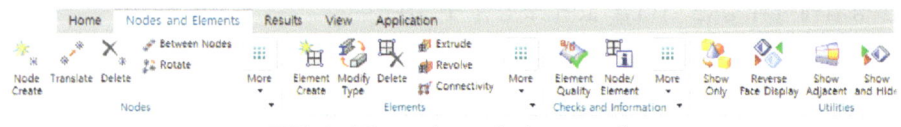

그림 4-56 Nodes and Elements 탭

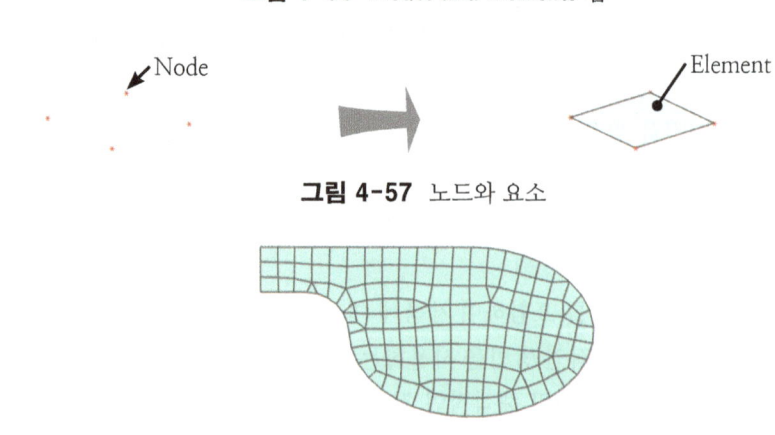

그림 4-57 노드와 요소

그림 4-58 유한요소 모델

4.8.3 재료의 물성치

유한요소 모델은 노드와 요소로 이루어지며 요소에는 재료의 물성치를 설정해야 한다. NX에서 요소는 Collector에 생성되며 Collector에 재료의 물성치를 설정한다.

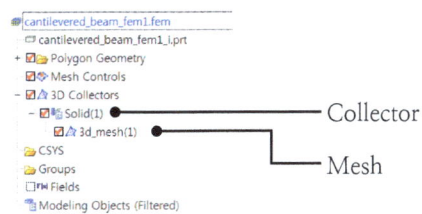

그림 4-59 Mesh와 Collector

Collector를 더블클릭하면 Mesh Collector 대화상자가 나타난다. Edit 버튼을 이용하면 현재 설정된 물성치를 수정할 수 있다. Open Manager 버튼을 누르면 새로운 물성치를 생성할 수 있다. Mesh는 속해 있는 Collector에 설정된 물성치를 갖는다.

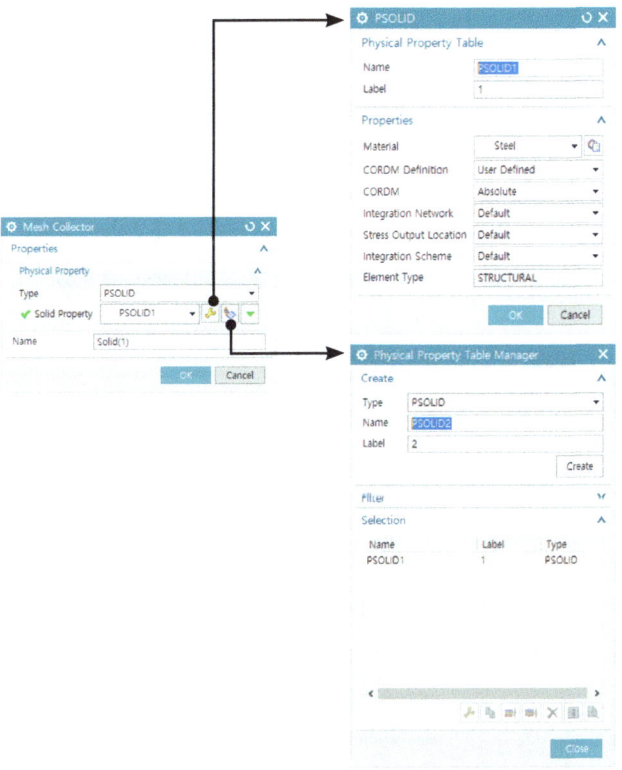

그림 4-60 Property 설정

109

Chapter 4: Cantilevered Beam

재료의 물성치는 Manage Materials 아이콘을 이용하여 확인 및 생성할 수 있다. Manage Materials 대화상자의 New Material 옵션에서 생성할 재료의 Type을 선택하고 Create 버튼을 누르면 그림 4-62와 같은 대화상자가 나타난다. 해석의 종류에 따라 필요로 하는 물성치가 있다. 예를 들어, 응력과 변형률을 구하고자 하는 경우 Young's Modulus(E), Shear Modulus(G) 또는 Poisson's Ratio (ν)를 필요로 하며, 고유진동수 해석을 할 경우 밀도를 필요로 한다. 열 해석을 수행한다면 각종 열전달 계수를 필요로 한다. 기존의 Library Material에 우클릭하여 물성치를 확인할 수 있고, 복사하여 사용할 수 있다.

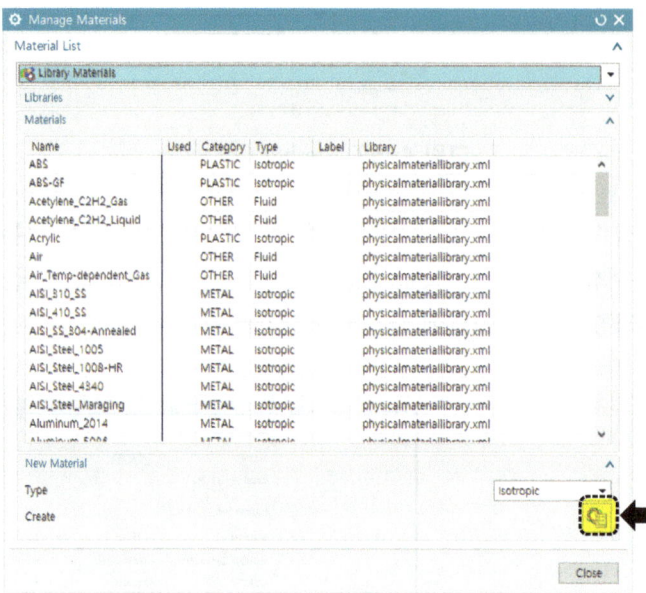

그림 4-61 Manage Materials 대화상자

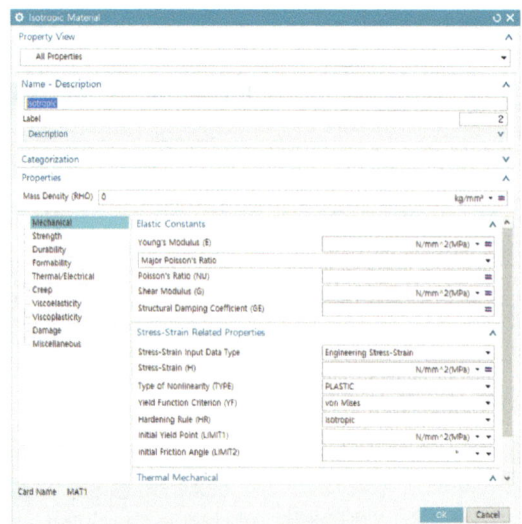

그림 4-62 Isotropic Materials을 생성하기 위한 대화상자

4.8.4 응력 (Stress)

어떤 물체에 힘이 가해질 때 내부에서 발생하는 단위면적당 힘을 응력(Stress)이라고 한다. 힘을 받는 물체 내부의 어떤 미세한 부분을 떼어 놓고 생각할 때 떼어낸 면에는 하중이 작용할 것인데, 그 하중의 방향과 직각 방향으로 발생하는 응력을 수직응력이라 하며 하중 면과 나란한 방향으로 발생하는 응력을 전단응력이라고 한다. 수직응력은 σ로 표기하며 전단응력은 τ로 표기한다. 응력은 방향 성분이 있어서 첨자를 이용하여 그림 4-63과 같이 표시한다. 예를 들어, x 방향과 수직인 면에 발생하는 수직응력은 σ_x로 표시하고, x 방향과 수직인 면에 y 방향으로 발생하는 전단응력은 τ_{xy}, x 방향과 수직인 면에 z 방향으로 발생하는 전단응력은 τ_{xz}로 표시한다. 응력의 SI 단위는 N/m²이며 Pa(파스칼)로 나타내기도 한다. kgf/cm², lbf/in² 등도 응력의 단위로 널리 쓰인다.

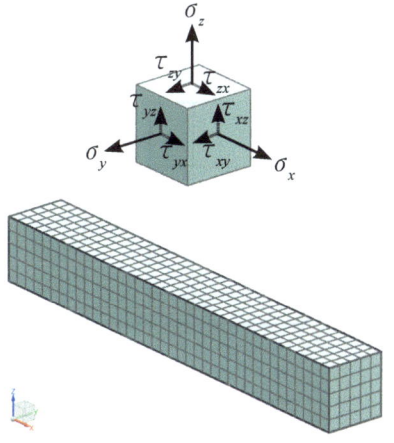

그림 4-63 응력 표기

NX에서는 그림 4-64와 같이 응력 성분을 표기할 수 있다. xx 성분은 x 방향의 수직응력을 나타내며, xy는 x 방향에 수직인 면 상의 y 방향 전단응력을 나타낸다. 정적 해석에서 모멘트 평형을 이루기 위해 $\tau_{xy} = \tau_{yx}$, $\tau_{yz} = \tau_{zy}$, $\tau_{xz} = \tau_{zx}$의 관계가 성립된다.

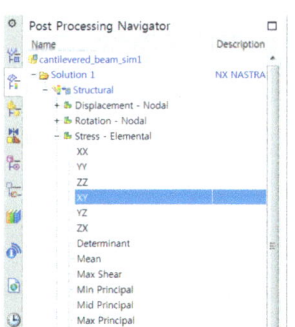

그림 4-64 NX의 응력 성분

4.8.5 변형률 (Strain)

물체가 인장력을 받으면 내부의 미세 요소는 힘의 방향으로 늘어나며 힘과 직각 방향으로 줄어든다. 늘어나는 양과 최초 길이와의 비율을 세로변형률(ε : longitudinal strain)이라 하고, 줄어드는 양과 최초의 지름과의 비율을 가로변형률(ε' : lateral strain)이라 한다. 각각을 식으로 표현하면 아래와 같다. 부호는 서로 반대가 된다.

$$\varepsilon = \frac{l' - l}{l} = \pm \frac{\delta}{l}$$

$$\varepsilon' = \frac{d' - d}{d} = \mp \frac{\delta'}{d}$$

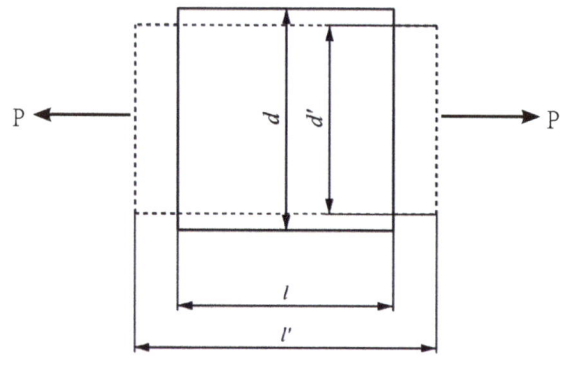

그림 4-65 인장 하중에 의한 변형

물체가 순수 전단하중을 받으면 그림 4-66과 같이 변형되며 전단 변형률(ε_s : Shear Strain)은 다음과 같이 표현된다.

$$\varepsilon_s = \frac{\lambda}{l} = tan\gamma \cong \gamma \ (radian)$$

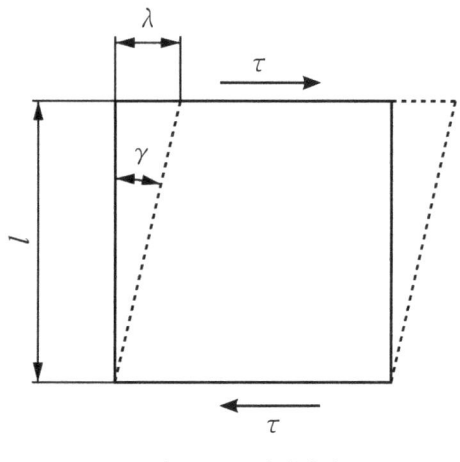

그림 4-66 전단변형

4.8.6 탄성 계수

탄성한도 내에서 변형량(δ)은 힘(P)과 길이(l)에 비례하고 단면적(A)에 반비례 한다는 Hooke의 법칙에 따라 응력(σ)과 변형률(ε) 사이에는 다음과 같은 관계가 성립된다.

$$\sigma = E\varepsilon \quad or \quad E = \frac{\sigma}{\varepsilon}$$

위 식에서 E를 종탄성계수(Modulus of Longitudinal Elasticity)또는 Young's Modulus라고 한다. 재료의 세로탄성계수는 재료의 성분, 열처리, 표면상태, 형상 등에 따라 고유한 값을 갖는 특성치이다.

비례한도 내에서 전단응력과 전단변형률($\varepsilon_s \cong \gamma$) 사이에 다음과 같은 관계가 성립된다.

$$\tau = G\gamma \quad or \quad G = \frac{\tau}{\gamma}$$

위 식에서 G를 횡탄성계수(Modulus of Transverse Elasticity) 또는 전단탄성계수(Shear Modulus)라고 한다.

4.8.7 포아송비

가로변형률(ε')과 세로 변형률(ε)의 비율을 포아송비(Poisson's Ratio)라고 하며 아래 식으로 표현된다.

$$v = \frac{\varepsilon'}{\varepsilon} = \frac{l\delta'}{d\delta} = \frac{E\delta'}{d\sigma}$$

포아송비를 이용하면 탄성한도 내에서 종탄성계수와 횡탄성계수 사이에 다음과 같은 관계가 있음을 유도할 수 있다.

$$E = 2G(1+v) \quad or \quad G = \frac{E}{2(1+v)}$$

선형해석은 재료의 변형이 탄성한도 내에서 발행한다고 가정하기 때문에 위 관계가 유효하다. 따라서 재료의 물성치를 입력할 때 E, G, v 값 중 두 개만 입력하면 된다.

4.8.8 Linear

Linear Statics 해석에 대한 세 가지 중요한 전제 조건에 대하여 살펴보고 넘어가자. Linear라는 뜻은 선형이라는 뜻이다. 그 반대 개념을 비선형(Non-Linear)이라고 한다. 선형과 비선형의 구분은 다음의 세 가지 항목에 대하여 이루어진다.

1. 재료의 물성치가 선형이다. 즉, 재료의 물성치를 나타내는 응력-변형률 곡선에서 응력과 변형률의 관계가 선형이다.

그림 4-67은 연성 재료의 일반적인 응력-변형률 곡선을 나타낸다.

물성치가 선형이라는 것은 응력과 변형률이 선형적인 관계, 즉 $\sigma = E\varepsilon$의 관계가 성립되는 탄성 영역을 고려한다는 의미다. 따라서, 이 영역을 벗어난 변형률 ε_1에 대하여 실제 응력 보다 높은 σ_1의 응력이 나타날 것이라는 점을 예상할 수 있어야 하며, 이러한 점을 고려하여 해석의 결과를 분석하여야 한다.

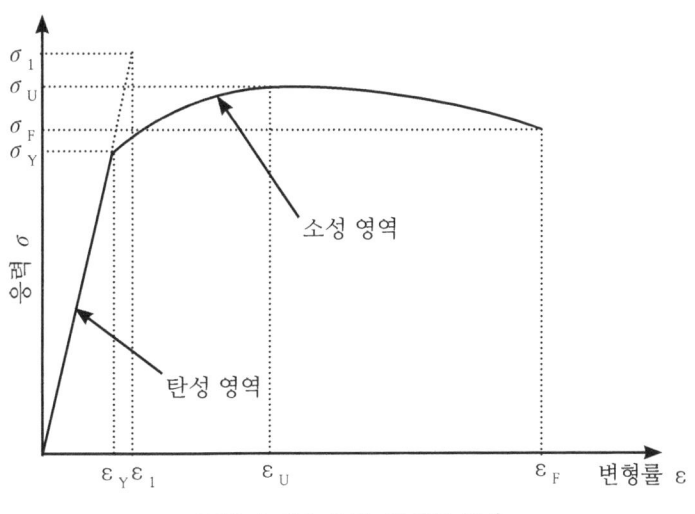

그림 4-67 응력-변형률 곡선

2. 경계 조건이 선형이다. 즉, 변위에 대한 구속조건이나 하중이 변형의 전과 후에 변함이 없다는 것이다. 따라서 하중이 작용하는 위치에서 변형이 크게 발생하여 하중의 방향이 바뀐다면 실제 변형과 다른 결과를 나타내게 된다. 그림 4-68 (a)는 변형에 따라 하중의 방향이 바뀌지 않은 선형 모델을 나타내고, 그림 4-68 (b)는 하중의 방향이 바뀌는 실제 모델을 나타낸다.

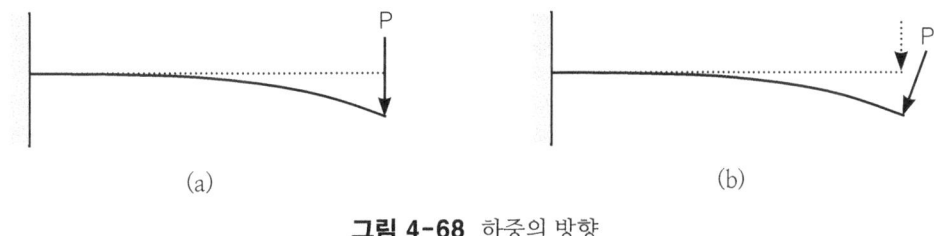

그림 4-68 하중의 방향

3. 형상의 변화에 따라 응력 강화(Stress Stiffening)가 발생하지 않는다. 해석을 수행할 때 계산하는 강성 행렬(K)은 경계조건과 요소망(즉, 부품의 형상)을 이용하여 구해진다. 따라서 하중에 의해 형상에 변형이 발생한다면 강성 행렬도 바뀔 것이다. 그러나, Linear 해석에서는 K 행렬은 처음 계산 된 것이 변함 없이 그대로 유지된다고 가정한다.

4.8.9 Statics

Linear Statics 해석에서 힘과 경계조건은 항상 정적 평형을 이룬다. 하중의 크기는 시간에 따라 변화하지 않으며 정해진 하중에 도달할 때까지 점진적으로 가해진다. 하중의 크기가 시간에 따라 변화한다거나 충격 하중과 같이 점진적으로 작용하는 하중이 아니라면 Statics 해석을 하면 안된다.

FEM에서 정적 평형 상태를 정의할 때 초보자들이 종종 다음과 같은 실수를 한다.

1. 하중이 가해지지 않는 방향으로도 변위 구속을 부여하여야 한다.

그림 4-69와 같은 경우를 생각해 보자. 테이블이라고 생각하고 윗면에 하중이 가해진다.

정적 평형상태를 만들기 위해 바닥면에 대해서만 ZC 방향의 변위를 0으로 설정하면 될 것으로 생각되나 실제 해석을 할 때는 그렇지 않다는 점에 주의하여야 한다. XC 방향이나 YC 방향으로는 하중이 가해지지 않더라도 그 방향의 변위 구속을 부여해야 한다. 그렇지 않을 경우 구속되지 않은 방향으로 Rigid Body Motion이 발생한다는 오류 메시지를 보여주면서 해석이 수행되지 않는다.

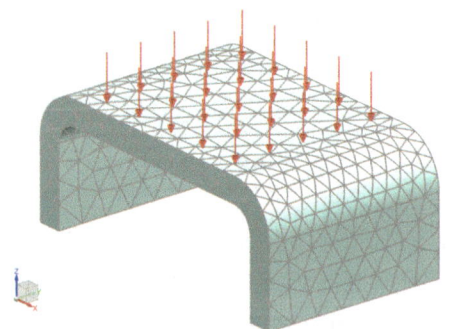

그림 4-69 한 방향의 하중이 가해지는 경우

2. 연결되어 있지 않은 FE 모델은 각각의 부품으로 생각하여야 하고, 각각이 정적 평형상태를 이루어야 한다.

그렇다면 여기서 FE 모델이 어떠하여야 연결되어 있다고 말 할 수 있는가에 대한 물음이 있을 수 있다. FE 모델이 연결되어 있다는 것은 인접한 요소들끼리 노드를 공유하여야 한다. 이를 Node Connectivity라고 한다.

그림 4-70과 같은 경우를 보자. 한쪽은 고정되어 있으며 반대 쪽에 하중이 가해진다. 이 모델의 경우 하중이 가해지는 요소와 변위 구속이 부여된 요소가 연결되어 있지 않기 때문에 각각의 FE 모델로 인식된다. 따라서 하중이 가해지는 쪽의 FE 모델은 정적 평형상태가 아니어서 Rigid Body Motion이 발생하게 된다.

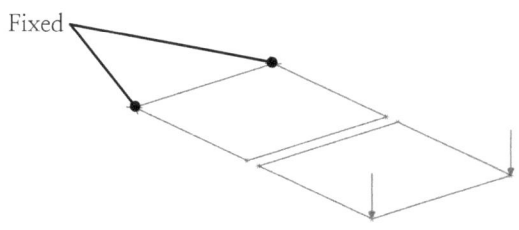

그림 4-70 연결되지 않은 FE 모델

이 예와 같이 FE 모델이 연결되지 않았다는 것을 시각적으로 확인할 수 있는 경우는 쉽게 문제를 해결할 수 있다. 그러나 같은 위치에 서로 다른 노드가 있어서 인접한 요소를 정의하는데 각각의 노드를 사용한다면 떨어져 있다는 것을 쉽게 구분할 수 없다. 이럴 경우를 대비해서 NX의 Pre/Post에는 노드의 연결성을 확인할 수 있는 기능이 있다. 이러한 기능에 대해서는 해당 챕터에서 소개한다.

4.8.10 상용 소프트웨어를 이용한 해석 과정 이해

소프트웨어를 사용하여 해석을 수행할 때는 크게 다음의 세 단계를 거친다.

- Preprocessing
- Solving
- Post Processing

Preprocessing은 Solving을 하기 전까지의 과정을 말한다. 이 과정에서 사용자는 실제 제품의 해석 조건에 맞게 노드(Node), 요소(Element), 경계조건을 정의한다.

Preprocessing에서 생성된 유한요소 모델은 Solver 프로그램을 실행시킬 수 있는 형태로 변환되는데, NX Pre/Post에서는 필요에 따라 MSC Nastran, ABAQUS, ANSYS 등의 Solver 프로그램을 사용할 수 있기 때문에, 결국 NX에서 생성한 FE Model(유한요소 모델)을 Solver 프로그램이 사용할 수 있는 파일 형태로 변환 시켜야 한다.

Solving 단계에서는 이렇게 생성된 파일을 이용하여 유한요소해석 이론에 따라 행렬식을 구성하고, 수치해석 과정을 통하여 결과 값들을 계산한다. 이 과정에서 사용자는 Solver 프로그램에서 제공하는 옵션을 설정하고, 출력물을 선택하는 등 Solver를 실행시키는 데 필요한 사항을 지정하게 된다.

NX Nastran을 이용하여 Solving을 수행하면 *.f04, *.f06, *.op2 파일 등 여러 가지 파일이 생성된다. *.f04 파일은 데이터베이스 파일에 대한 정보와 데이터베이스 파일의 크기, 해석의 시작시간, 종료시간 등의 정보를 가지고 있고, *.f06 파일은 변위, 응력 등 해석의 결과 및 해석을 수행하면서 발생하는 각종 분석 데이터를 갖는다. 사용자는 이 파일을 보고 해석 결과에 대한 신빙성을 확인하고, FEM에 대한 기본 지식을 배경으로 하여 해석 결과를 좀 더 상세하게 분석할 수 있다.

*.op2 파일은 해석 결과를 Post Processing 프로그램이 읽어 들여 화면상에 표시할 때 사용하는 바이너리 결과 파일이다. NX Pre/Post의 Post Processing 기능을 수행하면 이 파일을 불러, 사용자가 요구하는 형태의 해석결과를 화면에 보여준다. 이러한 화면상의 표시 방법에 대하여 다루는 부분이 Post Processing이다.

이 책에서는 NX에서 생성된 모델을 이용하여 FE Model을 구성하는 방법과 NX Nastran Solver를 설정하는 항목 및 해석 결과를 화면에 표시하는 기법에 대하여 다룬다.

4.9 Quiz

1. Von-Mises 응력은 어떻게 계산하는가?

2. 탄성계수의 단위는 무엇인가?

3. Poisson's Ratio의 단위는 무엇인가?

4. 100MPa의 응력을 lb/in² 단위로 변환하시오.

5. 경계조건을 정의하려면 어떤 파일을 Work로 지정해야 하는가?

6. 요소의 물성치를 정의하려면 어떤 파일을 Work로 지정해야 하는가?

7. 요소의 물성치는 어디에 정의하는가?

8. 탄성영역에서 응력과 변형률의 비율은 재료의 물성치 중 무엇을 의미하는가?

9. Model Setup Check는 무엇을 체크하는가?

10. 요소의 모양은 무엇으로 정의되는가?

11. 요소의 면과 나란한 방향으로 발생하는 응력을 무엇이라고 부르는가?

12. NX의 Post Processing에서 해석 결과를 화면에 표시하려면 어떤 파일이 필요한가?

13. 해석의 3단계를 쓰시오.

Chapter 4: Cantilevered Beam

(빈 페이지)

Chapter 5
*Fillet*의 효과

■ 학습목표

- 불필요한 Fillet을 해석에서 제외시킨다.
- Fillet의 크기에 따른 효과를 이해한다.
- 요소의 크기를 부분적으로 조절한다.
- 파일의 용도를 이해한다.
- 결과를 나란히 놓고 비교할 수 있다.

Chapter 5: Fillet의 효과

5.1 개요

오목한 필렛은 응력 집중을 해소시키기 위해 사용하며, 볼록한 필렛은 주로 미관적인 이유로 사용한다. 오목한 필렛의 응력 집중에 대한 효과는 반경 값이 클수록 커진다. 즉, 다른 조건이 모두 같을 경우 반경이 큰 필렛의 경우 최대 응력이 더 낮게 나타난다.

구조해석에서 메쉬의 크기를 작게 하면 더 정확한 해석 결과를 얻을 수 있지만 무한정 작게 할 필요는 없다. 메쉬의 크기를 어느 정도로 하여야 하는가에 대한 문제는 다른 챕터에서 살펴보기로 하자. 이 챕터에서는 반경이 다른 필렛 서피스에 같은 크기의 메쉬를 생성한 후 그 결과값을 서로 비교할 것이다.

필렛 반경은 5 mm와 10 mm로 하고, 필렛 서피스에서의 메쉬 크기는 1.5 mm로 한다. 재질은 Steel을 이용한다.

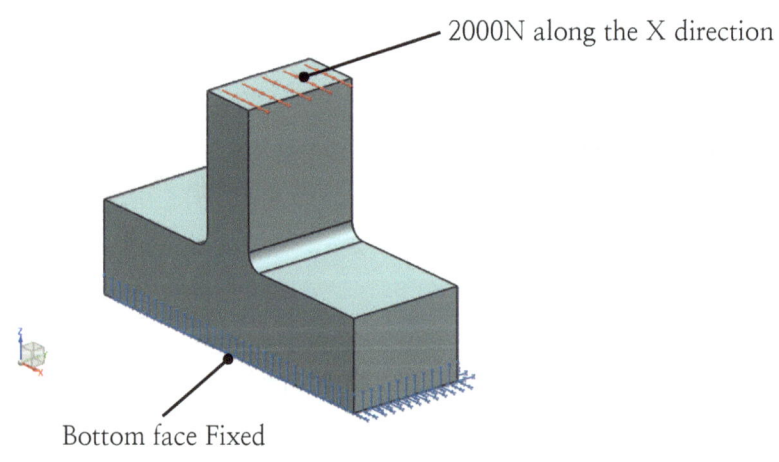

그림 5-1 해석 모델

5.2 Preprocessing

5.2.1 해석용 파일 생성

파일 생성

1. File 〉 Close 〉 All Parts를 선택하여 모든 파일을 닫는다.
2. 주어진 파일(ch05_fillet.prt)을 연다. 필렛 반경 5mm에 대하여 먼저 해석을 수행할 것이다.
3. Application 탭 〉 Simulation 〉 Pre/Post를 선택한다.

4. Home 탭 > Context > New FEM and Simulation 아이콘을 누른다.
5. New FEM and Simulation 대화상자를 Reset 한다. Create Idealized Part 옵션이 선택된 것을 확인한다.
6. 나머지 옵션은 그대로 두고 OK 버튼을 누른다.
7. Solution 대화상자의 Analysis Type과 Solution Type을 확인한 후 OK 버튼을 누른다.

Structural 해석에서는 변형에 따른 응력을 분석하며 SOL 101은 선형 정적해석을 수행한다.

Simulation Navigator는 그림 5-2와 같다. SIM 파일이 화면에 표시되어 있으며 FEM 파일이 Work 파트이다.

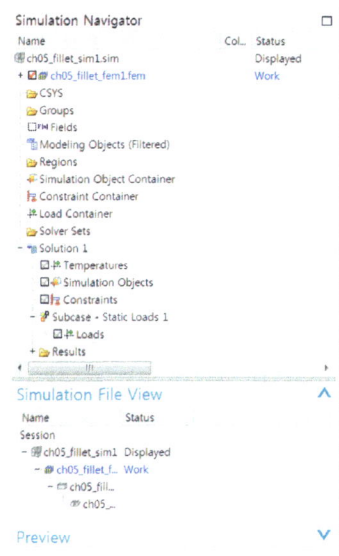

그림 5-2 Simulation Navigator

5.2.2 Idealization

설계 원본 파트를 마스터 파트라 한다. 해석을 수행하기 위해 형상을 변경할 필요가 있는 경우 설계 원본 파일을 수정하지 않고 별도의 파트 파일을 이용한다. 이러한 파트를 Idealized Part 라고 한다. Idealized Part의 형상은 마스터 파트와 연관성을 갖는다. 해석에 불필요한 필렛을 제거하자.

Idealized Part를 Work로 지정하기

1. Simulation File View 창에서 ch05_fillet_fem1_i를 더블클릭한다.

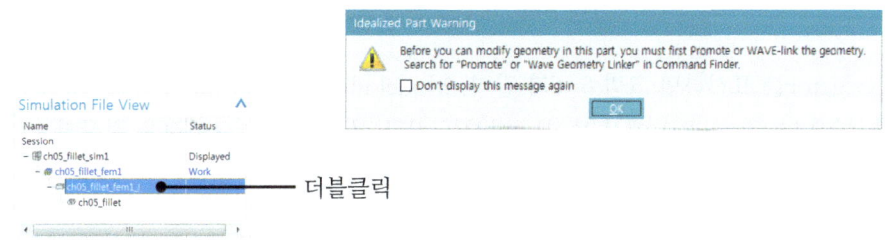

그림 5-3 Idealized Part를 Work로 지정하기

Idealized Part Warning 메시지 창이 나타난다. Idealized Part에서 보이는 형상은 Master Part 의 형상이다. 어셈블리 구조에서 컴포넌트라고 부르는데, 일종의 가상 형상이라고 생각하면 된 다. 형상을 수정하려면 가상 형상을 Idealized Part로 가져와야 하는데 Promote 또는 WAVE Geometry Linker 기능을 이용하여 수행할 수 있다.

2. Idealized Part Warning 메시지 창에서 OK 버튼을 누른다.
3. Simulation File View 창에 *_i 파트가 Work & Displayed로 지정된 것을 확인한다. *_i.prt 파일은 3차원 모델 데이터를 생성할 수 있는 파트 파일이다. 따라서 Part Navigator에서 모델링 과정을 확인할 수 있다.
4. 리소스 바에서 Part Navigator를 표시한다. 그림 5-4 와 같이 아무런 모델링 정보도 없다. 이로부터 Idealized Part에서 보이는 형상은 아직은 실존 형상이 아니라는 것을 알 수 있다.

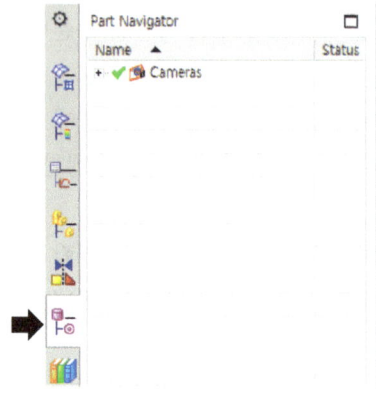

그림 5-4 Idealized Part의 Part Navigator

Promote

1. Home 탭 > Start > Promote를 클릭한다. Promote Body 대화상자가 나타난다.
2. 솔리드 바디를 선택한 후 Promote Body 대화상자에서 OK 버튼을 누른다.

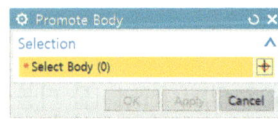

그림 5-5 바디를 Promote 하기

Part Navigator를 표시하면 그림 5-6과 같다. Model History에 Promote Body 항목이 나타 나 있다. 이제 Idealized Part에서 보이는 형상이 실존 형상이 되어 모델링을 정상적으로 수행 할 수 있다. 이 항목이 없으면 모델을 수정할 때 형상을 선택할 수 없다.

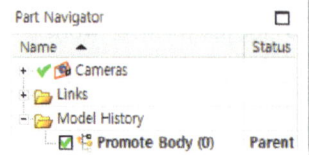

그림 5-6 Promote 후의 Part Navigator

필렛 Idealize

그림 5-7의 형상 중 해석의 관심 부분이 아닌 곳의 필렛을 제거할 것이다. 불필요한 필렛이 형상에 남아 있으면 필요 이상으로 상세한 메쉬를 생성하게 된다. 스케치 선과 데이텀 좌표계는 신경 쓰지 않아도 된다.

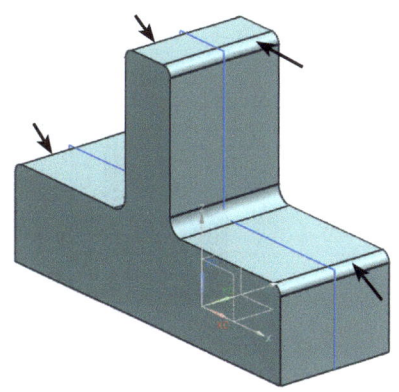

그림 5-7 제거할 필렛

1. Home 탭 > Geometry Preparation 그룹 > Idealize Geometry 아이콘을 클릭한다. Idealize Geometry 대화상자가 나타난다. 큐라인에는 Idealize 할 바디를 선택하라는 메시지가 나타난다.
2. 바디를 선택한다. 큐라인에는 제거할 Face를 선택하라는 메시지가 나타난다.
3. 그림 5-7에서 표시한 네 개의 필렛 면을 선택한다. 잘 못 선택한 면은 Shift 키를 누르고 다시 선택하여 취소할 수 있다.
4. 대화상자에서 OK 버튼을 누른다.

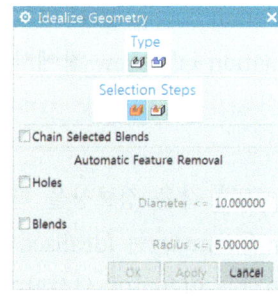

그림 5-8 Idealize Geometry 대화상자

> **! Automatic Feature Removal 옵션**
>
> Idealize Geometry 대화상자에서 Holes, Blends 옵션을 이용하여 지정된 크기 이하의 구멍 또는 블렌드를 자동으로 선택하여 제거할 수 있다.

Chapter 5: Fillet의 효과

그림 5-9는 필렛을 제거한 후의 모델을 보여준다. Part Navigator에는 Idealize Geometry 항목이 나타난다.

5. File 탭 > Save > Save All을 눌러 파일을 저장한다. FEM 파일, SIM 파일도 함께 저장된다. File > Save > Save를 선택하면 Idealized Part와 Master Part만 저장된다.

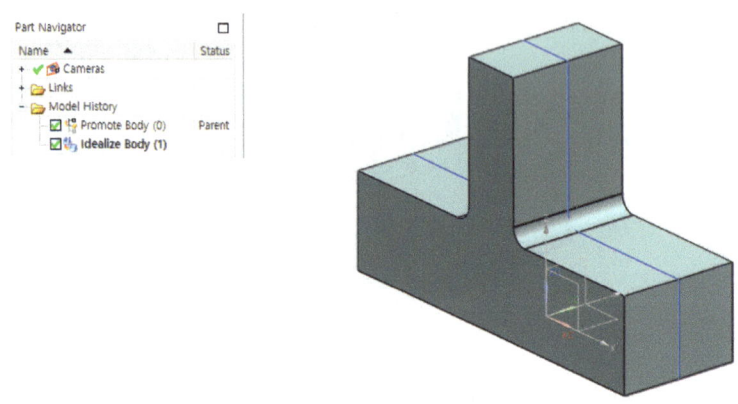

그림 5-9 필렛 제거 후의 모델

5.2.3 Mesh 생성

필렛 부분은 1.5mm, 다른 부분은 7mm 크기의 메쉬를 생성하자.

1. Simulation Navigator를 클릭하여 표시한다.
2. Simulation File View 창에서 ch05_fillet_fem1을 더블클릭하여 Displayed & Work로 표시한다.

그림 5-10과 같은 정보창을 확인한다. FEM 파일의 형상은 Polygon Geometry라 부르며 Polygon Geometry는 Idealized Part 또는 Master Part(Idealized Part를 생성하지 않았을 경우)의 형상을 이용하여 생성된다. Idealized Part를 수정함으로써 처음에 만들었던 Polygon Geometry가 따라서 수정된다는 점을 알려 준다.

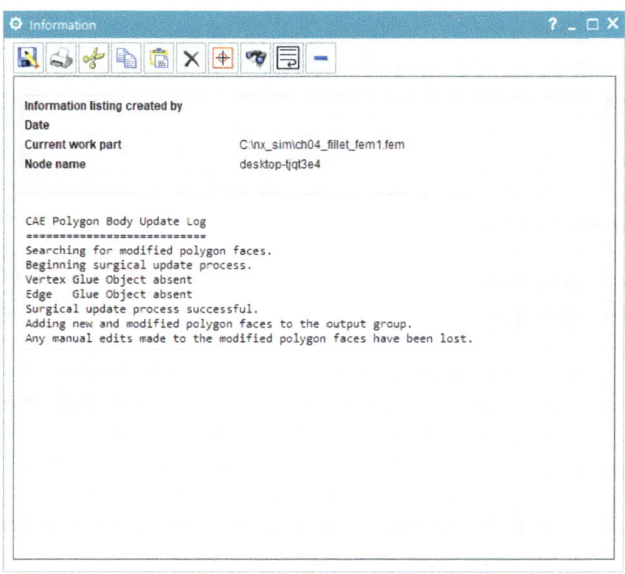

그림 5-10 Polygon Body Update 정보창

3. 정보창을 닫는다.

필렛 면에 요소 크기를 설정하자.

1. Home 탭 > Mesh 그룹 > More > Other > Mesh Control을 선택한다.
2. Mesh Control 대화상자의 Density Types 옵션을 Size on Face로 선택한다.
3. 두 개의 필렛 면을 선택한다.
4. Element Size 옵션을 1.5로 입력한 후 OK 버튼을 누른다.

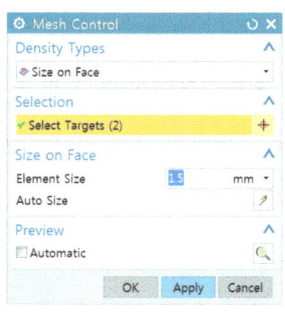

그림 5-11 Mesh Control 대화상자

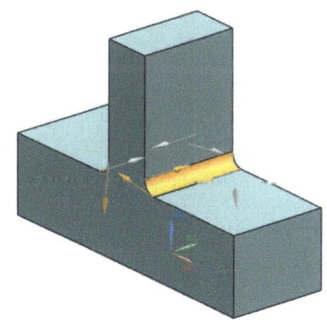

그림 5-12 필렛 면

필렛 면에 Face Density 기호가 나타나며 Simulation Navigator에 등록된다. 기호 또는 Simulation Navigator의 항목을 더블클릭 하여 크기를 수정할 수 있다.

127

5. 그림 5-13과 같이 Element Size 7의 메쉬를 생성한다.

5.2.4 경계조건 및 하중

경계조건이나 하중은 Polygon Face, Edge, Vertex에 부여할 수 있으며 해석을 수행할 때 Node나 Element에 전이된다. Polygon Geometry는 유한요소해석 데이터에 포함되지 않으며 단지 FE 모델을 생성하거나 경계조건, 하중을 정의하는데 사용된다.

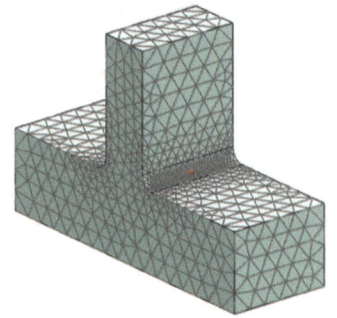

그림 5-13 생성된 메쉬

변위 구속

1. Simulation File View 창에서 *_sim1을 더블클릭하여 Displayed & Work로 만든다.
2. 형상의 바닥면에 Fixed Constraint를 정의한다.

그림 5-14는 변위 구속을 생성한 결과를 보여주며 그림 5-15는 변위 구속을 생성한 후의 Simulation Navigator를 보여준다. Constraint Container에 변위구속이 기록되고(그림 5-15의 ⓐ) Solution 1의 Constraints로 사용된다(그림 5-15의 ⓑ).

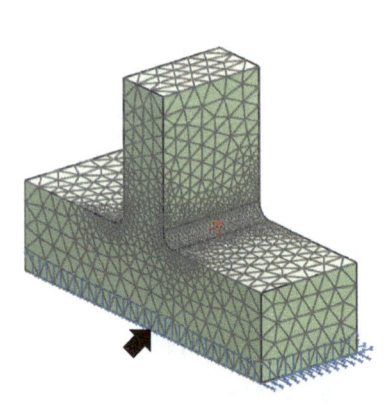
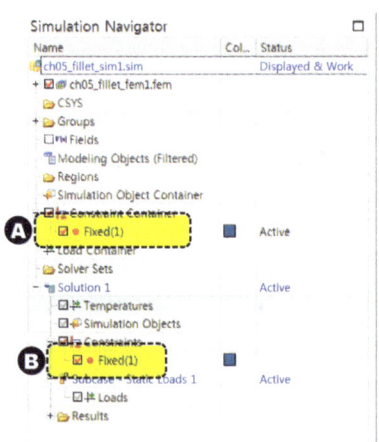

그림 5-14 Fixed Translation Constraint　　**그림 5-15** Simulation Navigator

하중

형상의 상단면에 그림 5-16과 같이 X 방향으로 2000N의 Force를 정의한다.

그림 5-16은 하중을 생성한 후의 모델을 보여주며 그림 5-17은 하중을 생성한 후의 Simulation Navigator를 보여준다. Load Container에 Force가 기록되고 Solution 1의 Loads로 사용된다. Solution에 사용되는 Constraint나 Load에 마우스 오른쪽 버튼을 눌러 제거(Remove)할 수 있다.

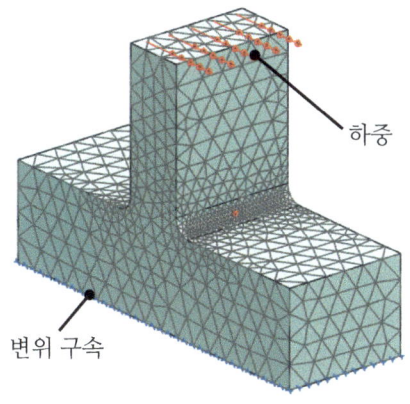

그림 5-16 하중과 변위 구속

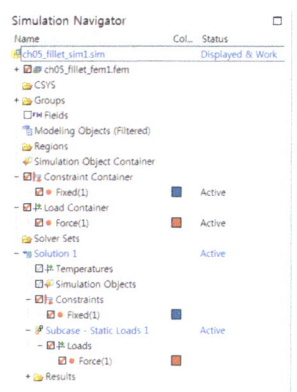

그림 5-17 Simulation Navigator

Model Setup Check

해석을 수행하기 전에 FE 모델 및 Solution 설정에 있어서의 오류를 체크한다. 요소의 물성치가 정의되어 있는지를 체크하며 하중, 경계조건이 정의되어 있는지 확인할 수 있다. 해석을 수행하면서 발생하는 수학적인 오류는 이 단계에서는 알 수 없다.

1. Solution 1에 우클릭 > Model Setup Check를 선택한다.

그림 5-18과 같이 체크 결과가 나타난다. Mesh-Based Errors Summary 부분에 에러가 발생했다. Solid(1) Collector의 3d_mesh(1)에 재질이 설정되지 않았다. Solution-Based Errors Summary 부분에 Iterative Solver Option에 대한 권장 사항이 나타난다. 3D 요소의 개수가 전체 모델의 80%를 넘으면 Iterative Solver를 사용하는 것이 효과적이라는 뜻이다. Iterative Solver를 사용하지 않을 때는 Sparse Matrix Solver를 사용하며 해석의 정확도는 높으나 계산 시간이 오래 걸린다. 3D 요소의 개수가 전체 모델의 80%를 넘을 경우 Iterative Solver를 사용하게 되면 해석의 정확도를 유지하면서 속도를 향상시킬 수 있다. 요소의 개수가 많을 때 유용하다.

2. Information 창을 닫는다.

재질을 설정하고 Solution 옵션을 변경해 보자.

Chapter 5: Fillet의 효과

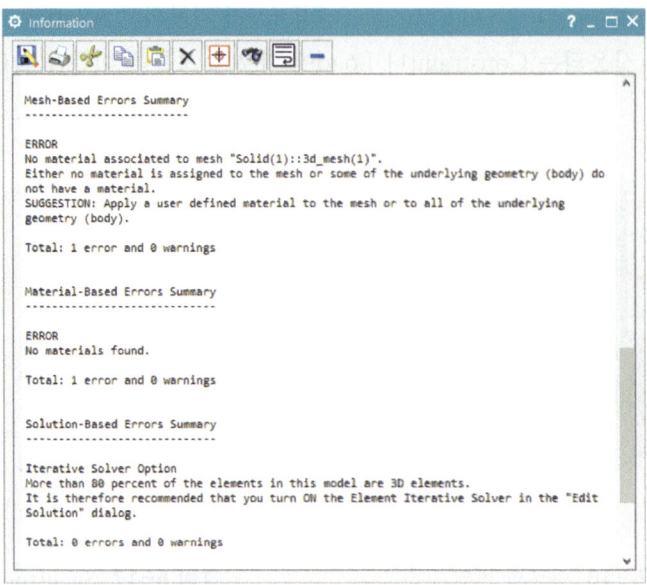

그림 5-18 Model Setup Check 결과

재질 설정

재질은 FEM 파일에서 설정할 수 있다.

1. Simulation File View 창에서 _fem1을 더블클릭하여 Displayed & Work로 지정한다.
2. Simulation Navigator에서 3D Collectors를 펼치고 Solid(1) Collector를 더블클릭한다.
3. Mesh Collector 대화상자에서 Edit 버튼을 누른다.
4. PSOLID 대화상자에서 Choose material 버튼을 누른다.
5. Material List 대화상자에서 Steel을 선택한 후 OK 버튼을 누른다.
6. 다른 대화상자에서 모두 OK 버튼을 눌러 닫는다.

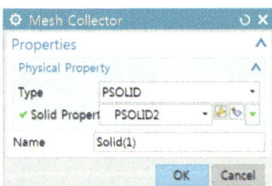 

그림 5-19 Mesh Collector 대화상자   **그림 5-20** PSOLID 대화상자

Solution 설정 변경

해석을 수행하는데 Iterative Solver를 사용하도록 설정을 변경해 보자. Solution 설정은 SIM 파일에서 수행할 수 있다.

1. SIM 파일을 Displayed & Work로 지정한다.
2. Solution 1에 우클릭 > Edit을 선택한다.
3. Solution 대화상자에서 Element Iterative Solver 옵션을 선택한다.
4. OK 버튼을 누른다.

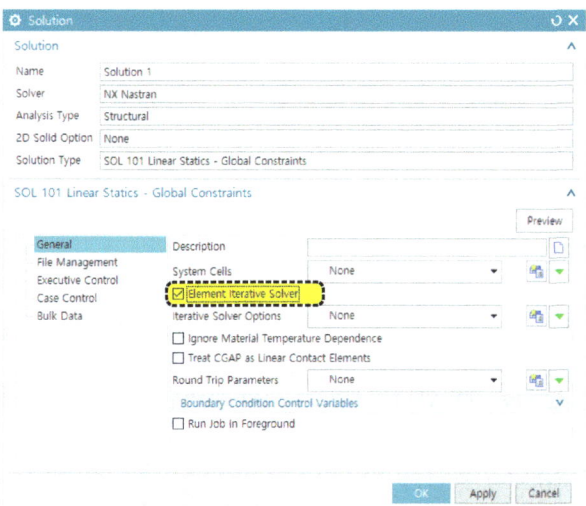

그림 5-21 Iterative Solver 옵션

Model Setup Check를 다시 수행하여 Mesh-Based Error와 Solution-Based Error 부분에 메시지가 나타나지 않음을 확인한다. 그러나 Iterative Solver를 꼭 선택해야 하는 것은 아니라는 점을 기억하기 바란다.

5.3 Solving

1. Solving을 수행한다.
2. 계산이 끝난 것을 확인한 후 Solution Monitor와 Analysis Job Monitor, Information 창을 닫는다. 계산이 끝나기 전에 창이나 대화상자를 닫으면 안된다.

5.4 Post Processing

해석이 제대로 수행되었다면 그림 5-22와 같이 결과가 표시된다.

1. Simulation Navigator에서 Structural을 더블클릭한다.
2. 그림 5-23과 같이 결과 항목을 펼친다.

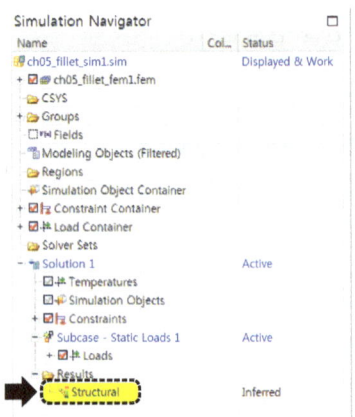

그림 5-22 Results

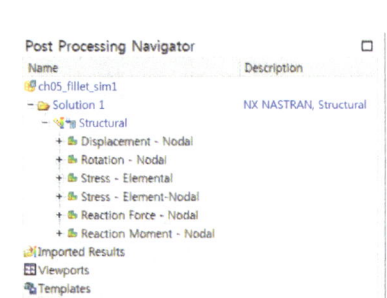

그림 5-23 Post Processing Navigator

3. Stress – Elemental을 더블클릭한다. 그림 5-24와 같이 Von Mises 응력이 표시되며 최대값은 44.76 MPa이다.
4. Return to Home 아이콘을 누른다.
5. File 〉 Save 〉 Save를 선택하여 파일을 저장한다. SIM 파일이 Work 이므로 Save 기능으로 FEM 파일, Idealized Part를 저장할 수 있다.
6. File 〉 Close 〉 All Parts를 선택하여 모든 파일을 닫는다.

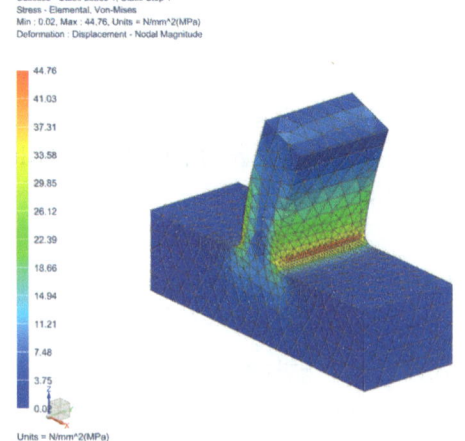

그림 5-24 Stress – Elemental
(Von Mises)

5.5 필렛 반경이 10mm인 경우

필렛 반경이 10mm인 경우에 대한 해석을 수행하고 반경이 5mm일 때와 응력 결과를 비교해 보자. 필렛 반경을 변경한다는 것은 Idealized Part를 수정하여야 한다는 것이다. 기존의 Idealized Part에서 필렛 반경을 수정한 후 해석을 수행하면 앞의 해석 결과는 사라진다. 따라서 새로운 Idealized Part, FEM 파일, SIM 파일을 생성해야 한다.

5.5.1 파일 준비

앞에서 저장하고 닫은 파일을 다시 연 후 파일을 준비해보자.

1. Open 아이콘을 누른다.
2. 파일 형식을 Simulation Files로 변경하고 앞에서 저장한 파일(ch05_fillet_sim1)을 선택하여 연다. Simulation File View 창을 보면 SIM 파일과 FEM 파일이 로드 된 것을 알 수 있다.
3. File 〉 Open을 누른 후 ch05_fillet_fem1_i 파트를 연다. Idealized Part가 Work 상태로 열리며 Master Part도 함께 로드된다.
4. ch05_fillet.prt에 우클릭 〉 New FEM and Simulation을 선택한다.
5. New FEM and Simulation 대화상자에서 생성될 파일 이름을 확인하고 OK 버튼을 누른다.
6. Solution 대화상자의 Name 입력창에 Solution_R10mm를 입력하고 Element Iterative Solver 옵션을 체크한다.
7. Solution 대화상자에서 OK 버튼을 누른다.

Simulation File View 창에는 그림 5-26과 같이 두 개의 Simulation File 세트가 보인다. 파일명을 변경할 수 있지만 이 장에서는 그대로 진행하자. 1번 세트는 그대로 두고 2번 파일 세트를 이용할 것이다.

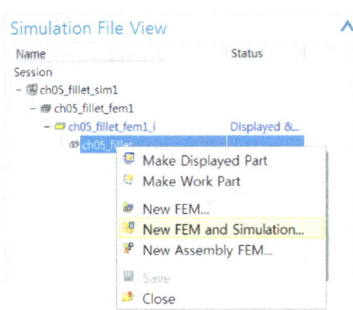

그림 5-25 FEM, SIM 파일 생성

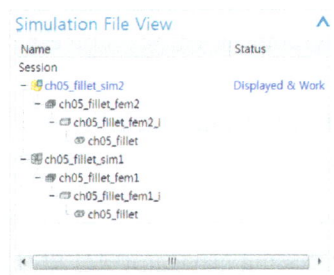

그림 5-26 Simulation File 세트

Chapter 5: Fillet의 효과

2번 파일 세트의 Idealized Part를 수정하자. Simulation File View 창에서 ch05_fillet_fem2_i를 더블클릭하여 Work Part로 지정한 후 그림 5-7에서와 같이 네 개의 필렛을 제거한다.

필렛 반경은 Synchronous Modeling 기능을 이용하여 수정할 수 있다.

1. Home 탭 > Synchronous Modeling > More > Detail Feature > Resize Blend를 선택한다.
2. 반경을 수정할 두 개의 필렛면을 선택하고 Radius를 10으로 변경한다.

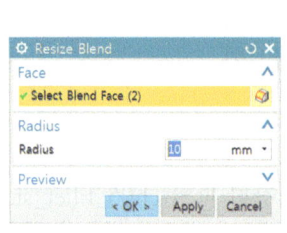 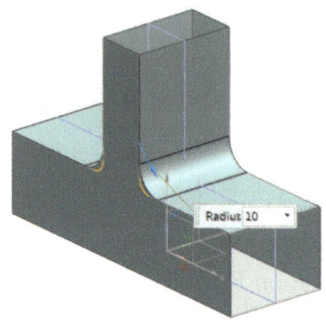

그림 5-27 반지름 수정

5.5.2 메쉬 생성

앞에서와 같은 방법으로 필렛 면에 1.5mm의 Mesh Control을 생성한 후 7mm 크기의 3D Tetrahedral Mesh를 생성한다. Collector에 재질을 설정하는 과정을 잊지 말자.

5.5.3 경계조건 및 하중

앞에서와 같은 방법으로 변위 구속과 하중을 정의한다.

5.5.4 Solving

Solution_R10mm에 우클릭 > Solve를 선택하여 해석을 수행한다.

5.5.5 Post Processing

1. Solution_R10mm의 하위에 생성된 Results > Structural을 더블클릭한다.
2. Post Processing Navigator에서 반지름 10mm인 경우에 해당되는 Stress - Elemental을 더블클릭한다. 그림 5-28과 같이 Von Mises Stress가 표시된다. 최대값이 35.28MPa로 나타난다.

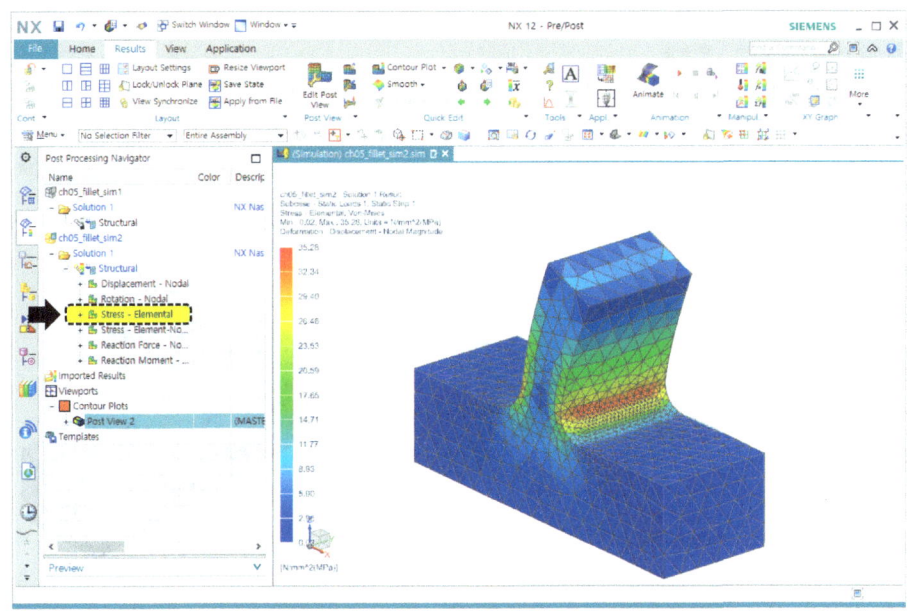

그림 5-28 Stress – Elemental (Von Mises)

두 결과를 나란히 표시해 보자.

1. Results 탭 > Layout > Side by Side 아이콘을 누른다. 화면이 좌우로 나뉜다.
2. Solution 1 > Structural에 우클릭 > Load를 선택한다.
3. Solution 1의 결과 중 Stress – Elemental에 우클릭 > Plot을 선택한다. 큐라인에는 View-port를 선택하라는 메시지가 나타난다. 좌우로 나뉘어진 화면 하나를 Viewport라고 부른다.
4. 새로 생긴 뷰포트를 선택한다. 그림 5-31과 같이 Solution 1의 결과가 표시된다.

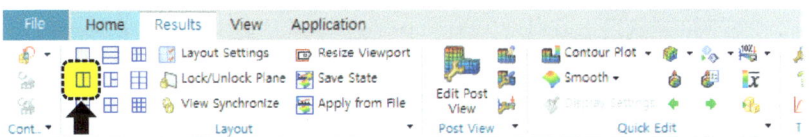

그림 5-29 Layout > Side by Side 아이콘

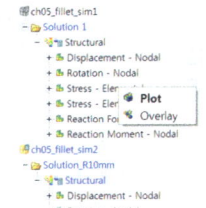

그림 5-30 Plot 메뉴

Chapter 5: Fillet의 효과

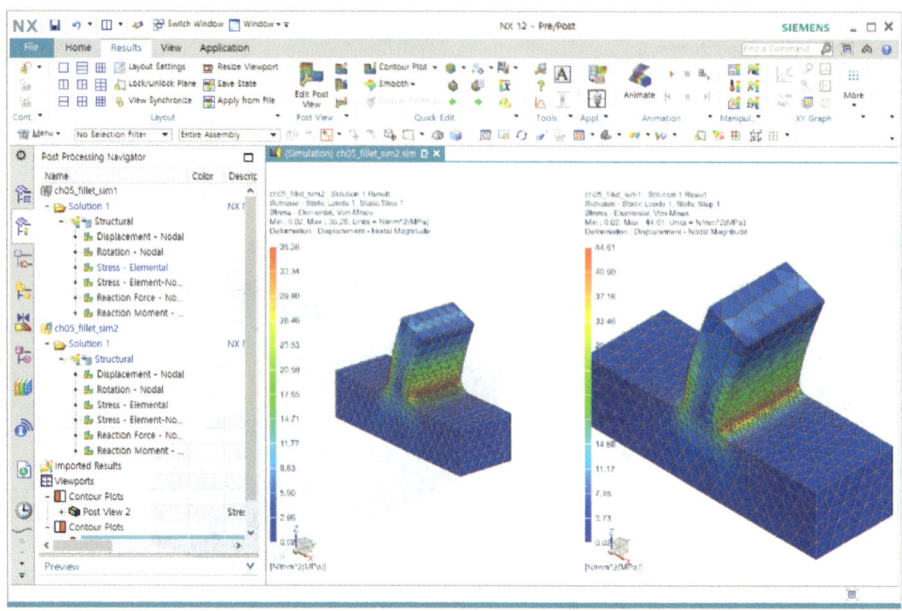

그림 5-31 두 개의 결과가 표시된 화면

두 결과 화면의 모델 표시 상태를 맞춰보자.

1. Layout 아이콘 그룹에서 View Synchronize 아이콘을 누른다.
2. 두 개의 뷰포트를 선택한다.
3. Viewport Settings 옵션바에서 체크마크(OK)를 누른다.
4. 화면을 Rotate, Zoom, Pan 하여 맞춘다. 그림 5-32는 Trimetric 뷰를 표시한 결과를 보여 준다.

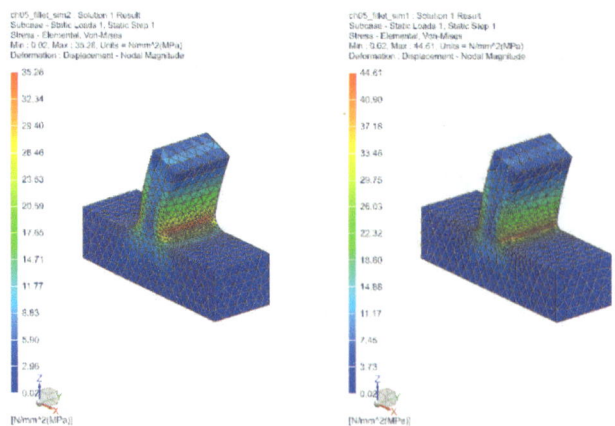

그림 5-32 두 개의 결과 표시

5. Layout 아이콘 그룹에서 View Synchronize 버튼을 끄고 Single View 아이콘을 눌러 뷰포트를 한 개로 만든다.

5.5.6 파일 저장 및 종료

1. Return to Home 또는 Return to Simulation 아이콘을 누른다.
2. File 〉 Save 〉 Save All을 선택하여 파일을 모두 저장하고 닫는다. 이 파일은 Chapter 6에서 사용할 것이다.

5.6 결과 분석

다른 조건은 모두 같고 필렛 반경이 다른 두 모델에 대한 해석 결과는 다음과 같다.

	최대 Von Mises Stress
필렛 반경이 5 mm인 경우	45 MPa
필렛 반경이 10 mm인 경우	35 MPa

이로부터 필렛 반경이 10mm인 경우의 응력집중이 22% 정도 개선됨을 알 수 있다.

5.7 보충

5.7.1 모델 수정

Idealized Part에서 Promote를 수행한 후 Geometry Preparation 아이콘 그룹에 있는 기능을 이용하여 형상을 수정할 수 있다. 모델링 작업을 수행할 수 있는 아이콘이 있다. Synchronous Modeling 아이콘 그룹의 기능을 이용할 수도 있고, 필요하다면 Modeling 애플리케이션에서 형상 수정을 할 수도 있다.

Split Body 기능은 바디를 나누는 기능이다. 솔리드 바디나 시트 바디를 데이텀 평면이나 다른 면을 기준으로 자를 수 있다. 각각의 바디에 서로 다른 Mesh를 생성할 때 사용된다.

Midsurface by Face Pairs 기능을 이용하면 두께가 얇은 솔리드 바디의 중간에 시트 바디를 생성할 수 있다. 중간 서피스를 이용하여 해석을 수행할 때 사용된다.

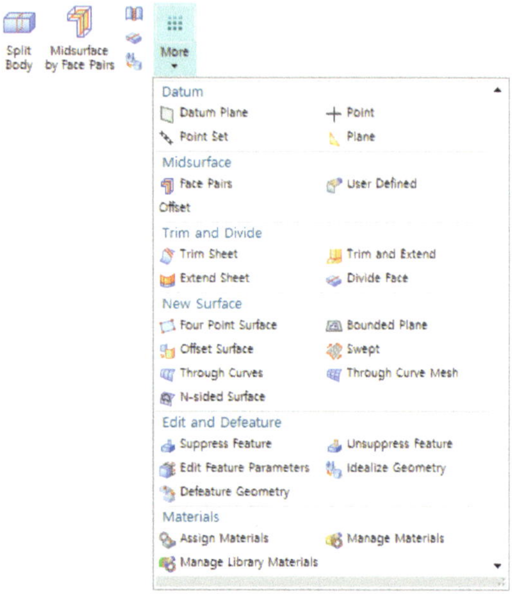

Sew 기능을 이용하면 시트바디 또는 솔리드 바디를 하나로 합칠 수 있다. 떨어져 있는 바디를 합친 후 같은 Mesh를 생성할 때 사용된다.

그림 5-33 Model Preparation 아이콘 그룹

Divide Face 기능은 바디의 면을 나누는 기능이다. 바디는 하나이면서 선 또는 면을 기준으로 Face가 둘로 나뉜다. Face를 나눌 때 생성되는 Edge에 경계조건이나 하중을 적용하기 위해 사용된다.

Idealize Geometry 기능은 Hole이나 Blend 형상을 제거할 수 있다. 솔리드 바디 또는 시트 바디에 적용할 수 있다. 해석 결과에 영향을 주지 않는 형상을 쉽게 제거할 수 있다. Geometry Preparation > More > Edit and Defeature > Defeature Geometry 기능을 이용하여 단위 형상을 제거할 수도 있고, Synchronous Modeling 기능을 이용하여 제거할 수도 있다.

More 옵션에는 Material에 대한 메뉴가 있다. 3차원 형상에 재질을 설정하면 Mesh에 자동으로 적용된다.

5.7.2 Mesh Control

Polygon Geometry에 Mesh Control을 생성하면 부분적으로 다른 크기의 Mesh를 생성할 수 있다. 생성될 요소의 크기를 지정하거나 개수를 지정할 수 있다. 형상에 따라 요소의 크기가 결정되도록 할 수도 있다. 응력이 크게 발생하는 부분에 작은 요소 크기를 적용하기 위해 사용된다.

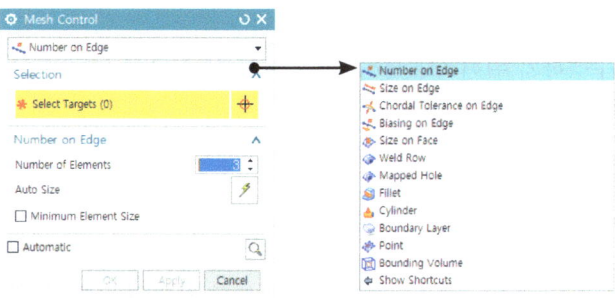

그림 5-34 Mesh Control의 Density Type

5.7.3 FE Model Update

Mesh Control을 적용하여 Mesh를 생성한 후 Mesh Control의 설정을 변경하면 FE 모델을 업데이트 해야 한다. FE 모델을 업데이트 해야 하는 경우 Home > Context 그룹에 Update 아이콘이 나타난다. 또한, Simulation Navigator의 FEM 파일 항목의 아이콘이 업데이트 심볼로 변경된다. Update 아이콘을 누르거나 FEM 파일에 우클릭 > Update를 선택하여 업데이트할 수 있다. FE 모델을 업데이트 하지 않을 경우 Model Setup Check 시 오류가 발생한다. Collector 하위에 생성된 Mesh를 더블클릭하면 Mesh의 크기를 수정할 수 있다. 이 경우에는 Update 아이콘이 활성화되지 않고 Mesh의 크기가 바로 변경된다.

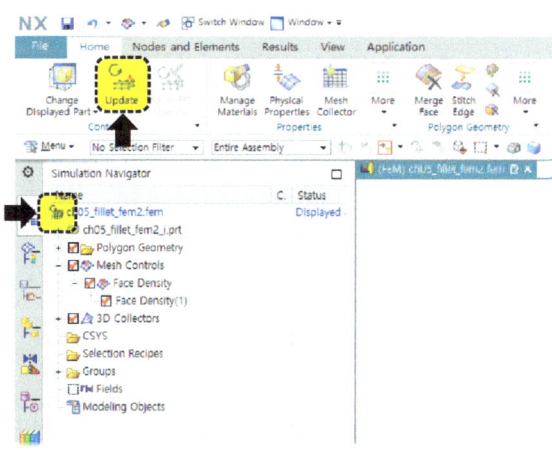

그림 5-35 Update 필요

5.8 Quiz

1. 해석을 하는데 사용되는 파일 중 SIM 파일을 Open 하면 함께 열리는 파일과 그렇지 않은 파일을 구분하시오.

2. 3차원 형상을 수정하려면 어떤 파일을 Work로 지정하는가?

3. 3차원 형상을 수정하기 위해 Master Part의 형상을 Idealized Part로 가져오려면 어떻게 하는가?

4. Idealized Part에서 필렛, 구멍 등 불필요한 부분을 제거하려면 어떤 기능을 이용하는가?

5. FEM 파일에서 Mesh를 생성할 때 선택하는 바디를 무엇이라고 부르는가?

6. 변위 구속은 노드와 요소 중 무엇의 변위를 구속하는 것인가?

7. Iterative Solver는 어떤 경우에 사용할 수 있으며 장점은 무엇인가?

8. 필렛의 반지름을 크게 하면 어떤 효과가 있는가?

9. 여러 개의 해석 결과를 표시하여 비교 하려면 어떤 방법을 이용하는가?

10. 여러 개의 Load 되어 있는 파일을 모두 저장하려면 어떻게 하는가?

11. 여러 개의 Load 되어 있는 파일 중 FEM 파일만 저장하려면 어떻게 하는가?

12. Idealized Part가 Work Part인 상태에서 Modeling 애플리케이션을 어떻게 실행시키는가?

13. 현재의 Application을 어떻게 확인할 수 있는가?

14. 원하는 종류의 오브젝트만 선택하려면 어떻게 하는가?

15. FE 모델을 업데이트 하지 않고 Model Setup Check를 수행하면 어떤 오류가 발생하는가?

16. Mesh의 크기를 부분적으로 다르게 설정하려면 어떤 기능을 이용하는가?

17. 두께가 얇은 솔리드 바디의 중간에 시트 바디를 생성하려면 어떤 기능을 이용하는가?

18. 솔리드 바디를 여러 개로 나누려면 어떤 기능을 이용하는가?

19. Divide Face 기능을 이용하여 면을 나누는 이유는 무엇인가?

20. Master Part를 수정하지 않고 Idealized Part를 수정하는 이유는 무엇인가?

Chapter 5: Fillet의 효과

(빈 페이지)

Chapter 6
보강대 효과

■ 학습목표

- 보강대(Rib)를 생성했을 때 보강 효과를 이해한다.
- Promote와 Wave 기능을 이해한다.
- 사용자 정의 변위 구속을 생성한다.
- 단면에서의 응력을 표시한다.
- 여러 가지 결과 표시 방법을 배운다.
- 요소 크기의 영향에 대하여 이해한다.

Chapter 6: 보강대 효과

6.1 개요

보강대(Rib)는 변형량을 줄이기 위해 사용한다. 어떤 구조물에 대한 해석을 수행한 결과 변형이 크게 나타날 때 보완하기 위해 전형적으로 사용하는 방법이 보강대를 생성하는 것이다. 보강대의 생성 위치와 방향은 변형이 발생하는 방향에 맞게 설정해야 효과를 볼 수 있다.

보강대가 없는 모델과 보강대를 생성한 후의 해석 결과를 비교해보자. 5장의 필렛 반경이 5mm인 모델을 열어 다른 이름으로 저장한 후 보강대를 추가하여 해석을 수행하고, 보강대가 없는 경우의 결과와 비교할 것이다.

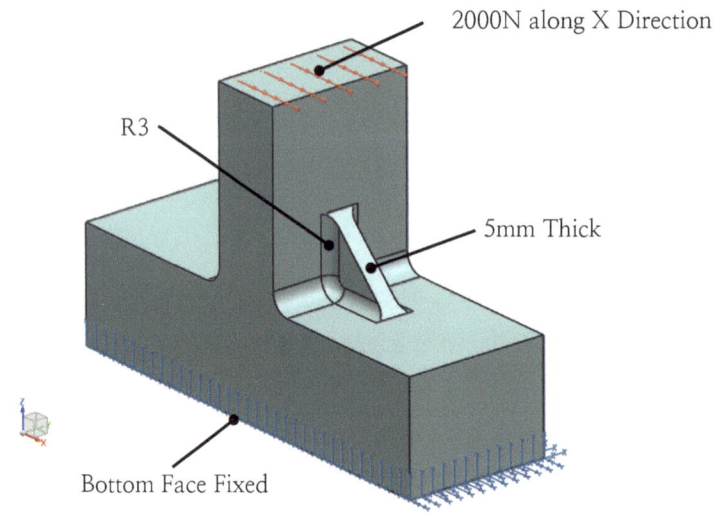

그림 6-1 보강대를 추가한 모델

6.2 Preprocessing

6.2.1 해석용 파일 생성

파일 열기

Chapter 5에서 저장한 ch05_fillet_sim1.sim을 연다. SIM 파일을 열면 FEM 파일이 함께 Load 되며, SIM 파일이 Displayed & Work로 된다.

파일 생성

FEM 파일과 SIM 파일을 각각 생성하면 각각의 이름을 지정할 수 있다. 다음 절차를 따른다.

1. Simulation Navigator에서 *_fem1.fem을 확장시킨다. Idealized Part가 표시되며 Status 칼럼에는 Not Loaded가 표시된다. Simulation File View 창에도 Idealized Part 및 Master Part가 나타나 있지 않음을 확인한다.

2. Idealized Part에 우클릭 > Load를 선택한다. Simulation File View 창을 확인하면 Idealized Pat와 Master Part가 로드 된 것을 알 수 있다.

3. Master Part에 우클릭 > New FEM을 선택한다. 대화상자가 나타나며 FEM 파일의 이름을 지정할 수 있다.

4. Folder를 Master Part가 있는 곳으로 지정하고 파일 이름을 ch06_rib_effect_fem1.fem으로 입력한다.

5. New FEM 대화상자에서 Create Idealized Part 옵션을 체크하고 OK 버튼을 누른다. Simulation File View 창에 그림 6-2와 같이 Idealized Part와 FEM 파일이 생성된다.

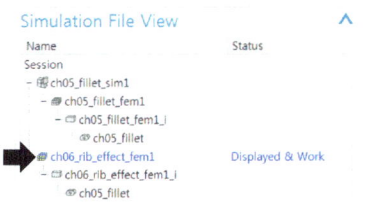

그림 6-2 FEM 파일 생성

6. FEM 파일에 우클릭 > New Simulation을 선택한다. SIM 파일의 이름을 입력할 수 있는 창이 나타난다.

7. 폴더는 같은 곳으로 지정하고, 파일명은 ch06_rib_effect_sim1.sim으로 지정한 후 OK 버튼을 누른다.

8. New Solution 대화상자에서 OK 버튼을 누른다.

9. Solution 대화상자에서 Solution의 이름을 "sol_with_rib"으로 변경하고 Element Iterative Solver 옵션을 체크한다.

10. OK 버튼을 누른다.

여기까지 수행한 후의 Simulation File View 창은 그림 6-3과 같다. Save 아이콘을 눌러 파일을 저장한다. SIM 파일이 Work 이므로 SIM 파일, FEM 파일, Idealized Part가 함께 생성된다.

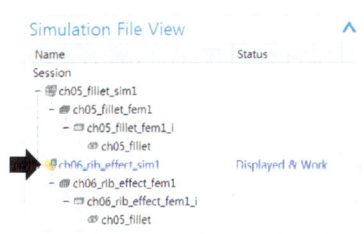

그림 6-3 SIM 파일 생성

6.2.2 WAVE Geometry Linker

1. Idealized Part를 Work로 지정한다. Rib을 생성할 파트를 Work로 지정해야 한다. Idealized Part Warning 창에서 OK 버튼을 누른다.
2. Home 탭 > Start > Promote 아이콘을 누르고 바디를 선택한다.
3. Menu 버튼 > Insert > Sketch in Task Environment를 선택한다.
4. Create Sketch 대화상자를 Reset 한 후 데이텀 좌표계의 XZ 평면을 선택해 보자. 선택되지 않는다. 데이텀은 Wave Geometry Linker를 이용하여 Idealized Part로 가져와야 한다.

Promote Body는 마스터 파트의 Solid Body 또는 Sheet Body를 Idealized Part로 가져오는 기능이고, Wave Geometry Linker는 마스터 파트의 데이텀, 커브, 포인트, 스케치, Face 등 개별 오브젝트를 Idealized Part로 가져오는 기능이다.

Wave Geometry Linker 기능을 이용하여 ZX 평면을 Idealized Part로 가져오자.

1. Home 탭 > Start > WAVE 아이콘을 누른다.
2. WAVE Linker Type을 Datum으로 선택한 후 데이텀 좌표계의 ZX 평면을 선택한다.
3. OK 버튼을 눌러 Datum Plane을 생성한다.
4. 같은 방법으로 Sketch에 Link를 걸어 가져온다.

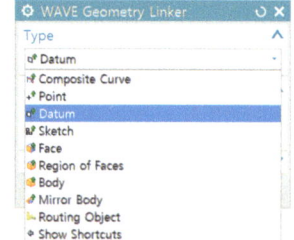

그림 6-4 WAVE Geometry Linker 대화상자

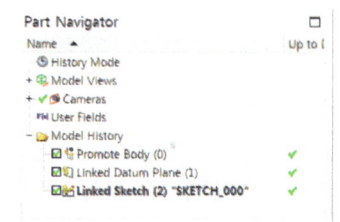

그림 6-5 Part Navigator

6.2.3 보강대 생성

1. Sketch in Task Environment 기능을 이용하여 그림 6-6과 같이 Link 평면에 보강대 생성을 위한 스케치를 생성한다.
2. Application 탭 > Design 그룹 > Modeling을 선택하여 Modeling 환경으로 전환한다.
3. Extrude 기능을 이용하여 양쪽으로 2.5mm씩 돌출시켜 보강대를 완성한다. 이 때, Boolean은 Unite를 선택해야 한다.
4. 보강대의 모서리에 반경 3mm의 Edge Blend 생성한다.
5. Application 탭 > Simulation 그룹 > Pre/Post를 선택한다.
6. Idealize Geometry 기능을 이용하여 네 곳의 볼록한 필렛을 제거한다.
7. Save 버튼을 눌러 Idealized Part를 저장한다.

그림 6-7은 완성된 보강대를 보여준다. 스케치와 데이텀을 숨긴 상태이다.

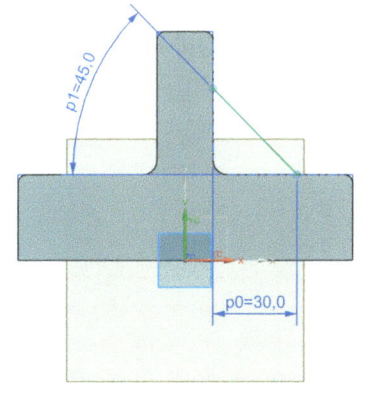

그림 6-6 보강대 생성을 위한 스케치

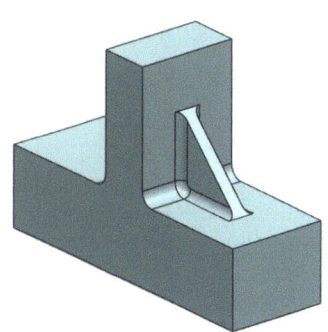

그림 6-7 완성된 보강대

6.2.4 Mesh 생성

1. ch06_rib_effect_fem1을 더블클릭 한 후 필렛 면에 1.5 mm의 Mesh Control을 설정한다.

Mesh를 생성하자.

1. Home 탭 > Mesh > 3D Tetrahedral 아이콘을 클릭한다.
2. 대화상자를 Reset 하고 바디를 선택한다.
3. Element Size 입력창에 7을 입력하고 Enter를 누른다.
4. 대화상자의 Destination Collector 옵션에서 New Collector 버튼을 누른다. (그림 6-8)
5. Mesh Collector 대화상자를 Reset 한 후 Create Physical... 버튼을 누른다.
6. PSOLID 대화상자를 Reset 한 후 Choose material 버튼을 누른다.
7. Material List 대화상자에서 Steel을 선택한 후 OK 버튼을 누른다.
8. 역순으로 OK 버튼을 눌러 대화상자를 모두 닫는다.

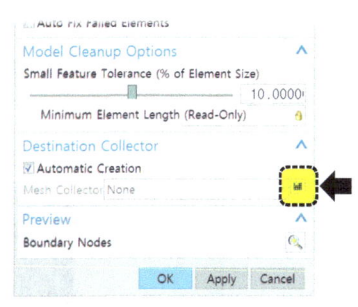

그림 6-8 Mesh 생성

그림 6-9와 같이 Mesh가 생성된다.

9. FEM 파일을 저장한다.

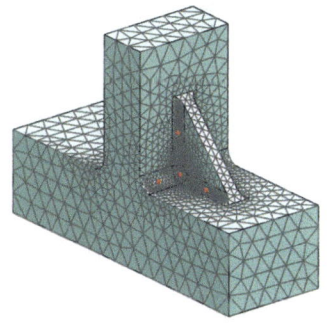

그림 6-9 생성된 Mesh

Chapter 6: 보강대 효과

6.2.5 변위 구속과 하중

1. SIM 파일을 Work로 지정한 후 바닥면에 Fixed Constraint를 설정하고, 윗면에 XC 방향으로 2000N의 Force를 적용한다.
2. SIM 파일을 저장한다.

6.3 Solving

Model Setup Check 후 Solving을 수행한다.

6.4 Post Processing

Von Mises Stress 표시

그림 6-10은 전체 모델에 대한 Von Mises Stress를 보여 준다.

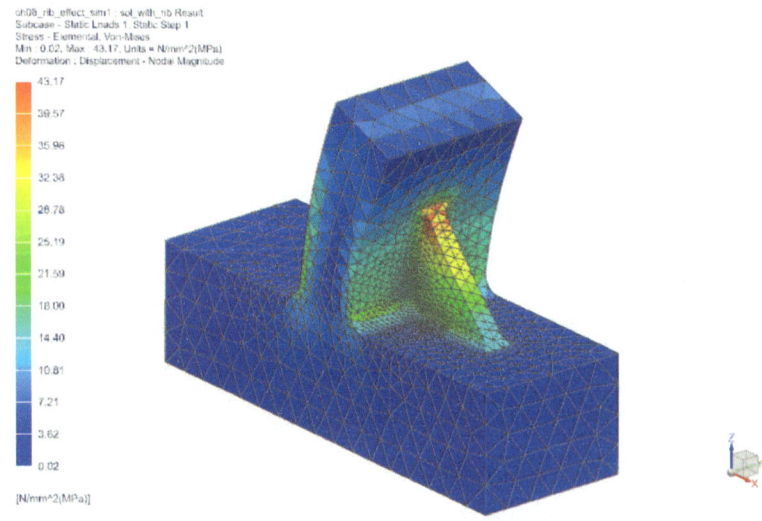

그림 6-10 Von Mises Stress – Elemental

결과 표시 방법 변경

결과를 표시하는 여러가지 방법을 살펴보자.

1. Post View 1(숫자는 다를 수 있다.)을 더블클릭한다.
2. Post View 대화상자의 Color Display 옵션을 Banded로 선택하고 Show undeformed model 옵션을 선택한다.
3. Post View 대화상자에서 OK 버튼을 누른다.

그림 6-12와 같이 결과 값을 색깔의 밴드로 표시해 주며 변형 전의 모델을 함께 표시해 준다.

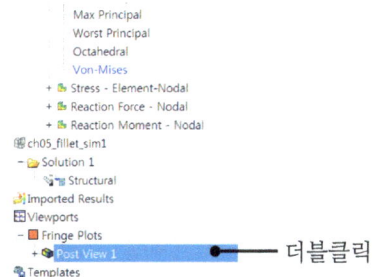

그림 6-11 Post View

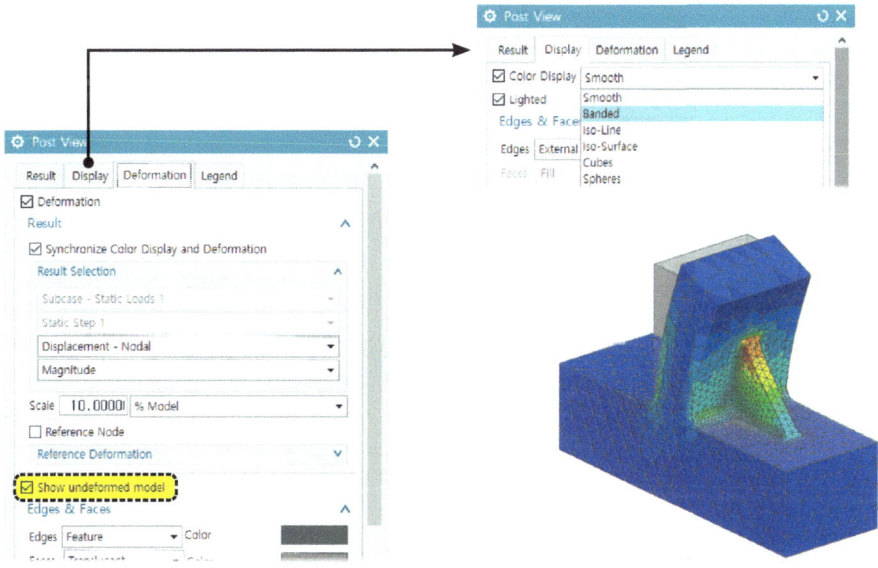

그림 6-12 Post View 설정

149

Chapter 6: 보강대 효과

노드에 대한 Von Mises Stress 값을 Iso-Line으로 표시해 보자.

1. Post View를 더블클릭 한다.
2. Post View 대화상자의 Display 탭에 있는 Color Display 옵션을 Iso-Line으로 선택한다.
3. Deformation 옵션을 해제한다.
4. Result 버튼을 누른다.
5. Isoline Plot 대화상자에서 Stress - Element-Nodal을 선택한 후 OK 버튼을 누른다.
6. Post View 대화상자에서 OK 버튼을 누른다.

그림 6-14와 같이 동일 값을 갖는 위치를 같은 색의 선으로 표시해 준다.

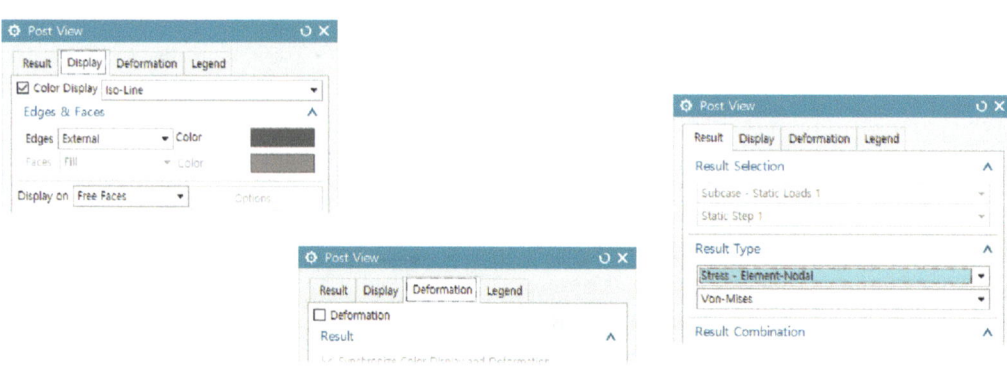

그림 6-13 Post View 설정

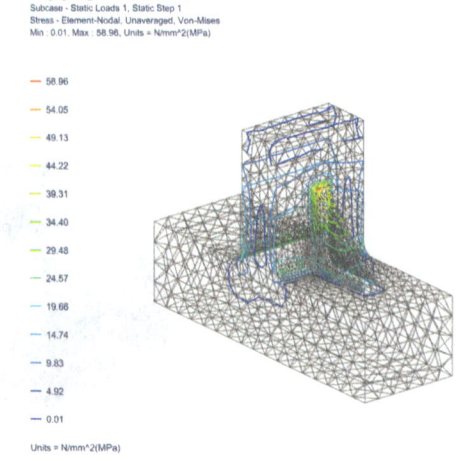

그림 6-14 Iso Line Display

Edit Post View 아이콘을 누르면 현재 선택한 PostView에 대한 옵션을 설정할 수 있다. Post View 아이콘 그룹에는 Set Result, Display, Deformation 옵션을 빠르게 설정할 수 있도록 별도의 아이콘을 제공한다.

Quick Edit 아이콘 그룹에는 자주 사용되는 Post View의 옵션을 빠르게 설정할 수 있도록 아이콘을 추가로 제공한다.

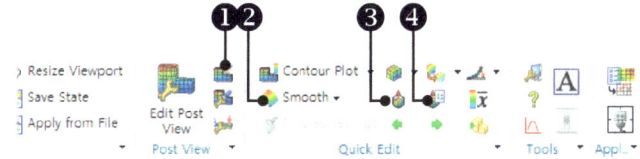

그림 6-15 Post View와 Quick Edit 아이콘 그룹

단면에서의 응력을 표시해 보자. (각 번호에 해당하는 아이콘은 그림 6-15 참고)

1. Post View 아이콘 그룹에서 Set Result 아이콘을 누른 후 Stress – Elemental > Von Mises를 표시한다.
2. Quick Edit 아이콘 그룹에서 Smooth를 선택한다.
3. Quick Edit 아이콘 그룹에서 Cutting Plane On/Off 아이콘을 누른다. Post View가 잘린다.
4. Quick Edit 아이콘 그룹에서 Cutting Plane Options 아이콘을 누른다.
5. Automatic Update 버튼을 누른다.
6. Cut Plane 옵션 옆에 있는 Y 방향을 선택한다. Y 방향에 수직인 평면으로 자를 수 있다.
7. Show Feature Edges 옵션을 체크한다.
8. Clip Side 옵션을 Negative로 선택한다.
9. Y= 스크롤 바를 움직인다.
10. Cancel 버튼을 눌러 Cutting Plane 대화상자를 닫는다.

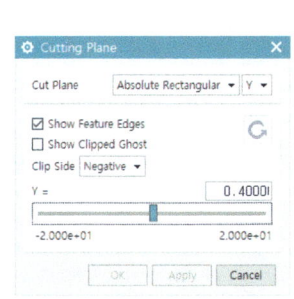

그림 6-16 Cutting Plane 설정

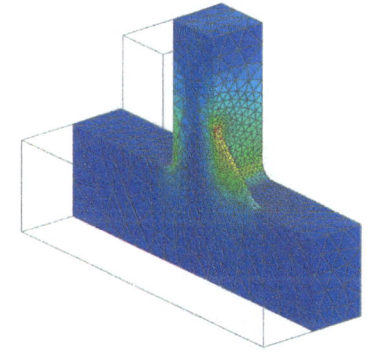

그림 6-17 Cutting Plane에서의 응력 분포

레포트 생성

해석 결과에 대한 MS Word 레포트를 생성할 수 있다.

1. Simulation Navigator를 표시한다.
2. Home 탭 > Solution > Create Report 아이콘을 누른다.
3. Report Template 파일을 선택한다. Template_01을 선택한 후 OK 버튼을 누른다. Solution 하위에 Report가 생성된 것을 확인한다.
4. Report Title, Authors Name 등을 입력하고 User Item을 입력한다.
5. Report에 우클릭 > Publish Report를 선택한다.
6. 폴더와 Report 파일명을 입력하고 OK를 누른다. Word 문서가 생성된다.

6.5 보강대가 없는 해석 결과

보강대가 없는 모델의 SIM 파일이 열려 있는 상태이다. 열려 있지 않다면, ch05_fillet_sim1 파일을 연다. 두 결과를 비교해 보자.

1. Post Processing Navigator를 표시한다.
2. ch05_fillet_sim1 하위의 Structural에 우클릭 > Load를 선택한다.
3. Results 탭을 클릭한다.
4. Resluts 탭 > Layout > Side by Side 아이콘을 누른다. 뷰포트가 두 개로 나누어 진다.

Von Mises Stress 표시

1. 각각의 뷰포트에 결과를 표시해 보자. 왼쪽 화면에는 Rib이 없는 경우의 Von Mises Stress – Elemental을 표시하고, 오른쪽 화면에는 Rib이 있는 경우의 결과를 표시해 보자.
2. View Synchronize 기능을 이용하여 두 뷰의 방향을 동일하게 맞추자.
3. Trimetric View를 표시한다. 그림 6-18과 같이 두 개의 결과가 표시된다.

보강대가 없는 경우의 최대 응력은 44.61 MPa이고, 보강대를 추가한 후의 최대 응력은 43.17 MPa이다. 이로부터 보강대 추가는 응력을 완화시키기 위한 방편이 아님을 알 수 있다.

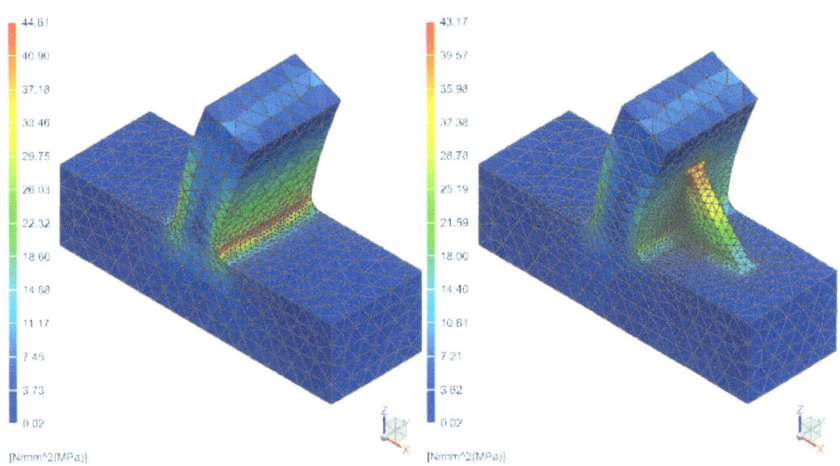

그림 6-18 결과 표시(Von Mises Stress - Elemental)

변위 표시

각 모델에 대한 Displacement Nodal - Magnitude를 표시하면 그림 6-19와 같다.

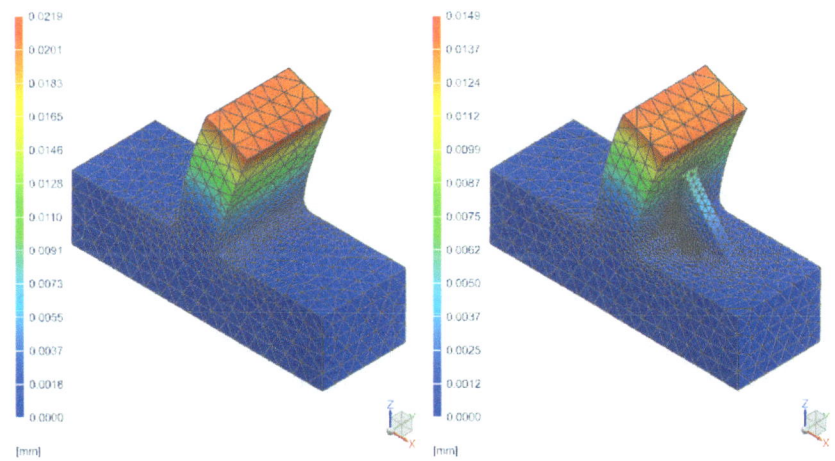

그림 6-19 결과 표시(Displacement)

파일 저장 및 닫기

1. Result 탭 > Single View 아이콘을 누른다.
2. Return to Model 아이콘을 누른다.
3. ch06_rib_effect_sim1 파일을 저장하고 모든 파일을 닫는다.

6.6 결과 분석

보강대가 없는 경우와 작은 보강대를 추가했을 경우의 최대 응력과 변위는 다음 표와 같다.

	Von Mises Stress(최대) (MPa)	Displacement(최대) (mm)
보강대가 없는 경우	44.61	0.0219
보강대가 있는 경우	43.17	0.0149

최대 변위는 약 32% 줄어드는 반면 Von Mises Stress는 1% 정도 증가한다. 보강대를 사용할 때는 하중의 형태에 따라 응력이 상당히 증가할 수 있으므로 파손 위험에 대한 평가를 함께 수행하여야 한다.

6.7 보충

6.7.1 Mesh Collector

Mesh는 언제나 Mesh Collector에 생성된다. 요소의 종류에 따라 0D Collector, 1D Collector, 2D Collector, 3D Collector에 생성되며 Collector의 속성이 Mesh에 적용된다. Mesh Collector에는 요소의 물성치(Physical Property)가 설정된다. Physical Property에는 요소의 재질과 타입에 따른 옵션이 정의된다. 그림 6-20은 Properties 아이콘 그룹에 있는 Manage Material, Physical Properties, Mesh Collector 아이콘을 보여준다. 각각을 미리 생성할 때는 이 아이콘을 이용한다. 새로 생성한 Material은 Physical Property를 정의할 때 사용되고, Physical Property는 Mesh Collector를 정의할 때 사용된다. Mesh Collector는 Mesh를 생성할 때 사용한다.

Mesh Collector를 미리 생성한 후에는 Mesh를 생성할 때 그림 6-21과 같이 Mesh Collector 옵션에서 선택할 수 있다.

그림 6-20 Properties 아이콘 그룹

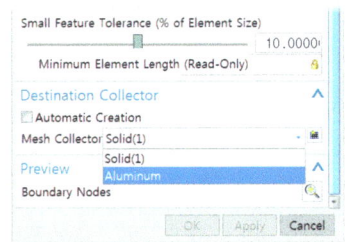

그림 6-21 Mesh Collector 선택 옵션

6.7.2 요소의 크기

요소의 크기가 작을 때와 클 때의 응력값이 다르게 나타난다. 일반적으로 요소의 크기가 작을 때 응력 값이 크게 나타난다. 특히 필렛과 같이 응력이 집중되는 곳은 요소의 크기에 따라 최대응력의 차이가 많이 발생한다. 다음 연습을 통하여 확인해 보자.

Rib이 없는 SIM 파일을 열어 요소의 크기를 변경하면서 해석을 수행한 후 결과를 비교하자. Chapter 5의 반지름 5mm인 모델을 이용하자.

파일 준비

Mesh의 크기가 다른 해석을 수행하여야 한다. 기존의 파일은 유지하여야 하기 때문에 FEM 파일, SIM 파일을 별도로 생성해야 한다. 기존 파일을 열어서 다른 이름으로 저장하자.

1. ch05_fillet_sim1.sim 파일을 연다.
2. FEM 파일을 Displayed & Work로 지정한다.
3. File 탭 〉 Save 〉 Save As를 선택한다.
4. FEM 파일의 이름을 ch06_mesh_size_fem1으로 입력하고 OK 버튼을 누른다. SIM 파일의 이름을 입력할 수 있는 대화상자가 다시 나타난다.
5. SIM 파일의 이름을 ch06_mesh_size_sim1으로 입력하고 OK 버튼을 누른다.
6. Save As 대화상자에서 OK 버튼을 누른다.

파일명이 바뀐 것을 확인한다. FEM 파일이 Work & Displayed로 되어 있다.

Mesh Control 수정

1. Simulation Navigator에서 Mesh Controls를 펼치고 Face Density를 더블클릭하여 요소의 크기를 0.75mm로 변경한다.
2. Update 아이콘을 누른다.

그림 6-22 Mesh Control 수정

Solving 및 결과 확인

1. SIM 파일을 Work로 지정한 후 Solving을 수행한다.
2. 대화상자를 모두 닫고 결과를 확인한다. Stress - Elemental (Von Mises)의 최대값은 47.42MPa이다. 필렛 부분 요소의 크기가 1.5mm일 때의 최대 응력은 44.61MPa이다. (그림 6-18 참고)

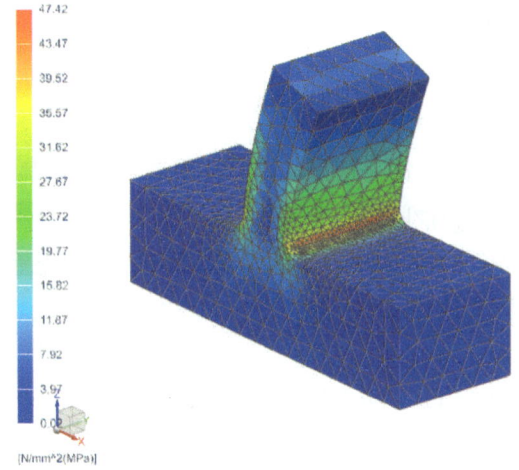

그림 6-23 Stress - Elemental (Von Mises)
Element Size : 0.75

Element Size: 0.375 & 0.1875

Element Size를 다시 반으로 줄였을 때 최대 응력은 49.83MPa이고, 다시 반으로 줄였을 때 최대 응력은 50.74MPa이다. 요소의 크기를 반으로 줄일 때 응력의 증가 폭은 점점 작아진다.

요소의 크기를 계속 줄인다고 해서 최대 응력이 무한정 높아지지는 않을 것이므로 변화율을 참고하여 적당한 크기를 정해야 할 것이다.

6.7.3 Fixed와 Fixed Translation

변위 구속은 Node에 적용된다. 노드에는 6개의 자유도가 있다. 3개의 Translation 자유도와 3개의 Rotation 자유도이다. Fixed 구속은 노드에 정의되어 있는 6개의 자유도를 모두 0으로 제한하는 것이고, Fixed Translation 구속은 3개의 Translation 자유도를 구속하고 Rotation 자유도는 구속하지 않는다. Fixed Rotation 구속은 Rotation 자유도를 구속하고 Translation 자유도를 구속하지 않는다. User Defined Constraint를 이용하면 각각의 자유도를 임의로 정의할 수 있으며 0이 아닌 임의의 강제 변위가 발생하도록 할 수도 있다.

Solid 요소의 Node에는 회전에 대한 자유도가 없기 때문에 Fixed와 Fixed Translation은 같다.

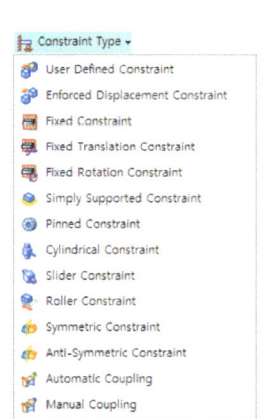

그림 6-24 Constraint Type

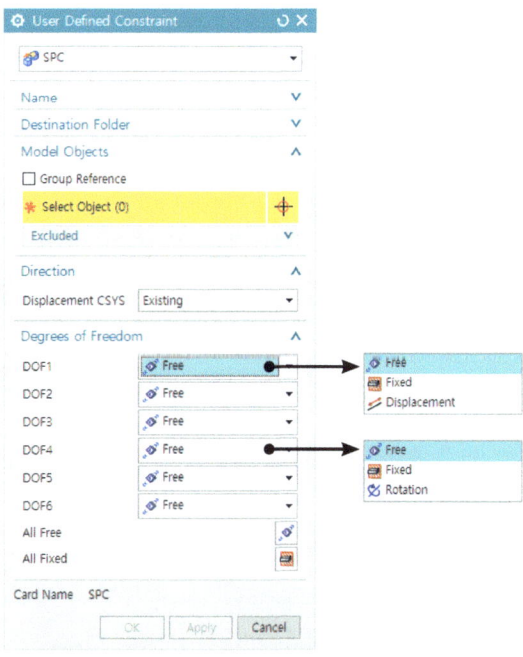

그림 6-25 User Defined Constraint 대화상자

6.7.4 Load Container와 Constraint Container

하중이나 변위 구속을 생성하면 SIM 파일의 Load Container와 Constraint Container에 각각 정의되며 Solution에서 사용된다. Solution에 있는 변위구속이나 하중에 우클릭 > Remove를 선택하여 제거할 수 있다. 그림 6-27은 하중과 변위구속을 제거한 후에 Container에 남아 있는 상태를 보여준다. 항목 앞에 동그라미가 비어 있다. Container에서 하중이나 변위 구속에 우클릭 > Delete를 선택하면 조건이 완전히 삭제된다.

그림 6-26 사용된 하중과 변위 구속   **그림 6-27** 사용되지 않은 하중과 변위 구속

6.8 Quiz

1. FEM 파일을 만들 때는 반드시 Idealized Part가 있어야 하는가?

2. Idealized Part에 Extrude를 이용하여 형상을 추가할 수 있는가?

3. Idealized Part에서 Promote를 하지 않으면 어떤 현상이 발생하는가?

4. 해석 모델의 형상은 같고 Mesh의 크기만 다르게 하려면 어떤 파일을 새로 만들어야 하는가?

5. Wave 기능과 Promote 기능의 차이점을 설명하시오.

6. Fixed Translation Constraint과 Fixed Constraint의 차이점은 무엇인가?

7. 변형 전 형상과 변형 후의 형상을 함께 표시하려면 어떤 옵션을 이용하는가?

8. 결과를 표시하는 화면을 부르는 이름은?

9. Stress – Elemental (Von Mises) 결과를 표시한 후 Iso-Line 형태로 설정하면 어떤 메시지가 나타나는가? 이유는 무엇인가?

10. FEM 파일의 Simulation Navigator 항목 중 Mesh가 정의되는 곳은 어디인가?

11. SIM 파일의 Simulation Navigator 항목 중 변위 구속이 정의되는 곳은 어디인가?

12. SIM 파일의 Simulation Navigator 항목 중 하중이 정의되는 곳은 어디인가?

Chapter 6: 보강대 효과

(빈 페이지)

Chapter 7
Subcase와 Symmetry

■ 학습목표

- 임의의 재질 설정한다.
- Bearing 하중을 생성한다.
- Subcase 이용하여 여러 가지 하중에 대하여 해석을 수행한다.
- 대칭 모델의 해석을 수행할 수 있다.
- 변위 구속의 충돌에 대하여 이해한다.
- 다양한 방법으로 결과를 표시한다.
- 결과값에 대한 그래프를 생성한다.

Chapter 7: Subcase와 Symmetry

7.1 개요

Shaft 지지대는 축이 받는 하중을 지탱한다. 지지대와 축을 함께 모델링 하려면 접촉면에 Contact 조건을 설정하여야 한다. Contact 조건의 사용 예에 대해서는 다른 챕터에서 설명한다.

Shaft를 FE 모델에 포함시키지 않고 해석을 수행하려면 축이 가하는 하중을 접촉면에 가해야 한다. 축으로부터 원통면에 가해지는 하중은 Bearing Load를 이용하여 시뮬레이션 할 수 있다.

지지대의 재질로는 구상흑연주철 계열을 이용한다. 탄성계수 160GPa, 포아송비 0.25의 재질을 생성하여 해석을 수행할 것이다. 10000N의 베어링 하중이 120° 구간에 가해지는 것으로 한다.

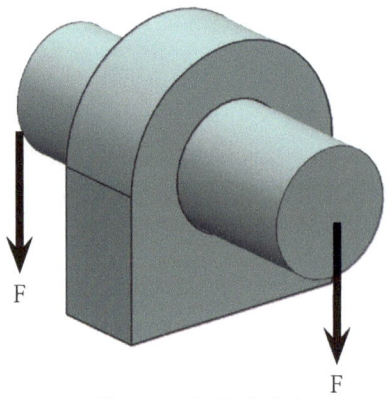

그림 7-1 축과 지지대

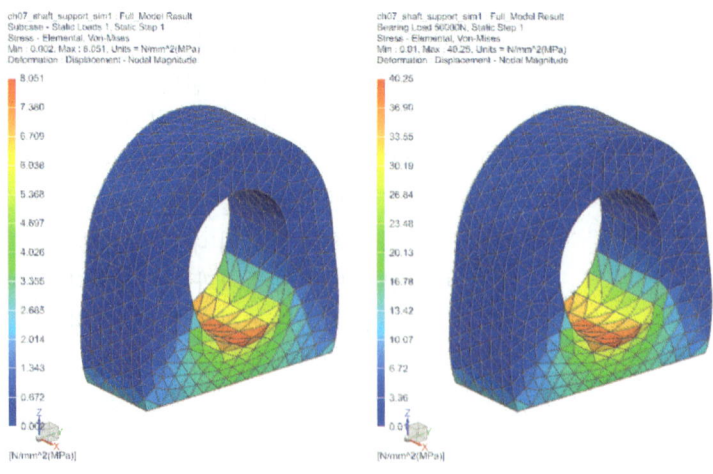

그림 7-2 해석 결과

7.2 모델 생성

파트 생성

1. Model 템플릿을 이용하여 새 파일을 생성한다. 파일명은 ch07_shaft_support로 한다.
2. 데이텀 좌표계의 YZ 평면에 그림 7-3과 같이 스케치를 생성한 후 양 방향으로 각각 20 mm 씩 돌출시킨다.
3. Sketch를 숨긴다.

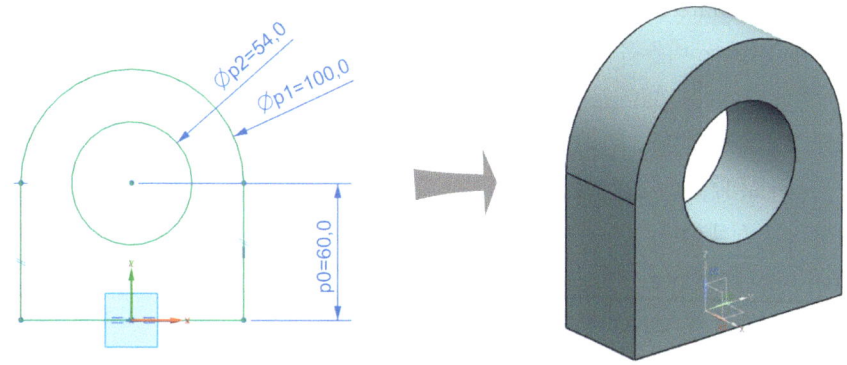

그림 7-3 모델 생성

재질 설정

Material Library에 주어진 재질의 종류는 제한적이다. Shaft 지지대와 같은 부품은 주로 주물을 이용하여 만든다. 해석을 수행하기 위하여 GCD45의 물성치를 이용하기로 하자.

Linear Statics 해석을 수행하려면 물성치 중 탄성계수(Young's Modulus)와 포아송비(Poisson ratio)가 필요하다. GCD45의 탄성계수로 160GPa, 포아송비로 0.25를 사용하자. 이러한 물성치는 Library의 재질을 복사한 다음 값을 수정하여 사용할 수 있다.

파트에 재질을 설정하면 메쉬를 생성할 때 이용할 수 있다. 주어진 파일을 열었다면 Gateway에서 시작하므로 Modeling으로 변경해야 한다.

1. Menu 버튼 > Tools > Materials > Manage Materials을 선택한다.
2. Manage Materials 대화상자에서 Iron_Cast_G25를 선택한 후 우클릭 > Copy를 선택한다.
3. Name 입력창에 GCD45라고 입력한다.

Chapter 7: Subcase와 Symmetry

4. 대화상자의 왼쪽 영역에서 Machanical 항목을 클릭한 후 Young's Modulus 앞에 있는 ◉ 아이콘을 클릭하여 Over-ridden을 선택한다.

5. Young's Modulus와 Poisson's Ratio를 그림 7-4와 같이 입력한 후 OK 버튼을 누른다.

6. Manage Materials 대화상자의 Material List에 Local Materials이 선택되어 있음을 확인하고 Close 버튼을 누른다.

7. Menu 버튼 > Tools > Materials > Assign Materials을 선택한다.

8. Assign Material 대화상자를 Reset 한다.

9. 솔리드 바디를 선택한다.

10. Material List에서 Local Materials를 선택한다.

11. GCD45를 선택한 후 OK 버튼을 누른다.

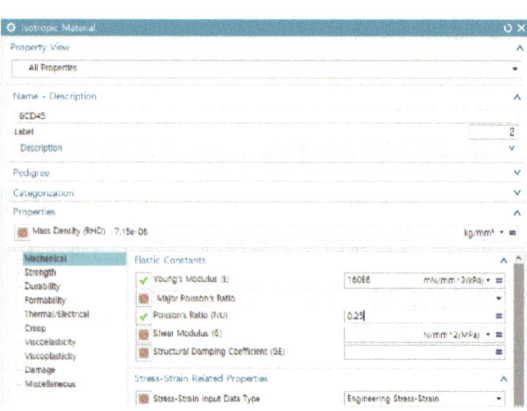

그림 7-4 Material 생성

7.3 Pre Processing

메쉬 생성

1. Application을 Pre/Post로 전환한 후 FEM 파일과 SIM 파일을 생성한다. Solution 이름은 Full_Model로 한다.

2. Element Size: 8의 3D Tetrahedral Mesh를 생성한다. 이 때, Destination Collector 옵션을 Automatic Creation 옵션이 체크된 상태로 둔다. 파트에 재질을 설정하였기 때문에 자동으로 지정된다.

그림 7-5와 같이 메쉬가 생성된다.

변위 구속과 하중

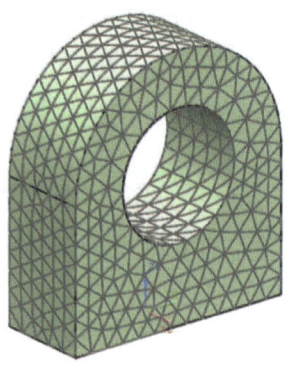

그림 7-5 생성된 Mesh

메쉬를 숨긴 후 Polygon Geometry를 이용하여 변위 구속과 하중을 생성하자. Polygon Geometry에 생성한 경계조건은 FE 모델에 적용된다.

1. Simulation Navigator에서 FEM 파일을 펼친 후 3D Collectors 앞에 있는 체크마크를 클릭한다. 빨간색 체크 마크가 회색으로 바뀌며 Mesh가 화면에서 숨겨진다.
2. SIM 파일을 Displayed & Work로 지정한 후 바닥면에 Fixed 구속을 생성한다.

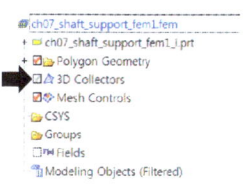

그림 7-6 메쉬 숨기기

Bearing 하중을 이용하여 축이 가하는 하중을 생성하자.

1. Load Type 아이콘을 클릭한 후 Bearing을 선택한다.
2. 대화상자를 Reset 하고 Cylindrical or Circular Object 옵션에서 원통면을 선택한다.
3. 방향을 -Z로 지정한다.
4. Force 입력창에 10000N을 입력하고, Angle 입력창에 120°를 입력한다.
5. Bearing 대화상자에서 OK 버튼을 누른다.

그림 7-7은 원통면에 생성된 Bearing 하중을 보여준다.

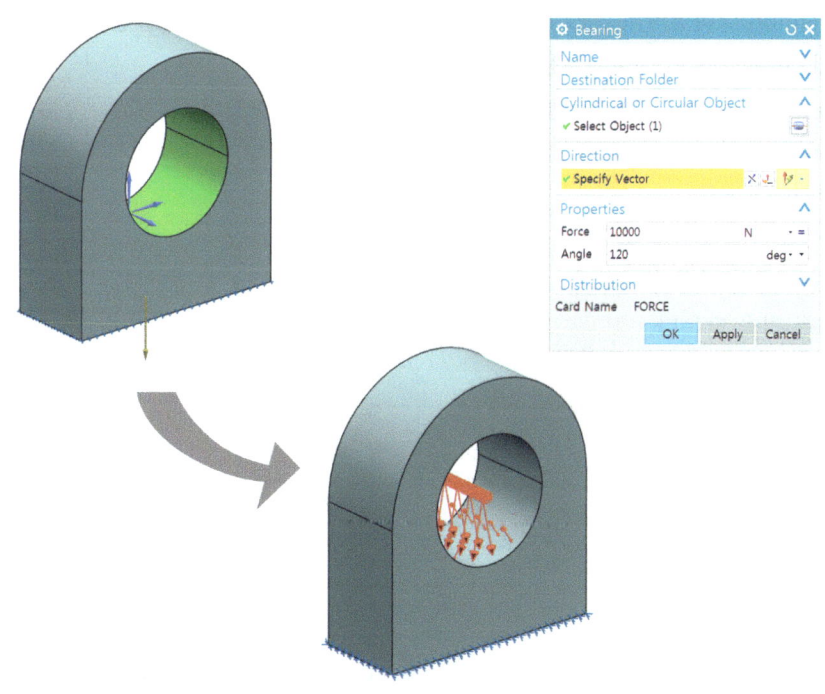

그림 7-7 Bearing 하중

Model Setup Check

Solution 이름(Full_Model)에 우클릭 > Model Setup Check를 수행한다. 그림 7-8과 같이 Sulution-Based Errors Summary가 표시된다. 3D 요소가 전체 모델의 80% 이상일 경우 Element Iterative Solver를 사용하는 것이 유리하다는 권장 사항이다. 확인 후 Information 창을 닫는다.

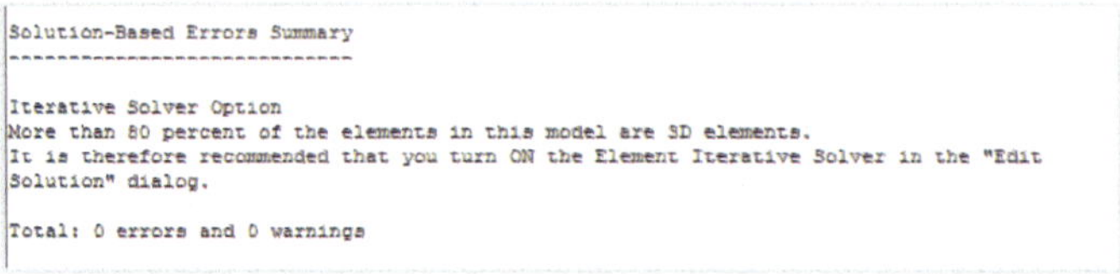
Solution-Based Errors Summary

Iterative Solver Option
More than 80 percent of the elements in this model are 3D elements.
It is therefore recommended that you turn ON the Element Iterative Solver in the "Edit Solution" dialog.

Total: 0 errors and 0 warnings

그림 7-8 Iterative Solver Option 정보

Solution 옵션을 설정해 보자.

1. Solution(Full_Model)에 우클릭 > Edit을 선택한다.
2. Solution 대화상자의 General 탭에서 Element Iterative Solver 옵션을 체크한다.
3. OK 버튼을 눌러 대화상자를 닫는다.
4. Save 버튼을 눌러 SIM, FEM 파일, Idealized Part를 닫는다.

7.4 Solving

1. Home 탭 > Solution 그룹 > Solve 아이콘을 눌러 해석을 수행한다.
2. 모든 창을 닫는다.

7.5 Post Processing

해석 결과를 표시해 보자.

변형 표시

Displacement – Nodal (Magnitude)를 표시하면 그림 7-9와 같다. Post View 대화상자의 Deformation 탭에서 Show undeformed model 옵션을 선택하면 된다.

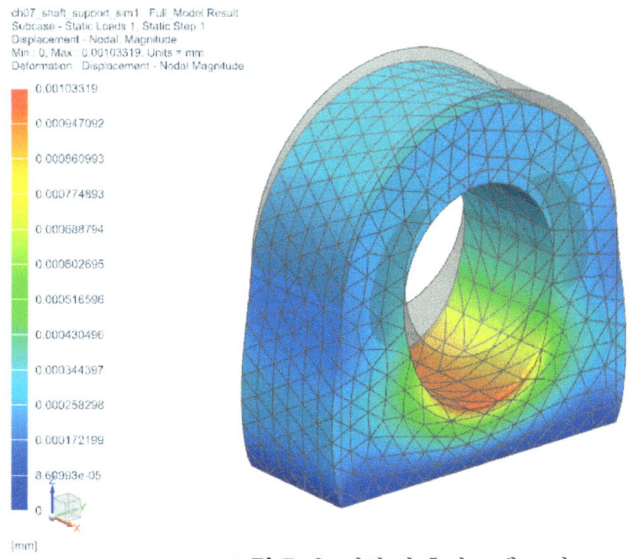

그림 7-9 변형 전 후의 모델 표시

실제 변형량을 표시해 보자.

최대 변형량이 아주 작은데도 불구하고 결과 화면에는 과장되게 표시된다. 이는 최대 변형량이 모델 크기의 10%로 나타나도록 설정되어 있기 때문이다. 실제 변형량을 표시하려면 Results 탭 〉 Quick Edit 〉 Absolute 1:1을 아이콘을 누르면 된다. 실제 변형량이 매우 작기 때문에 변형 전 모델과 거의 겹쳐진다.

Results 탭 〉 Context 〉 Return to Home 아이콘의 아래 부분을 눌러 Return to Model을 선택한다.

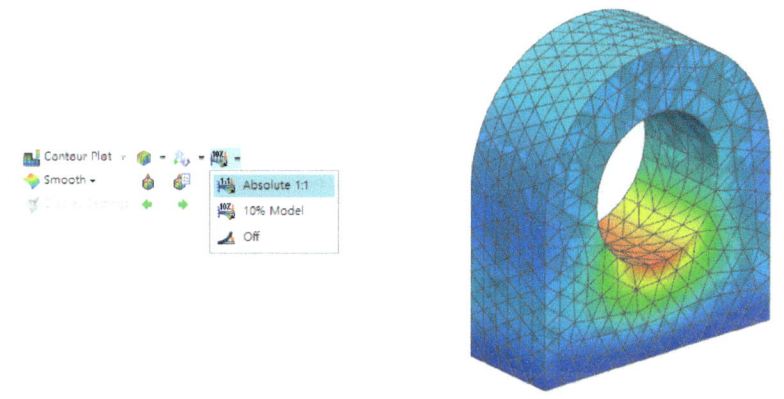

그림 7-10 실제 변형량 표시

Chapter 7: Subcase와 Symmetry

응력의 성분 표시

응력의 성분을 표시해 보자.

1. 결과 항목 중 Stress – Elemental 〉 Max Principal을 표시한다.
2. Results 탭 〉 Quick Edit 〉 Contour 드롭다운에서 Tensor를 선택한다.

그림 7-11과 같이 Tensor 타입으로 결과가 표시된다. 모델을 확대해 보면 방향 성분을 표시하고 각 방향의 값의 크기를 심볼의 크기와 색깔로 표기하고 있음을 알 수 있다.

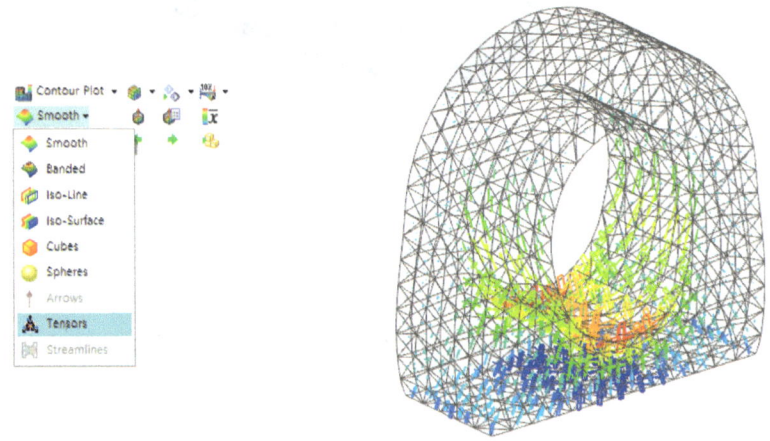

그림 7-11 Tensor 타입 결과 표시

다른 응력을 표시해 보자.

Results 탭 〉 Post View 〉 Set Result를 클릭하여 Result Type을 Stress – Elemental 〉 Von Mises로 변경한다. 그림 7-12와 같이 Alerts 창이 나타난다. Von-Mises Stress는 방향 성분을 갖는 결과가 아니기 때문에 Tensor 타입으로 표시할 수 없다.

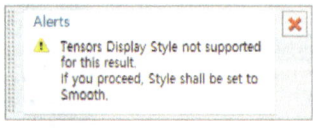

그림 7-12 Alerts 창

7.6 다른 하중에 대한 해석

경계조건은 같고 하중이 다른 해석을 수행해 보자. NX Nastran에서는 Subcase를 이용하여 여러 개의 하중에 대한 해석을 수행할 수 있다.

7.6.1 Subcase 생성

1. Return to Model 아이콘을 누르고 Simulation Navigator를 표시한다.
2. Solution(Full_Model)에 우클릭 > New Subcase를 선택한다.
3. Solution Step 대화상자의 Name 입력창에 "Bearing Load 50000N"이라고 입력한 후 OK 버튼을 누른다.

Solution(Full_Model) 하위에 Bearing Load 50000N 이라는 Subcase가 생성된 것을 확인한다. 파란색으로 활성화 되어 있다. 하중을 생성할 경우 활성화 된 Subcase에 할당된다.

4. Load Type 아이콘 그룹에서 Bearing을 선택한 후 50000N의 베어링 하중을 생성한다.

여기까지 수행한 후의 Simulation Navigator는 그림 7-13과 같다. Load Container에는 두 개의 Bearing 하중이 생성되어 있고, Subcase에 각각이 할당되어 있다. 현재 보이는 Result는 앞의 해석 결과이며 새로운 Subcase까지 포함된 결과를 얻으려면 해석을 다시 수행해야 한다.

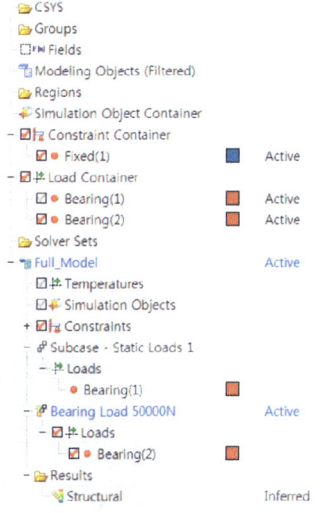

그림 7-13 Simulation Navigator

7.6.2 Solving

1. Solution(Full_Model)에 우클릭 > Solve를 선택하여 해석을 수행한다.
2. 해석 결과 확인 창을 모두 닫는다.

7.6.3 Post Processing

두 하중에 대한 Von Mises Stress를 나란히 표시해 보자.

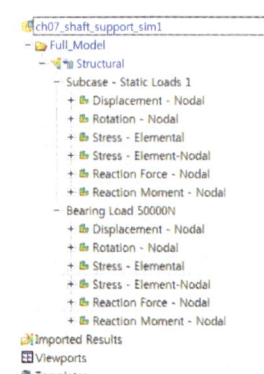

1. Results를 더블클릭하고 그림 7-14과 같이 Post Processing Navigator를 표시한다. 두 개의 Subcase에 대한 결과가 나타나 있다.
2. Results 탭 > Layout 그룹 > Side by Side 아이콘을 클릭한다.
3. Subcase - Static Load 1의 Stress - Elemental 항목에 우클릭 > Plot을 선택한다.
4. 왼쪽의 Viewport를 선택한다. 결과가 표시된다.
5. 같은 방법으로 Bearing Load 50000N의 Von-Mises Stress를 오른쪽 Viewport에 표시한다.
6. Results 탭 > Layout 그룹 > View Synchronize 기능을 이용하여 두 개의 뷰 방향을 동기화 시킨다. 결과는 그림 7-15와 같다.

그림 7-14 Post Processing Navigator

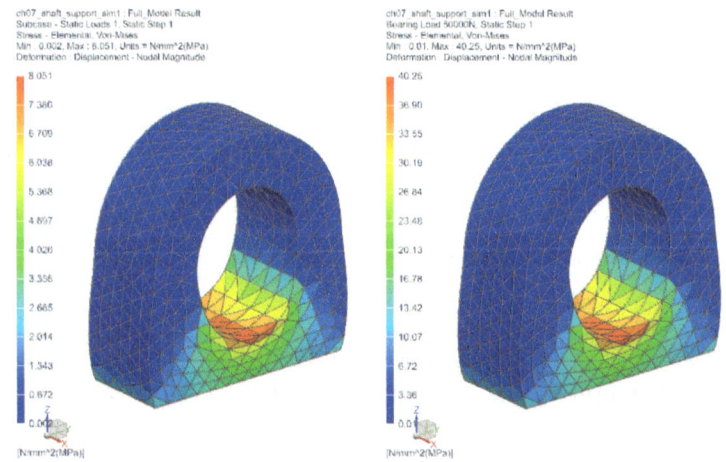

그림 7-15 각각의 하중에 대한 결과

Iso-Line 결과 표시

1. Bearing Load 50000N의 Stress - Element-Nodal > Von Mises를 더블클릭 하여 표시한다.

Stress - Element-Nodal을 표시하면 그림 7-16과 같이 요소의 결과 표시 색깔이 변화함을 알 수 있다. 응력의 최대, 최소값도 Stress - Elemental의 값과 다르다. Nodal Stress는 그 노드를

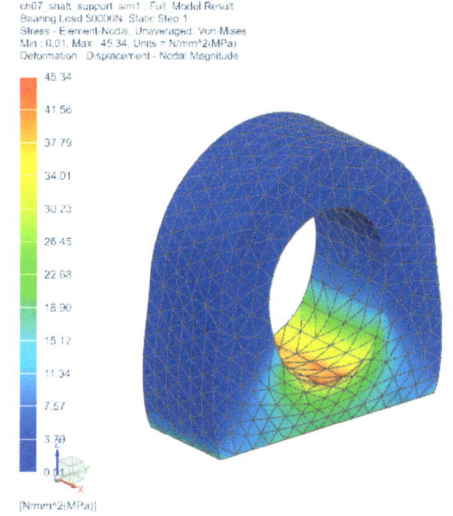

그림 7-16 Von-Mises Stress (Element-Nodal)

공유하는 Element의 Stress 값을 평균하여 계산한다. 계산 방법은 솔버에 따라 다르다.

2. Quick Edit 아이콘 그룹에서 Iso-Line을 선택하여 표시한다.

그림 7-17과 같이 같은 값을 나타내는 부분이 같은 색의 선으로 연결되어 표시된다. 이러한 결과 표시를 하려면 Element-Nodal의 결과를 나타낸 후에 Post View를 설정하여야 한다.

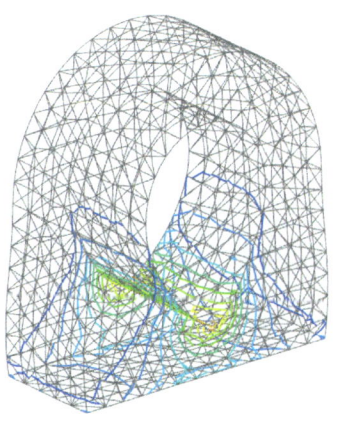

그림 7-17 Iso-Line 표시

Chapter 7: Subcase와 Symmetry

특정 위치에서의 결과 표시

관심 있는 부분을 클릭하여 결과 값을 알아볼 수 있다.

1. Return to Model 아이콘을 누른다.
2. Bearing Load 50000N에 대한 Stress – Elemental (Von Mises) 결과를 표시한다.
3. Result 탭 > Quick Edit 아이콘 그룹에서 Deformation 을 Off 한다.
4. Cutting Plane을 그림 7-19와 같이 설정한다.

그림 7-18 Deformation Off

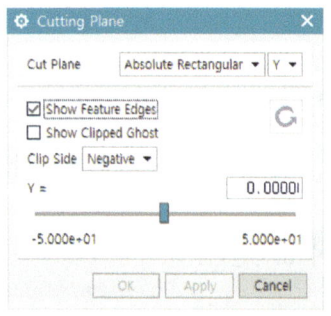
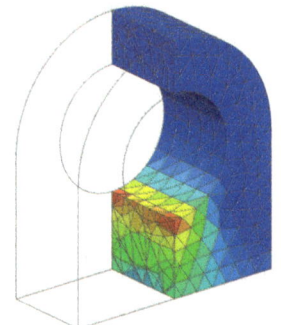

그림 7-19 단면 결과 표시

특정 요소에서의 결과값을 표시해 보자.

1. Results 탭 > Tools 그룹 > Identify Results 를 누르고 결과를 표시할 요소를 선택한다.
2. Identify 대화상자에 선택한 요소의 값이 표시된다. 요소를 여러 개 선택하여 최대, 최소, 평균 등을 알아볼 수 있다.
3. Close를 눌러 대화상자를 닫는다.

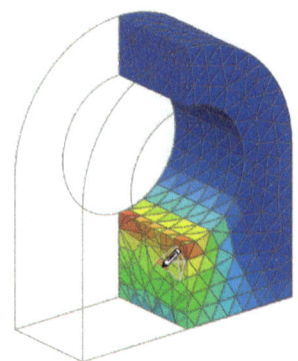

그림 7-20 결과 값 표시

Annotation 표시

결과를 Annotation 형태로 표시할 수 있다.

1. Post Processing Navigator에서 Post View를 펼친다.
2. Annotations를 체크한다. 그림 7-21과 같이 Maximum, Minimum 값이 표시된다.

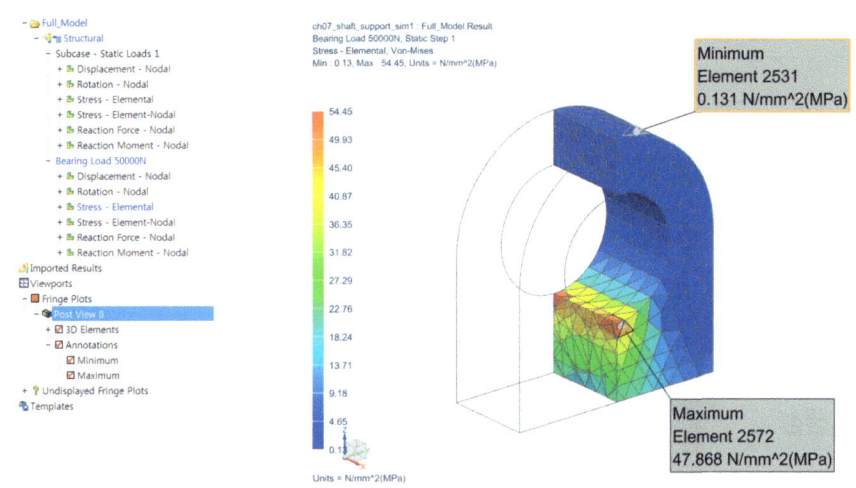

그림 7-21 최대/최소 값 표시

임의 위치에서의 값을 표시하려면 다음 절차를 따른다.

1. Results 탭 〉 Tools 그룹 〉 New Annotation 아이콘을 누른다.
2. Annotation 대화상자에서 Reset 아이콘을 누른다.
3. 결과를 표시하고자 하는 요소를 선택한다. 변위를 표시할 경우 노드를 선택한다.
4. Display 옵션 그룹의 Annotation Type을 Box With Leader로 선택하고 Text나 Line의 색깔을 설정한다.
5. OK 버튼을 누른다. Results 탭 〉 Tools 그룹 〉 Edit in Graphics 아이콘을 누른 후 드래그할 수 있다.

이렇게 생성한 Annotation은 Post Processing Navigator에서 삭제할 수 있다.

Chapter 7: Subcase와 Symmetry

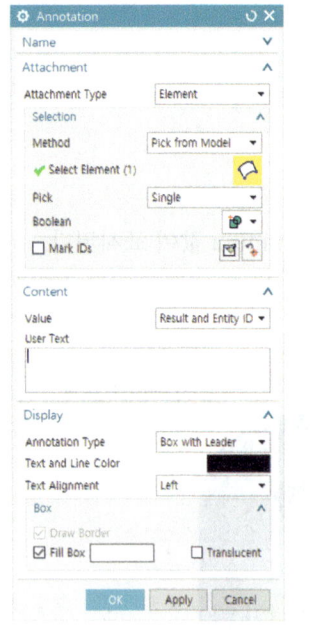
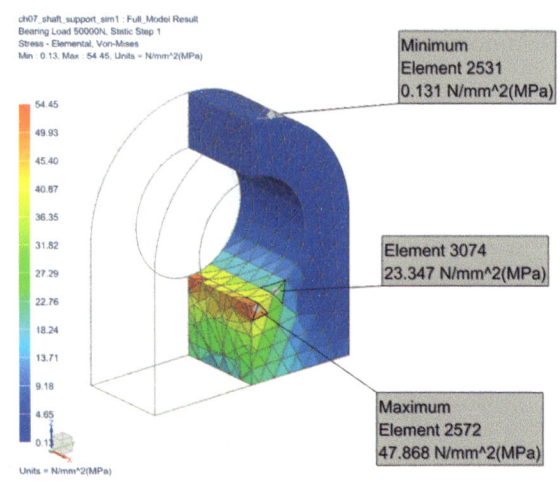

그림 7-22 New Annotation 표시

그래프 생성

Query Curve를 따라 결과값을 그래프로 표시할 수 있다. 먼저 Query Curve를 생성해야 한다.

1. Return to Model 아이콘을 누른다.
2. Bearing Load 50000N의 Displacement – Nodal을 더블클릭하여 화면에 표시한다.
3. Post View에 우클릭 > New Query Curve를 선택한다.
4. 화상자의 Name 입력창에 my query라고 입력한 후 Pick 드롭다운 목록에서 Nodes on Edge를 선택한다.
5. 그림 7-24에서 표시한 원주를 선택한다.
6. Query Curve 대화상자의 Cycle Start Point 버튼을 눌러 시작 위치를 그림과 같이 조정한다. 화살표 방향이 반대이면 Reverse 버튼을 누른다.
7. Query Curve 대화상자에서 OK 버튼을 누른다.

Structural Result 하위에 Query Curve 항목이 생성된다.

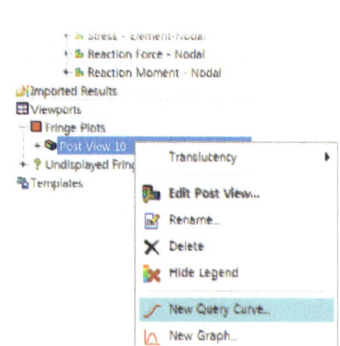

그림 7-23 New Query Curve 메뉴

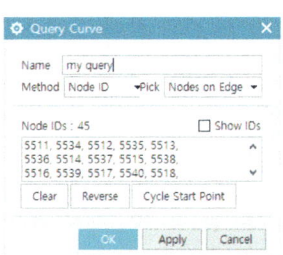 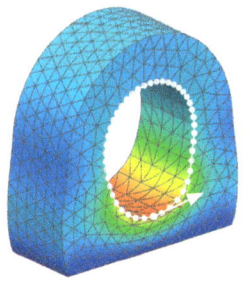

그림 7-24 Query Curve 설정

설정된 Query Curve를 따라 Displacement를 표시해 보자.

1. View Port를 둘로 나눈 다음 Bearing Load 50000N의 Displacement – Nodal (Magnitude)를 왼쪽 화면에 표시한다.
2. 왼쪽 Post View에 우클릭 > New Graph를 선택한다.
3. Graph 대화상자를 Reset 하고 Y Axis 옵션에서 Define by Query Curve 옵션을 체크한다. Curve Name에서 my query를 선택한다. Curve Usage에서 Use Vertices를 선택한다.
4. OK 버튼을 누르고 오른쪽 뷰포트를 선택한다.

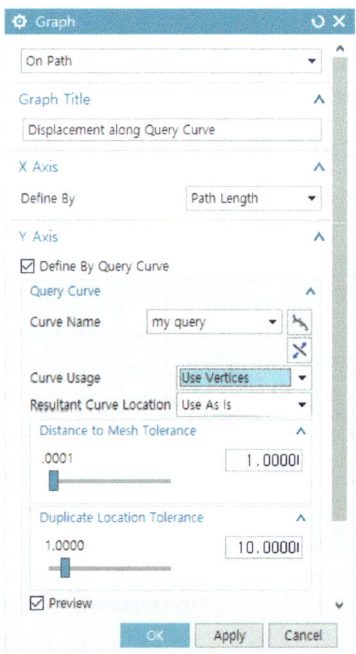

그림 7-25 Graph 설정

175

Chapter 7: Subcase와 Symmetry

그림 7-26과 같이 그래프가 표시된다. 뷰포트를 하나로 설정한 후 Post Processing Navigator 의 Graphs 항목에서 해당 그래프를 더블클릭하면 그림 7-27과 같이 그래프만 표시할 수 있다.

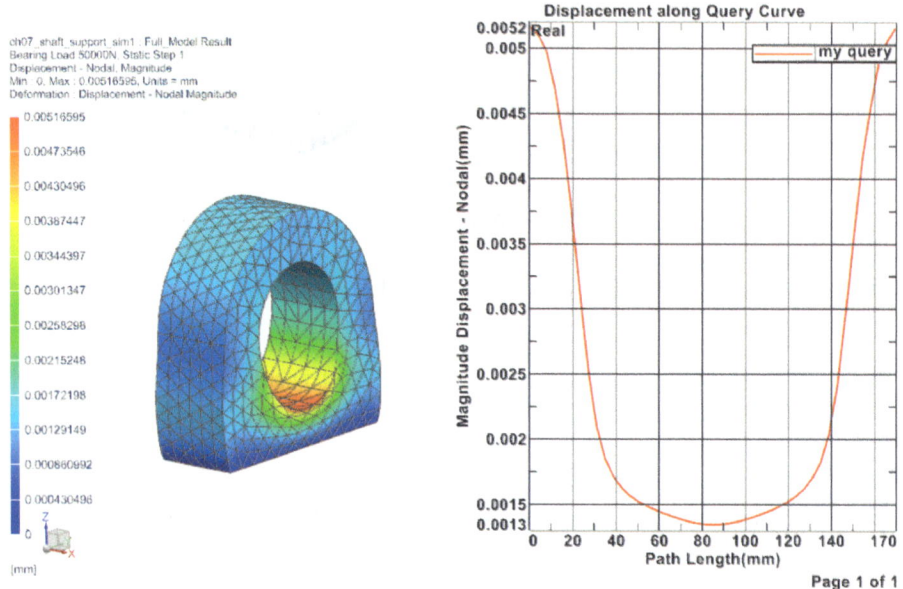

그림 7-26 원주를 따라 표시한 변위 그래프

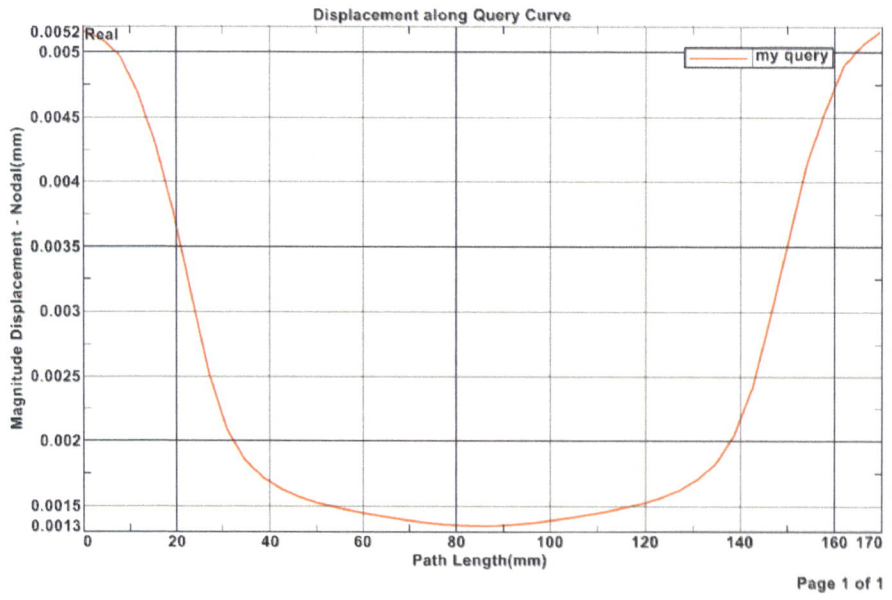

그림 7-27 변위 그래프

그래프의 특정 값을 표시해 보자.

1. Results 탭 > XY Graph 그룹 > Probing Mode 아이콘을 누른다.
2. Help Line을 드래그 하면 그 위치의 X, Y 값이 표시된다. 값에 우클릭 > Set Marker를 선택하여 Marker를 표시하고, 드래그 하여 위치를 이동시킬 수 있다. Probing Mode 아이콘을 끄면 Marker를 이동하거나 삭제할 수 없다.
3. Return to Model 아이콘을 눌러 모델을 표시한다.
4. 모든 파일을 저장하고 닫는다.

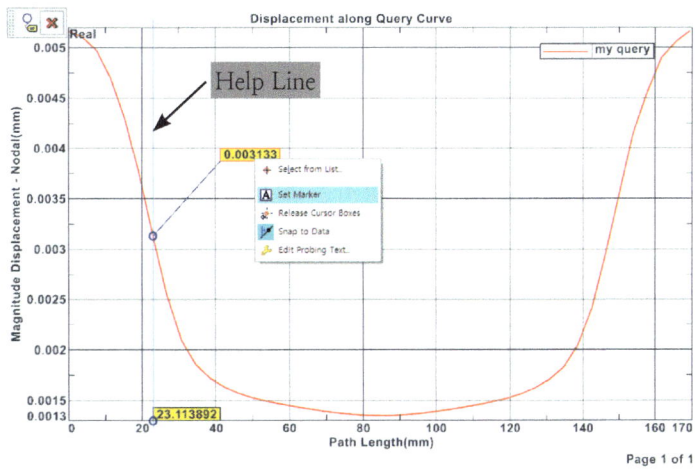

그림 7-28　Help Line

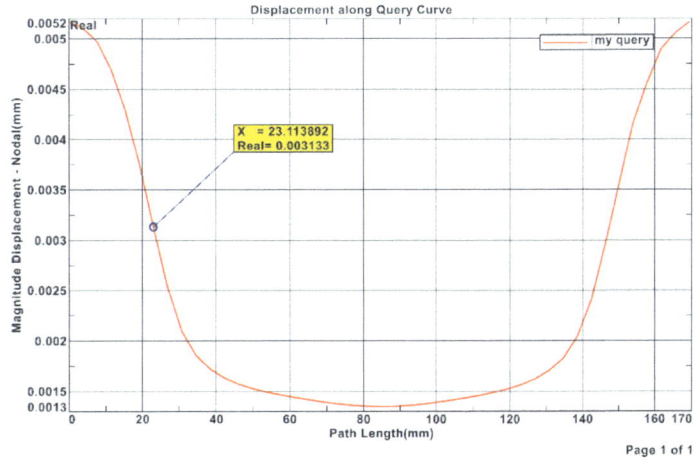

그림 7-29　Marker 생성

7.7 결과 분석

지지대의 재료로 사용한 GCD45의 인장에 대한 항복 강도는 269MPa이다. GCD 계열의 재료는 보통의 주물보다 연성이 강화된 재료이다. 10,000N의 하중과 50,000N의 하중에 대한 최대 Von Mises 응력은 각각 8.0 MPa과 40.3 MPa로서, 이 재료의 항복 강도보다 충분히 낮다. 따라서 두 가지 하중에 대하여 이 부품은 안전하다고 평가할 수 있다.

Static Case 해석 결과를 분석할 때는 하중이 정적이라는 점을 항상 기억하여야 한다. 즉, 주어진 하중이 천천히 가해져 정적 평형을 이루었을 때의 응력 분포를 구한 것이다. 따라서 최대 크기가 작더라도 시간에 따라 다른 크기의 하중이 반복적으로 가해지는 경우라면 정적 하중에 대하여 충분히 안전하더라도 피로 파괴를 유발할 수 있음을 염두에 두자.

피로 파괴에 대한 특성은 정적 해석의 결과를 피로 이론에 대입하여 분석할 수 있다. 작은 하중이더라도 수십만~수백만 회 반복하여 작용하는 조건이라면 피로 해석을 수행하여야 한다.

7.8 보충

7.8.1 Iterative Solver와 Sparse Matrix Solver

일반적인 경우 사용하는 Solver 알고리즘은 Sparse Matrix Solver이다. 요소의 종류에 상관없이 사용할 수 있다. 3차원 요소가 많을 경우 Iterative Solver를 사용하면 해석의 정확도 손실 없이 해석 수행 속도가 빨라진다. FE 모델의 크기가 클 경우, 즉, 요소와 노드의 개수가 많을 경우 K Matrix의 역행렬을 계산하는 속도 차이가 크기 때문에 해석 수행 속도의 차이가 많이 발생할 수 있다. 그러나 3차원 요소가 80% 이상이더라도 Iterative Solver로 해석 결과를 얻을 수 없는 경우가 종종 있다. Simulation에 17장과 22장에서 설명하는 Surface-to-Surface Contact나 Surface-to-Surface Glue가 포함되어 있는 경우 Sparse Matrix Solver를 사용하는 것이 일반적이다.

7.8.2 Solution과 Subcase

Simulation Navigator의 SIM 파일에 우클릭 > New Solution을 선택하여 새로운 Solution을 생성할 수 있다. (그림 7-30) Home 탭 > Solution > Solution 아이콘을 눌러 생성할 수도 있다. Solution에 우클릭 > New Subcase를 선택하여 새로운 Subcase를 생성할 수 있고, Home 탭 > Solution > Step - Subcase 아이콘을 클릭하여 생성할 수도 있다. 새로 생성된 솔루션과 Subcase는 Active로 지정된다.

Linear Statics 해석을 수행할 수 있는 Solution Type은 두 종류가 있다. SOL 101 Linear Statics - Global Constraints를 이용하면 변위 구속이 Solution 하위에서 사용된다. 이 경우 모든 Subcase에서 같은 변위 구속이 적용된다.

SOL 101 Linear Statics - Subcase Constraints를 이용하면 변위 구속이 Subcase에 지정된다. 따라서, Subcase마다 변위 구속과 하중을 다르게 설정할 수 있다.

변위 구속과 하중은 Active Solution 또는 Active Subcase에 할당된다.

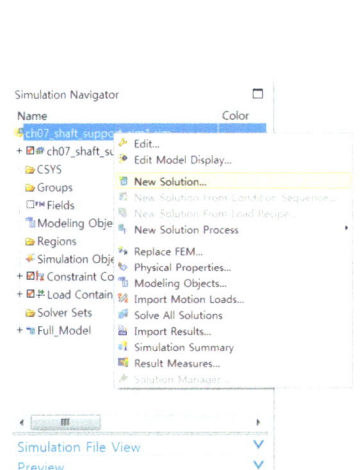
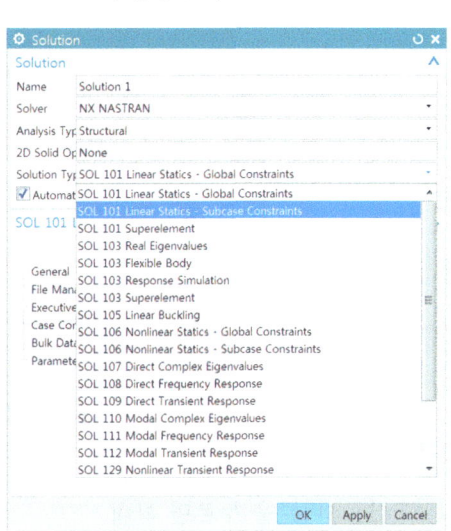

그림 7-30 New Solution 생성 **그림 7-31** Solution Type

Solution에 할당되어 있는 변위 구속과 하중은 우클릭 > Remove를 선택하여 제거할 수 있다. 제거된 변위 구속과 하중은 Constraint Container와 Load Container에 남아 있으며 Solution에 사용되지 않은 변위 구속과 하중은 비어 있는 동그라미로 표시된다.

변위 구속이나 하중을 어떤 Solution에서 사용하려면 드래그하여 드롭 하면 된다.

여러 개의 Solution과 Subcase 중 원하는 것에 우클릭 > Make Active를 선택하여 Active로 지정할 수 있다.

7.8.3 XY Graph 이용

Results 탭 > XY Graph > Editing 버튼을 누르고 커브의 형태, 라벨 형태를 수정할 수 있다. Editing 버튼을 누른 다음 수정할 대상을 더블클릭한다.

Zoom by X Only 아이콘을 누르면 X 축의 범위를 지정하여 그래프 영역을 확대할 수 있다. Zoom by Y Only 아이콘을 누르면 Y 축의 범위를 지정하여 확대할 수 있다.

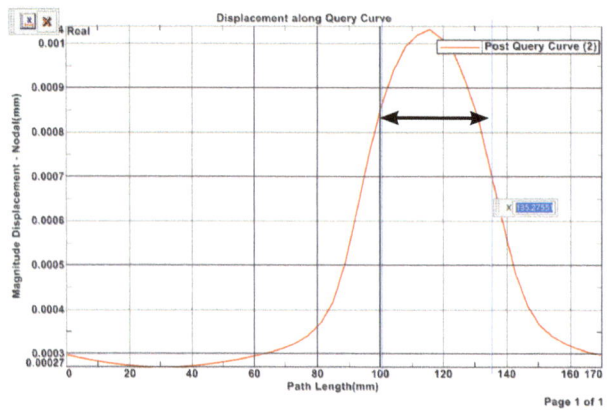

그림 7-32 확대 영역 지정

No Window 버튼을 누르면 확대 전의 그래프로 되돌아간다.

Probing Mode 아이콘을 누르면 Help Line을 이용하여 Marker를 표시할 수 있다. Fine Tracking 아이콘을 누르면 그림 7-34의 대화상자가 나타나고 그래프의 설정점을 미세하게 찾을 수 있다. Create a Marker 버튼을 누르면 Marker 표시된다.

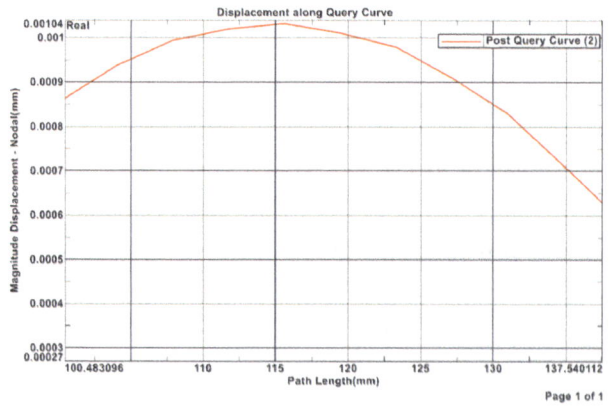

그림 7-33 확대된 영역

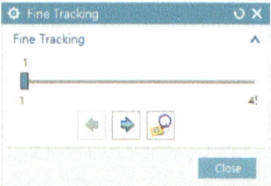

그림 7-34 Fine Tracking 대화상자

7.9 Symmetry 해석

형상이 대칭인 경우 1/2 또는 1/4의 형상만을 이용한 해석을 고려해 볼 수 있다. 이 때, 경계조건 및 하중도 대칭이어야 한다는 점에 유의하여야 한다. 즉, 형상이 대칭이더라도 경계조건, 하중이 대칭이 아니면 전체 모델에 대해 해석을 수행하여야 한다. 대칭 해석을 수행하려면 형상을 잘라낸 면에 대해서 대칭(Symmetry) 경계조건을 부여해야 한다.

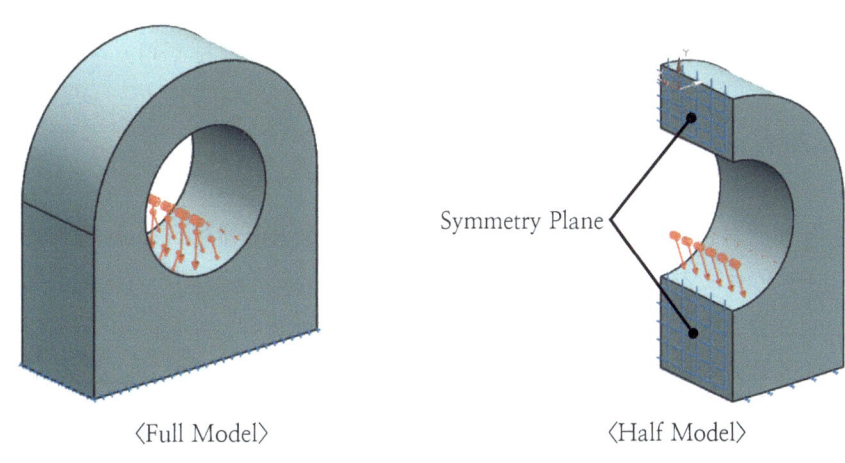

⟨Full Model⟩   ⟨Half Model⟩

그림 7-35 대칭 모델

7.9.1 모델 준비

앞에서 저장한 SIM 파일을 열어 대칭 해석에 사용할 Idealized Part를 만들자.

해석용 파일 생성

1. SIM 파일을 열고 Idealize Part를 Load 한다.
2. Simulation File View 창에서 Master Part에 우클릭 〉 New FEM and Simulation을 선택한다.
3. New FEM and Simulation 대화상자의 설정 사항을 확인한다. Create Idealized Part 옵션이 체크되어 있어야 한다. OK 버튼을 누른다.
4. Solution 대화상자에서 Solution Name을 Half Model이라고 입력하고, Element Iterative Solver 옵션을 선택한 후 OK 버튼을 누른다. Automatically Create Step or Subcase 옵션을 체크해야 한다.
5. Save 버튼을 눌러 생성한 파일을 저장한다.

Half Model 파트 생성

Idealized Part를 수정하여 대칭 해석에 사용할 파트를 생성하자. 먼저 수정할 바디를 Promote 하여야 한다.

1. Simulation File View 창에서 Idealized Part를 더블클릭한다. 새로 만든 파트를 더블클릭해야 한다. 메시지를 확인한 후 OK 버튼을 누른다.
2. Home 탭 > Start 그룹 > Promote 아이콘을 눌러 바디를 Promote 한다.

Split Body 기능을 이용하여 바디를 반으로 나누자.

1. 파트를 직접 생성한 경우 Wave 기능을 이용하여 Master Part에서 Datum 좌표계의 ZX 평면을 Idealized Part로 가져온다.
2. 주어진 파트를 열어서 해석 과정을 수행한 경우 Idealized Part에 Datum Plane을 생성한다. Geometry Preparation 그룹 > More > Datum Plane 아이콘을 이용하여 형상의 가운데에 데이텀 평면을 생성한다.
3. Home 탭 > Geometry Preparation 그룹 > Split Body 아이콘을 누른다. 대화상자를 Reset 한다.
4. Target Body를 선택한다.
5. 마우스 가운데 버튼을 누른 후 데이텀 평면을 선택한다.
6. OK 버튼을 누른다. 그림 7-36은 두 개의 Volume으로 나누어진 모델을 보여준다.
7. Idealized Part를 저장한다.

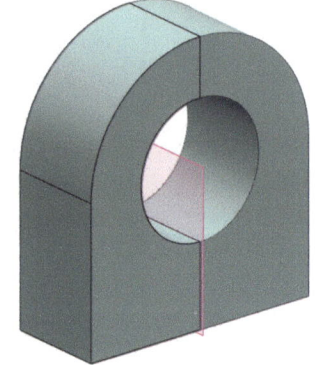

그림 7-36 나누어진 모델

7.9.2 Pre Processing

경계조건과 하중

반쪽 모델에 경계조건과 하중을 먼저 생성하자.

1. SIM2 파일을 더블클릭한다. 쪼개진 모델이 표시되지 않는다.
2. FEM2 파일을 더블클릭하여 활성화 시킨다. 그림 7-37과 같은 Update Log가 표시된다.
3. Information 창을 닫고 SIM2 파일을 더블클릭한다. 반으로 쪼개진 모델이 표시된다.

```
CAE Polygon Body Update Log
============================
Searching for modified polygon faces.
Beginning surgical update process.
Vertex Glue Object absent
Edge   Glue Object absent
Surgical update process successful.
Adding new and modified polygon faces to the output group.
Any manual edits made to the modified polygon faces have been lost.
```

그림 7-37 Update Log

SIM 파일에 보여지는 형상은 FEM 파일에서 생성된 Polygon Geometry이다. Polygon Geometry는 Idealized Part 또는 Master Part의 형상을 이용하여 생성되며, 이를 이용하여 Mesh, 경계조건, 하중을 생성할 수 있다. FEM 파일을 활성화시켜 두 개로 나누어진 Polygon Geometry의 이름을 설정해 보자.

1. FEM2 파일을 더블클릭한다.
2. Trimetric View를 표시한다. (단축키: Home)
3. Simulation Navigator에서 Polygon Geometry 항목 앞에 있는 + 심볼을 클릭하여 펼친다.
4. 오른쪽의 반쪽에 해당되는 Ploygon Body에 우클릭 > Rename을 선택한다.
5. Half Model 이라고 입력한다.
6. 다른 Polygon Body를 선택한 후 우클릭 > Delete 한다.

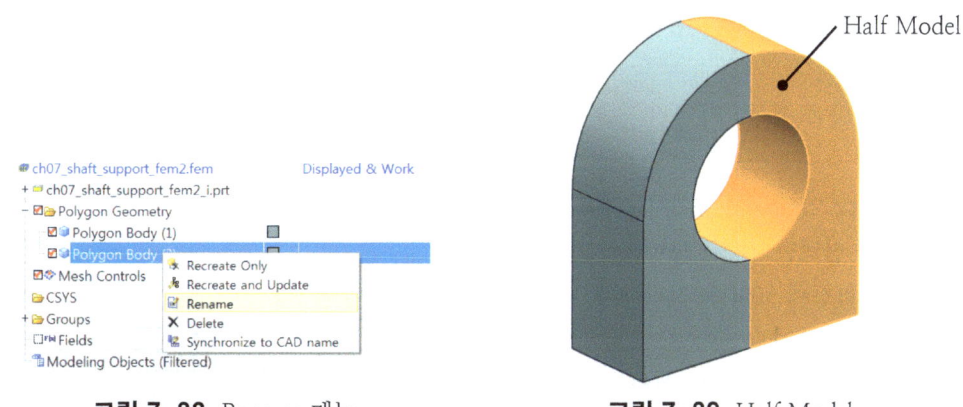

그림 7-38 Rename 메뉴   **그림 7-39** Half Model

화면에 있는 반쪽 모델의 밑면에 Fix 구속을 생성하자.

1. Simulation File View 창에서 SIM2 파일을 더블클릭한다.
2. 바닥면에 Fixed Translation Constraint 구속을 생성한다.

Chapter 7: Subcase와 Symmetry

대칭면에 Symmetry 구속을 생성하자.

1. Constraint Type 아이콘 그룹에서 Symmetric Constraint 아이콘을 선택한다.
2. 대칭면을 두 개를 선택한다.
3. Symmetric Constraint 대화상자에서 OK 버튼을 누른다.

그림 7-40은 두 개의 변위 구속을 생성한 후의 모델을 보여준다.

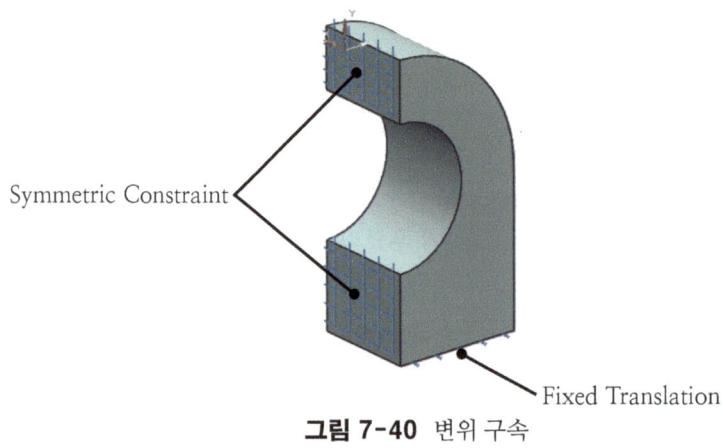

그림 7-40 변위 구속

원통면에 하중을 생성하자.

1. Load Type 아이콘 그룹에서 Bearing 아이콘을 선택한다.
2. 원통면을 선택한 후 -Z 방향을 지정한다.
3. Force 입력창에 5000을 입력한다. 반쪽 모델이기 때문에 하중도 반만 입력한다.
4. Angle 입력창에 120°를 입력한다.
5. Bearing 대화상자에서 OK 버튼을 누른다.

그림 7-41은 Bearing 하중을 생성한 후의 모델을 보여준다.

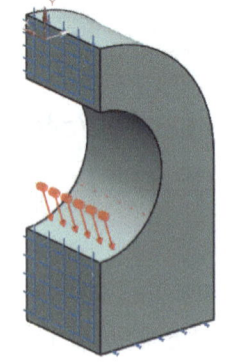

그림 7-41 Bearing 하중

메쉬 생성

Simulation File View 창에서 FEM2를 더블클릭 한 후 Element Size 8의 3D Tetrahedral 요소를 생성한다. 재질은 GCD45를 선택한다. 이 재질은 Master Part를 만든 후 설정한 것이다. 만약 이 항목이 나타나지 않는다면 Material 드롭다운 목록 옆에 있는 Choose material 아이콘을 눌러 재질을 생성해야 한다.

7.9.3 Solving

Model Setup Check를 수행하자.

1. Simulation File View 창에서 SIM2를 더블클릭한 후 저장한다.
2. Solution(Half Model)에 우클릭 > Model Setup Check를 수행하고 오류가 없음을 확인한다.
3. Solve 아이콘을 눌러 해석을 수행한다.
4. 해석이 완료될 때까지 기다린 후 창을 모두 닫는다.
5. 모든 파일을 저장한다.

7.9.4 Post Processing

응력 분포

Half Model의 Stress - Elemental을 더블클릭 한다.

그림 7-42와 같이 결과가 표시된다.

Full 모델(10000N)의 결과와 비교하면 그림 7-43과 같다.

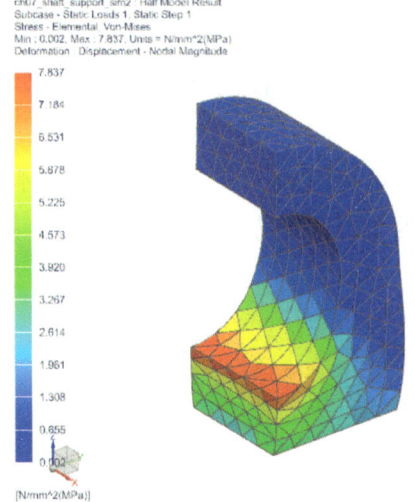

그림 7-42 Symmetry 해석 결과

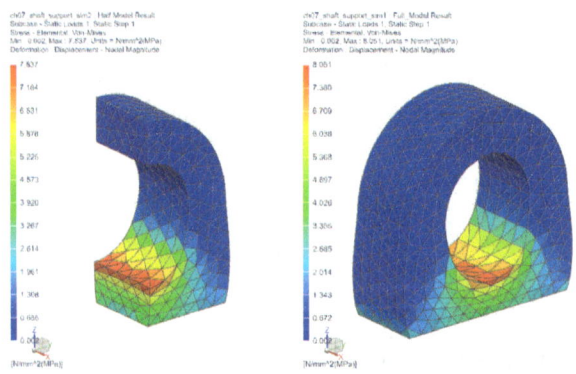

그림 7-43 두 모델의 결과 표시

7.9.5 결과 검토

전체 모델의 최대값과 반쪽 모델의 최대값이 약간 다르게 나타난다. 이는 응력이 높은 부분에서 메쉬의 모양, 위치, 크기 등이 서로 다르기 때문이다.

7.10 Quiz

1. Maximum Principal 응력은 어떻게 계산하는가?

2. Post Processing에서 변형량이 실제 값보다 과장되게 표현되는 이유는 무엇인가? 실제 변형량을 표현하려면 어떻게 하는가?

3. Linear Statics 해석을 수행할 때 사용되는 재료의 물성치는 무엇인가?

4. 솔리드 바디의 Volume을 두 개로 나누어 각각의 Polygon Body를 생성하려면 어느 파일에서 어떤 기능을 이용하는가?

5. 형상이 대칭이면 반쪽 모델을 적용할 수 있는가?

6. Bearing 하중의 분포하중 중 가장 높은 하중 부분을 지정하려면 어떻게 하는가?

7. 어떤 요소의 번호를 확인하는 방법을 설명하시오.

8. 요소의 번호를 이용하여 응력 값을 확인하려면 어떻게 하는가?

9. FE 모델과 변위 구속은 같고 하중만 다를 경우 어떤 방법으로 여러 하중에 대한 해석을 수행하는 것이 효과적인가?

10. 대칭 모델에 대한 해석을 수행할 때 대칭면에 어떤 구속을 적용하여야 하는가?

11. 그림 7-43에서 반쪽 모델과 전체 모델에서의 최대 응력이 같게 나타나게 하려면 어떻게 해야 할까?

Chapter 7: Subcase와 Symmetry

(빈 페이지)

Chapter 8
정적 평형과 *Singularity*

■ 학습목표

- 하중을 받는 Table 해석을 통하여 경계조건의 정적 평형과 Singularity 문제에 대하여 알아본다.
- Solving 오류를 확인할 수 있다.
- 사용자 정의 구속(User Defined Constraint)을 설정한다.

Chapter 8: 정적 평형과 Singularity

8.1 개요

그림 8-1과 같은 하중을 받는 테이블에 대한 해석을 수행하자. 테이블 위에 100kg의 물건이 올려져 있다고 생각해보자. 이 하중을 힘으로 환산하면 약 980N이 된다.

바닥과 분리하여 테이블만 모델링 하여 해석을 수행할 것이므로 바닥과 닿아 있는 부분에 경계 조건이 필요하다. 980N의 하중이 윗면에 작용할 때 그 반대 방향으로의 반력의 총합은 980N 이어야 정적인 평형상태를 이룰 수 있다. Z 방향에 대해서는 정적 평형상태를 이루기 위해 바닥면에 Z 방향 변위가 발생하지 않도록 구속을 주면 된다. 이후에 발생하는 문제는 해석을 수행하면서 처리하기로 하자.

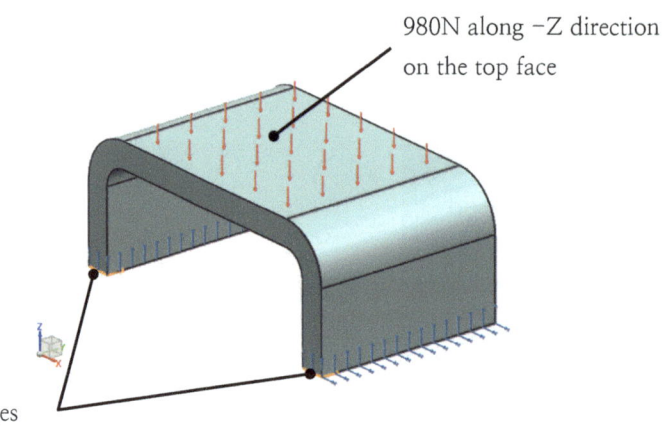

그림 8-1 해석 모델

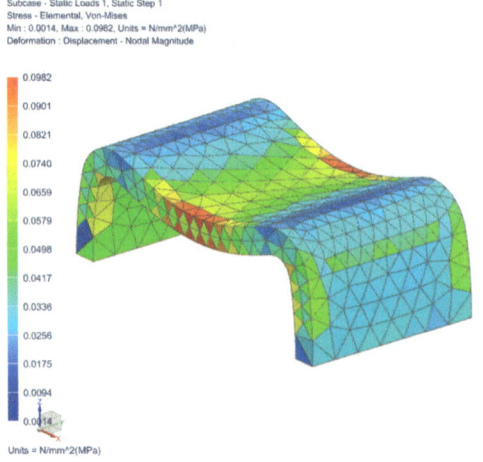

그림 8-2 해석 결과

8.2 모델 생성

1. Model 템플릿을 이용하여 새 파일을 생성한다. 파일 이름은 ch08_table.prt로 한다.
2. 그림 8-3과 같이 데이텀 좌표계의 ZX 평면에 스케치를 생성한다.
3. 양 방향으로 300 mm씩 Extrude (전체 600 mm) 하여 테이블 형상을 완성한다.
4. 파일을 저장한다.

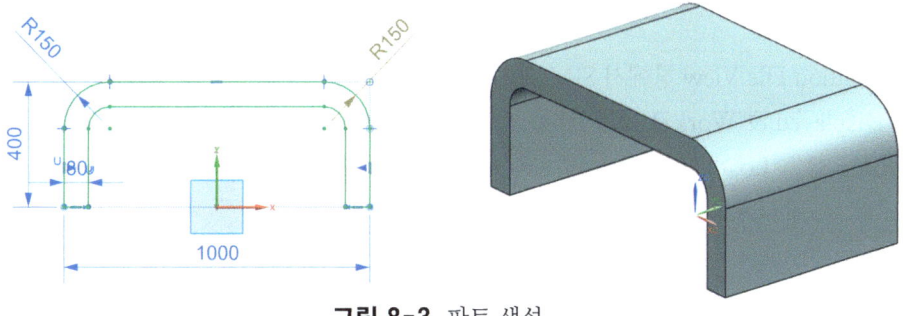

그림 8-3 파트 생성

8.3 Pre Processing

8.3.1 Mesh 생성

Pre/Post 애플리케이션에서 FEM 파일, SIM 파일을 생성한 후 Polygon Body에 3D Tetrahedral Element를 생성한다. 요소의 크기는 Automatic Element Size 버튼을 눌러 설정하고, Material로 Aluminum 2014를 지정한다.

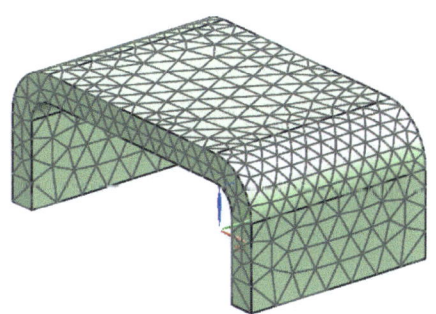

그림 8-4 Mesh 생성

8.3.2 경계조건

변위 구속

바닥면의 Z 방향 변위를 구속하자. 하중을 -Z 방향으로 설정할 것이기 때문에 Z 방향 변위만 구속하면 될 것으로 예상된다.

1. Simulation File View 창에서 SIM 파일을 더블클릭하여 Displayed & Work로 지정한다.
2. Home 탭 〉 Loads and Conditions 〉 Constraint Type 〉 User Defined Constraint를 선택한다.
3. 대화상자를 Reset 하고 바디의 바닥면 두 개를 선택한다.
4. 그림 8-5와 같이 DOF 3를 Fixed로 선택하고 OK 버튼을 누른다. DOF에 대해서는 "8.7.1 사용자 정의 구속"을 참고한다.

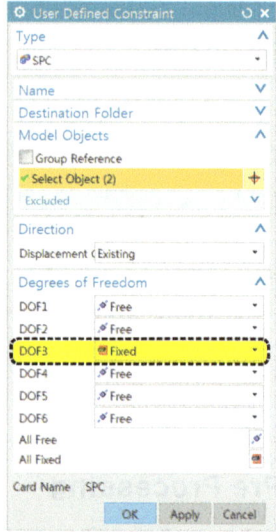

그림 8-5 User Defined Constraint 대화상자

하중

1. 테이블 상면에 -Z 방향으로 980N의 Force 하중을 생성한다. 그림 8-6은 변위구속과 하중을 적용한 후의 FE 모델을 보여준다.
2. Save 아이콘을 눌러 모든 파일을 저장한다.
3. 지정된 폴더에 SIM 파일, FEM 파일 및 Idealized Part 파일이 생성된 것을 확인한다.

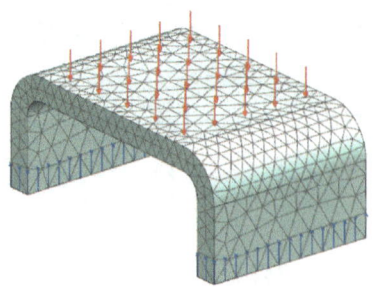

그림 8-6 하중과 변위구속

8.4 Solving

8.4.1 Model Setup Check

1. Simulation Navigator의 Solution 1에 우클릭 > Model Setup Check를 선택한다.
2. Iterative Solver Option에 대한 설명 부분을 확인하고, Solution 옵션에서 Element Iterative Solver 옵션을 체크한다.

Model Setup Check의 결과 아무런 문제가 없다는 점을 확인한다. 이 체크는 해석을 수행하기 전의 FE Model 및 Solution 설정에 대한 사항만 체크한다.

8.4.2 Solving

1. Solution 1에 우클릭 > Solve를 선택하여 해석을 수행한다.
2. Solving이 완료될 때까지 기다린 후 Solution Monitor와 Analysis Job Monitor, Information 창을 닫는다.

8.4.3 결과 확인 및 오류 수정

1. Solution 1 하위에 Results 항목이 나타난 것을 확인하고, 더블클릭한다. 그림 8-7과 같이 결과 파일에 문제가 있음을 알려주는 정보창이 나타난다.

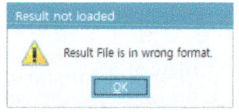

그림 8-7 결과 오류 정보창

2. OK 버튼을 눌러 정보창을 닫는다.

NX Nastran을 이용하여 해석을 수행하면서 여러 가지 파일이 생성된다. Simulation Navigator에 나타난 Results 항목은 결과 파일 중 OP2 파일이 생성되었을 때 활성화 된다. 그러나 생성된 OP2 파일에 결과 데이터는 없는 상태이다.

3. SIM 파일이 있는 폴더를 탐색기로 열어 다음과 같은 파일이 추가로 생성된 것을 확인한다.

- ch08_table_sim1-solution_1.dat
- ch08_table_sim1-solution_1.diag
- ch08_table_sim1-solution_1.f04
- ch08_table_sim1-solution_1.f06
- ch08_table_sim1-solution_1.log
- ch08_table_sim1-solution_1.op2

4. 메모장 또는 텍스트 편집용 프로그램을 이용하여 ch08_table_sim1-solution_1.f06 파일을 연다.
5. 찾기 기능을 이용하여 "fatal" 이라는 단어를 검색한다. 그림 8-8과 같은 메시지를 확인할 수 있다.

```
*** SYSTEM FATAL MESSAGE 3000 (SITDELC)
    ITERATIVE SOLUTION FAILED DUE TO FAILURE OF PRECONDITIONER TO FACTOR.
    THIS ERROR CAN RESULT IF THE STRUCTURE IS NOT RESTRAINED SUFFICIENTLY TO PREVENT
    RIGID BODY MOTION OR IF INTERNAL MECHANISMS EXIST.
```

그림 8-8 System Fatal Message

Rigid Body Motion이 발생하였음을 알려준다.

앞에서 변위 구속을 줄 때 Z 방향만 구속하였다. 일반적으로 생각할 때 Z 방향의 하중만 있기 때문에 X나 Y 방향의 구속은 없어도 된다고 생각할 수 있지만 수학적으로는 그렇지 않다. 행렬식을 푸는 과정에 Determinent가 0인 상황이 발생되며 이런 상태를 Singular라고 한다. 따라서, 그 방향의 하중이 없더라도 X, Y 방향의 Translation이 발생하지 않도록 구속하여야 한다. 특정 방향으로 변위가 자유롭게 발생할 수 있다는 것은 모델 전체가 그 방향으로 이동할 수 있다는 뜻이다. 이러한 거동을 Rigid Body Motion이라고 하며, 이러한 거동에 대한 해석은 속도, 가속도 문제를 수반하는 동역학적인 문제이므로 Linear Statics 솔버에서는 처리할 수 없다.

이러한 문제를 해결하기 위해 소프트웨어가 스스로 알아서 Rigid Body Motion이 발생하는 방향으로 아주 작은 탄성을 갖는 스프링을 추가하여 해석을 수행하기도 하지만 이 예제에서는 물리적으로 타당한 변위 구속을 추가하여 해석을 수행하기로 하자.

1. 텍스트 에디터를 닫는다.
2. Simulation Navigator를 표시한다.
3. Constraint Type 아이콘 그룹에서 User Defined Constraint를 선택한다.
4. 그림 8-9의 ❹ 모서리를 선택하여 DOF 1(X 방향)을 Fixed로 설정한 후 OK 버튼을 누른다.
5. 같은 방법으로 ❺ 모서리를 선택하여 DOF 2(Y 방향)을 구속한다.

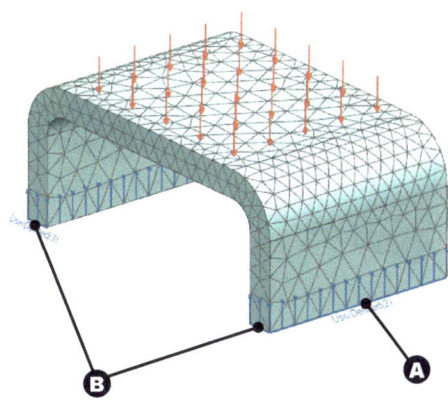

그림 8-9 User Defined Constraint 생성

Solving

Solution 1에 우클릭 > Solve를 선택하여 해석을 다시 수행한다.

8.5 Post Processing

Von-Mises Stress를 표시하자.

1. Results 항목을 더블클릭한다.
2. Post Processing Navigator에서 Stress – Elemental 항목을 펼친 후 Von-Mises를 더블클릭한다. 그림 8-10과 같이 결과가 표시된다.

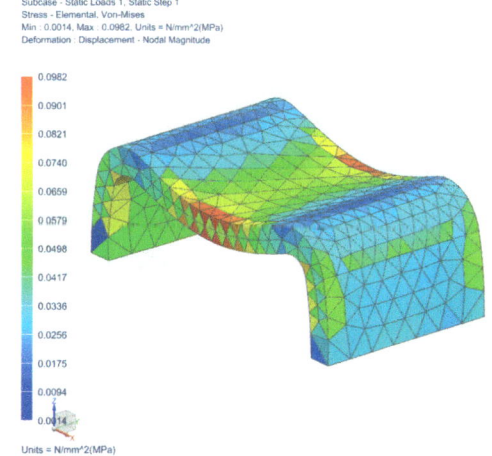

그림 8-10 Stress – Elemental (Von-Mises)

Displacement – Nodal 항목을 더블클릭하면 그림 8-11과 같이 Magnitude가 표시된다. 변형의 X 방향 성분을 표시하면 그림 8-12와 같다. X 방향 변형을 Fix 시킨 모서리의 결과는 빨간색(가장 높은 값)으로 표시되고 반대쪽 모서리가 파란색(-방향)으로 표시되어 변형의 기준을 알 수 있다. Results 탭 > Post Processing 그룹 > Identify Results 아이콘을 이용하여 특정 노드에서의 변형을 표시해보라.

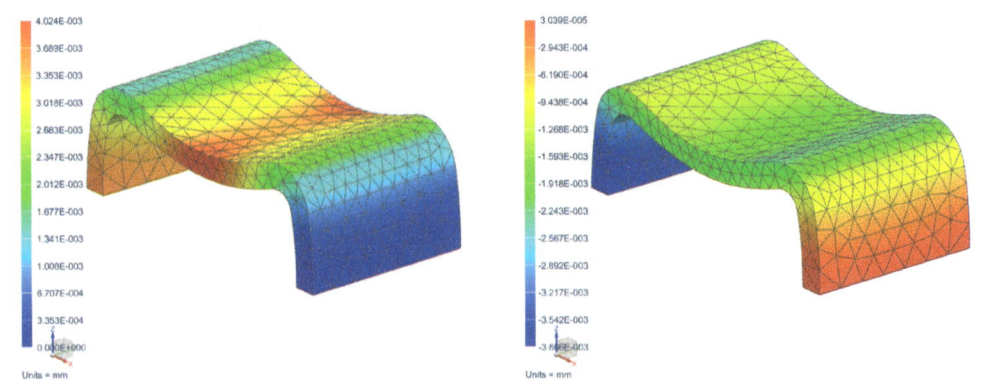

그림 8-11 Displacement – Nodal (Magnitude)   **그림 8-12** Displacement – Nodal (X)

Y 방향 변형을 표시하면 그림 8-13과 같다. Identify Results 아이콘을 이용하여 Y 방향 변위를 Fix 시킨 모서리의 값을 표시해 보라. Post View 대화상자에서 Show undeformed model 옵션을 체크하면 그림 8-14와 같이 변형 전 후의 형상을 함께 표시할 수 있다.

3. SIM 파일 및 FEM 파일, Idealized Part 파일을 모두 저장한다.

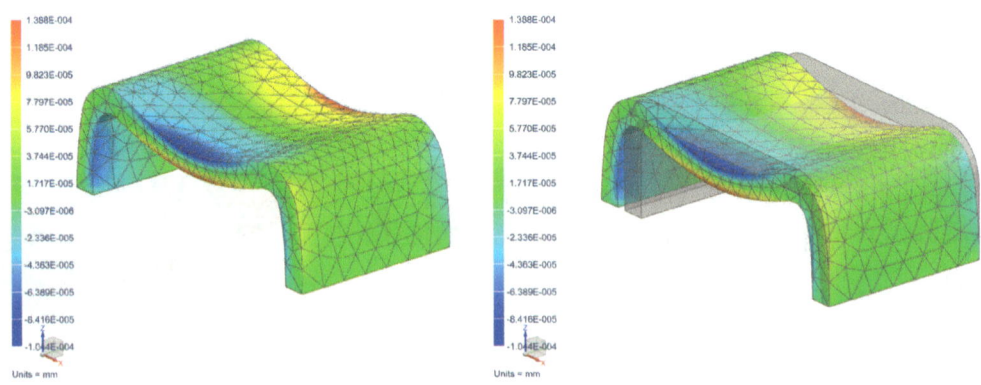

그림 8-13 Displacement – Nodal (Y)   **그림 8-14** 변형 전 후의 모델

8.6 결과 분석

Aluminum 2014의 항복응력과 Von Mises Stress를 비교해 보자.

1. Return to Model 아이콘을 누른다.
2. Home 탭 > Properties > Manage Materials 아이콘을 누른다.
3. Material List에 Local Materials이 선택되어 있고, Aluminum_2014가 나타나 있다. Aluminum_2014 항목에 우클릭 > Inspect Material을 선택한다.
4. 왼쪽 창에서 Strength 를 선택한 다음 Yield Strength 항목의 Lock 아이콘을 클릭한 후 Info 를 선택한다.
5. 20℃에서의 항복응력이 393.4 MPa 임을 확인한 후 대화상자를 모두 닫는다.

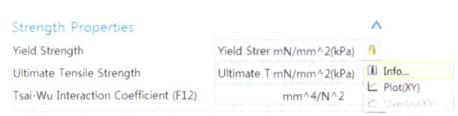

그림 8-15 Info 선택

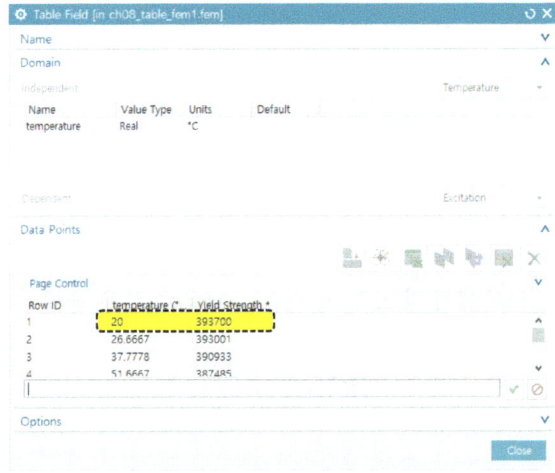

그림 8-16 Yield Strength 확인

Von Mises Stress (Elemental)의 최대값은 약 0.1 MPa이다. 따라서 주어진 하중에 대하여 이 테이블은 전혀 문제가 없음을 알 수 있다. 안전계수는 3900 정도가 나오며 이로부터 해석에 사용한 하중의 3900배가 되는 하중을 가했을 때 항복강도에 근접한 응력이 발생할 것임을 예상할 수 있다. 이러한 예상이 가능한 것은 단일 방향 하중을 받는 선형 해석이기 때문이다.

8.7 보충

8.7.1 사용자 정의 구속

User Defined Constraint 아이콘을 이용하여 변위 구속을 자유롭게 정의할 수 있다. DOF 1, 2, 3은 변위 자유도를 설정하고, DOF 4, 5, 6은 회전 자유도를 설정한다.

각 자유도는 Direction 옵션 그룹의 기준 좌표계에 따라 설정된다. 예를 들어, 직교좌표계의 경우 DOF 1, 2, 3은 X, Y Z 방향의 변위 자유도를 의미하고, DOF 4, 5, 6은 각 방향의 회전 자유도를 의미한다. 원통좌표계의 경우 R, Θ, Z의 순으로 자유도의 순서가 정해지고, 구면좌표계의 경우 α, β, γ의 순으로 자유도의 순서가 정해진다.

각 자유도 별로 드롭다운 목록에서 Free, Fixed, Displacememt를 선택할 수 있다. Free는 자유도를 구속하지 않는 것이고, Fixed는 변위나 회전이 발생하지 않도록 설정한다. Displacement는 변위 또는 회전 자유도 값을 지정한다. 강제변위 또는 강제 회전 구속을 설정할 때 사용된다.

Displacement CSYS 드롭다운 목록의 항목 중 Existing은 SIM 파일이 만들어질 때 사용한 좌표계, 즉 절대좌표계를 의미한다. Cartesian, Cylindrical, Spherical 좌표계를 사용할 경우 각각의 항목을 선택한 후 기준 좌표계를 생성할 수 있다.

8.7.2 Singularity

그림 8-17의 유한 요소 모델에서 각 노드의 변위는 다음과 같은 행렬식으로부터 구한다.

$$[K]\{u\} = \{f\}$$

여기서 $[K]$는 강성행렬(Stiffness Matrix)이고, $\{u\}$는 각 요소(Element)의 변형을 나타낸다. $\{f\}$는 구조물에 가해지는 모든 형태의 하중을 나타낸다.

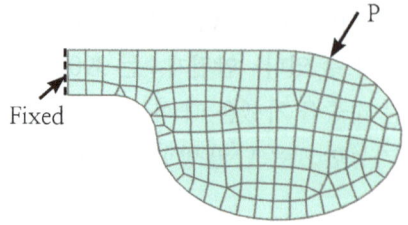

그림 8-17 유한요소 모델

유한요소 모델(Finite Element Model)에 대한 행렬식이 구성되면 다양한 수치해석적인 기법을 이용하여 풀게 되는데, 이렇게 구해진 {u}에 변형률을 표현하는 특정 행렬을 곱하여 각 요소(Element)의 변형률(Strain)을 구하고, 또 여기에 변형률과 응력의 관계를 이용하여 응력(Stress)을 구한다.

$$\{u\} = [K]^{-1}\{f\}$$

$$\{\varepsilon\} = [B]\{u\}$$

$$\{\sigma\} = [D]\{\varepsilon\}$$

{u}를 구하려면 미지수(자유도)의 개수 만큼의 수식이 필요한데 부족할 경우 det[K]가 0이 되어 역행렬을 구할 수 없게 된다. 이 때, [K] 행렬은 Singular라고 한다.

경계조건은 유한 요소 모델이 수학적으로 유효한 해를 갖도록 하는 중요한 역할을 한다. 유한요소 해석 과정에서 Solving을 시작하면 요소의 물성치, 노드의 위치 좌표, 경계조건 등을 이용하여 [K] 행렬을 구성하고 {u}, {ε}, {σ}를 구하는데, [K]에 Singular가 발생하면 이후 과정이 수행되지 않기 때문에 결과 파일(.op2)이 있더라도 결과를 표시할 수 없다. 정역학에서 [K]가 Singular라는 것은 자유도가 적절히 구속되지 않아 강체운동(Rigid Body Motion) 또는 기구학적 거동(Mechanism)이 발생한다는 것을 의미한다.

8.8 Quiz

1. SOL 101 Linear Statics - Global Constraints와 SOL 101 Linear Statics - Subcase Constraints의 차이점은 무엇인가?

2. Rigid Body Motion이란 무엇인가?

3. Rigid Body Motion은 Linear와 Statics 가정 중 어떤 조건에 위배되는가?

4. NX의 Post Processing에서 결과를 표시하는데 사용되는 파일은 어떤 파일인가?

5. 직교좌표계의 Y 방향 회전 자유도를 구속하려면 User Defined Constraint에서 어떤 자유도를 구속하는가?

Chapter 8: 정적 평형과 Singularity

6. Fixed Translation은 어떤 자유도가 구속되어 있는 조건인가?

7. 그림 8-9와 같이 구속되어 있고, 하중 대신 ④ 모서리의 반대쪽에 X 방향으로 -0.01mm의 변형이 발생하도록 해석을 수행하시오. 그림 8-19의 오른쪽이 해석 결과이다.

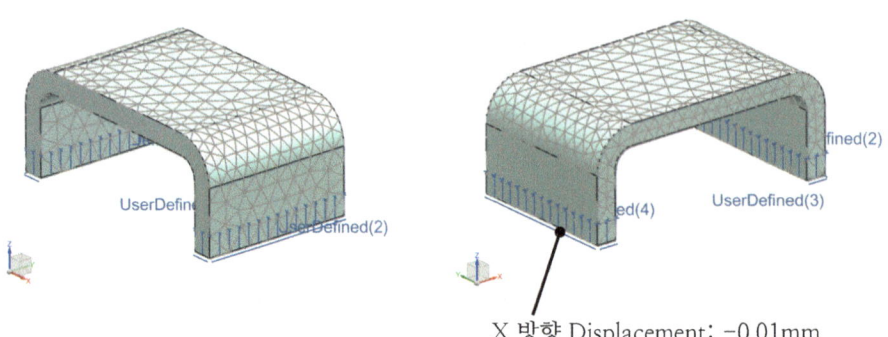

그림 8-18 강제 변위 구속

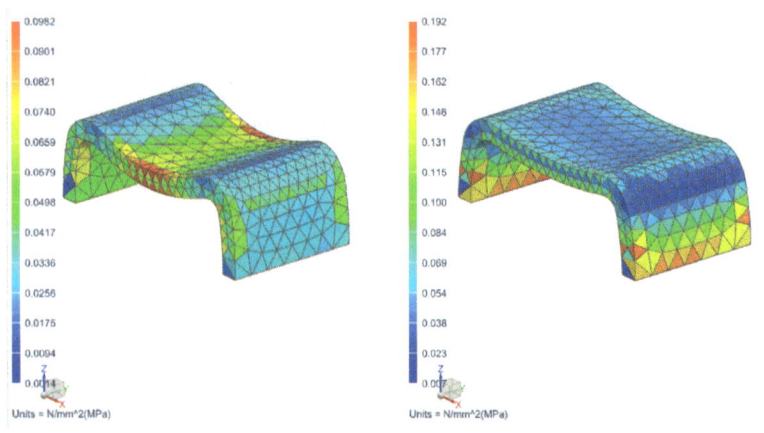

그림 8-19 해석 결과

8. Singular 발생 여부를 Model Setup Check에서 미리 알 수 없는 이유는 무엇인가?

9. 그림 7-40의 대칭 구속을 User Defined Constraints를 이용하여 정의하려면 자유도를 어떻게 구속하여야 하는가?

Chapter 9
변위 구속에서의 좌표계 이용

■ 학습목표

- Cylindrical 좌표계를 이용하여 사용자 정의 구속을 정의할 수 있다.
- 여러 가지 하중에 의한 결과를 조합(Combine)하여 새로운 결과를 구할 수 있다.
- 부분적으로 메쉬의 크기를 설정할 수 있다.
- 필렛의 효과를 이해한다.
- 요소 크기에 의한 영향을 이해한다.
- 파괴 이론을 이해한다.

Chapter 9: 변위구속에서의 좌표계 이용

9.1 개요

그림 9-1과 같은 Lever를 생각해 보자. **C** 부분을 일정 방향으로 당겨 **A** 부분에 연결되어 있는 파트를 이동시킨다. **B** 부분은 회전의 중심축이 된다.

C 부분에 힘을 가하여 정적 평형상태가 되었을 때 Lever의 응력 분포를 분석하여 주어진 하중에 파손되지 않는지 알아보고자 한다.

A와 **B** 부분에 조립되는 파트는 모델에 포함시키지 않을 것이므로 접촉하는 면(원통면)에 경계조건을 부여해야 한다. 이 때 원통면은 자유롭게 회전할 수 있는 상태이기 때문에 그에 대한 자유도는 구속하지 않아야 한다. 반경 방향의 변위도 발생하지 않는다고 가정하자. 원통면의 축방향 변위는 Singularity 문제를 피하기 위해 고정시켜야 한다. Singularity 문제를 해결하기 위해 임의로 설정하는 구속은 물리적으로 타당하여야 한다.

이러한 구속을 정의하려면 원통 좌표계를 이용하여 변위 구속을 생성해야 한다. 직교좌표계를 이용해서는 이러한 구속을 정의하기는 어렵다.

C 부분에는 당기는 힘을 정의하거나 토크 하중을 가할 수 있다. 이 예제에서는 각각의 하중에 대한 해석을 수행한 후 결과를 혼합하여 두 가지 하중이 동시에 작용할 경우의 결과를 구하는 방법을 알아볼 것이다. **C** 부분에 가해지는 토크는 -Z 방향으로 50 Nm을 이용하고, 당기는 힘은 X 방향으로 100 N을 이용한다. 재질은 Aluminum 2014를 이용한다.

응력이 집중되는 부분에 필렛을 생성하고, 메쉬의 크기에 따라 최대 응력이 어떻게 변하는지도 살펴보자.

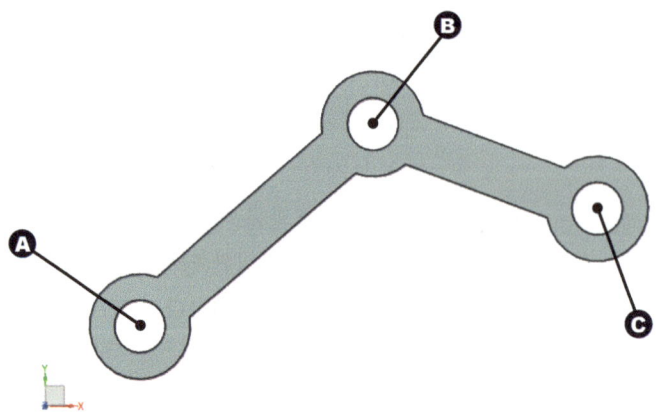

그림 9-1 Lever 파트

9.2 모델 생성

1. Model 템플릿을 이용하여 새 파일을 생성한다. 파일명은 ch09_lever로 한다.
2. 그림 9-2와 같이 스케치를 생성한다.
3. Extrude 기능을 이용하여 양쪽 방향으로 4 mm 씩(전체 8 mm) Extrude 한다.
4. 파일을 저장한다.

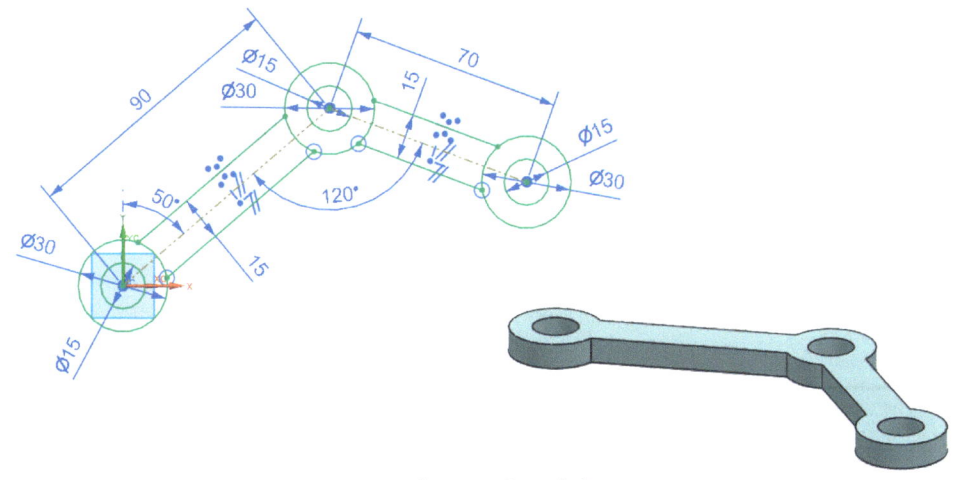

그림 9-2 파트 생성

9.3 Pre Processing

9.3.1 메쉬 생성

1. Pre/Post 애플리케이션에서 FEM 파일, SIM 파일, Idealized Part를 생성한다. Solution을 생성할 때 Element Iterative Solver 옵션을 선택한다.
2. Polygon Body에 3D Tetrahedral Mesh를 생성한다. 요소의 크기는 3 mm로 하고, 재질은 Aluminum 2014를 사용한다.
3. Save 버튼을 눌러 파일을 저장한다. FEM 파일이 Work Part이므로 FEM 파일과 Idealized Part가 저장된다.

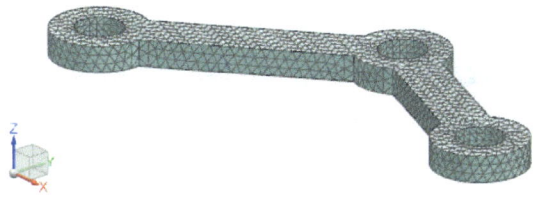

그림 9-3 Mesh 생성

9.3.2 경계조건 생성

그림 9-1에서 표시한 ⓐ와 ⓑ 부분의 원통면의 T 방향 자유도(DOF 2)만 Free로 설정하는 변위 구속을 생성하자.

1. SIM 파일을 Work로 지정한 후 FEM 파일을 펼쳐 3D Collectors 앞에 있는 체크마크를 해제한다. 화면에는 Polygon Geometry만 표시되어 구속조건을 편리하게 정의할 수 있다.
2. User Defined Constraint를 선택한 후 그림 9-1에 표시한 ⓐ 부분의 원통면을 선택한다.
3. 대화상자의 Direction 옵션 그룹의 드롭다운 목록에서 Cylindrical을 선택한다.
4. 그림 9-4의 ④ 원형 모서리를 선택한다. R, T, Z의 좌표축이 나타난다.
5. DOF 1과 DOF 3를 Fixed로 지정하고 Apply를 누른다.

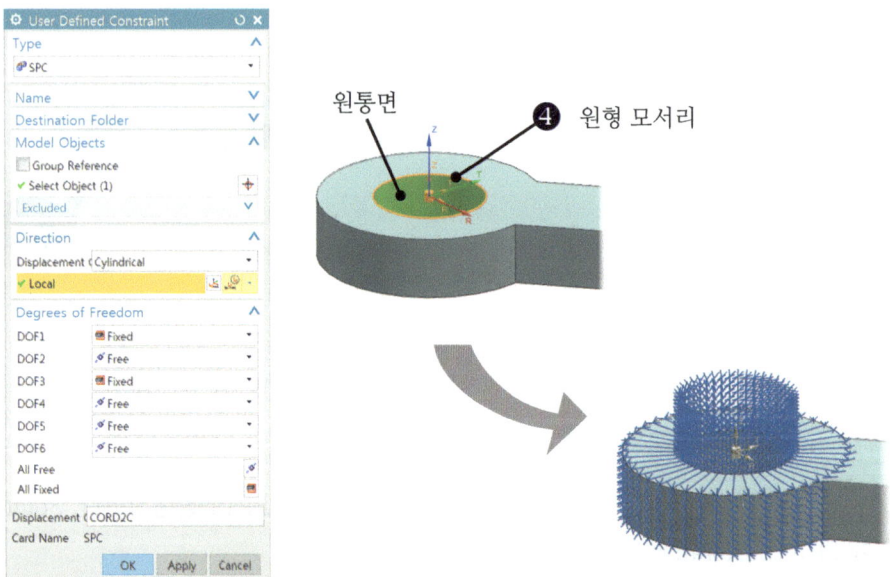

그림 9-4 변위 구속

6. 같은 방법으로 그림 9-1에 표시한 ⓑ 부분의 원통면에도 T 방향 자유도(DOF 2)만 Free인 변위 구속을 생성한다.

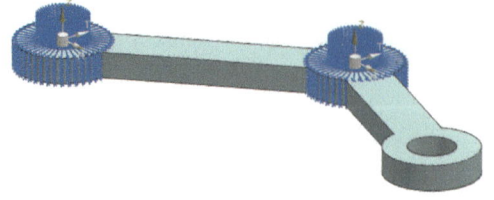

그림 9-5 변위 구속

하중을 생성하기 위해 Subcase를 생성하자. Solution 1에 자동으로 생성되어 있는 Subcase에 두 개의 하중을 정의하고, 토크 하중과 X 방향 하중만 작용하는 Subcase를 별도로 만들 것이다.

1. Solution 1의 하위에 있는 Subcase에 우클릭 〉 Rename을 선택한 후 Subcase의 이름을 Force and Torque라고 입력한다.
2. Home 탭 〉 Loads and Conditions 〉 Load Type을 클릭한 후 Force를 선택한다.
3. 대화상자를 Reset 하고 그림 9-1의 ❻ 부분의 원통면을 선택한 후 X 방향으로 100N의 하중을 정의한다.
4. Load Type으로 Torque를 선택한 후 ❻ 부분의 원통면을 선택하여 -Z 방향으로 50Nm의 토크 하중을 정의한다. 단위와 방향에 주의한다. 토크 심볼의 방향이 그림 9-6과 같이 나타나도록 한다. 그림에서 Force는 숨겼다.

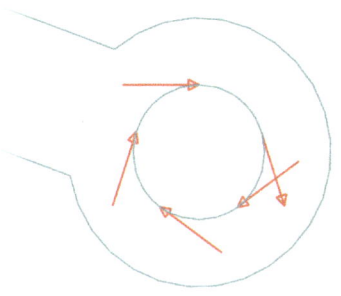

그림 9-6 Torque 하중의 방향

두 개의 하중을 생성한 후의 Simulation Navigator를 보면 그림 9-7과 같다. Load Container에 두 개의 하중이 정의되어 있고, Force and Torque로 이름을 변경한 Subcase에 두 개의 하중이 정의되어 있다. Solution 1에 대한 해석을 이대로 수행할 경우 두 개의 하중의 동시에 가해지는 Subcase에 대한 결과를 얻을 수 있다.

이 예제에서는 Force만 가해지는 경우와 Torque만 가해지는 경우에 대한 Subcase를 각각 만든 후 함께 해석을 수행할 것이다.

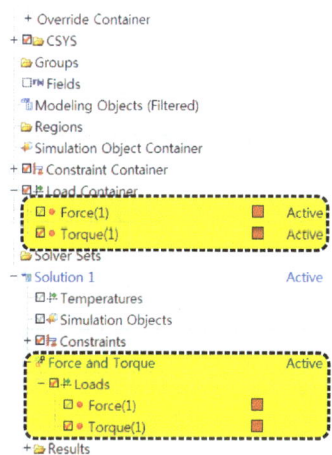

그림 9-7 Simulation Navigator

Force만 가해지는 Subcase와 Torque만 가해지는 Subcase를 생성하자.

1. Solution 1에 우클릭 > New Subcase를 선택하고 Solution Step 대화상자에 이름을 Force Only라고 입력한다. Apply 버튼을 누른다.
2. Torque Only 라는 이름으로 Subcase를 하나 더 생성한다.
3. Load Container에 생성되어 있는 Force를 마우스 왼쪽 버튼으로 선택한 후 드래그하여 Force Only의 Loads에 드롭한다.
4. Torque 하중을 드래그 하여 Torque Only의 Load에 드롭한다.
여기까지 수행한 후의 Simulation Navigator는 그림 9-8과 같다.

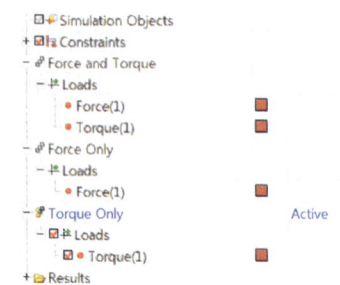

그림 9-8 Subcase 생성 후

파일 저장

1. Save 아이콘을 눌러 SIM 파일을 저장한다.
2. 지정된 폴더에 SIM 파일, FEM 파일, Idealized Part가 생성된 것을 확인한다.

9.4 Solving

Model Setup Check 후 Solving을 수행한다.

9.5 Post Processing

Von-Mises 응력(Elemental)

Force와 Torque가 함께 작용할 때의 결과를 표시해 보자.

1. Solution 1 하위에 나타난 Results > Structural을 더블클릭한다. Post Processing Navigator의 Solution 1 하위에 Force and Torque, Force Only, Torque Only에 대한 결과가 나타나 있다.
2. Force and Torque 항목을 펼친 후 Stress – Elemental을 더블클릭하여 Von-Mises Stress를 표시한다. 결과는 그림 9-9와 같다.

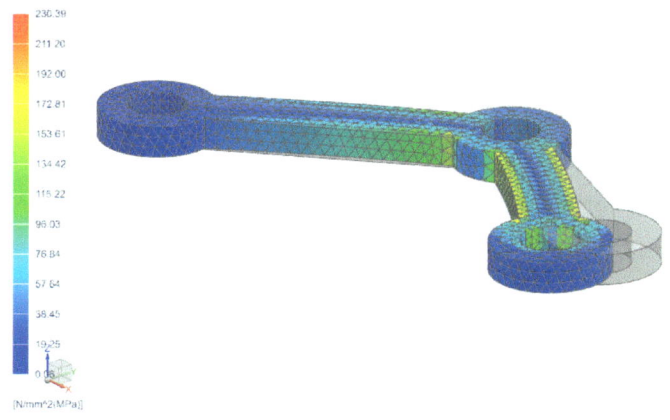

그림 9-9 Force와 Torque가 함께 작용할 때의 결과

최대 응력 위치

최대응력이 나타나는 곳을 확인해 보자.

1. Results 탭 〉 Tools 그룹 〉 Identify Results 아이콘을 누른다.
2. Identify 대화상자의 Element Results 드롭다운 목록에서 N Max Result Values를 선택한다.
3. N = 입력창에 5를 입력하고 Apply Number 버튼을 누른다. 그림 9-10과 같이 5 개의 최대값이 결과 이미지에 표시된다.
4. 대화상자를 닫는다.

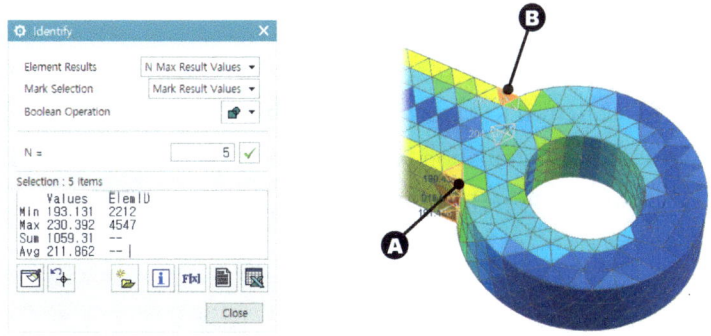

그림 9-10 5 개의 최대값 표시

Chapter 9: 변위구속에서의 좌표계 이용

X 방향으로 당기는 하중과 −Z 방향의 Torque로 인하여 그림 9-10의 🅐 부분과 🅑 부분에 응력이 집중됨을 알 수 있다. 이러한 부분은 필렛을 추가하여 응력집중을 완화하여야 한다. 필렛 추가와 요소 크기 변경에 따른 영향은 210 페이지: 9.6에서 알아볼 것이다.

화면을 둘로 나눈 뒤 Force가 가해질 때와 Torque가 가해질 때의 결과를 표시하면 그림 9-11과 같다. X 방향 Force에 의한 영향은 크지 않음을 알 수 있다.

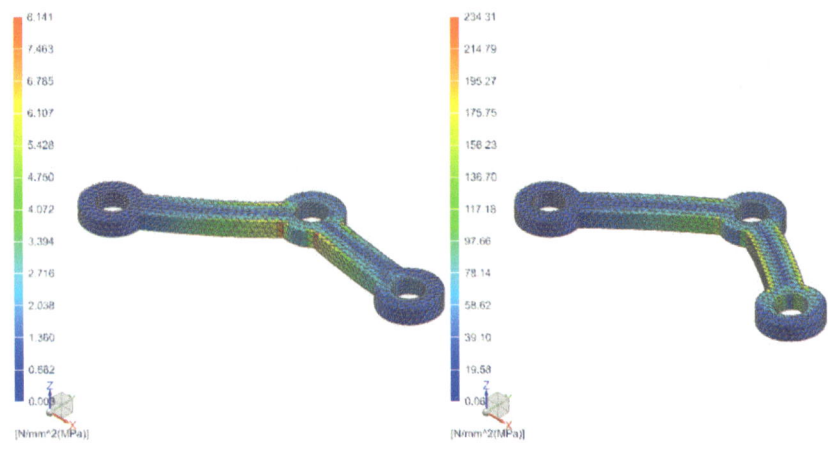

그림 9-11 Force에 의한 결과와 Torque에 의한 결과

Load Case의 결합(Combine)

Force만 가해질 때의 결과와 Torque만 가해질 때의 결과를 결합하여 두 하중이 함께 가해지는 결과를 구해보자. 개별 하중에 의한 결과를 더하여 새로운 결과를 얻는 방법은 선형 해석에서 가능하며 변위 구속이 같을 때 유효하다.

1. 화면을 하나로 만들고 Return to Home 또는 Return to Model 아이콘을 누른다.
2. SIM 파일을 Work로 하고, Simulation Navigator에 나타나 있는 Results > Structural에 우클릭 > Combined Loadcases 메뉴를 선택한다.

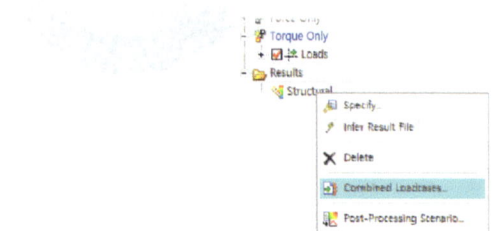

그림 9-12 Combined Loadcases 메뉴

3. Load Case Combine 대화상자의 Combined Load Case Name 입력창에 "Combined Force and Torque"라고 입력한다. (그림 9-13의 ❹)

4. Create 버튼을 누른다. (그림 9-13의 ❺)

5. Load Case Component 목록창에서 Force Only를 선택한 후 Scale 입력창에 1.000을 입력하고 Add/Edit 버튼을 누른다. (그림 9-13의 ❻) Combined Load Case Definition 창에 추가한 결과가 나타난다.

6. Load Case Component 목록창에서 Torque Only를 선택한 후 Scale 입력창에 1.000을 입력하고 Add/Edit 버튼을 누른다. 새로운 Load Case를 생성한 후의 대화상자는 그림 9-14와 같다.

7. OK 버튼을 눌러 대화상자를 닫는다.

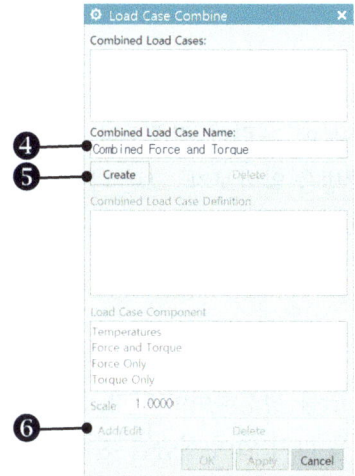

그림 9-13 Load Case의 결합

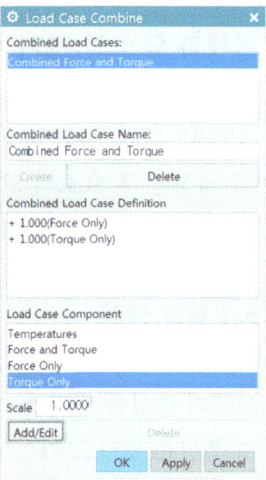

그림 9-14 결합된 결과

Post Processing Navigator를 표시한 후 Solution 1의 결과를 펼치면 그림 9-15와 같이 새롭게 만들어진 Load Case가 나타나 있음을 알 수 있다.

Force와 Torque를 함께 작용시켜 구한 결과와 Load Case를 결합하여 만든 결과를 표시하면 그림 9-16과 같다.

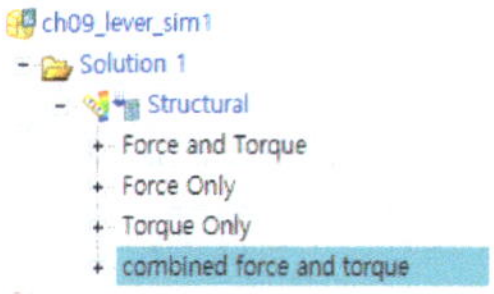

그림 9-15 결합된 Load Case

모든 파일을 저장하고 닫는다.

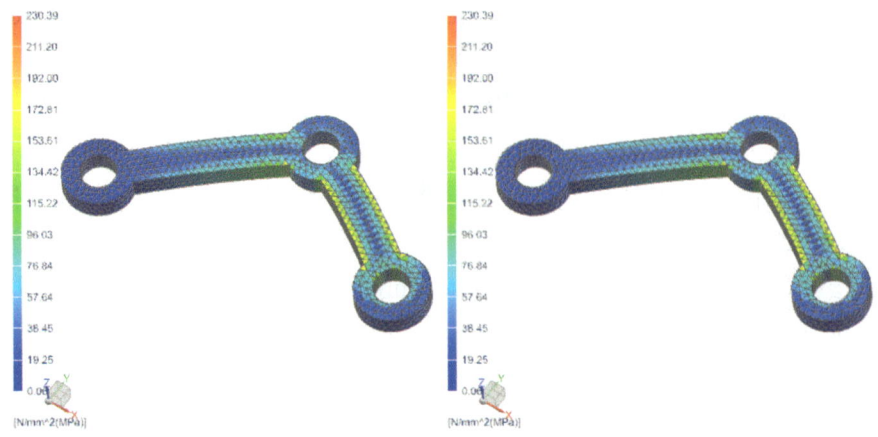

그림 9-16 계산하여 얻은 결과와 각각의 결과를 결합하여 얻은 결과

9.6 필렛과 요소의 크기

207 페이지: 그림 9-10에서 보듯이 표시한 두 부분에 응력이 집중된다. 이 부분에 Edge Blend를 생성한 후 요소의 크기를 작게 설정하는 방법을 알아보자. 그런 다음 요소의 크기를 점점 작게 하면서 응력의 최대값이 어떻게 변하는지 알아보자.

9.6.1 파일 생성

해석 모델의 형상을 변경하려면 새로운 Idealized Part를 생성하여야 한다. Master Part에 대한 수정 권한은 없다고 가정한다. 앞에서 닫은 파일을 다시 열어 실습을 진행하자. 만약 파일을 닫지 않고 진행한다면 파일 관리에 주의하여야 한다.

1. ch09_lever.prt 파일을 연다.
2. Application 탭 > Simulation > Pre/Post 아이콘을 선택하여 Pre/Post 애플리케이션을 실행시킨다.
3. Simulation Navigator에 있는 ch09_lever.prt에 우클릭 > New FEM을 선택한다.
4. 폴더를 지정하고, FEM 파일의 이름을 지정한다. ch09_lever_fillet_fem.fem로 입력하고 OK 버튼을 누른다.
5. New FEM 대화상자에서 Create Idealized Part 옵션이 체크된 것을 확인하고 OK 버튼을 누른다.
6. Simulation File View 창을 펼친 후 ch09_lever_fillet_fem_i를 Work Part로 지정한다. Idealized Part를 수정할 것이다.
7. Idealized Part Warning 메시지를 확인한 후 OK 버튼을 누른다.

Idealized Part를 Promote 한 후 Edge Blend를 추가하자.

1. Home 탭 > Start > Promote 아이콘을 누른다.
2. Lever 바디를 선택한 후 OK 버튼을 누른다.
3. Application 탭 > Design 그룹 > Modeling 아이콘을 누른다.
4. 그림 9-17과 같이 8 곳의 모서리에 반경 5mm의 Edge Blend를 생성한다.

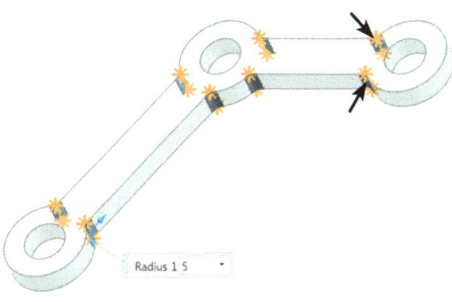

그림 9-17 Edge Blend 생성

9.6.2 Mesh 생성

전체적인 요소의 크기는 3mm로 하고 그림 9-17에서 화살표로 표시한 두 곳의 필렛 부분에는 요소 크기를 1mm로 설정하여 3D Tetrahedral Mesh를 생성한다. 재질은 Aluminum 2014를 사용한다.

FEM 파일을 저장한다.

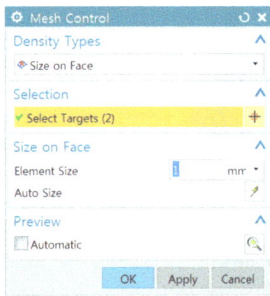 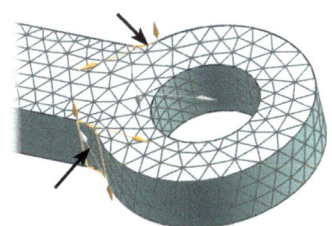

그림 9-18 Size on Face 설정

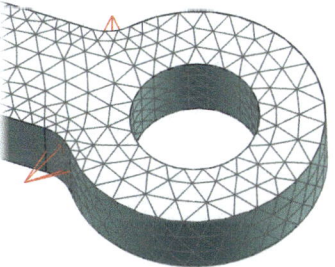

그림 9-19 작게 생성된 요소

9.6.3 SIM 파일 생성 및 경계조건 정의

SIM 파일 생성

1. ch09_lever_fillet_fem.fem 파일에 우클릭 > New Simulation을 선택한다.
2. 폴더를 확인하고 SIM 파일명을 ch09_lever_fillet_sim.sim으로 입력하고 OK 버튼을 누른다. FEM 파일과 SIM 파일을 따로 생성할 때는 파일명을 지정할 수 있다.
3. New Simulation 대화상자에서 OK 버튼을 누른다.
4. Solution 대화상자에서 Element Iterative Solver 옵션을 선택한 후 OK 버튼을 누른다.
5. SIM 파일을 저장한다.

경계조건 생성

1. 그림 9-5와 같이 변위 구속을 생성한다.
2. X 방향의 Force 하중 100N과 -Z 방향의 Torque 하중 50Nm를 같은 Subcase에 생성한다. Constraint와 하중을 생성한 후의 모델은 그림 9-20과 같다. Mesh는 화면에서 숨겼다.
3. Save 아이콘을 눌러 SIM 파일을 저장한다.

그림 9-20 Constraint와 하중

9.6.4 Solving

1. Model Setup Check를 수행하여 FE 모델에 문제가 없음을 확인하고 Solving을 수행한다.
2. Solving 후 나타나는 창을 모두 닫는다.

9.6.5 Post Processing

최대 Von-Mises Stress 확인

1. Solution 1 하위에 나타난 Results > Structural을 더블클릭한다.
2. Post Processing Navigator에서 Solution 1을 펼친 후 Stress - Elemental을 더블클릭한다. Von-Mises Stress가 표시된다.
3. Results 탭 > Post Processing > Identify Results 아이콘을 누른다.
4. Identify 대화상자의 Element Results 드롭다운 목록에서 N Max Result Values를 선택하고 N= 입력창에 5를 입력한 후 Apply Number 버튼을 누른다.

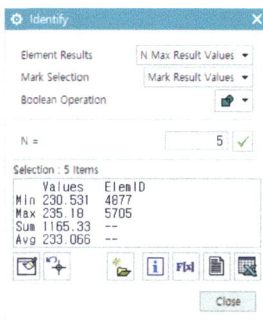

그림 9-21 최대값 5개

최대값은 235.2 MPa 이며 최대값을 나타내는 5개 요소에서의 평균값은 233.1 MPa로 나타난다. 값이 조금 다른 것은 무시한다.

5. 대화상자를 닫는다.

3 mm 크기의 요소에 대한 결과

207 페이지: 그림 9-9에서의 최대값은 230.3 MPa이다. 일반적으로 요소의 크기를 작게 하면 응력값은 높아진다. 필렛 부분의 요소 크기를 다른 곳과 같이 3mm로 변경한 후 해석을 수행해 보자. FEM, SIM 파일을 별도로 만들지 않고 바로 변경한 후 필렛 부분의 요소 크기에 따른 변화를 살펴볼 것이다.

1. Return to Home 아이콘을 누른다.
2. FEM 파일을 Work로 지정한다.
3. Simulation Navigator에서 Mesh Controls을 확장시켜 Face Density를 더블클릭 하거나 모델에서 Face Density 심볼을 더블클릭하여 Mesh의 크기를 3 mm로 변경한다.
4. FE 모델을 업데이트 한다.

해석 수행 및 결과 보기

1. Activate Simulation 아이콘을 클릭한다.
2. Solve 아이콘을 눌러 해석을 수행한다.
3. Stress – Elemental을 더블클릭 한 후 최대값을 나타내는 5개의 요소를 표시하자.

그림 9-22 최대값 5개(요소 크기 3mm)

최대값은 225.2 MPa 이고, 최대값을 나타내는 5개 요소에서의 평균값은 221.8 MPa로 나타난다. 값이 조금 다른 것은 무시한다. 요소의 크기가 커졌기 때문에 그림 9-21의 최대값 235.2 MPa 보다는 작게 나타난다.

9.6.6 요소에 크기에 대한 고찰

요소의 크기가 작아지면 응력의 최대값은 높아진다. 그렇다면 어느 정도까지 요소의 크기를 작게 해야 할 것인가? 요소의 크기를 작게 한다고 하여 무한정 응력이 높아지는 것은 아니다. 따라서 요소의 크기가 작아지는 비율에 대한 응력 값이 높아지는 비율의 비율을 계산하여 그 값이 일정 값보다 작으면 그 값을 이용하여 결과를 분석할 수 있다.

요소의 크기가 3mm에서 1mm로 작아진 비율은 2/3이다. 이 때 최대 응력이 높아진 비율은 6.7%이다. 요소 크기의 변화율에 대한 응력의 변화율은 6.7/66.7 = 9.1%이다.

필렛부의 요소 크기가 0.2 mm 일 때와 0.15 mm일 때의 결과를 표로 나타낼 수 있다. 요소의 크기를 0.15mm일 때 요소 크기의 변화율에 대한 응력의 변화율은 3.5%로 나타나며 요소 크기 변화의 영향이 미미하다고 볼 수 있다. 따라서 이 모델의 최대 응력은 240 MPa이라고 해도 무방하다.

요소의 크기	요소 크기의 변화율	최대 응력 (MPa)	최대응력의 변화율	응력 변화율/요소의 크기 변화율
3		225.2		
1	0.667	235.2	0.067	9.1%
0.2	0.8	240.8	0.030	11.8%
0.15	0.25	240.5	−0.005	3.5%

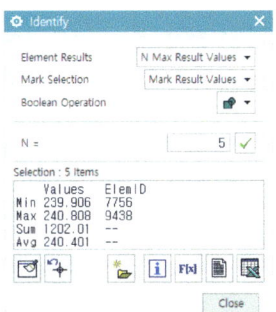

그림 9-23 최대값 5개(요소 크기 0.2mm)   그림 9-24 최대값 5개(요소 크기 0.15mm)

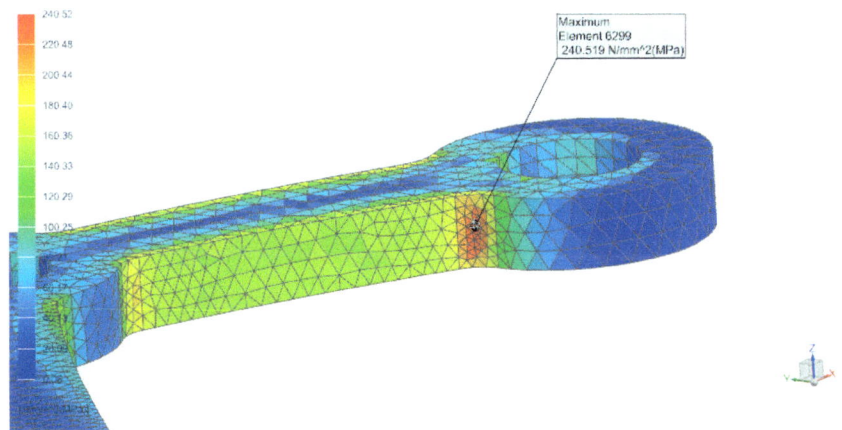

그림 9-25 요소 크기 0.15mm일 때의 응력 분포

9.7 결과 분석

주어진 하중에 대한 Von Mises Stress(Elemental)의 최대 값이 240 MPa이라는 결론을 얻었다. 한편, Aluminum 2014의 항복강도는 394 MPa 이다. 따라서 이 부품은 주어진 하중에서 항복이 발생하지 않으며 안전계수는 1.64이다.

9.8 보충

9.8.1 하중의 Scale

Linear Statics 해석에서 하중에 어떤 값을 곱하면 변위나 응력 결과도 같은 배율로 증감된다. 예를 들어, 100N의 Force를 가할 때 최대 응력이 8 MPa이라면 200N의 하중을 가하면 16 MPa이 된다. 이런 특징을 이용하여 하중에 대한 결과를 결합할 때 Scale을 적용할 수 있다. 그림 9-26은 Force 하중에 2를 곱하고 Torque 하중에 3을 곱하여 합한 하중을 보여준다.

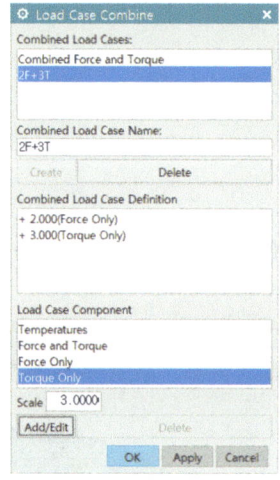

그림 9-26 Scale을 적용한 하중 결합

9.8.2 파괴이론

연성재료에 대하여 다음과 같은 파괴 이론이 있다.

_최대 수직 응력 이론_: 인장 또는 압축 상태에서 최대 주응력 또는 최소 주응력이 파손강도에 도달할 때 파손된다. 항복에 의한 파손의 경우 파손강도는 항복강도(Yield Strength)가 되고, 파괴에 의한 파손의 경우 파손강도는 파괴강도(Fracture Strength)가 된다.

최대 전단응력(Tresca Stress) 이론: 최대 전단응력이 항복강도의 1/2일 때 항복이 시작되며 인장 하중이 작용하는 방향과 45°를 이루는 면에서 파손이 발생한다. 열처리를 한 연성재료는 이 이론에 따라 파손되는 경향이 있다.

비틀림 에너지(Von Mises - Henky) 이론: Von Mises 응력이 재료의 항복강도에 도달할 때 항복에 의한 파손이 발생한다. 복잡한 하중 상태에서 광범위하게 적용할 수 있다. Von Mises 응력은 다음 식으로 구할 수 있다.

$$\sigma_{vm} = \sqrt{\frac{(\sigma_1 - \sigma_2)^2 + (\sigma_2 - \sigma_3)^2 + (\sigma_1 - \sigma_3)^2}{2}}$$

σ_1: Maximum Principal Stress
σ_2: Intermediate Principal Stress
σ_3: Minimum Principal Stress

취성재료에 대하여 다음과 같은 파괴 이론이 있다.

최대 수직 응력 이론: 인장 또는 압축 상태에서 최대 주응력 또는 최소 주응력이 파괴강도(Fracture Strength)에 도달할 때 파손된다.

Mohr-Coulomb 이론: 최대 주응력과 최소 주응력의 조합이 다음 식을 만족할 때 파손된다.

$$\frac{\sigma_1}{S_{ut}} - \frac{\sigma_3}{S_{uc}} \geq 1$$

여기서 S_{ut}는 극한 인장강도이고, S_{uc}는 극한 압축강도이다.

Mohr 수정 이론: Mohr-Coulomb 이론보다 재료를 더 강하게 예측한다. 취성재료의 시험 데이터와 가장 잘 일치하지만 설계에서는 Mohr-Coulomb 이론을 주로 사용한다.

9.8.3 원통좌표계를 이용한 변위 표시

원통 좌표계를 이용하여 구속을 적용한 원통면 주변의 변위는 같은 좌표계 성분으로 표시하는 것이 좋다. Displacement를 표시한 후 Results 탭 > Post Processing > Set Result 아이콘을 누르면 Coordinate System 옵션을 설정할 수 있다. Selected Cylindrical을 선택한 후 Simulation Navigator의 CSYS 항목을 펼치면 사용된 좌표계를 선택할 수 있다. 그림 9-28은 2-csys의 R 성분 변위를 표시한 것이다. 2-csys를 설정한 원통면에서의 R 방향 변위는 0임을 알 수 있다.

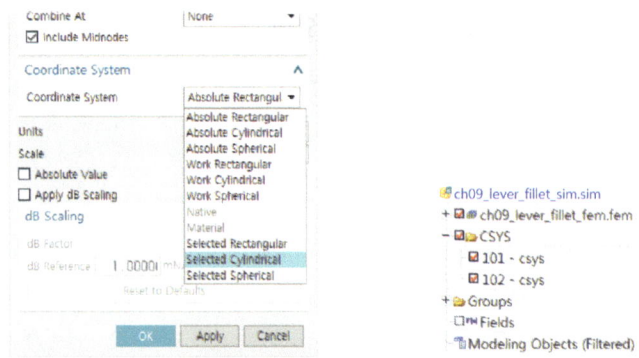

그림 9-27 변위 기준 좌표계 설정

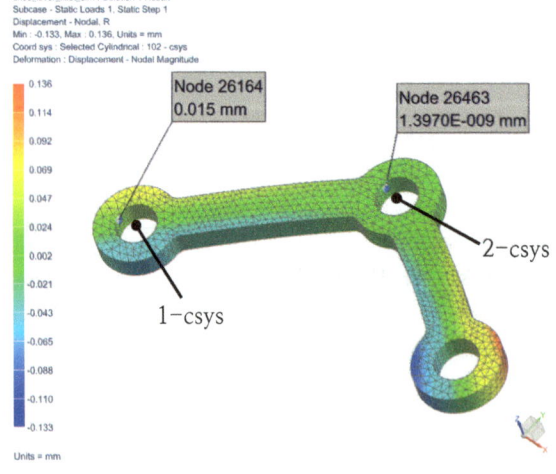

그림 9-28 변위 기준 좌표계 설정

9.9 Quiz

1. 변위 구속에서 별도의 좌표계가 필요한 이유는 무엇인가?

2. 그림 9-4에서 DOF 4, 5, 6은 신경 쓰지 않아도 된다. 왜 그런가?

3. 어떤 노드에서 정해진 값의 변위가 강제로 발생하도록 하려면 어떤 Constraint를 사용하는가?

4. 하나의 Polygon Geometry에 서로 다른 두 개 이상의 변위 구속을 정의하면 어떤 문제가 발생하는가?

5. Mesh Control에서 Chordal Tolerance on Edge 타입을 사용할 때 Tolerance 값은 무엇을 의미하는가?

6. Identify Results 기능을 이용할 때 Polygon Edge에 생성되어 있는 노드를 선택하여 변위 값을 확인하려면 어떻게 하는가?

7. 연성재료와 취성재료를 어떻게 구분하는가?

8. 그림 9-28에서 102-csys의 Θ 방향 성분을 표시하려면 어떻게 하는가?

Chapter 9: 변위구속에서의 좌표계 이용

(빈 페이지)

Chapter 10
2D 요소를 이용한 해석

■ 학습목표

- 수동 메쉬 기능을 이용할 수 있다.
- 2D 요소에 두께를 정의할 수 있다.
- 0D 요소에 질량 정보를 정의할 수 있다.
- 중간 서피스를 생성할 수 있다.
- Gravity 하중을 정의할 수 있다.
- 2D 요소의 결과를 표시할 수 있다.
- 3D 요소를 이용할 때와의 차이점을 이해한다.
- 3D 요소의 종류와 용도를 이해한다.
- 2D 요소의 종류와 용도를 이해한다.
- Mesh Point의 용도를 이해한다.

10.1 개요

두께가 얇은 부품은 2D 요소를 이용하여 해석을 수행할 수 있다. 두께는 2D Property로 설정해야 한다. 균일한 두께를 설정할 수도 있고, 노드의 위치마다 다른 두께를 설정할 수도 있다.

단면의 모양이 일정하거나 규칙적으로 변화하는 부품은 1차원 요소를 이용하여 해석을 수행할 수 있다. 1차원 요소 중 Beam 요소는 단면의 강성을 고려할 때 사용한다. 재료의 물성치가 반영된다. RBE 요소는 강체 요소이다. 따라서 단면의 모양이나 재료를 정의할 필요가 없다.

0차원 요소를 이용하면 노드에 집중질량을 정의할 수 있다. 집중질량의 동특성 데이터를 정의할 수도 있고, 질량에 Spring이나 Damper를 정의할 수도 있다.

2차원, 1차원 요소에 사용된 노드 1 개에는 6 개의 자유도(3 개의 Translation과 3 개의 Rotation)를 정의할 수 있다. 3차원 요소에 사용된 노드 1 개에는 3 개의 Translation 자유도가 정의된다. 3차원 요소의 노드에는 회전에 대한 자유도가 없기 때문에 Constraint를 정의할 때 DOF 4, 5, 6은 설정하지 않아도 된다. 회전 자유도를 구속 하더라도 해석의 결과에는 영향을 주지 않는다. 또한 3차원 요소로 이루어진 FE 모델에는 회전 하중(모멘트)을 직접 부과할 수 없다.

이 챕터에서는 수동메쉬 기능을 이용하여 2차원, 0차원 요소로 구성된 FE 모델을 생성한 후 중력에 의한 빔의 변형을 해석하는 과정을 알아보자.

10.2 해석 모델

2D Shell 요소를 이용하여 그림 10-1과 같은 구조물의 변형을 해석해 보자. 재료는 Steel을 이용하고 중력에 의한 변형을 고려한다. 한 쪽 끝은 고정되어 있으며, 다른 쪽 끝에 100kg의 질량을 정의한다.

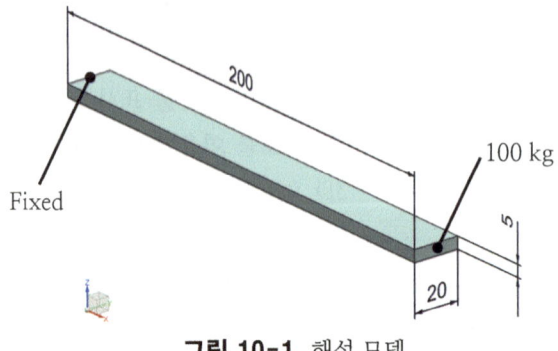

그림 10-1 해석 모델

10.3 FE 모델 생성

모델 파일 없이 FEM 파일에서 FE 모델을 생성할 것이다. 수동 메쉬 기능을 이용한다.

먼저 FEM 파일을 생성하자.

1. Home 탭 > New 아이콘을 누른다.
2. New 대화상자에서 Simulation 탭 > NX Nastran Fem 타입을 선택한다.
3. Folder를 지정하고, 파일명을 ch10_2d_shell_fem으로 입력한 후 OK 버튼을 누른다.

Pre/Post 화면이 나타난다.

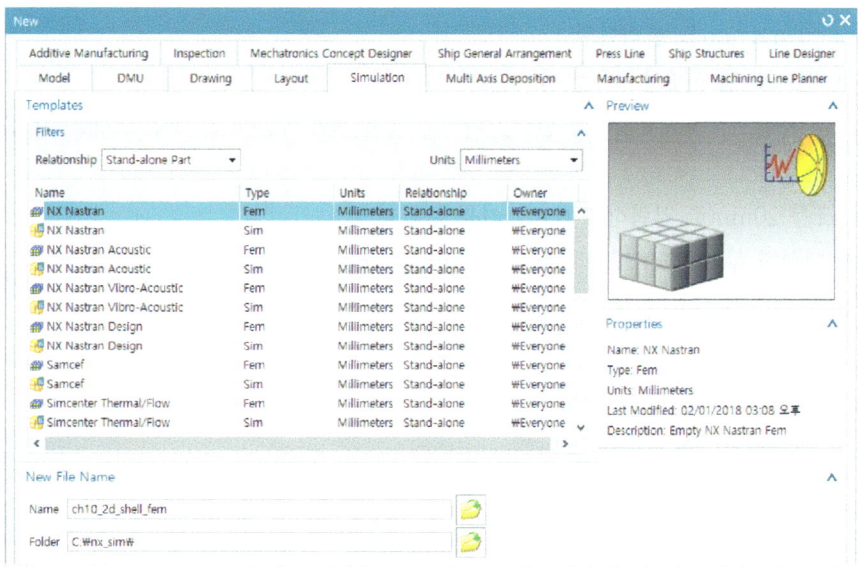

그림 10-2 새 파일 생성

노드를 생성하자.

1. Nodes and Elements 탭 > Nodes 그룹 > Node Create 아이콘을 누른다.
2. Node Create 대화상자의 Location 옵션에 X, Y, Z 좌표값을 (0, 0, 0)로 입력한 후 Apply 버튼을 누른다.
3. X, Y, Z 입력창에 (0, 20, 0)을 입력하고 OK 버튼을 누른다.

(0, 0, 0)과 (0, 20, 0)인 위치에 두 개의 노드가 생성된다.

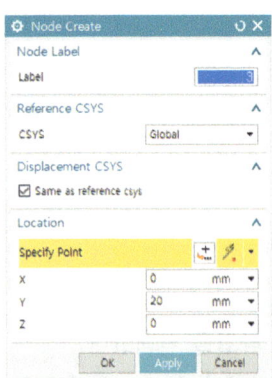 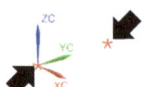

그림 10-3 Node Create 대화상자   **그림 10-4** 두 개의 노드 생성

4. Nodes and Elements 탭 > Nodes 그룹 > Translate 아이콘을 누른다.
5. Node Translate 대화상자를 Reset 하고 Type 옵션으로 Copy and Translate, Method 옵션으로 Along Direction을 선택한다.
6. Specify Vector 옵션에서 XC를 선택한다.
7. Distance 옵션으로 Per Copy를 선택한다. 10 개를 복사하는데 1 개당 간격을 지정할 것이다.
8. Distance를 20mm로 입력하고 Enter 키를 누른다.
9. 앞에서 생성한 두 개의 노드를 선택하고 Number of Copies 옵션에 10을 입력한 후 OK 버튼을 누른다.

그림 10-6과 같이 노드가 복사된다.

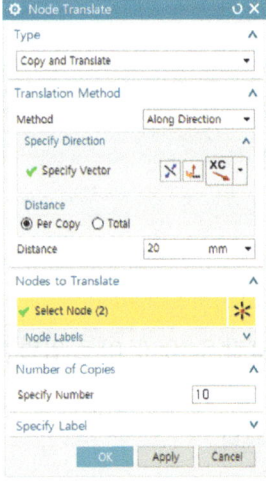 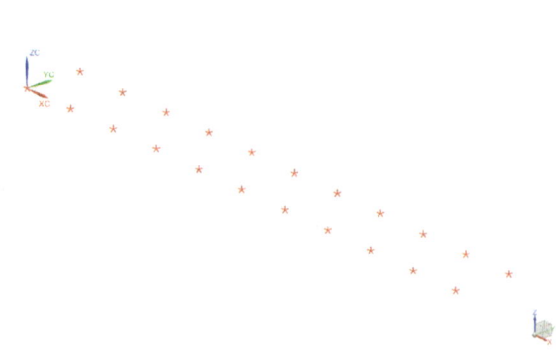

그림 10-5 Node Translate 대화상자   **그림 10-6** 노드 복사

2D Shell 요소를 생성하자.

1. Nodes and Elements 탭 〉 Elements 그룹 〉 Element Create 아이콘을 누른다.
2. 대화상자를 Reset 하고 Element Family에서 2D를 선택한다.
3. Type 옵션에서 CQUAD4를 선택한다. 4 개의 노드를 연결하는 사각형 요소를 생성할 것이다.
4. 노드 4 개를 순차적으로 선택하면 그림 10-7과 같이 사각형의 Shell 요소가 생성된다. 대화상자는 닫히지 않고 연속하여 요소를 생성할 수 있다. 요소를 잘 못 생성한 경우 Elements 그룹에서 Delete 아이콘을 눌러 삭제할 수 있다.

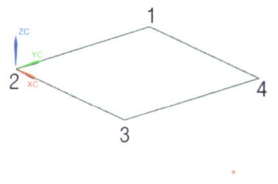

그림 10-7 첫 번째 요소 생성

5. Destination Mesh 옵션을 Add to Existing으로 선택하고, 그림 10-8과 같이 노드를 순차적으로 선택하여 두 번째 요소를 생성한다.
6. 같은 방법으로 총 10개의 2D Shell 요소를 생성한다. 4개의 노드를 선택하는 순서가 중요하다. Trimetric View 상태에서 반시계 방향으로 일관되게 순차적으로 선택한다. 그림 10-9는 10 개의 요소를 생성한 후의 모델을 보여준다.
7. FEM 파일을 저장한다.

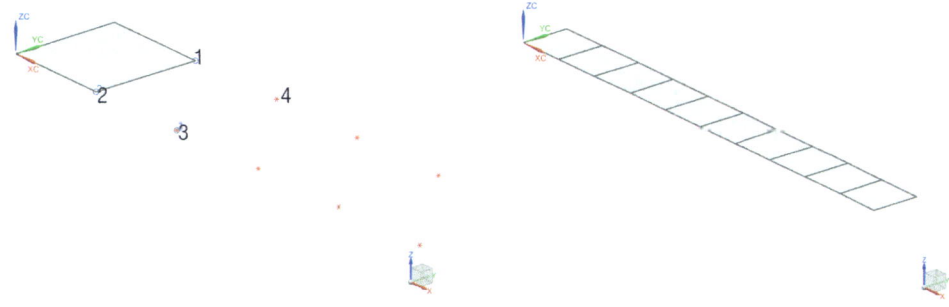

그림 10-8 두 번째 요소 생성   **그림 10-9** 완성된 FE 모델

2차원 요소를 생성할 때 노드를 선택하는 방향에 따라 Element Normal 방향이 결정된다. 따라서 한 방향으로 노드를 선택하는 습관을 들이는 것이 좋다. Element Normal을 체크해 보자.

1. Simulation Navigator에서 2d_manual_mesh(1)에 우클릭 > Check > Element Normals 를 선택한다.
2. 대화상자에서 Display Normals 버튼을 누른다. Element Normal 방향이 모두 일치함을 확인한다.

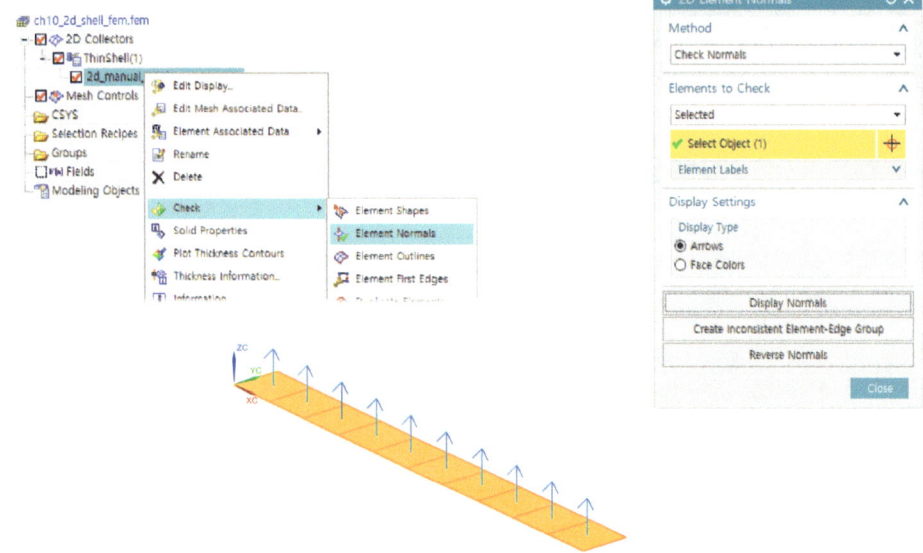

그림 10-10 Element Normal 체크

Split Shell 기능을 이용하여 각각의 CQUAD4 요소를 4개씩으로 나눌 것이다.

1. Nodes and Elements 탭 > Elements 그룹 > More > Edit > Split Shell 아이콘을 누른다.
2. 그림 10-11과 같이 대화상자를 설정하고, CQUAD4 요소를 하나씩 선택하면 각각의 CQUAD4 요소가 4 개의 CQUAD4 요소로 나누어진다.
3. FEM 파일을 저장한다.

3D 요소는 체적을 갖는 요소이다. 모양으로 Volume을 정의할 수 있다. 그러나 2D 요소는 모양에 두께가 없기 때문에 체적이 없다. 따라서 실제 구조물을 정의하려면 두께를 설정해야 한다. ThinShell Collector에 재질과 두께를 설정하자.

1. Simulation Navigator에서 2D Collectors를 펼친 후 ThinShell(1)을 더블클릭한다. 괄호 안의 숫자는 다를 수도 있다.

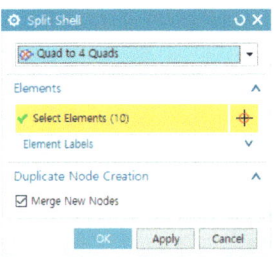 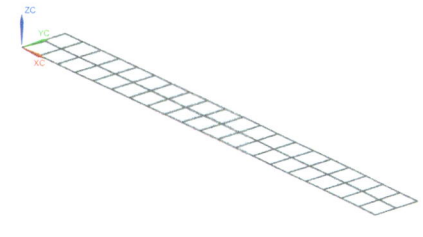

그림 10-11 2D 요소 나누기

2. Mesh Collector 대화상자에서 Edit... 버튼을 누른다.

3. PSHELL 대화상자의 Material 1을 Steel로 지정하고 Default Thickness에 5mm를 입력한 후 OK 버튼을 누른다.

4. Mesh Collector 대화상자에서도 OK 버튼을 누른다.

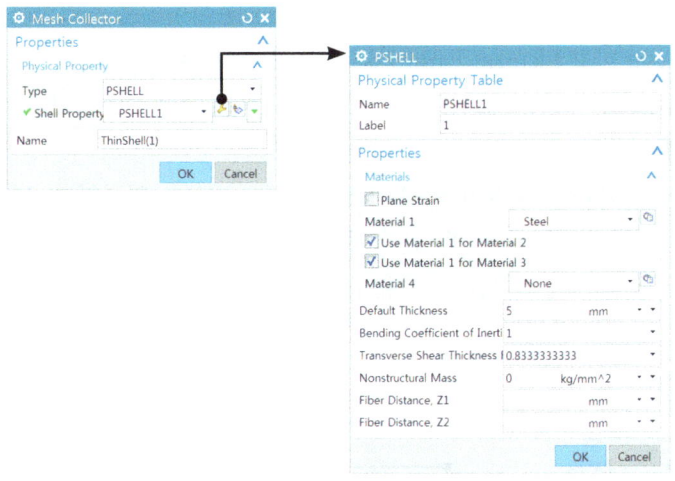

그림 10-12 재질과 두께 설정

Mesh에 두께를 표시해 보자.

1. Simulation Navigator > 2D Collectors > ThinShell(1)에 우클릭 > Edit Display를 선택한다.

2. Element Thickness and Offset 옵션을 체크하고 2D Element Normals 옵션에서 Vectors를 선택하고 색깔을 지정한다.

3. OK 버튼을 누른다. 그림 10-13과 같이 두께와 Normal 방향이 표시된다. 여기서 표시된 두께는 요소의 모양에 따른 두께가 아니라 두께가 없는 요소에 설정된 두께를 화면에 표시해 주는 것이다.

4. 다음 작업을 위해 두께와 Normal 방향 표시를 해제한다.

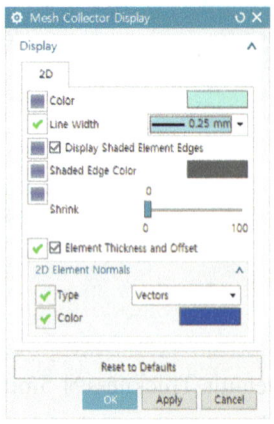
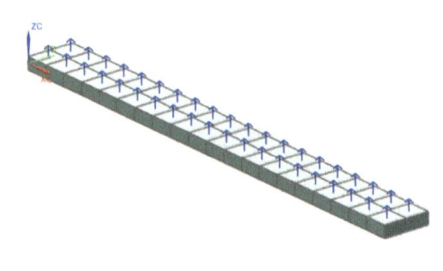

그림 10-13 두께와 Element Normal 표시

끝에 0D 요소를 생성한 후 질량 100kg을 설정하자.

1. Nodes and Elements 탭 〉 Elements 〉 Element Create 아이콘을 클릭한다.
2. 대화상자를 Reset 하고 Element Family에서 0D를 선택한다.
3. Element Properties의 Type으로 CONM2를 선택하고 옆에 있는 Edit Mesh Associated Data 버튼을 누른다.
4. Mesh Associated Data 대화상자의 Mass 입력창에 100/3을 입력한다. Mass Distribution 옵션은 Total per Element로 한다. 0D 요소 세 개에 총합 100kg을 설정하는 것이다.
5. 끝에 있는 노드를 하나씩 선택한다. 그림 10-14와 같이 CM이라고 표시된다.

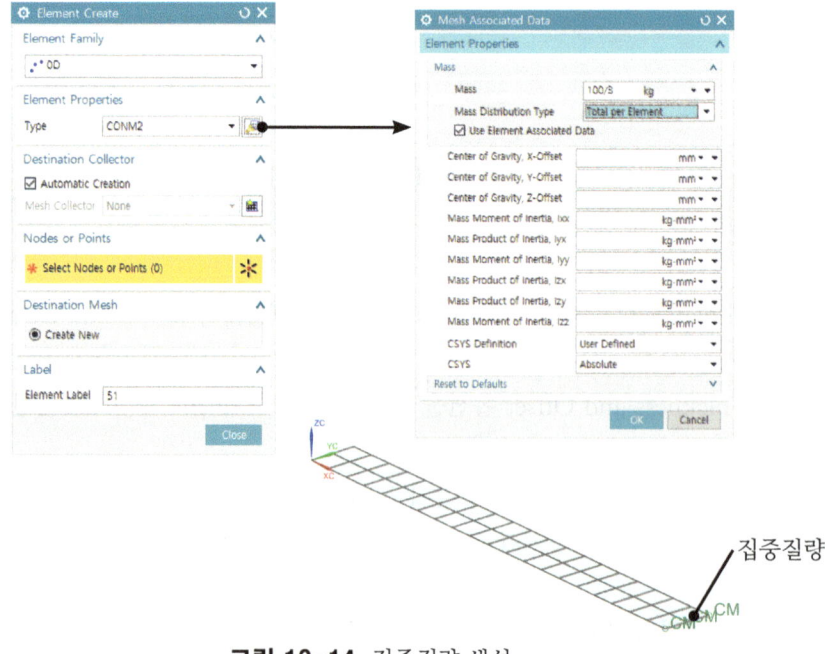

그림 10-14 집중질량 생성

6. Simulation Navigator를 확인하고 FEM 파일을 저장한다.

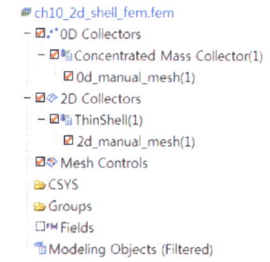

10.4 경계조건

먼저 SIM 파일을 생성하자.

그림 10-15 Simulation Navigator

1. FEM 파일에 우클릭 > New Simulation을 선택하여
SIM 파일을 생성한다. 파일명은 ch10_2d_shell_sim.sim으로 한다.
2. New Simulation 대화상자에서 OK 버튼을 누른다.

※ Solution이 생성되지 않았다면 다음을 수행한다.
1. SIM 파일에 우클릭 > New Solution을 선택한다.
2. 대화상자를 Reset 하고 OK 버튼을 누른다. Subcase가 생성되어 있어야 한다.

변위구속과 하중을 정의하자.

1. W 키를 눌러 WCS를 화면에서 숨긴다.
2. 그림 10-16과 같이 세 개의 끝 노드에 Fixed 구속을 설정한다.
3. Load Type > Gravity 아이콘을 누른다.
4. 대화상자를 Reset 하고 가속도 값과 방향을 확인한 후 OK 버튼을 누른다.
5. SIM 파일을 저장한다.

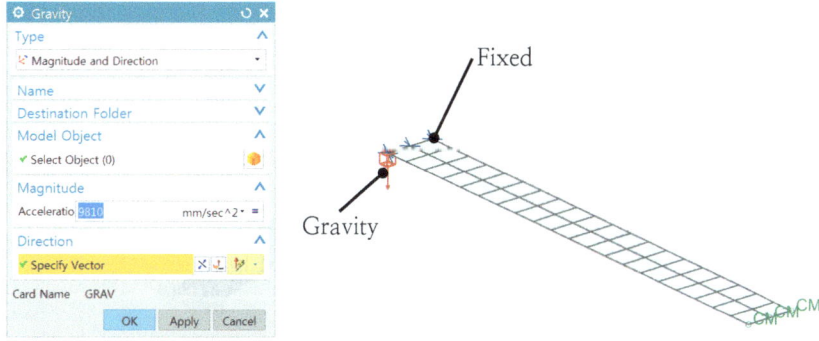

그림 10-16 변위구속과 Gravity 하중

10.5 Solving & Post Processing

Model Setup Check를 수행한다.

※ 2D Shell 요소에 Thickness가 없다거나 Material이 설정되지 않았다는 오류가 발생할 경우 다음을 수행한다.

1. FEM 파일을 Work로 지정한다.
2. 2D Collectors > ThinShell(1)을 더블클릭 후 Edit... 버튼 > PSHELL 대화상자에서 Material 1 설정 및 Default Thickness를 입력한다.

※ Mass가 없다는 Warning이 발생할 경우 다음을 수행한다.

1. FEM 파일을 Work로 지정한다.
2. 0D Collectors를 펼친 후 0d_manual_mesh(1)에 우클릭 > Edit Mesh Associated Data를 선택하고 대화상자의 Mass 입력창에 100/3을 입력하고, Mass Distribution 옵션으로 Total per Element를 선택한다. 노드를 세 개 선택하므로 총 100kg이 설정된다. 100을 입력할 경우 Total per Mesh 옵션을 선택해야 한다.

Solving을 수행하고 대화상자를 모두 닫는다. Stress - Elemental (Von-Mises)을 표시하면 그림 10-17과 같다.

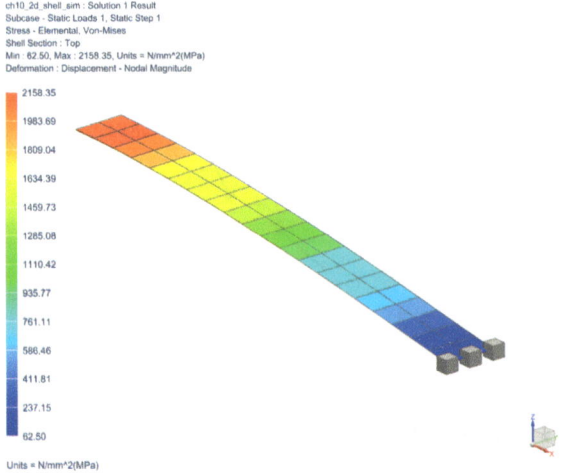

그림 10-17 Stress - Elemental (Von-Mises)

2차원 요소의 두께 방향으로는 요소가 하나만 배치된다. 두께 방향의 다른 위치에서의 결과를 표시해 보자.

1. Post View 그룹 > Set Result 아이콘을 누른다.
2. Stress – Elemental 성분을 XX로 선택하고 Location > Shell 옵션을 Top으로 선택한다.
3. Quick Edit 그룹 > Tensors를 선택한다.

그림 10-19와 같이 Shell 요소의 Top 면에서의 XX 성분이 표시된다. Top의 방향은 2D Element Normal 방향 쪽의 면을 의미한다.

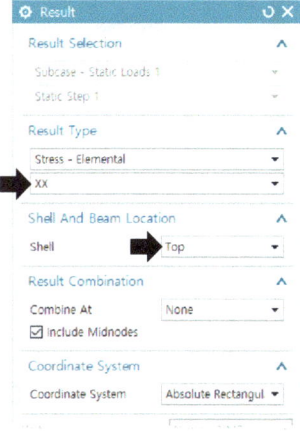

그림 10-18 Post View 설정

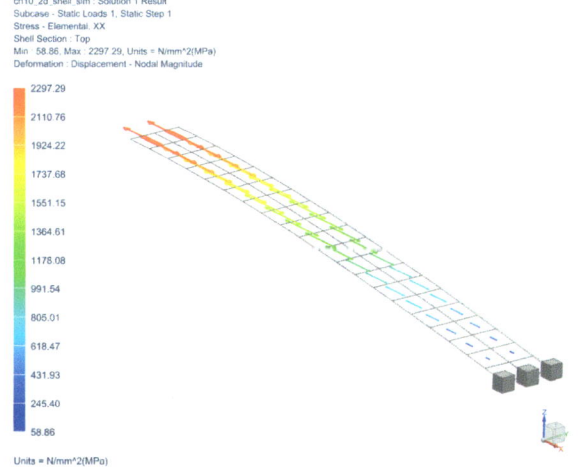

그림 10-19 Stress – Elemental (XX – TOP) Tensor Display

10 장: 2D 요소를 이용한 해석

Bottom 면에서의 XX 응력 성분을 표시해 보자.

1. Post View 그룹 > Set Result 아이콘을 누르고 Shell and Beam Location > Shell 옵션에서 Bottom을 선택한다.
2. OK 버튼을 누른다. 그림 10-20과 같이 결과가 표시된다. Bottom 면에서의 XX 응력성분이 음수이므로 압축이 걸린다는 것을 알 수 있다.

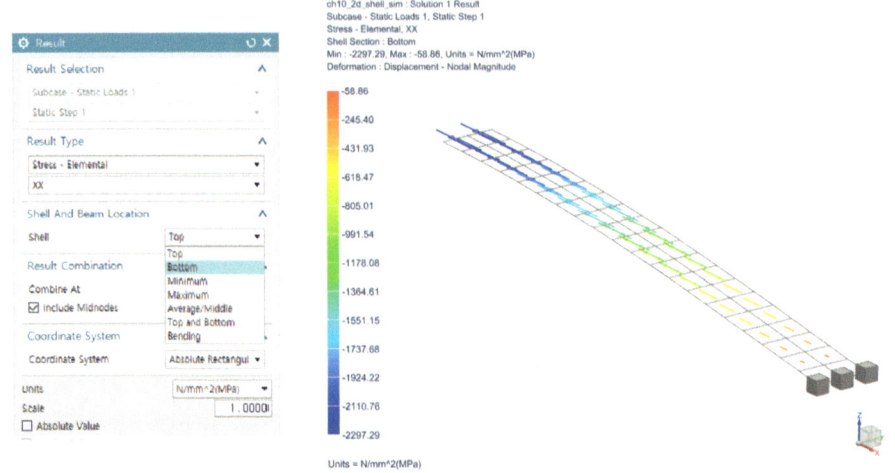

그림 10-20 Stress - Elemental (XX - BOTTOM) Tensor Display

Displacement를 표시하면 그림 10-21과 같다.

3. SIM 파일을 저장하고 모든 파일을 닫는다.

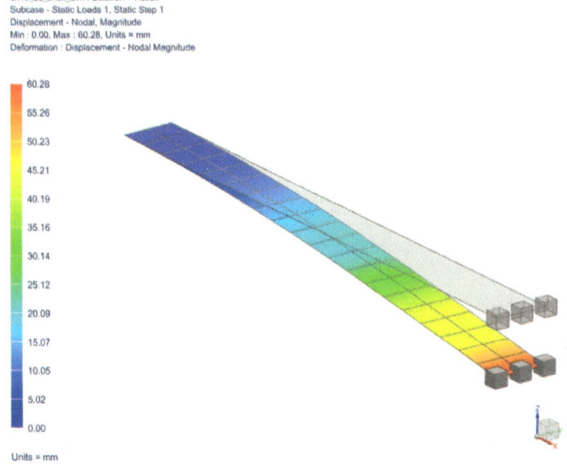

그림 10-21 Displacement - Magnitude

10.6 추가 예제

Chapter 8 "정적 평형과 Singularity"의 모델을 이용하여 같은 해석을 수행해 보자. 여기에서는 균일한 두께를 갖는 솔리드 바디의 중간 서피스를 생성한 후 중간 서피스에 2D 요소를 생성하여 해석을 수행할 것이다. Polygon Geometry를 이용하여 메쉬를 생성할 때는 자동메쉬 기능을 이용한다.

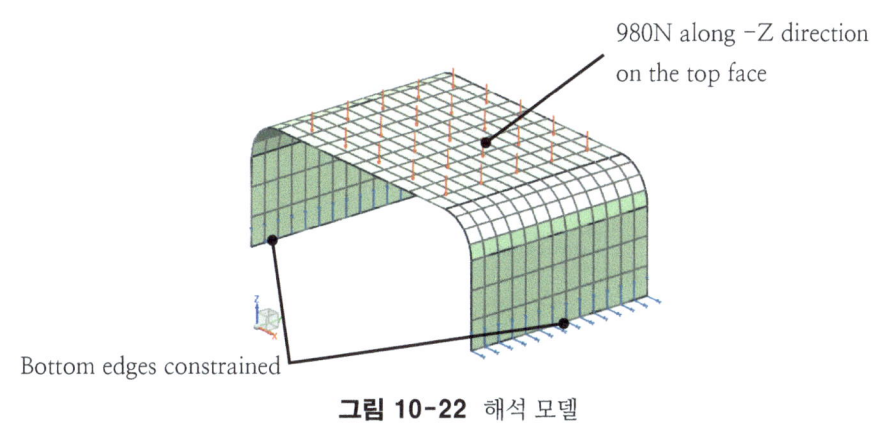

그림 10-22 해석 모델

10.6.1 해석용 파일 생성

1. ch08_table.prt 파일을 연다.
2. Pre/Post 애플리케이션을 실행시킨다.
3. 같은 폴더에 파일명을 ch10_table_fem1.fem으로 하여 FEM 파일을 생성한다. Idealized Part도 함께 생성한다.
4. ch10_table_sim1.sim으로 지정하여 SIM 파일을 생성한다. Solution과 Subcase를 생성해야 한다. Solution 대화상자에서 Cancel을 눌렀다면 SIM 파일에 우클릭하여 Solution을 생성할 수 있다.

10.6.2 중간 서피스 생성

중간 서피스는 Idealized Part에서 생성한다.

1. Idealized Part를 Work로 지정하고 Body를 Promote 한다.
2. Home 탭 > Geometry Preparation 그룹 > Midsurface by Face Pairs 아이콘을 누른다.
4. 대화상자를 Reset 한 후 Solid Body를 선택한다. (그림 10-23의 ❹)
5. Automatically Create Face Pairs 버튼을 누른다. (그림 10-23의 ❺)
6. Pairing Type 목록에 항목이 나타난 것을 확인한 후 (그림 10-23의 ❻) OK 버튼을 누른다.

그림 10-24는 생성된 중간 서피스를 보여준다.

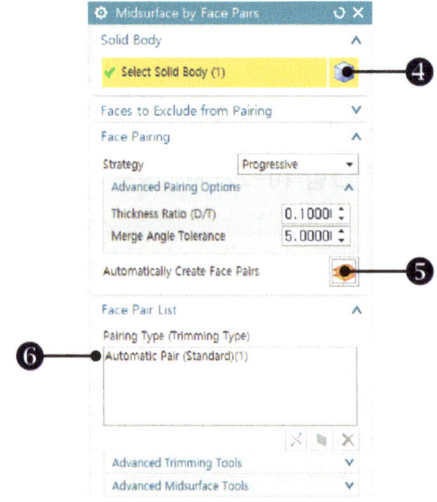

그림 10-23 Midsurface by Face Pairs 대화상자

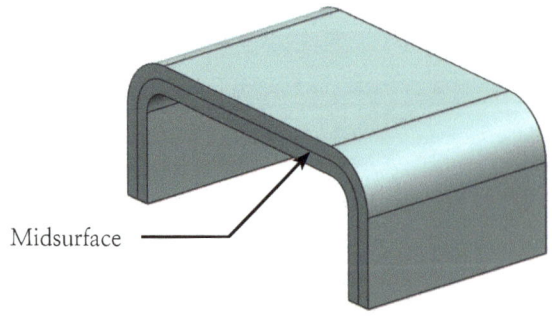

그림 10-24 Midsurface를 생성한 후의 모델

10.6.3 Mesh 생성

1. FEM 파일을 Displayed & Work로 지정한다.
2. Simulation Navigator에서 Polygon Geometry 항목을 펼친다.
3. 솔리드 바디에 해당되는 Polygon Body 에 우클릭하여 삭제한다.
4. Midsurface에 해당되는 Polygon Body에 우클릭 > Rename을 선택하여 이름을 midsurface로 변경한다.

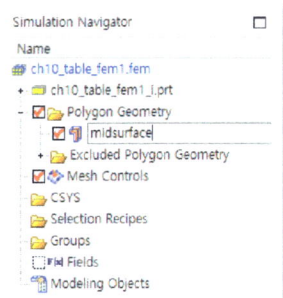

그림 10-25 Polygon Body

Midsurface에 2D Mesh를 생성하자. 2D 요소의 재질은 Chapter 8과 같이 Aluminum_2014를 이용하고 두께는 Solid Body의 것을 그대로 이용할 것이다.

1. Home 탭 > Mesh 그룹 > 2D Mesh 아이콘을 클릭한다.
2. 대화상자를 Reset 한다.
3. 그래픽 화면에서 중간서피스를 모두 선택한다. Face를 하나씩 선택해도 되고 Polygon Body(midsurface)를 선택해도 된다.
4. Type을 CQUAD4로 선택하고 Element Size는 80으로 입력한다.
5. New Collector 버튼을 누른다.
6. Mesh Collector 대화상자의 Shell Property 옵션에서 Create Physical... 버튼을 누른다.
7. PSHELL 대화상자의 Material 1 옵션에서 Aluminum_2014를 지정한다.
8. Default Thickness 옵션을 확인하고 비워둔 채로 둔다.
9. PSHELL 대화상자에서 OK 버튼을 누른다.
10. Mesh Collector 대화상자에서 OK 버튼을 누른다.
11. 2D Mesh 대화상자의 Mesh Collector를 확인한 후 Automatic Creation 옵션이 해제된 것을 확인하고 OK 버튼을 누른다. 그림 10-27과 같이 메쉬가 생성된다.
12. FEM 파일을 저장한다.

10 장: 2D 요소를 이용한 해석

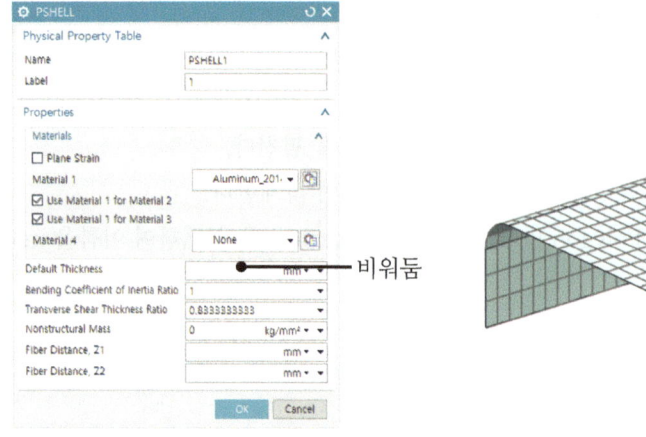

그림 10-26 PSHELL 대화상자   그림 10-27 생성된 메쉬

10.6.4 2D Mesh의 방향과 두께 확인

2D 메쉬의 형상에는 두께가 나타나지 않고 PSHELL을 이용하여 설정할 수 있다. PSHELL에 설정된 두께를 2D 메쉬에 표현할 수 있다. 아직 2D 요소의 두께를 설정하지 않았음을 염두에 두고 2D Mesh의 방향과 두께를 어떻게 표시하는지 먼저 알아보자.

1. Simulation Navigator에서 2D Collectors를 펼친다.
2. 2d_mesh(1)에 우클릭 > Edit Display를 선택한다.
3. 그림 10-28과 같이 설정한 후 OK 버튼을 누른다. 2D 요소에 두께는 표시되지 않고, 요소의 수직방향이 화살표 형태로 표시된다.

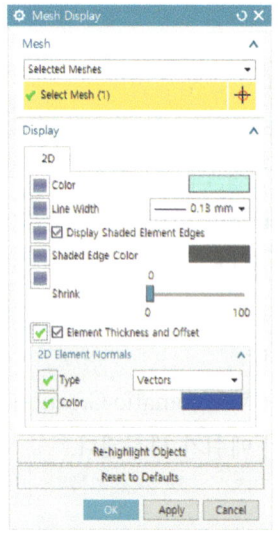 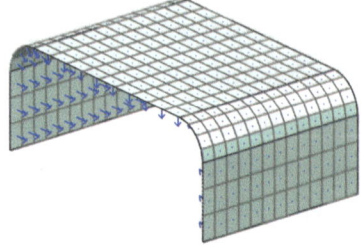

그림 10-28 두께와 Element Normal 표시

화살표의 방향이 형상의 안쪽을 향할 경우 다음을 수행
하여 바깥쪽을 향하도록 수정한다.

1. 2d_mesh(1)에 우클릭 > Check > Element Normals
를 선택한다.
2. 2D Element Normals 대화상자에서 Reverse Normals 버튼을 누른다.

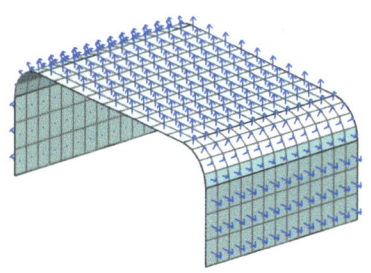

그림 10-29 Element Normal

그림 10-29에서 화살표의 방향은 2D 요소의 응력 결과
를 표시할 때 중요한 기준이 된다. 즉 Element Normal 방향이 두께의 Top 방향을 지정하게
되며 두께가 없는 하나의 요소에 윗면(Top), 아랫면(Bottom)에서의 결과를 표시할 수 있다.

그림 10-28의 대화상자에서 두께를 표시하도록 설정했음에도 두께는 표시되지 않는다. 그림
10-26의 Mesh 설정에서 두께 값은 입력하지 않았다. Idealized Part에서 Midsurface 생성 기
능을 이용하여 중간 서피스를 생성한 후 2D Mesh를 생성한 경우 두께를 별도로 입력하지 않
고 Midsurface 생성 정보에서 가져올 수 있다. 이 때, Idealized Part는 로드되어 있어야 한다.
다음과 같이 해 보자.

1. Simulation Navigator의 2d_mesh(1)에 우클릭 > Edit Mesh Associated Data를 선택한다.
2. Mesh Associated Data 대화상자의 Thickness Source 옵션을 Midsurface로 선택한 후 OK
버튼을 누른다. 그림 10-31과 같이 두께가 표시된다.

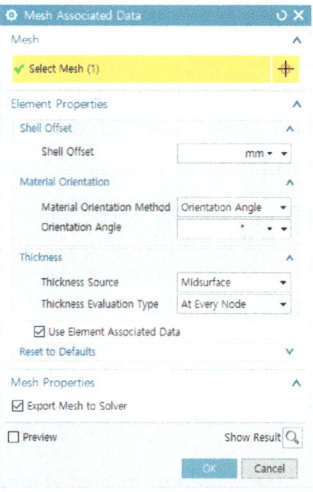

그림 10-30 Mesh Associated Data 대화상자

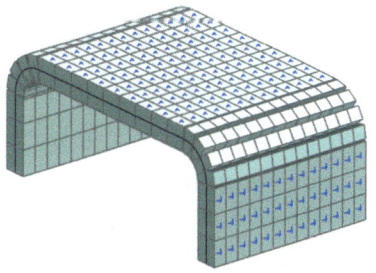

그림 10-31 두께가 표시된 FE 모델

각 부분의 두께를 컨투어로 표시해 보자. 요소마다 두께가 다를 때 유용하게 사용할 수 있는 기능이다.

1. Simulation Navigator의 2d_mesh(1)에 우클릭 > Plot Thickness Contours를 선택한다. 그림 10-32와 같이 각 부분의 두께가 색깔로 표시된다. 필렛 부분에서의 두께가 81.8mm로 나타남을 확인하자. 형상을 이용하여 두께를 계산했기 때문에 나타나는 현상이다.

2. Return to Model 아이콘을 누른다.

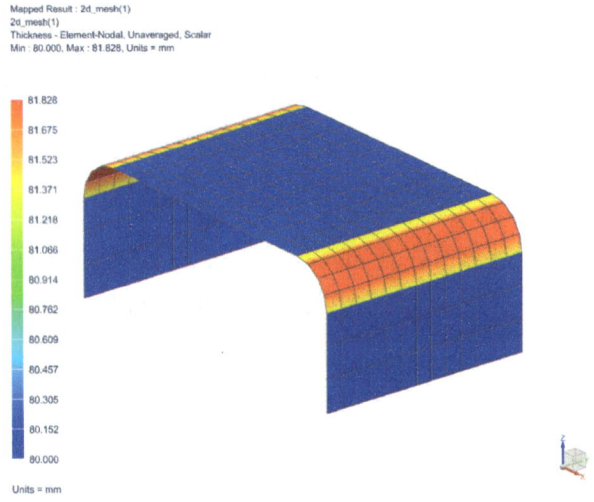

그림 10-32 두께 컨투어

두께를 직접 입력해 보자. 전체적으로 80mm의 두께를 입력할 것이다.

1. Simulation Navigator에서 2d_mesh(1)에 우클릭 > Edit Mesh Associated Data를 선택하여 Thickness Source를 Physical Property Table로 선택한다.
2. Simulation Navigator의 ThinShell(1) Collector에 우클릭 > Edit을 선택한다.
3. Mesh Collector 대화상자에서 Edit... 버튼을 누른다.
4. PSHELL 대화상자에서 Default Thickness 입력창에 80을 입력한다.
5. 대화상자에서 OK를 눌러 모두 닫는다.
6. Simulation Navigator에서 2d_mesh(1)에 우클릭 > Plot Thickness Contour를 선택한다. 80mm의 두께가 균일하게 표시된다.
7. Return to Model 아이콘을 누르고 두께와 2D Element Normal을 표시하지 않도록 설정한 후 파일을 저장한다.

10.6.5 변위구속과 하중

Chapter 8과 같은 구속을 정의하자.

1. SIM 파일을 Work로 지정한다.
2. User Defined Constraint 아이콘을 누르고 바닥면 모서리(그림 10-33의 ❹)의 Z 방향 변위(DOF3)를 구속한다.
3. User Defined Constraint 아이콘을 누르고 그림 10-33의 ❺의 모서리 끝점을 선택하여 DOF2를 구속한다.
4. Force 아이콘을 누른 후 윗면에 -Z 방향 하중 980N을 입력한다.
5. 파일을 저장한다.

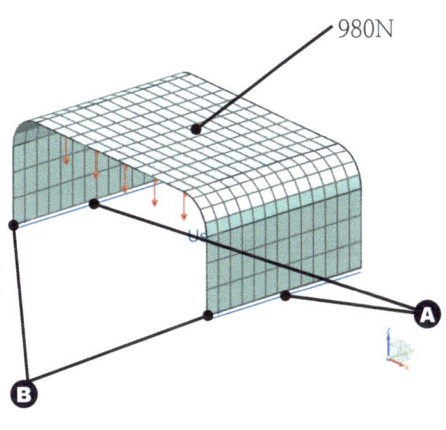

그림 10-33 경계조건

10.6.6 Solving

그림 10-33의 경계조건에서 한 가지 누락시켰다. Chapter 8의 내용을 이해하였다면 찾아낼 수 있을 것이다. 그대로 진행해 보자.

Model Setup Check

1. Simulation Navigator의 Solution 1에 우클릭 > Model Setup Check를 선택한다.

Model Setup Check의 결과 아무런 문제가 없다는 점을 확인한다. 이 체크는 해석을 수행하기 전의 FE Model 및 Solution 설정에 대한 사항만 체크한다.

Solving

Solving을 수행한다.

결과 확인 및 오류 수정

1. Results > Structural 항목을 더블클릭한다. No Results are found라는 메시지 창이 뜬다.
2. OK 버튼을 눌러 정보창을 닫는다.
3. SIM 파일이 있는 폴더에서 .f06 파일과 .op2 파일을 찾는다. Solution 1에 우클릭 > Browse 를 선택하면 해당 폴더가 열린다. 두 파일의 용량이 KB 단위임을 알 수 있다. 이는 정상적인 결과가 들어 있지 않음을 의미한다. Results 항목을 더블 클릭할 때 op2 파일을 로드하여 결과를 표시하게 되어 있다.
4. f06 파일을 메모장으로 열어 "fatal"이라는 단어를 검색한다. 그림 10-34와 같은 메시지 부분을 확인한다.

```
^^^ USER   FATAL   MESSAGE 9137 (SEKRRS)
^^^ RUN TERMINATED DUE TO EXCESSIVE PIVOT RATIOS IN MATRIX KLL.
^^^ USER ACTION:  CONSTRAIN MECHANISMS WITH SPCI OR SUPORTI ENTRIES OR SPECIFY PARAM,BAILOUT,-1 TO
^^^ CONTINUE THE RUN WITH MECHANISMS.
```

그림 10-34 User Fatal Message

Mechanism 거동이 있음에도 불구하고 해석을 수행하려면 어떤 조치를 취하라는 메시지이다. 이에 대한 자세한 사항은 11.7.4 "Bailout 파라미터"를 참고한다. 이 오류는 그림 10-33에서 표시한 경계조건 중 한 가지를 누락하여 DOF 1 방향의 Rigid Body Motion 이 발생하게 된 것이다.

DOF 1 구속을 정의한 후 Solving을 다시 수행하자.

1. 메모장을 닫는다.
2. User Defined Constraint 아이콘을 누른 후 그림 10-35의 **A** 모서리를 선택하여 DOF 1을 구속한다.
3. 해석을 수행한다.
4. Solving이 완료될 때까지 기다린 후 Solution Monitor와 Analysis Job Monitor, Information 창을 닫는다.

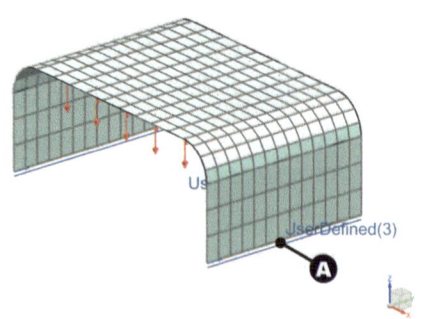

그림 10-35 DOF 1 구속

10.6.7 Post Processing

Von-Mises Stress를 표시하자.

1. Results 항목을 더블클릭한다.
2. Post Processing Navigator에서 Stress - Elemental 항목을 펼친 후 Von-Mises를 더블클릭한다. 그림 10-36과 같이 결과가 표시된다.

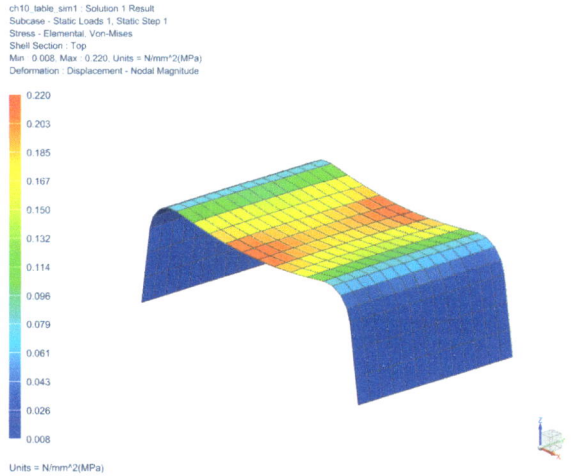

그림 10-36 Stress - Elemental (Von Mises)

테이블의 두께는 80mm이다. 두께에 따라 응력 결과가 다를 것이다. 그림 10-36의 결과는 두께의 어느 부분에 대한 결과일까? 확인해 보자.

1. Results 탭 > Post View 그룹 > Set Result 아이콘을 클릭한다.

Result 대화상자의 Shell and Beam Location 옵션에 Top으로 설정되어 있으므로 Top 표면에서의 두께를 표시함을 알 수 있다. Top 방향의 기준은 그림 10-29에서 표시한 Element Normal Direction과 일치한다.

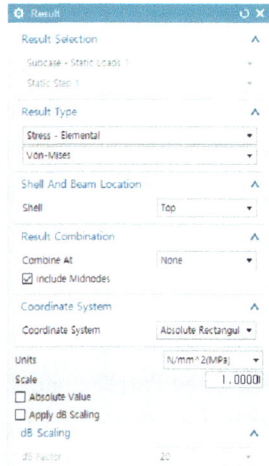

그림 10-37 Result 대화상자

Shell 드롭다운의 옵션을 이용하여 Top, Bottom, Average 등의 결과를 표시할 수 있다. XX 성분을 선택한 후 Shell 드롭다운 목록에서 Top and Bottom을 선택하면 그림 10-38과 같은 메시지가 나타난다. 두께가 없는 Shell 요소에 Top과 Bottom에 대한 결과를 표시하기 위해서는 Backface Culling 옵션을 선택하여야 한다는 점을 알려 준다. Yes 버튼을 누르면 Top Border Bar의 Backface Culling 아이콘이 켜지고, Shell 요소에 Top과 Bottom의 결과를 동시에 표시할 수 있다. XX 성분의 응력을 표시한 후 FE 모델을 돌려보면 보는 방향에 따라 다른 색깔로 표시됨을 알 수 있다.

2. 파일을 모두 저장하고 닫는다.

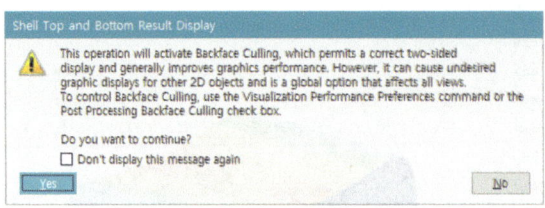

그림 10-38 Backface Culling 정보창

10.6.8 Solid Mesh와 Shell Mesh 비교

195 페이지: 그림 8-10과 그림 10-36에 표시한 결과와 비교해 보면 값이 많이 다르다는 점을 알 수 있다. 다음의 두 가지 요인을 검토하자.

1. 3차원 요소는 크기에 따라 결과가 민감하게 변화하고 사면체 요소보다 육면체 요소를 사용할 때 해석의 정확도가 높아진다. 육면체 요소를 이용하여 해석을 수행해 보자.
2. 바닥면에서의 경계조건이 다르다. Chapter 8에서는 바닥면 노드의 DOF3가 모두 Fix되어 회전이 발생하지 않지만 2D 요소를 이용한 해석에서는 회전 자유도를 구속하지 않았다. 2D 해석의 경계조건을 변경해 보자.

파일 생성

1. ch10_table_sim1.sim 파일을 연다. Backface Culling 옵션을 끈다.
2. Idealized Part를 Load 한 후 Master Part에 우클릭 〉 New FEM을 선택하여 FEM 파일을 생성한다. 파일명은 ch10_table_hexa_mesh_fem1.fem으로 한다. Create Idealized Part 옵션은 해제한다. 3차원 형상을 수정하지 않고 Master Part의 형상 그대로 해석을 수행할 것이다.
3. FEM 파일에 우클릭 〉 New Simulation을 선택하여 SIM 파일을 생성한다. 파일명은 ch10_table_hexa_mesh_sim1.sim으로 한다. Solution 대화상자를 Reset 한 후 OK 버튼을 누른다.

육면체 요소 생성

1. FEM 파일을 Work로 지정한다.
2. Home 탭 > Mesh 그룹 > 3D Swept Mesh 아이콘을 클릭한다.
3. 3D Swept Mesh 대화상자를 Reset 한 후 Source Face로 그림 9-26의 Ⓐ 면을 선택한다.
4. 대화상자의 Source Element Size 입력창에 15를 입력하고 OK 버튼을 누른다. 그림 10-39와 같이 육면체의 메쉬가 생성된다.
5. Solid(1) Collector에 재질을 설정한다. Aluminum_2014로 한다.

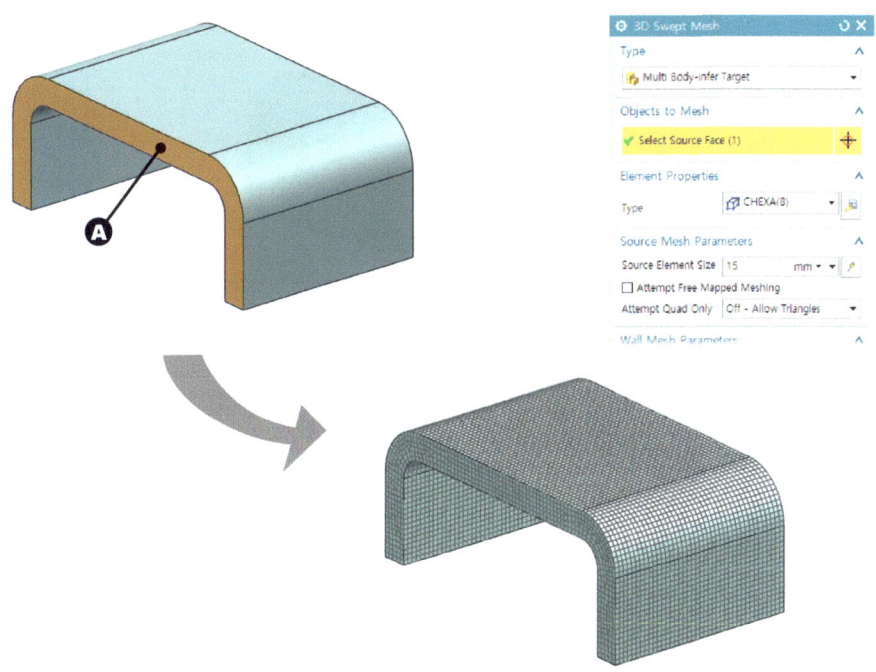

그림 10-39 3D Swept Mesh 생성

경계조건 및 *Solving*

1. SIM 파일을 Work로 설정한 후 그림 8-9와 같이 User Defined Constraint를 실행한다.
2. 윗면에 980N의 하중을 정의한다.
3. SIM 파일을 저장한다.
4. Solving을 수행한다.

결과 표시

Results 〉 Structural을 더블클릭한 후 Von-Mises Stress(Elemental)를 표시하면 그림 10-40과 같다. 최대 응력이 0.11MPa로 나타난다. 그림 10-36과 비교할 때 차이가 많이 난다. 2D 요소를 이용한 해석의 경계조건을 변경해야 한다.

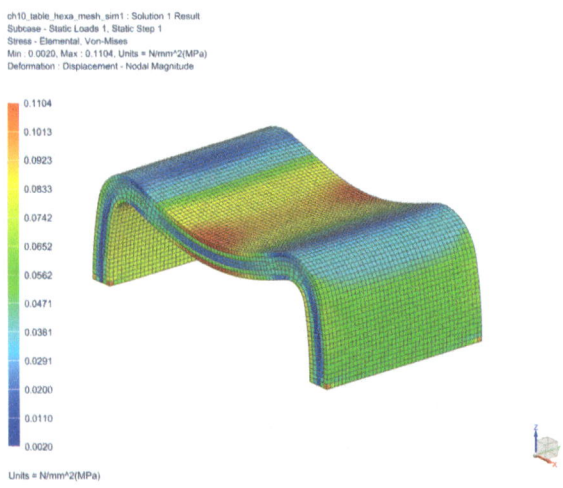

그림 10-40 Stress - Elemental (Von Mises)

2D 모델의 경계조건 변경

3D 모델과 2D 모델의 변위 구속이 서로 다르다. 3D 모델에서는 바닥면의 Z 방향 변위가 모두 0으로 설정되어 Y 방향 회전도 발생하지 못하는 상태이다. 그러나 2D 모델에서는 이를 반영하지 않았다. 2D 모델의 변위 구속을 수정한 후 다시 해석을 수행해 보자.

1. Return to Home 아이콘을 누른다.
2. ch10_table_sim1.sim 파일을 Displayed & Work로 지정한다.
3. Top Border Bar에서 Backface Culling 아이콘을 클릭하여 해제한다.
4. Home 탭 Loads and Conditions 그룹 〉 User Defined Constraint 아이콘을 누른 후 그림 10-41의 ❸ 모서리를 선택하여 DOF 5를 Fixed로 설정한다.

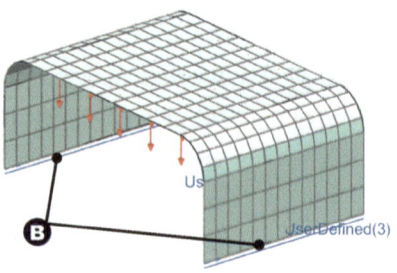

그림 10-41 추가적인 변위 구속

해석을 수행한 후 결과를 보면 그림 10-42와 같다. 회전 자유도를 구속함으로써 가운데 부분의 변위가 작아져 그 부분에서의 응력이 낮아졌음을 알 수 있다.

그림 10-40의 3D 요소는 크기를 15mm로 아주 작게 하였음에도 불구하고 응력이 낮게 나온다. 요소 크기를 5mm로 변경한 후 해석을 수행하면 가운데 부분에서의 최대값이 약 0.125MPa로 나타난다. 요소의 개수가 매우 많아져 해석 시간이 오래 걸린다는 점을 유의하기 바란다.

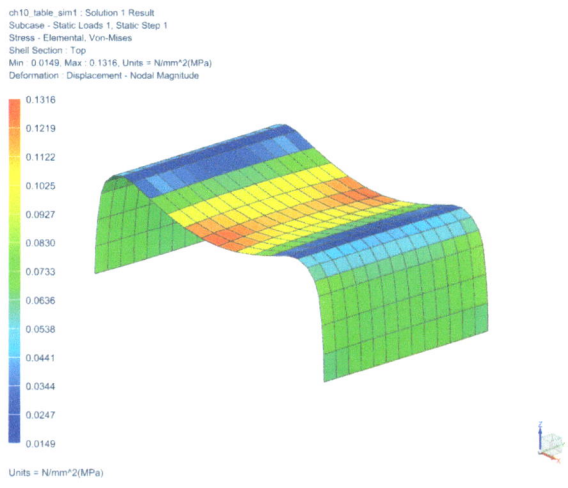

그림 10-42 변위 구속을 수정한 후의 결과

2D 요소의 크기를 15mm로 변경한 후 해석을 수행하면 그림 10-43과 같은 결과를 얻을 수 있다. 2D 요소는 3D 요소보다 크기의 영향을 덜 받음을 알 수 있다.

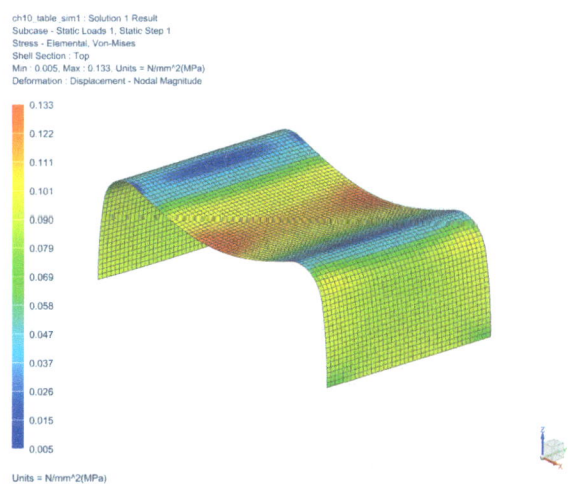

그림 10-43 요소의 크기를 15mm로 변경한 후의 결과

10.6.9 결과 분석

이 예제는 Chapter 8의 예제를 2차원 요소를 이용하여 해석한 것이다. 다음과 같은 원인에 의하여 3D 요소를 이용할 때의 결과와 약간의 차이가 있을 수 있다.

- ▶ 요소의 타입에 의한 차이(삼각형 요소와 사각형 요소)
- ▶ 요소의 크기에 따른 오차(응력이 많이 발생하는 곳에서 인접한 요소 사이의 응력 차이가 크다.)
- ▶ 경계조건에 따른 오차(3차원 모델에 적용한 변위 구속을 2차원 모델에 똑같이 적용하기 어려울 수 있다.

이러한 차이는 요소의 크기를 충분히 작게 함으로써 줄일 수 있다. 즉, 응력의 변화가 심한 곳에서 요소의 크기를 충분히 작게 함으로써 정답에 수렴하는 결과를 얻을 수 있다. 그러나 메쉬의 크기를 무한정 작게 할 필요는 없다.

Chapter 26의 Adaptive Analysis를 이용하면 하중이나 경계조건, 형상에 따라 응력 변화가 심한 부분의 메쉬 크기를 자동으로 줄인 후 해석을 수행할 수 있다.

10.7 보충

10.7.1 수동 메쉬와 자동 메쉬

수동으로 노드와 요소를 생성하려면 Nodes and Elements 탭의 기능을 이용한다. Home 탭의 Mesh 아이콘 그룹에 있는 기능을 이용하면 FEM 파일에 생성되어 있는 Polygon Geometry 또는 선과 점을 이용하여 자동으로 메쉬를 생성할 수 있다.

10.7.2 Element의 종류

형상에 따른 Element의 종류는 3D, 2D, 1D, 0D 요소로 분류한다. 덩어리 형태의 형상에 메쉬를 생성하려면 3D Element를 사용한다. 판 형태의 형상은 중간 서피스를 생성한 후 2D 메쉬를 사용하여 모델링 하면 해석의 정확도도 향상되고, 계산의 속도도 빨라진다. 2D 메쉬에는 두께에 대한 물성치를 입력해 주어야 한다. 막대 형태의 형상은 면적 중심을 연결하는 선에 1D 메쉬를 생성하여 모델링 한다. 1D Element에는 막대의 단면에 대한 정보를 입력해 주어야 해석을 수행할 수 있다. 0D 요소는 Scalar Element라고 하는데, 하나의 노드에 정의한다.

유한요소 해석을 위한 아래와 같은 차분화 방정식을 유도할 때 요소의 변형 {u}를 가정하면서 시작한다. 이를 Shape Function이라고 한다. {u}는 노드의 좌표값을 이용하여 정의하는데, 사용되는 노드의 개수에 따라 1차, 2차, 3차 등으로 정의할 수 있다.

$$[K]\{u\} = \{f\}$$

노드 2개를 이용하면 Shape Function을 1차 함수로 정의할 수 있고, 노드 3개를 이용하면 2차 함수로 정의할 수 있다. Shape Function을 1차 함수로 정의할 수 있도록 구성된 요소를 Linear Element라 하고, 2차 함수로 정의할 수 있도록 구성된 요소를 Parabolic Element라고 한다. 그림 10-44는 Linear CQUAD Element의 구성을 보여주고 그림 10-45는 Parabolic CQUAD Element의 구성을 보여준다.

Linear 요소를 이용할 경우 응력이 집중되는 부분에서 요소의 개수를 증가시켜야 한다. 이를 h-adaptation이라고 한다. Parabolic 요소를 이용할 경우 같은 수의 요소를 이용하더라도 높은 정확도의 결과를 얻을 수 있다. 이를 p-adaptation이라고 한다.

그림 10-44 Linear CQUAD Element

그림 10-45 Parabolic CQUAD Element

10.7.3 3D Element

Polygon Body에 자동으로 3차원 요소를 생성할 때는 Home 탭 > Mesh 그룹에서 해당 아이콘을 이용한다. 자동 메쉬 기능 중 3D Tetrahedral 기능은 사면체 요소를 생성하는 기능이다. 육면체 요소보다 해석의 정확도가 떨어진다. 3D Swept Mesh 기능은 육면체(CHEXA) 또는 오면체(CPENTA) 요소를 생성하는 기능이다.

요소의 물성치는 Collector에 설정한다. 3차원 요소에는 PSOLID, PLSOLID, Solid Laminate 타입의 물성치를 설정할 수 있다. 대부분의 구조해석에서는 PSOLID를 이용하면 된다. 자세한 사항은 Siemens PLM Software의 NX Nastran Quick Reference Guide 또는 Element Reference Library를 참고하기 바란다.

10.7.4 3D Tetrahedral Mesh

그림 10-46은 3D Tetrahedral Mesh 대화상자이다. Polygon Body에 Linear CTETRA Element와 Parabolic CTETRA Element를 생성할 수 있다.

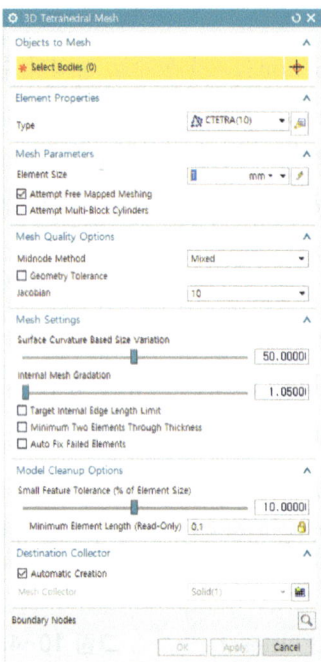

그림 10-46 3D Tetrahedral Mesh 대화상자

Mesh Parameters 옵션 영역에 있는 Element Size 입력창에는 생성될 요소의 크기를 입력한다. 입력창 옆에 있는 Auto Element Size 버튼을 누르면 선택한 Polygon Body에 따라 적당한 Element 크기를 보여준다. 자동으로 계산된 크기를 사용하지 않으려면 Element Size 입력창에 원하는 크기를 입력하면 된다.

Attempt Free Mapped Meshing 옵션을 선택하면 네 개의 꼭지점으로 정의될 수 있는 면에 구조화된 메쉬를 생성하게 된다.

Mesh Quality Options 영역에 있는 Midnode Method 옵션과 Max Jacobian 입력창은 Parabolic Element 타입을 선택했을 때 활성화되며, Parabolic Tetrahedral Element의 중간 노드를 형상에 따라 어떻게 배치할 것인가를 결정한다. Mixed를 선택하면 생성되는 요소의 Max Jacobian 값이 아래 입력창에 입력되어 있는 값보다 작을 경우 중간 노드를 지오메트리에 투영하여 Element를 생성한다. Curved를 선택하면 Max Jacobian 값에 상관 없이 모든 중간 노드를 지오메트리에 투영하여 요소를 생성한다. Linear를 선택하면 모든 중간 노드가 두 개의 코너 노드를 연결하는 직선상에 배치된다.

Mesh Settings 영역에 있는 Surface Curvature Based Size Variation 옵션은 2D Mesh 또는 3D Mesh를 생성할 때 곡면에서의 Mesh를 조밀하게 생성하고자 할 때 사용한다. Solid Mesh 를 생성할 때는 표면에 2D Mesh를 생성한 다음 안쪽으로 진행하면서 3D 요소를 생성하기 때문에, 표면에서 요소의 크기가 변경되면 Solid 요소의 크기도 변경된다. Surface Curvature Based Size Variation 값이 작으면 곡률에 따라 Mesh Size가 변화할 때 Element Size에 대한 변화의 폭이 작다는 것을, 값이 크면 변화의 폭이 크다는 것을 의미한다. 예를 들어, 슬라이드 바를 0에 맞추면 곡률에 따라 Mesh의 크기 변화 없이 모든 면에 Element Size에서 설정한 크기의 요소를 생성한다. 슬라이드 바를 50에 맞추면 면의 곡률에 따라 Element Size의 60% ~ 100%에 해당하는 크기의 요소를 생성한다. 슬라이드 바를 100에 맞추면 요소 크기의 변화 폭이 더 커져서 Element Size의 10% ~ 90%가 될 수 있다. 그림 10-47은 Surface Curvature Based Size Variation을 0으로 설정하여 생성한 Mesh이고, 그림 10-48은 Surface Curvature Based Size Variation을 70으로 설정하고 생성한 Mesh이다.

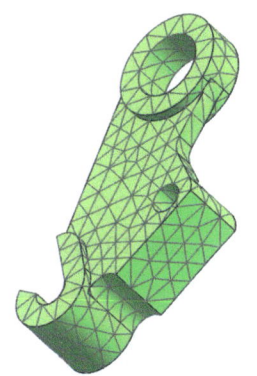

그림 10-47 Surface Curvature Based Size Variation 0

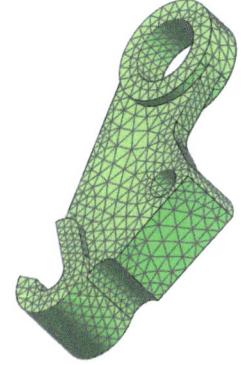

그림 10-48 Surface Curvature Based Size Variation 70

Internal Mesh Gradation 옵션은 표면으로부터 시작하여 솔리드의 안쪽으로 진행하면서 3D Mesh를 생성할 때 3D Tetrahedral Element의 크기의 변화율을 설정한다.

Model Cleanup Optoins 영역에 있는 Small Feature Tolerance 옵션의 기본값은 10%로 설정되어 있어 Polygon Geometry의 어떤 형상(구멍, 면 등)이 Element 크기의 10% 보다 작으면 그 형상은 무시하고 메쉬를 생성한다.

Destination Collector 옵션영역에서는 생성될 메쉬가 어느 Mesh Collector에 정의되도록 할 것인가를 설정한다. Automatic Creation을 선택하고 메쉬를 생성하면 Mesh Collector가 자동으로 생성되고 그 안에 메쉬가 정의된다. New Collector 버튼을 이용하여 새로운 Mesh Collector를 정의하고 나면 Automatic Creation 옵션을 해제할 수 있고, Mesh Collector 드롭다운 목록에서 새로 생성한 Mesh Collector를 선택할 수 있다.

10.7.5 3D Swept Mesh

3D Swept Mesh 기능을 이용하면 Swept 기능을 이용하여 솔리드 바디를 만드는 방법과 비슷한 방식으로 Source Face에서 시작하여 Target Face 방향으로 2D Mesh를 스윕하여 육면체(CHEXA) 또는 삼각기둥(CPENTA) 형태의 3차원 메쉬를 생성할 수 있다. Source Face에 미리 2D Mesh를 생성해 놓을 수도 있고, 그렇지 않을 수도 있다. Source Face만 지정해 주면 그 Face가 속해 있는 바디의 형상이 3D Swept Mesh를 생성할 수 있는 조건에 맞을 경우 자동으로 메쉬를 생성한다.

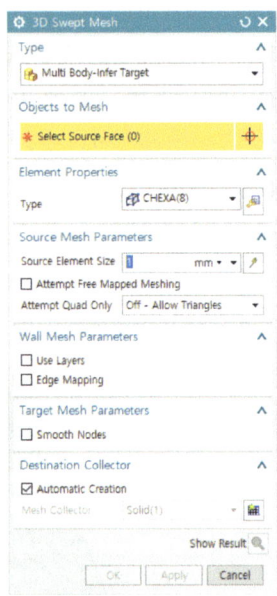

3D Swept Mesh 대화상자의 Type 드롭다운 목록에는 Multi Body – Infer Target 항목이 기본으로 선택되어 있다. 한 개의 바디에서 Source Face를 선택할 수도 있고, 여러 개의 바디에 대한 Source Face를 정의할 수도 있다. 여러 개의 Source Face를 정의해 주면 각각의 Source Face가 속해 있는

그림 10-49 3D Swept Mesh 대화상자

바디에 자동으로 3D Swept Mesh를 생성한다. 그림 10-50은 여러 개의 바디로 이루어진 파트를 보여주고, 그림 10-51은 화살표로 표시한 면을 Source Face로 한꺼번에 선택한 후 생성한 메쉬를 보여준다.

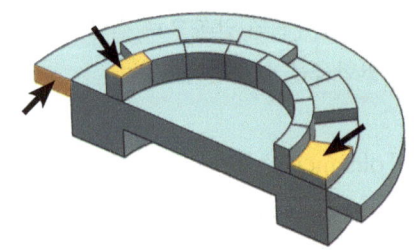

그림 10-50 3차원 스윕 메쉬를 생성할 형상

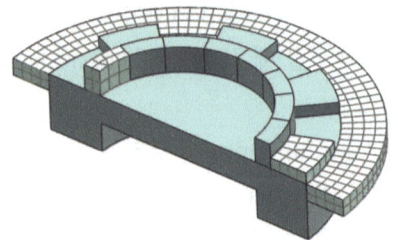

그림 10-51 3D Swept Mesh

Attempt Free Mapped Meshing 항목을 선택하면 Source Face의 형상에 따라 2D Mapped Mesh를 생성한 후 3차원 스윕 메쉬를 생성하게 된다. OK 버튼을 누르면 스윕 메쉬를 생성한다.

Face에 2D Mesh를 미리 생성한 후에 이를 이용하여 3D 스윕 메쉬를 생성할 경우 미리 생성하는 2D Mesh는 Source Face 또는 Target Face 중 한 곳에 생성할 수 있다. 하나의 면에 2D Mesh를 정의한 후 다른 면을 Source Face로 선택하면 소프트웨어가 Source Face와 Target Face를 바꾼 후 3차원 스윕 메쉬를 생성한다. Source Face와 Target Face에 모두 2D Mesh가 생성되어 있을 경우에는 Source Face의 메쉬를 스윕 했을 때 Target Face에 정의되어 있는 2D Mesh와 완전히 일치할 경우에만 메쉬를 생성한다. 그렇지 않으면 그림 10-52와 같은 오류창이 뜨고 3차원 스윕 메쉬를 생성할 수 없다. Source Face나 Target Face에 2D Mesh를 미리 생성하고 3차원 스윕 메쉬를 생성했을 때는 메쉬를 생성한 후 2D Mesh가 삭제되지 않고 FE Model에 남아 있으므로 Solving을 할 때 주의하여야 한다. 해석에 사용하지 않고 오직 메쉬 작업만을 위하여 2차원 요소를 생성한다면 2D Mesh 생성 옵션에서 Export Mesh to Solver 옵션을 해제해야 한다.

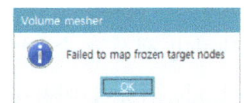

그림 10-52 오류 메시지

Source Face와 Target Face는 평면이 아닐 수도 있지만 3차원 스윕 메쉬를 생성하려면 다음 조건을 만족시켜야 한다. 명칭은 그림 10-53을 참고한다.

- ▶ 각각의 Wall Face는 네 개의 Polygon Edge로 이루어져야 한다.
  (원통 형상 제외)

  - 하나의 Polygon Edge는 Source Face에 속해야 함
  - 두 개의 Polygon Edge는 Rail Edge로 사용됨
  - 하나의 Polygon Edge는 Target Face에 속해야 함

- ▶ Source Face는 Rail Edge를 이용하여 Target Face와 연결되어 있어야 함
- ▶ Source Face와 Target Face는 같은 수의 모서리를 가져야 함
- ▶ Source Face와 Target Face는 한 개 이상의 모서리를 공유할 수 없음
- ▶ Source Face와 Target Face는 기하학적으로 동일하여야 함

10 장: 2D 요소를 이용한 해석

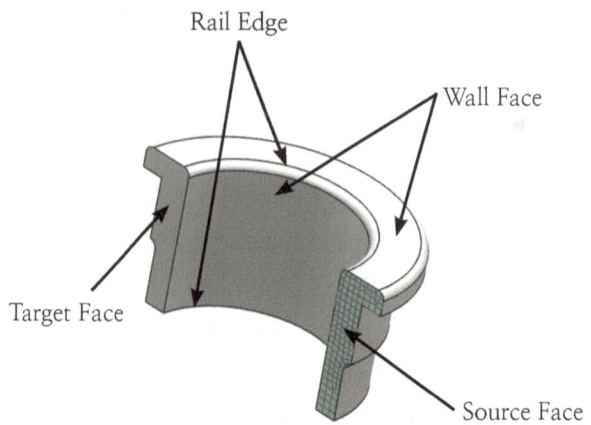

그림 10-53 3D Swept Mesh의 용어

Type 드롭다운 목록에서 Until Target 항목을 선택하면 3D Swept Mesh 대화상자가 변경되어 Source Face와 Target Face를 사용자가 선택할 수 있다. 이 경우 Source Face와 Target Face는 다른 바디에 속해도 무방하지만 그 기하학적 형상은 동일하여야 한다.

그림 10-54의 모델의 경우 Ⓐ 면을 Source Face로 선택하면 3D Swept Mesh를 생성할 수 있으나 Ⓑ나 Ⓒ면을 Source Face로 선택하면 생성할 수 없다. Ⓑ나 Ⓒ면을 Source Face로 하여 3D Swept Mesh를 생성하려면 Split Body 기능을 이용하여 여러 개의 바디로 분리하여야 한다.

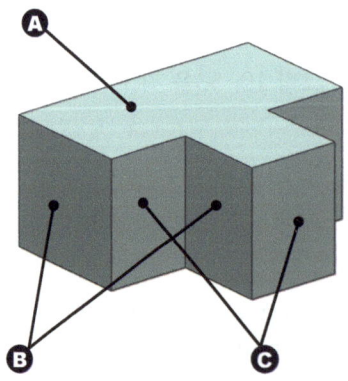

그림 10-54 3D Swept Mesh

10.7.6 2D Element

2D 요소의 종류는 Element Create 대화상자에서 확인할 수 있다. 2D 요소의 물성치는 Collector에 설정되는데 Home 탭 > Properties 그룹 > Mesh Collector 아이콘을 이용하여 확인할 수 있다. CSHEAR 요소의 물성치는 Cshear Collector에서 설정하고, 그 외 2차원 요소의 물성치는 ThinShell Collector에서 설정한다.

Nodes and Elements 탭 > Elements > Element Create 아이콘을 이용하면 노드를 선택하여 2D 요소를 생성할 수 있다. Node는 미리 생성되어 있어야 한다. Home 탭의 > Mesh 아이콘 그룹에 있는 기능을 이용하여 Polygon Face에 2D Mesh를 자동으로 생성할 수 있다.

10.7.7 2D Mesh

두께가 얇은 판 모양의 파트는 중간 서피스를 추출한 후 2D 메쉬를 생성하고 두께를 입력하여 해석을 수행할 수 있다. 2D Mesh에서 사용하는 Element를 Shell 또는 Plate Element라고 부른다.

2D Mesh 대화상자의 Type 옵션에서는 생성할 2D Mesh의 종류를 설정한다. 해석의 목적에 따라 삼각형 요소, 사각형 요소를 구분하여 사용할 수 있고, 또한 Parabolic Element나 Linear Element를 구분하여 사용할 수 있다.

드롭다운 목록 옆에 있는 Edit Mesh Associated Data 버튼을 누르면 그림 10-56과 같은 대화상자가 나타나 2D 요소의 타입별로 추가적으로 필요한 정보를 입력할 수 있다. 이 대화상자의 Thickness Source 드롭다운 목록을 이용하여 2D 요소의 두께를 어떻게 설정할지를 결정할 수 있다. Physical Property Table을 선택하면 2D 요소의 Mesh Collector에서 사용하는 Physical Property Table에서 요소의 두께를 설정하게 되고, Midsurface를 선택하게 되면 Midsurface 기능을 이용하여 생성한 중간 서피스에 2D 요소를 생성할 때 파트의 두께가 자동으로 할당된

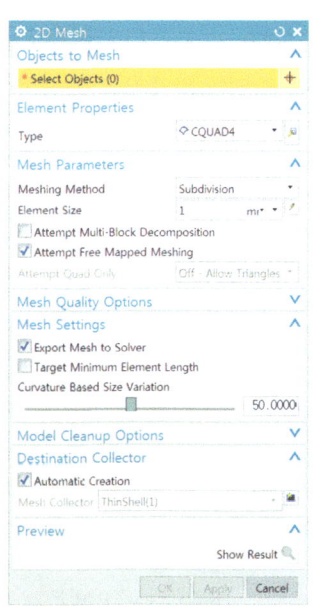

그림 10-55 2D Mesh 대화상자

다. Midsurface의 두께 정보를 이용하려면 Idealized Part가 로드되어 있어야 한다. Thickness Source 드롭다운 목록의 기본 설정값은 Physical Property Table이므로 Midsurface의 두께를

이용하여 자동으로 할당된 두께를 이용하여 해석을 수행하고자 한다면 반드시 Midsurface 변경해야 한다. 반대로 Midsurface 기능으로 생성하지 않은 시트바디에 2D 요소를 생성한 경우에는 이 옵션을 반드시 Physical Properties로 설정한 후 두께 값을 따로 입력해야 한다.

Use Element Associated Data 옵션을 선택하면 특정 요소에 대하여 별도로 지정한 물성치를 사용할 수 있다. 특정 요소에 대한 물성치는 Nodes and Elements 탭 〉 Elements 〉 More 〉 Properties 〉 Associated Data 기능을 이용하여 설정할 수 있다.

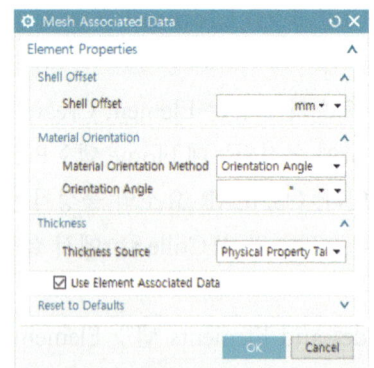

그림 10-56 2D Mesh Associated Data 대화상자

2D Mesh 대화상자에서 Mesh Parameters 옵션영역에 있는 Meshing Method 드롭다운 목록에서는 자동 메쉬를 생성하는 알고리즘을 선택한다. Subdivision Method나 Paver Method 중 한 가지 방법으로 메쉬를 생성할 수 있다. Attempt Free Mapped Meshing 체크박스를 선택하면 자동 메쉬를 생성할 때 2D 메쉬가 서피스에 매핑이 되어 생성되도록 할 수 있다. 그림 10-57은 Attempt Mapping 항목을 선택하지 않고 생성한 2D 메쉬이고, 그림 10-58는 이 항목을 선택하고 생성한 메쉬이다. 이 옵션을 선택하면 정돈된 형태의 2D 메쉬를 생성할 수 있다. 그러나, 자동 메쉬 기능에서 Mapped Mesh를 생성하는 것은 Face의 형상이나 주변에 있는 지오메트리에 따라 영향을 받는다. Face가 4개의 Edge로 이루어져 있는 개별 Face의 경우 Mapped Mesh를 생성할 수 있지만, 전체 형상의 일부를 이루고 있는 경우 그림 10-58에서 Ⓐ로 표시한 부분과 같이 항상 Mapped Mesh를 생성할 수 있는 것은 아니다.

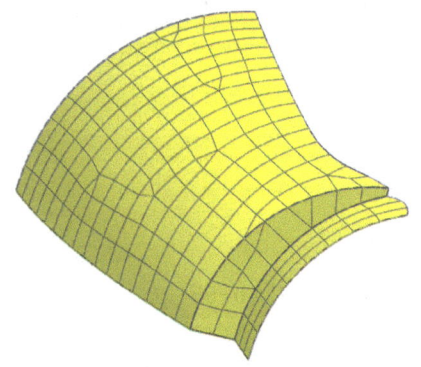

그림 10-57 Attempt Mapping 옵션 선택하지 않음

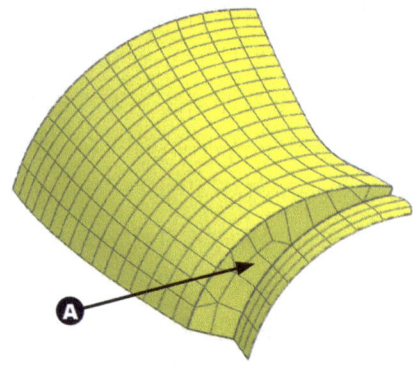

그림 10-58 Attempt Mapping 옵션 선택

Mesh Quality Options 영역을 펼치면 Midnode Method 옵션과 Split Quads 체크옵션이 나타난다. Split Quad 옵션은 Mesh Type을 CQUAD4 또는 CQUAD8로 선택했을 때만 활성화 된다. 이는 생성되는 CQUAD 요소의 Warping이 아래에 있는 Max Warp Threshold 입력창에 설정한 값보다 크게 생성될 경우 대각선으로 쪼개어 두 개의 CTRIA 요소로 생성하도록 하는 옵션이다. Warp은 노드 4개를 갖는 2D 요소가 평면으로부터 벗어나는 정도를 측정하는 파라미터이다. 일반적으로 사각형 요소를 이용했을 때 삼각형 요소보다 해의 정밀도는 높지만 Warp이 너무 크게 발생할 경우에는 삼각형 요소 두 개를 사용하는 것이 더 나을 수 있다.

Midnode 옵션은 Parabolic Element를 사용할 때만 활성화 되어 중간 노드가 끝 노드를 연결하는 직선 상에 놓이게 할지 아니면 중간 노드를 Polygon Edge에 생성할지를 결정하는 옵션이다. 그림 10-59는 Linear 옵션을 이용하여 중간 노드는 양 끝 노드의 연결선상에 생성한 경우를 보여주고, 그림 10-60은 Curved 옵션을 이용하여 형상의 모서리에 생성한 결과를 보여준다.

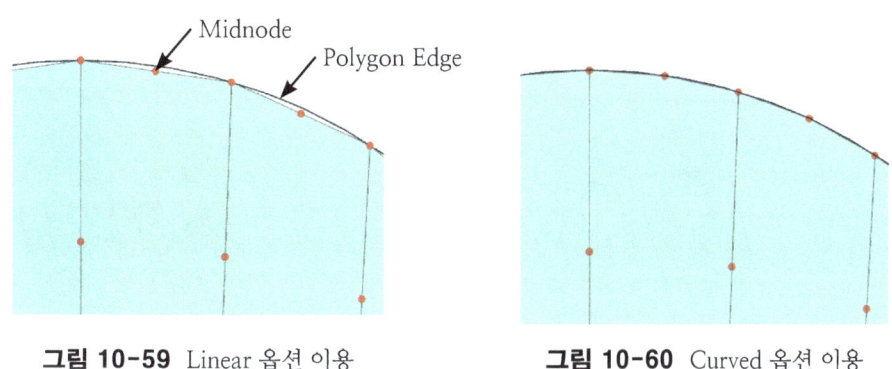

그림 10-59 Linear 옵션 이용   **그림 10-60** Curved 옵션 이용

Midnode Method 드롭다운 목록이 Mixed로 설정할 경우, 생성되는 요소의 Jacobian이 Max Jacobian 입력창에 설정되어 있는 값보다 크게 나오면 중간 노드를 지오메트리에 프로젝트 하지 않고 두 개의 코너 노드를 연결하는 직선상에 생성한다.

Mesh Settings 옵션 영역에 있는 Export Mesh to Solver 옵션은 2D Mesh를 해석에 사용하고자 할 때 사용한다. 즉, 얇은 판의 중간 서피스를 추출하여 2D Mesh를 생성한 후 이 모델에 경계조건, 하중, 두께, 재질 등을 부여하고 Solving을 수행하려고 한다면 이 옵션을 선택하면 된다. Surface Curvature Based Size Variation 옵션은 곡면에서의 요소의 개수를 자동으로 증가시켜 해의 정밀도 향상에 도움을 준다.

Model Cleanup Options 영역에 있는 Match Edges 옵션은 입력된 거리 이내로 가까이 있는 Edge가 있을 경우 각각의 Edge에 노드를 생성하는 대신 하나의 Edge를 공유하도록 Mesh를 생성한다. 이렇게 하면 다른 CAD 소프트웨어를 이용하여 만든 형상을 NX에서 Import 하여 사용할 때 면이 붙지 않아서 발생하는 Mesh의 불연속성 문제를 해결할 수 있다. Merge Edges 옵션도 비슷한 목적으로 사용되며 서로 만나는 모서리의 교차 각도가 설정된 각도보다 작을 경우 하나로 만들어 준다.

2D Mesh는 해석의 용도 뿐만 아니라 솔리드 형상의 특정 면에서의 3D Mesh의 모양을 미리 정의하기 위하여 사용할 때도 있으며 이를 Seed Mesh라고 한다. 2D Mesh를 Seed Mesh의 용도로 사용하고자 한다면 Mesh Settings 옵션 영역에 있는 Export Mesh to Solver 항목을 해제하여야 한다. 그림 10-61은 필렛 부분에 조밀한 메쉬를 생성하기 위하여 2D Mesh 기능을 이용하여 Seed Mesh를 생성한 것이다. 그림 10-62는 솔리드 형상에 Auto Element Size 버튼을 눌러 3D Mesh를 생성한 것이다. Seed Mesh의 크기를 수정하면 3D Mesh도 따라서 수정되고, Seed Mesh를 삭제하더라도 3차원 Mesh에는 변화가 없다. 만약 Export Mesh to Solver 항목을 체크한 상태로 2D Mesh를 생성한 다음 이를 Seed Mesh로 사용하여 3D Mesh를 생성하였을 경우 그대로 해석을 수행하려고 한다면 2D 요소에 두께가 입력되지 않았다는 오류 메시지가 나타날 것이다.

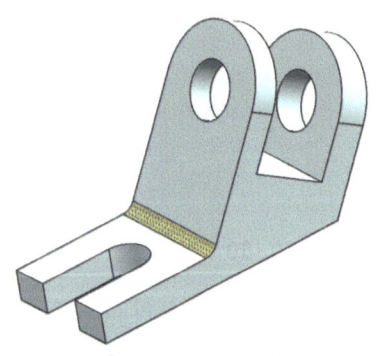

그림 10-61 Seed Mesh

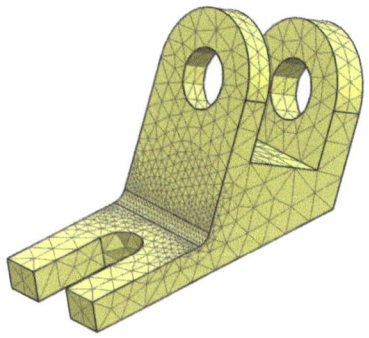

그림 10-62 Solid Mesh

10.7.8 Mesh Point

노드는 Polygon Edge의 끝 점에 항상 생성되고, Polygon Edge와 Face 상에 항상 생성된다. Polygon Edge나 Face 상의 특정 위치에 집중 하중이나 경계조건을 설정해야 한다면 그 위치에 노드를 반드시 생성해야 한다. 이럴 경우 Home 탭 〉 Mesh 〉 More 〉 Other 〉 Mesh Point 기능을 이용하여 원하는 위치에 미리 메쉬 포인트를 생성해 놓으면 메쉬를 생성할 때 그 위치에 노드를 자동으로 생성하게 된다. 그림 10-63은 Mesh Point의 생성 옵션(Type)을 보여준다.

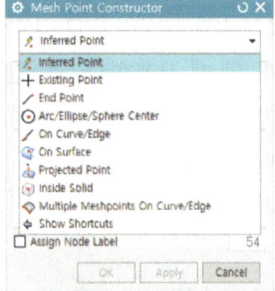

그림 10-63 Mesh Point Constructor 대화상자

그림 10-64는 Mesh Point 없이 2D Mesh를 생성한 모델이다. 이와 같이 메쉬를 생성한 후 그림 10-65와 같이 Mesh Point를 정의하면 Update 버튼이 활성화되며, Update 버튼을 누르면 그림 10-66과 같이 Mesh Point를 반영하여 메쉬가 수정된다.

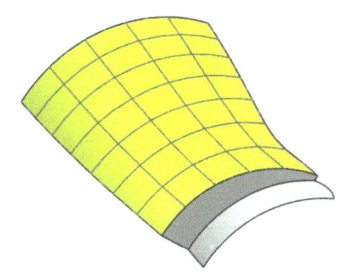

그림 10-64 Mesh Pont 없이 생성한 메쉬

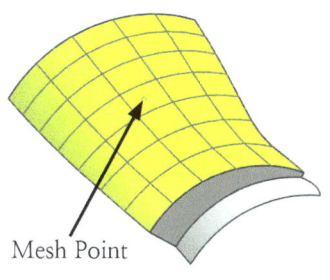

그림 10-65 Mesh Point 생성

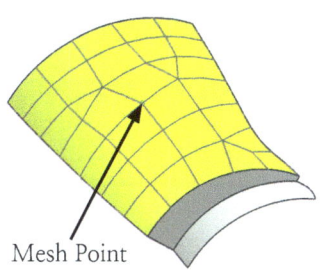

그림 10-66 업데이트

Mesh Point는 Mesh가 생성되어야 하는 Polygon Geometry 또는 커브에 소속되어야 한다는 점에 주의한다. 즉, 어떤 면 위의 특정 위치에 노드를 생성해야 한다면 면에 스냅을 걸거나 Project 하여 생성하여야 하고, 선이나 모서리 상의 특정 위치에 노드를 생성해야 한다면 On Curve/Edge 타입으로 생성하거나 선에 Project 하여 생성해야 한다.

10.7.9 2D Mapped Mesh

2D Mapped Mesh 기능을 이용하여 Side가 3개 또는 4개인 Polygon Face에 Linear 또는 Parabolic의 정돈된 2D 메쉬를 생성할 수 있다. 하나의 Side는 여러 개의 Polygon Edge를 연결하여 정의할 수 있다. Mapped Mesh를 정의할 Face는 단일 폐곡선이어야 한다. 따라서, 폐곡선 안에 구멍이 있거나 또 다른 폐곡선이 있는 Polygon Face에 Mapped Mesh를 생성하려면 Mapped Mesh가 가능한 형상으로 수정해야 한다. 이러한 수정은 Idealized Part에 Divide Face 기능을 이용하거나 Polygon Edge 수정 기능을 이용하여 수행할 수 있다.

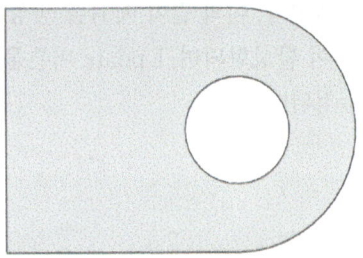
그림 10-67 2D Mapped Mesh가 불가능한 형상

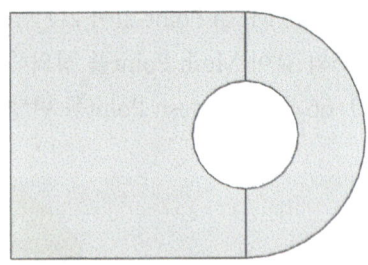
그림 10-68 2D Mapped Mesh가 가능한 형상

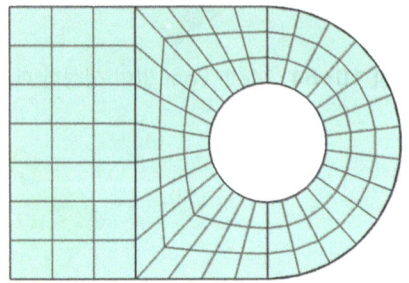
그림 10-69 2D Mapped Mesh

그림 10-69와 같은 2D Mapped Mesh를 생성해 보자.

파일 준비

1. ch10_fig67.prt 파일을 연다.
2. Pre/Post을 실행시킨다.
3. FEM 파일을 생성한다. Idealized Part도 생성한다.
4. Idealized Part를 Work로 지정하고 바디를 Promote 한다.
5. Home 탭 〉 Geometry Preparation 〉 More 〉 Datum 〉 Datum Plane 기능을 이용하여 그림 10-70과 같이 두 개의 Datum Plane을 생성한다.
6. Home 탭 〉 Geometry Preparation 〉 Divide Face 기능을 이용하여 그림 10-71과 같이 면을 나눈다.

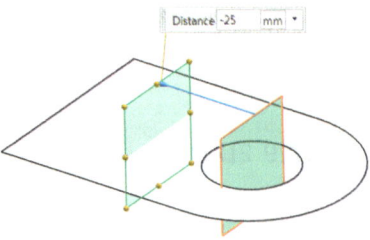
그림 10-70 두 개의 평면 생성

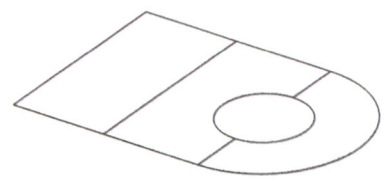
그림 10-71 모서리 생성

2D Mapped Mesh 생성 (1)

1. FEM 파일을 Work로 지정한다.
2. 2D Mapped Mesh 아이콘을 누르고 대화상자를 Reset 한다.
3. 그림 10-72의 ❶ 서피스를 선택한다.
4. 대화상자에서 Overall Element Size를 5로 입력한다.
5. 대화상자에서 Show Result 버튼을 누른다. 화면에 메쉬의 미리보기가 나타난다. 대화상자를 닫지 말고 연속하여 다음 단계를 진행한다.

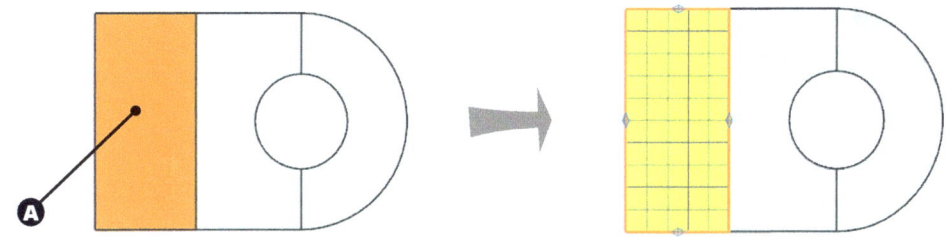

그림 10-72 첫 번째 서피스에 메쉬 생성

2D Mapped Mesh 생성 (2)

1. 연속하여 ❸ 서피스를 선택한다.
2. 미리보기 버튼을 누른다. 그림 10-73과 같이 두 번째 서피스에 미리보기가 나타난다.
3. Define Corners 옵션 그룹에서 Select Face Corner 1 of 4 버튼을 누른다.
4. 그림 10-73에서 표시한 네 개의 코너를 순차적으로 선택한다. 그림 10-74와 같이 미리보기가 바뀐다.
5. Alerts 창은 닫고, 2D Mapped Mesh 대화상자는 닫지 않는다.

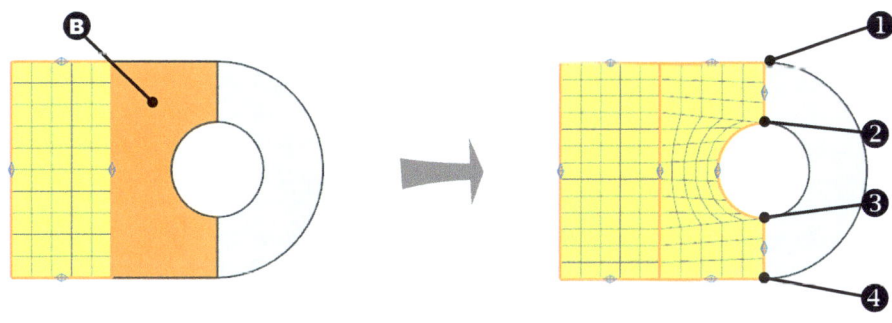

그림 10-73 두 번째 서피스 메쉬의 미리보기

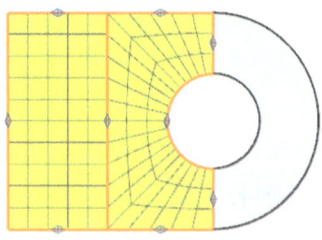

그림 10-74 변경된 2D Mapped Mesh

2D Mapped Mesh 생성 (3)

1. 연속하여 ⓒ 서피스를 선택하고 Show Results 버튼을 누른다.
2. OK 버튼을 눌러 메쉬를 완료한다.

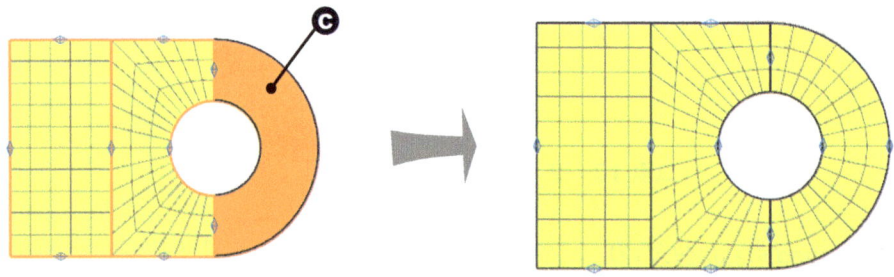

그림 10-75 완성된 2D Mapped Mesh

10.7.10 2D Dependent Mesh

Home 탭 > Mesh 그룹 > More > 2D > 2D Dependent 기능을 이용하여 두 개의 Face에 똑같은 모양의 메쉬를 생성할 수 있다. Target Face에 생성되는 메쉬의 크기와 모양은 Master Face에 생성되는 메쉬의 크기와 모양을 따라간다. 이 기능은 서로 마주 보는 두 개의 서피스 사이에 Contact 조건을 주거나 Coupling 경계조건을 이용하여 회전 Symmetry 문제를 풀 때 유용하게 사용할 수 있다. 자세한 사항은 17.8.1을 참고한다.

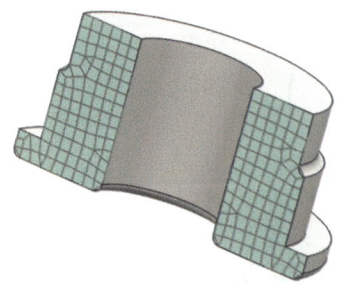

그림 10-76 2D Dependent Mesh

10.7.11 Mesh Preferences

Menu 버튼 〉 Preferences를 이용하여 메쉬의 화면 표시 및 메쉬 체크 항목의 기본 설정값을 변경할 수 있다.

Model Display

Menu 〉 Preferences 〉 Model Display를 선택하면 그림 10-77과 같은 Model Display 대화상자가 나타난다. 이 대화상자에서 Node의 화면 표시 및 색상, 요소의 화면 표시 정밀도 및 Polygon Geometry의 Free Edge에 대한 표시 상태를 설정할 수 있다.

그림 10-77 Model Display 대화상자

Mesh Display

Menu 〉 Preferences 〉 Mesh Display를 선택하면 그림 10-78과 같은 Mesh Display 대화상자가 나타나고 FE 모델에 있는 Mesh의 타입별로 Element 면의 색상, Element의 Edge 색상을 설정할 수 있다. Simulation Navigator의 Mesh에 우클릭 〉 Edit Display를 이용할 수도 있다. 그림 10-79는 Element Shrink를 적용한 결과이다.

Display 옵션에서 2D 탭을 누르면 Display 2D Element Thickness and Offset 옵션 등 2D 요소와 관련된 옵션을 설정할 수 있다. 2D Element의 Normal 방향은 Element의 Top 또는 Bottom 방향을 구분하는 기준이 된다.

10 장: 2D 요소를 이용한 해석

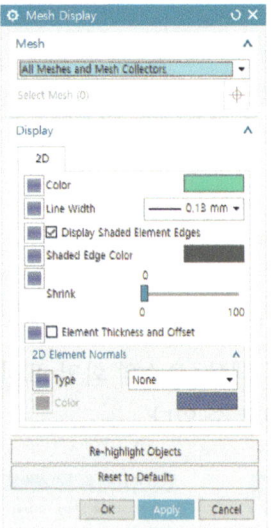 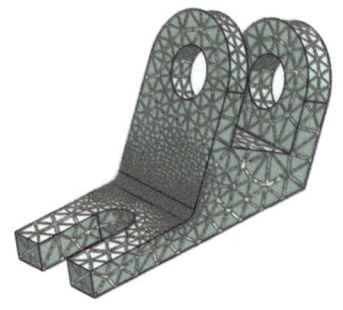

그림 10-78 Mesh Display 대화상자   그림 10-79 Element Shrink를 적용한 모델

Mesh Control Display

이 메뉴를 이용하면 화면에 표시되는 Mesh Control 심볼의 크기를 설정할 수 있다. Simulation Navigator에서 Mesh Controls에 우클릭 > Display Preferences를 선택하면 그림 10-80과 같은 대화상자가 나타나고, Mesh Control 심볼의 화면 표시 색깔, 선의 두께를 변경할 수 있다.

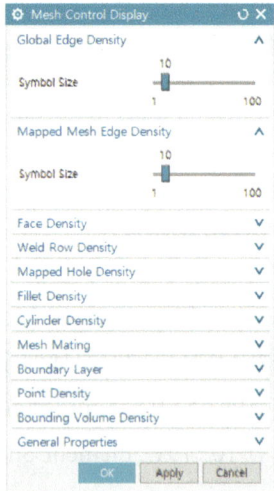

그림 10-80 Mesh Control Display 대화상자

10.8 Quiz

1. 체적을 갖는 Polygon Body에 사면체의 3D Mesh를 생성하려면 어떤 기능을 이용하는가?

2. Linear Tetrahedral Element는 몇 개의 노드로 구성되는가?

3. 미리 생성한 노드 4 개를 선택하여 2D 요소를 생성하려면 어떤 기능을 이용하는가?

4. 2D 요소의 두께는 어떻게 설정하는가?

5. Midsurface 기능을 이용하여 생성한 면에 2D Mesh를 생성했을 때 두께가 자동으로 설정되게 하려면 어떻게 하는가?

6. 2D 요소의 Element Normal은 무엇을 의미하는가?

7. Parabolic Element를 사용하는 이유는 무엇인가?

8. 2D 요소의 Element Normal 방향을 반대로 설정하려면 어떻게 하는가?

9. Element 1 개를 삭제하려면 어떤 기능을 이용하는가?

10. CQUAD(4) 요소를 Extrude 하면 어떤 요소가 생성되는가?

11. Node나 Element의 번호를 확인하려면 어떤 기능을 이용하는가?

12. 3D Swept Mesh의 결과로 어떤 요소가 생성되는가?

13. 2D Mapped Mesh의 결과로 어떤 요소가 생성되는가?

14. 2D Mesh를 생성할 때 Export Mesh to Solver 옵션을 선택하지 않았을 경우 SIM 파일을 활성화 했을 때 2D Mesh가 나타나는가?

15. Curvature Based Size Variation이 50으로 설정되어 있는 곡면에 Mesh Control을 이용하여 Mesh Size를 설정할 경우 어느 것이 우선하여 적용되는가?

10 장: 2D 요소를 이용한 해석

16. 3D Mesh Collector에 2차원 요소를 이동시킬 수 있는가?

17. FEM 파일을 생성할 때 정의한 Solver나 Analysis Type은 어떻게 변경할 수 있는가?

18. Shape Function이란 무엇인가?

19. 2D ThinShell Collector 중 PLPLANE은 어떤 경우에 사용하는가?

20. CQUAD(4) 요소의 Warp이란 무엇을 의미하는가?

21. Master Part를 이용하여 FEM 파일과 SIM 파일을 생성할 때 Idealized Part를 생성하지 않았을 경우 Polygon Geometry는 무엇을 이용하여 생성되는가?

22. 자동메쉬 기능을 이용하여 생성한 메쉬에서 요소 한 개를 삭제할 경우 Simulation Navigator의 Mesh 항목에는 어떤 현상이 생기는가?

23. 요소를 정의하는데 사용되지 않은 노드를 부르는 이름을 쓰시오.

24. Mesh Point를 생성하는 이유는 무엇인가?

25. Polygon Face에 2D Mesh를 생성할 때 노드가 반드시 생성되는 곳은 어디인가?

26. 선의 끝점에 노드가 생성되도록 하기 위해 Mesh Point를 찍을 필요가 있는가?

27. Home 탭 〉 Utilities 〉 Point 기능으로 점을 생성할 경우 그 위치에 노드가 생성되는가?

28. Mesh Point에 하중이나 경계조건을 정의할 수 있는가?

Chapter 11
1D 요소를 이용한 I-Beam 해석

■ 학습목표

- 수동메쉬 기능을 이용하여 1차원 FE 모델을 생성할 수 있다.
- 1D 요소에 단면 정보를 정의할 수 있다.
- 1D Beam 요소를 이용한 모델의 결과 표시 방법을 이해한다.
- Mesh의 연결성을 이해하고 중복 노드를 병합할 수 있다.
- 1D 요소의 종류와 용도를 이해한다.
- 0D 요소의 종류와 용도를 이해한다.

Chapter 11: 1D 요소를 이용한 I-Beam 해석

11.1 개요

단면이 일정하고 길이가 긴 구조물은 1차원 요소를 이용하여 해석을 수행하면 효율적이다. 1차원 요소는 두 개의 노드를 연결하여 정의하는데 NX에서는 선이나 모서리에 생성할 수도 있고, 노드를 개별적으로 만든 후 연결하여 요소를 정의할 수도 있다. 이 단원에서는 후자의 방식을 이용하여 간단한 빔 구조물을 해석해 보자.

2차원 Shell 요소를 사용할 때 재질과 더불어 두께를 별도로 정의했듯이 1차원 Beam 요소에는 재질에 부과하여 단면의 형상을 추가적으로 설정해야 한다.

11.2 해석 모델

그림 11-1은 길이 800mm의 I 형 단면을 갖는 빔이다. 한 쪽 끝은 고정되어 있고, 반대 쪽 끝은 Z 방향의 변위가 구속되어 있다. 구조물의 가운데에 100 kg의 물건을 올려놓았다고 가정할 때 중력 효과에 의한 쳐짐을 구해보자. 재질은 S/Steel_PH15-5로 한다.

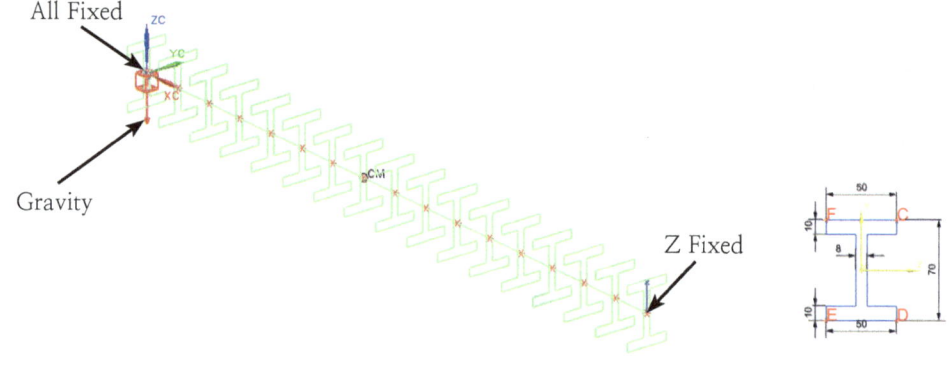

그림 11-1 해석 모델

그림 11-2 해석 결과

11.3 FE 모델 생성

이 단원에서는 NX의 수동 메쉬 기능을 이용하여 필요한 노드를 생성하고, 노드를 연결하여 요소를 생성하는 방법으로 FE 모델을 생성할 것이다. 따라서 prt 파일은 만들지 않는다. 만약 선을 생성한 후 그 위에 요소를 생성하는 방식을 취한다면 prt 파일을 생성하여야 한다.

11.3.1 FEM 파일 생성

NX Nastran Fem 타입으로 새 파일을 생성한다. 파일명은 ch11_1d_beam_fem1으로 한다.

11.3.2 노드 생성

1. Nodes and Elements 탭 〉 Nodes 〉 Node Create 아이콘을 누르고 대화상자를 Reset 한다.
2. X, Y, Z 입력창에 각각 0, 0, 0을 입력한 후 Apply 버튼을 누른다. (0, 0, 0) 위치에 빨간색의 *가 표시된 것을 확인한다. 첫 번째 노드를 생성한 것이다. Apply 버튼을 눌렀기 때문에 대화상자는 활성화 되어 있다.
3. X, Y, Z 입력창에 각각 800, 0, 0을 입력한 후 OK 버튼을 누른다.
4. Trimetric View를 표시한다. (800, 0, 0) 위치에 빨간색 *가 표시된 것을 확인한다. 빔의 끝부분 노드를 정의한 것이다.
5. Nodes and Elements 탭 〉 Nodes 〉 Between Nodes 아이콘을 누르고 대화상자를 Reset 한다. Type은 Between Two Nodes로 설정된다.
6. (0,0,0)과 (800,0,0) 노드를 선택한다.
7. Specify Number 입력창에 15를 입력한 후 OK 버튼을 누른다.

그림 11-3 Node를 생성한 후의 모델

11.3.3 빔 요소의 단면 설정

Beam 요소를 생성하기 전에 단면을 설정하자. 그림 11-1의 단면을 가진 구조물을 정의할 것이다.

1. Home 탭 〉 Mesh 그룹 〉 More 〉 1D and 0D 〉 1D Element Section 아이콘을 선택한다.
2. Beam Section Manager 대화상자에서 Create Section 버튼을 누른다.
3. Beam Section 대화상자에서 Type을 I로 선택하고 그림 11-4와 같이 입력한 후 Preview 옵션을 체크한다. 그림 11-1의 단면 모양이 표시된다.
4. Preview 옵션을 끄고 대화상자에서 OK 버튼을 누른다.
5. Beam Section Manager 대화상자의 Cross Section List 목록창에 설정된 단면이 나타난 것을 확인한다. 단면 이름을 입력하지 않았으므로 I(1)으로 설정된다. Close 버튼을 누른다.

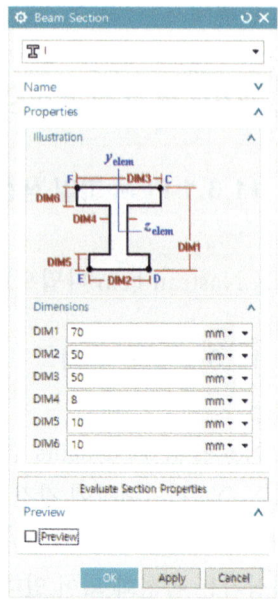

그림 11-4 Beam Section 대화상자

11.3.4 Beam 요소 생성

1. Nodes and Elements 탭 〉 Elements 그룹 〉 Element Create 아이콘을 누른 후 대화상자를 Reset 한다.
2. Element Family 옵션과 Element Properties 옵션을 확인한다. 1D CBEAM으로 기본 설정되어 있다.
3. Destination Collector 옵션 그룹에서 New Collector 버튼을 누른다.
4. Mesh Collector 대화상자에서 Physical Property Type으로 PBEAM을 선택하고, Create Physical... 버튼을 누른다. (그림 11-5 참고)
5. PBEAM 대화상자의 Section Type을 Constant로 선택한 후 Fore Section 드롭다운 목록에서 빔 단면을 선택한다.
6. 재질로 S/Steel_PH15-5를 선택한다.
7. PBEAM 대화상자에서 OK 버튼을 누른다.
8. Mesh Collector 대화상자에서 OK 버튼을 누른다. Element Create 대화상자가 나타나며 Select Nodes or Points 옵션이 활성화 되어 있다.

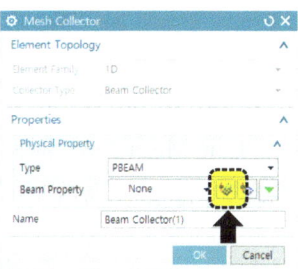
그림 11-5 Mesh Collector 대화상자

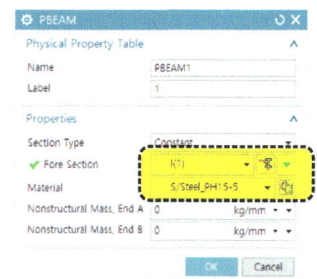
그림 11-6 Beam Property(PBEAM 설정)

9. 첫 번째 노드(N1)와 두 번째 노드(N2)를 순차적으로 선택한다. 그림 11-7과 같이 빔 요소가 표시된다.
10. Close 버튼을 누른다.

단면의 모양을 확인하려면 다음과 같이 한다.

1. Simulation Navigator에서 1D Collectors 항목을 펼친 후 Beam Collector에 우클릭 > Edit Display를 선택한다.
2. Display Section 옵션을 Solid로 선택한 후 OK 버튼을 누른다.

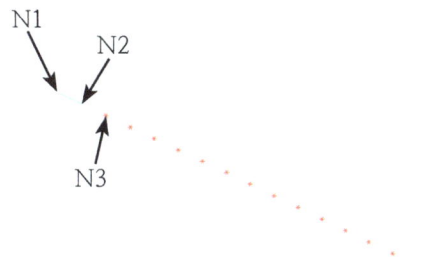
그림 11-7 첫 번째 Beam 요소 생성

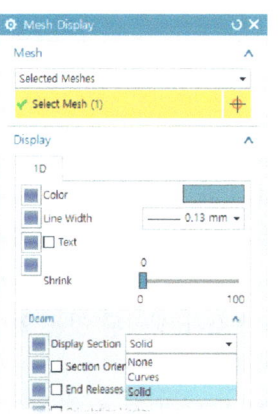

그림 11-8 Beam Section 표시 옵션

269

Chapter 11: 1D 요소를 이용한 I-Beam 해석

단면 축의 방향은 구조물의 강성에 중요한 역할을 한다. 그림 11-8의 빔 단면을 Z 축 방향에 대하여 I 형으로 되도록 설정해 보자.

1. Simulation Navigator의 1d_manual_mesh(1)에 우클릭 > Edit Mesh Associated Data를 선택한다. Beam 단면에 X, Y, Z 축이 빨강, 초록, 파란색으로 표시된다. 이 축이 빔의 단면 축이다.
2. Mesh Associated Data 대화상자의 Element Properties > Element Axis를 Y로 선택하고 Specify Vector 옵션의 드롭다운 목록에서 ZC를 선택한다. 단면 축의 방향이 그림 11-10과 같이 나타남을 확인하고 OK 버튼을 누른다.

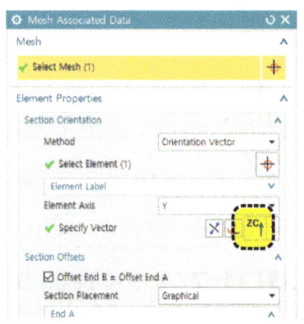

그림 11-9 Element Axis 설정   **그림 11-10** 회전된 빔 단면

연속하여 나머지 Beam 요소를 생성하자. 1d_manual_mesh(1)과 같은 메쉬 그룹에 생성할 것이다.

1. Nodes and Elements 탭 > Elements > Element Create 아이콘을 누르고 대화상자를 Reset 한다.
2. Destination Collector 옵션 그룹에서 Automatic Creation 옵션을 해제한다.
3. Destination Mesh 옵션 그룹에서 Add to Existing을 선택하고 드롭다운 목록에서 1d_manual_mesh(1)을 선택한다.
4. 두 번째 노드와 세 번째 노드를 연속하여 선택한다. 두 번째 요소가 생성된 것을 확인한다. 아직 대화상자를 닫지 않는다.
5. 같은 옵션을 유지한 상태로 노드를 순차적으로 선택하여 세 번째, 네 번째.... 마지막 요소를 생성한다.
6. Create Element 대화상자에서 Close 버튼을 누른다.
7. 파일을 저장한다.

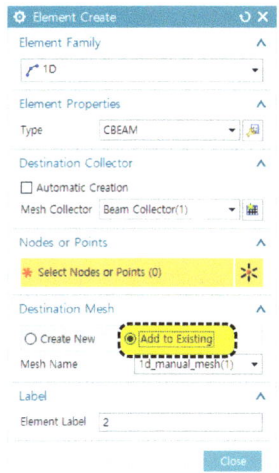
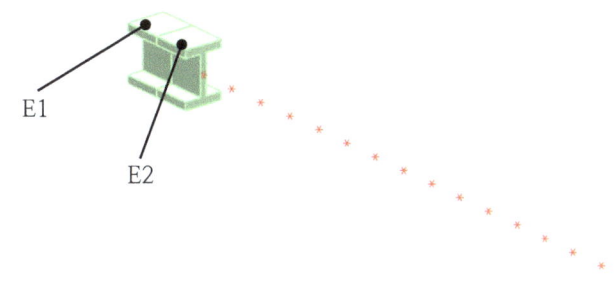

그림 11-11 두 번째 요소 생성

그림 11-12는 1차원 요소의 단면을 표시한 것이며 원래 1차원 요소는 선 형태로 표시된다. 그림 11-12에서 단면을 표시하지 않고 노드를 *로 표시해 보자.

1. Beam Collector에 우클릭 > Edit Display를 선택한다.
2. Mesh Collector Display 대화상자의 Beam 옵션 그룹에서 Display Section을 None으로 설정한 후 OK 버튼을 누른다.

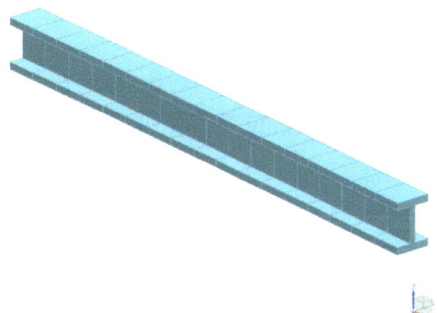

그림 11-12 단면을 표시한 FE 모델

단면이 표시되지 않고 1차원 요소가 선으로 표시된다. 이 상태에서는 Node에 경계조건을 부여할 때 선택하기 불편하다. Node를 표시해 보자.

1. Menu 버튼 > Preferences > Model Display를 선택한다.
2. Attached Marker Type을 Asterisk로 선택한 후 OK 버튼을 누른다. 그림 11-13과 같이 표시된다.

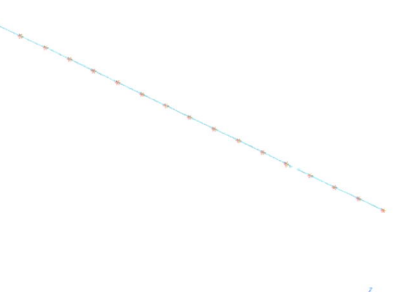

그림 11-13 Node 표시

Chapter 11: 1D 요소를 이용한 I-Beam 해석

> **! Unattached Marker**
>
> Model Display 대화상자 옵션 중 Unattached Marker Type으로 Asterisk가 선택되어 있다. Unattached Marker는 요소 생성에 사용되지 않는 노드를 말한다. 따라서 Marker Type을 None으로 설정한 후에 나타나는 Asterisk는 요소 생성에 사용되지 않은 노드이므로 삭제할 수 있다. 노드를 삭제할 때는 Nodes and Elements 탭 〉 Node Delete 아이콘을 이용하여야 한다. 한편, 요소 생성에 사용된 노드는 요소를 먼저 삭제하지 않는 한 Node Delete 기능으로도 삭제되지 않는다.

11.3.5 집중질량 생성

집중질량은 0D Mesh로 생성할 수 있다. 구조물의 가운데 부분에 100kg의 집중질량 요소를 생성해 보자.

1. Element Create 아이콘을 누른다.
2. Element Family 옵션을 0D로 선택하고, Element Properties의 Type 옵션을 CONM2로 선택한다.
3. CONM2 옵션 옆에 있는 Edit Mesh Associated Data 버튼을 누른다.
4. Mass 입력창에 100kg을 입력한 후 OK 버튼을 누른다.
5. FE 모델의 가운데 노드를 선택한다. 선택한 Node에 CM(Concentrated Mass)이라고 표시된다.
6. Element Create 대화상자에서 Close 버튼을 누른다.
7. 파일을 저장한다.

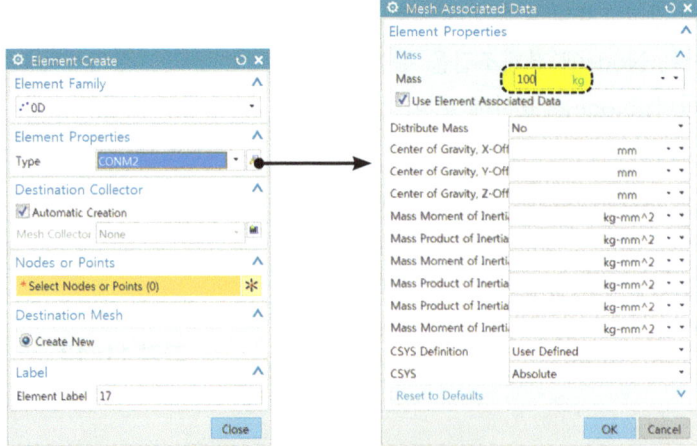

그림 11-14 집중질량 설정

그림 11-15 생성된 집중질량

11.4 경계조건

FE 모델이 완성되었다. SIM 파일을 생성한 후 변위 구속과 하중을 생성하자.

1. 파일명을 ch11_1d_beam_sim1으로 하여 SIM 파일을 생성한다.
2. Solution 대화상자를 Reset 한 후 OK 버튼을 누른다.
3. (0, 0, 0) 위치에 있는 노드를 Fix 하고, (800, 0, 0) 위치에 있는 노드의 Z 자유도만 Fix로 설정하여 변위 구속을 생성한다. Node 필터를 이용하여 끝 노드에 적용해야 한다.

하중을 생성하자. 중력가속도가 전체 모델에 작용한다.

1. Load Type 아이콘 그룹의 Gravity 아이콘을 선택하여 −Z 방향으로 9810 mm/sec^2의 중력가속도 하중을 생성한다.
2. SIM 파일을 저장한다.

그림 11-16은 경계조건을 생성한 후의 FE 모델을 보여준다.

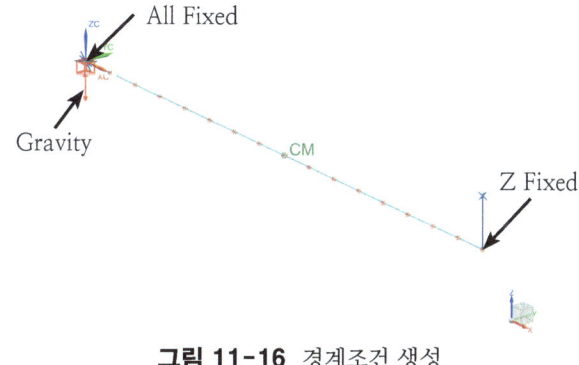

그림 11-16 경계조건 생성

11.5 Solving & Post Processing

1. Solution 1에 우클릭 > Model Setup Check를 수행한다. 아무런 오류가 나타나지 않아야 한다. Beam 요소의 단면이 설정되어 있지 않거나 CONM2 요소의 질량이 입력되지 않았을 수 있다.
2. Solving을 수행한다.

Stress - Element-Nodal (Von Mises)을 표시하면 그림 11-17과 같다. 변형 전의 모델을 함께 표시하였다.

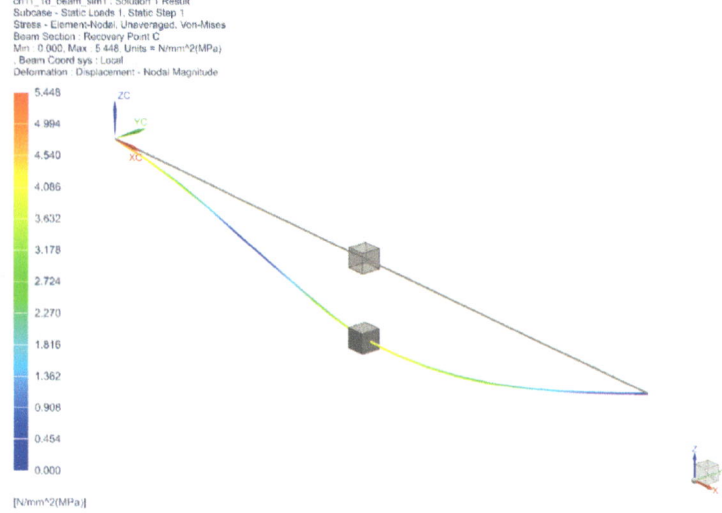

그림 11-17 해석 결과

3차원 모델에서는 단면에서의 위치마다 응력이 다르게 나타날 것이다. 그런데 이 예제는 3차원 모델을 1차원으로 간략화 하였으므로 특정 위치에서의 값을 표시하게 되어 있다. 어떤 위치에서의 응력을 표시하는지 확인해 보자.

1. Results 탭 > Post View 그룹 > Set Result 아이콘을 누른다. 그림 11-18과 같은 Result 대화상자가 나타나며 Shell and Beam Location: Beam 드롭다운 목록에 Recovery Point C가 선택되어 있다. 이는 Post View의 헤더에도 표시되어 있다.
2. 드롭다운 목록에서 Recovery Point E를 선택한 후 OK 버튼을 누른다. 결과 값에 변화가 없다.

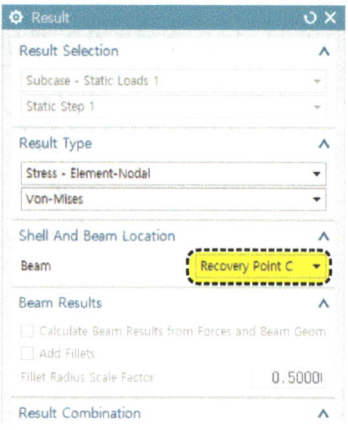

그림 11-18 Result 대화상자

Recovery Point란 1차원 요소 단면의 특정 위치를 지정하여 응력을 구하고 결과를 표시할 수 있도록 설정된 점이다. 그림 11-19는 빔 단면을 설정할 때 사용한 대화상자이다. Illustration 영역을 보면 단면의 모양 및 치수가 나타나 있고, C, D, E, F라는 표시가 있다. 이 위치가 Recovery Point이며 그림 11-18 대화상자의 Shell and Beam Location: Beam 옵션에서 표시하는 알파벳과 일치한다. Recovery Point의 위치를 확인하려면 단면의 Illustration을 보아야 한다. y_{elem}과 z_{elem}은 단면의 축방향을 표시하며 그림 11-10의 Y, Z 축과 같다. 이 예제의 I Beam 에서 Recovery Point C, D, E, F는 단면 축에서의 거리가 같기 때문에 모든 점에서 같은 결과값을 보여준다.

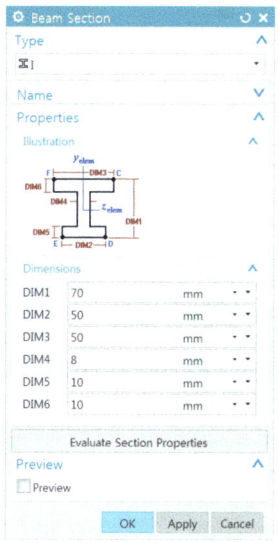

그림 11-19 Beam 단면 생성

단면의 임의 위치에서의 응력을 표시할 수도 있는데, 그러려면 먼저 Element Force 결과를 구해야 한다. NX Nastran에서는 여러 가지 결과값을 구할 수 있는데 기본 설정에서는 Displacement, Rotation, Stress, Reaction Force, Reaction Moment를 구해준다. Element Nodal Beam Resultant를 구하도록 설정해 보자.

1. Return to Home/Model 아이콘을 누른다.
2. Solution 1에 우클릭 > Edit을 선택한다.
3. Solution 대화상자의 아래 좌측 패널에서 Case Control을 선택한다.
4. Output Request 옵션 옆에 있는 Edit... 버튼을 누른다.
5. Structural Output Requests1 대화상자에서 Force를 선택하고 Enable FORCE Request 옵션을 체크한다.
6. 두 대화상자에서 OK 버튼을 누른다.

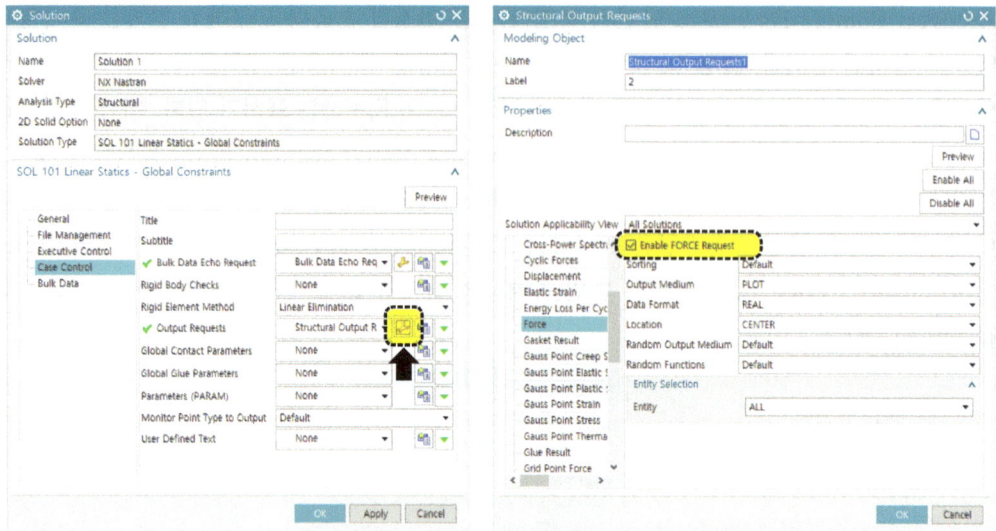

그림 11-20 Solution 대화상자   그림 11-21 Output Requests 대화상자

7. Solving을 다시 수행한 후 Results를 더블클릭한다.

그림 11-22와 같이 Beam Resultants – Element-Nodal이 계산되어 있음을 알 수 있다.

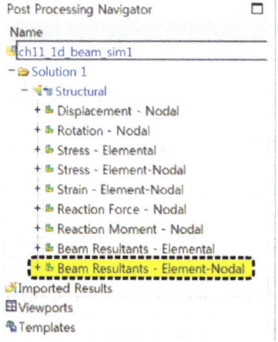

그림 11-22 계산된 결과값

이제 단면에서의 Von-Mises 응력 분포를 표시할 수 있다.

1. Solution 1 하위에 있는 아무 결과값이나 더블클릭하여 화면에 표시한다.
2. Results 탭 > Quick Edit 그룹에서 Deformation 옵션을 OFF 한다.
3. Results 탭 > Tools 그룹 > Beam Cross-Section View 아이콘을 클릭한다.
4. 그림 11-23과 같이 노드를 선택한 후 OK 버튼을 누른다.

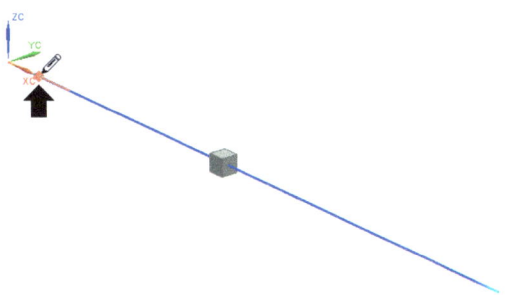

그림 11-23 Node 선택

그림 11-24는 Element 1의 Node 3 위치에서의 단면 응력 분포(Von-Mises)를 보여준다. Tools 아이콘 그룹에 있는 Identify Results 아이콘을 이용하면 임의 위치에서의 응력을 확인할 수 있다. Post Processing Navigator의 Viewports에서 Cross-Section View를 더블클릭한 후 Cross-Section View 대화상자에서 Display 탭을 누르면 Result를 설정할 수 있다.

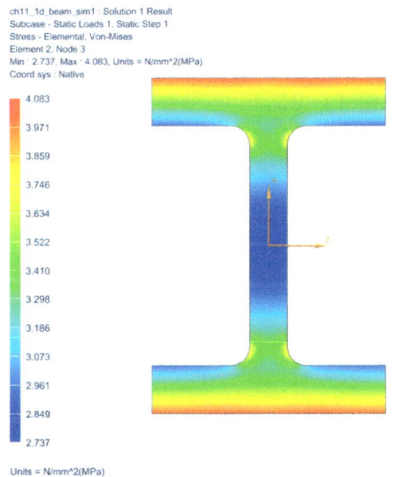

그림 11-24 단면에서의 응력 분포

Return to Home/Model 아이콘을 누른 후 파일을 저장한다.

11.6 추가 예제

그림 11-25는 H 모양의 구조물과 단면 모양을 보여준다. Master Part에 직선을 그린 다음 자동메쉬 기능을 이용하여 FE 모델을 구성할 수 있다. 기둥의 길이는 1000mm이고, 중간 부분을 400mm의 가로 막대로 연결한다. 기둥의 바닥은 고정되어 있으며 한 개의 끝 부분에 1000N의 Force를 가한다. 재료는 Steel로 한다.

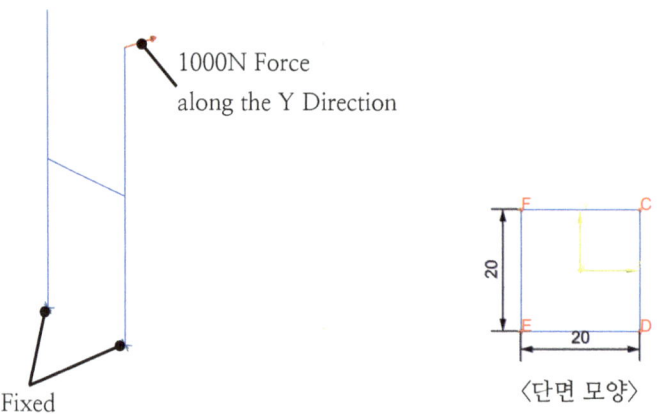

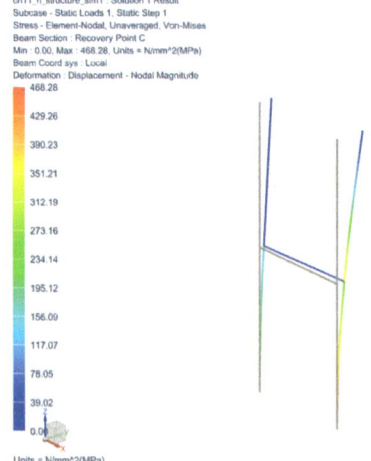

그림 11-25 H 형 구조물

그림 11-26 해석 결과

11.6.1 FE 모델 생성

Master Part에 선을 생성하자.

1. New 아이콘을 누른 다음 Model Template으로 파일을 생성한다. 파일명은 ch11_h_structure로 하고 폴더는 nx_sim으로 한다.
2. Curve 탭 > Line 아이콘을 누른다.
3. 원점을 첫 번째 점으로 선택한 후 Z 축 방향으로 1000mm의 직선을 생성한다.
4. (400, 0, 0) 위치를 첫 번째 점으로 선택한 후 Z 축 방향으로 1000mm의 직선을 생성한다.
5. Line 기능을 이용하여 두 직선의 중간점을 연결한다. (Midpoint 스냅)

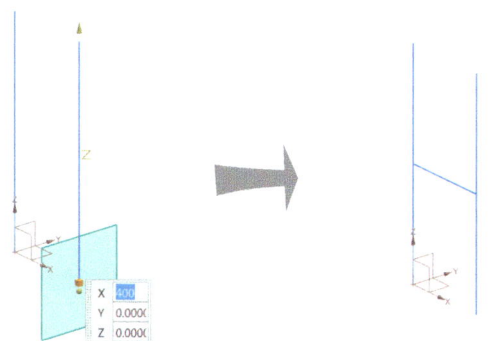

그림 11-27 직선 생성

해석용 파일을 생성하자.

1. Pre/Post를 실행시킨다.
2. Master Part에 우클릭 > New FEM and Simulation을 선택한다.
3. New FEM and Simulation 대화상자를 Reset 한 후 Geometry Options 버튼을 누른다.
4. Geometry Options 대화상자에서 Lines를 체크하고 OK를 누른다. Idealized Part는 생성하지 않아도 된다.
5. Solution 대화상자를 Reset 한 후 OK를 누른다.

SIM 파일이 Displayed로 지정되고 FEM 파일이 Work로 지정된다. FEM 파일에 우클릭 > Make Displayed Part를 선택하여 FEM 파일을 Displayed & Work로 지정한다. 화면에 Line이 표시되어야 한다. 그렇지 않다면 Simulation Navigator에서 FEM 파일에 우클릭 > Edit를 선택한 후 Geometry Option을 다시 설정한다.

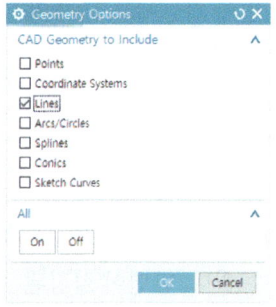

그림 11-28 Geometry Options

Chapter 11: 1D 요소를 이용한 I-Beam 해석

단면을 생성하자.

1. Home 탭 > Mesh 그룹 > More > 1D and 0D > 1D Element Section 아이콘을 선택한다.
2. Beam Section Manager 대화상자에서 Create Section 버튼을 누른다.
3. Beam Section 대화상자에서 Type을 BAR로 선택하고 그림 11-25의 단면을 정의한다.

Beam 요소를 생성하자. Line에 요소를 생성해야 하기 때문에 Home 탭 > Mesh 아이콘 그룹의 1D Mesh 기능을 이용한다.

1. Home 탭 > Mesh 아이콘 그룹 > 1D Mesh 아이콘을 누른다.
2. 대화상자를 Reset 하고 기둥의 직선을 선택한다.
3. Number of Element 입력창에 11을 입력한다.
4. Mesh Collector에 단면과 재질(Steel)을 설정한다.
5. 1D Mesh 대화상자에서 Apply 버튼을 눌러 메쉬를 생성한다.

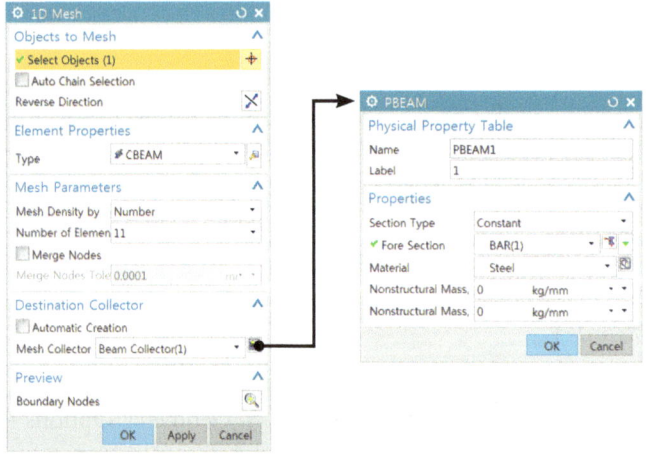

그림 11-29 Beam 설정

6. 두 번째 기둥에도 11개의 CBEAM 요소를 생성한다.
7. 연결 막대에 5개의 CBEAM 요소를 생성한다. 모두 같은 Beam Collector에 생성해야 한다.
8. FEM 파일을 저장한다.

Beam Collector에 우클릭 > Edit Display를 선택하여 단면 모양을 표시할 수 있다. 단면이 설정된 것만 확인하고 다시 원래대로 설정한다.

그림 11-30 FE 모델

경계조건과 하중을 생성하자.

1. SIM 파일을 Displayed & Work로 지정한다.
2. 기둥 선의 아래 끝 노드 두 개에 Fixed Constraint 을 적용한다. Node 필터를 이용하여 끝 노드를 선택해야 한다. (그림 11-31의 ❷)
3. 기둥의 반대쪽 한 개의 끝 노드에 1000N의 Force를 가한다. 방향은 YC로 한다. (그림 11-31의 ❸)
4. SIM 파일을 저장한다.

그림 11-31 변위구속과 하중

11.6.2 Solving 및 결과 확인

1. Model Setup Check 후 Solving을 수행한다.
2. Results > Structural을 더블클릭 한다. 결과가 없다는 메시지가 나타난다. OK를 눌러 메시지 창을 닫는다.

11.6.3 모델 수정

.f06 파일을 열어 Fatal 메시지를 확인해 보면 그림 11-32와 같다. 이러한 메시지는 변위 구속에 문제가 있음을 암시한다.

```
^^^ USER    FATAL    MESSAGE 9137 (SEKRRS)
^^^ RUN TERMINATED DUE TO EXCESSIVE PIVOT RATIOS IN MATRIX KLL.
^^^ USER ACTION:  CONSTRAIN MECHANISMS WITH SPCI OR SUPORTI ENTRIES OR SPECIFY PARAM,BAILOUT,-1 TO
^^^ CONTINUE THE RUN WITH MECHANISMS.
```

그림 11-32 Fatal Message

FE 모델에 Node를 표시해 보자.

1. Return to Home 아이콘을 누른다.
2. FEM 파일을 Displayed & Work로 표시한다.
3. Menu 버튼 > Preferences > Model Display를 선택한다.
4. Type Filter를 Element로 설정한 후 마우스 커서를 ❹ 부분으로 가져가면 요소가 하이라이트 된다.

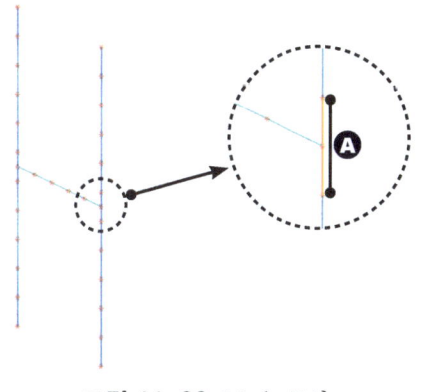

그림 11-33 Node 표시

가로 막대의 끝 노드가 ❹ 요소의 중간에 있음을 알 수 있다. 이는 두 요소가 연결되지 않았음을 의미한다. 즉, 가로 막대는 구속이 되지 않아 Mechanism이 발생한다.

기둥의 가운데에 노드가 생성되도록 Mesh Point를 생성하자.

1. Home 탭 > Mesh > More > Other > Mesh Point 아이콘을 누른다.
2. Type 옵션에서 Projected Point를 선택한다.
3. Object to Project to 옵션에서 기둥 직선을 선택한다. (그림 11-34의 ❸)
4. Point로 가로 막대의 끝 노드를 선택한다. (그림 11-34의 ❻) Type Filter를 사용해도 되고, Quick Pick 기능을 이용해도 좋다.
5. Mesh Point Constructor 대화상자에서 Apply 버튼을 누른다.
6. 반대쪽 직선에도 같은 방법으로 Mesh Point를 생성한다.

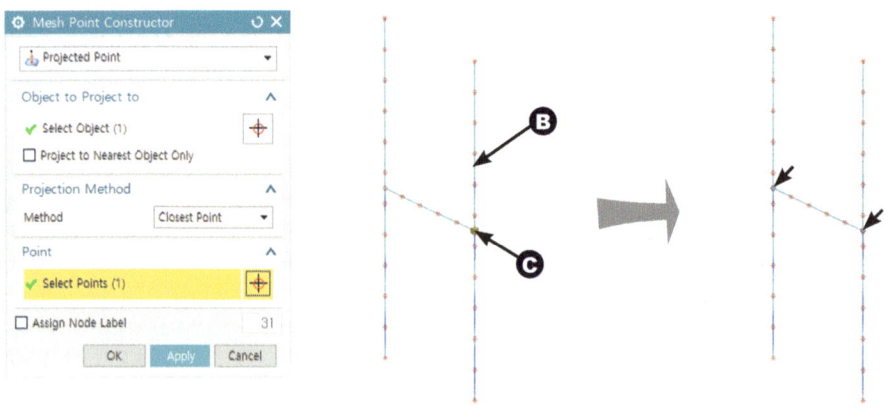

그림 11-34 Mesh Point 생성

7. Update 아이콘을 누른다.

그림 11-35와 같이 기둥 직선의 Mesh Point를 생성한 곳에 Node가 생성된다. 그러나 이대로는 기둥과 가로 막대가 연결된 것이 아니라는 점에 주의해야 한다. 노드를 공통으로 사용해야 양쪽 요소가 연결된 것이다. Type Filter를 Node로 설정하고 Mesh Point 위치의 노드 개수를 확인해 보면 같은 위치에 Node가 두 개 존재함을 알 수 있다. 이는 기둥의 노드와 가로 막대의 끝 노드가 각각이라는 것을 의미한다.

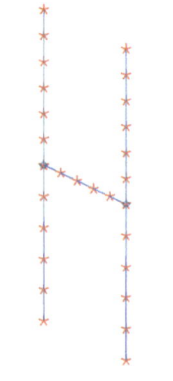

그림 11-35 업데이트 된 FE Model

지정된 거리에 노드가 중복되어 있는지 확인하는 기능이 있다.

1. Home 탭 > Checks and Information 그룹 > More > Checks > Duplicate Nodes를 선택한다. Simulation Navigator의 Beam Collector에 우클릭 > Check All > Duplicate Nodes를 선택해도 된다.
2. Node to Check 옵션에서 Displayed를 선택한다. 화면에 표시되어 있는 FE 모델을 체크한다. Tolerance 내에 가까이 있는 두 개 이상의 노드를 화면에 표시해 준다. 두 곳이 표시됨을 알 수 있다.
3. Duplicate Nodes 대화상자에서 Merge Nodes 버튼을 누르고 대화상자를 닫는다.

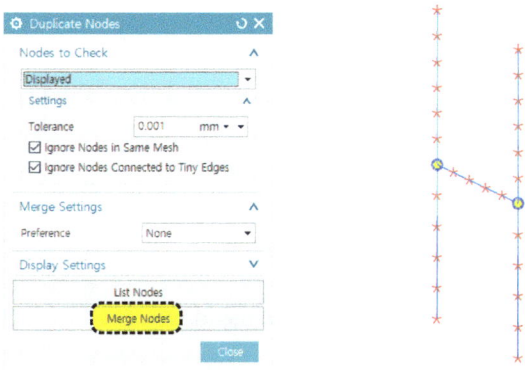

그림 11-36 중복 노드 체크

다시 한 번 체크하여 중복 노드가 없음을 확인한다.

Node를 Merge 한 후에는 Mesh에 Lock이 설정된다. 자동으로 생성한 메쉬 정보가 자동메쉬 범위 밖에서 수정되면 Lock이 설정된다. Mesh에 우클릭 > Unlock을 선택하여 Lock을 해제할 수 있다. 업데이트 해야 하며 자동메쉬 범주로 복구된다. Merge가 정상적으로 수행되지 않은 경우 메쉬를 Unlock 한 후에 Mesh Point를 생성하는 부분부터 다시 수행해야 한다. 이미 Lock이 설정된 상태에서는 Mesh Point를 추가로 지정하거나 Mesh Control을 설정해도 Update가 활성화 되지 않는다.

FE 모델을 수정했으므로 SIM 파일을 확인하자.

1. SIM 파일을 더블클릭한다.

그림 11-37과 같이 구속과 하중 심볼이 다르게 표시된다. Simulation Navigator를 보면 해당 항목의 심볼이 비정상임을 알 수 있다. 이는 전에 구속과 하중을 적용한 노드에 대한 정보가 유실되었다는 것을 의미한다. FEM 파일에서 Node를 Merge 하는 바람에 이런 현상이 생긴다.

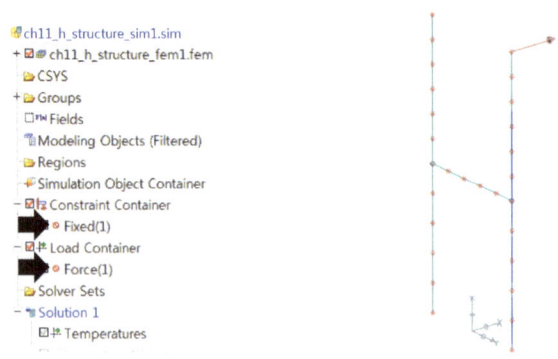

그림 11-37 구속과 하중 문제

2. Constraint Container의 Fixed 구속을 더블클릭한 후 기둥의 바닥 노드 두 개를 다시 선택한다.
3. Load Container의 Force를 더블클릭한 후 기둥의 끝 노드를 다시 선택한다.
4. 정상적으로 복구된 것을 확인하고 SIM 파일을 저장한다.

11.6.4 Solving & Post Processing

Solving을 수행한 후 Stress - Element-Nodal을 표시하면 그림 11-38과 같다.

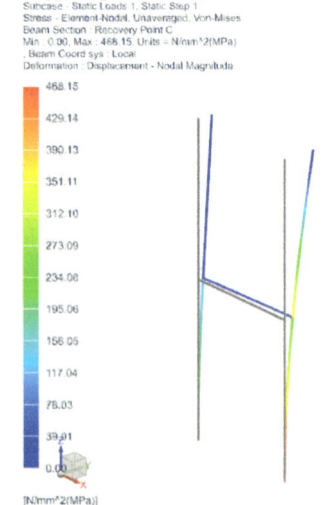

그림 11-38 Stress - Element-Nodal (Von Mises)

11.7 보충

11.7.1 1D Element

그림 11-39는 1D 요소의 종류를 보여준다. 각 종류별 Collector에서 물성치를 설정할 수 있다.

그림 11-40은 Beam Collector의 PBEAM 속성 입력창을 보여준다. Section과 Material, Nonstructural Mass를 두 개 입력할 수 있다. CBEAM 요소는 테이퍼 단면을 지정할 수 있다.

그림 11-41은 Bar Collector의 PBAR 속성 입력창을 보여준다. Section과 Material을 입력할 수 있고, Nonstructural Mass를 한 개 입력할 수 있다. CBAR 요소는 단면이 일정하다.

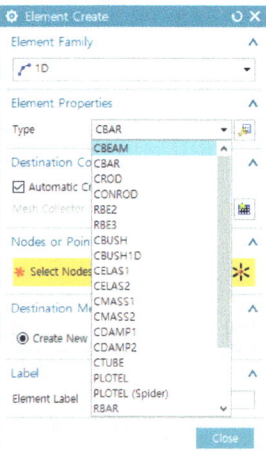

그림 11-39 1D 요소

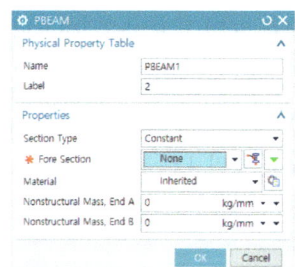

그림 11-40 PBEAM 속성 입력창

그림 11-41 PBAR 속성 입력창

그림 11-42는 Rod Collector의 PROD 속성 입력창을 보여준다. 요소를 정의하는데 필요한 물성치를 입력할 수 있다. 그림 11-43은 Conrod Collector 대화상자를 보여준다. CROD와 CONROD 요소는 같은 용도로 사용되며 축방향의 압축, 인장, 비틀림 거동을 구현할 수 있다. CROD는 PROD 입력창에서 속성을 설정하고 CONROD는 Mesh Associated Data 대화상자에서 요소의 속성을 설정한다.

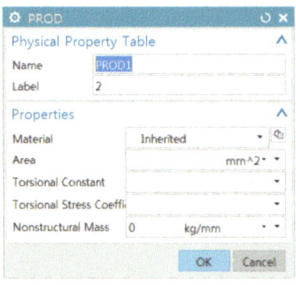

그림 11-42 PROD 속성 입력창

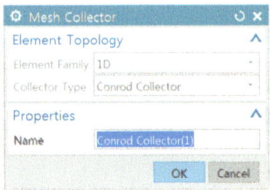

그림 11-43 Conrod Collector 대화상자

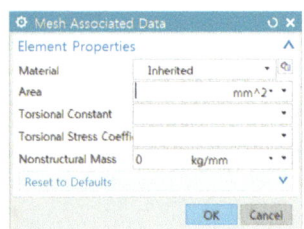

그림 11-44 Conrod 요소의
Mesh Associated Data 대화상자

11.7.2 R-Type Element

두 개의 노드를 연결하는 1D 요소의 일종으로서 두 노드를 연결하여 한 쪽 노드의 변위(6 자유도)를 다른 쪽 노드로 전달하는 역할을 한다. RROD, RBAR, RBE1, RBE2, RTRPLT, RBE3, RSPLINE 등이 있다. Rigid Element라고 부르기도 하지만 RBE3와 RSPLINE 요소는 Rigid 하지 않다. RBAR, RBE2, RBE3가 자주 사용된다. 이러한 요소는 Collector에서 속성을 설정하지 않고 Mesh Associated Data에서 설정한다. 그림 11-45, 그림 11-46, 그림 11-47은 각각 RBE2, RBAR, RROD 요소의 Mesh Associated Data 대화상자를 보여준다.

각 요소의 구체적인 특징 및 사용법에 대해서는 NX Nastran Quick Reference Guide를 참고하기 바란다.

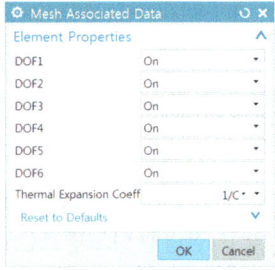

그림 11-45 RBE2 요소의 Mesh Associated Data 대화상자

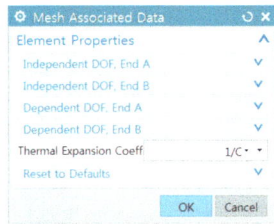

그림 11-46 RBAR 요소의
Mesh Associated Data 대화상자

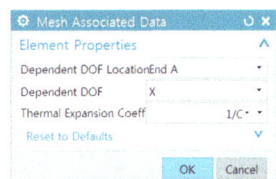

그림 11-47 RROD 요소의
Mesh Associated Data 대화상자

11.7.3 0D Element

0D 요소는 노드 한 개에 Spring, Damping, Mass 속성을 설정한다. 1D 요소에서는 두 노드를 Spring, Damping, Mass 속성으로 연결하는 반면 0D 요소에서는 1개의 노드를 Ground 시킨다. Bush는 Spring과 Damping 속성을 함께 정의할 수 있는 요소이다.

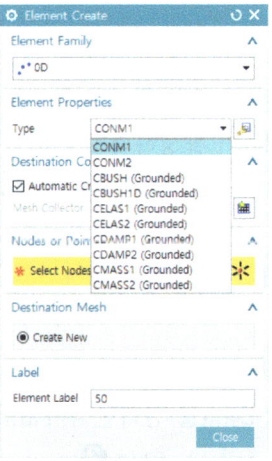

그림 11-48 0D 요소

CONM1과 CONM2는 집중질량 요소이다. CONM1을 이용하면 6x6 Symmetric Mass Matrix를 정의할 수 있다. 중력이 Z 방향으로 작용한다면 중력에 대한 집중하중의 영향을 고려하기 위하여 Mass 33 입력창에 질량을 입력해야 한다.

CONM2 요소를 이용하면 무게중심에 집중된 질량을 정의할 수 있다. 선택한 노드에서 무게중심까지의 오프셋을 설정할 수도 있고 질량관성모멘트(Mass Moment of Inertia)를 입력할 수도 있다.

그림 11-49 CONM1 요소의 Mesh Associated Data 대화상자

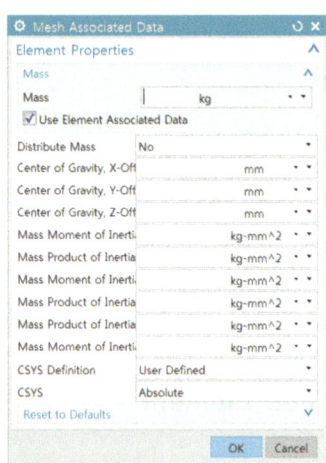

그림 11-50 CONM2 요소의 Mesh Associated Data 대화상자

11.7.4 Bailout 파라미터

Bailout 파라미터의 Default 값은 0이다. 이는 Linear Statitics 해석에서 Stiffness Matrix에 Singular가 발생할 경우 Fatal Message를 발생시키며 Solving을 중지하도록 한다. Bailout 파라미터 값을 -1로 설정하면 Singular가 발생하더라도 해석을 수행한다. 연결 문제로 Singular가 발생한 경우 결과를 표시함으로써 어느 부분이 문제가 되는지 알 수 있다.

Bailout 파라미터는 다음 절차에 따라 설정할 수 있다.

1. Solution에 우클릭 > Edit을 선택한다.
2. 대화상자의 왼쪽 영역에서 Bulk Data를 선택한 후 Parameters 드롭다운 옆에 있는 Create Modeling Object 버튼을 누른다.(그림 11-51의 ❷)
3. Bailout 파라미터를 찾아서 입력창에 -1을 입력하고 OK 버튼을 누른다. (그림 11-52의 ❸)
4. OK 버튼을 눌러 적용한다.

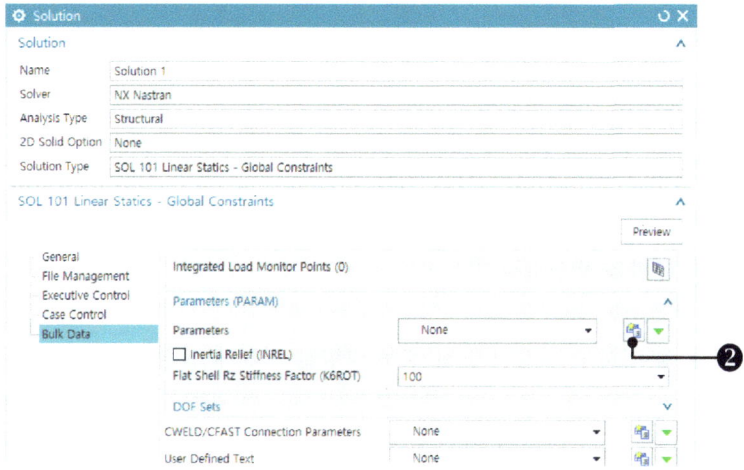

그림 11-51 Modeling Object 버튼

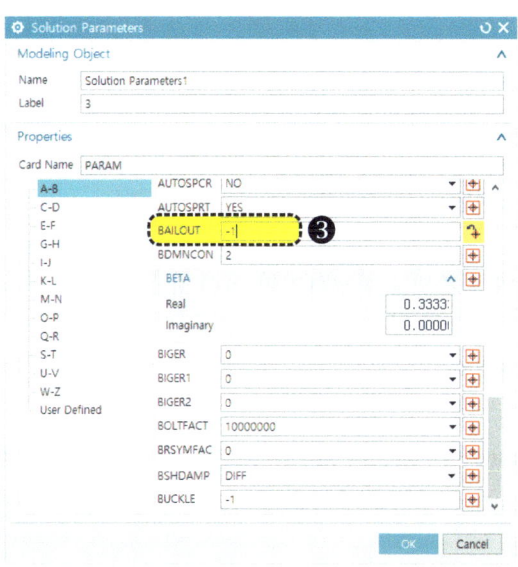

그림 11-52 Bailout 파라미터 설정

그림 11-53은 이 챕터의 H 빔을 노드 연결 없이 Bailout 파라미터를 -1로 하여 해석을 수행한 결과를 보여준다. 가로 막대가 떨어진 것을 보고 요소가 연결되지 않았음을 추정할 수 있다.

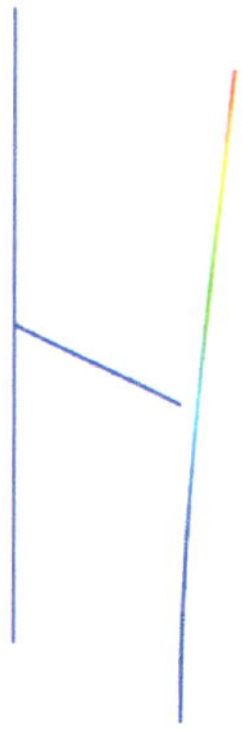

그림 11-53 Bailout 파라미터 -1

11.8 Quiz

1. 요소의 Connectivity란 무엇인가?

2. 인접한 요소가 서로 연결되어 있다는 것을 Connectivity를 이용하여 설명하시오.

3. Beam 요소의 단면을 생성하는 기능은?

4. Beam 단면이 상하 좌우 대칭이 아닐 경우 방향을 어떻게 설정하는가?

5. 노드에 집중질량을 정의하려면 어떤 요소를 생성하는가?

6. X 방향으로 가속도 하중이 작용할 때 CONM1 요소로 집중질량을 정의하려면 어떤 값을 입력해야 하는가?

7. Beam 단면에서 응력을 계산하는 점을 무엇이라고 부르는가?

8. Beam 단면에서의 응력분포를 표시하려면 어떤 결과값이 있어야 하는가?

9. 노드에서 집중질량의 무게중심까지의 오프셋을 설정하려면 어떤 요소를 사용하는가?

10. 같은 위치에 두 개의 노드가 특정 거리보다 가까이 있는지 확인할 수 있는 기능은?

11. Beam 단면의 Stress Recovery Point 이외의 위치에서의 응력을 확인하려면 어떻게 하는가?

12. CROD와 같은 기능을 하는 1D 요소는?

13. 1D 요소이지만 물성치를 갖지 않으며 두 노드 사이의 변위나 회전을 전달하는 역할을 하는 요소를 통칭하여 무엇이라고 부르는가?

14. Check 기능 중 요소가 겹쳐있는지 확인하는 기능은 무엇인가?

15. Polygon Geometry 또는 Curve의 특정 위치에 노드가 생성되게 하려면 어떤 기능을 이용하는가?

Chapter 12
1D 요소를 이용한 Truss 구조물 해석

■ 학습목표

- 서로 다른 단면의 빔 요소를 이용하여 FE 모델을 구성한다.
- Mesh Point의 필요성을 이해한다.
- Node의 연결성을 확인하고 중복 노드를 확인한다.
- 1D Element의 축 방향을 설정할 수 있다.
- 결과 그래프를 표시할 수 있다.

Chapter 12: 1D 요소를 이용한 Truss 구조물 해석

12.1 개요

한강철교는 Girder 형 다리에 트러스 구조로 보강한 구조물이다. 1차원 요소를 이용하여 해석을 수행해 보자.

다음 절차에 따라 모델을 준비하고 해석을 수행한다.

1. Line을 이용하여 트러스 구조를 모델링 한다.
2. 트러스 보강 부분을 포함하여 1차원 요소를 이용한 해석을 수행한다.
3. 트러스 보강 부분을 일부 제외하고 해석을 수행한다. 이 부분은 독자 여러분들의 자습으로 남겨둔다.

재료는 NX에서 제공하는 Steel을 이용하고, Girder 부분과 Truss 부분에 서로 다른 크기의 I 빔을 이용한다. 다리의 중간 부분에는 1 Ton의 질량이 놓여 있는 것으로 가정한다. 집중 질량은 CONM2 요소를 이용하고, Girder의 중앙에 0D 요소를 생성한 후 대각선에 있는 Node와 RBE2 요소를 이용하여 연결한다.

선으로 모델링 한 후 1D 요소를 생성하면 선의 끝 점에는 노드가 생성되지만 중간 부분에는 임의의 위치에 Node가 생성된다. 따라서 다른 선의 끝 점에 생성될 요소와 연결되도록 하기 위해 그 위치에 노드가 생성되어야 한다. Mesh Point를 이용 한다.

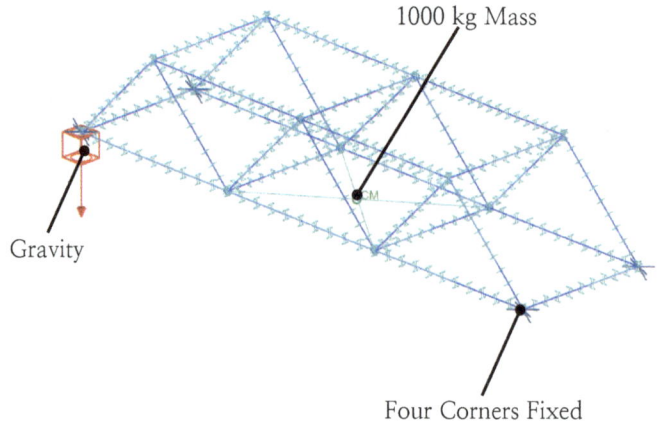

그림 12-1 해석 모델

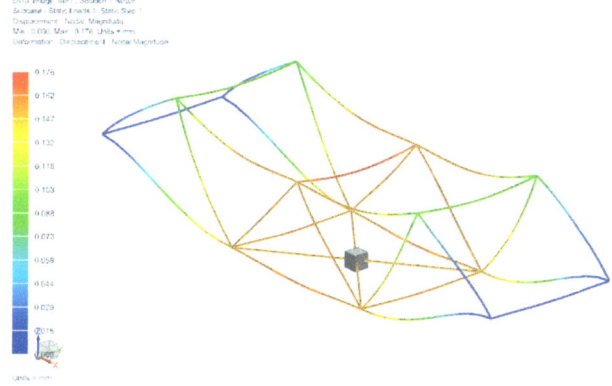

그림 12-2 해석 결과(Displacement)

12.2 모델 생성

1. Model 템플릿을 이용하여 새 파일을 생성한다. 파일명은 ch12_bridge로 한다.
2. Line 기능을 이용하여 그림 12-3과 같이 Truss를 포함한 형상을 모델링 한다.

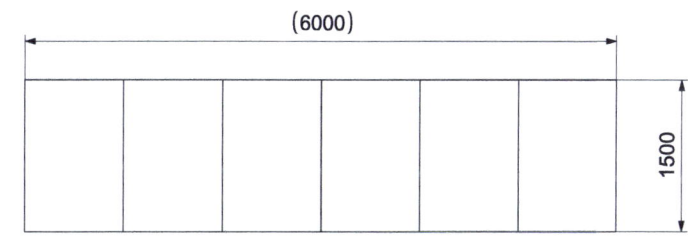

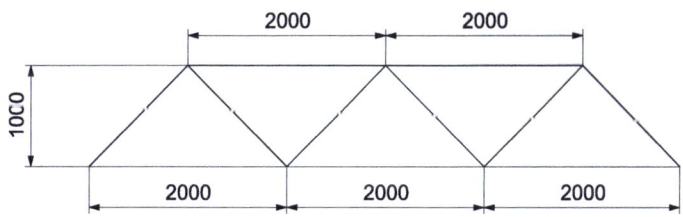

그림 12-3 Truss를 포함한 구조물

293

12.3 Mesh 생성

12.3.1 해석용 파일 생성 및 Solution 설정

1. Pre/Post 실행 후 FEM, SIM, Idealized Part를 생성한다.
2. Solution 대화상자의 Case Control > Output Requests 항목의 Edit 아이콘을 누른다.
3. Force를 선택한 후 Enable FORCE Request 옵션을 체크한 후 OK 버튼을 누른다.

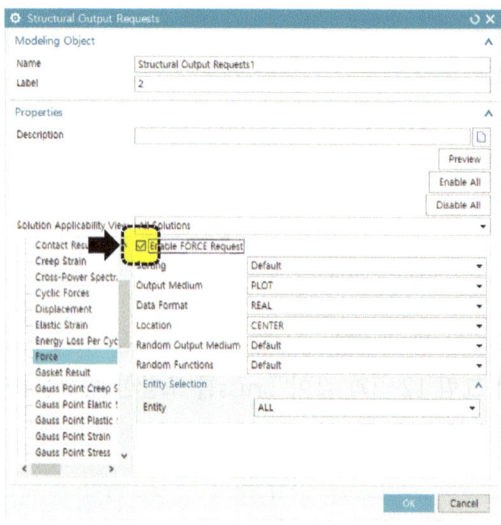

그림 12-4 Output Request 설정

12.3.2 FEM 옵션 변경

파트 파일에서 생성한 선들이 나타나지 않는다. FEM 파일 생성 옵션을 수정해야 한다.

1. FEM 파일이 Work로 되어 있는 것을 확인하고 Simulation Navigator의 FEM 파일에 우클릭 > Edit을 선택한다.
2. Geometry Options 버튼을 누른 후 Lines 옵션을 체크한다.
3. 대화상자를 닫는다.

12.3.3 단면 생성

1. Home 탭 〉 Mesh 그룹 〉 More 〉 1D and 0D 〉 1D Element Section을 선택한다.
2. 두 개의 단면을 생성한다. 단면의 이름을 기입한다.

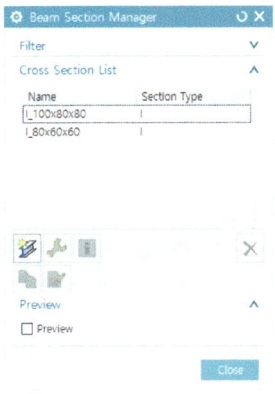
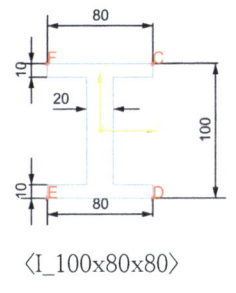
⟨I_100x80x80⟩
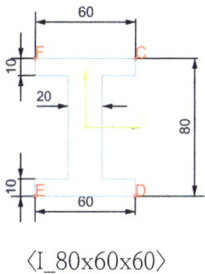
⟨I_80x60x60⟩

그림 12-5 단면 생성

12.3.4 1D Mesh 생성

1. Home 〉 Mesh 〉 1D Mesh 아이콘을 누른다.
2. 대화상자를 Reset 한다.
3. 네 개의 Main Frame을 선택한다.
4. Number of Elements를 31로 설정하고 New Collector 버튼을 누른다.
5. Mesh Collector 대화상자에서 Name을 main_1으로 입력하고, Physical Property Type을 PBEAM으로 선택한 후 Create Physical... 버튼을 누른다.
6. PBEAM 대화상자에서 Fore Section으로 I_100x80x80을 선택하고 Material로 Steel을 선택한 후 OK 버튼을 누른다. 다른 대화상자에서도 OK 버튼을 눌러 Mesh를 생성한다.

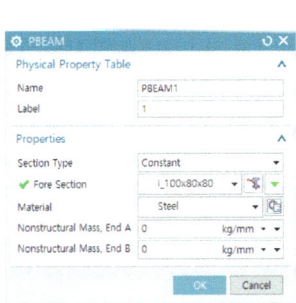
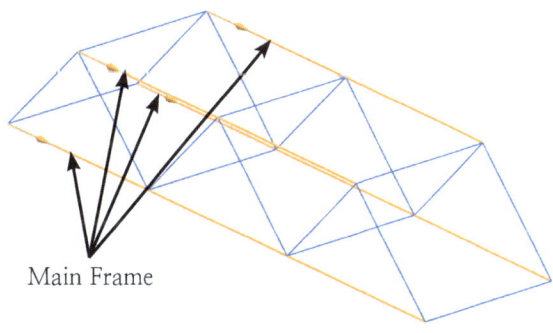

그림 12-6 4개의 Main 프레임에 Mesh 생성

295

Beam 단면을 표시해 보면 방향이 다르게 나온다. 다음 절차에 따라 Beam 단면의 방향을 Z 축 방향으로 맞춘다.

1. 1D Collector를 펼친 후 1d_mesh(1)에 우클릭 > Edit Mesh Associated Data를 선택한다.
2. Element Axis의 Y 방향을 ZC 방향으로 변경한다.
3. OK 버튼을 누른다.

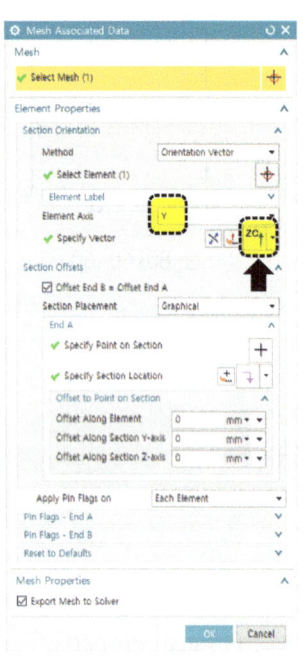
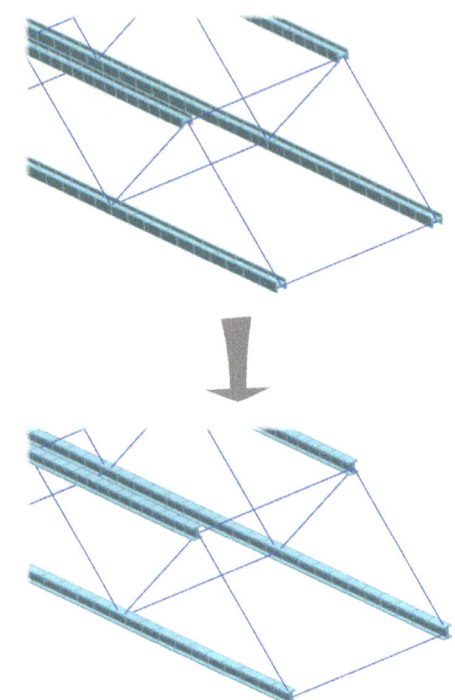

그림 12-7 단면의 방향 변경

Y 방향의 4 개의 Main Frame에 같은 단면의 1D 요소를 생성하자.

1. 1D Mesh 아이콘을 누른다.
2. 그림 12-8에 표시한 4 개의 선을 선택한다. 선에 나타나는 화살표의 방향이 일치되도록 한다. 이 방향은 단면의 x 방향이며 Recovery Point의 위치를 결정한다.
3. 1D Mesh 대화상자의 Number of Elements를 10으로 입력한다.
4. Destination Collector 옵션에서 Automatic Creation 옵션을 해제하고, main_1 Collector를 선택한다.
5. OK 버튼을 눌러 Mesh를 생성한다.
6. Beam 단면의 Y방향을 ZC 방향으로 변경한다.

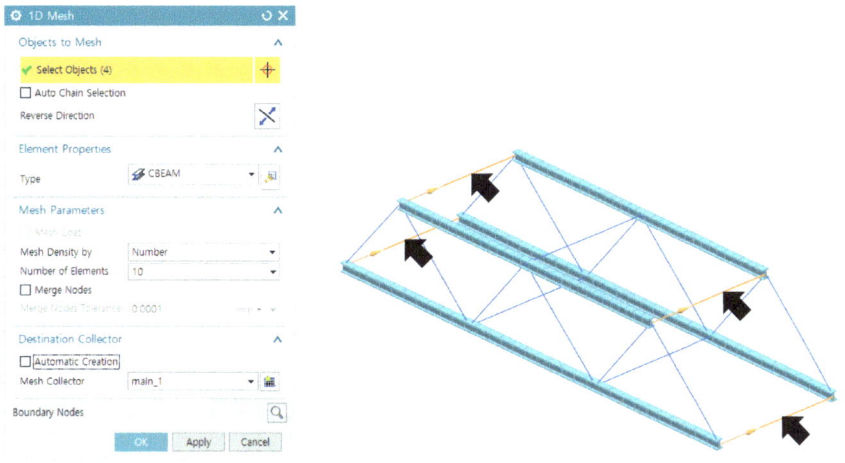

그림 12-8 Y 방향 Main Frame

나머지 선에 작은 단면의 1D Beam 요소를 생성하자. 빔 단면의 Y 방향을 기울어진 방향으로 설정해야 한다는 점에 주의한다.

1. 1D Mesh 아이콘을 누른다.
2. 그림 12-9에 표시한 6 개의 동일 방향 서브 프레임을 선택한다.
3. Collector의 이름을 sub_1으로 하고 단면 및 재질을 설정한다.
4. OK 버튼을 누른다.

빔 단면의 방향을 확인한다.

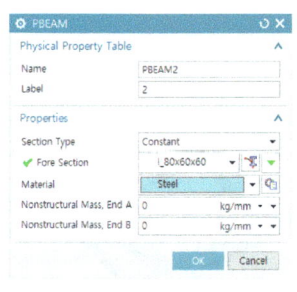 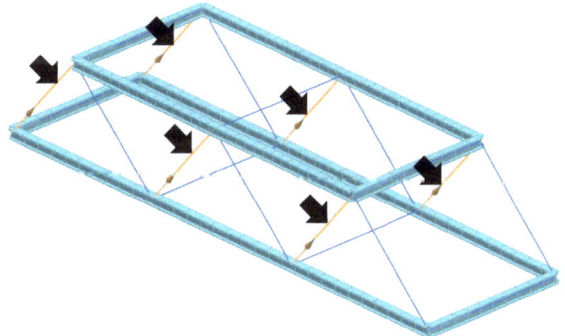

그림 12-9 Sub Frame

Chapter 12 : 1D 요소를 이용한 Truss 구조물 해석

빔 단면의 방향을 변경해 보자.

1. WCS를 화면에 표시한 후 더블클릭하여 방향을 그림 12-10과 같이 변경한다. XC 방향 화살표 머리를 선택한 후 기울어진 직선을 선택하면 된다.
2. sub_1 Collector 하위에 있는 1d_mesh(3)에 우클릭 > Edit Mesh Associated Data를 선택한다.
3. Element Axis의 Y 축을 WCS의 ZC 축과 일치 시킨다. 결과는 그림 12-11과 같다.

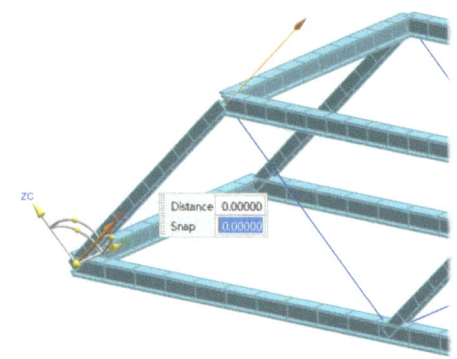

그림 12-10 WCS 방향 변경

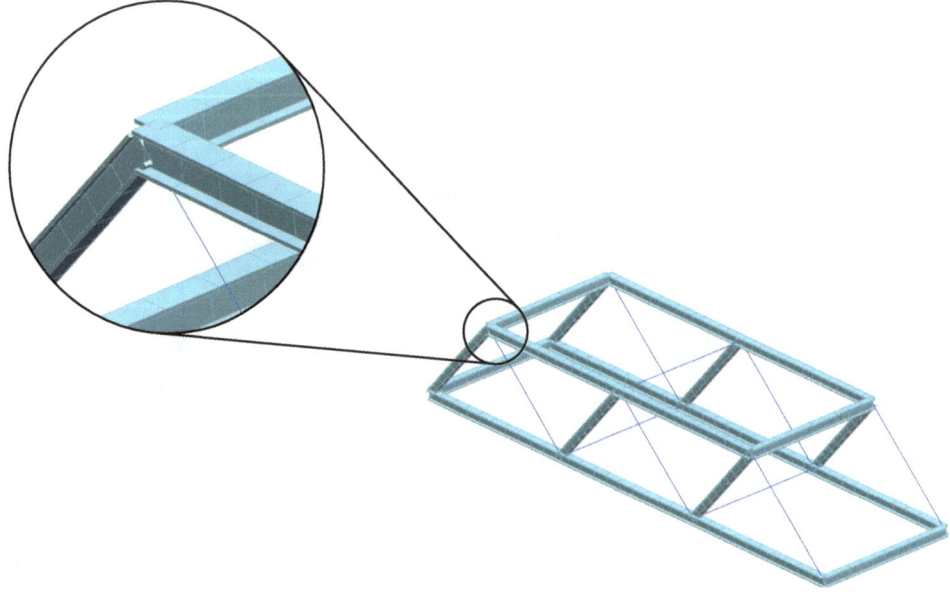

그림 12-11 방향이 변경된 Beam 요소

반대 방향으로 기울어진 선에 메쉬를 생성하자.

1. W 키를 눌러 WCS를 화면에 표시한다.
2. 그림 12-12에 표시한 6 개의 선을 선택하여 1D Mesh를 생성한다. Beam Element의 Y 방향을 XC 방향과 일치 시키고 Mesh Collector는 sub_1으로 설정한다.

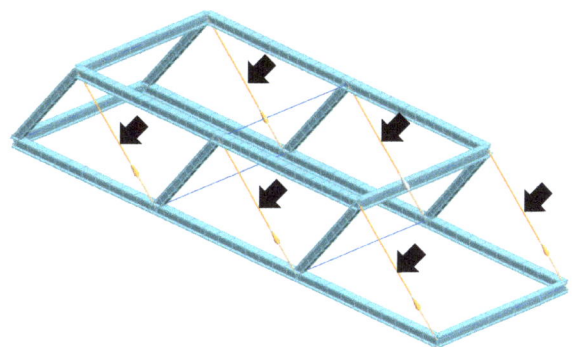

그림 12-12 Sub Frame

나머지 세 개의 Y 방향 선에 빔 요소를 생성하자.

1. Menu 버튼 > Format > WCS > Set WCS to Absolute를 선택하여 처음 상태로 놓는다.
2. 나머지 세 개의 선을 선택하여 빔 단면의 Y 방향을 새로 설정한 WCS의 ZC 방향과 일치하도록 1D Beam 요소를 생성한다. Collector는 sub_1으로 하고 요소의 개수는 10으로 한다.
3. 파일을 저장한다.

그림 12-13은 완성된 FE 모델을 보여준다.

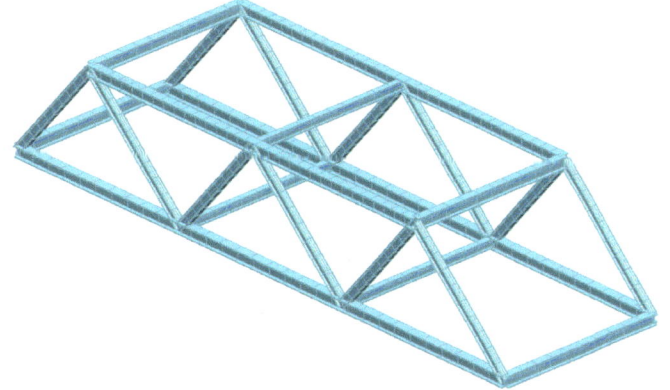

그림 12-13 완성된 Mesh

12.3.5 Node 위치 변경

Node가 어긋난 곳이 있다. Mesh를 선으로 나타내고 Node를 표시해 보자.

1. Collector main_1과 sub_1에 우클릭 > Edit Display를 선택하여 Display Section 옵션을 None으로 설정한다.
2. Menu 버튼 > Preferences > Model Display를 선택한 후 Node 탭의 Attached Marker Type을 Asterisk로 설정한다.

그림 12-14와 같이 표시된다. 확대한 부분을 보면 Node가 어긋나 있음을 알 수 있다. Main Frame의 Node가 Sub Frame의 끝 점 위치에 생성되었어야 한다.

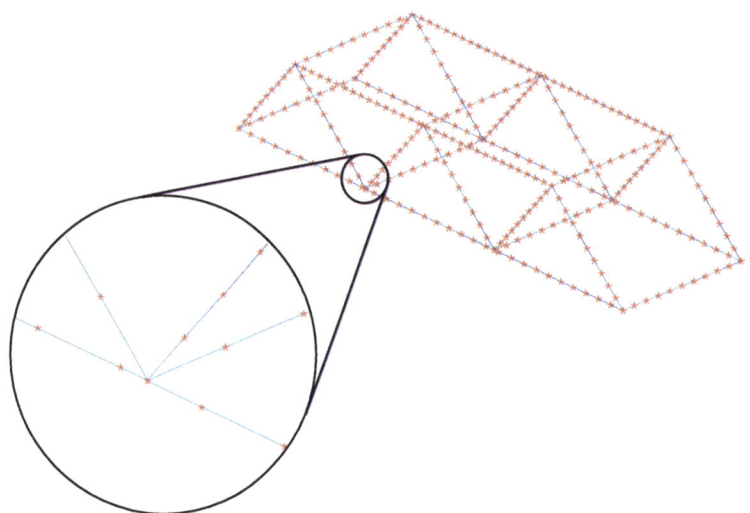

그림 12-14 Node와 선으로 표시한 FE 모델

Main Frame의 특정 위치에 Node가 생성되게 하려면 Mesh Point를 생성해야 한다.

1. Home > Mesh > More > Other > Mesh Point 아이콘을 누른다.
2. 대화상자를 Reset 하고, Type 옵션에서 Projected Point를 선택한다.
3. Object to Project to 옵션으로 직선을 선택한다. (그림 12-15 참고)
4. Point를 선택한다. End Point 스냅을 이용하면 편리하다. (그림 12-15 참고)
5. Apply를 누르고 나머지 세 부분에 대해서도 같은 방법으로 Mesh Point를 생성한다.

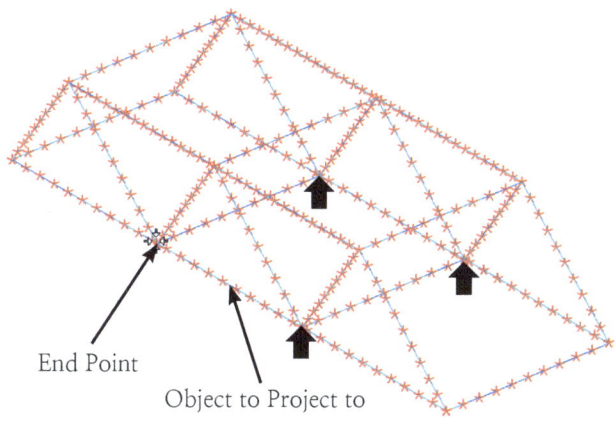

그림 12-15 Mesh Point 생성

6. 같은 방법으로 상부 Main Frame의 가운데 부분에도 Mesh Point를 생성한다.

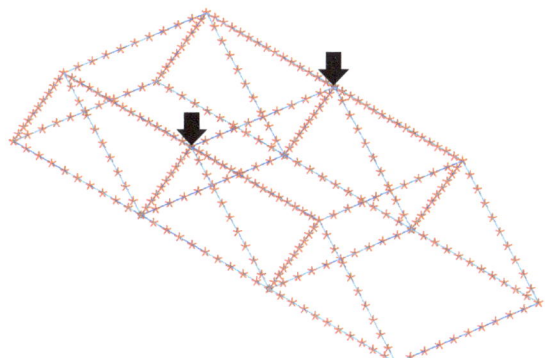

그림 12-16 상부 프레임의 Mesh Point

7. Home > Context > Update 아이콘을 누른다.
8. Mesh Point를 생성한 위치에 Node가 생성된 것을 확인한다.

12.3.6 0D 요소 생성

Girder 상판의 가운데 부분에 1000kg의 집중질량을 생성하여야 한다. 0D Mesh를 생성하려면 그 위치에 Node가 있어야 한다.

1. Nodes and Elements 탭 > Nodes > Between Nodes 아이콘을 누른다.
2. 대각선의 Node 두 개를 연속하여 선택한다. (그림 12-17의 Ⓐ와 Ⓑ)
3. OK 버튼을 누른다.

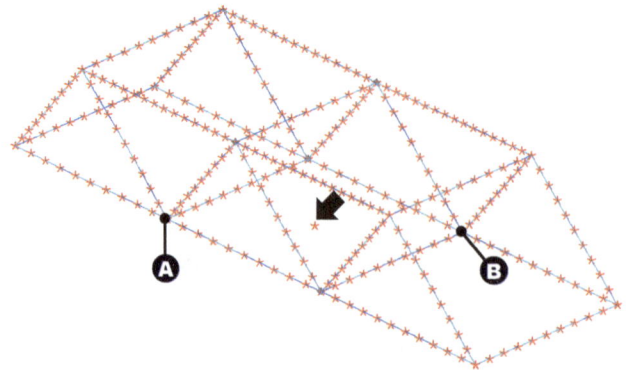

그림 12-17 Node 생성

0D 요소를 생성하자.

1. Nodes and Elements 탭 > Elements > Element Create 아이콘을 누른다.
2. Element Create 대화상자의 Element Family를 0D로 하고 Type을 CONM2로 한다.
3. Mesh Associated Data 버튼을 누른다.
4. Mass를 1000 kg으로 입력하고 OK를 누른다.
5. 위에서 생성한 Node를 선택하고 Close를 누른다. 노드 위치에 CM이라고 표시된다.

12.3.7 연결 요소 생성

중간에 있는 집중질량을 구조물과 연결하여야 한다. 1차원의 RBE2 요소를 이용하여 대각선에 있는 Node와 연결하자.

1. Home 탭 > Connections 그룹 > 1D Connection 아이콘을 누른다.
2. Type을 Node to Node로 선택한다.
3. Source로 가운데 노드를 선택한 후 마우스 가운데 버튼을 누른다.
4. Target으로 대각선에 있는 네 개의 Node를 선택한다.
5. Connection Element 옵션에서 Type을 RBE2로 선택한다.
6. OK 버튼을 누른다.
7. 파일을 저장한다.

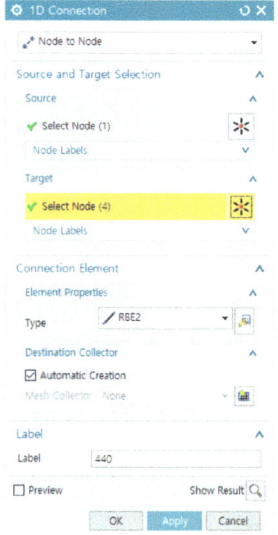
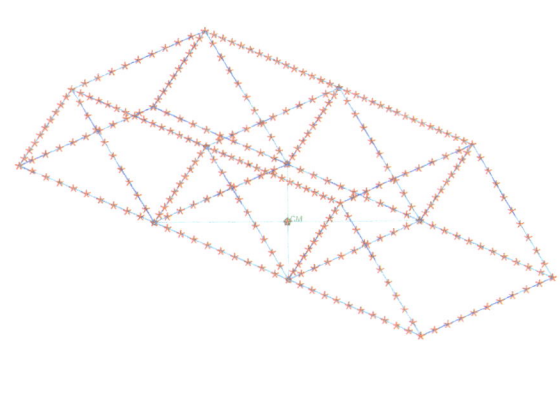

그림 12-18 연결 요소 생성

12.4 경계조건

네 군데 코너에 Fixed 구속을 주고 Gravity 하중을 부여하자.

1. Activate Simulation 아이콘을 누른다.
2. Fixed Constraint 아이콘을 누르고 네 개의 코너 노드를 선택한 후 OK 버튼을 누른다.
3. Load Type 아이콘 그룹에서 Gravity 아이콘을 누른 후 −ZC 방향으로 9810 mm/sec^2의 중력 가속도를 정의한 후 OK 버튼을 누른다.
4. 파일을 저장한다.

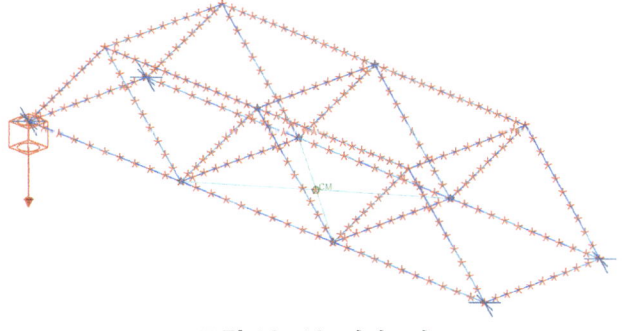

그림 12-19 경계조건

12.5 Solving

1. Solution 1에 우클릭 > Model Setup Check를 선택한다.
2. FE 모델 구성에 오류가 없음을 확인한다.
3. Solving을 수행한다.
4. Solution Monitor의 Fatal Message를 확인한다.
5. Results를 더블클릭 한다. 해석 결과가 없음을 알 수 있다.

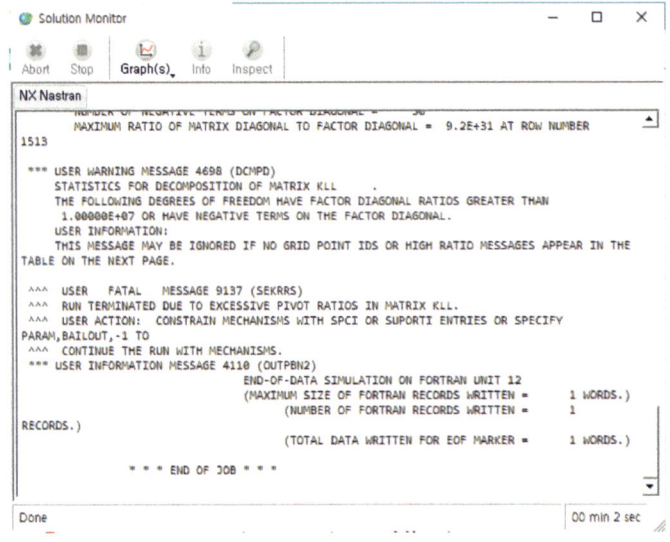

그림 12-20 Fatal Message

12.6 FE 모델 수정 및 Solving

12.6.1 중복 노드(Duplicate Node) 체크 및 연결

그림 12-20의 Fatal Message는 Solving을 수행하면서 발생하는 문제이기 때문에 Model Setup Check에서는 확인되지 않는다. FE 모델이 연결되지 않아 부분적으로 정적 평형 상태가 아닐 때 위와 같은 메시지가 나타난다. FE 모델이 연결되려면 인접한 요소끼리 노드로 연결되어 있어야 한다. 육안으로 보기에 연결되어 있는 것 같더라도 같은 위치에 노드가 따로따로 있으면 연결되어 있지 않은 것이다. 이 모델의 경우 같은 곳에 노드가 여러 개 존재하면서 인접한 요소가 각각의 노드를 사용하기 때문에 연결되지 않은 FE 모델이 된 것이다. 확인해 보자.

1. FEM 파일을 Displayed & Work로 지정한다.
2. Simulation Navigator의 1D Collectors에 우클릭 > Check All > Duplicate Nodes를 선택한다.

3. 중복 노드가 모델에 동그라미와 번호로 표시된다. 두 개 이상의 노드가 0.001mm 이내에 있다는 뜻이다. 인접한 요소가 각각의 노드를 사용하고 있다고 판단할 수 있다.

4. Duplicate Nodes 대화상자에서 Merge Nodes 버튼을 누른다. Status Line에 노드가 합쳐졌다는 메시지가 나타난다.

5. Close 버튼을 눌러 대화상자를 닫는다.

6. Simulation Navigator에서 Mesh에 Lock이 설정된 것을 확인한다. 자세한 사항은 12.8.1을 참고한다.

7. 파일을 저장한다.

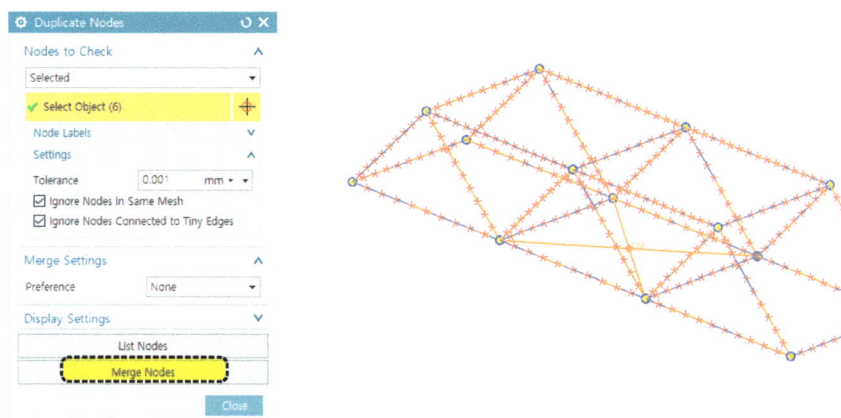

그림 12-21 중복 노드 체크

12.6.2 Solving 및 결과 표시

1. SIM 파일을 Displayed & Work로 지정한다.

2. Node 병합으로 인하여 변위 구속을 부여했던 Node가 사라지면서 Fixed 구속에 문제가 생겼을 것이다. Constraint Container의 Fixed(1)을 더블클릭하여 네 개의 코너 노드에 정의되어 있는지 확인한 후 그렇지 않다면 다시 정의한다.

3. Solution 1에 대한 해석을 수행한다.

4. Results를 더블클릭한다.

Displacement와 Stress - Element-Nodal 를 표시하면 그림 12-22와 같다.
화살표로 표시한 노드에서의 Von Mises 응력 분포는 그림 12-23과 같다. Recovery Point C에 대한 결과이다.

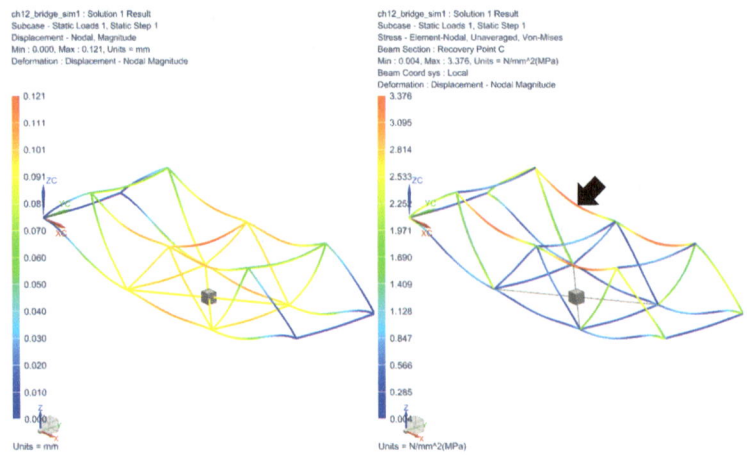

그림 12-22 Displacement와 Stress - Element-Nodal

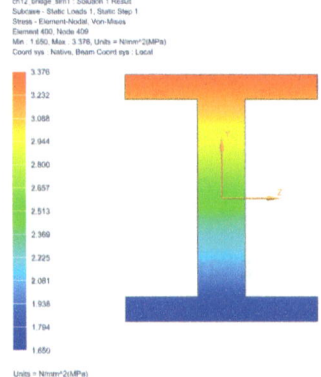

그림 12-23 단면 응력

12.7 Graph 생성

1. Viewport를 하나로 만든 후 Return to Model/Home 아이콘을 누른다.
2. Displacement - Nodal을 더블클릭 하여 표시한다.
3. 그림 12-24와 같이 Query Curve를 정의한다.
4. 그림 12-25와 같이 그래프를 생성한다.

그래프 생성에 대한 자세한 과정은 Chapter 7을 참고한다.

5. 그림 12-26과 같이 Query Curve를 정의한 후 Recovery Point D에서의 Von Mises Stress-Element Nodal에 대한 그래프를 생성한다. 그림 12-27과 같다. Recovery Point C에 대한 그래프는 그림 12-28과 같다.

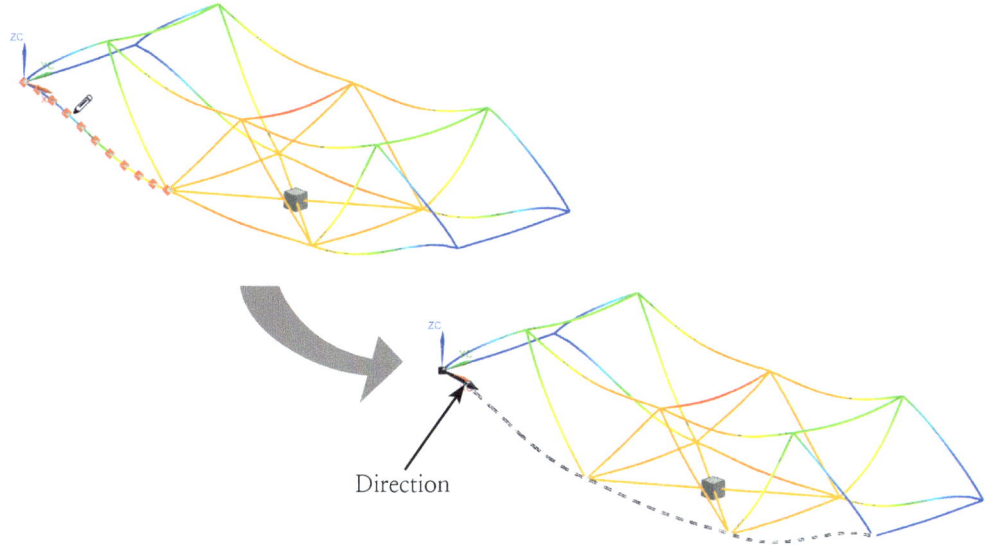

그림 12-24 Query Curve 정의

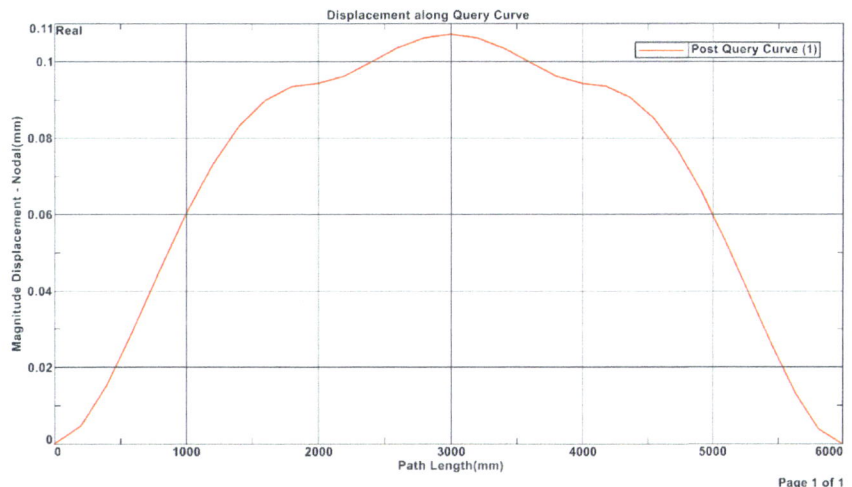

그림 12-25 Graph (Displacement – Nodal)

307

Chapter 12: 1D 요소를 이용한 Truss 구조물 해석

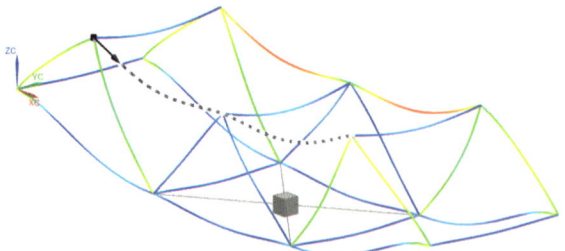

그림 12-26 Query Curve 정의

그림 12-27 Graph (Stress - Element-Nodal, Recovery Point D)

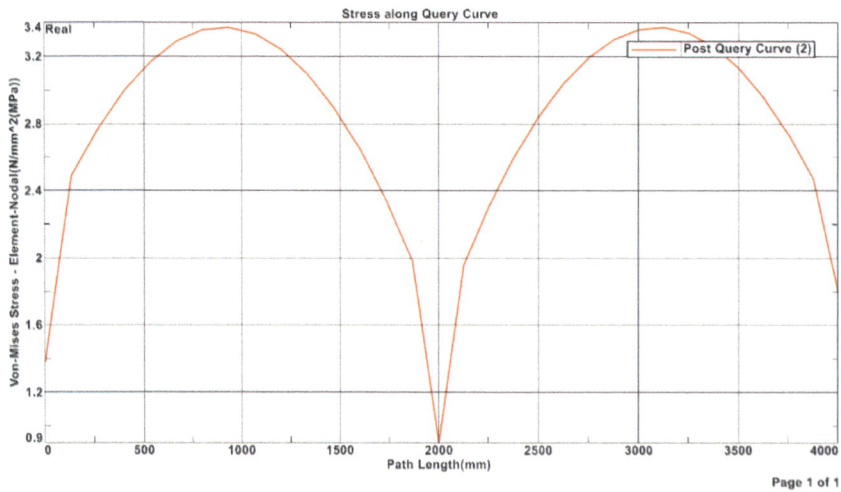

그림 12-28 Graph (Stress - Element-Nodal, Recovery Point C)

12.8 보충

12.8.1 Mesh 체크시 주의 사항

Mesh 체크 후 Merge Nodes 등 메쉬를 바로 수정하려면 FEM 파일을 Displayed & Work 로 해야 한다. SIM 파일에서도 여러 가지 체크를 수행할 수 있지만 메쉬 수정은 불가능하다.

자동 메쉬를 한 후 수동으로 Mesh를 수정하거나 Merge Node 등의 방법으로 자동 메쉬가 변경된 경우 관련된 Mesh에는 Lock이 설정된다. Mesh Point나 Mesh Control은 자동 메쉬의 범주에 속하고 메쉬의 Update도 자동 메쉬에 대한 사항이다. Lock이 설정되었다는 것은 자동 메쉬가 더 이상 작동하지 않는다는 것을 의미하고, 따라서 Mesh Point나 Mesh Control을 설정 또는 수정 한다거나 Geometry를 수정해도 Update가 활성화 되지 않는다. Update 하려면 자동 메쉬의 범주로 복귀하여야 하며, 그러려면 메쉬를 Unlock 하여야 한다. Unlock 하면 Update는 되지만 그 전에 변경된 사항은 사라진다.

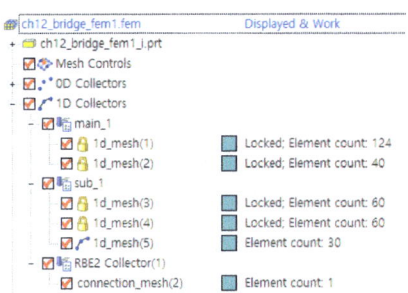

그림 12-29 Lock이 설정된 메쉬

12.8.2 Ignore Nodes in Same Mesh 옵션

이 옵션은 같은 메쉬에 정의된 노드는 중복 노드 체크를 하지 않겠다는 옵션이다. 자동 메쉬로 생성한 경우 같은 메쉬의 노드는 보통 자동으로 Merge 되기 때문에 이 옵션을 켜도 무방하다. 그러나 수동 메쉬를 한 경우 같은 메쉬에 대해서도 중복 노드를 체크하기 위해 이 옵션을 끄는 것이 좋다. 중복 노드 체크를 하고 Merge 했는데도 메쉬가 떨어진 것으로 나타난다면 이 옵션을 끄고 체크를 수행할 필요가 있다.

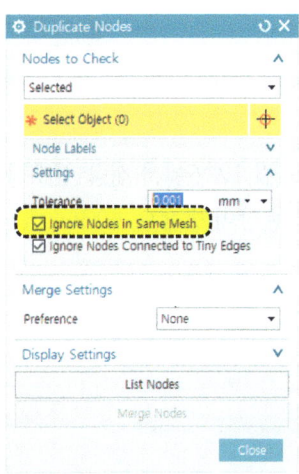

그림 12-30 Ignore Nodes 옵션

12.9 Quiz

1. 빔 단면의 Y 방향은 어떻게 확인하는가?

2. 빔 단면의 면적 관성 모멘트는 이론적으로 어떻게 계산하는가?

3. NX에서 빔 단면의 면적 관성 모멘트를 확인하는 방법은?

4. Stress Recovery Point에서의 응력을 이용하여 단면의 특정 점에서의 응력을 이론적으로 구하는 방법에 대하여 설명하시오.

5. 빔 단면의 방향을 설정하려면 어떻게 하는가?

6. 그림 12-15에서 Mesh Point를 생성할 때 끝 점을 바로 선택하지 않고 Projected Point 옵션을 이용한 이유는 무엇인가?

7. 1 mm 떨어져 있는 두 개의 노드를 Duplicate Node 기능을 이용하여 하나로 합치려면 어떻게 하는가?

8. Master Part에 선을 그린 후 1D 요소를 생성하기 위해 FEM 파일을 생성했더니 선이 보이지 않았다. 어떻게 해야 FEM 파일에 선이 나타나는가?

9. Beam 단면에서의 응력분포를 표시하려면 어떤 결과값이 있어야 하는가?

10. 이 예제에서 Beam 요소 대신 Bar 요소를 사용할 수 있는가?

11. 그림 12-6에서 선을 선택할 때 화살표의 방향이 일치되지 않는다면 Stress 결과 표시할 때 어떤 현상이 발생할까? Recovery Point의 위치와 관련하여 생각해 보자.

Chapter 13
1차원 요소를 이용한 FE 모델의 연결

■ 학습목표

- 서로 다른 두께를 갖는 2D FE 모델을 생성할 수 있다.
- 2차원 요소의 연결성을 체크할 수 있다.
- RBE2와 RBE3 요소를 이용하여 떨어져 있는 2차원 요소를 연결한다.
- Polygon Geometry를 수정할 수 있다.
- Nastran Input File의 구조를 이해할 수 있다.

Chapter 13: 1차원 요소를 이용한 FE 모델의 연결

13.1 개요

서로 다른 두께의 판으로 이루어진 부품을 2차원 요소를 이용하여 해석하려면 각각의 두께에 해당되는 부분을 각각의 2D Mesh로 구성한 후 해석을 수행하여야 한다. 각각의 2D Mesh에 대한 결과를 따로따로 검토할 수 있다.

메쉬가 연결되어 있지 않으면 해석이 수행되지 않거나 틀린 결과를 얻을 수 있다. FE 모델을 구성하는 요소는 인접한 요소끼리 노드를 공유하면서 연결되어 있어야 하나의 FE 모델로 해석을 수행할 수 있다. 이 단원에서는 2차원의 FE 모델이 인접한 요소끼리 서로 연결되어 있는지 분석하는 방법을 소개하고, 떨어져 있는 부분을 연결한 후 해석을 수행하는 과정을 알아보자. 해석 모델은 그림 13-1과 같고 재질은 Aluminum_2014, 요소의 크기는 20mm로 한다.

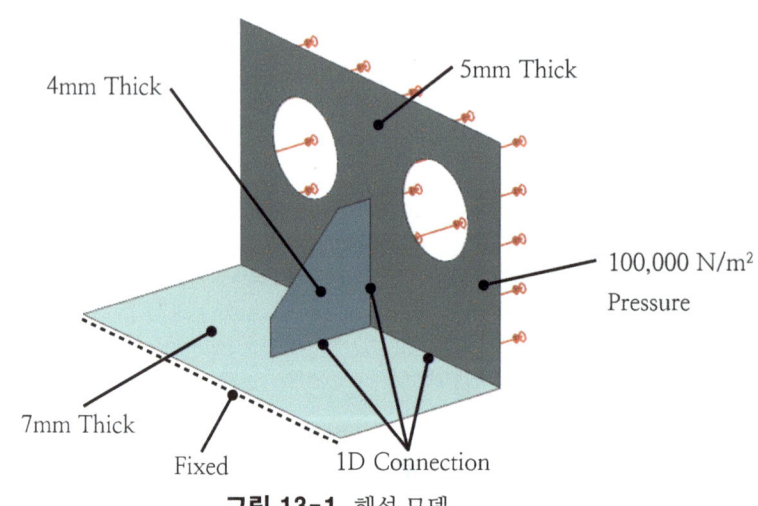

그림 13-1 해석 모델

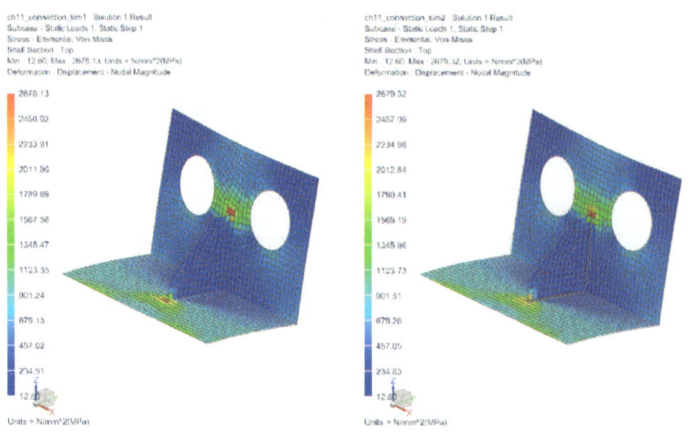

그림 13-2 해석 결과

13.2 모델 생성

Master Part를 생성하자.

1. 파일명을 ch13_connection.prt로 하여 새 파일을 생성한다.
2. XY 평면에 스케치를 생성한다.
3. Z 방향으로 500 mm Extrude 한다.
4. 한 쪽 면에 점을 생성한 다음 직경 200mm의 관통 구멍을 생성한다.

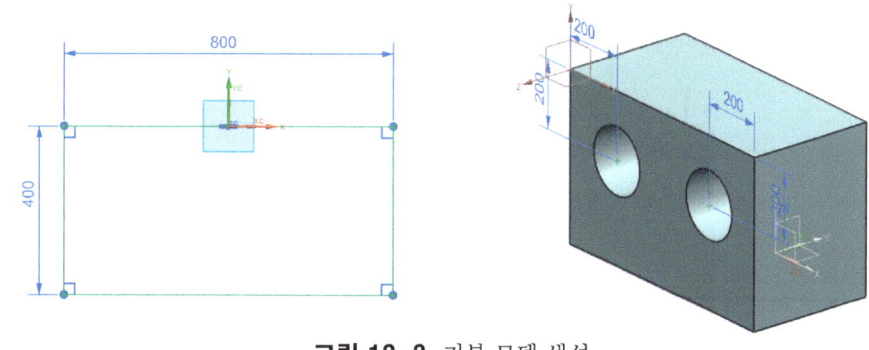

그림 13-3 기본 모델 생성

면 추출

1. Home 탭 > Feature 그룹 > More > Associative Copy > Extract Geometry를 선택한다.
2. 옵션을 설정한 후 모델의 바닥면과 뒷면을 선택한다.
3. OK 버튼을 누른다.

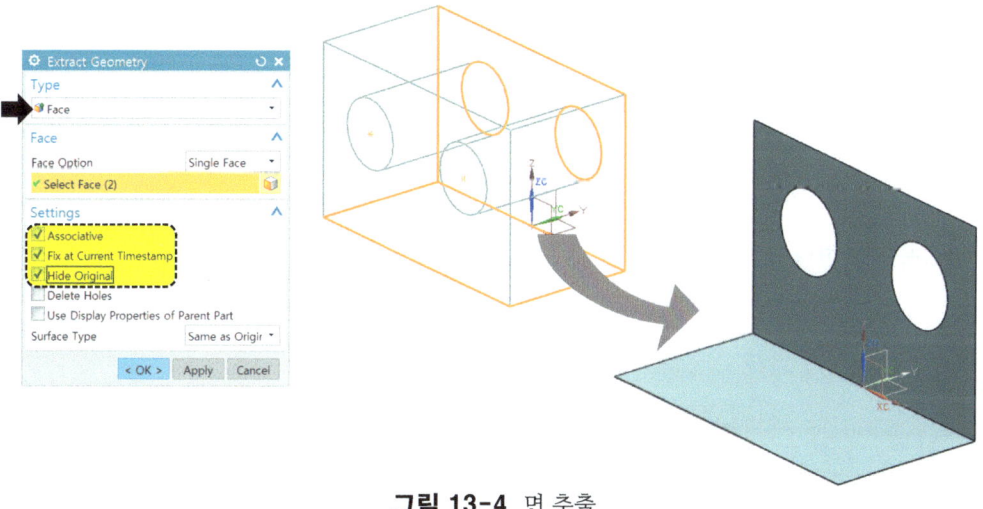

그림 13-4 면 추출

Chapter 13: 1차원 요소를 이용한 FE 모델의 연결

리브 생성

1. YZ 평면에 스케치를 그린다. Ⓐ의 선은 스케치의 Intersection Curve (Menu 버튼 > Insert > Sketch Curve > Intersection Curve)기능을 이용한 것이다.

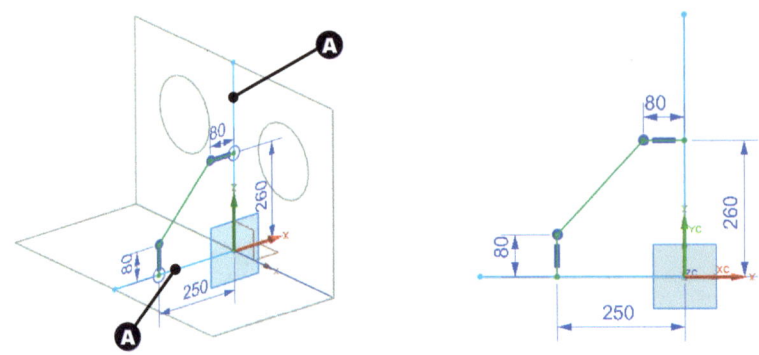

그림 13-5 스케치 생성

2. 스케치를 종료한 후 Home 탭 > Surface 그룹 > More > Surface > Bounded Plane을 선택한다.
3. 리브를 생성할 커브(오각형의 폐곡선)를 선택하여 평면을 생성한다.

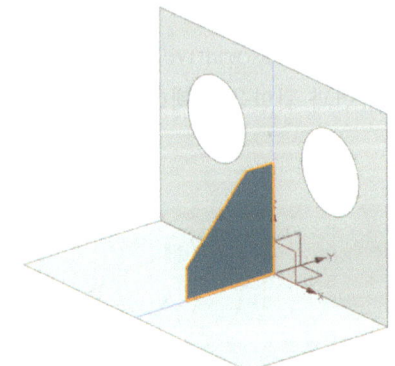

그림 13-6 리브 생성

4. 파일을 저장한다.

13.3 Meshing

13.3.1 메쉬 생성

각각의 두께에 해당되는 Collector를 미리 생성한 후 Mesh를 생성해 보자.

1. Pre/Post를 실행시키고 FEM, SIM 파일을 생성한다. 생성 옵션을 모두 Default로 한다.
2. FEM 파일을 <u>Displayed & Work</u>로 지정한다.
3. Home 탭 > Properties > Mesh Collector 아이콘을 누른다.
4. Mesh Collector의 이름을 thk_5mm로 입력하고 재질과 두께를 설정한다.
5. 4mm와 7mm에 해당되는 Collector를 각각의 이름으로 생성한다. (thk_4mm와 thk_7mm)

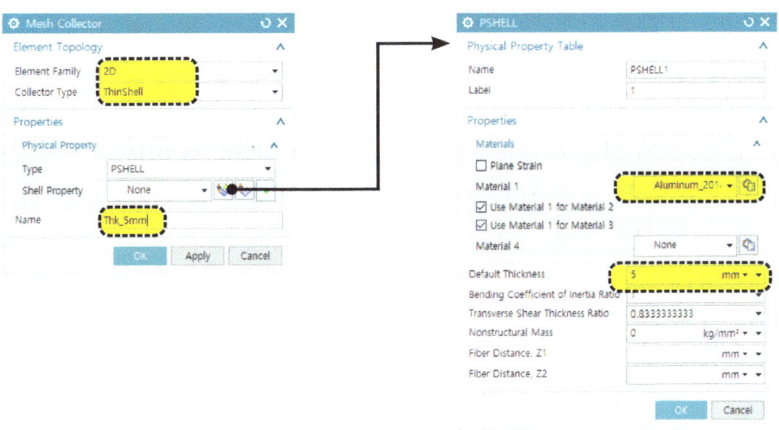

그림 13-7 두께 5mm의 Collector 생성

미리 생성한 Collector에 2D Mesh를 생성하자.

1. Home 탭 > Mesh > 2D Mesh 아이콘을 누른다.
2. 대화상자를 Reset 하고 Element Size를 20mm로 설정한다.
3. Destination Collector 옵션 > Automatic Creation을 해제하고 thk_5mm를 선택한다.
4. 그림 13-1을 참고하여 5mm 두께에 해당되는 뒷면을 선택한 후 Apply를 누른다.
5. 나머지 면에도 같은 방법으로 각각의 두께로 메쉬를 생성한다. 메쉬를 모두 생성한 후의 모델은 그림 13-8과 같다.

Chapter 13: 1차원 요소를 이용한 FE 모델의 연결

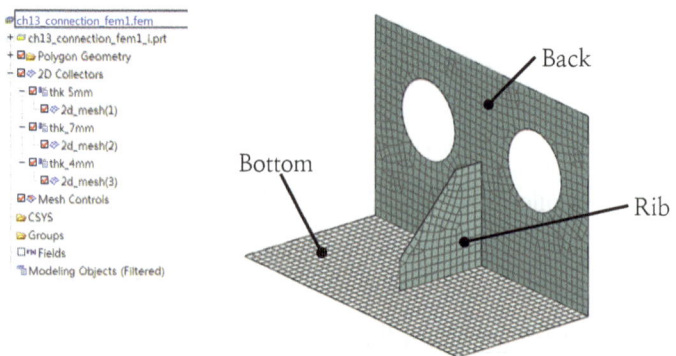

그림 13-8 FE 모델

13.3.2 메쉬 설정 확인 및 두께 표시

Collector에 설정된 두께를 어떻게 표시하는지 알아보자.

1. Simulation Navigator에서 Collector를 그림 13-8과 같이 펼친다.
2. thk 5mm Collector에 있는 2d_mesh에 우클릭 > Edit Mesh Associated Data를 선택한다.
3. Thickness Source가 Physical Property Table로 되어 있음을 확인한다. Collector에서 입력한 두께를 이용하여 해석을 수행하겠다는 뜻이다.
4. OK 버튼을 누른다.
5. thk 5mm Collector에 있는 2d_mesh에 우클릭 > Edit Display를 선택한 후 Element Thickness and Offset 옵션을 체크한다.

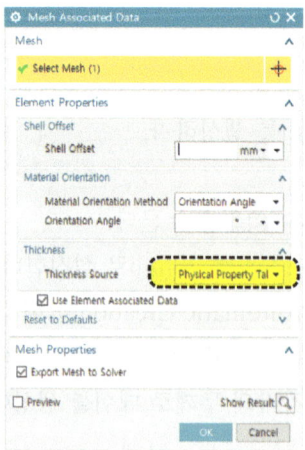

그림 13-9 Thickness Source 확인

6. 다른 두 개의 2d_mesh에도 두께를 표시한다.

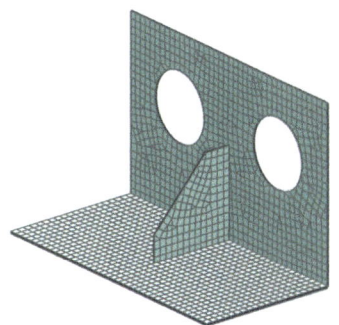

그림 13-10 FE 모델에 두께 표시

13.3.3 연결성 확인

이 모델의 경우 두께가 다른 세 개의 Collector를 이용하여 정의하였다. 각각의 Mesh가 서로 연결되어 있어야만 하나의 FE 모델로 해석을 수행할 수 있다. 메쉬가 연결되어 있는지 확인해 보자.

1. Mesh의 Element Thickness and Offset 옵션을 해제한다.
2. 화면을 확대하여 리브와 바닥면의 연결 부분을 보면 그림과 같이 Mesh의 선이 연결되어 있지 않음을 알 수 있다.

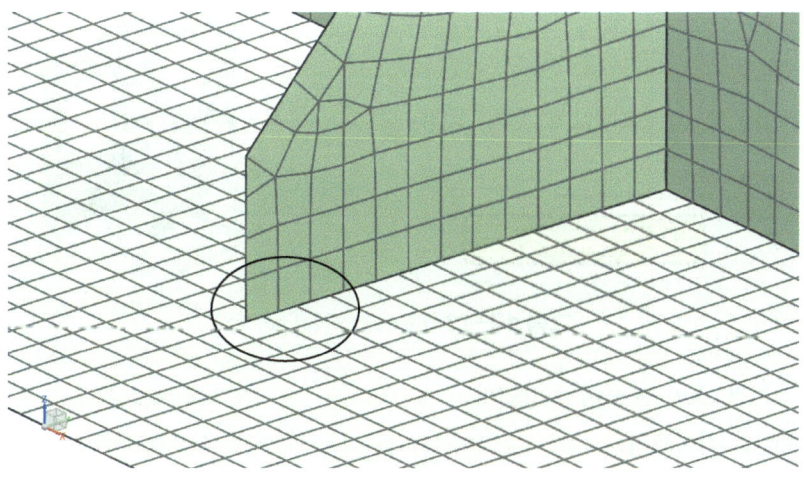

그림 13-11 연결되지 않은 부분

Chapter 13: 1차원 요소를 이용한 FE 모델의 연결

하지만 육안으로만 확인한다면 연결되지 않은 부분을 완벽하게 찾아낼 수 없다. NX의 기능을 이용하여 2차원 요소의 연결성을 알아낼 수 있다.

1. Simulation Navigator의 2D Collectors에 우클릭 〉 Check All 〉 Element Outlines를 선택한다.
2. 대화상자에서 Generate Element Outlines 버튼을 누른다. 모델에 분홍색(Magenta)으로 Element의 모서리가 표시된다.
3. Hide Input Meshes 버튼을 누르면 메쉬가 숨겨지면서 Element Outline을 뚜렷하게 볼 수 있다.
4. 대화상자를 닫는다.

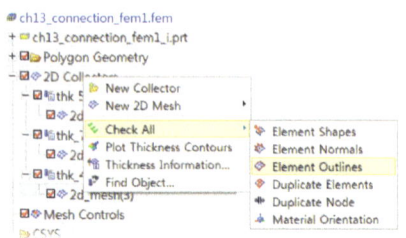

그림 13-12 Element Outlines 메뉴

Element Outline은 2차원 요소의 모서리 중 다른 요소와 공유하지 않는 Element Edge를 표시한다. 그림 13-13에서 화살표로 표시한 부분이 분홍색으로 표시되었다는 것은 그 부분의 2D Mesh의 모서리가 다른 요소와 공유되지 않았다는 의미이므로 인접한 메쉬와 연결되어 있지 않다는 것을 알 수 있다.

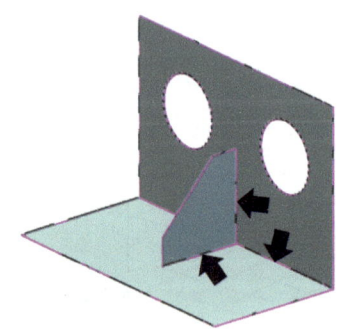

그림 13-13 Element Outline 표시

5. F5 키를 눌러 Outline 표시를 없앤다.
6. FEM 파일을 저장한다.

13.4 경계조건

메쉬가 연결되어 있지 않은 상태로 경계조건을 생성한 후 해석을 수행해 보면 어떤 문제가 생기는지 이해할 수 있다.

1. SIM 파일을 Displayed & Work로 지정한다.
2. Fixed Constraint 아이콘을 누른 후 그림 13-14의 ⓐ 모서리를 선택하여 고정시킨다.
4. Load Type 중 Pressure 아이콘을 선택한 후 그림 13-14의 ⓑ 면을 선택하여 -100,000 N/m^2을 입력한다. 하중의 방향이 그림과 같이 나타나도록 부호를 결정하고 단위를 변경한다.

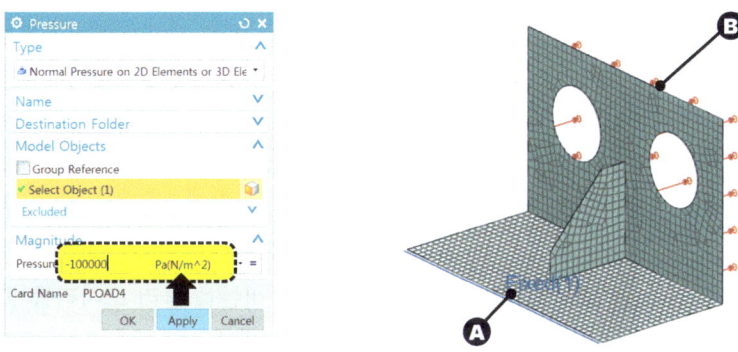

그림 13-14 변위 구속과 하중

13.5 Solving

1. Solution 1에 우클릭 > Model Setup Check를 수행한다.
2. 두께, 재질 등 Mesh 관련 오류와 경계조건 관련 오류가 없음을 확인한 후 Information 창을 닫는다.
3. Solution 1에 우클릭 > Solve를 선택하여 해석을 수행한다.
4. 모든 정보창을 닫는다.
5. Results > Structural을 더블클릭한다.
6. No Results are found라는 메시지가 나타난다.
7. SIM 파일을 저장한다.

13.6 FE 모델 수정

Mesh를 연결하는 방법에는 두 가지가 있다. 첫 번째는 Node를 공유하도록 FE 모델을 수정하는 방법이며 두 번째는 떨어져 있는 Node를 1차원 요소를 이용하여 서로 연결하는 방법이다. 두 가지 방법을 수행해 보자.

13.6.1 Node를 공유하도록 FE 모델을 수정하는 방법

Mesh는 Polygon Geometry를 이용하여 생성된다. 이 모델의 경우 Mesh가 연결되어야 할 부분에 Polygon Edge가 생성되도록 FE 모델을 수정하면 된다. Polygon Geometry는 Home 탭 > Polygon Geometry 아이콘 그룹에 있는 기능을 이용하여 수정할 수 있다.

Polygon Geometry 수정

1. FEM 파일을 Displayed & Work로 지정한다.
2. Home 탭 > Polygon Geometry > Stitch Edge 아이콘을 클릭한다. 외곽 모서리가 핑크색으로 변경된다. Mesh가 연결되어 있지 않은 곳의 모서리도 핑크색으로 표시된 것을 확인한다.
3. Method를 Manual로 설정하고 Geometry to Stitch 옵션을 Edge to Face로 선택한다.
4. Source Edge와 Target Geometry를 선택한 후 Apply 버튼을 눌러 모서리를 붙인다.
5. 다른 모서리도 같은 방법으로 붙이고 OK 버튼을 누른다.

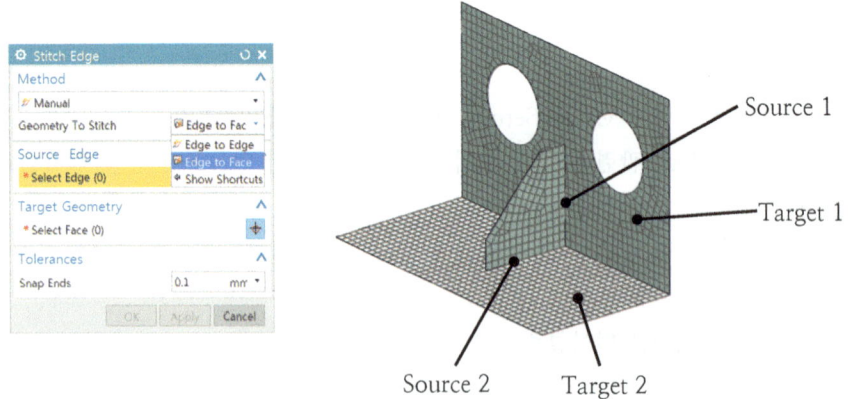

그림 13-15 모서리 붙이기

6. Update 아이콘을 누른다.

7. Stitch Edge 아이콘을 다시 누른다. Method를 Manual로 하고 Geometry to Stitch 옵션을 Edge to Edge로 선택한 후 그림 13-16의 ⓐ 모서리를 차례로 선택하여 붙인다.

8. FE 모델을 업데이트 한다.

9. 파일을 저장한다.

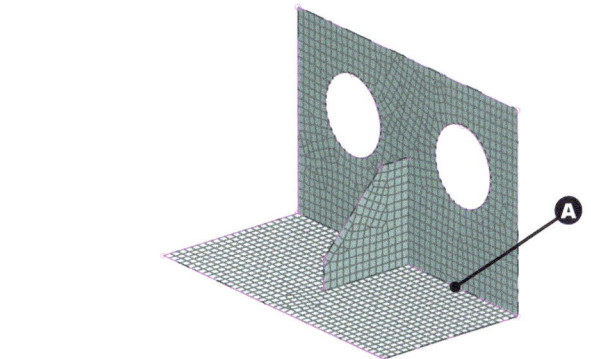

그림 13-16 모서리 붙이기

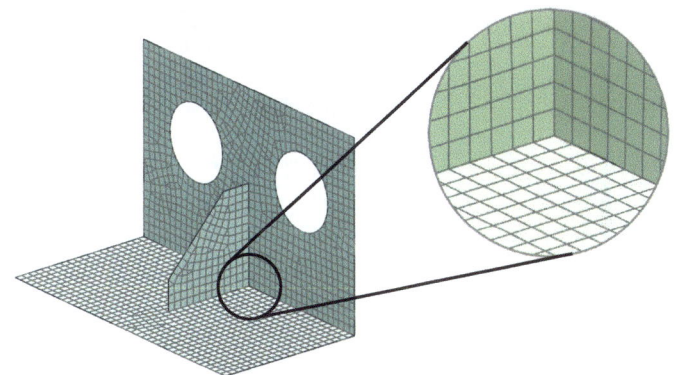

그림 13-17 Stitch 후의 모서리

Solving

1. SIM 파일을 더블클릭 한다.
2. Simulation Navitator에서 Solution 1에 우클릭 > Solve를 선택하여 해석을 다시 수행한다.
3. Results를 더블 클릭하고 결과를 확인한다.

그림 13-18과 같이 연결하지 않은 부분이 떨어져 표시된다.

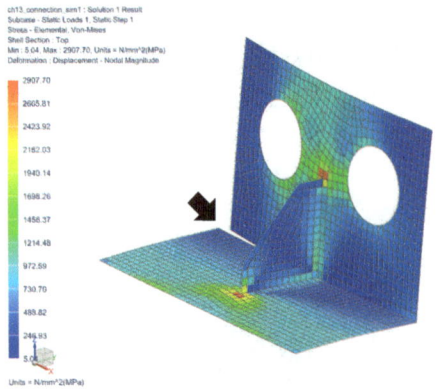

그림 13-18 해석 결과

떨어져 표시되는 모서리를 다시 Stitch 한 후 결과를 표시하면 그림 13-19와 같다. 파일을 다시 저장한다.

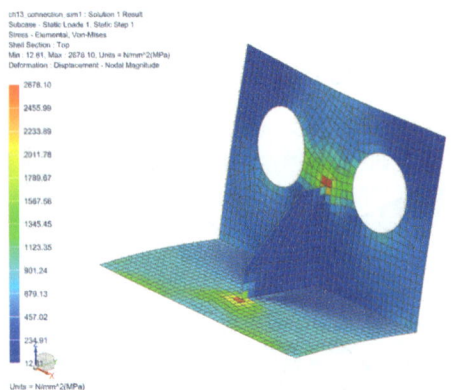

그림 13-19 해석 결과

13.6.2 1차원 요소를 이용하여 연결하는 방법

이미 생성된 메쉬를 그대로 두고 떨어진 부분을 1차원 요소를 이용하여 연결하는 방법이다. 앞의 결과를 그대로 두고 새로운 FEM 파일을 만들어 해석을 수행한 후 앞의 결과와 비교해 보자.

새로운 FEM 파일 생성

1. Return to Home 아이콘을 누른다.
2. Simulation File View 창에서 Master Part(ch13_connection)에 우클릭 > New FEM and Simulation을 선택한다.

3. New FEM and Simulation 대화상자의 내용을 확인한 후 OK 버튼을 누른다.
4. Solution 대화상자에서 OK 버튼을 누른다.
5. Simulation File View 창을 닫는다.

FE 모델 재 구성

1. FEM 파일을 더블클릭한 후 앞에서와 같은 방법으로 세 개의 면에 각각 다른 두께의 메쉬를 생성한다. 재질은 Aluminum_2014로 한다.
2. SIM 파일을 더블클릭한 후 앞에서와 같은 방법으로 변위를 구속하고 $-100,000 N/m^2$의 하중을 부여한다.

이대로 해석을 수행하면 메쉬가 연결되어 있지 않기 때문에 결과를 얻을 수 없다.

1D Connection 기능을 이용한 연결

1. Activate Meshing 아이콘을 누른다.
2. Home 탭 > Connections > 1D Connection 아이콘을 누른다.
3. 1D Connection 대화상자에서 Type을 Edge to Face로 선택한다.
4. Source로 모서리를 선택하고 Target으로 바닥면을 선택한 후 Apply를 누른다.
5. 같은 방법으로 리브의 모서리와 뒷면을 선택하여 1D Connection을 생성한다.

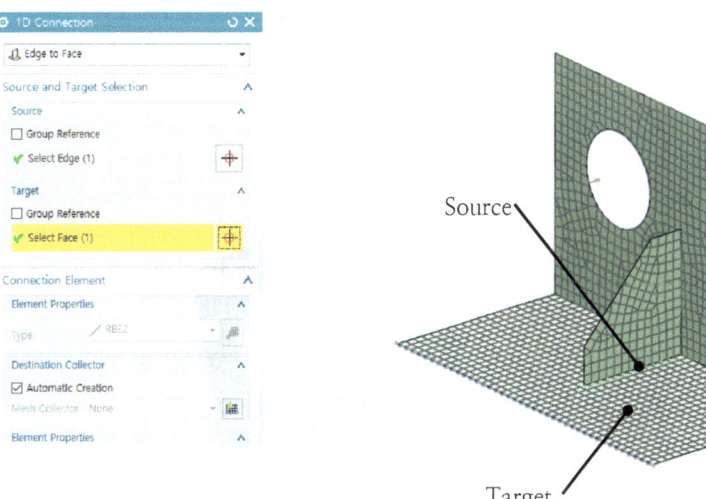

그림 13-20 1D Connection 생성

Chapter 13: 1차원 요소를 이용한 FE 모델의 연결

6. 1D Connection 대화상자의 Type을 Edge to Edge로 선택한 후 뒷면의 모서리와 바닥면의 모서리 사이에 1D Connection 요소를 생성한다. Connection 요소의 타입을 RBE2로 한다. 이 부분은 연결 요소를 생성하더라도 모델이 표시되지 않는다.

7. 그림 13-21과 같이 Connection Recipe와 1D 요소가 생성된 것을 확인하고 파일을 저장한다.

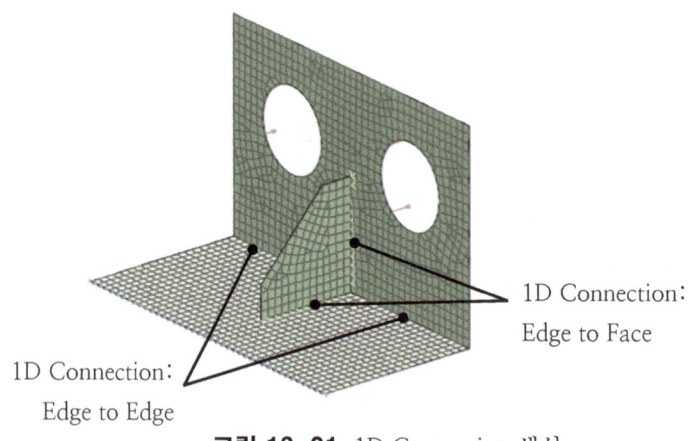

그림 13-21 1D Connection 생성

Solving

1. Activate Simulation 아이콘을 누른 후 해석을 수행한다.

결과를 표시하면 그림 13-22와 같다. 응력 분포 및 최대값이 그림 13-19와 별 차이 없음을 알 수 있다.

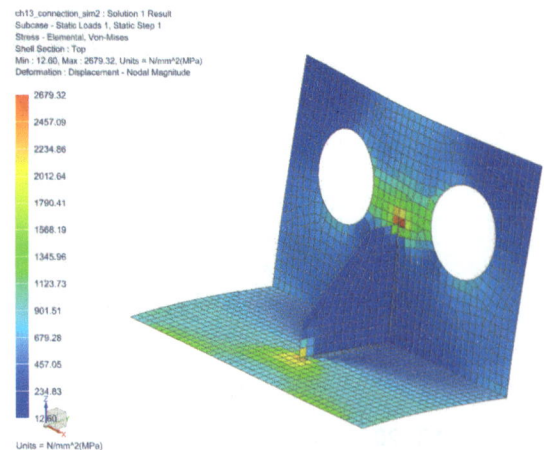

그림 13-22 해석 결과

13.7 보충

13.7.1 Polygon Geometry 수정

Mesh는 노드와 요소로 구성된다. 수동 메쉬 기능을 이용하여 노드를 생성한 다음 정해진 순서대로 연결하여 메쉬를 만든다. 여러 개의 메쉬를 이용하여 해석하고자 하는 FE 모델을 정의할 수 있다.

CAD 형상을 이용하면 원하는 FE 모델의 형상을 쉽게 생성할 수 있다. Mesh에 사용하는 형상을 Polygon Geometry라 하며 파트 파일을 이용하여 생성한다. Mesh의 모양에 직접적으로 사용되는 형상은 Polygon Geometry이다.

CAD 형상은 Master Part에서 생성되고 Idealized Part를 이용하여 수정한다. Master Part에 있는 형상은 제품의 최종 데이터일 수도 있고 설계가 진행 중인 모델일 수도 있다. 기구 설계자들이 주로 취급하는 데이터로서 해석 엔지니어는 일반적으로 이 데이터를 직접 수정하지 못하기 때문에 Idealized Part를 이용하여 수정한다. 형상 데이터를 수정할 필요가 없으면 Idealized Part를 생성하지 않아도 된다.

Master Part 또는 Idealized Part의 형상 데이터를 이용하여 FEM 파일에 Polygon Geometry가 정의된다. Polygon Geometry는 FEM 파일이 참조하는 형상과 연관성을 가지며 자체적으로 수정할 수도 있다. Polygon Geometry의 수정은 FEM 파일의 Home 탭 > Polygon Geometry 그룹의 아이콘을 이용한다. 일부 기능은 파트를 수정하여 같은 결과를 얻을 수 있지만 파트를 수정하는 것과는 용도가 다르다는 점을 이해하기 바란다. 그림 13-24는 Merge Face 기능으로 여러 개의 Polygon Face를 하나로 만든 것이다. (화살표 부분) Idealized Part에서는 이러한 기능을 수행할 수 없다.

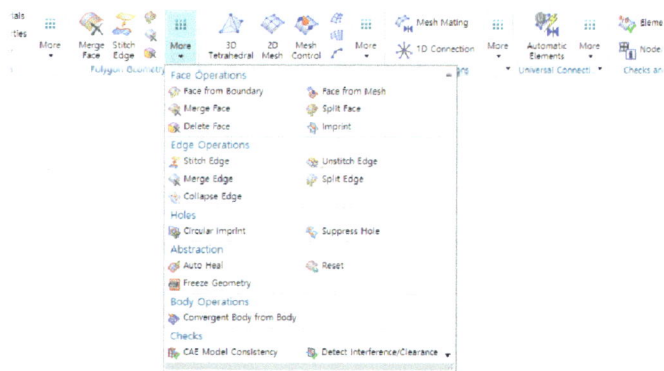

그림 13-23 Polygon Geometry 아이콘 그룹

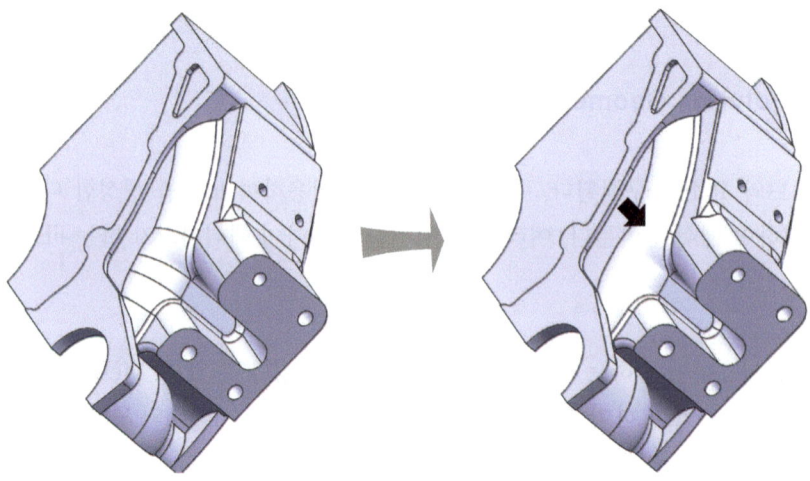

그림 13-24 Merge Face 기능

Circular Imprint 기능을 이용하면 그림 13-25와 같이 원형 모서리 주위에 원형의 Polygon Edge를 생성할 수 있다. Idealized Part에서 Divide Face 기능을 이용할 수도 있으나 Polygon Geometry를 직접 수정하는 것보다 불편하다. Reset 기능을 이용하면 Polygon Geometry의 수정을 초기화 할 수 있다.

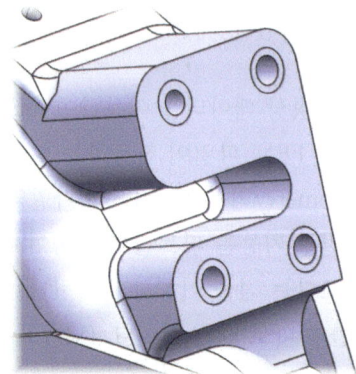

그림 13-25 Circular Imprint 기능

Mesh는 Polygon Face와 Edge, Vertex를 고려하여 생성되기 때문에 Mesh를 생성하기 전에 이러한 지오메트리를 수정할 필요가 있다. Auto Heal 기능을 이용하여 메쉬를 생성하기 전에 Polygon Geometry에 있을 수 있는 형상적인 문제점을 미리 제거할 수 있다. 2D나 3D Mesh를 생성할 때 Model Cleanup Options 그룹에서 Small Feature Tolerance를 설정하여 설정된 값보다 작은 피쳐를 무시하고 메쉬를 생성하도록 할 수 있는데, Auto Heal 기능은 Mesh를 생성하기 전에 미리 설정 하는 것이다. 2D나 3D Mesh 대화상자의 Model Cleanup Options 그룹에서 설정하는 Small Feature Tolerances 옵션은 설정한 Element Size에 대한 일정 비율보다 작은 피쳐를 없애준다. 무시할 수 있는 Small Feature의 최대 비율은 2D의 경우 요소 크기의

40%이고, 3D의 경우 20%이다. 그림 13-26은 Auto Heal 기능을 이용하여 복잡한 Polygon Geometry를 수정한 것이다. 화살표로 가리키는 부분의 Polygon Edge가 수정되어 Mesh 형상의 왜곡을 방지할 수 있다.

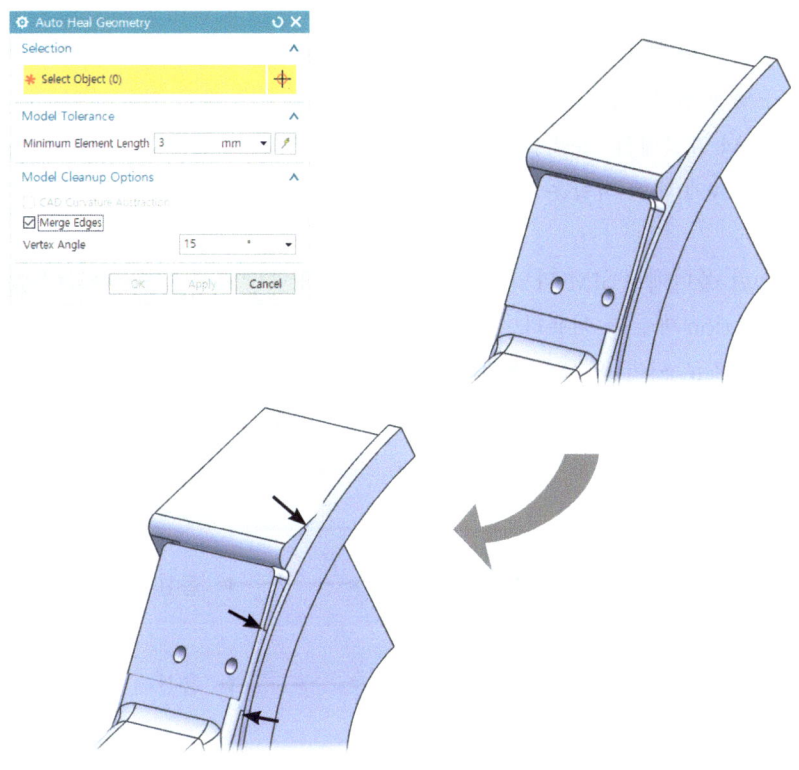

그림 13-26 Auto Heal 기능

13.7.2 1D Connection

Mesh가 연결되지 않았을 경우 1차원 요소를 이용하여 연결할 수 있다. 연결 타입에 따라 적용할 수 있는 1D 요소가 달라진다. Node to Node, Point to Point, Point to Edge, Point to Face의 경우 다양한 1D 요소를 사용할 수 있으나 그 외 기능은 RBE2 및/또는 RBE3 요소를 이용하여 연결한다. Edge to Edge 타입 중 Node to Node 방법을 이용하면 다양한 1D 요소를 사용할 수 있다. RBE2와 RBE3로 연결할 때는 다중 의존성 문제가 발생할 수 있으므로 주의해야 한다. 이에 대해서는 15장에서 자세히 설명한다.

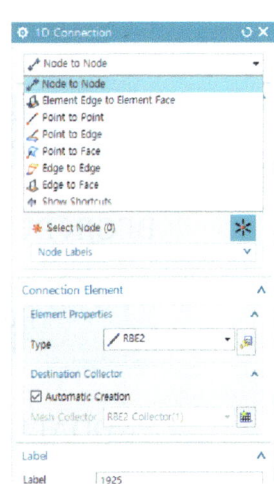

그림 13-27 1D Connection 대화상자

13.7.3 Nastran Input File

Solving을 수행하면 SIM 파일이 있는 폴더에 여러 가지 파일이 생성된다. 가장 먼저 생성되는 파일은 *.dat 파일이다. 이 파일을 Nastran Input File이라고 하며 Nastran Solver를 구동시키는 파일이다. SIM 파일은 Nastran Solver의 Input File을 생성하기 위한 파일이라는 것을 알 수 있다. FEM 파일은 SIM 파일에 사용되는 FE 모델을 생성하기 위한 파일이다. Polygon Geometry는 FEM 파일에서 Mesh를 자동으로 생성하기 위한 도구이다. Nastran Input File에 Polygon Geometry에 대한 사항은 없다.

Solving을 수행한 폴더에는 SIM 파일과 Solution 이름에 해당되는 *.dat 파일이 있다. File > Export > Simulation 메뉴를 이용하여 Solving 전에도 내보내기 할 수 있다. 이 파일은 그림 13-28과 같은 구조로 되어 있으며 각 SIM 파일과 FEM 파일에서 정의한 Mesh 정보와 경계 조건, 하중, Solving 옵션을 Nastran 구문에 맞게 각 영역에 Text 파일로 써 준다. 옵션이라고 표시한 부분은 없어도 되는 부분이다.

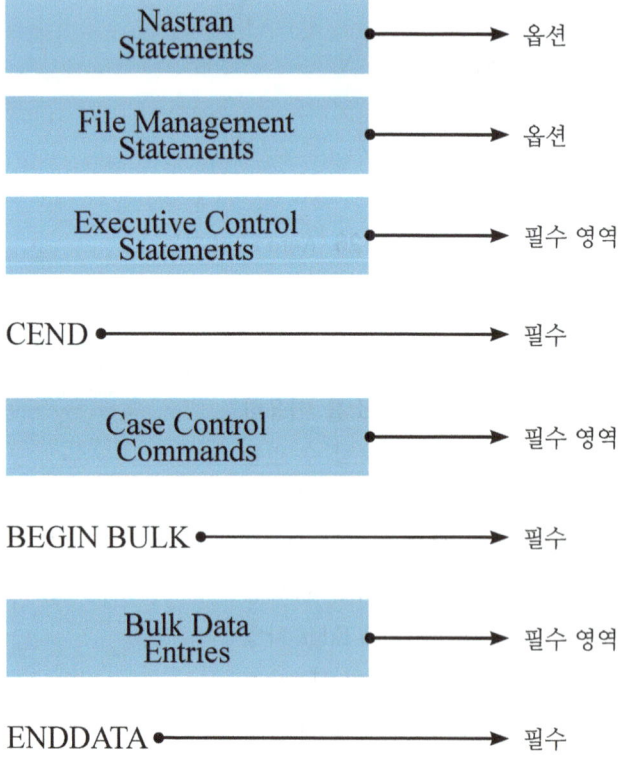

그림 13-28 NX Nastran Input Data의 구조

Nastran Statement 영역

이 영역은 NX Nastran의 버전, 파일 구조, 생성 날짜, 단위 등을 기록하는 부분이다. 맨 앞에 $를 표시하면 해당 Line 전체는 Statement로 처리되어 Solver의 실행에 아무런 영향도 주지 않는다.

File Management Statement(FMS) 영역

이 영역은 Solving을 수행하기 전에 Database 또는 Fortran 파일을 초기화 하기 위하여 설정하는데, 대부분의 NX Nastran 솔루션(SOL)에서는 매번 실행을 할 때마다 기본적으로 설정되어 있는 FMS를 실행시키기 때문에 FMS를 따로 설정할 필요가 없다. Restart 해석을 할 때는 RESTART 구문을 사용하여 설정해야 하고, 해석 모델이 너무 커서 대용량의 메모리가 필요할 경우에는 INIT, ASSIGN, EXPAND 구문을 이용해야 한다.

Executive Control 영역

이 영역에서는 해석의 타입을 포함하여 여러 가지 구문을 사용할 수 있다. 이 영역에서 사용하는 구문에는 다음과 같은 것들이 있다.

- ▶ ALTER
- ▶ CEND
- ▶ COMPILE
- ▶ DIAG
- ▶ ECHO
- ▶ SOL
- ▶ TIME

각 영역에 대한 옵션은 Solution 대화상자에서 설정할 수 있다.

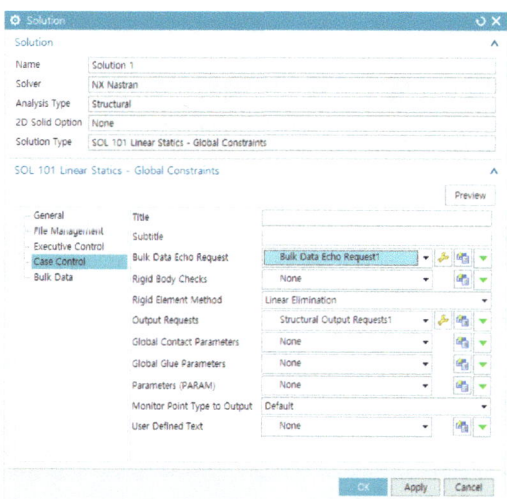

그림 13-29 Solution 대화상자

Case Control 영역

Case Control 영역은 명령어를 포함한다. 이 영역은 항상 Executive Control 영역과 Bulk Data 영역 사이에 위치한다. Case Control 영역에서는 다음 사항을 설정한다.

- ▶ 한꺼번에 여러 개의 하중에 대한 해석을 수행하기 위한 Subcase를 정의함
- ▶ 해석의 결과를 출력할 대상을 지정하기 위한 SETS를 설정함
- ▶ 출력하고자 하는 해석의 결과 및 출력 방법

ch13_connection_sim1-solution_1.dat 파일에는 Case Control 영역이 그림 13-30과 같이 정의되어 있다. Case Control 옵션은 Solution 대화상자의 해당 영역에서 설정한다.

```
$*
$*$$$$$$$$$$$$$$$$$$$$$$$$$$$$$$$$$
$*
$* CASE CONTROL
$*
$*$$$$$$$$$$$$$$$$$$$$$$$$$$$$$$$$$
$*
ECHO = NONE
SPC = 1
OUTPUT
DISPLACEMENT(PLOT,REAL) = ALL
SPCFORCES(PLOT,REAL) = ALL
STRESS(PLOT,REAL,VONMISES,CENTER) = ALL
$*  NX STEP: SUBCASE - STATIC LOADS 1
SUBCASE 1
LABEL = SUBCASE - STATIC LOADS 1
LOAD = 2
```

그림 13-30 Case Control 영역

Bulk Data 영역

이 영역은 Input Data에서 가장 많은 부분을 차지하는 영역으로서, Node와 Element를 이용한 FE 모델의 정의, 좌표계의 정의, 요소의 특성치를 정의한다. 또한 하중, 경계조건 및 재질에 대한 정의도 이 영역에 포함된다.

Bulk Data 영역은 다시 PARAM CARDS, GRID CARDS, ELEMENT CARDS 등 여러 개의 영역으로 구분된다. 각 영역의 순서는 해석을 수행하는데 영향을 미치지 않는다. 그림 13-31은 ch13_connection_sim1-solution_1.dat 파일의 Param Cards와 Grid Cards 영역을 보여준다. Param Cards 영역의 옵션은 Solution 대화상자에서 설정할 수 있다.

```
$*$$$$$$$$$$$$$$$$$$$$$$$$$$$$$$$$$$$$
$*
BEGIN BULK
$*
$* PARAM CARDS
$*
PARAM       K6ROT100.0000
PARAM       OIBULK      YES
PARAM       OMACHPR     YES
PARAM       POST        -2
PARAM       POSTEXT     YES
PARAM       UNITSYS     MN-MM
$*
$* GRID CARDS
$*
GRID*              153              00.0000000000E+00-2.500000000E+02+
*       8.0000000000E+01                 0
GRID*              154              00.0000000000E+00-2.500000000E+02+
*       0.0000000000E+00                 0
```

그림 13-31 Bulk Data의 Param Cards와 Grid Cards 영역

Grid Cards 뒤에는 Element Cards가 나타난다. ch13_connection_sim1-solution_1.dat의 Element Cards 영역에는 CQUAD4, RBE2, RBE3가 정의되어 있다. Element Cards 뒤에는 Property Cards가 나타나며 연속하여 Material Cards가 나타난다. Bulk Data는 FEM 파일에 정의되어 있는 사항이라는 것을 알 수 있다.

Material 뒤에 Load and Constraint Cards가 나타난다. ch13_connection_sim1-solution_1.dat 파일에는 SPC, PLOAD4가 설정되어 있다. SPC는 변위구속을 설정하는 Card로서 123456을 기입하여 각 자유도를 구속한다. PLOAD4는 압력에 대한 Load Card이다.

ENDDATA

NX Nastran의 Input Data 정의가 끝남을 나타내는 구분자이다.

13.8 Quiz

1. Midsurface를 이용하여 생성한 면에 2D 요소를 생성할 때 두께를 입력하지 않도록 하려면 어떻게 하는가?

2. 2D 요소의 연결되지 않은 Element Edge를 확인하려면 어떤 기능을 이용하는가?

3. 어떤 Polygon Face가 다른 Polygon Face의 중간에 붙어 있는 경우 2D 요소가 서로 연결되지 않는 이유는 무엇인가?

Chapter 13: 1차원 요소를 이용한 FE 모델의 연결

4. 1D Connection의 Edge to Face 타입으로 모서리의 노드와 면의 노드를 연결할 경우 어떤 요소로 연결되는가?

5. Polygon Geometry의 작은 피쳐를 자동으로 없애려면 Polygon Geometry 수정 기능 중 어떤 기능을 이용하는가?

6. 인접한 Polygon Face를 하나로 만들어 주려면 어떤 기능을 이용하는가?

7. 수정한 Polygon Geometry를 원래대로 되돌리려면 어떤 기능을 이용하는가?

8. 원형의 Polygon Edge를 오프셋 하여 새로운 Polygon Edge를 생성하는 기능은 무엇인가?

9. Polygon Geometry에서 연결되지 않은 모서리는 어떻게 확인하는가?

10. Nastran Input File의 Output Type은 NX에서 어떻게 설정하는가?

11. Grid Card는 어떻게 구성되는가?

12. Element Card는 어떻게 구성되는가?

13. SPC Card와 PLOAD4 카드의 ID는 Case Control 영역에서 어떻게 이용되는가?

14. 다른 Pre Processor(예: ANSYS)에서 생성한 Input 파일은 어떻게 가져올 수 있는가?

15. NX에서 다른 Solver 용 Input 파일을 생성하려면 어떻게 하는가?

16. FEM 파일을 활성화 시킨 후 Export 한 NX Nastran 데이터 파일과 SIM 파일을 활성화 시킨 후 Export 한 데이터 파일은 어떻게 다른가?

17. Midsurface를 이용하여 생성한 2D 요소의 두께 분포를 확인하는 방법에 대하여 설명하시오.

Chapter 14
1D 요소와 2D 요소의 연결을 이용한 해석

■ 학습목표

- 1D Beam 요소와 2D Shell 요소를 혼용하여 해석을 수행할 수 있다.
- Polygon Edge를 생성할 수 있다.
- Singular 문제가 발생하지 않도록 적절한 변위 구속을 부가할 수 있다.

Chapter 14: 1D 요소와 2D 요소의 연결을 이용한 해석

14.1 개요

사각형의 테이블이 네 개의 다리에 의해 지지된다. 테이블은 바닥에 놓여 있고, 테이블 가운데에 100 kg의 물건을 놓았다. 이 때 테이블의 변형을 계산해 보자.

테이블의 상판은 ABS로 하며 두께는 24mm이다. 2D 요소를 이용하여 모델링 하며 다리는 외경 100mm, 내경 90mm의 단면을 갖는 1D CBAR 요소를 이용하여 모델링 한다. 다리는 단면이 일정한 단순 빔 형태이므로 CBAR 요소를 사용해 보자. 재질은 Steel로 한다. 하중은 테이블 상판의 가운데에 직경 300mm의 영역을 만든 후 Force로 가한다.

기본 모델에 대한 해석을 수행한 후 상판의 최대 처짐량을 줄일 수 있도록 1D 요소를 이용하여 보강하고 결과를 비교해 보자. 이 부분은 독자 여러분이 직접 해보시길 권한다.

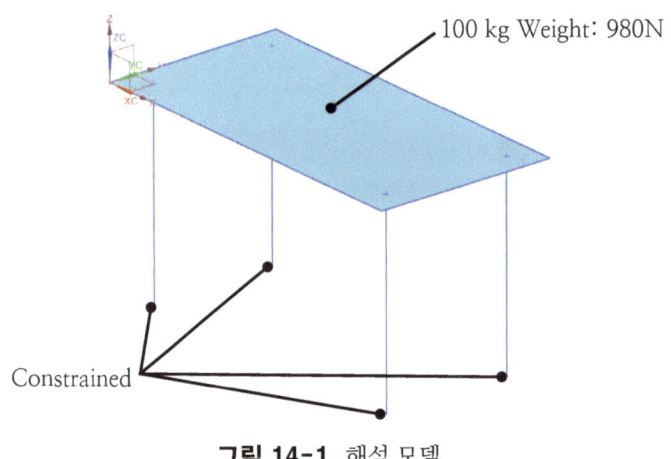

그림 14-1 해석 모델

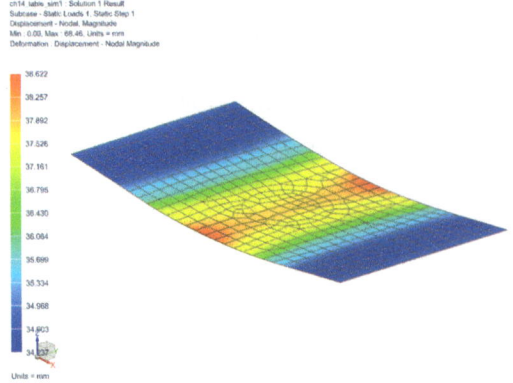

그림 14-2 해석 결과

14.2 모델 생성

다음 도면을 보고 모델을 생성한다.

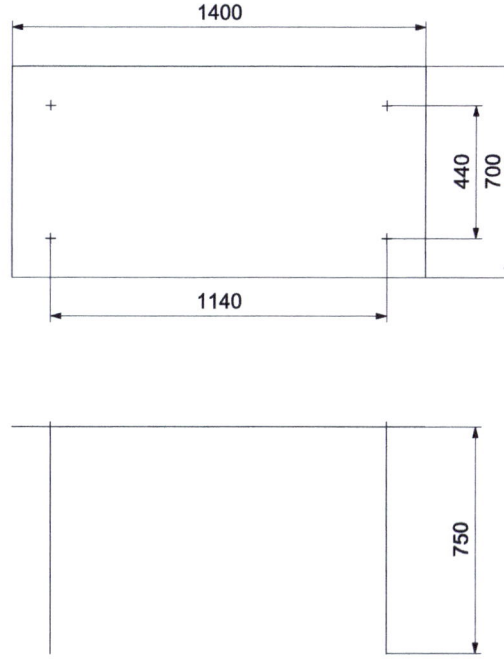

그림 14-3 모델 도면

1. 파일명을 ch14_table로 하여 새 파일을 생성한다.
2. XY 평면에 상판의 스케치를 그린다.
3. Home 탭 〉 Surface 그룹 〉 More 〉 Surface 〉 Bounded Plane 기능을 이용하여 Sheet Body를 생성한다.

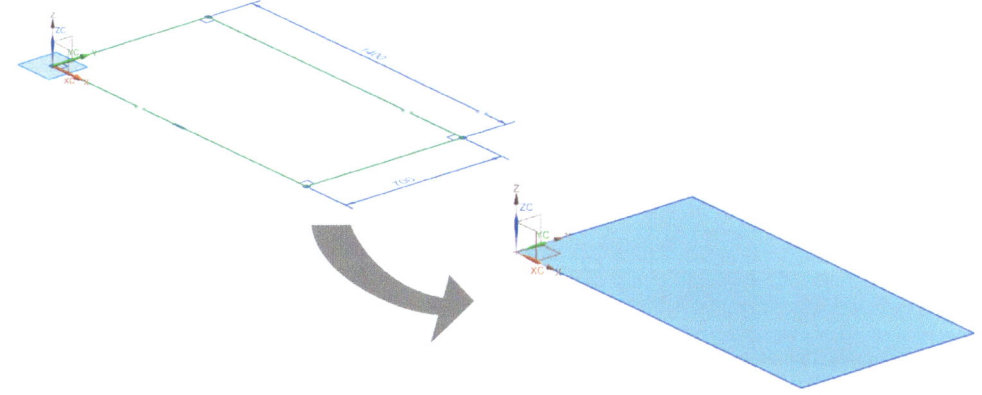

그림 14-4 상판 생성

4. 상판의 윗면에 Sketch를 정의하고 다리를 생성할 곳에 점을 생성한다.
5. Sketch를 빠져 나간 후 Curve 탭 > Curve 그룹 > Line 기능을 이용하여 길이 750mm의 직선을 한 개 생성한다.
6. Home 탭 > Feature > More > Associative Copy > Pattern Geometry 기능 (General Type)을 이용하여 직선을 세 개 복사한다.

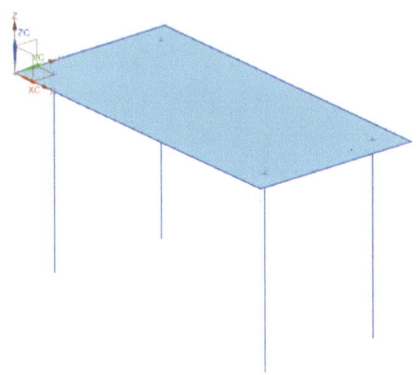

그림 14-5 완성된 테이블 모델

14.3 Mesh 생성

14.3.1 2D 요소 생성

1. Application을 Pre/Post로 변경한다.
2. FEM, SIM, Idealized Part를 생성한다. Geometry 옵션에서 Lines 옵션을 체크한다.
3. 테이블 면에 Element Size 50의 2D Shell 요소를 생성한다. Material 1은 ABS로 하고 두께는 24 mm로 한다.

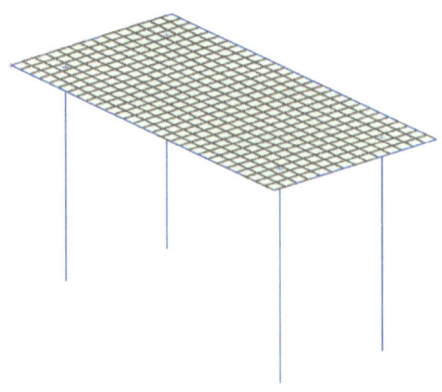

그림 14-6 2D Shell Mesh 생성

14.3.2 Mesh Point 생성

다리가 연결되는 부분에 Node가 생성되지 않았다. Node가 생성되게 하려면 Mesh Point를 생성하여야 한다.

1. Home 탭 > Utilities > Mesh Point를 선택한다.
2. Type을 Projected Point로 설정한다.
3. Object to Project to 옵션으로 테이블 평면을 선택한다.
4. 점을 선택한 후 Apply를 누른다. 점을 선택할 때 Snap Point 옵션(End Point)을 이용하면 편리하다.
5. 네 개의 점을 평면에 Project 하여 Mesh Point를 생성한다.
6. Update 아이콘을 누른다.

14.3.3 하중면 생성

하중을 가할 영역에 Polygon Edge를 생성하려면 Idealized Part에서 모델링을 수행하거나 Polygon Geometry를 수정해야 한다. Polygon Geometry의 수정은 FEM 파일에서 수행한다. Circular Imprint 기능을 이용해 보자.

1. Home 탭 > Utilities > Point 기능을 이용하여 상판의 중앙에 점을 생성한다. Between Two Points 옵션을 이용하면 된다.
2. Home 탭 > Polygon Geometry 그룹 > More > Holes > Circular Imprint 아이콘을 누른다.
3. Select Surface 옵션에서 테이블 면을 선택한다.
4. 마우스 가운데 버튼을 누른 후 테이블 중앙의 점을 선택한다. Type Filter를 이용한다.
5. Around Point 옵션 그룹에 직경 300mm를 입력한 후 OK 버튼을 누른다.
6. FE 모델을 업데이트하면 그림 14-8과 같다.

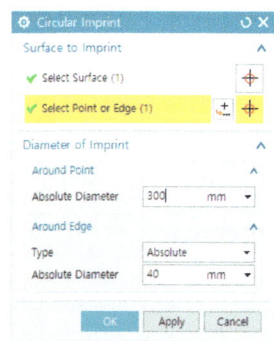

그림 14-7 Circular Imprint 대화상자

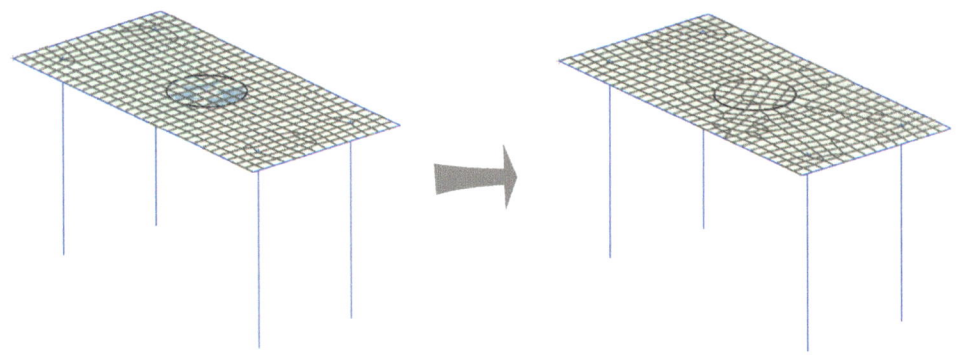

그림 14-8 FE 모델 업데이트

14.3.4 빔 단면(1D Element Section) 생성

1. Home 탭 > Mesh > More > 1D and 0D > 1D Element Section 아이콘을 누른다.
2. Tube 타입의 단면을 정의한다.

14.3.5 Bar 요소 생성

1. Home > Mesh > 1D Mesh 아이콘을 누른다.
2. 다리 부분에 해당되는 네 개의 직선을 선택한다. 화살표의 방향에 주의한다.
3. Element Type을 CBAR로 하고, Number를 20으로 입력한다.
4. New Collector 버튼을 눌러 Bar Collector를 정의한다. Physical Property를 PBAR로 선택하고 단면과 재질(Steel) 정보를 입력한다.

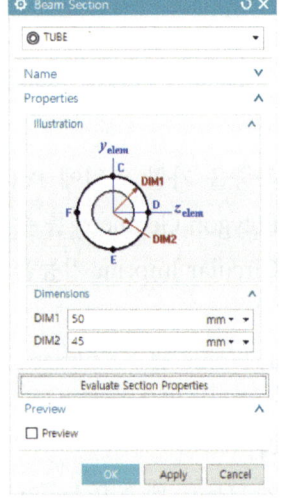

그림 14-9 단면 생성

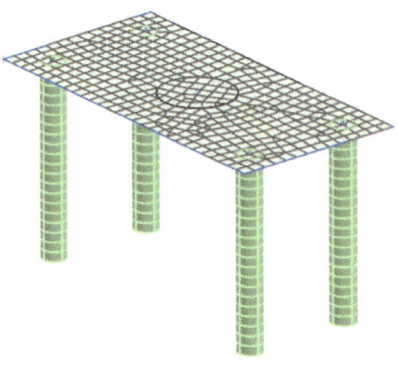

그림 14-10 Bar 요소 생성

14.3.6 중복 노드 체크

1. Home 탭 > Checks and Information > More > Checks > Duplicate Nodes 아이콘을 선택한다.
2. 네 곳에 여덟 개의 Node가 중복되어 있음을 확인한다.
3. Merge Nodes 버튼을 눌러 노드를 병합한다.
4. 파일을 저장한다.

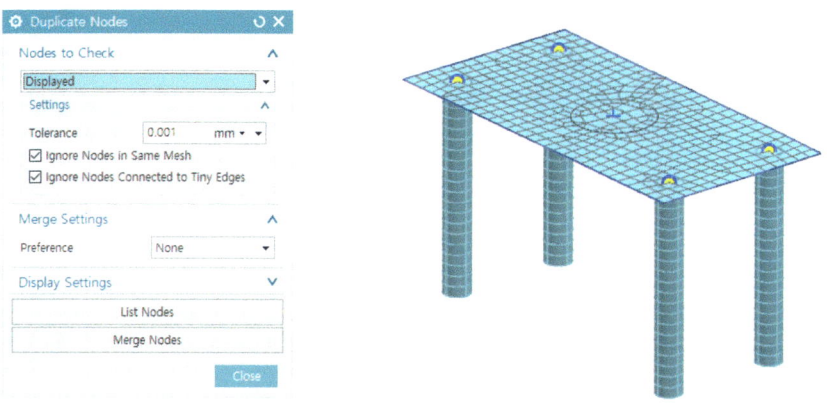

그림 14-11 중복 노드 체크

14.4 경계조건

14.4.1 변위 구속

테이블 다리가 바닥에 놓여 있으며 바닥과 닿은 부분의 Z 방향 변위는 발생하지 않는다. 정적 평형 상태이므로 바닥면 상으로의 이동도 없어야 한다. 물리적으로 타당한 변위 구속을 부가하여 정적 평형 조건을 만들어야 한다.

1. Bar 요소의 난번을 표시하지 않도록 Display를 변경한다.
2. Activate Simulation 아이콘을 누른다.
3. User Defined Constraint 아이콘을 누른다.
4. Selection Filter를 Node로 설정하고 다리의 끝 노드를 모두 선택한다.
5. DOF3를 Fixed로 설정한 후 OK 버튼을 누른다.

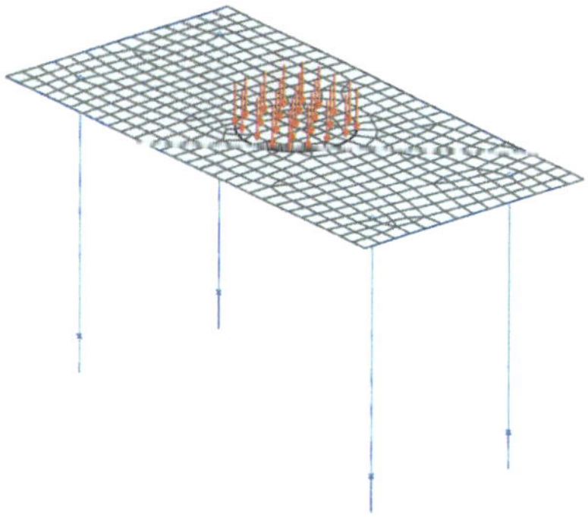

그림 14-12 Z 방향 변위 구속

Chapter 14: 1D 요소와 2D 요소의 연결을 이용한 해석

테이블 다리 끝 부분의 회전 자유도는 허용하고 테이블 전체의 X 방향 이동 및 Y 방향 이동을 구속하자.

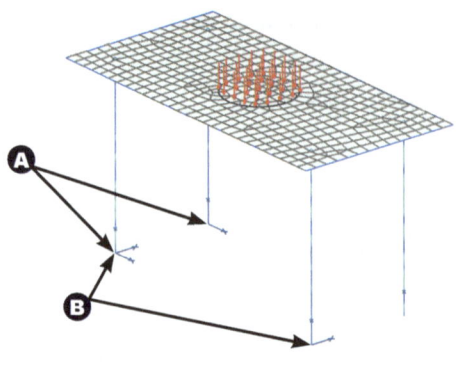

1. User Defined Constraint 아이콘을 누른다.
2. 그림 14-13의 ⓐ 노드를 선택한 후 DOF 1(X 방향)을 Fixed로 설정한 후 Apply 버튼을 누른다.
3. 그림 14-13의 ⓑ 노드를 선택한 후 DOF 2(Y 방향)을 Fixed로 설정한 후 OK 버튼을 누른다.

그림 14-13 추가 변위 구속

14.4.2 하중

테이블 상면의 동그란 영역에 -Z 방향으로 980N의 하중을 생성하고 SIM 파일을 저장한다.

14.5 Solving

Model Setup Check 후 Solving을 수행한다.

14.6 Post Processing

Displacement를 표시하면 그림 14-15와 같이 다리 부분에서 최대 변형이 나타난다. 이 해석의 관심사는 상판의 최대 변형이다.

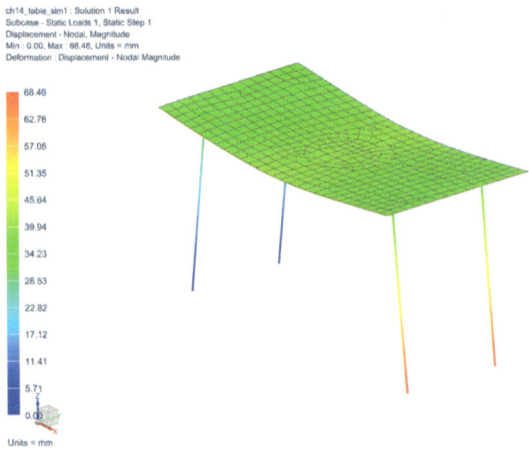

그림 14-14 Displacement(전체 모델)

상판의 결과만 표시해 보자.

1. Post View #를 펼친다.
2. 1D Elements의 체크마크를 선택하여 해제한다.

가운데 부분에서의 최대 변형이 약 39mm로 나타난다.

3. 파일을 저장한다.

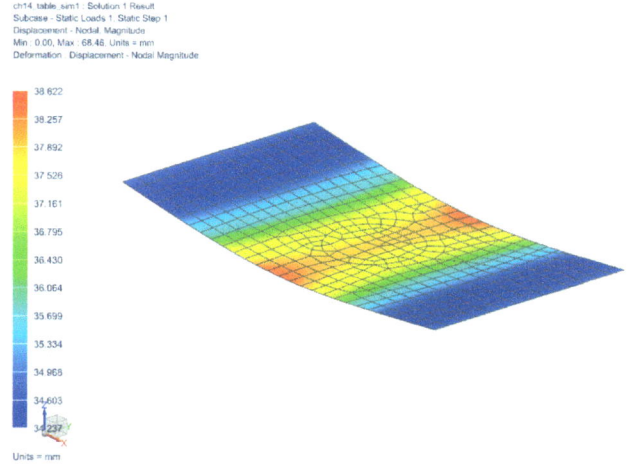

그림 14-15 Displacement(상판)

14.7 추가적인 연습

다음의 절차를 참고하여 중간 부분의 변위를 보강한 후 해석을 수행해 보자.

1. Master Part를 더블클릭 한 후 새로운 FEM, SIM 및 Idealized Part를 생성한다.
2. Idealized Part에서 다리 위치의 점들을 연결하는 사각형의 스케치를 그린 후 Divide Face 기능을 이용하여 테이블 면을 나눈다.
3. 안쪽의 사각형 모서리를 따라 1D Beam 요소를 생성한다. 2번에서 생성한 스케치 커브가 아니라 Polygon Edge에 생성해야 한다. 단면의 크기 및 재질은 임의로 결정한다.
4. 해석을 수행한 후 보강 부분이 없을 때와 결과를 비교한다.

14.8 Quiz

1. CBEAM 요소와 CBAR 요소의 외형상 차이점은 무엇인가?

2. 다리와의 연결 부분에 Mesh Point를 생성할 때 상판에 Project 하여 생성한 이유는 무엇인가?

3. 상판에 원형 모서리를 생성할 때 Circular Imprint 기능을 사용하지 않고 하려면 어떻게 하는가?

4. Duplicate Nodes 체크 후 중복 노드가 발견되었는데 Merge Node 버튼이 활성화 되지 않았다. 이유는 무엇일까?

5. FEM 파일에서 Polygon Geometry에 Mesh Control을 생성했는데 Update 아이콘이 활성화 되지 않았다. 이유는 무엇일까?

6. 변위 구속에서 다리 4개를 모두 Fix 하였다면 실제 테이블과 어떻게 다른가?

7. 다리에 변위 구속을 선택할 때 선 전체가 선택되지 않도록 주의해야 한다. 끝에 있는 노드를 쉽게 선택하려면 어떤 툴을 이용하는가?

Chapter 15

1D 요소와 3D 요소의 연결을 이용한 해석

■ 학습목표

- 1D 요소와 3D 요소를 연결할 때의 문제점을 이해하고 해결한다.
- M-Set과 S-Set의 의미를 이해한다.
- RBE2와 RBE3의 차이점을 이해한다.

Chapter 15: 1D 요소와 3D 요소의 연결을 이용한 해석

15.1 개요

3차원 요소를 이루는 노드에는 회전 자유도가 필요 없다. 요소의 변형을 노드의 변위만으로 나타낼 수 있기 때문이다. 그런데 FE 모델을 구성하다 보면 3차원 요소와 2차원 요소, 1차원 요소를 혼용하는 것이 효율적인 경우가 많다. 이 때, 3차원 요소에 회전자유도가 없음을 이해하지 못한다면 올바른 모델을 구성할 수 없고, 해석을 수행할 수도 없게 된다.

Chapter 14에서는 1차원 요소와 2차원 요소를 연결하여 해석을 수행하는 과정을 살펴 보았다. Chapter 15에서는 1차원 요소와 3차원 요소를 연결하여 FE 모델을 구성할 때 어떤 문제가 생기는지 살펴보고 어떤 조치를 취해야만 정상적으로 해석을 수행할 수 있는지 알아보자.

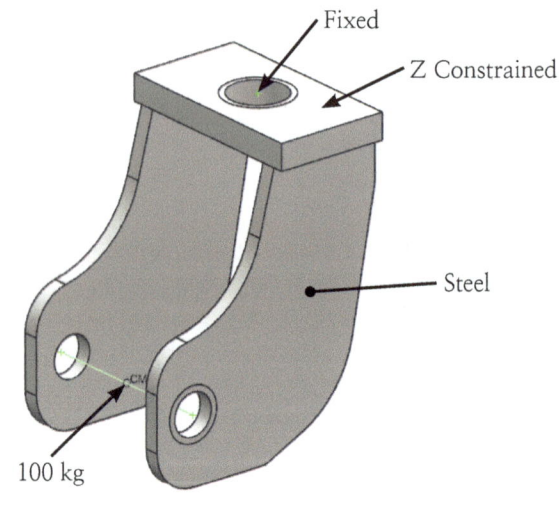

그림 15-1 해석 모델

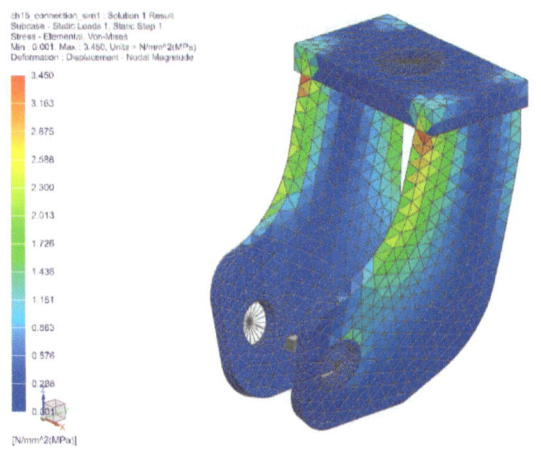

그림 15-2 해석 결과

15.2 해석용 파일 준비

ch15_connection.prt를 열어 FEM 파일, SIM 파일, Idealized Part를 생성하고, Linear Statics Solution(SOL 101)을 생성한다.

15.3 Geometry Idealization

1. Idealized Part를 더블클릭하여 Displayed&Work로 지정한다.
2. 바디를 선택하여 Promote 한다.
3. Synchronous Modeling > Delete Face 기능을 이용하여 네 곳의 형상을 없앤다. 2번, 3번 형상을 없앨 때는 한꺼번에 선택하여 없애야 한다.

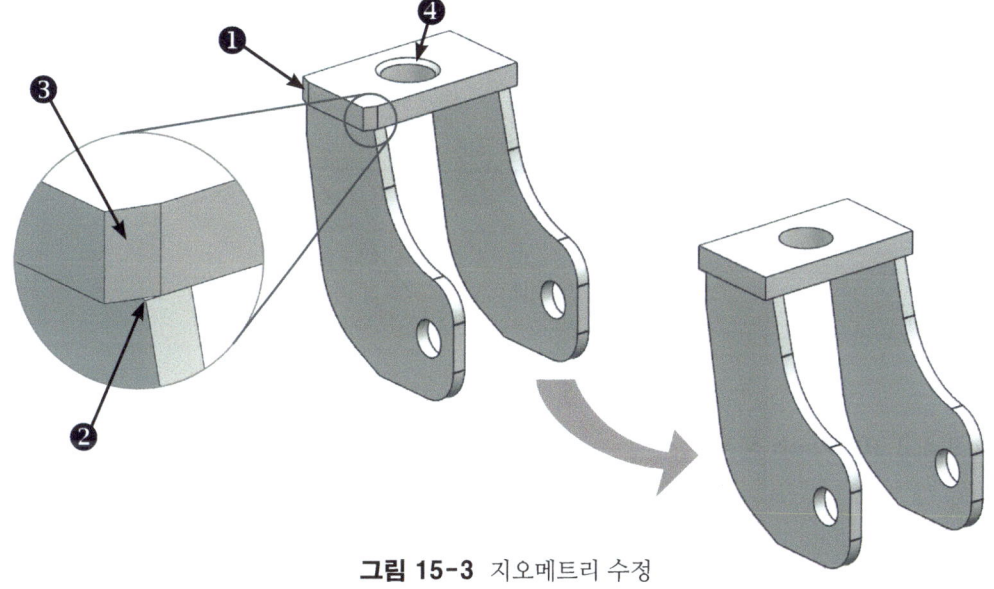

그림 15-3 지오메트리 수정

4. 1차원 요소로 연결할 원형 모서리를 3개 생성한다. Divide Face 기능을 이용하거나 Circular Imprint 기능을 이용할 수 있다.
5. 모든 파일을 저장한다.

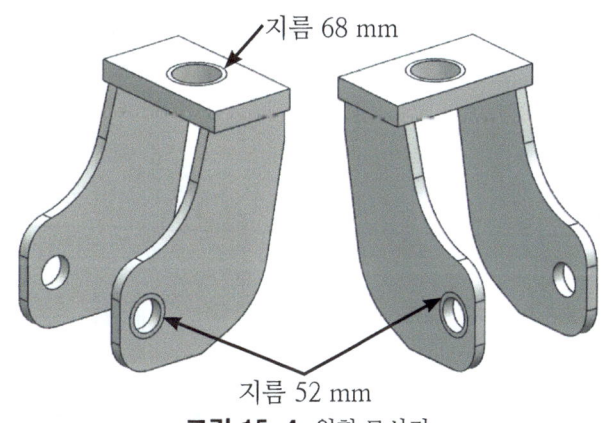

그림 15-4 원형 모서리

15.4 Meshing

15.4.1 1D Connection

1. FEM 파일을 더블클릭 한다. Information창을 확인하고 닫는다.
2. Home 탭 > Connections > 1D Connection 아이콘을 누른다.
3. 대화상자를 Reset 하고 Type을 Point to Edge로 선택한다.
4. 중심점과 원형 모서리를 차례로 선택하여 RBE2의 1D Connection을 정의한다.
5. 반대쪽과 윗면에 대해서도 같은 방법으로 1D Connection 생성한다.

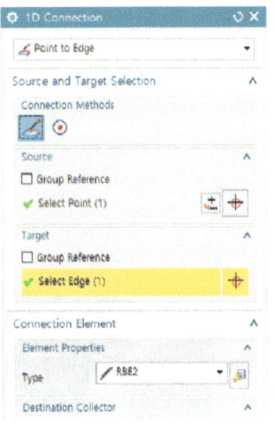 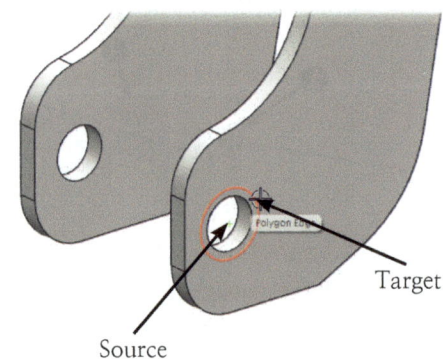

그림 15-5 1D Connection 생성

15.4.2 3D Mesh 생성

Element Size 15 mm의 Parabolic 3D Tetrahedral 메쉬를 생성한다. 재질은 Steel이다.

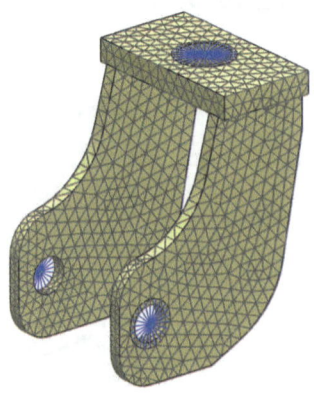

그림 15-6 3D 요소 생성

15.4.3 질량 분산

1. Nodes and Elements 탭 > Between Nodes 기능을 이용하여 집중질량을 생성할 위치에 Node를 1 개 생성한다. (그림 15-7의 Target에 해당하는 노드)
2. 1D Connection 아이콘을 누른다.
3. Type으로 Node to Node 선택, Connection Element로 RBE3 선택, Destination Collector 옵션으로 Automatic Creation을 선택한 후 Source Node 2 개와 Target Node 1개를 선택한 후 OK를 누른다.
4. 생성된 RBE3 Collector에서 connection_mesh에 우클릭 > Mesh Associated Data를 선택한다.
5. Leg Node Degrees of Freedom 옵션을 펼친 후 DOF 4, 5, 6의 옵션을 On으로 설정한다.

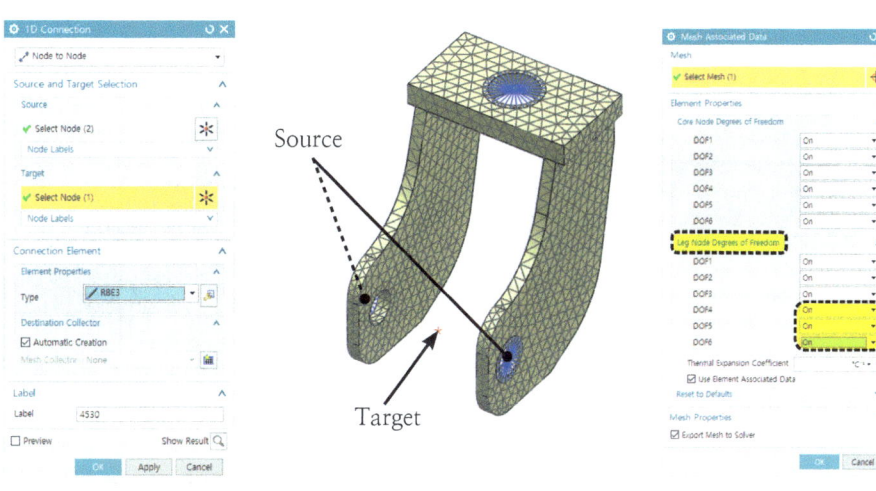

그림 15-7 1D 요소 생성

15.4.4 0D 요소 생성

1. Element Create 아이콘을 누른 후 중간의 노드에 0D 요소 (CONM2)를 생성한다. Mesh Associated Data 버튼을 누른 후 질량을 100kg으로 설정한다.
2. FEM 파일을 저장한다.

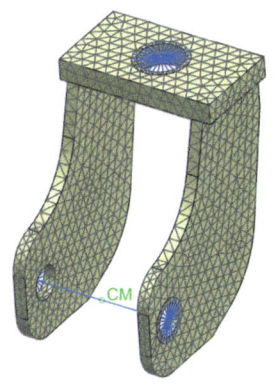

그림 15-8 0D 요소 생성

15.5 경계조건

15.5.1 변위 구속

윗면의 Z 방향 변위를 구속하고, 가운데의 점 및 그와 연결되어 있는 원주에는 6개의 자유도를 모두 구속할 것이다.

1. SIM 파일을 더블클릭한다.
2. User Defined Constraint 아이콘을 누른 다음 윗면 두 개를 선택한다. Selection Filter를 Polygon Face로 설정한 후 선택하면 편리하다.
3. DOF3를 Fixed로 설정한 후 OK 버튼을 누른다.

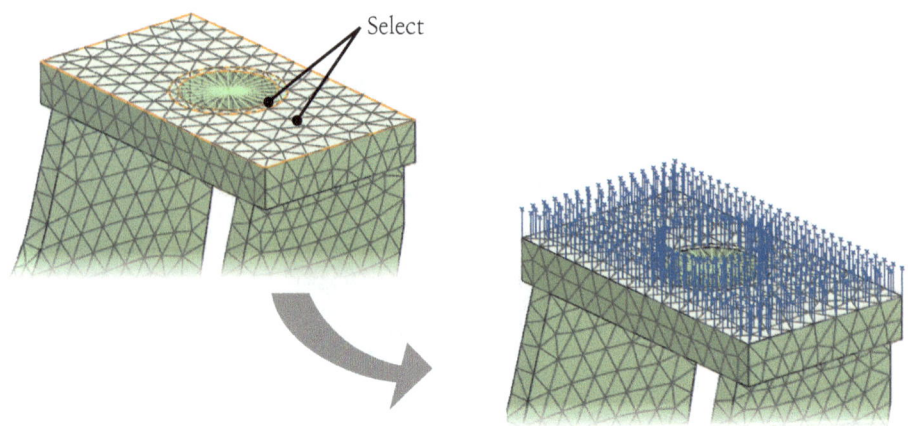

그림 15-9 Z 방향 변위 구속

4. Fixed Constraint 아이콘을 누른다.
5. 가운데의 노드를 선택한 후 OK 버튼을 누른다.

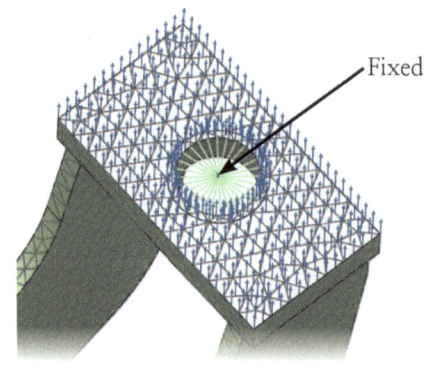

그림 15-10 Fixed 구속

15.5.2 하중

-ZC 방향으로 9810 mm/sec^2의 Gravity 하중을 적용하고 SIM 파일을 저장한다.

15.6 Solving

15.6.1 Model Setup Check

Solution에 우클릭 > Model Setup Check를 선택한다.

세 부분의 메시지 영역을 확인한다.

A : R-Type 요소를 사용함에 있어서 주의 사항을 알려 준다.

첫 번째 항목은 R-Type 요소가 회전 자유도가 없는 Solid 요소와 연결되어 있으므로 확인하라는 뜻이다. 회전에 의한 변위가 전달 되어야 하는 경우 사용하면 안된다.

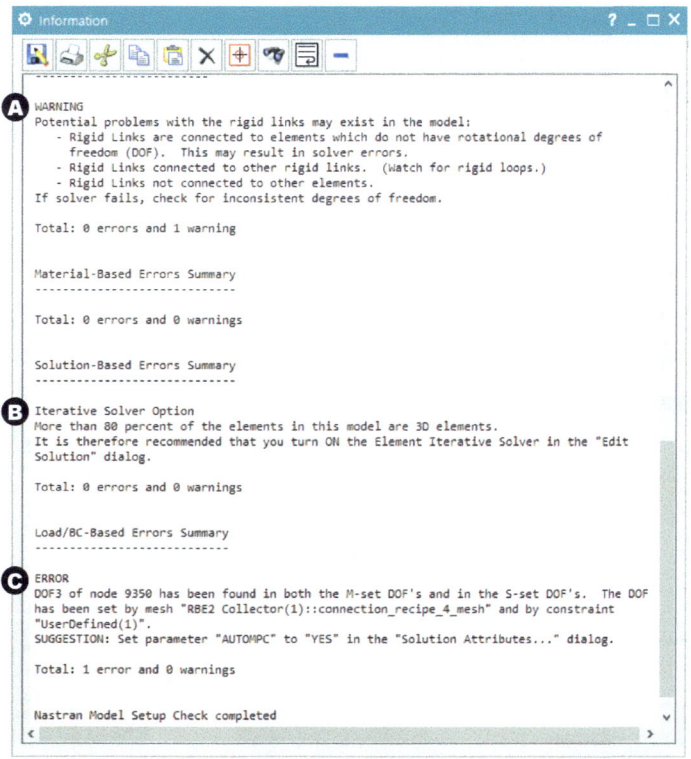

그림 **15-11** Information

두 번째 항목은 R-Type 요소가 다른 R-Type 요소와 연결될 경우 Rigid Loop에 주의하라는 것을 알려 준다. RBE2의 경우 Source 노드가 Indepencent(N-Set)이고 Target 노드가 Dependent(M-Set)인데 하나의 노드가 서로 다른 두 개 이상의 노드에 Dependent 하면 안된다. 즉, 서로 다른 M-Set에 설정되면 안된다. RBE3의 경우 Source가 Dependent(M-Set), Target이 Independent(N-Set)이다.

세 번째 항목은 R-Type 요소가 다른 요소와 연결되지 않을 수 있으니 주의하라는 뜻이다.

❸ : 3차원 요소의 개수가 전체 요소 개수의 80% 이상일 때는 Iterative Solver를 사용하는 것이 효율적이라는 권고 사항이다. FE 모델의 크기가 작을 경우 Sparse Matrix Solver를 사용해도 무방하다.

❹ : 9350번 노드의 M-set DOF와 S-set DOF에 동시에 나타난다는 뜻이다. 노드 번호는 실습자마다 다를 수 있다. 하나의 노드가 변위 구속에도 사용되는 동시에 다른 노드의 변위에 Dependent하게 되면 안된다.

❹ 에 나타난 오류 사항을 확인해 보자.

1. Information 창을 닫고 FEM 파일을 Displayed & Work로 한다.
2. Nodes and Elements 탭 〉 Checks and Information 〉 Node/Element 아이콘을 누른다.
3. Node/Element Information 대화상자의 드롭다운에서 Node를 선택하고 Labels 입력창에 ❹에서 표시된 노드 번호(이 교재의 경우 9350)를 입력한 후 체크 마크를 누른다. 원형 모서리 부분임을 알 수 있다.

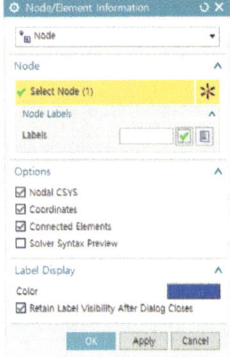 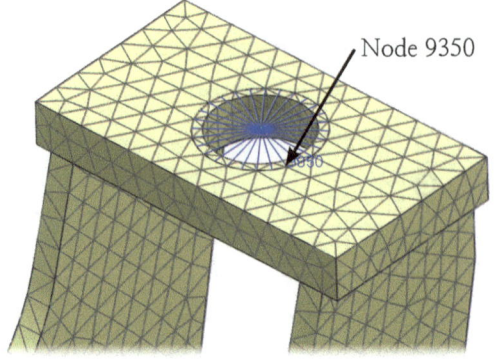

그림 15-12 Node 위치 확인

원형 모서리를 따라 배치된 Node를 Z 방향 구속에서 제외시키자.

1. 대화상자를 닫는다.
2. SIM 파일을 Displayed & Work로 한다.
3. Simulation Navigator의 Constraints 항목을 펼치고 User Defined(1)을 더블클릭한다.
4. Constraint 심볼을 숨기고 User Defined(1) 대화상자의 Excluded 옵션 그룹에서 Select Object 옵션을 클릭한다.
5. 윗면의 모서리를 선택한다. Polygon Edge 필터를 이용한다.
6. OK 버튼을 누른다.
7. Constraints를 보이게 하고 모서리를 따라 심볼이 표시되지 않음을 확인한다.

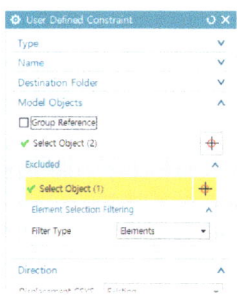 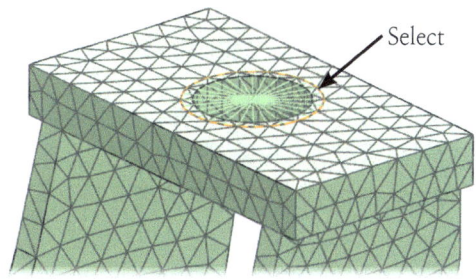

그림 15-13   제외할 모서리 선택

15.6.2 Solving

1. Model Setup Check를 다시 수행하여 Error가 없음을 확인한다.
2. 파일을 저장한다.
3. Solution에 우클릭 > Solve를 선택하여 해석을 수행한다.

15.7 Post Processing

1. Results > Structural을 더블클릭한다.
2. Stress - Elemental을 더블클릭한다. 그림 15-14와 같은 결과를 얻을 수 있다.
3. 파일을 저장한다.

Chapter 15: 1D 요소와 3D 요소의 연결을 이용한 해석

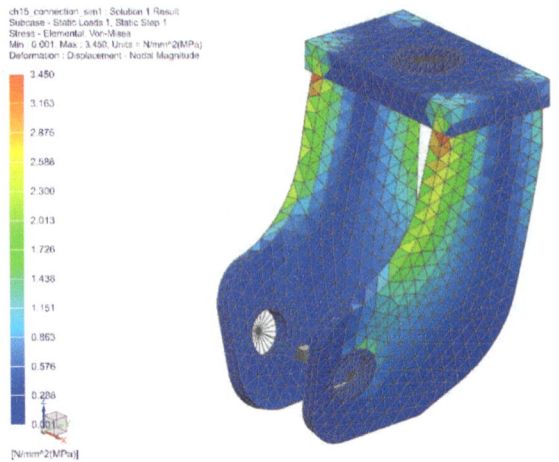

그림 15-14 Stress - Elemental

그림 15-7에서 Source 2개를 선택하고, Target 한 개를 선택하였다. Source 1개, Target 1개를 선택하여 각각의 RBE3 요소를 생성할 경우 결과는 그림 15-15와 같다. 이는 RBE2 요소를 이용하여 1D Connection으로 연결하는 경우와 같은 결과이다.

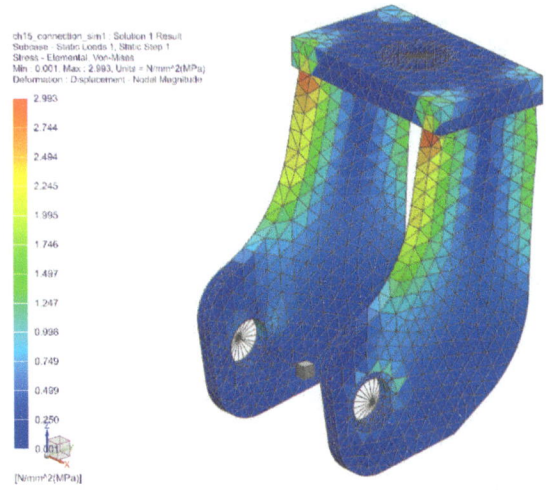

그림 15-15 Stress - Elemental (RBE2 요소 이용)

15.8 Group에 대한 결과 표시

Post View를 펼쳐보면 요소의 종류별, 타입별 결과를 개별적으로 컨트롤 할 수 있지만 그렇게 구분되지 않은 부분에서의 결과를 표시하려면 Output Group을 정의한 후 그 그룹에 대한 결과를 표시하도록 해야 한다. 윗면에서의 결과를 표시해 보자.

15.8.1 Group 생성

1. Return to Home 아이콘을 누른다.
2. FEM 파일을 Displayed & Work로 한다.
3. Simulation Navigator의 Group 항목에 우클릭 〉 New Group을 선택한다.
4. 생성할 그룹 이름을 "top face elements"라고 입력한다.
5. Method 옵션을 Related Elements로 선택한 후 윗면을 선택한다.
6. Apply 버튼을 누른다.
7. 비슷한 방법으로 윗면과 관련되어 있는 Node에 대한 그룹을 생성한다. 그룹 이름은 "top face nodes"로 한다.

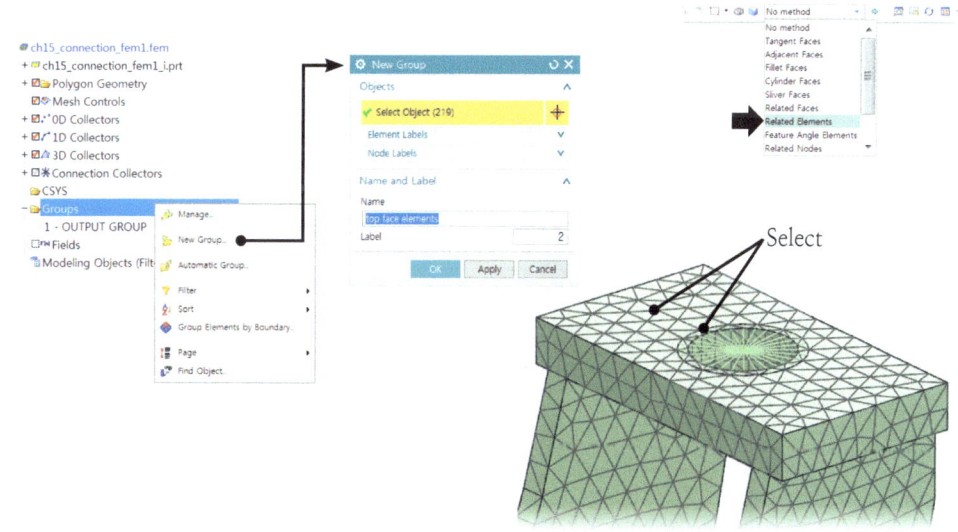

그림 15-16 Element Group 생성

Chapter 15: 1D 요소와 3D 요소의 연결을 이용한 해석

두 개의 그룹을 합쳐서 새로운 그룹을 생성해 보자.

1. Simulation Navigator의 Groups에 우클릭 > Manage를 선택한다.
2. Groups 옵션 영역에서 top face elements 그룹과 top face nodes 그룹을 함께 선택한다.
3. Boolean 옵션 영역의 Union 버튼을 누른다.
4. Union 그룹이 생성된 것을 확인한다. 우클릭하여 이름을 변경할 수 있다.
5. 대화상자를 닫는다.

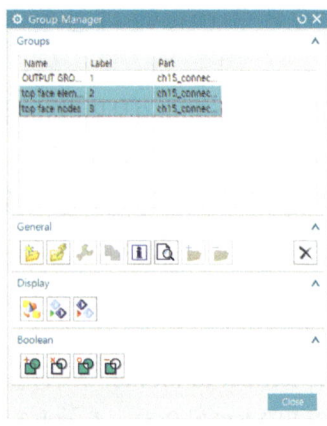

그림 15-17 Group 합치기

15.8.2 Solution 설정

1. SIM 파일을 Displayed & Work로 한다.
2. Solution에 우클릭 > Edit을 선택한다.
3. Solution 대화상자에서 Case Control 항목을 선택하고 Output Request 옵션 옆에 있는 Edit 버튼을 누른다.
4. 왼쪽 창에서 Displacement를 선택하고 Entity 옵션을 Group으로 설정한다.
5. Stress에 대해서도 같은 방법으로 Output Group을 설정한다.

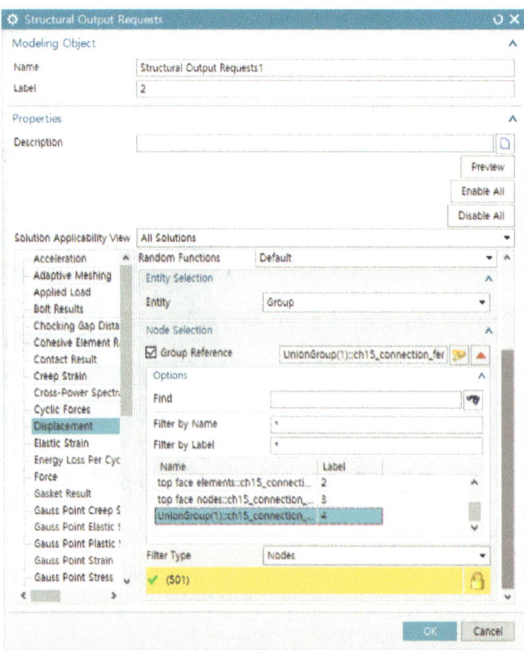

그림 15-18 Output Group 설정 (Displacement)

15.8.3 Solving 및 PostProcessing

1. Solve 아이콘을 눌러 해석을 수행한다.
2. Results › Structural을 더블클릭한다.
3. Displacement – Nodal을 더블클릭한다.
4. Results 탭 › Quick Edit 그룹에서 Deformation을 OFF 한다.
5. Results 탭 › Layout 그룹 › Side by Side 아이콘을 눌러 화면을 반으로 나눈다.
6. Stress – Elemental에 우클릭 › Plot을 선택한 후 새로 생긴 View Port에 표시한다.
7. Edit Post View 아이콘을 누른 뒤 Deformation 옵션을 해제한다.
8. 파일을 저장하고 실습을 종료한다.

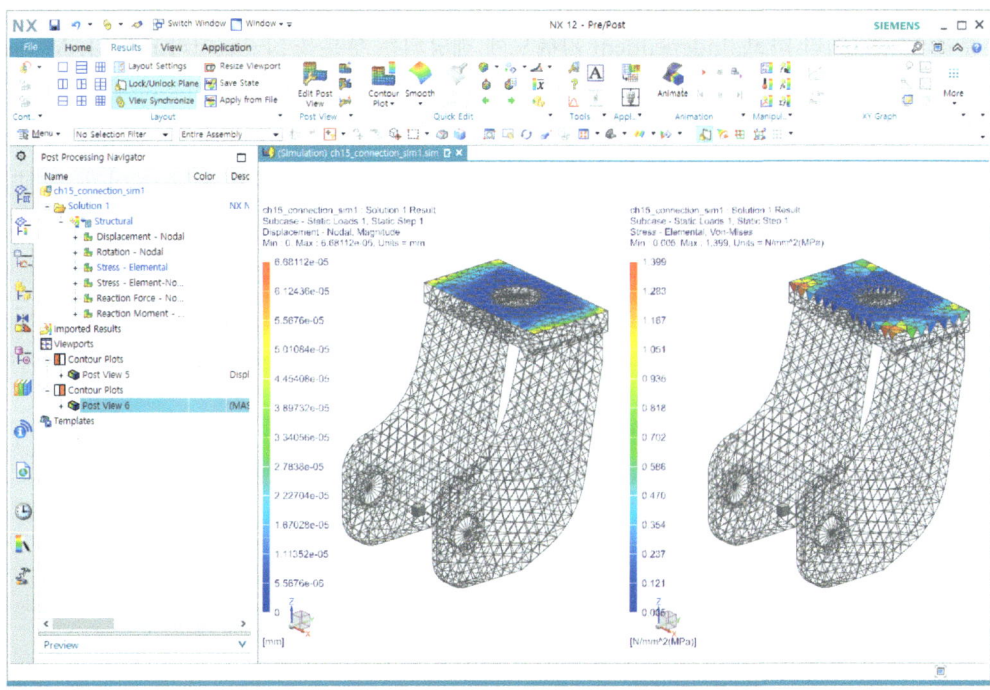

그림 15-19 윗면의 변형과 응력

15.9 보충

15.9.1 M-Set, N-Set, S-Set

R-Type 요소(RBAR, RBE1, RBE2, RBE3, RROD, RTRPLT)는 어떤 노드의 자유도가 다른 노드에 의해 구속되도록 할 때 사용하는데, 이런 요소가 사용될 경우 Constraint Equation을 이용하여 처리한다. Constraint Equation을 처리하는 방식으로 Linear Elimination Method와 Lagrange Multiplier Method가 있으며 Case Control 옵션에서 설정할 수 있다.

Linear Elimination Method를 이용하여 Constraint Equation을 처리할 때 NX Nastran은 Dependent 자유도와 Independent 자유도를 나누어 처리한다. Dependent 자유도에 해당되는 부분을 M-Set이라 하고, Independent 자유도에 해당되는 부분을 N-Set이라고 한다. M-Set에 해당되는 부분은 Coupling 구속 (MPC: Multi-Point Constraint)을 이용하여 생성할 수도 있다. Constraint 기능을 이용하여 변위 구속을 정의하면 Nastran의 SPC(Single-Point Constraint) 카드로 변환된다. Single-Point Constraint로 구속된 자유도를 S-Set이라고 한다.

어떤 노드의 자유도 구속은 여러 개의 S-Set에 소속될 수 없다. 그렇게 될 경우 변위 구속의 충돌이 발생한다. 또한 어떤 노드의 자유도 구속은 서로 다른 M-Set에 소속될 수 없으며 M-Set과 S-Set에 동시에 소속될 수도 없다. 즉, R-Type 요소 또는 MPC의 Dependent 자유도이면서 동시에 SPC로 구속될 수 없다.

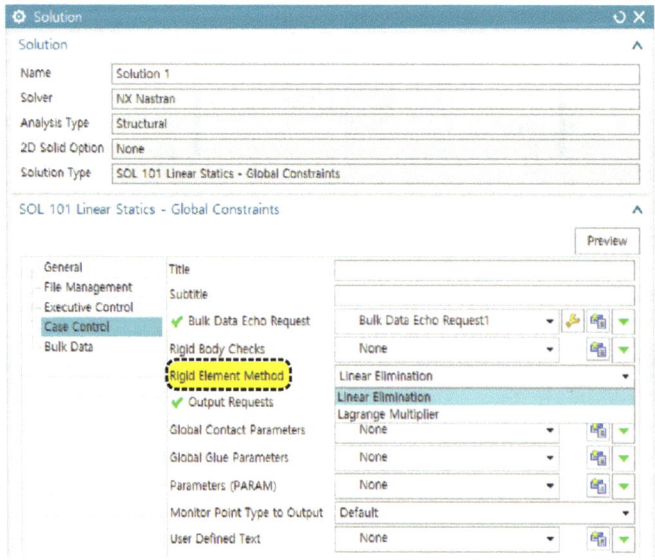

그림 15-20 Rigid Element Method 옵션

15.9.2 RBE2와 RBE3

R-Type 요소 또는 Coupling으로 노드를 구속할 때 Dependent 자유도를 구분하여 지정할 수 있다. 그림 15-21은 RBE2 요소의 Mesh Associated Data 대화상자이고, 그림 15-22는 RBE3 요소의 Mesh Associated Data 대화상자이다.

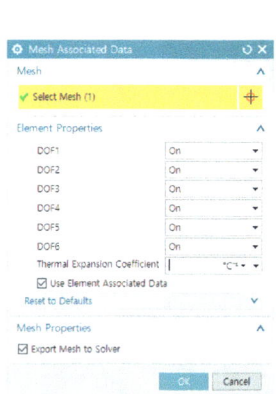
그림 15-21 RBE2 요소의 Mesh Associated Data

그림 15-22 RBE3 요소의 Mesh Associated Data

RBE2 요소는 Independent Node와 Dependent Node의 자유도를 강체처럼 연결하기 때문에 Dependent Node와 Independent Node의 변형이 같게 나타난다. 따라서 어떤 요소를 이루는 노드가 모두 하나의 M-Set에 설정된 경우, 그 요소에는 응력이 발생하지 않는다. (그림 15-25) 이는 실제 모델보다 더 Stiff한 결과를 보여주게 된다.

1D Connection에서 RBE2 요소를 지정하여 생성할 때 Source Node는 N-Set(Independent)에 속하며 Target Node는 M-Set(Dependent)에 속한다. 1D Connection에서 RBE2와 RBE3가 혼합되어 생성될 때는 Souce Node가 Dependent이며 Target Node가 Independent이다. Element Create 기능으로 RBE2 요소를 생성할 때는 먼저 선택하는 Node가 N-Set에 속하고 나중에 선택하는 Node가 M-Set에 속한다.

RBE3 요소는 Source 노드에 가해지는 힘, 모멘트, 질량, 속도, 가속도를 Target 노드에 분산시키기 위해 사용한다. FE 모델의 강성이 변하지 않으며 1 개의 Set에 Source Node 및/또는 Target Node가 여러 개인 경우 상대적 변형이 발생할 수 있기 때문에 응력이 발생한다. (그림 15-25)

Chapter 15: 1D 요소와 3D 요소의 연결을 이용한 해석

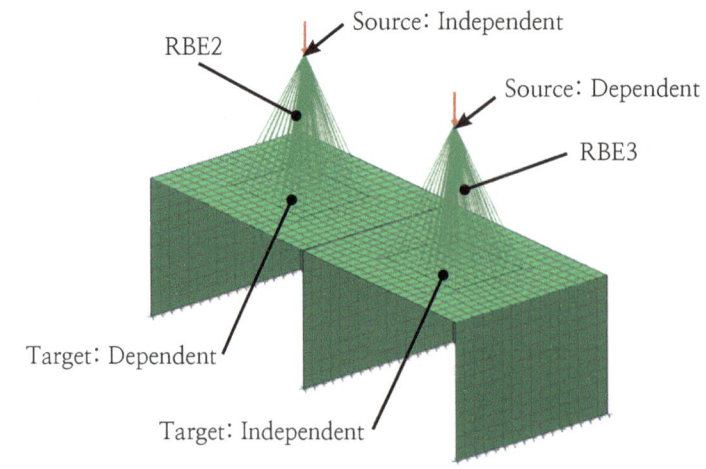

그림 15-23 FE Model

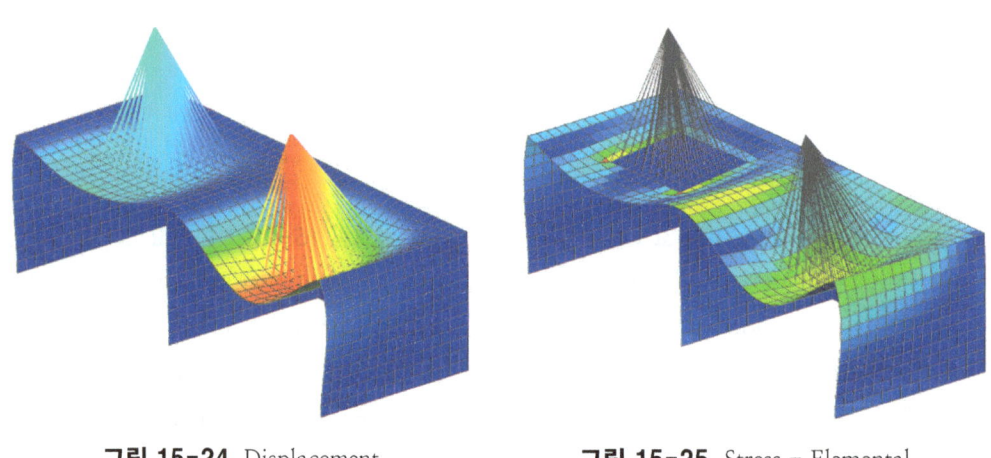

그림 15-24 Displacement   그림 15-25 Stress - Elemental

1D Connection으로 RBE3 요소를 생성할 때 Source Node는 M-Set(Dependent)에 속하며 Target Node는 N-Set(Independent)에 속한다. Element Create 기능으로 생성할 때는 먼저 선택하는 Node가 M-Set에 속하고 나중에 선택하는 Node가 N-Set에 속한다.

RBE3 요소의 Leg Node(Independent)의 회전 자유도는 Off로 하는 것이 일반적이다. 그러나, 예들 들어, Leg Node와 Core Node가 선형으로 배치되어 있을 때와 같이 Singular가 발생하는 경우 회전 자유도도 ON으로 하여야 한다.

15.9.3 다중 의존성(Double Dependency)

어떤 노드는 여러 개의 M-Set에 속할 수 없다. RBE2 요소의 경우 1D Connection의 Point to Edge 타입으로 생성할 경우 Source로 선택하는 개체가 Independent 이므로 Ⓐ 점을 Source로 선택하고, Ⓒ 모서리를 Target으로 선택하여 하나의 M-Set을 정의하고, 다시 Ⓑ 점을 Source로 선택하고 Ⓒ 모서리를 Target으로 선택하여 또 하나의 M-Set을 정의하면 Ⓒ 모서리의 노드는 두 개의 M-Set에 속하게 되어 해석을 오류가 발생 된다. 이 때, RBE2 카드는 그림 15-27과 같다. 21, 22, 23, 24번 노드의 DOF 1,2,3,4,5,6가 31번, 32번 노드의 자유도에 Dependent한 상태이다.

다중 의존성 문제가 발생된 경우 AutoMPC 파라미터를 Yes로 설정하면 다중 의존성 문제를 임의로 해결한 후 해석을 수행할 수 있다. 설정 방법은 11.7.4를 참고한다. 그림 15-28은 RBE2로 연결한 후 AutoMPC 파라미터를 설정하여 해석을 수행한 결과를 보여준다. Ⓐ, Ⓑ 노드에 질량을 설정하고 가속도를 가했다.

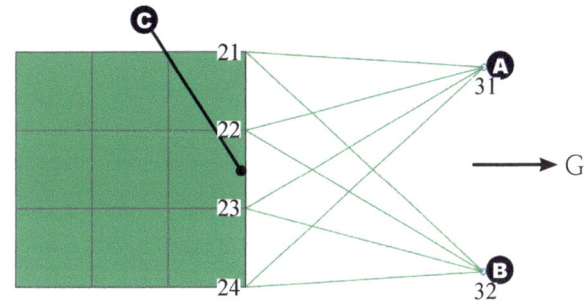

그림 15-26 1D Connection

```
                IND  DOF           DEP
RBE2    12      31   123456    23   22   24   21
RBE2    13      32   123456    23   22   24   21
```

그림 15-27 RBE2 카드

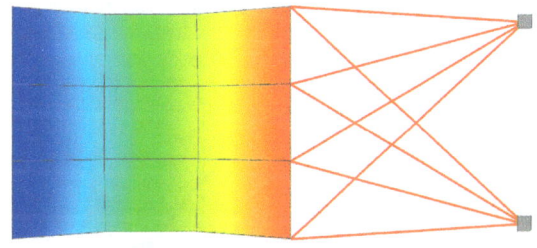

그림 15-28 Displacement (AutoMPC = Yes)

Chapter 15: 1D 요소와 3D 요소의 연결을 이용한 해석

같은 방식으로 1D Connection 기능을 이용하여 연결 하더라도 RBE3 요소를 이용하면 다중 의존성 문제가 발생하지 않는다. 이는 Point to Edge 타입으로 점과 Edge를 연결할 때 Source 로 선택하는 점이 Dependent로 설정되기 때문이다. 즉, 31번 노드와 32번 노드가 21, 22, 23, 24번 노드에 Dependent 한 상태이다. 해석 결과는 그림 15-30과 같다.

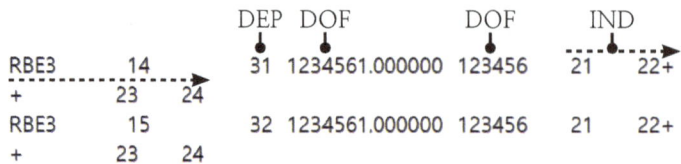

그림 15-29 RBE3 카드

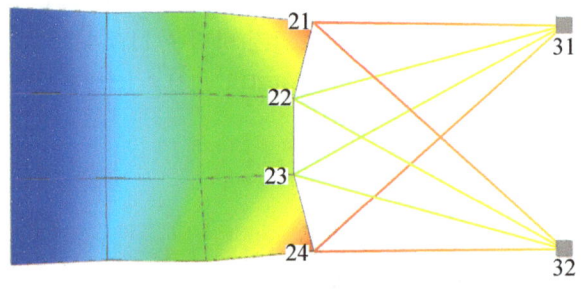

그림 15-30 Displacement

RBE3로 연결할 때 그림 15-31과 같은 경우 다중 의존성 문제가 발생할 수도 있고, 그렇지 않을 수도 있다. Ⓐ 점을 Source로 선택하고 Ⓑ 모서리를 Target으로 선택하여 RBE3를 생성한 후, 다시 Ⓐ 점과 Ⓒ 모서리를 각각 선택하여 다른 RBE3를 생성하면 다중 의존성 문제가 발생하고(그림 15-32), Ⓐ 점을 Source로 선택하고, Ⓑ, Ⓒ 모서리를 한꺼번에 Target으로 선택하면 다중 의존성 문제가 발생하지 않는다. (그림 15-33)

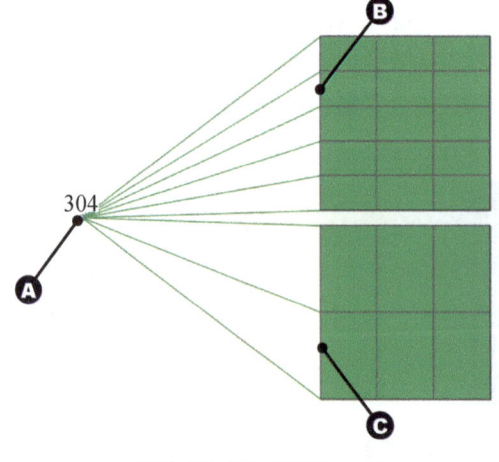

그림 15-31 RBE3 연결

```
RBE3        32         304  1234561.000000  123   201   202+
+           203  204   205   206
RBE3        33         304  1234561.000000  123   301   302+
+           303
```

그림 15-32 다중 의존성 문제가 발생되는 경우

```
RBE3        32         304  1234561.000000  123   201   202+
+           203  204   205   206   301   302   303
```

그림 15-33 다중 의존성 문제가 발생되지 않는 경우

15.9.4 1D Connection

노드, 점, 모서리, 면 사이의 연결 요소를 생성한다.

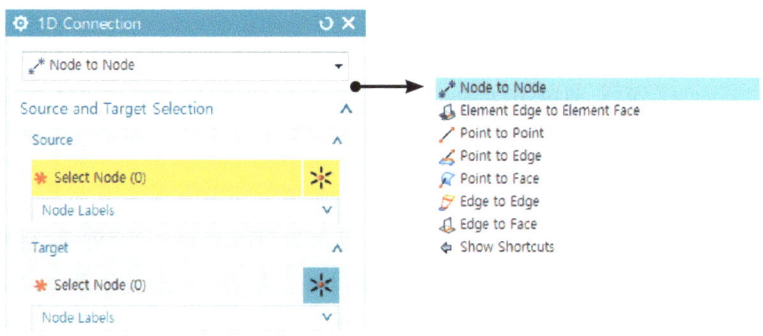

그림 15-34 1D Connection의 타입

Node to Node

노드와 노드 사이의 연결 요소를 생성한다. Source와 Target으로 두 개 이상의 노드를 선택하는 경우 1:1로 연결하며 Method of Connection 옵션이 활성화 되어 연결 방법을 정할 수 있다. 연결 요소로 여러 가지 1차원 요소를 이용할 수 있다. RBE2 요소를 이용하는 경우 Source가 Independent, Target이 Dependent로 지정되며 RBE3 요소를 이용하는 경우 Source가 Dependent, Target이 Independent로 지정된다. 이는 Point to Point, Point to Edge, Point to Face에서도 같다.

Point to Point

Source와 Target으로 Point 또는 Mesh Point를 선택한다. 다른 사항은 Node to Node와 같다.

Point to Edge

Source로 점을 선택하고 Target으로 Polygon Edge를 선택한다. 점은 한 개만 선택할 수 있으며 모서리는 여러 개를 선택하여 하나의 M-Set 또는 N-Set으로 정의할 수 있다. 연결 요소로 여러 가지 1차원 요소를 이용할 수 있다.

Point to Face

Source로 점을 선택하고 Target으로 Polygn Face를 선택한다. 점은 한 개만 선택할 수 있으며 면은 여러 개를 선택하여 하나의 M-Set 또는 N-Set으로 정의할 수 있다. 연결 요소로 여러 가지 1차원 요소를 이용할 수 있다.

Edge to Edge

1 개의 Polygon Edge와 1 개의 Polygon Edge 사이에 연결 요소를 생성한다. 다음과 같은 Method of Connection 옵션이 제공된다.

- Node to Node: Source와 Target 모서리 상의 노드끼리 1:1로 연결한다. 개별적인 1차원 요소가 생성되며 그림 15-35와 같이 한 쪽 모서리가 두 번 이상 사용될 경우 선택 순서와 상관 없이 다중 의존성 문제는 자동으로 해결된다. 그러나 연결이 순환 Loop을 형성할 경우에는 필연적으로 다중 의존성 문제가 발생되므로 AutoMPC 파라미터를 설정해야 한다.

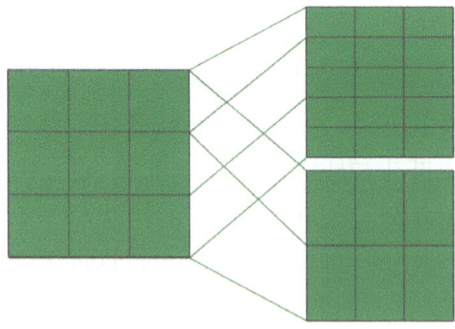

그림 15-35 이중 연결(Node to Node)

- RBE2 and RBE3 to Element Edge: 두 개의 모서리 사이에 RBE2 요소와 RBE3 요소를 이용하여 연결한다. Source의 노드를 Target에 Normal 하게 Project 한 위치에 새로운 노드를 생성하고 RBE2로 1:1 연결하며, Target 모서리에 새로 생성된 노드와 Target 측에 원래 있던 노드를 RBE3로 연결한다. Source의 노드가 Dependent로 설정되며 Target의 노드가 Independent로 설정된다. 따라서, 그림 15-36과 같이 ❹ 모서리를 Source, ❸와 ❸ 모서리를 Target으로 선택하여 각각 연결하면 ❹ 모서리의 102, 103 번 노드에 다중 의존성 문제가 발생된다.

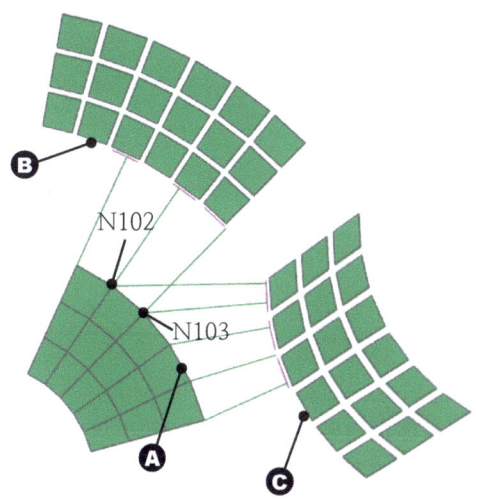

그림 15-36 다중 의존성 (Edge to Edge: RBE2 and RBE3 to Element Edge)

- RBE2 and RBE3 to Element Face: 두 개의 모서리 사이에 RBE2 요소와 RBE3 요소를 이용하여 연결한다. Source의 노드를 Target에 Normal 하게 Project 한 위치에 새로운 노드를 생성히고 RBE2로 1:1 연결하며, Target 모서리에 새로 생성된 노드와 Target 측 요소의 모든 노드를 RBE3로 연결한다.

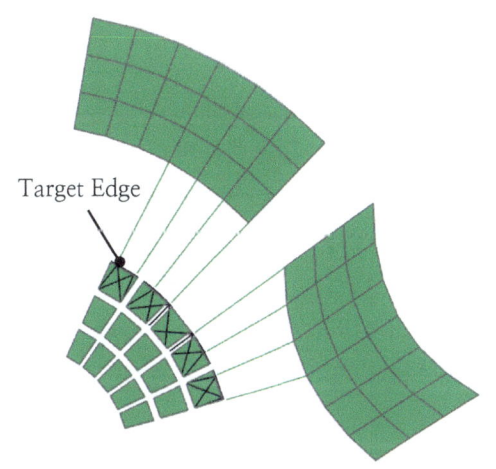

그림 15-37 RBE2 and RBE3 to Element Face

Chapter 15: 1D 요소와 3D 요소의 연결을 이용한 해석

Element Edge to Element Face

요소의 모서리에 있는 노드를 요소의 면에 Project 한 곳에 새로운 노드를 생성한 후 RBE2를 생성하고, 새로 생성된 노드와 요소 측 노드를 RBE3로 연결한다. Source 측(Edge) 노드가 Dependent로 설정된다.

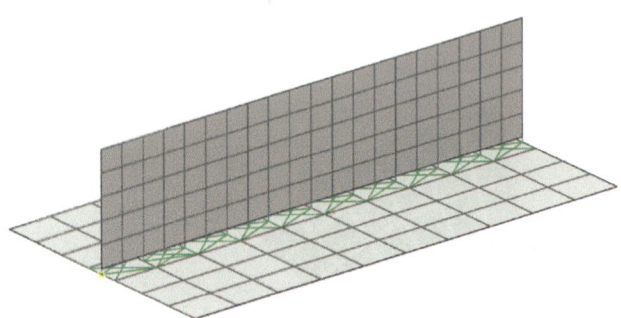

그림 15-38 1D Connection: Element Edge to Element Face

Edge to Face

Polygon Edge와 Polygon Face를 선택하여 1D Connection을 정의한다. 다른 사항은 Element Edge to Element Face와 같다.

15.9.5 Coupling

Coupling은 두 개의 노드의 자유도를 서로 연결하여 변위 및/또는 회전이 서로 연계되도록 설정하는 기능이다. 이는 변위 구속의 일종으로 구조적으로 그렇게 될 수밖에 없는 경우에 해석을 용이하게 하기 위하여 사용된다. 그림 15-39와 같이 서로 떨어져 있는 두 면에 있는 노드의 자유도를 원통 좌표계의 반경 방향(R)과 원주 방향(θ)이 서로 연동되도록 설정하면 축 방향으로 서로 반대 방향의 하중을 부가하면서 반경 방향 및 원주 방향은 마치 붙어 있는 것처럼 해석을 수행할 수 있다.

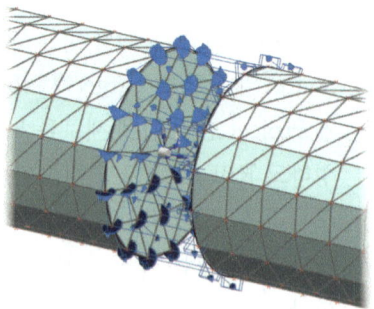

그림 15-39 원통좌표계를 이용한 Automatic Coupling

15.10 Quiz

1. Mesh를 생성하지 않은 상태에서 1D Connection을 생성하면 1D Mesh가 바로 생성되지 않고 다른 것이 생성된다. 무엇이라고 부르는가?

2. 1D Connection의 타입 중 점을 사용하지 않는 경우 적용 가능한 1D 요소는 무엇인가?

3. 다음과 같은 세 개 노드의 모든 자유도를 두 개의 RBE2 요소로 연결할 때 어떤 문제가 발생하는가? 1은 Source를 의미하고, 2는 Target을 의미한다.

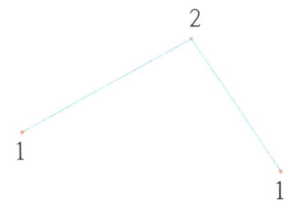

그림 15-40 Rigid Loop

4. 그림 15-7에서 RBE3 요소를 생성할 때 Source Node와 Target Node를 반대로 선택하면 어떤 결과가 나올까?

5. 아래 그림과 같이 3D 요소와 1D 요소 또는 3D 요소와 2D 요소가 노드를 공유하며 연결되어 있을 경우 그대로 해석을 수행하면 어떤 문제가 발생되며 이유는 무엇인가? 또, 그 문제를 해결하려면 어떻게 하여야 하는가?

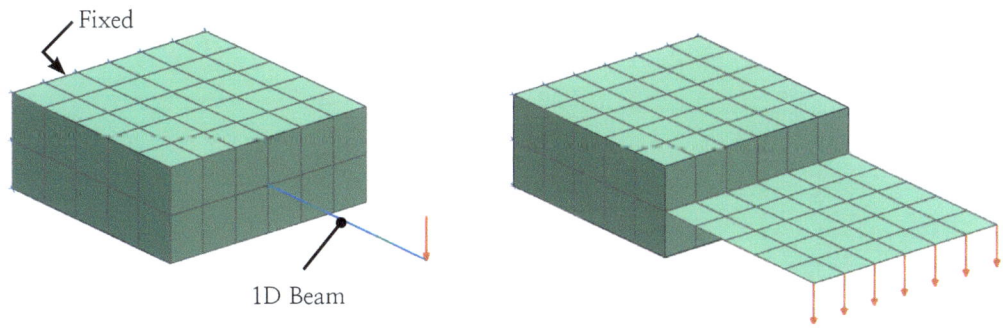

그림 15-41 이종 요소의 연결

Chapter 15: 1D 요소와 3D 요소의 연결을 이용한 해석

(빈 페이지)

Chapter 16
Alternator Bracket 해석

■ 학습목표

- 차량의 급가속과 벨트 장력에 의한 Alternator Bracket의 변형 효과를 파악한다.
- 여러 가지 타입의 요소를 혼합하여 사용한다.
- Force의 방향을 지정하여 적용할 수 있다.

Chapter 16: Alternator Bracket 해석

16.1 개요

Alternator는 크랭크 축과 벨트로 연결되어 전기를 생산하는 발전장치이다. 벨트가 미끄러지지 않도록 하기 위해 적정한 크기의 장력이 작용되고, 엔진 몸체에 붙어 있으면서 차량과 함께 진행되기 때문에 차량 가속도의 힘을 받는다. Alternator Bracket 모델의 Midsurface에 2D Shell 요소(Thickness Source: Midsurface, Steel)로 생성하고 Alternator는 집중 질량(20kg)으로 모델링 하여 가속도 하중과 장력이 함께 작용하는 경우에 대한 해석을 수행하자.

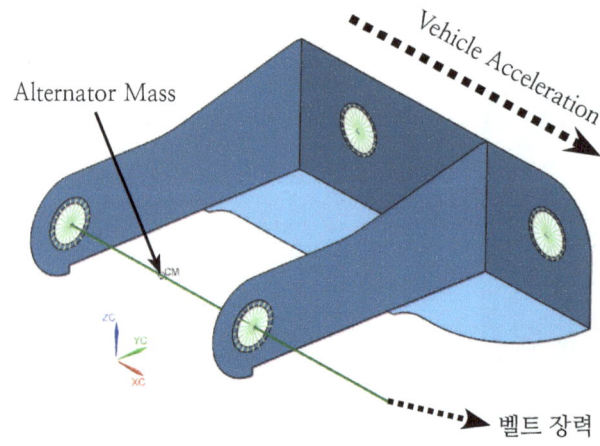

그림 16-1 Alternator Bracket 모델

차량은 +x 방향으로 진행하고 가속도는 최대 3G(중력 가속도의 3배)로 작용하며 벨트 장력은 그림 16-2와 같이 크랭크 축의 중심을 향한다. 각도는 수평면과 45°라고 가정하고, 크기를 500N이라고 하자.

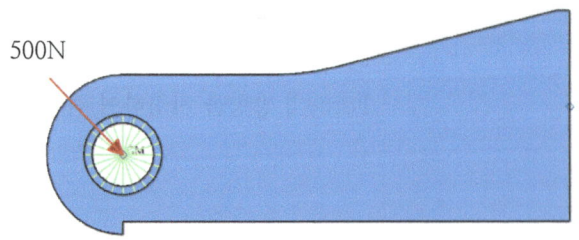

그림 16-2 벨트 장력

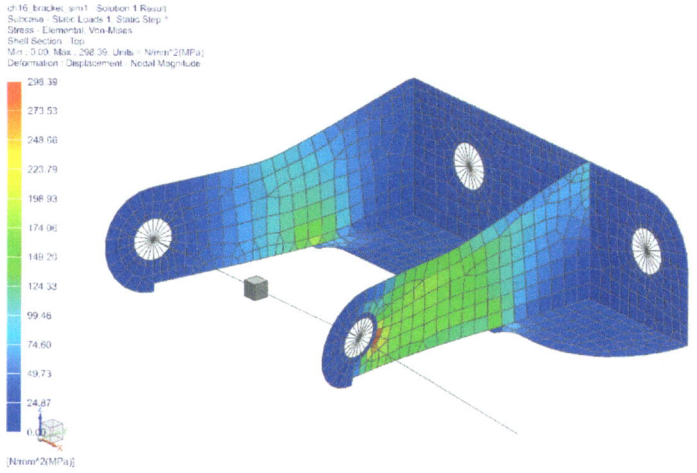

그림 16-3 해석 결과

16.2 해석용 파일 준비

1. 주어진 파일(ch16_bracket.prt)을 연다.
2. Pre/Post 애플리케이션을 실행시키고 FEM 파일, SIM 파일, Idealized Part를 생성한다.

16.3 Geometry Idealization

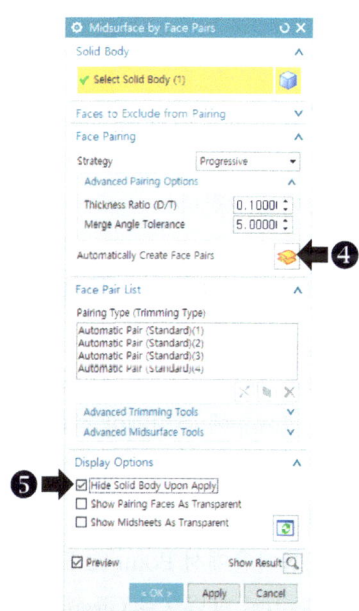

1. Idealized Part를 Displayed & Work로 하고 Body를 Promote 한다.
2. Midsurface by Face Pairs 아이콘을 누른 후 Solid Body를 선택한다.
3. 대화상자를 Reset 하고 Automatically Create Face Pairs 버튼을 누른다.
4. Hide Solid Body Upon Apply 옵션을 체크한 후 OK 버튼을 누른다.

그림 16-5와 같이 중간 서피스가 생성된다.

그림 16-4 Midsurface by Face Pairs 대화상자

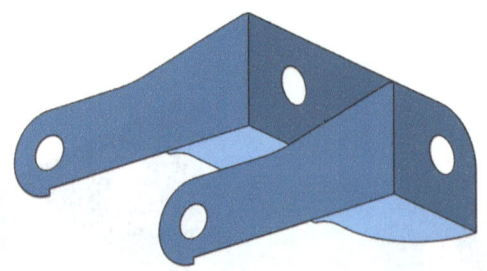

그림 16-5 Midsurface 생성 결과

16.4 Meshing

16.4.1 2D Mesh 생성

1. FEM 파일을 Displayed & Work로 한다.
2. Simulation Navigator의 Polygon Geometry 항목을 펼친 후 Polygon Body(1)을 삭제한다.
3. 5 개의 Face에 Element Size 5 mm의 Parabolic CQUAD8 요소를 생성한다. 재질은 Steel로 하고, Thickness Source를 Midsurface로 설정한다.

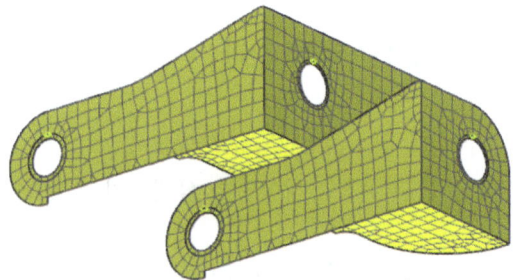

그림 16-6 2D Mesh 생성 결과

4. 구멍 주위에 지름 16 mm의 Circular Imprint를 생성하고, Mesh Control을 이용하여 그 주위에 20 개의 요소를 배치한다.
5. 업데이트 한다.

16.4.2 1D Mesh 생성

네 곳의 볼트 연결 부분에 구멍 중심과 Circular Imprint 사이에 1D Connection을 생성하자. Rigid Loop에 주의해야 한다.

1. Home 탭 > Connections > 1D Connection 아이콘을 누른다.
2. 드롭다운에서 Point to Edge를 선택하고 Element Properties의 Type을 RBE2로 한다. Arc to Centers 방법으로 Circular Imprint를 선택하여 생성할 경우 중심의 Node가 Independent로 정의된다.

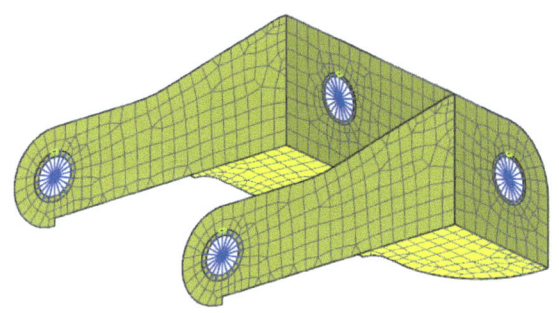

그림 16-7 1D Connection

집중질량을 생성할 위치와 벨트 하중을 적용할 위치에 노드를 생성하자.

1. Nodes and Elements 탭 > Nodes > Between Nodes 아이콘을 누른다.
2. 그림 16-8과 같이 두 개의 노드를 선택한다.
3. OK 버튼을 누른다.

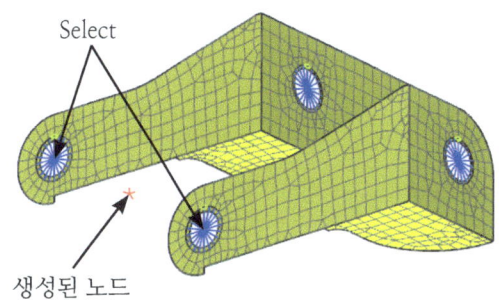

그림 16-8 Node 생성

연속하여 기준 노드를 이동 복사하자.

1. Nodes and Elements 탭 > Nodes > Translate 아이콘을 누르고 대화상자를 Reset 한다.
2. Type을 Copy and Translate로 선택한다.
3. 기준 노드를 선택한다.
4. DX 값을 60으로 입력한 후 OK 버튼을 누른다.

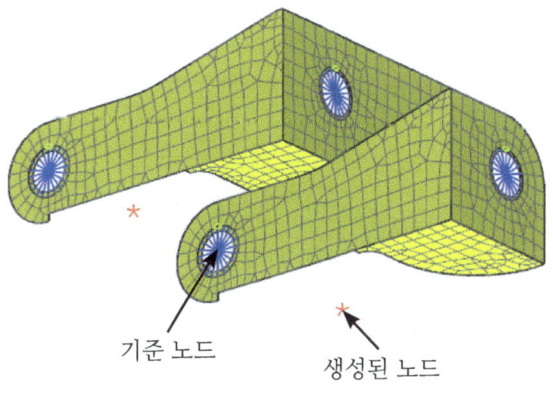

그림 16-9 Node 생성

Alternator의 질량을 분산시키기 위해 RBE3 요소를 사용한다.

1. Home 탭 > Connections > 1D Connection 아이콘을 누른다.
2. Type으로 Node to Node 선택, Connection Element의 Type으로 RBE3 선택, Mesh Associated Data에서 Leg Node의 DOF 1~6을 On으로 설정하고 두 개의 Source와 한 개의 Target을 Node를 선택한다.
3. 같은 방법으로 그림 16-11과 같이 Source와 Target을 선택하여 RBE3의 1D Connection을 생성한다.

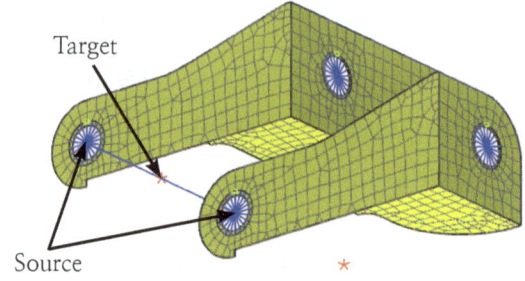

그림 16-10 RBE3 요소 생성

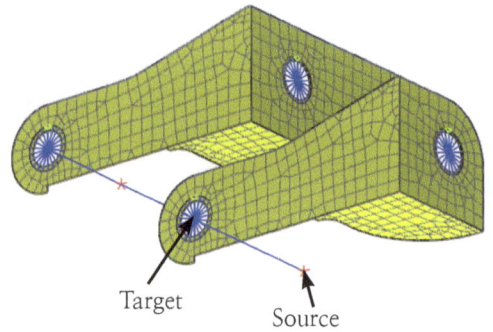

그림 16-11 RBE3 요소 생성

16.4.3 0D 요소 생성

1. Nodes and Elements 탭 > Elements > Element Create 아이콘을 누른다.
2. 그림 16-12와 같이 0D CONM2 요소를 생성한다. 질량은 20kg으로 한다.

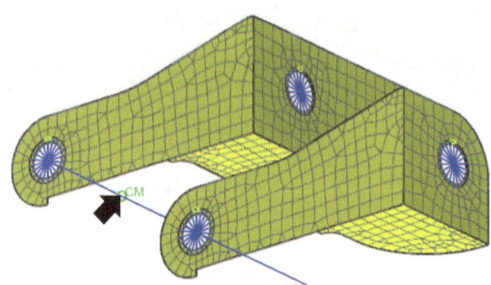

그림 16-12 CONM2 요소 생성

16.5 Element Edge 체크

Element Edge Check 기능을 이용하여 2D 요소의 연결되지 않은 부분을 확인할 수 있다.

1. Home 탭 〉 Checks and Information 〉 More 〉 Checks 〉 Element Edges를 선택한다.
2. 대화상자를 Reset 하고 Elements to Check 옵션으로 Displayed를 선택한다.
3. Free Edges 옵션을 체크한다.
4. Generate Element Outlines 버튼을 누른다.

연결되어 있어야 할 부분이 그림 16-13과 같이 표시된다. Magenta로 표시된 부분은 2D 요소의 Free Edge로서 다른 요소와 연결되어 있지 않다는 것을 나타낸다. 그 중 화살표로 표시한 부분은 인접한 메쉬와 연결되어 있어야 하는 부분이다.

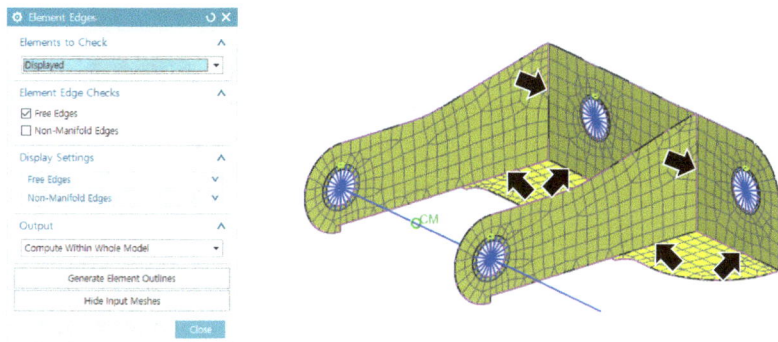

그림 16-13 Element Edge 체크

5. Close 버튼을 눌러 대화상자를 닫는다.
6. F5 키를 눌러 Magenta로 표시된 Element Edge를 없앤다.
7. Stitch Edge 기능을 이용하여 Element Edge를 붙인 후 Update 한다. Stitch Edge에 대한 자세한 사항은 Chapter 13을 참고한다.
8. Free Element Edge를 체크하여 떨어진 부분이 없음을 확인한다.
9. FEM 파일을 저장한다.

16.6 경계조건

16.6.1 변위 구속

1. SIM 파일을 Displayed & Work로 지정한다.
2. 그림 16-14의 노드 Ⓐ Node에 Fixed Constraint를 적용한다.
3. 그림 16-14의 Ⓑ 면(구멍 주위 면 포함)에 Y 방향 변위를 구속한다. 이 때 Circular Imprint 부분은 제외시켜야 한다.

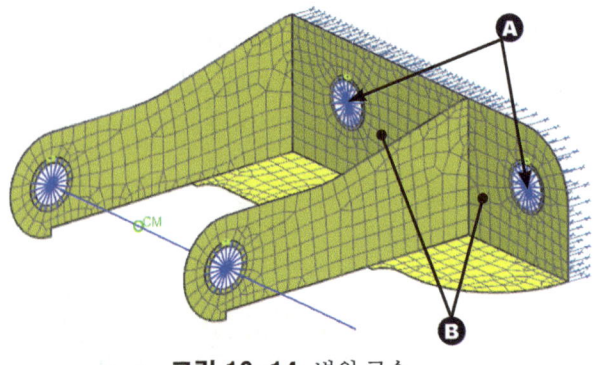

그림 16-14 변위 구속

16.6.2 하중

Gravity Load를 이용하여 XC 방향으로 -3*9810 mm/sec^2의 균일한 가속도 하중을 적용한다.

벨트 하중을 적용하자.

1. WCS를 더블클릭 한 후 그림 16-15와 같이 XC 축에 대하여 45도 회전시킨다. YC 방향으로 벨트 하중을 적용할 것이다.
2. Force 아이콘을 누른다.
3. 벨트 하중을 적용할 노드(그림 16-1 참고)를 선택하고 Force 입력창에 500N을 입력한다.
4. Direction 옵션으로 YC를 선택한 후 OK 버튼을 누른다. 그림 16-16과 같이 하중이 생성된다.
5. SIM 파일을 저장한다.

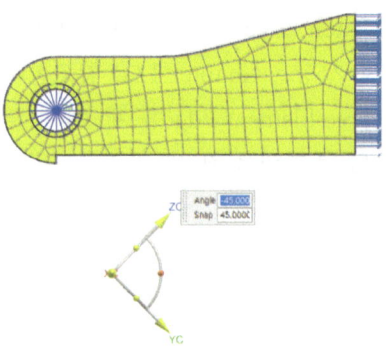

그림 16-15 WCS 회전

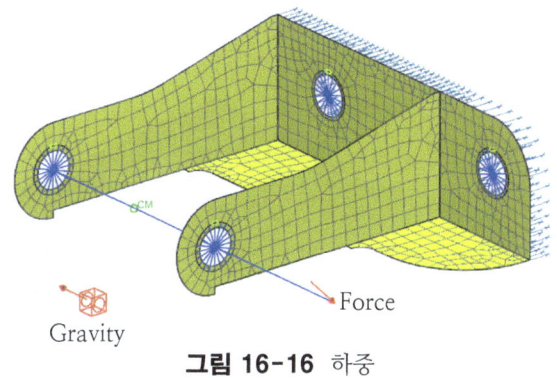

그림 16-16 하중

16.7 Solving

Model Setup Check 후 Solving을 수행한다.

16.8 Post Processing

Von Mises Stress와 Displacement를 표시하면 그림 16-17, 그림 16-18과 같다.

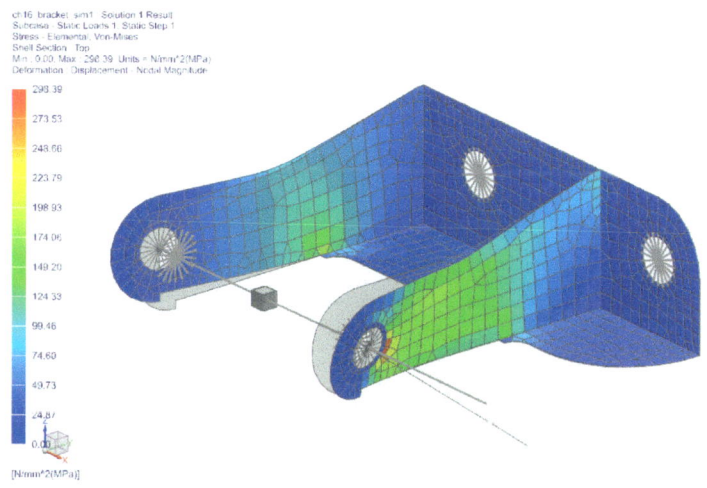

그림 16-17 Stress - Elemental (Von Mises)

Chapter 16: Alternator Bracket 해석

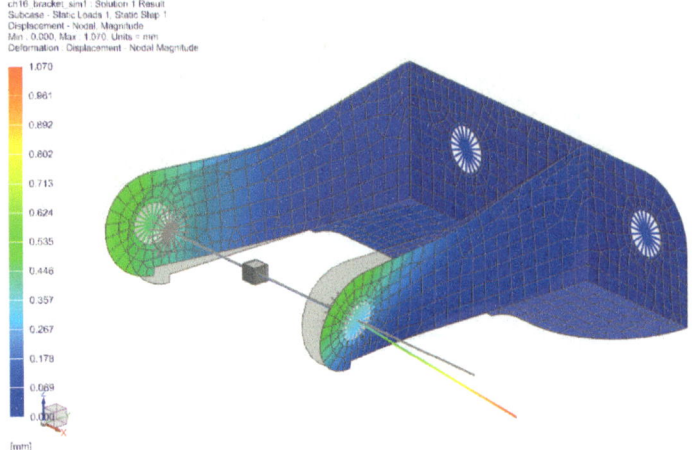

그림 16-18 Displacement - Nodal (Magnitude)

Chapter 17
Contact Analysis

■ 학습목표

- 접촉이 발생하는 메커니즘을 이해한다.
- Contact Parameter에 대하여 이해한다.
- 2D Dependent Mesh의 용도를 이해한다.
- Mesh Mating Condition의 용도를 이해한다.
- 접촉 해석을 할 때 Singular 문제가 발생할 수 있음을 이해하고 적절한 조치를 취할 수 있다.
- Contact Parameter 중 PENN과 PENT 값의 용도를 이해한다.

Chapter 17: Contact Analysis

17.1 개요

Contact Analysis는 대표적인 비선형 해석이다. NX Nastran에서는 Linear Statics에서 접촉해석을 수행할 수 있다.

면과 면 사이의 접촉 문제를 푸는 방법에는 두 가지가 있다. 하나는 Surface Contact Mesh 기능을 이용하는 방법이고 다른 하나는 Surface-to-Surface Contact 기능을 이용하는 것이다. Surface Contact Mesh는 면과 면 사이를 CGAP 요소와 RBE3 요소를 이용하여 실제로 연결하여 접촉 문제를 푸는 방법이다. 이 경우 접촉 특성은 CGAP 요소의 Mesh Associated Data로 설정할 수 있으며 해석 절차는 일반적인 선형해석 절차를 따르면 된다.

이 챕터에서는 Simulation Object인 Surface-to-Surface Contact 기능을 이용하여 면과 면 사이의 접촉을 정의하고 해석을 수행하는 방법에 대하여 설명한다. 이 방법에서는 ALM(Augmented Lagrangian Method) 알고리즘을 이용하여 접촉을 감지하고 접촉으로 인한 효과를 고려하여 구조해석을 수행하게 된다. 이 방법을 이용할 때는 면과 면 사이를 실제로 연결하는 것이 아니기 때문에 강체모드가 생기지 않도록 주의하여야 한다. 또한 Surface-to-Surface Contact나 Surface-to-Surface Glue 연결이 있을 때는 Sparse Matrix Solver를 사용하는 것이 일반적이다.

Contact 해석은 다음의 절차에 따라 수행한다.

1. 접촉면 정의(Simulation Object)
2. Contact Parameters 정의(Modeling Ojbect)
3. 해석 수행(Iteration)

그림 17-1과 같이 접촉이 발생하는 시스템에 대한 해석 절차를 알아보자.

17.2 모델 생성

1. ch17_contact.prt로 파일을 생성한다.
2. Home 탭 > Feature > More > Design Feature > Block 기능 Reset 후 XC, YC, ZC의 크기가 각각 600, 100, 20mm인 블록을 생성한다.
3. Block 대화상자의 Origin > Point Dialog에 Origin의 좌표를 (400, 0, 23)으로 입력하여 같은 크기의 블록을 생성한다. 중간 부분에서 200mm 겹치고 틈새가 3mm 발생하도록 한 것이다.
4. Datum 좌표계를 숨기고 파일을 저장한다.

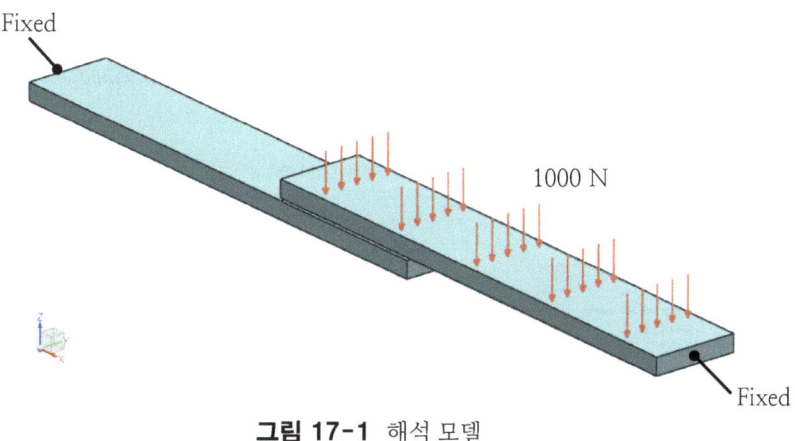

그림 17-1 해석 모델

17.3 Meshing

17.3.1 해석용 파일 생성

1. Pre/Post 애플리케이션을 실행시킨다.
2. New FEM and Simulation 아이콘을 누르고 대화상자 Reset 후 OK 버튼을 누른다.
3. Solution 대화상자에서 Case Control을 선택한다.
4. Structural Output Request의 Edit 버튼을 눌러 그림 17-3과 같이 Contact Result 옵션을 설정한 후 OK 버튼을 누른다.
5. Solution 대화상자에서 그림 17-4와 같이 Global Contact Parameter를 설정한다. Contact Force Tolerance에 0.01을 입력하고 나머지 옵션은 디폴트로 한다.

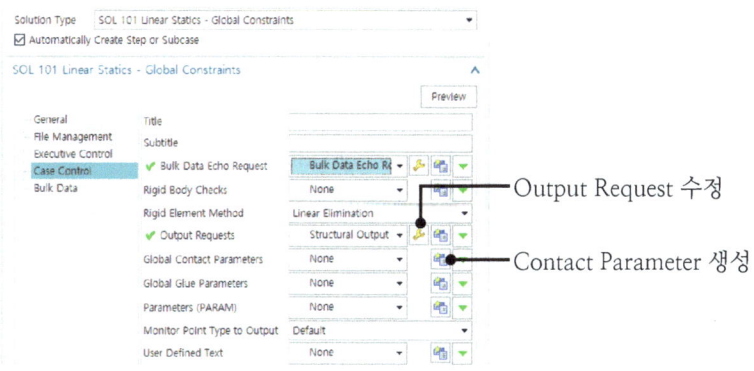

그림 17-2 Solution 대화상자

Chapter 17: Contact Analysis

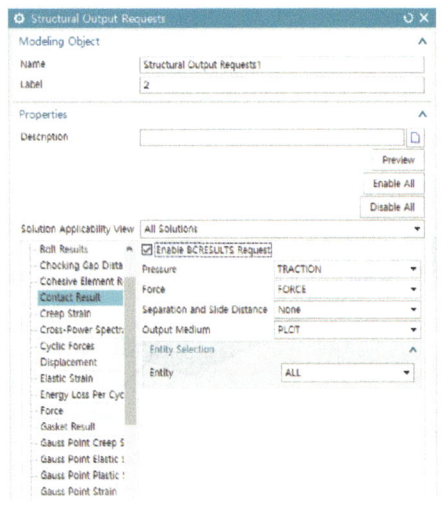

그림 17-3 Output Request 설정

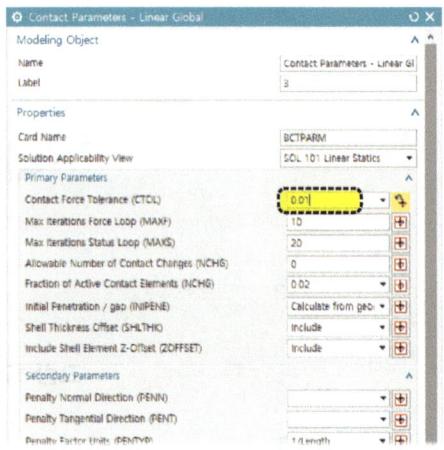

그림 17-4 Contact Parameter 설정

17.3.2 접촉 부분 Mesh 생성

접촉의 발생 여부는 두 접촉면에 생성되어 있는 노드 사이의 거리를 이용하여 판단한다. 따라서 맞닿는 노드가 최대한 가깝게 하고 요소 크기를 작게 생성해야 Contact 해석의 정확도와 수렴성이 높아진다. 2D Dependent Mesh 기능을 이용하면 마주 보는 면에 동일한 모양의 메쉬를 생성할 수 있다. 동일한 위치에 노드가 생성되게 하려면 면과 면 사이에 Mesh Mating Condition을 설정할 수도 있다. 이 예제에서는 노드가 떨어져 있으므로 전자를 이용한다.

먼저 접촉이 발생할 부분을 나눈다.

1. Idealized Part를 Work로 지정한다.
2. 두 개의 솔리드 바디를 Promote 한다.
3. Home 탭 > Geometry Preparation > Divide Face 아이콘을 이용하여 그림 17-5와 같이 윗면과 아랫면을 나눈다.

2D Dependent Mesh를 생성하자.

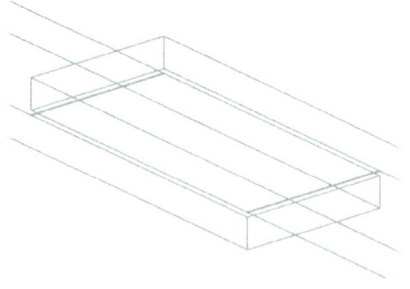

그림 17-5 Divide Face

3D 요소를 이용하여 해석을 수행할 것이지만 접촉 부분에 작은 크기의 Mesh를 생성하기 위해 2D 요소를 먼저 생성하면 그 모양에 맞게 3D 요소가 생성된다. Mesh Control을 이용할

경우 2D 요소를 생성할 때의 옵션을 사용할 수 없다. 2D Mesh 생성 옵션 중 Export Mesh to Solver 옵션을 해제하면 2D 요소를 해석에 사용하지는 않으면서 Mesh의 모양만 조절할 수 있다. 이런 용도로 생성하는 메쉬를 Seed Mesh라고 한다.

1. FEM 파일을 더블클릭하여 Displayed & Work로 지정한다.
2. Home 탭 > Mesh 그룹 > More > 2D > 2D Dependent 아이콘을 누른다.
3. Master Face(접촉이 발생하는 윗면)를 선택한다.
4. Target Face(접촉이 발생하는 아랫면)를 선택한다.
5. Master Edge와 Target Edge가 선택되어 있다. 방향이 맞는지 확인한다. 다르다면 Flip Direction을 선택하여 변경한다.
6. Mesh Type을 Mapped Mesh로 설정하고 OK 버튼을 누른다.
7. 2D Mapped Mesh 대화상자에서 Type을 CTRIA6로 하고 Meshing Parameters 옵션 영역에서 Element Size를 10mm로 설정한다.
8. Export Mesh to Solver 옵션을 해제한다.
9. 2D Mapped Mesh 대화상자에서 OK 버튼을 누른다.

그림 17-7과 같이 윗면과 아랫면에 같은 모양의 Mapped Mesh가 생성된다.

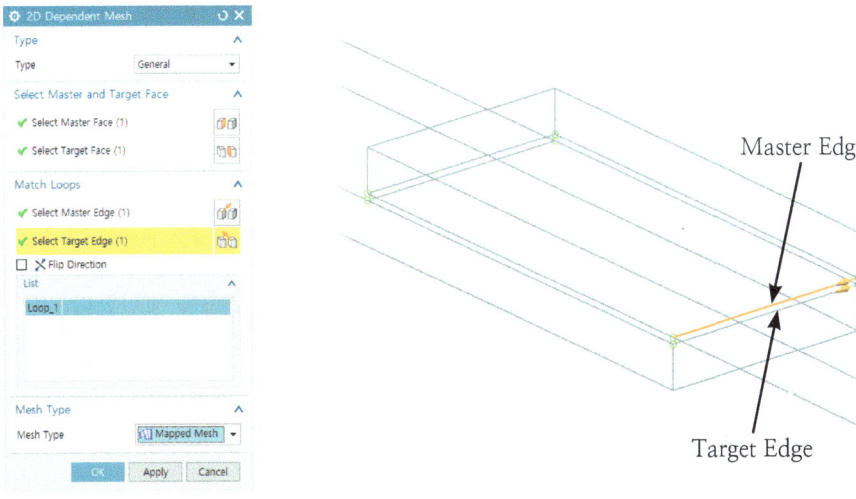

그림 17-6 2D Dependent Mesh 설정

Chapter 17: Contact Analysis

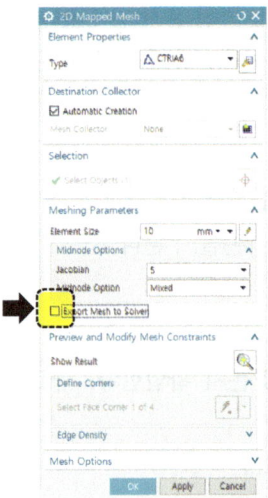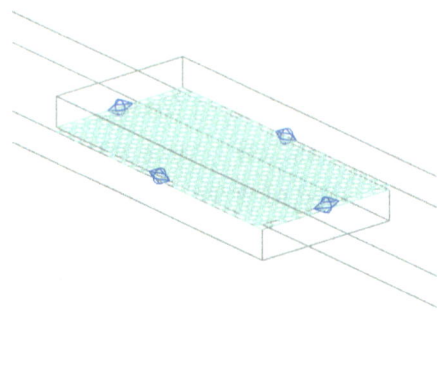

그림 17-7 2D Dependent Mesh 생성

Simulation Navigator를 보면 2d_mapped_mesh(#) 앞에 비어 있는 동그라미가 표시된 것을 알 수 있다. Solver에서 해석을 수행할 때 2d Mesh는 이용하지 않는다는 의미이다. 따라서 재질, 두께 등 Collector를 생성하지 않아도 된다.

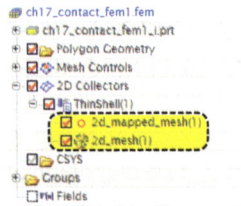

그림 17-8 2D Dependent Mesh

17.3.3 3D Mesh 생성

Element Size 30의 CTETRA(10) Mesh를 생성한다. 재질은 Steel을 이용한다.

17.4 경계조건

1. SIM 파일을 Displayed & Work로 지정하고 양 끝 면에 Fixed 구속을 생성한다.
2. 윗면에 -ZC 방향으로 1000N의 하중을 적용한다.

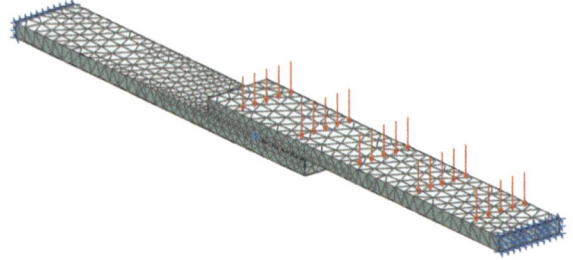

그림 17-9 경계조건

17.4.1 Simulation Object

1. Mesh와 Mesh Control, 변위 구속, 하중 심볼을 숨긴다.
2. Home 탭 Loads and Conditions 그룹 > Simulation Object Type > Surface-to-Surface Contact을 선택하고 대화상자를 Reset 한다.
3. Type 드롭다운 목록에서 Automatic Pairing을 선택하고 Create Face Pairs 버튼을 누른다.
4. Grouping Option과 Distance Tolerance를 설정한 후 OK 버튼을 누른다.
5. Surface-to-Surface Contact 대화상자에서 Max Search Distance를 3.5mm로 입력 후 OK 버튼을 누른다. 그림 17-10과 같이 Simulation Object가 생성된다.
6. 파일을 저장한다.

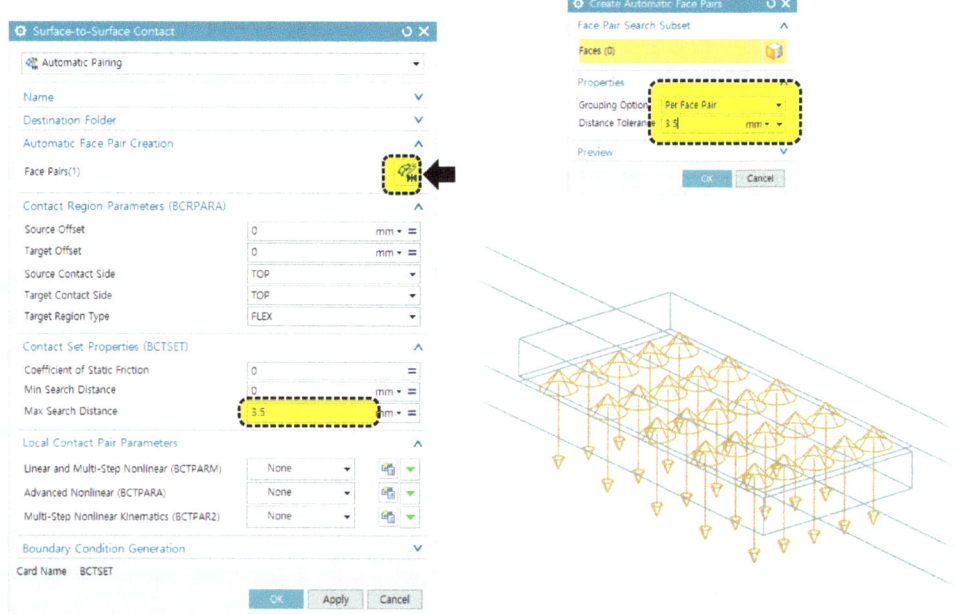

그림 17-10 Surface-to-Surface Contact 설정

17.5 Solving

17.5.1 Solving

1. 해석을 수행한다.
2. Solution Monitor에서 Graph를 선택하고 Contact Analysis Convergence 탭을 눌러 수렴 상태를 확인한다.
3. Monitor 창과 정보창을 모두 닫는다.

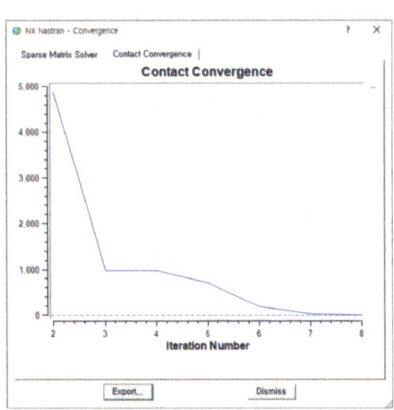

그림 17-11 Contact Analysis Convergence

17.5.2 결과 확인

1. Results > Structural을 더블클릭 한다.
2. Stress – Elemental을 더블클릭하여 결과를 표시한다. 그림 17-12와 같이 Body B는 하중에 의해 변형되었으나 Body A는 변형되지 않는다. 이로서 접촉이 발생하지 않았음을 알 수 있다.

Displacement를 표시해 보면 최대 변형이 1.9mm 발생하였음을 알 수 있다. Body B의 최대 변형이 3 mm 이상이어야 하므로 더 큰 하중을 가하여야 접촉이 발생할 것임을 예측할 수 있다.

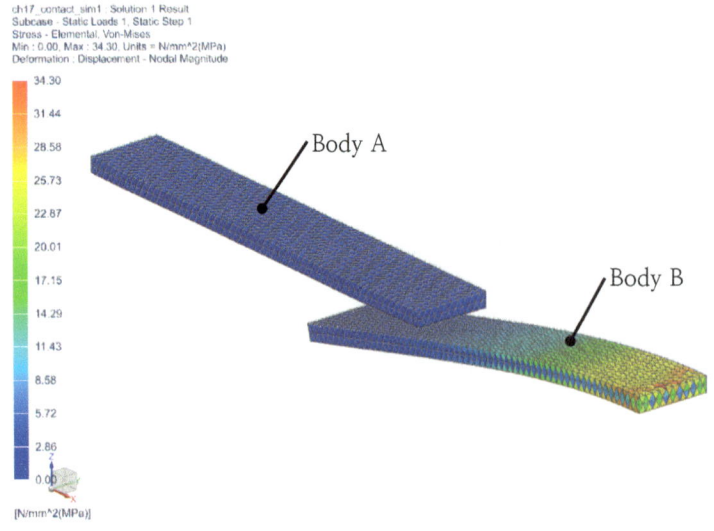

그림 17-12 접촉이 발생하지 않은 결과

17.5.3 하중 증대

1. Return to Home 아이콘을 누른다.
2. Force를 4000N으로 수정한다
3. Solving을 다시 수행한다.
4. Solution Monitor의 Contact Analysis Convergence를 확인한다.

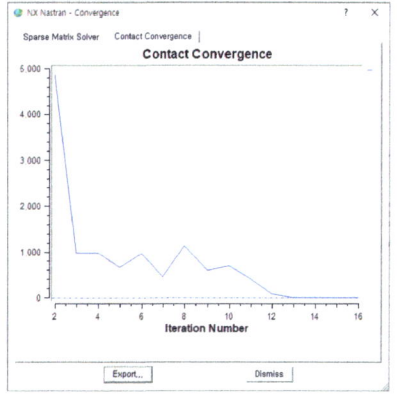

그림 17-13 Contact Analysis Convergence

Contact Convergence 그래프를 보면 16회 Iteration 후 결과에 안정적으로 수렴하였음을 알 수 있다. 이 그래프는 접촉 상태의 변화를 보여주는 그래프이다. 수렴을 하지 않는다면 Contact Parameter 대화상자의 Max Iterations Status Loop 수치를 늘려야 할 필요가 있다.

17.6 Post Processing

1. Results를 더블클릭 한다. 그림 17-14과 같이 접촉 해석의 결과를 볼 수 있다.
2. Displacement - Nodal을 더블클릭한다.

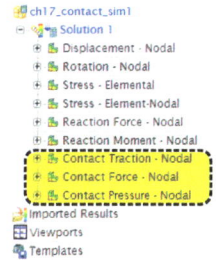

그림 17-14 접촉 해석 결과

그림 17-15와 같이 최대 변형이 4.1 mm로 나타난다. 그러나 Body A는 변형되지 않고 Body B가 Body A를 뚫는 듯한 변형을 보여준다. 이는 변형량이 과장되게 표시되기 때문에 나타나는 현상이다.

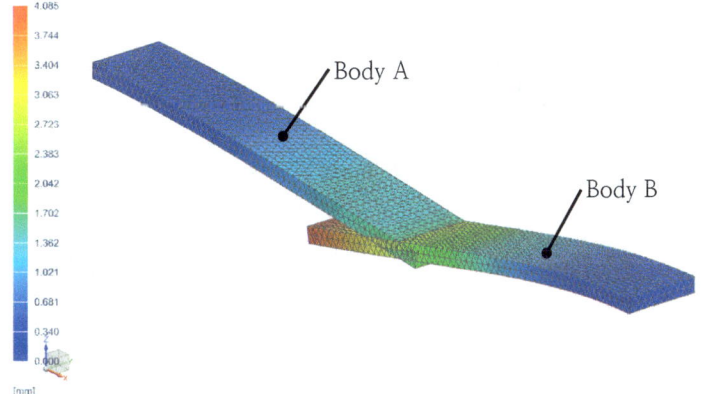

그림 17-15 Displacement - Nodal

Body A의 변형만을 표시해 보자

1. Post View #를 펼친다.
2. 3d_mesh(#) 앞의 체크마크를 클릭하여 Body A의 결과만 표시한다.

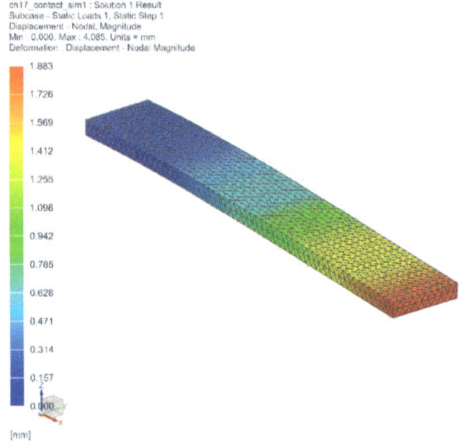

그림 17-16 Displacement – Nodal (Body A)

변형량을 실제값으로 표시해 보자.

1. 두 개의 Body에 대한 결과를 모두 나타낸다.
2. Results 탭 〉 Quick Edit 〉 Absolute 아이콘을 누른다.

그림 17-17과 같이 실제 변형량이 표시된다.

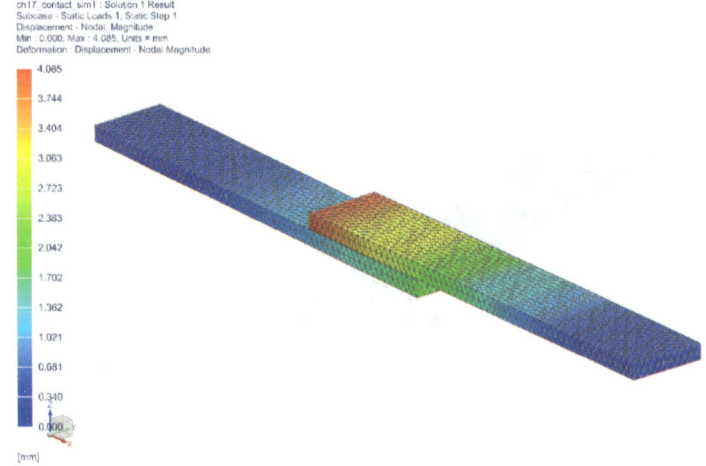

그림 17-17 실제 Displacement 표시

Contact Traction, Contact Force, Contact Pressure를 표시하면 그림 17-18과 같다. Contact Traction은 접촉 면에 접하는 방향의 압력을 나타내고, Contact Force는 면에 가하는 하중을 나타내며 Contact Pressure는 면에 수직 방향으로 가해지는 압력을 나타낸다. 이 예제의 경우 마찰을 포함하지 않았으므로 Contact Traction이 0으로 나타난다.

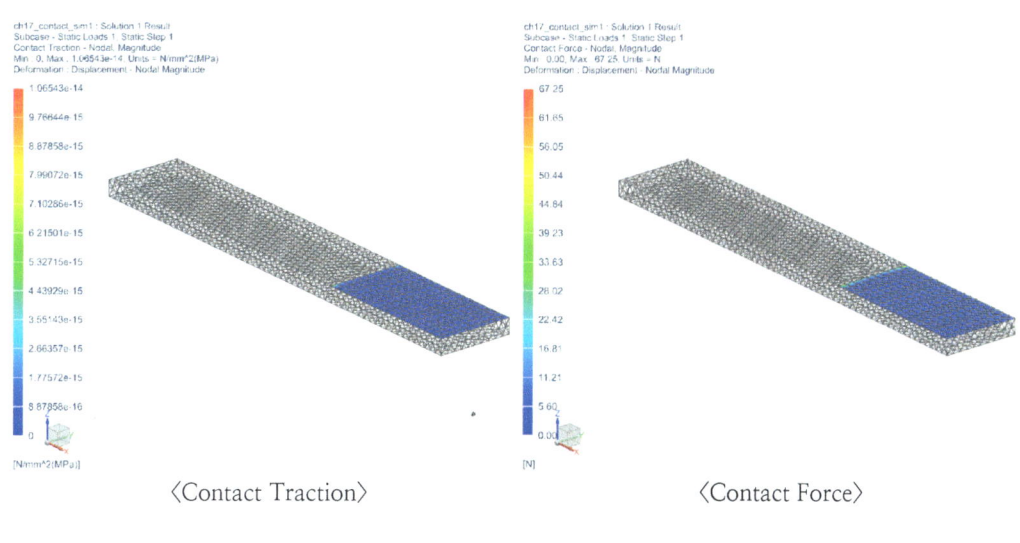

〈Contact Traction〉　　〈Contact Force〉

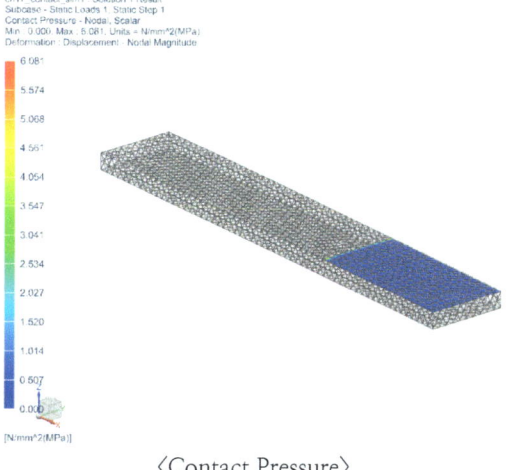

〈Contact Pressure〉

그림 17-18 접촉 해석의 결과

17.7 베어링-하우징 해석

17.7.1 개요

그림 17-19와 같은 베어링, 축 시스템이 있다. 축에 -Z 방향으로 하중이 작용한다고 할 때 베어링과 하우징의 접촉면에 발생하는 면압 및 응력 분포를 검토하기 위하여 그림 17-3와 같이 하우징과 베어링만 모델링 하여 Contact 해석을 수행할 수 있다. 50000N의 Bearing Force가 -Z 방향으로 120° 구간에 걸쳐 작용한다. 하우징의 바닥면은 완전히 고정되어 있는 것으로 가정한다. 그림 17-21과 같이 FE 모델을 생성하여 Contact 해석을 수행한다.

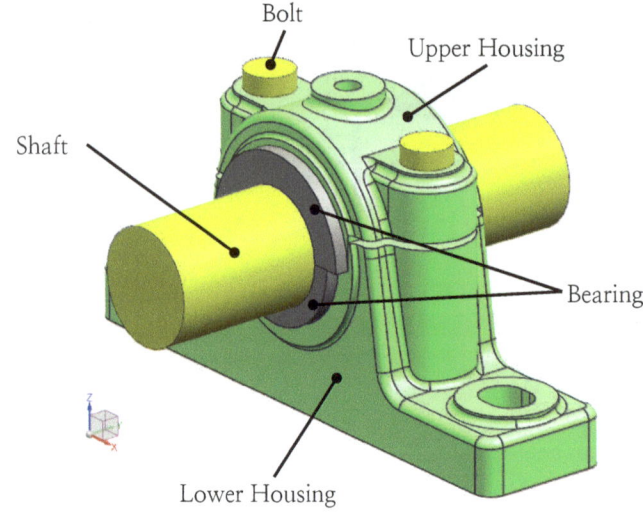

그림 17-19 베어링, 축 시스템

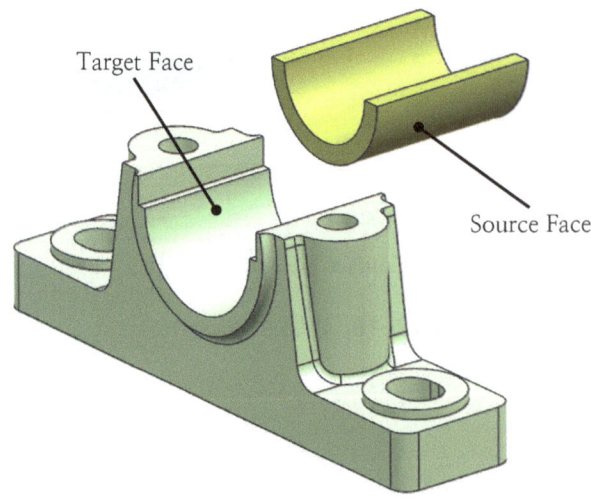

그림 17-20 베어링 - 하우징의 접촉면

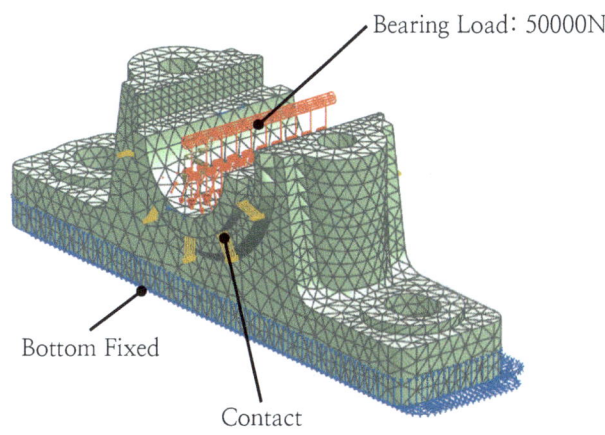

그림 17-21 FE 모델

17.7.2 파일 준비

1. 주어진 파일 ch17_bearing_housing_asm.prt를 연다.
2. Pre/Post 애플리케이션을 실행시킨다.
3. FEM, SIM, Idealized Part를 생성하고 SOL101 Linear Statics Solution을 생성한다.
4. Structural Output Request에서 Contact Result 옵션을 설정한다.
5. Global Contact Parameter를 설정한다. Contact Force Tolerance에 0.01을 입력하고 나머지는 디폴트 옵션을 이용한다.

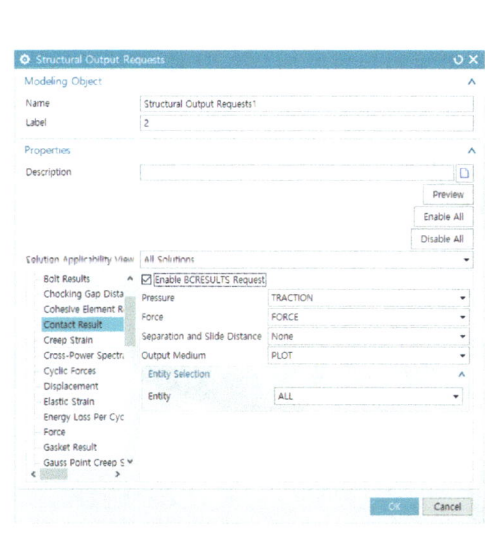

그림 17-22 Output Request 설정

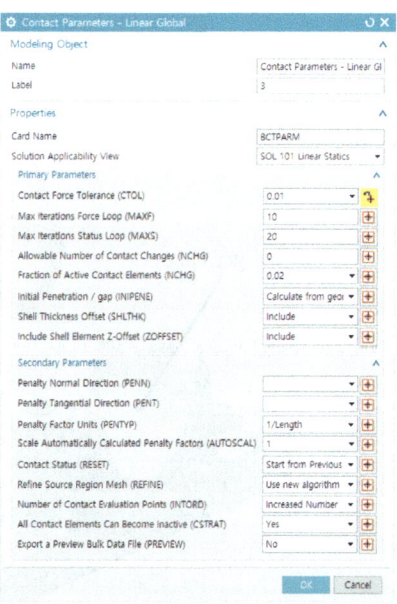

그림 17-23 Contact Parameter 설정

17.7.3 Meshing

Mesh Mating Condition 생성

접촉면의 메쉬 크기를 작게 설정하고 마주 보는 노드의 위치가 동일하게 메쉬를 생성하면 Contact 해석의 수렴성이 좋아진다. 2D Dependent Mesh 기능을 이용하면 접촉면에 정돈된 메쉬를 생성할 수 있다. 앞의 예제에서 이 방법을 이용하였다.

동일한 위치에 노드가 생성되게 하려면 Mesh Mating Condition의 Free Coincident 타입을 이용할 수도 있다. 이 예제는 베어링과 하우징의 접촉면에 일치되어 있기 때문에 Mesh Mating Condition(MMC)을 이용하여 접촉면의 Mesh가 일치되도록 할 수 있다.

1. Polygon Geometry 이름을 각각 Bearing과 Lower Housing으로 변경한다. 동일한 위치의 면을 선택할 때 Hide/Show 기능을 이용하여야 한다.
2. Home 탭 〉 Connections 그룹 〉 Mesh Mating 아이콘을 누른다.
3. Type을 Manual Creation으로 설정한다.
4. Source Face와 Target Face를 차례로 선택한다. (그림 17-24의 하우징과 베어링 위치는 설명을 위한 것이다. 실제로는 정 위치에 조립되어 있으며 상대 바디를 숨긴 후 Face를 선택하여야 한다.)
5. Search Distance는 0.1로 입력하고 Mesh Mating Type은 Free Coincident로 선택한다.
6. OK 버튼을 누른다.

Housing을 숨기면 Bearing의 면이 하우징의 면에 맞게 나누어져 있음을 알 수 있다.

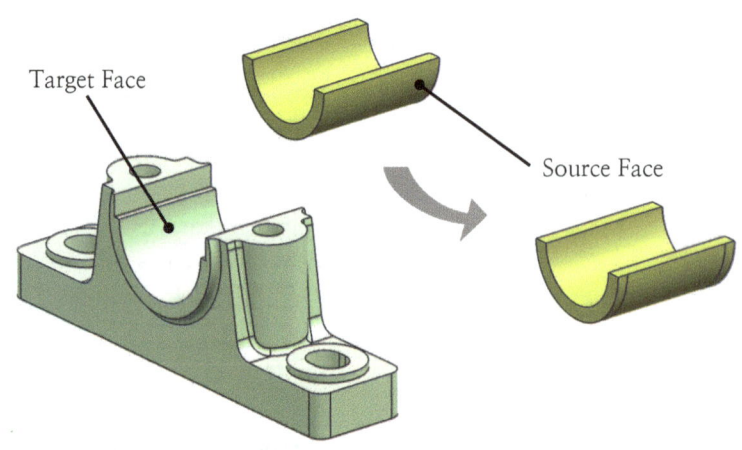

그림 17-24 MMC 생성

Seed Mesh 생성

3D 요소를 이용하여 해석을 수행할 것이지만 접촉 부분에 작은 크기의 Mesh를 생성하기 위해 2D 요소를 먼저 생성하면 그 모양에 맞게 3D 요소가 생성된다. 2D Mesh 생성 옵션 중 Export Mesh to Solver 옵션을 해제하면 2D 요소를 해석에 사용하지는 않으면서 Mesh의 크기와 모양만 조절할 수 있다.

1. 2D Mesh 아이콘을 누르고 옵션을 설정한다.
2. 하우징의 접촉면을 포함하여 조립부의 작은 면에 Element Size 4인 요소를 생성한다. 요소의 타입은 CTRIA6를 이용하며 Collector는 임의로 생성한다.
3. 대화상자의 Export Mesh to Solver 옵션을 해제한 후 OK 버튼을 누른다.

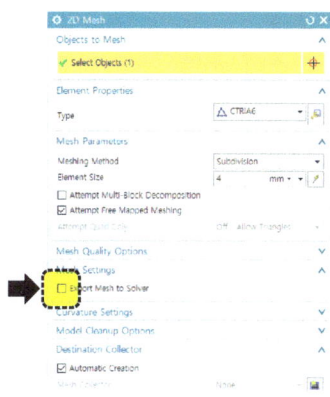
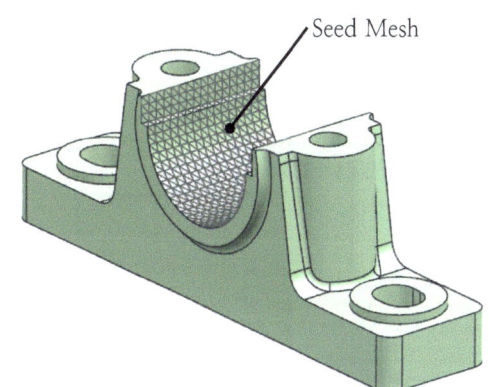

그림 17-25 Seed Mesh 생성

3D Mesh 생성

1. 하우징에 Element Size 10의 CTETRA(10) 요소를 생성한다. 재질은 Iron_Cast_G40으로 한다.
2. 베어링에 Element Size 10의 CTETRA(10) 요소를 생성한다. 재질은 Copper_C10100으로 한다.
3. 3D Collectors 항목을 펼친 후 Mesh의 이름을 각각의 이름에 맞게 변경한다.
4. FEM 파일을 저장한다.

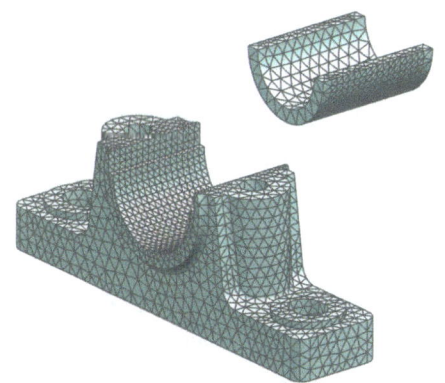

그림 17-26 3D Mesh 생성

17.7.4 경계조건

접촉면 정의

1. 3D Mesh, 2D Mesh, Connection Collectors를 숨겨 Polygon Geometry만 보이는 상태로 한다.
2. SIM 파일을 Displayed & Work로 지정한다.
3. Home 탭 > Loads and Conditions > Simulation Object Type > Surface-to-Surface Contact 아이콘을 누른다.
4. 대화상자를 Reset 하고 Type을 Manual로 선택한다.
5. Source Region 옵션 영역의 Create Region 버튼을 누른다.
6. 베어링의 접촉면을 선택하고 이름을 bearing이라고 입력하고 OK 버튼을 누른다.
7. 같은 방법으로 하우징의 접촉면을 Target Region으로 설정한다.
8. 나머지 옵션은 디폴트로 하여 Simulation Object를 생성하고 SIM 파일을 저장한다.

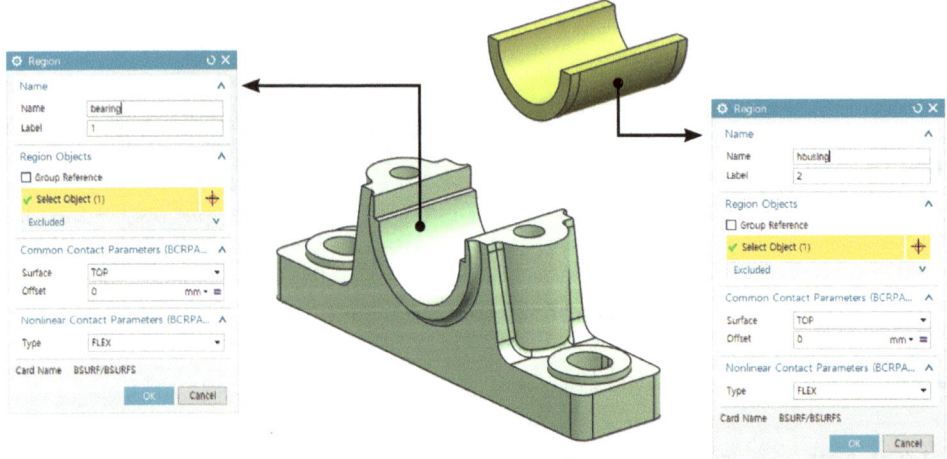

그림 17-27 Surface-to-Surface Contact 설정

변위 구속

1. 하우징의 밑면에 Fixed Translation 구속을 적용한다.

FE 모델의 일부에 구속이 덜 되어 있을 경우 Singular 문제가 발생할 수 있다. 이 예제의 경우 Lower Housing은 바닥면이 완전히 Fix 되어 있어 문제가 없지만 Bearing의 경우 Bearing 하중을 가할 때 Rigid Body Motion이 발생할 수 있다. 이는 Bearing과 Lower Housing 사이에 Contact Region을 정의했지만 실제로 어떤 요소로 연결한 것은 아니기 때문이다. 이런 경우에는 접촉면 사이에 탄성이 아주 작은 스프링 요소를 생성하거나 Bearing을 물리적으로 구속시켜야 한다. 이 예에서는 베어링에 적절한 변위 구속을 추가로 적용하기로 하자.

먼저 추가 변위 구속을 생성할 곳에 Mesh Point를 생성하여야 한다.

1. FEM 파일을 Displayed & Work로 한다.
2. 그림 17-28과 같이 베어링의 4 곳에 Mesh Point를 생성한다. On Curve/Edge 타입으로 생성하면 된다.
3. Mesh를 업데이트 한다.

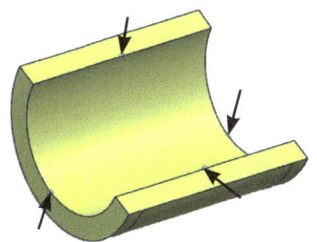

그림 17-28 Mesh Point 생성

원통면의 변위를 구속하려면 원통 좌표계를 사용해야 한다. 원통좌표계를 생성한 후 물리적으로 타당한 변위 구속을 추가로 부가하자. (그림 17-29 참조)

1. SIM 파일을 Displayed & Work로 한다.
2. User Defined Constraints 아이콘을 누른다.
3. 대화상자를 Reset 한다.
4. Type Filter를 Mesh Point로 설정한 후 호의 가운데에 생성한 Mesh Point 두 개를 선택한다.
5. Displacement CSYS를 Cylindrical로 선택한다.
6. Type Filter를 Polygon Edge로 하여 원형 모서리를 선택한다.
7. 원통 좌표계의 T 방향 변위를 제한하기 위해 DOF2를 Fix로 한다. R 방향(DOF1)과 Z 방향(DOF3) 구속은 Free로 두고 OK 버튼을 눌러 변위 구속을 생성한다.
8. 같은 방법으로 직선 모서리의 중앙에 있는 Mesh Point를 선택하여 6번 단계에서 정의한 원통좌표계

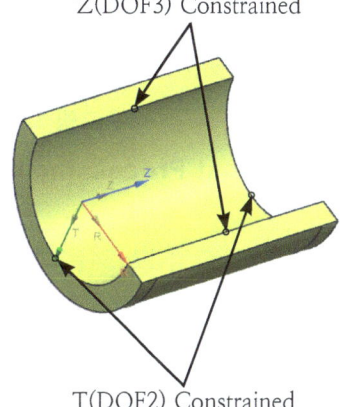

그림 17-29 베어링의 추가 변위 구속

의 Z 방향(DOF3)을 구속한다. CSYS 옵션을 Cylindrical로 설정하고 Type Filter를 Reset 한 후 7번 과정에서 나타난 좌표계를 선택한다. 다른 좌표계를 이용하여 선 방향 변위를 구속해도 된다.

하중

베어링의 원통면을 선택하여 -ZC 방향으로 50000N, Angle 120° 의 Bearing 하중을 생성하고 파일을 저장한다.

17.7.5 Solving

해석을 수행한다. Convergence 상태는 그림 17-31 과 같다.

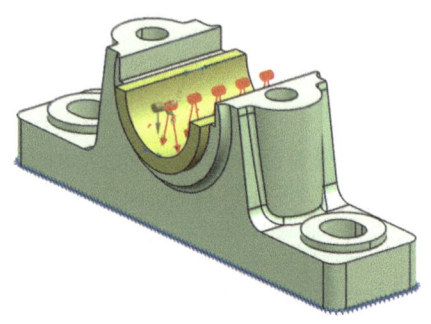

그림 17-30 베어링 하중

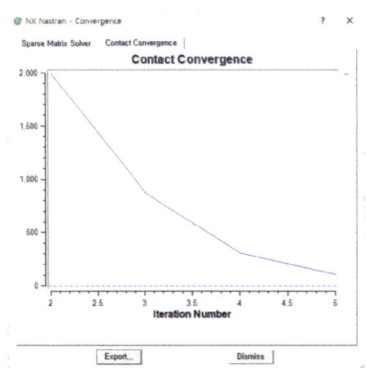

그림 17-31 Contact Analysis Convergence

17.7.6 Post Processing

그림 17-32 ~ 그림 17-34는 변위, Contact Pressure, Contact Force 결과를 보여준다.

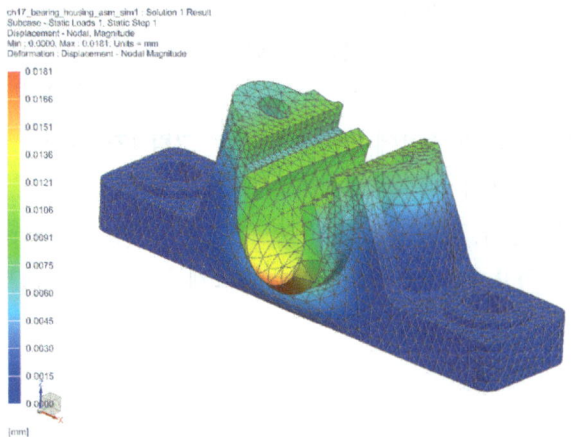

그림 17-32 Displacement

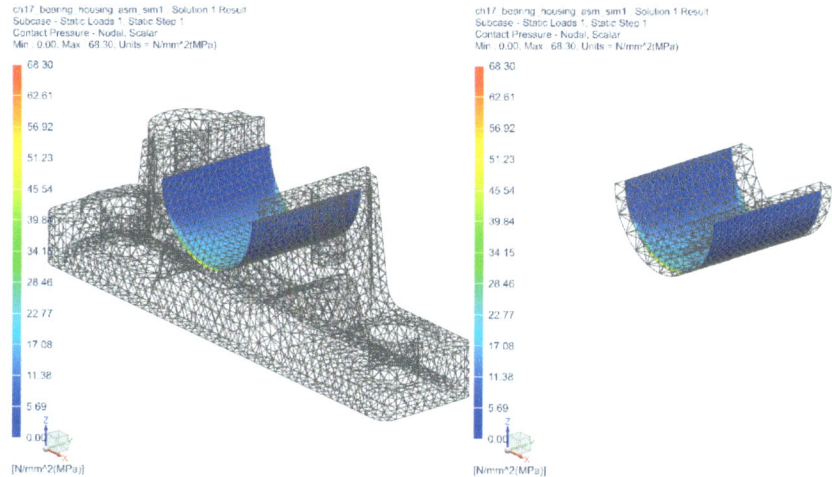

그림 17-33 Lower Housing 접촉면의 Contact Pressure

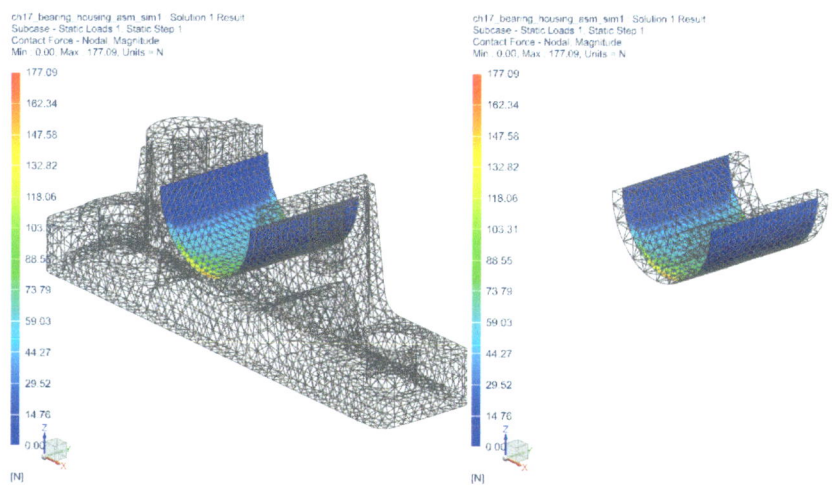

그림 17-34 Lower Housing 접촉면의 Contact Force

17.9.1 결과 검토

접촉 해석의 결과를 분석할 때는 접촉이 발생하는 면에서의 Contact Traction, Contact Force, Contact Pressure 및 접촉이 발생하는 면적 등을 검토할 수 있다. 선반에 바이트를 조립할 때와 같이 접촉력을 이용하여 공구를 조립하는 경우에는 면압이 골고루 분포되어야 하며 평균 면압이 특정 값 이상이 되도록 하여야 한다.

Contact Parameter 중 Penalty Normal Direction(PENN)과 Penalty Tangential Direction(PENT) 값을 조절하면 접촉 해석의 수렴성을 높일 수 있다. PENN 값과 PENT 값을 입력하지 않아도 자동으로 계산하여 해석을 수행하지만 해가 수렴하지 않으면 값을 조절해야 한다. PENTYP=1 옵션을 이용할 때 PENT = PENN/10의 관계를 가지며 대개 1~1000 사이의 값을 갖는다. 값의 크기에 따라 수렴의 속도에 영향을 주며 결과 값에는 큰 영향을 주지 않는 것으로 알려져 있다. PENN 값 또는 PENT 값이 0에 가깝거나 10000 이상이면 수렴된 결과를 얻지 못할 수도 있으므로 주의해야 한다.

17.8 보충

17.8.1 2D Dependent Mesh

2D Dependent Mesh 기능을 이용하여 두 개의 Face에 똑같은 모양의 메쉬를 생성할 수 있다. Target Face에 생성되는 메쉬의 모양은 Master Face에 생성되는 메쉬의 모양을 따라 생성되며 Master Face의 Mesh를 수정할 경우 업데이트 된다. 따르는 형태는 Match Loops 옵션에서 설정한다. 이 기능은 서로 마주 보는 두 개의 서피스 사이에 Contact 조건을 주거나 Coupling 경계조건을 이용하여 회전 대칭 문제를 풀 때 유용하게 사용할 수 있다.

General 타입의 2D Dependent Mesh를 생성할 때는 두 개의 Face가 위상기하학(Topology)적으로 일치하여야 한다. Edge나 Curve의 개수가 똑같아야 하지만 두 Face의 크기는 같지 않아도 무방하다. Target Face는 Master Face를 균일하게 확대 또는 축소한 형상이 될 수 있다. 2D Dependent Mesh 대화상자의 설정을 마치고 OK 버튼을 누르면 Mesh Type에서 선택한 항목에 따라 2D Mesh 대화상자 또는 2D Mapped Mesh 대화상자가 나타난다. 그림 17-35는 Free Mesh 타입으로 생성한 2D Dependent Mesh를 보여준다.

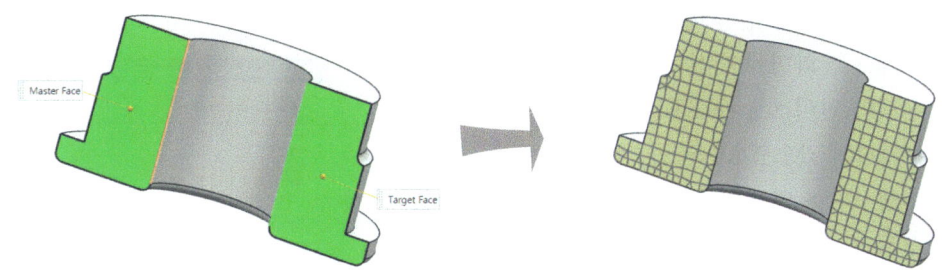

그림 17-35 2D Dependent Mesh

Type을 Symmetric으로 바꾸면 대화상자에 Direction 옵션 항목이 나타난다. Symmetric 타입의 2D Dependent Mesh를 생성할 때는 대칭의 기준이 되는 좌표계를 설정해야 하는데, 이는 Direction 옵션에서 수행한다. Symmetric 타입의 2D Dependent Mesh를 생성할 때는 Master Face와 Target Face의 형상이 일치하여야 한다. Dependent Mesh의 노드 위치는 Direction 옵션에서 설정하는 좌표계에 따라 결정된다. 회전 대칭 형상에 대한 해석을 수행할 때 이 방법을 이용하여 Target Face의 메쉬를 생성하면 Automatic Coupling 경계조건을 정의할 때 Independent 측의 노드와 Dependent 측의 노드가 기준 좌표계에 대하여 정확히 일치될 수 있도록 해준다.

2D Dependent Mesh를 Solid Element를 생성하기 위한 Seed Mesh로 사용할 경우 Export Mesh to Solver 옵션은 해제한다.

17.8.2 Mesh Mating Condition

Mesh Mating Condition은 떨어져 있는 2D 또는 3D 메쉬의 마주 보는 두 면 사이에 메쉬를 생성하여 연결하는 방법이다. 그림 17-36은 4개의 컴포넌트로 이루어진 어셈블리다. 어셈블리 파트를 열어 FEM 파일을 만들고 메쉬를 생성하면 각각의 컴포넌트는 개별적인 Polygon Geometry를 생성하고 메쉬를 생성할 때도 각각의 Polygon Body에 대하여 서로 분리되어 있는 메쉬를 생성하게 된다. 이런 경우 Mesh Mating Condition 기능을 이용하면 마주 보는 면에 생성되는 Element 사이에 연결 요소를 생성한다.

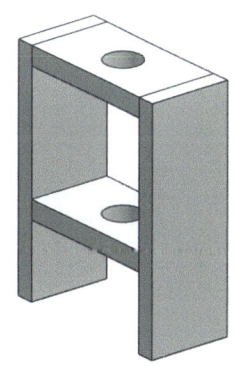

그림 17-36 어셈블리

Type 옵션에서 Automatic Create를 선택하면 마주 보는 두 면의 거리가 Parameters 옵션 영역에 있는 Search Distance보다 작을 경우 자동으로 Mesh Mating Condition(MMC)을 생성하게 된다. Preview 버튼을 눌러 생성될 곳을 미리 확인할 수 있다.

Manual Creation 옵션을 이용할 때는 Source Face와 Target Face를 화면에서 선택한 후 Source와 Target 으로 선택한 면이 Search Distance에 입력되어 있는 값보다 가까이 있으면 MMC를 생성하게 된다. 두 면 사이에 생성되는 연결 메쉬의 조밀도는 Source Face 에 생성된 메쉬를 따르기 때문에 일반적으로 조밀한 메쉬를 생성하게 될 Polygon Face를 Source Face로 선택한다.

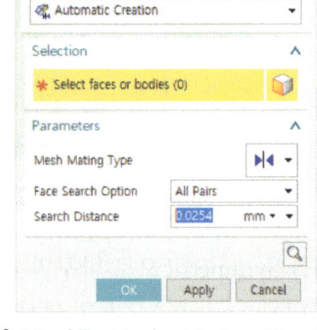

MMC를 생성할 면을 지정한 후에는 Parameters 옵 션 영역에 있는 Mesh Mating Type 드롭다운 목록에 서 MMC의 종류를 지정한다. Mesh Mating Type에 는 다음과 같은 세 가지가 있다.

그림 17-37 Mesh Mating Condition 대화상자

- ▶ Glue Coincident
- ▶ Glue Non-Coincident
- ▶ Free Coincident

Glue Coincident

Target Face에 생성되는 Element Face를 Source Face의 메쉬에 일치시켜 서로 연결되어 있 는 연속 메쉬를 생성한다.

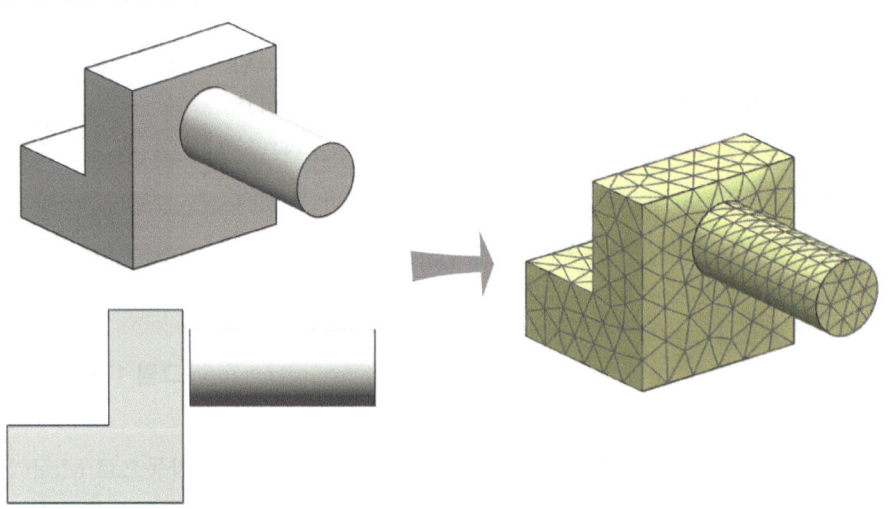

그림 17-38 Mesh Mating Condition(Glue Coincident)

Glue Non-Coincident

이 기능을 이용하여 MMC를 생성하면 두 개의 마주 보는 면에 생성되는 노드 사이에 RBE3 요소를 생성하게 된다. Glue Non-Coincident MMC는 두 개의 Face가 어떤 위치에 있건 상관없이 정의할 수는 있지만 두 면이 Search Distance에 입력되어 있는 거리보다 멀리 떨어져 있으면 연결 요소(RBE3)가 생성되지 않아 서로 떨어져 있는 메쉬를 만들게 된다. 마주 보는 면에 생성되는 Element 및 Polygon Edge가 일치할 필요는 없다.

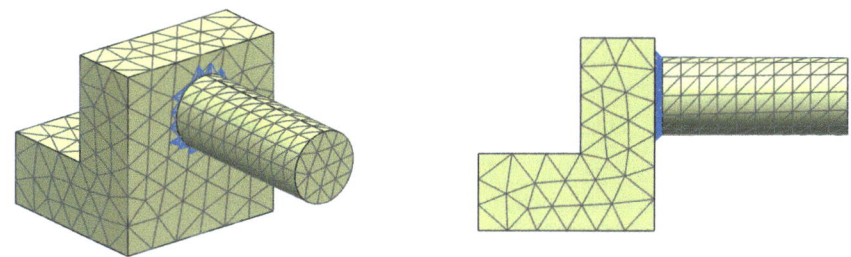

그림 17-39 Mesh Mating Condition (Glue Non-Coincident)

Free Coincident

Free Coincident MMC는 마주 보는 면에 생성되는 노드 및 Element가 서로 일치되게 생성할 뿐, 서로 연결하지도 않고 중간에 연결 메쉬를 생성하지도 않는다. 이렇게 생성된 메쉬는 눈으로 보기에는 Glue Coincident로 생성한 메쉬와 같지만 같은 위치에 노드가 두 개씩 존재하기 때문에 Duplicate Nodes 기능으로 확인이 가능하며 필요에 따라 Merge 시켜 Glue Coincident와 같은 상태로 만들 수도 있다.

Free Coincident 타입을 이용하여 마주 보는 면에 일치되는 메쉬를 생성하면 면과 면의 접촉문제를 정의할 때 유용하게 사용할 수 있다. 접촉 문제를 풀 때는 두 면에 생성되는 노드가 가능한 가까운 곳에 있어야 해석의 오차를 줄일 수 있고, 수렴 속도도 빨라진다. Automatic Coupling을 생성할 때도 유용하게 사용할 수 있다.

17.8.3 Contact Parameter

Simulation Navigator의 Solution 이름에 우클릭 > Edit Solution 옵션을 선택하면 Contact Parameter를 설정할 수 있다. 해가 수렴하지 않거나 Singular 문제가 발생할 경우 Contact Parameters 대화상자에 표시한 옵션값 또는 조건을 변경하여 해석을 수행할 수 있다.

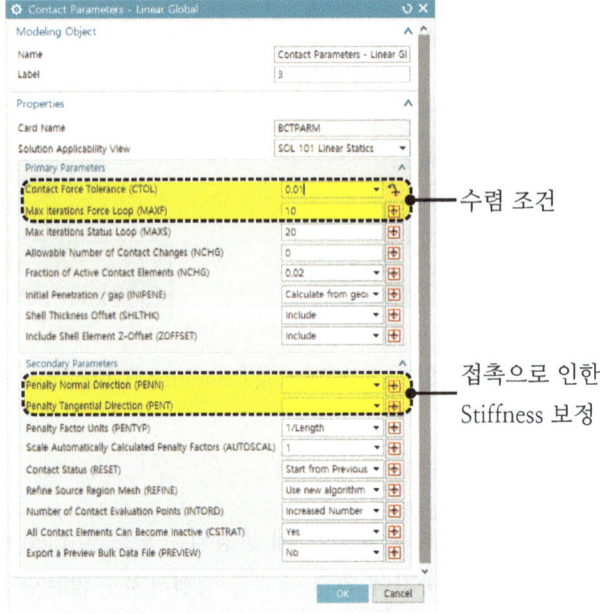

그림 17-40 Contact Parameter 대화상자

상대적으로 단단한 재질에 약한 접촉하중이 작용하게 될 경우 정해진 횟수만큼 해석을 수행해도 해가 수렴하지 않을 수 있다. 이런 경우에는 Contact Parameter 중 Max Iteration Force Loop 값을 높여 준다. Contact Force Tolerance 값을 높여주면 수렴 조건이 느슨해져 쉽게 수렴할 수 있으나 결과값의 신뢰도가 떨어질 수 있다. Contact Force Tolerance 값은 0.1 이하의 값으로 설정하여야 한다. 또는 Contact Changes for Convergence 값을 접촉이 발생할 수 있는 유효 개수의 1% 이내로 조정할 수도 있다.

어떤 Mesh가 접촉 이외의 다른 변위 구속이 없을 경우 Singular 문제가 발생한다. 이런 경우에는 접촉면 사이에 탄성이 아주 작은 스프링 요소를 생성하거나 물리적으로 타당한 구속을 추가해야 한다. 또는 Contact Parameter 중 Penalty Normal Direction과 Penalty Tangential Direction 값을 조절하여 접촉면에 접하는 방향 또는 수직인 방향 거동을 제한할 수도 있다.

각 옵션에 대한 자세한 사항은 NX Nastran Quick Reference Guide를 참고하기 바란다.

접촉에 대한 다음의 해석 결과를 확인하려면 Output Request에서 BCRESULTS 항목을 체크해야 한다.

- ▶ 접촉이 발생하는 노드에서의 접촉압력(Contact Pressure) 및 Traction
- ▶ 접촉이 발생하는 노드에서의 접촉력(Contact Force)
- ▶ Source 영역과 Target 영역에 있는 접촉이 발생하지 않은 노드 사이의 거리(Separation Distance)

17.9 Quiz

1. 2D 요소를 3D 요소의 표면 모양을 정의하는 용도로 사용하려면 어떤 옵션을 설정하는가?

2. 두 개의 면에 같은 모양의 2D Mesh를 정의하려면 어떤 기능을 사용하는가?

3. Contact Analysis를 할 때 접촉면의 요소 크기를 작게 하거나 같은 위치에 노드가 생성되도록 하면 어떤 점에서 유리한가?

4. "Surface-to-Surface Contact" Simulation Object를 생성할 때 2 mm 떨어져 있는 두 면 사이에 Face Pair를 정의하려면 Max Search Distance를 얼마 이상으로 설정해야 하는가?

5. Max Iterations Status Loop 옵션에 대해 설명하시오.

6. Max Iterations Force Loop 옵션에 대해 설명하시오.

7. 그림 17-15에서 Body B가 Body A를 통과한 것처럼 표시되는 이유는 무엇인가?

8. Mesh Mating Condition의 세 가지 옵션 중 Mesh가 연결되지 않는 것은 어느 것인가?

9. Mesh Mating Condition의 세 가지 옵션 중 1D 요소를 이용하여 Mesh가 연결되는 것은 어느 것인가?

10. Mesh Mating Condition의 세 가지 옵션 중 Polygon Geometry의 변화가 없는 것은 어느 것인가?

11. 접촉면에서의 압력 결과를 표시하려면 어떤 Output 항목을 설정해야 하는가?

12. 접촉면에서의 압력이 적정 수준보다 낮으면 어떤 문제가 발생할 수 있을까?

13. Bearing과 Housing의 접촉면에 2D Dependent Mesh 기능을 이용하여 같은 모양의 메쉬를 생성한다면 어떤 어려움이 있겠는가?

Chapter 18
용접과 볼트를 이용한 연결

■ 학습목표

- Spot Weld 기능을 이용하여 2D Mesh를 연결할 수 있다.
- Bolt Connection 기능을 이용하여 3D Mesh를 연결할 수 있다.

Chapter 18: 용접과 볼트를 이용한 연결

18.1 개요

본 챕터에서는 여러 가지 연결 방법 중 용접과 볼트 연결에 대하여 알아본다.

용접은 1차원 요소를 이용하여 2차원 요소 사이의 연결을 설정하는 방법 중 하나이며 물리적인 용접 특성에 따라 적절한 타입을 선택하여 사용한다. 연결할 판금 부품의 두께를 무시하고 모델링 한다면 단순히 노드를 합치면 된다. Mesh Point를 이용하여 용접할 위치에 노드를 생성한 후 Node Check 기능을 이용하여 합친다. 두께를 무시하지 않고 모델링 한다면 용접할 판금 부품의 중간 서피스를 생성한 후 떨어져 있는 노드를 연결해야 한다. 연결 요소로 빔 요소나 강체 요소를 이용할 수 있다. NX에서는 모델링에서 생성한 Weld 피쳐를 이용하여 쉽게 연속 메쉬를 생성할 수 있다. Weld 피쳐를 생성한 후 FEM 파일에서 Spot Weld를 생성한다.

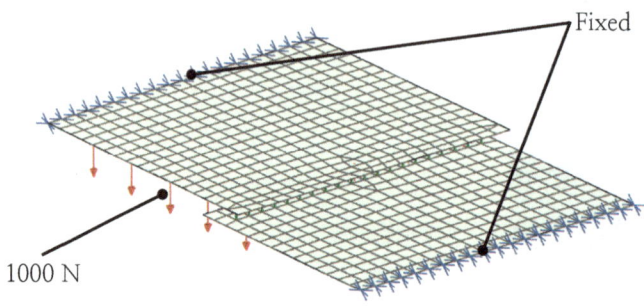

그림 18-1 점 용접 모델

볼트로 연결되어 있는 3차원 모델을 연결하기 위해 Bolt Connection을 이용할 수 있다. 다양한 1차원 요소를 이용하여 Bolt의 몸통(Shank) 부분을 모델링 할 수 있다.

볼트 몸통의 중심과 다른 부품의 노드를 1차원 요소(주로 RBE2 또는 RBE3) 연결하는데, 그 모양이 방사형의 거미줄과 같기 때문에 Spider Connection이라고 부른다. 볼트의 머리 부분이나 너트 부분을 상대 부품과 연결할 때 이와 같은 방법을 이용한다. 이는 1D Connection의 Point to Edge를 이용하여 구멍의 중심과 원형 모서리를 연결하는 모양과 같다. Bolt Connection에서는 이와 같은 연결을 한꺼번에 생성해 준다. 솔리드 모델 사이의 결합 면에는 Surface-to-Surface Contact 조건을 부여한다.

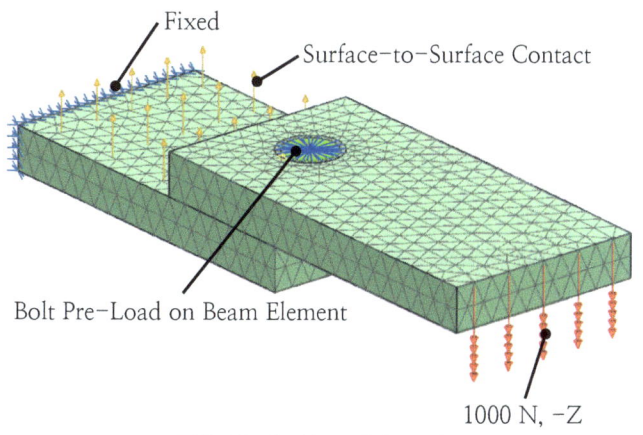

그림 18-2 볼트 연결 모델

18.2 점 용접 모델

18.2.1 모델 생성

주어진 파일 (ch18_weld.prt)은 용접으로 연결할 두 개의 Sheet Body가 포함되어 있다. Spot Weld 피쳐를 생성해 보자. Spot Weld 기능은 Weld Assistant 라이선스가 있어야 사용할 수 있다. 라이선스가 없는 경우 ch18_weld_2.prt 파일을 이용하여 다음 단계를 진행한다.

1. 주어진 파일(ch18_weld.prt)을 열고 Modeling 애플리케이션을 실행시킨다.
2. Menu 버튼 > Insert > Weld Assistant > Weld Point Wizard를 선택한다.
3. Weld Point 대화상자를 Reset 한다. Method와 Type을 확인한다.
4. Next 버튼을 누른다.
5. Face Set 1과 Face Set 2를 지정한다.
6. Next 버튼을 누른다.

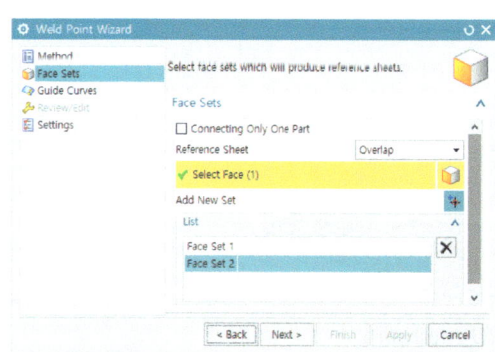 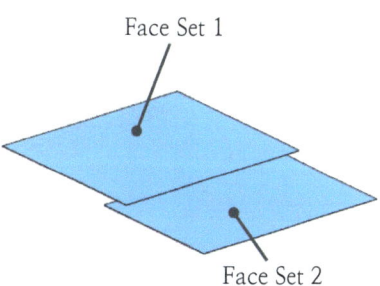

그림 18-3 Face 선택

7. Guide Curve를 선택한다.
8. 옵션을 그림 18-4와 같이 입력하고 Next 버튼을 누른다.
9. Finish 버튼을 누른다.
10. Weld Point가 생성된 것을 확인하고 파일을 저장한다.

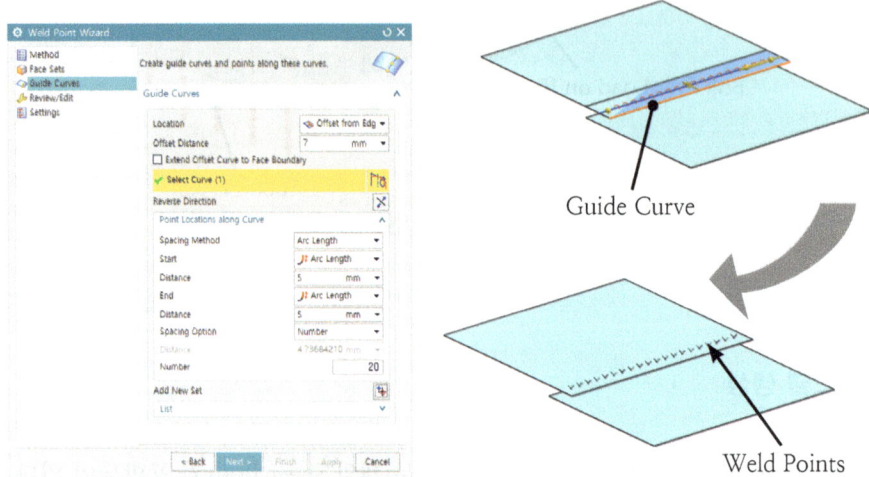

그림 18-4 Weld Point 생성

18.2.2 Meshing

2D Mesh를 생성하자. 두께는 1.5 mm로 한다.

1. Pre/Post 애플리케이션을 실행시킨다.
2. FEM 파일과 SIM 파일을 생성한다.
3. 디폴트 옵션으로 Solution을 생성한다.
4. Element Size 5 mm, 두께 1.5 mm, 재질 Steel의 CQUAD4 요소를 이용하여 2D Mesh를 생성한다.

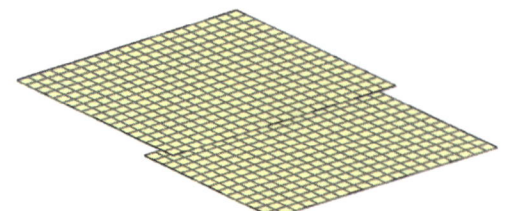

그림 18-5 2D Mesh 생성

Spot Weld를 생성하자.

1. Simulation Navigator의 FEM 파일에 우클릭 > Edit을 선택한다.
2. Geometry Option에서 Points를 체크한다.
3. Home 탭 > Connections 그룹 > More > Spot Weld 아이콘을 선택한다.
4. 대화상자를 Reset 하고 점을 모두 선택한다. Type Filter를 이용한다.
5. Top Face와 Bottom Face를 선택하고 Element Type으로 RBE2를 선택한다.
6. 대화상자에서 OK 버튼을 누른다.
7. Update 아이콘을 누른다.

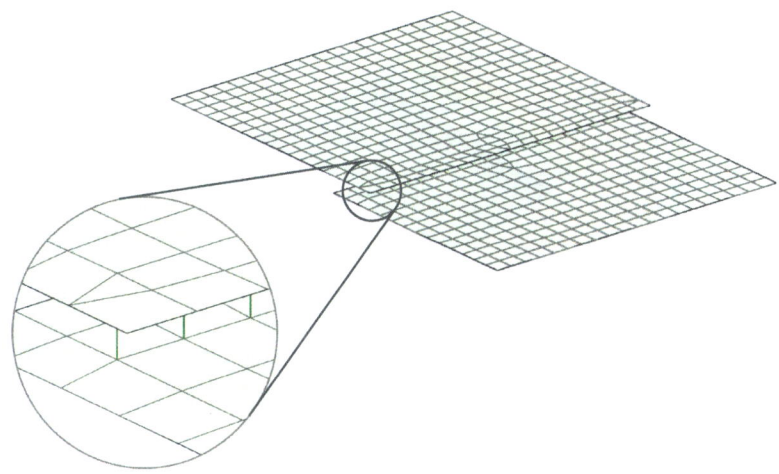

그림 18-6 Spot Weld 생성

18.2.3 경계조건

Spot Weld 기능을 이용하여 Shell Mesh를 연결한 FE 모델에 적절한 경계조건을 부여하여 Solving을 수행해 보자.

1. SIM 파일을 Displayed & Work Part로 지정한다.
2. 양 쪽 끝 모서리에 Fixed 구속을 적용한다.
3. 위의 Face에 -ZC 방향으로 1000 N의 하중을 적용한다.

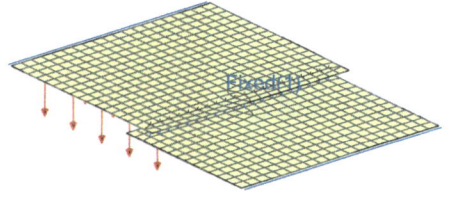

그림 18-7 경계조건

18.2.4 Solving

Solving을 수행한다.

18.2.5 Post Processing

Stress – Elemental을 표시하면 그림 18-8과 같다. 파일을 저장하고 모두 닫는다.

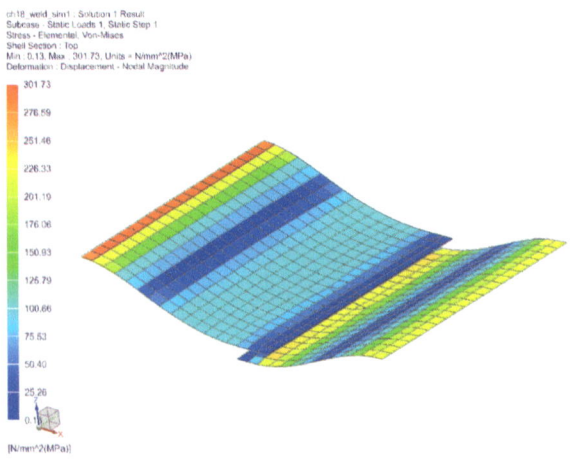

그림 18-8 해석 결과

18.3 볼트 연결 모델

주어진 모델을 볼트와 너트로 연결한 메쉬를 생성한 후 경계조건과 하중을 정의하여 해석을 수행한다. 볼트 몸통의 직경은 구멍의 직경과 같고, 재질은 Steel을 사용한다. Spider Connection은 RBE3 요소를 사용한다. 구멍의 직경은 25 mm이며 Spider Connection의 직경은 30 mm로 한다.

경계조건은 그림 18-2를 참고한다. 또한, 볼트에는 10,000 N의 Pre Load가 작용한다. 이는 Bolt Pre-Load 하중을 이용하여 정의한다.

18.3.1 모델 준비

1. ch18_bolt_connection.prt 파일을 열고, Pre/Post 애플리케이션을 실행시킨다.
2. FEM 파일, SIM 파일, Idealized Part, SOL 101 Solution을 생성한다.

18.3.2 Meshing

Bolt Connection

1. FEM 파일을 Displayed & Work로 지정한다.
2. Home 탭 > Connections 그룹 > Bolt Connection을 선택하고 Type을 Bolt With Nut로 선택한다.
3. Head 옵션 영역에서 Define Head By 옵션을 Center Point로 선택하고, 구멍의 중심점을 선택한다. 이 때, Snap Point 옵션을 이용한다. (그림 18-9의 ❸)
4. Face로는 윗면을 선택한다. (그림 18-9의 ❹)
5. Diameter를 30 mm로 입력한다.
6. 비슷한 방법으로 반대쪽 부품의 면에 Nut 옵션 영역을 정의한다. 대화상자는 아직 닫지 않는다.

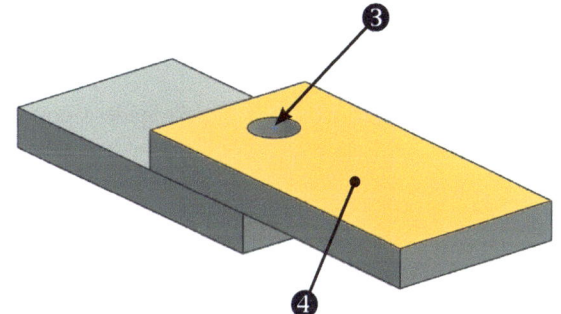

그림 18-9 Head 옵션 설정

Shank 옵션과 Spider Connection 옵션을 설정하자.

1. Shank Element 옵션 영역에서 Element Property를 CBEAM으로 선택한다.
2. New Collector 버튼을 누른다.
3. Name을 Steel_beam으로 하고, 재질을 Steel로 하며, 반경 12.5 mm의 원형 단면을 정의한다.
4. Spider Connection Element를 RBE3로 설정한다.
5. OK 버튼을 누른다.

그림 18-11과 같이 Recipe Mesh가 정의된다.

Chapter 18: 용접과 볼트를 이용한 연결

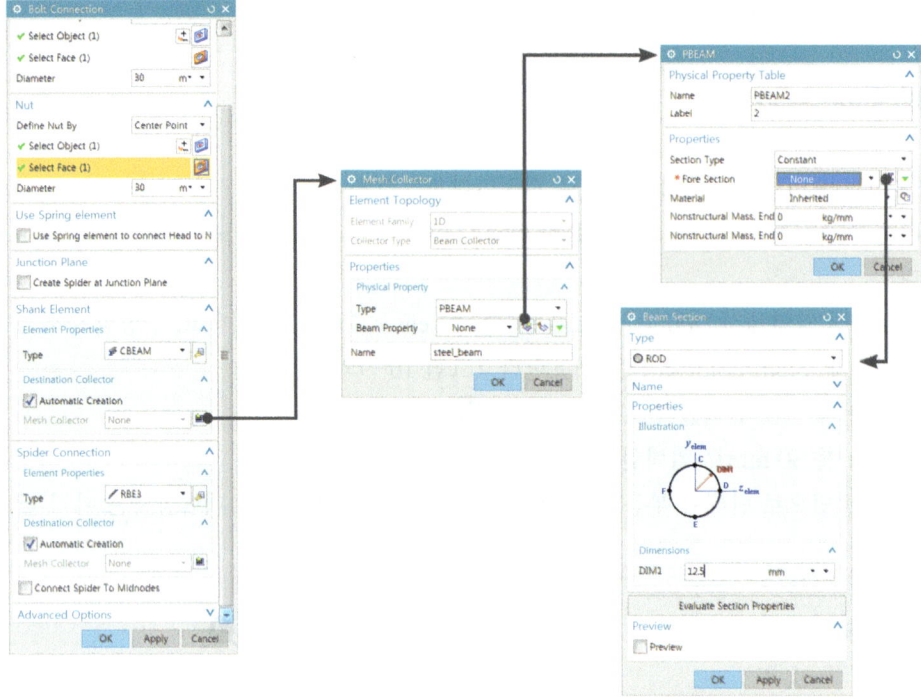

그림 18-10 Shank와 Spider Connection 옵션 설정

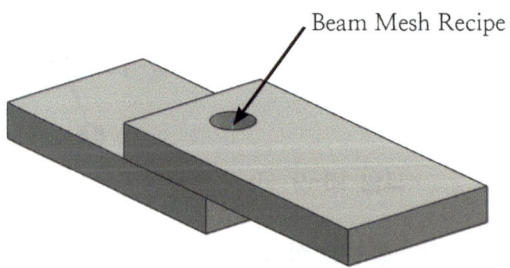

그림 18-11 Shank 부분 Recipe

3D Mesh 생성

CTETRA(10) 요소를 생성한다. 각각의 파트에 대한 재질은 그림 18-12와 같이 Steel과 Aluminum_2014를 이용하며 Element의 크기는 10 mm로 한다. 3D Mesh를 생성하고 나면 Node가 생성되기 때문에 앞에서 정의한 Bolt Connection Recipe에 Mesh를 생성하게 된다. Shank 부분을 Beam 요소로 생성하고, 직경 30 mm 이내에 있는 조립 부품의 노드를 볼트의 중심과 연결하는 RBE3 요소가 생성된다.

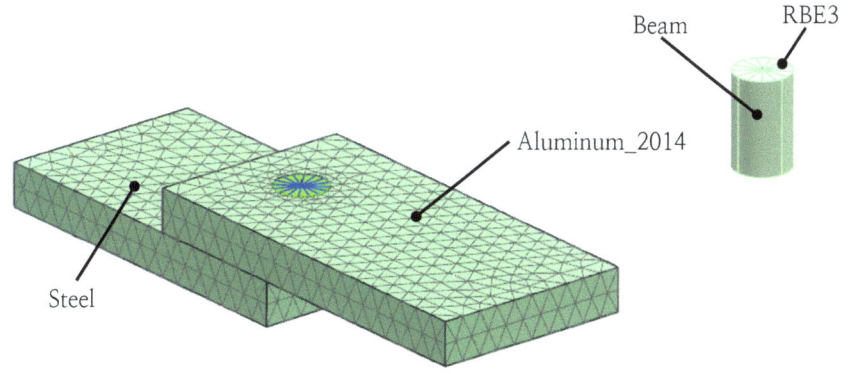

그림 18-12 Mesh 생성 결과

Circular Imprint

생성된 모델을 보면 구멍 중심에서 30 mm 이내에 위치한 노드가 모서리 밖에 없기 때문에 그 부분에 Spider Connection(RBE3)을 생성하였다. 볼트와 너트의 체결면을 좀 더 현실에 가깝게 표현하기 위해 구멍 주위에 직경 30 mm의 Circular Imprint를 생성하고 20 개의 요소를 배치한다. 업데이트 하면 구멍 모서리와 Circular Imprint 모서리가 Spider Connection으로 연결된다.

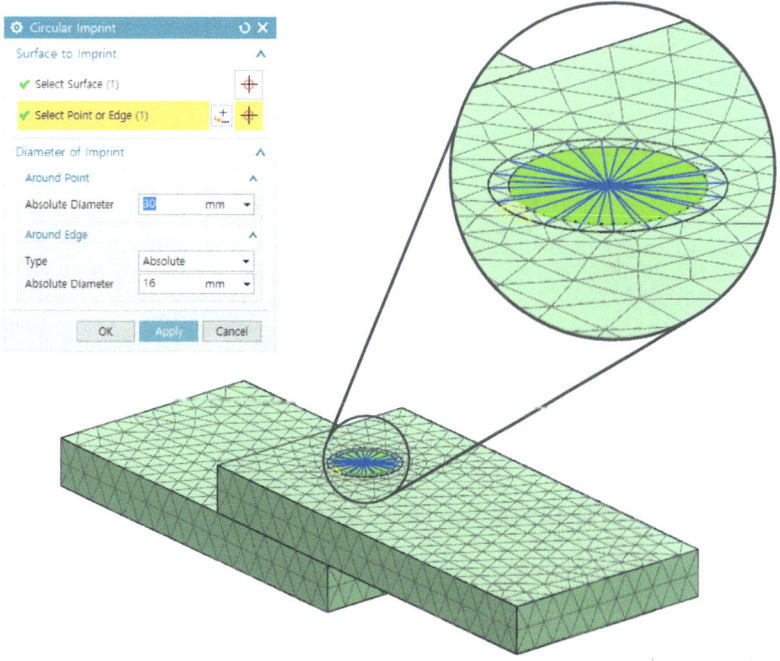

그림 18-13 Circular Imprint 생성 결과

Surface-to-Surface Contact

두 개의 플레이트 면은 육안으로 보아서는 붙어 있지만 면에서의 Mesh는 아직 연결되지 않았다. Surface-to-Surface Contact 조건을 이용하여 모델링 하자.

1. SIM 파일을 Displayed & Work로 지정한다.
2. 접촉면 사이에 Surface-to-Surface Contact을 설정한다. Max Search Distance는 1 mm 로 한다.

18.3.3 경계조건과 하중

1. 한쪽 끝 면에 Fixed 구속조건을 주고, 다른 쪽 끝 면에 -Z 방향으로 1000 N의 하중을 정의한다.
2. Load Type 아이콘 그룹에서 Bolt Pre-Load를 선택한다. Type으로 Force on 1D elements 를 선택한다.
3. 볼트 몸통부를 모델링 한 Beam 요소를 선택한다. Type Filter를 Element로 지정한 후 선택하면 편리하다.
4. Force를 10000 N으로 입력한다.

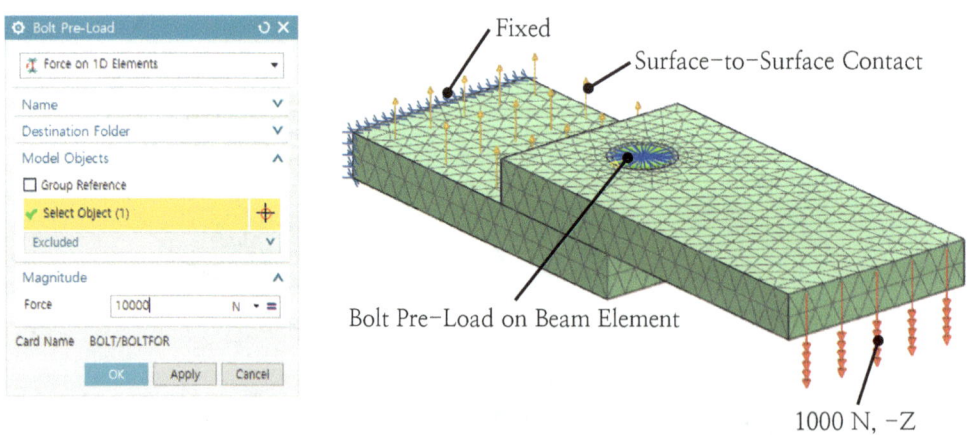

그림 18-14 Boundary Condition 생성 결과

18.3.4 Solving

1. Global Contact Parameters를 생성한다.
2. Model Setup Check를 수행하여 FE 모델에 오류가 없음을 확인한다.
3. Element Iterative Solver 옵션을 체크한다.
4. 파일을 저장한 후 Solving을 수행한다.
5. 해석이 완료되면 Solution Monitor에서 Graph 버튼을 눌러 Contact Analysis와 Iterative Solver의 수렴 상태를 확인한다.
6. Monitor 창과 정보창을 모두 닫는다.

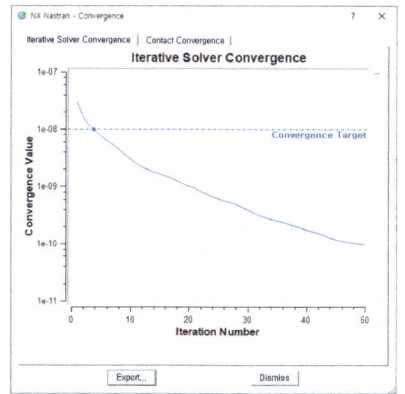 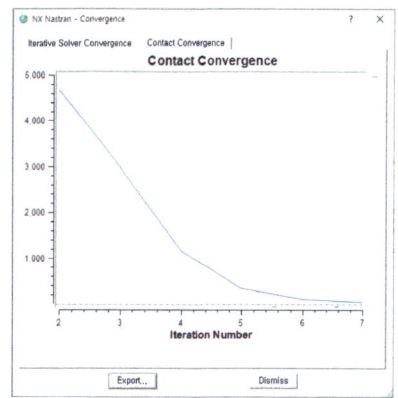

그림 18-15 Contact Analysis Convergence   그림 18-16 Iterative Solver Convergence

18.3.5 Post Processing

Stress – Elemental을 표시하면 그림 18-17과 같다.

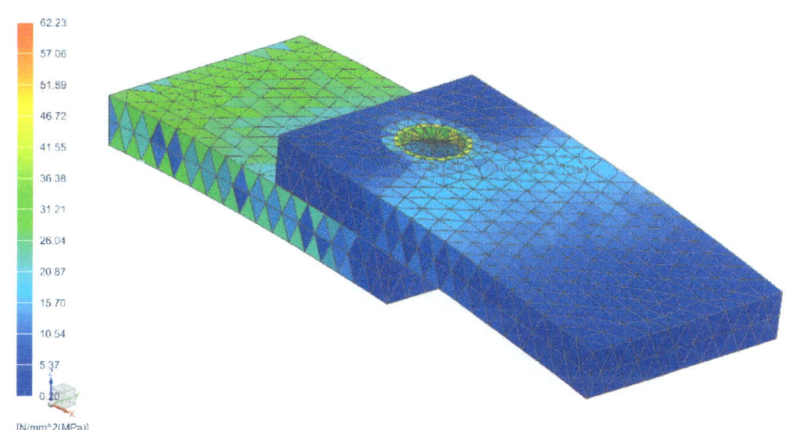

그림 18-17 Von Mises Stress – Elemental (Element Size: 10 mm)

Chapter 18: 용접과 볼트를 이용한 연결

요소의 크기를 작게 하고 Mesh Mating을 이용하여 Node의 위치를 맞추면 Contact 해석의 정확도가 향상된다. 그림 18-18과 그림 18-19는 요소의 크기를 5 mm로 하고 Edge Density 를 40개로 했을 때의 응력과 변위를 보여준다. 접촉에 의한 변형을 잘 표현하고 있음을 알 수 있다.

파일을 저장하고 닫는다.

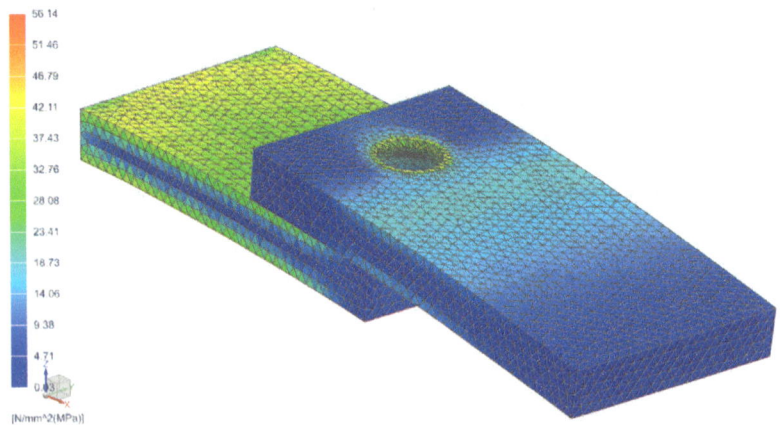

그림 18-18 Von-Mises Stress - Elemental (Element Size: 5 mm)

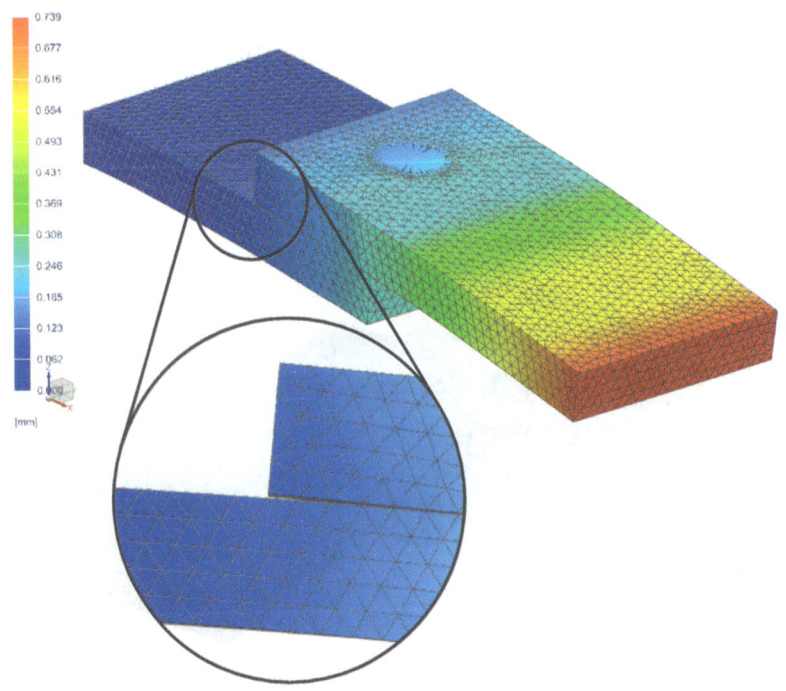

그림 18-19 Displacement - Nodal

Chapter 19
억지끼움 해석

■ 학습목표

- 온도 효과를 이용한 해석을 수행할 수 있다.
- Displacement의 방향 기준을 설정할 수 있다.
- 열팽창 또는 수축 효과를 구조해석에 응용한다.
- 접촉의 오프셋을 이용한 억지끼움 해석을 수행할 수 있다.

Chapter 19: 억지끼움 해석

19.1 개요

Bushing은 구멍에 끼워져 베어링과 같은 역할을 한다. 그림 19-1의 Bushing의 외경은 Plate의 내경보다 0.02mm 크다. 즉 반경 방향으로 0.01mm의 억지끼움이 발생하여 Plate를 변형시키고 응력이 발생된다. Bushing에 끼워지는 축이 힘을 받는 경우 억지끼움에 의한 응력은 피로 파손에 영향을 준다. 본 챕터에서는 억지끼움에 의한 변형과 응력 해석을 두 가지 방식으로 진행하고 각각의 결과를 비교한다. 첫 번째는 열팽창 효과를 이용하는 방식이고, 두 번째는 접촉면의 Offset을 이용하는 방식이다.

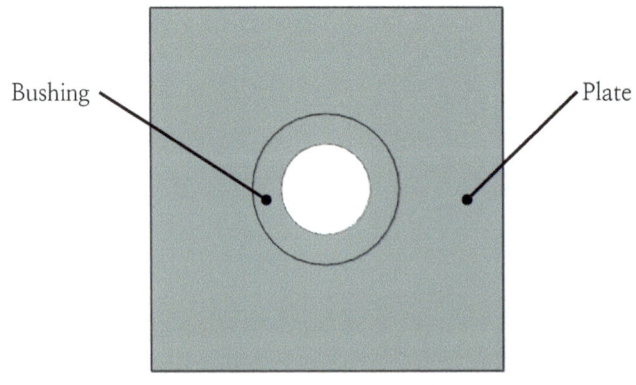

그림 19-1 해석 모델

19.2 온도 효과에 의한 억지끼움 해석

주변 온도에 비하여 물체의 온도가 높으면 팽창하고, 물체의 온도가 낮으면 수축한다. 팽창 또는 수축되는 양은 재료의 열팽창계수(Thermal Expansion Coefficient)와 온도 차이에 비례한다. 식으로 표현하면 아래와 같다.

$$\Delta L \propto \alpha \, \Delta T$$

이러한 특성을 이용하여 Bushing에 온도 하중을 부가하여 반경 방향으로 0.01mm 늘어나게 한다면 다른 하중 없이 억지끼움 효과를 파악할 수 있다. NX Nastran에서는 Temperature Load를 이용하여 메쉬에 온도를 설정할 수 있다. 이 때, 기준이 되는 주변 온도를 설정한 후 그보다 높은 온도를 부가하면 팽창되고 낮은 온도를 설정하면 수축된다. 기준 온도는 Temperature Set에 설정한다. Bushing과 Plate의 재질은 모두 Steel로 한다.

19.2.1 Bushing의 팽창

Bushing 형상을 생성한 후 반경 방향으로 0.01mm 팽창시키기 위한 온도를 구하자.

1. 파일명을 ch19_bushing으로 하고 그림 19-2와 같이 XY 평면에 스케치를 그린 후 양쪽 방향으로 10mm씩 Extrude 시킨다. Plate와 Bushing 부분을 각각의 솔리드 바디로 생성해야 한다.
2. 파일을 저장한다.

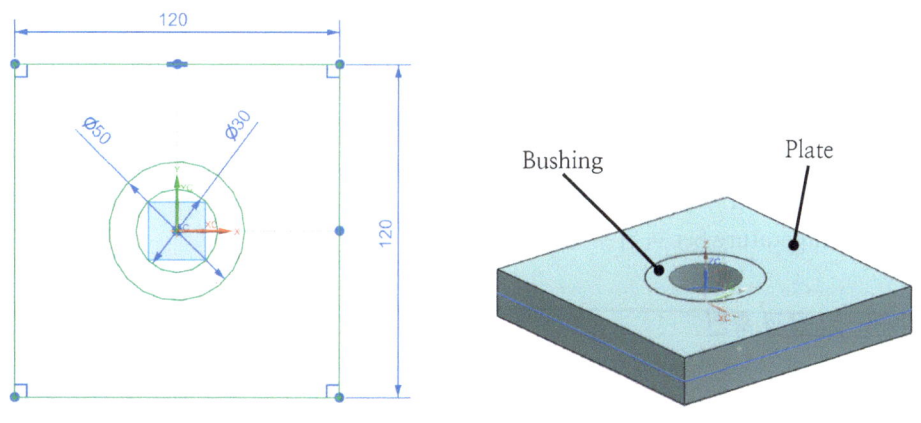

그림 19-2 해석용 파트

3. Pre/Post 애플리케이션을 실행하고 New FEM and Simulation 아이콘을 누른다.
4. New FEM and Simulation 대화상자의 Bodies to Use 드롭다운 목록에서 Select를 선택하고 Bushing 바디를 선택한다.
5. Press OK.
6. Solution의 이름을 "Bushing SOL"이라고 입력하여 SOL 101 Solution을 생성한다.

Mesh 생성

3D Swept Mesh 기능을 이용하여 Element Size 3 mm의 CHEXA(8) 메쉬를 생성한다. 재질은 Steel로 한다. Hexagonal Mesh는 Tetrahedral Mesh보다 해석의 정확도가 높다.

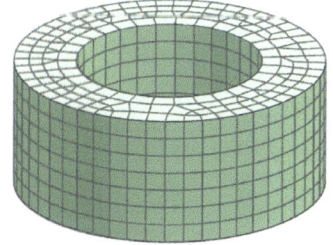

그림 19-3 Hexagonal Mesh

Chapter 19: 억지끼움 해석

변위 구속과 온도 하중

Bushing의 안쪽 면을 적절히 구속하고 기준온도 0℃, 메쉬 온도 10℃에 대한 팽창량을 구해보자.

1. Activate Simulation 아이콘을 누른다.
2. User Defined Constraint를 선택한다.
3. Bushing의 안쪽 면을 선택한다.
4. Displacement CSYS에서 Cylindrical을 선택한 후 Bushing의 둥근 모서리를 선택한다.
5. DOF2와 DOF3를 Fixed로 설정한 후 OK 버튼을 누른다.
6. Subcase를 펼친 후 Loads에 우클릭 > New Load Set > Temperature Set을 선택한다.
7. Default Temperature에 0℃를 입력하고 OK를 누른다.
8. Load Type > Temperature 아이콘을 눌러 Polygon Body에 10℃의 Temperature Load를 생성한다. Temperature Set 하위에 설정된다.

Solving 및 결과 확인

Solving을 수행한다.

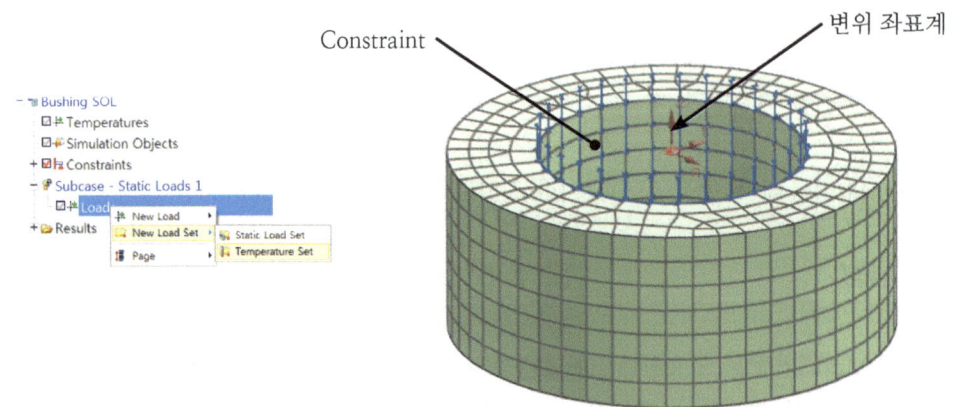

그림 19-4 변위구속과 Temperature Set

반경 방향의 변형 표시

Cylindrical 좌표계를 기준으로 하여 반경 방향 변위를 확인하자.

1. Results를 더블클릭 한다.
2. Displacement - Nodal을 더블클릭한다.
3. Post View #를 더블클릭한다.
4. Post View 대화상자에서 Result 탭을 누른 후 Coordinate System 옵션에서 Selected Cylindrical을 선택한다. 큐라인에는 좌표계를 선택하라는 메시지가 나타난다.
5. 리소스바에서 Simulation Navigator를 펼친다.
6. CSYS 항목을 펼친다. 1 - csys가 나타난다. 변위 구속을 줄 때 사용한 변위 좌표계이다.
7. 1 -csys를 선택한다.
8. 대화상자의 Result Type 옵션에서 변위 성분을 R로 선택한 후 OK 버튼을 누른다.

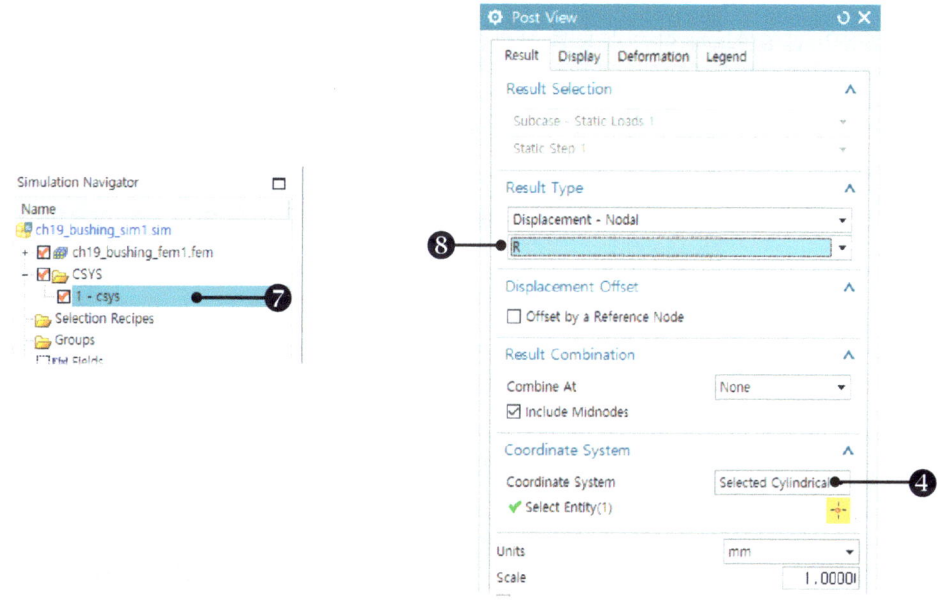

그림 19-5 변위 성분 설정

Chapter 19: 억지끼움 해석

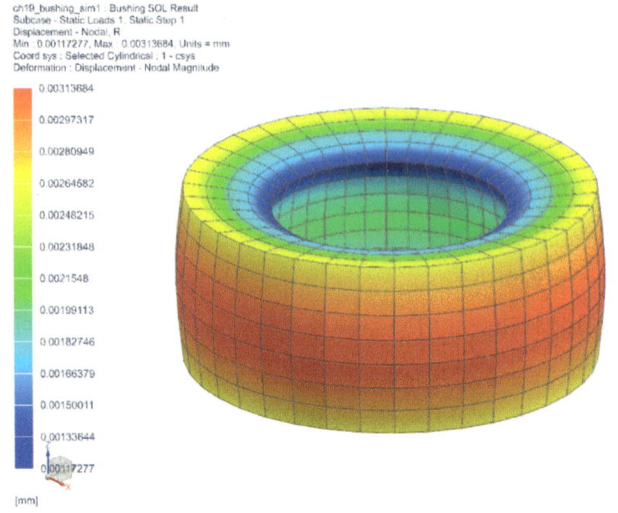

그림 19-6 R 방향의 변형

반경 방향의 최대 Displacement는 0.00314 mm이다. 이 해석의 목적은 반경 방향으로 0.01 mm의 팽창이 발생하도록 하는 온도를 구하는 것이다.

Linear Statics에서는 하중과 결과 사이에 선형적인 관계가 성립된다. 따라서 10℃의 온도 차이로 0.00314 mm의 반경 방향 Displacement를 발생 시킨다면 0.01 mm의 Displacement를 발생 시키기 위해 얼마 만큼의 온도 차이를 필요로 하는지 추정할 수 있다. 즉, 필요한 온도 차이는 0.1/0.00314 = 31.847℃이다.

31.847℃에 대한 Subcase를 생성한 후 R 방향 변형을 보면 그림 19-7과 같다.

파일을 저장한다.

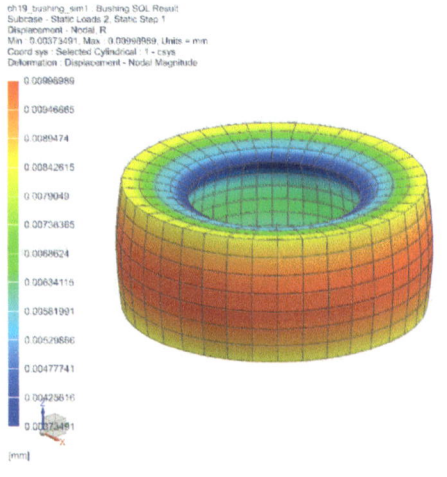

그림 19-7 31.847℃에 대한 R 방향 변형

19.2.2 Bushing과 Plate 해석

연속하여 Bushing과 Plate의 억지끼움에 대한 해석을 수행하자. 앞에서 구한 온도를 이용할 것이다. 만약 파일을 모두 닫았다면 Master Part 파일을 열어야 한다.

파일 준비

Master Part에 대한 새로운 FEM, SIM 파일을 생성한다. Bodies to Use 옵션을 All Visible로 하고, Solution 대화상자의 Name 입력창에 Temp SOL 이라고 입력한다.

변위 구속

1. Plate의 외곽 4개 면에 Fixed Translation 구속을 적용한다.
2. Bushing의 안쪽 원통면에 원통좌표계의 반경 방향을 제외한 T, Z 방향의 변위를 구속한다.

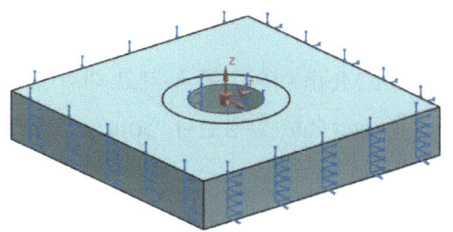

그림 19-8 변위 구속

메쉬 생성

접촉면에 Mesh Mating Condition을 정의한 후 Bushing의 바깥면에 CQUAD4의 Seed Mesh를 생성하자. Bushing과 Plate에는 Hexagonal Mesh를 이용할 것이다.

1. Simulation File View 창에서 FEM2 파일을 더블클릭한다.
2. Simulation Navigator에서 Polygon Geometry에 정의되어 있는 Polygon Body의 이름을 각각 Bushing과 Plate로 변경한다.
3. Home 탭 > Connections > Mesh Mating을 선택한다.
4. Type을 Manual로 설정하고 Source Face 와 Target Face를 선택한다. Source Face로는 Bushing의 바깥 원통면을 선택하고, Target Face로는 Plate 구멍의 안쪽 원통면을 선택한다. Source와 Target이 바뀌어도 상관 없다.

5. Mesh Mating Type으로 Free Coincident를 선택한다.
6. 나머지 옵션은 디폴트로 하고 OK 버튼을 누른다.
7. Simulation Navigator에 MMC Collection이 생성된 것을 확인한다.

Bushing의 바깥 원통면에 Seed Mesh를 생성하자.

1. 2D Mesh 아이콘을 누르고 대화상자를 Reset 한다.
2. Type을 CQUAD4로 선택한다.
3. Bushing의 바깥 원통면을 선택하고 Element Size를 3 mm로 입력한다.
4. Mesh Settings 옵션 그룹을 펼친 후 Export Mesh to Solver 옵션을 해제한다.
5. OK 버튼을 누른다.

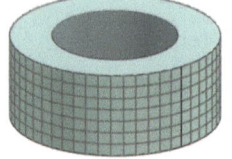

그림 19-9 Seed Mesh

Bushing과 Plate에 Hexagonal Mesh를 생성하자.

1. Home 탭 > Mesh > 3D Swept Mesh 아이콘을 누르고 대화상자를 Reset 한다.
2. Type이 Multi Body-Infer Target으로 설정된다. Source Face로 Bushing과 Plate의 윗면을 선택한다.
3. Element Type을 CHEXA(8)로 선택한다.
4. Source Element Size 입력창에 5를 입력한다.
5. Steel 재질의 Collector를 설정한 후 OK 버튼을 누른다.
6. Collector의 3d_mesh 이름을 각 부품의 이름으로 변경한다. (Bushing과 Plate)
7. 접촉면의 Mesh가 일치 되게 생성된 것을 확인한다. 접촉면에 Contact 조건을 부여할 것이기 때문에 같은 위치에 Node가 생성되도록 하는 것이 좋고, 요소의 크기는 작은 것이 좋다.

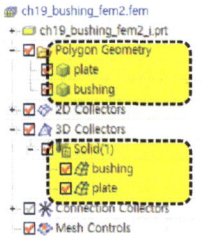 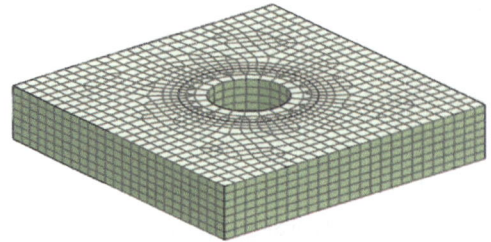

그림 19-10 Mesh

Contact 설정

SIM2 파일을 Displayed & Work로 설정한 후 Bushing 원통면과 Plate의 안쪽 면 사이에 Surface-to-Surface Contact을 설정한다.

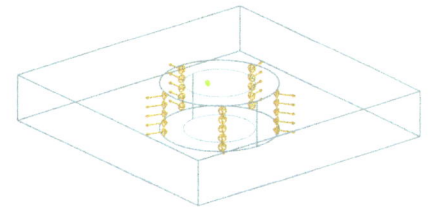

그림 19-11 Contact 설정

Temperature Load 생성

1. Load Type 아이콘 그룹에서 Temperature Load를 선택한다.
2. Bushing 바디를 선택한다.
3. Temperature 입력창에 31.847을 입력하고 OK를 누른다. Load Container에 Temperature(1)이 생성된다.
4. Subcase 하위의 Loads에 우클릭 > New Load Set > Temperature Set을 선택한다.
5. Default Temperature를 0℃로 입력하고 OK를 누른다.
6. Load Container의 Temperature(1)을 드래그하여 Temperature Set에 드롭 한다.
7. 파일을 저장한다.

해석 수행

1. Global Contact Parameter를 설정한다.
2. Temperature SOL에 우클릭 > Solve를 선택하여 해석을 수행한다.

Post Processing

1. Results를 더블클릭한 후 Displacement – Nodal을 표시한다.
2. Results 탭 > Edit Post View 아이콘을 누른다.
3. Deformation 옵션을 해제한다. 그림 19-12와 같이 결과가 표시된다. 접촉면에서의 변위가 연속적이지 않다. Magnitude를 표기하였기 때문이다.

Chapter 19: 억지끼움 해석

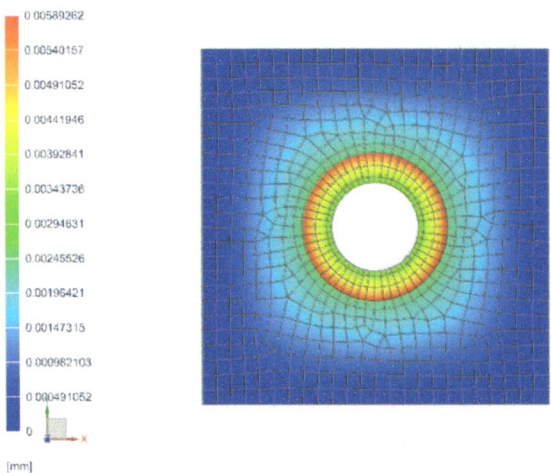

그림 19-12 Displacement - Nodal (Magnitude)

원통좌표계의 R 성분을 표시하면 그림 19-13과 같다. 접촉면을 가로질러 연속적인 변형량 분포를 보여준다.

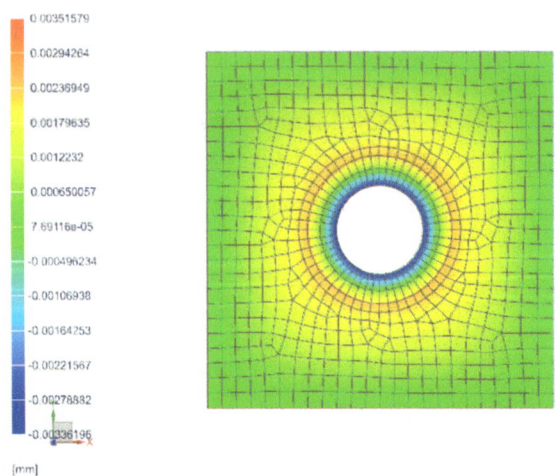

그림 19-13 Displacement - Nodal (R 성분)

Bushing과 Plate의 R 성분 변형을 각각 표시하면 그림 19-14와 같다.

Bushing의 안쪽 면은 R 방향 변위를 허용 했으므로 온도 팽창에 따라 안쪽으로 수축된다. Plate의 안쪽 면은 바깥쪽으로 팽창되기 때문에 R 방향으로 + 값의 변형만 나타난다.

Reture to Home 아이콘을 누르고 파일을 저장한다.

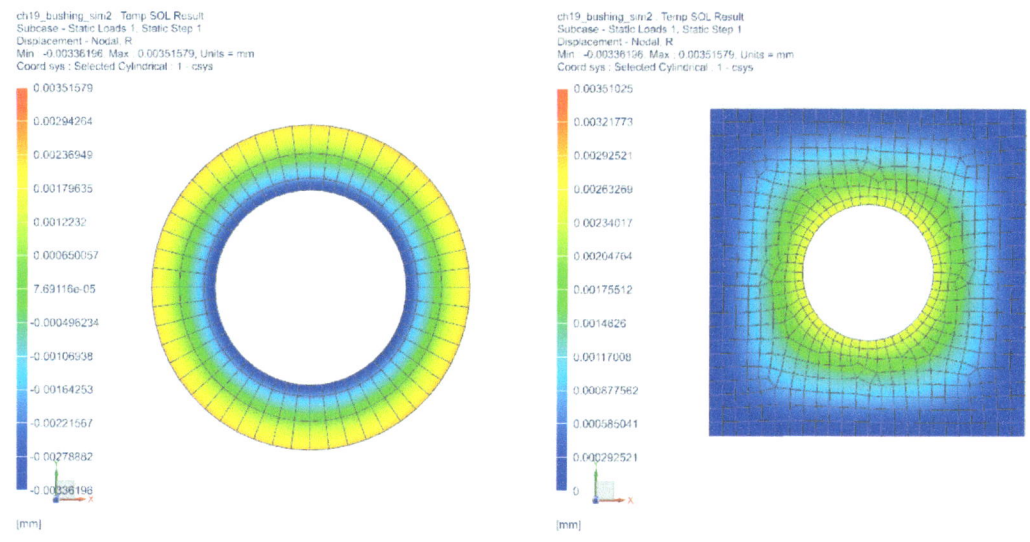

그림 19-14 Bushing과 Plate의 변형 (R 성분)

19.3 접촉면 오프셋을 이용한 억지끼움 해석

앞의 SIM 파일에 새로운 Solution을 생성하여 접촉면의 오프셋에 의한 억지끼움 해석을 수행하자.

19.3.1 새로운 Solution 생성

1. SIM2 파일에 우클릭 > New Solution을 선택한다.
2. Name을 Contact Offset SOL이라고 입력한다.
3. Case Control에서 Global Contact Parameter를 생성한다.

19.3.2 Contact 설정

억지끼움이 발생하도록 하기 위해 Bushing의 바깥 원통면에 0.01 mm 오프셋을 적용한 Region을 생성한 후 Contact를 정의하자. Plate의 안쪽 면은 앞에서 만든 Region을 사용하고, 오프셋 된 Region은 추가로 만들어야 한다.

1. Home 탭 > Loads and Conditions > Region 아이콘을 누른다.

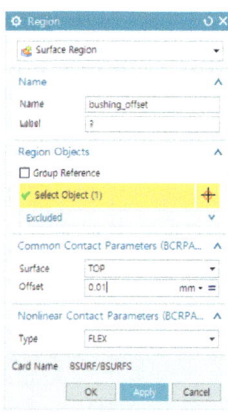

그림 19-15 Offset Region 생성

425

2. Name을 bushing_offset이라고 입력한 후 Bushing 바디의 바깥 원통면을 선택한다.
3. Common Contact Parameters 옵션의 Surface를 TOP으로 선택하고 Offset 입력창에 0.01을 입력한다.
4. OK 버튼을 누른다.

연속하여 Surface-to-Surface Contact를 설정하자.

1. Home 탭 > Loads and Conditions > Simulation Object Type 아이콘 그룹에서 Surface-to-Surface Contact를 선택한다.
2. Type을 Manual로 선택한 후 Source Region 드롭다운 목록에서 bushing_offset을 선택하고 Target Region 드롭다운 목록에서 plate를 선택한다. Name을 "Face Contact_offset"이라고 입력한 후 OK 버튼을 누른다.

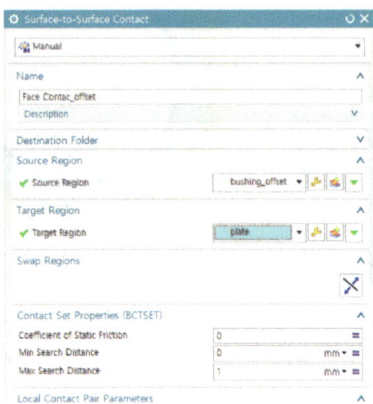

그림 19-16 Surface-to-Surface Contact

19.3.3 변위 구속과 하중

앞에서 생성한 변위 구속을 사용하기 위해 다음과 같이 한다.

1. Constraint Container 항목을 펼친다.
2. NoTrans와 UserDefined 구속을 선택한 후 우클릭 > Add to active solution or step을 선택한다.

Contact Offset SOL이 현재 Active로 되어 있기 때문에 Simulation Objects에 "Face Contact_offset"가 생성되어 있다.

이 해석은 접촉면에 Offset을 설정하여 정해진 양의 억지끼움을 발생 시키도록 하는 방법에 대한 해석 과정이기 때문에 Temperature Load는 필요하지 않다. 억지끼움에 의한 변형과 다른 물리적인 하중이 함께 작용하는 경우라면 다른 하중을 추가로 생성하면 된다.

19.3.4 Solving

이 해석의 Simulation 파일에는 두 개의 Solution이 설정되어 있다. 하나의 Simulation 파일에 여러 개의 Solution이 생성되어 있는 경우 Simulation 파일에 우클릭 > Solve All Solutions를 선택하여 한꺼번에 해석을 수행할 수 있다. Temperature SOL에 대한 해석 결과는 앞에서 구했으므로 Contact Offset SOL에 대한 해석을 수행한다.

19.3.5 Post Processing

Deformation Scale을 100 Absolute로 설정한 후 원통좌표계의 R 성분 변형을 표시하면 그림 19-17과 같다. Bushing의 변형은 음수(-)로 나타나고 Plate의 변형은 양수(+)로 나타난다. 또한 접촉면 사이에 Gap이 표시된다.

Bushing과 Plate의 결과를 표시하면 각각 그림 19-18과 같다.

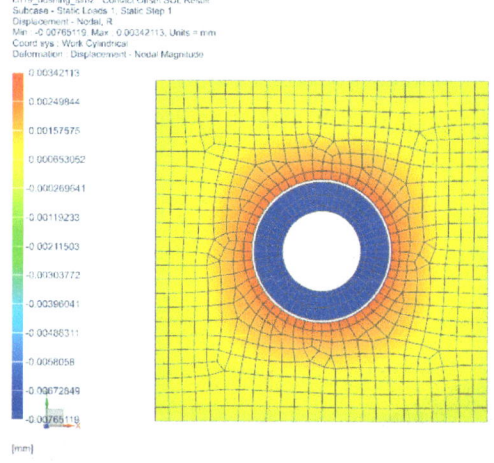

그림 19-17 Displacement - Nodal (R 성분) Scale: 100

Chapter 19: 억지끼움 해석

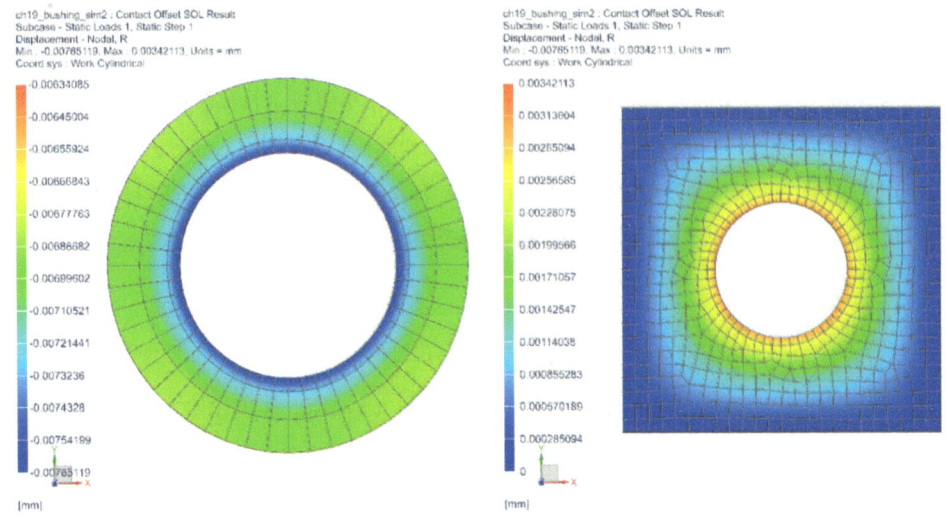

그림 19-18 Bushing과 Plate의 변형 (R 성분)

19.4 결과 검토

Temperature Load를 이용한 억지끼움 해석은 Bushing의 변형과 Plate의 변형에 있어서 타당한 결과를 얻을 수 있는 반면 Contact의 오프셋을 이용한 억지끼움 해석은 Plate의 변형에 대해서만 타당한 결과를 얻을 수 있다. R 방향 최대 변형에 있어서 약 2%의 차이가 발생한다.

Bushing과 Plate의 응력 분포는 각각 그림 19-19, 그림 19-20과 같다. 왼쪽이 Contact Offset SOL에 대한 결과이고 오른쪽이 Temperature SOL에 대한 결과이다.

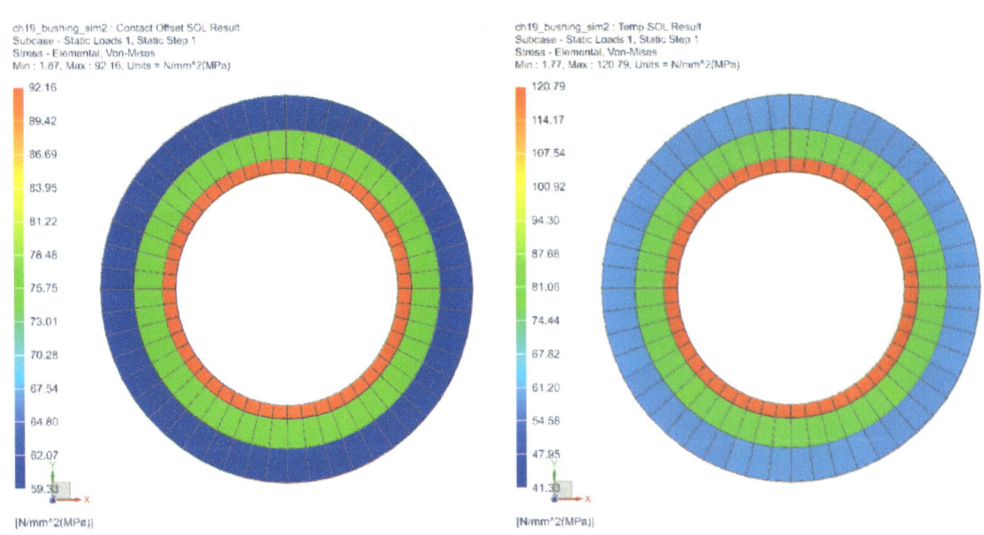

그림 19-19 Bushing의 응력 분포(Von-Mises)

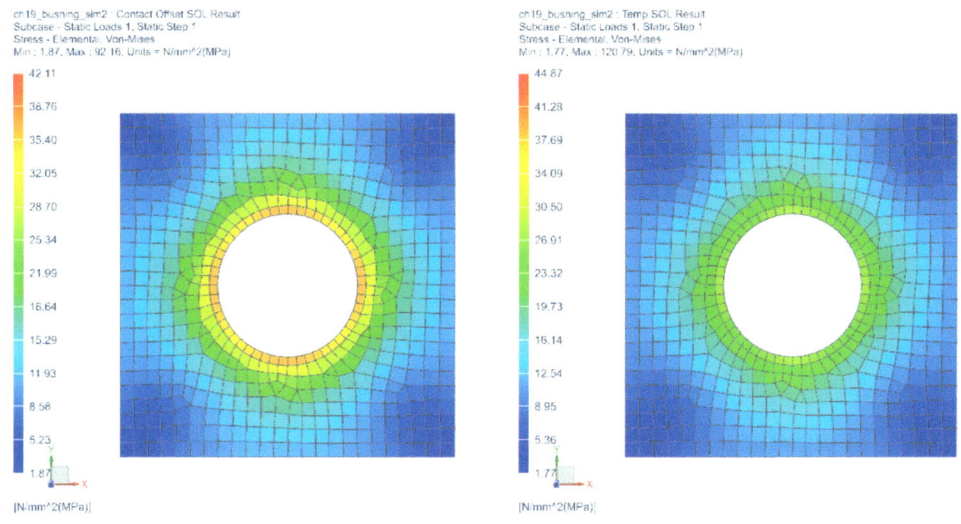

그림 19-20 Plate의 응력 분포(Von-Mises)

19.5 보충

19.5.1 Temperature Set

Simulation Navigator의 Solver Set에 우클릭 > Temperature Set을 선택하여 Thermal 또는 Structural 해석을 하는 데 필요한 온도를 설정할 수 있다.

Initial/Stress Free Temperature

Thermal 해석에서 온도분포를 계산할 때 초기 온도를 설정한다. 또는 Structural 해석에서 온도에 의한 수축/팽창을 고려할 때 기준온도를 설정한다. Temperature Set에 온

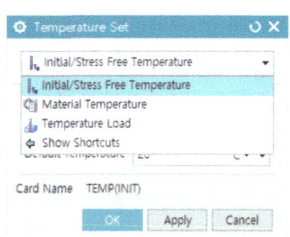

그림 19-21 Temperature Set 대화상자

도를 설정할 경우 FE 모델 전체에 적용된다. Temperature Set을 생성한 후 우클릭 > New > Temperature를 선택하면 그림 19-22와 같은 대화상자가 나타나고 원하는 Polygon Geometry, Node 등에 Initial Temperature 또는 Stress Free Temperature를 설정할 수 있다. 여기서 설정한 온도는 Solution의 Temperatures 항목에 추가된다. 이 온도를 따로 설정하지 않은 경우 기준온도는 0℃이다.

Chapter 19: 억지끼움 해석

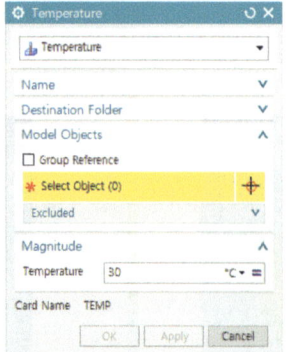

그림 19-22 Temperature 대화상자

Material Temperature

온도에 따라 다른 물성치가 정의되어 있는 재료의 기준온도를 설정한다. Solution의 Temperatures 항목에 추가된다. 이 온도가 따로 설정되어 있지 않은 경우 요소의 온도가 적용되거나 20℃가 적용된다.

Temperature Load

FE 모델에 적용되는 온도를 설정한다. Temperature Set에 온도를 설정할 경우 FE 모델 전체에 적용된다. Temperature Set을 생성한 후 우클릭 > New > Temperature를 선택하면 그림 19-23과 같은 대화상자가 나타나고 원하는 Polygon Geometry, Node 등에 Temperature를 설정할 수 있다. Type 옵션 중 Temperature – External Time Unassigned를 선택하면 다른 해석의 결과로 얻은 온도분포를 사용할 수 있다. 여기서 설정한 온도는 Solution의 Load 항목에 추가된다.

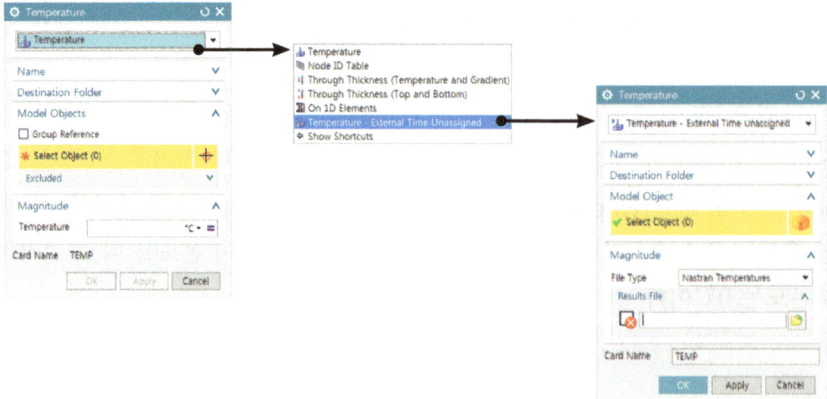

그림 19-23 Temperature 대화상자

Chapter 20
Element 검사

■ 학습목표

- 요소의 기하학적인 형상 품질을 정량화 하는 방법을 이해한다.
- 요소의 형상 품질을 검사하고 품질 개선 방법을 이해한다.
- 해석 결과의 오차를 검사한다.
- Backface Culling 기능을 이해한다.

Chapter 20: Element 검사

20.1 개요

경계조건이나 하중은 문제에 대한 공학적인 해석 능력, 경험에 따라 해석의 품질에 막대한 영향을 미치는 반면 요소의 기하학적인 모양은 그 자체로 수치해석의 결과에 많은 영향을 준다. 어떤 경우에는 수치해석이 불가능하게 되는 경우도 있다. 따라서, 유한요소 해석을 수행하는 엔지니어는 요소의 모양이 이상적인 형상에 가능한 가깝게 생성되도록 메쉬 작업을 해야 하고, 적어도 어떤 기준 이상의 조건을 만족 시킬 수 있도록 하여야 한다.

요소의 기하학적인 형상이 이상적인 형태에서 벗어난 정도를 정량적으로 표현하고 자동으로 검사하기 위하여 여러 가지 항목을 계산한다. 다음 표는 요소의 형상을 체크할 때 검사하는 타입별 항목이다.

검사 항목	Tri	Quad	Tetra	Hex	Wedge	Pyr
Aspect Ratio	○	○	○	○	○	○
Warp		○		○	○	
Skew Angle	○	○		○	○	
Taper		○		○	○	
Jacobian Ratio	○	○	○	○	○	
Interior Angle	○	○	○	○	○	○

실습 예제는 프린터 커버이다. 다음 사항을 실습을 통하여 알아볼 것이다.

1. 2D 요소의 Aspect Ratio, Warp, Skew 검사 및 요소의 품질 개선
2. Element의 Normal 방향 확인
3. 2D 요소의 Top 면과 Bottom 면에서의 응력 결과 확인

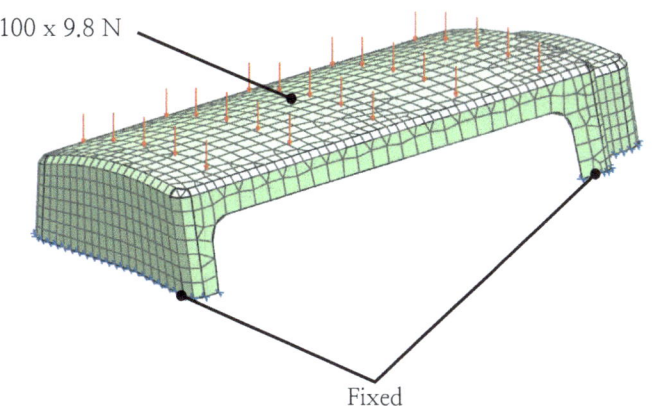

그림 20-1 해석 모델

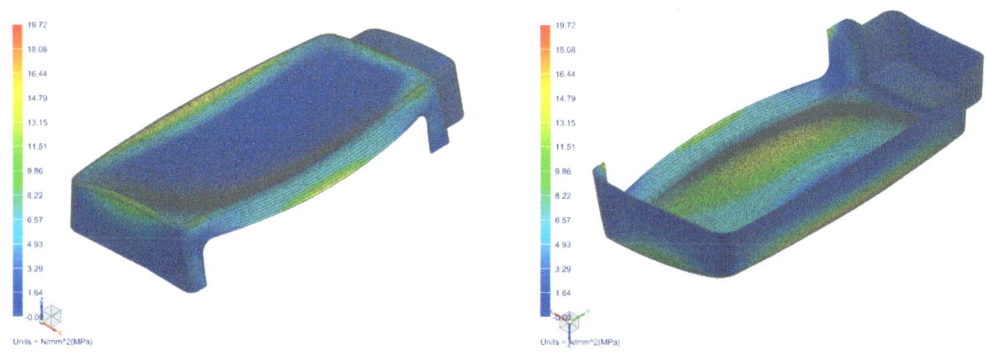

그림 20-2 해석 결과

20.2 FEM 파일 및 SIM 파일의 생성

1. 주어진 파일(ch20_cover.prt)을 열고 FEM, SIM 파일을 생성한다. Idealized Part는 생성하지 않으며 Solution은 디폴트 옵션으로 생성한다.

20.3 메쉬 생성

1. FEM 파일을 Displayed & Work로 지정한다.
2. 2D Mesh 아이콘을 누르고 Reset 한다.
3. Ctrl + A를 눌러 모든 Polygon Face를 선택한다.
4. 2D Mesh 대화상자에서 Type을 CQUAD4로 설정한다.

5. Type 드롭다운 목록 옆에 있는 Edit Mesh Associated Data 버튼을 누른다. 대화상자에서 Thickness Source를 Physical Property Table로 선택하고 Use Element Associated Data 옵션을 해제한다. 요소의 개별적인 옵션은 사용하지 않을 것이다. Mesh Associated Data 대화상자에서 OK 버튼을 누른다.

6. 2D Mesh 대화상자에서 Element Size를 10으로 입력한다.

7. 재질(Material 1) ABS, Default Thickness 3 mm인 Collector를 생성한다.

8. 2D Mesh 대화상자에서 Show Result 버튼을 누른다. 그림 20-3과 같은 Mesh의 품질에 대한 알림창이 나타나며 모델에 빨간색으로 표시된다.

9. 정보창에서 OK 버튼을 누르고 2D Mesh 대화상자에서 OK 버튼을 눌러 Mesh를 생성한다.

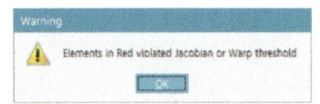

그림 20-3 Mesh Quality 알림창

20.4 Element Quality Check

20.4.1 Element Quality

Aspect Ratio, Skew Angle, Taper, QUAD Warp 항목을 검사해 보자.

1. Home 탭 > Checks and Information 그룹 > Element Quality 아이콘을 누르고 대화상자를 Reset 한다.

2. 2D Mesh를 선택한다.

3. Solver Specific Geometry Checks 옵션 그룹의 System Checks 옵션과 GEOMCHECK 옵션을 펼친다.

4. System Checks 옵션을 모두 해제한다. 이 항목은 체크하지 않을 것이다.

5. GEOMCHECK Options을 그림 20-4와 같이 설정한다. Aspect Ratio가 10보다 크면 Warning으로 표시하고, 100을 넘으면 Error(Failed)로 표시할 것이다. Aspect Ratio는 작을수록 Mesh의 품질이 좋은 것이며, Skew Angle은 값이 클수록 좋은 것이다. Taper와 Warp 항목도 그림과 같이 체크한다.

6. Output Settings 옵션을 선택한다. Output Group Elements는 Failed로 설정하여 Error로 체크된 요소를 Output Group에 할당할 것이다. Report 옵션은 Failed and Warning으로 설정하여 Warning과 Error로 체크된 요소에 대한 레포트를 표시할 것이다.

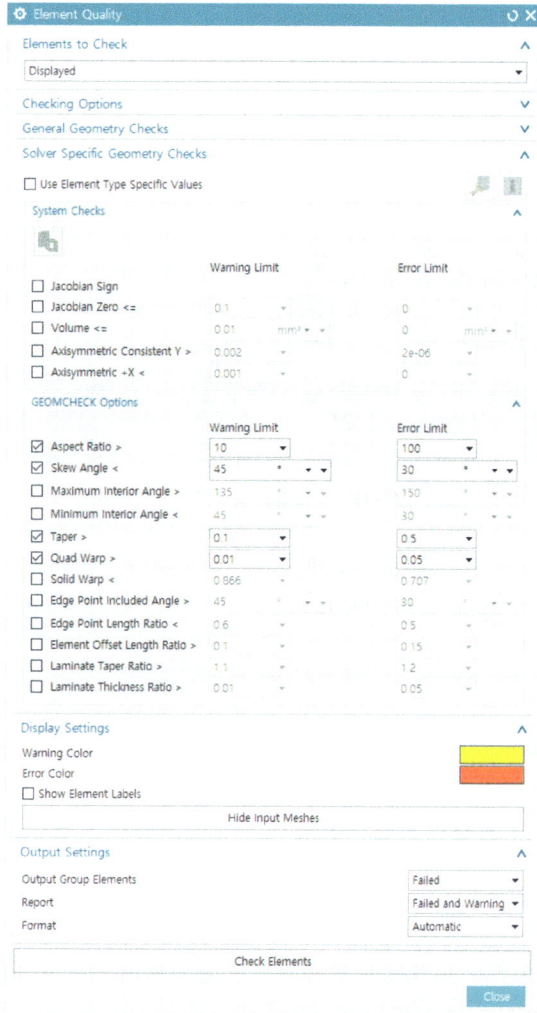

그림 20-4 Mesh Quality 옵션 설정

7. Element Quality 대화상자에서 Check Elements 버튼을 누른다. 체크 결과가 표시되고 그림 20-6과 같이 레포트가 나타난다. Taper 항목에서 13개 요소가 Failed로 체크되었음을 확인한다. 레포트 내용은 정보창의 File 메뉴를 이용하여 저장할 수 있다.

8. Display Settings 옵션 그룹을 펼치고 Hide Input Meshes 버튼을 눌러 메쉬가 표시되지 않도록 한다. 그림 20-5와 같이 Warning과 Error가 발생한 요소만 표시된다.

9. Information 창을 닫는다.

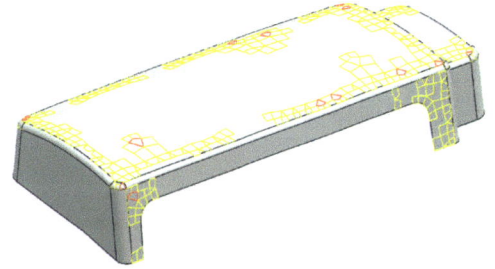

그림 20-5 Quality 체크 결과

Chapter 20: Element 검사

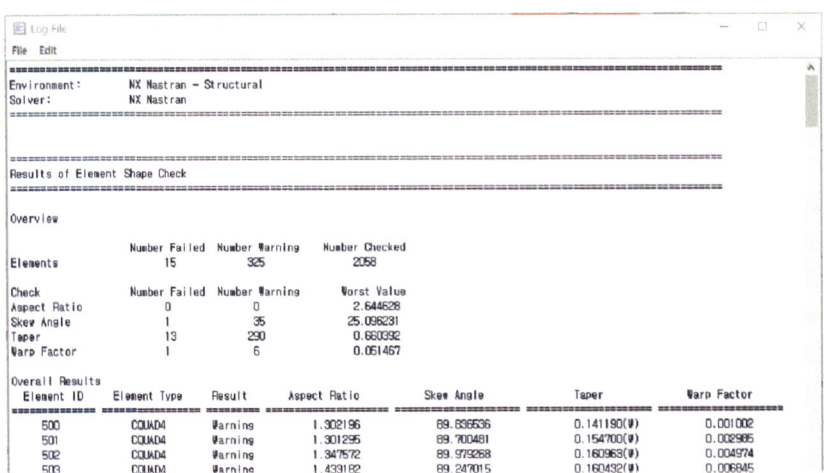

그림 20-6 Quality 체크 결과 Report

Skew Angle은 CQUAD 요소의 뒤틀림을 체크하는 항목이다. 가장 낮은 값이 25.1로 체크되었다. 이 항목의 Error Limit을 40으로 강화해 보자. 즉, Skew Angle이 40deg보다 작으면 Failed로 검출되게 할 것이다.

1. Element Quality 대화상자의 GEOMCHECK Options 영역의 Skew Angle 항목의 Error Limit 입력창에 40을 입력한다.
2. Display Settings 옵션 영역의 Show Element Labels 옵션을 체크하고 Show Input Mesh 버튼을 누른다.
3. Check Elements 버튼을 누른다. Report 창이 나타나고 화면에는 Warning으로 체크된 요소와 Error로 체크된 요소가 노란색과 빨간색으로 표시되며 요소의 라벨이 표시된다. Skew Angle 항목의 Failed 개수가 많아진 것을 확인한다.
4. Element Quality 대화상자를 닫는다.

Error Limit은 해석 엔지니어의 결정에 따라 해석 결과의 정확도를 높이기 위해 강화된 기준을 사용할 수 있다. 검사 결과 Failed로 체크된 요소는 품질을 개선할 필요가 있다. Element Size를 줄여 Meshing을 다시 한다거나 Mesh Control을 이용하여 중요 부분에서 요소의 크기를 줄임으로써 품질을 개선할 수 있다. 이 예에서는 Nodes and Elements 탭의 기능을 이용해 수동으로 품질을 개선해 보자.

20.4.2 Element의 품질 개선

Skew Angle의 Error Limit을 30으로 한 결과 1개 요소에서 Error가 발생한다. Element ID는 2055이다. 요소의 ID는 실습자마다 다를 수 있다. 위치 확인 후 이 요소의 Skew 품질을 개선해 보자.

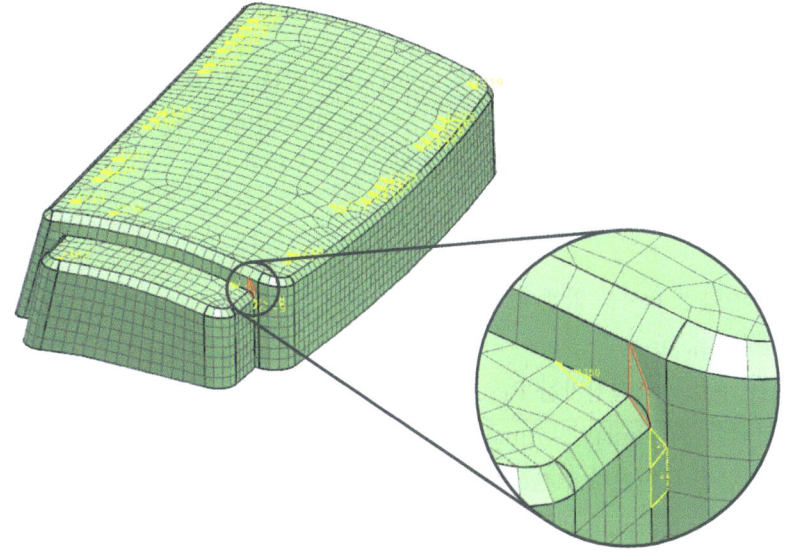

그림 20-7 2055번 요소

1. Nodes and Elements 탭 > Nodes > More > Edit > Drag를 선택한다.
2. Type을 Along Geometry로 선택하고 Quality Check 드롭다운 목록에서 Skew를 선택한다.
3. Node를 드래그하여 Skew 값이 연두색이 나올 때 드롭한다.
4. Element Quality Check를 다시 수행하여 Skew 항목의 Failed 요소 없어진 것을 확인한다.

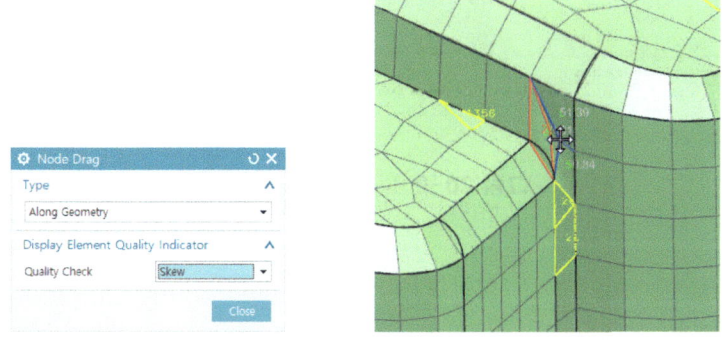

그림 20-8 Node Drag 과정

Chapter 20: Element 검사

Node를 Drag 할 때 Type 옵션을 Along Geometry로 설정하면 Polygon Face나 Polygon Edge, Vertex 내에서 드래그 된다. Type 옵션을 Off Geometry로 설정하면 Polygon Face나 Polygon Edge, Vertex를 벗어나서 드래그 할 수 있으나 형상이 변경되므로 주의해야 한다.

수동 메쉬 기능을 이용하여 Mesh를 수정하면 자동으로 생성한 메쉬에 Lock이 걸린다. 이는 자동메쉬 옵션으로 더 이상 메쉬의 형상을 변경할 수 없음을 의미한다.

Lock 된 Mesh에 마우스 오른쪽 버튼을 누르면 Unlock 메뉴가 나타나고, 잠금이 풀리면서 자동 메쉬 옵션을 이용할 수 있게 된다. 그러나, 수동으로 수정한 사항은 없어진다.

20.4.3 Element Normal 검사

1. F5 키를 눌러 화면 표시를 없앤다.
2. Nodes and Elements 탭 > Checks and Information > More > Checks > 2D Element Normals 아이콘을 누르고 대화상자를 Reset 한다.
3. Mesh를 선택한 후 Display Normals 버튼을 누른다. 모든 2D 요소의 수직 방향이 같은 방향을 향하고 있음을 확인한다. Reverse Normals 버튼을 눌러 방향을 반대로 할 수 있다. SIM 파일에서는 Reverse Normals 버튼이 활성화되지 않는다 방향이 밖을 향하도록 설정한 후 OK 버튼을 누른다.

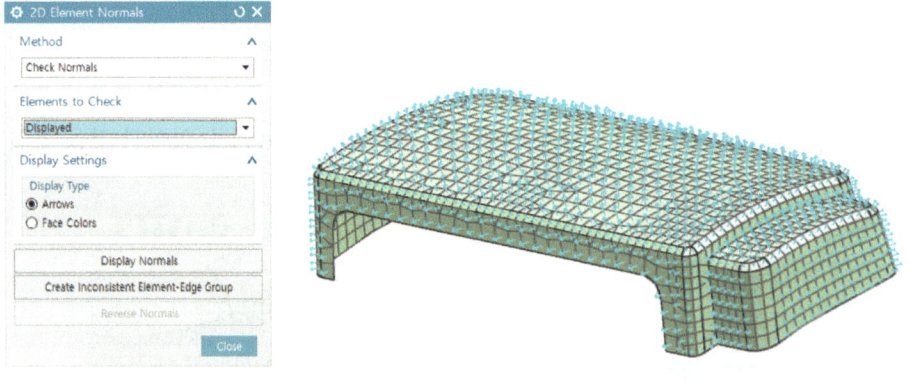

그림 20-9 Element Normals 검사

20.5 경계조건 정의 및 해석 수행

1. Simulation File View 창에서 SIM 파일을 더블클릭하여 Displayed & Work로 표시한다.
2. 그림 20-10과 같이 바닥의 Polygon Edge에 Fixed 구속조건을 부여하고, 윗면에 −Z 방향으로 100* 9.81의 하중을 정의한다. 몸무게가 100 kg인 사람이 올라갔다고 가정한다.
3. Solution 1에 우클릭 > Model Setup Check를 수행한다. FE 모델에 Error가 있으면 수정한다.
4. Solution 1에 우클릭 > Solve를 선택하여 해석을 수행한다.

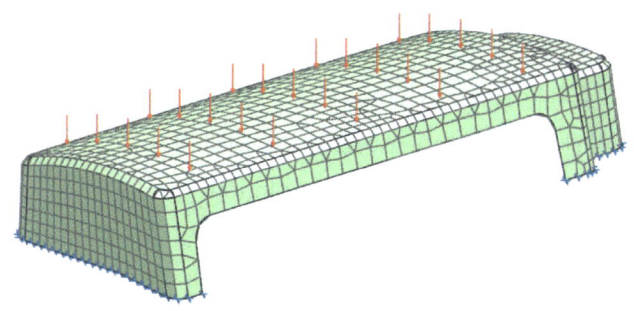

그림 20-10 변위구속과 하중

5. Analysis Job Monitor에서 Check Analysis Quality 버튼을 누른다. Information 창에 Error Message가 표시된다. 결과의 오차를 확인하려면 Strain 결과와 Stress 결과가 필요하다.
6. Solution Monitor, Information 창, Analysis Job Monitor를 닫는다.
7. Solution 1에 우클릭 > Edit을 선택하고 Case Control > Output Request 옵션의 Edit 버튼을 누른다.
8. Strain > Enable STRAIN Request 옵션을 체크한다.
9. 해석을 다시 수행한다.
10. Analysis Job Monitor에서 Check Analysis Quality 버튼을 누른다. Information 창에 그림 20-11과 같은 메시지가 표시된다. 결과의 정확도가 낮다는 뜻이다. 메쉬의 크기를 줄여 (Refinement) 오차를 줄이는 것이 좋다.

20.6 메쉬 수정 및 Solving

2D Mesh의 전체적인 크기를 줄인 후 품질 검사 및 해석을 수행해 보자.

1. FEM 파일을 Displayed & Work로 지정한다.
2. FEM 파일 항목을 펼친 후 2D Collectors 하위에 있는 2d_mesh(#)에 우클릭 > Unlock을 선택한다.

Chapter 20: Element 검사

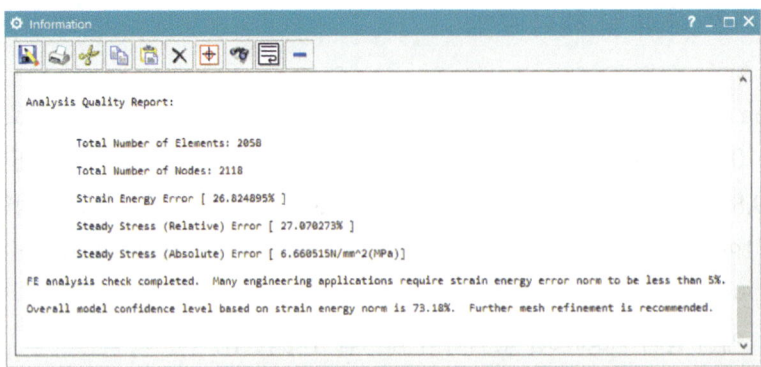

그림 20-11 Information 창

3. Update 아이콘을 누른다. 앞에서 Node를 드래그하여 수정한 사항은 사라진다.
4. 2d_mesh(#)를 더블클릭한 후 Element Size를 2로 입력한 후 OK 버튼을 누른다.
5. SIM 파일을 Displayed & Work로 설정한 후 Solution 1에 대한 해석을 다시 수행한다.
6. Strain Energy Norm이 26.8에서 8.8로 개선되었지만 여전히 Refinement가 필요한 것으로 나타난다.
7. 메시지 창에서 OK 버튼을 누르고 다른 창도 모두 닫는다.

20.7 Post Processing

화면을 둘로 나눠 왼쪽에는 Top 면의 Maximum Principal, 오른쪽에는 Bottom 면의 Maximum Principal Stress를 표시한다.

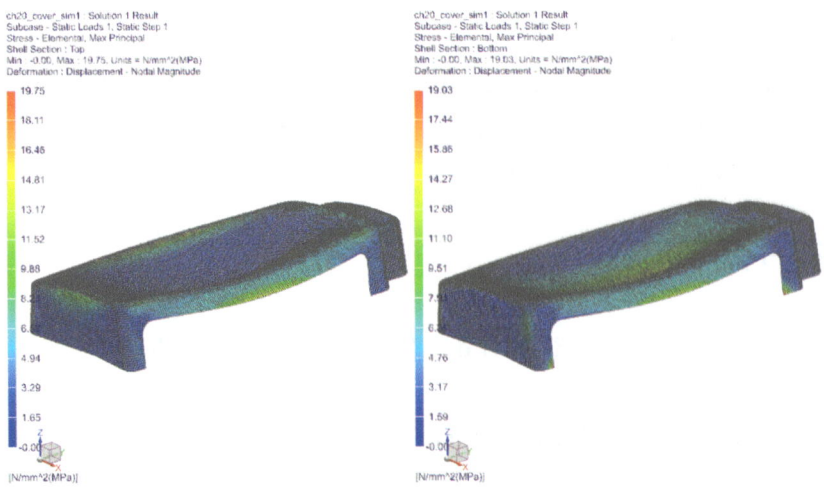

그림 20-12 해석 결과

하나의 모델에 Top과 Bottom의 결과를 함께 표시할 수 있다.

1. 뷰포트를 하나로 만들고 Top 면에 대한 결과를 표시한다.
2. View Triad의 Y 축을 클릭하여 모델뷰를 180° 회전시킨다.
3. Top 보더바에서 Backface Culling 아이콘을 누른다. 반대쪽 면에는 결과가 표시되지 않는다.

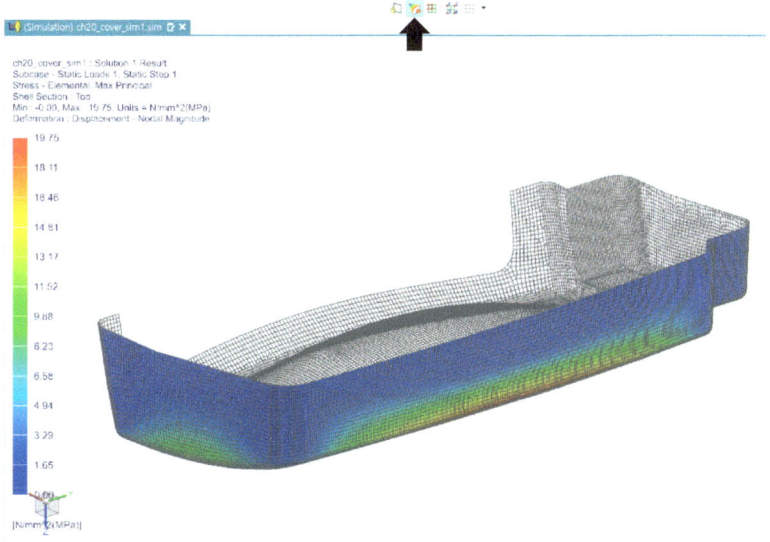

그림 20-13 Backface Culling

4. Results 〉 Post View 〉 Set Results 아이콘을 누른다.
5. Shell and Beam Location: Shell 옵션을 Top and Bottom으로 선택한 후 OK 버튼을 누른다. Top 면과 Bottom 면에 각각의 결과를 표시해 준다.

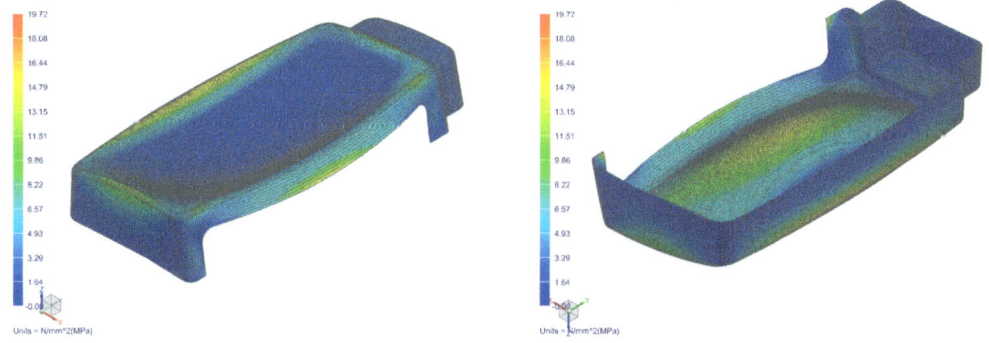

그림 20-14 Backface Culling (Top and Bottom)

Chapter 20: Element 검사

20.8 보충

20.8.1 Element Quality Thresholds

FEM 파일이 Work인 상태에서 File 〉 Preferences 〉 Threshold Values를 선택하여 체크 항목 및 기준 값을 미리 설정할 수 있다.

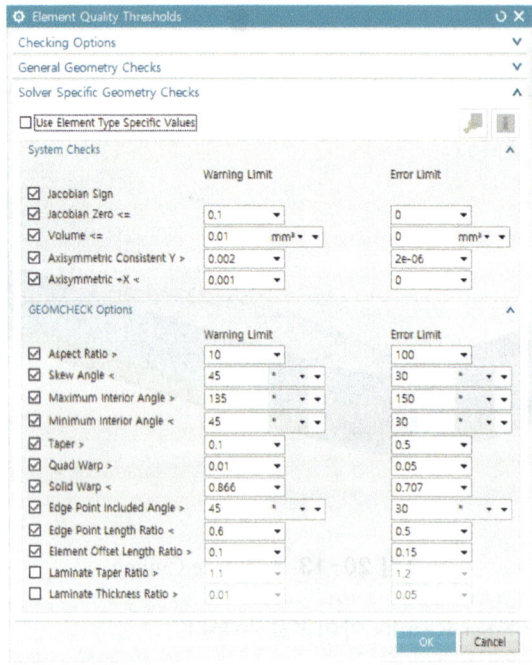

그림 20-15 Element Quality Thresholds 대화상자

20.8.2 Aspect Ratio

삼각형 요소의 Aspect Ratio는 Element Edge의 길이와 높이의 비율로 계산하고, 사각형 요소의 Aspect Ratio는 가장 긴 것과 짧은 것의 비율로 계산한다. 이 값이 10을 초과하면 Warning이 표시되고, 100을 초과하면 오류를 표시한다.

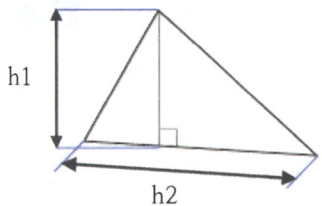

그림 20-16 삼각형 요소의 Aspect Ratio

20.8.3 Warp

Warp은 사각형의 Element Face를 갖는 요소에 대하여 정의된다. 따라서 Tri 요소, Tet 요소 및 Pyr 요소에 대해서는 Warp 체크 항목이 활성화되지 않는다. 2D Mesh 기능으로 사각형의 요소를 생성할 때 Warp을 자동으로 검사한다.

Warp은 Element의 Face가 평면으로부터 벗어난 정도를 검사하는 항목이며 Quad 면의 경우 0.01 이내가 되도록 할 것을 권장한다. 0.05 이상이면 오류가 발생한다. 그림 20-17은 사각형 요소의 Warp을 도식적으로 나타낸 것이다.

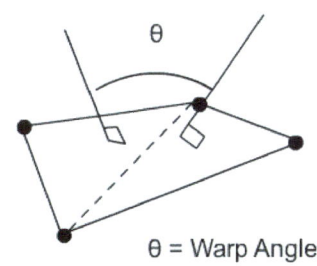

그림 20-17 사각형 요소의 Warp

20.8.4 Skew

이 항목은 Element의 꼭지점이 삼각형 요소의 경우 60°, 사각형 요소의 경우 90°에서 얼마나 벗어나는가를 검사하는 항목이다. 삼각형 요소의 Skew Angle을 정의하기 위하여 그림 20-18과 같이 기본각도를 산출하고, 사각형 요소의 경우 그림 20-19와 같이 산출한다. 이렇게 산출된 기본 각을 90°에서 빼면 Skew Angle이 정의된다. 정삼각형과 정사각형, 직사각형의 Skew Angle은 0°가 된다.

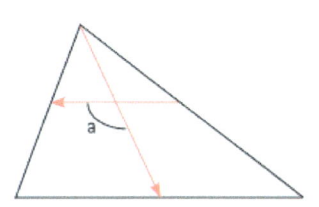

그림 20-18 삼각형 요소의 Skew

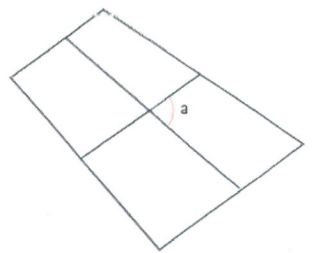

그림 20-19 사각형 요소의 Skew

20.8.5 Taper

이 항목은 사각형의 Element Face가 직사각형에서 벗어난 정도를 검사하는 항목이다. Warp과 마찬가지로 사각형의 Element Face를 갖는 QUAD, HEXA 및 WEDGE 요소에 대하여 활성화된다.

그림 20-20과 같이 사각형을 4개의 삼각형으로 나누고 삼각형 면적의 가장 작은 값과 총 면적의 비에 4를 곱하여 Taper Ratio를 정의한다.

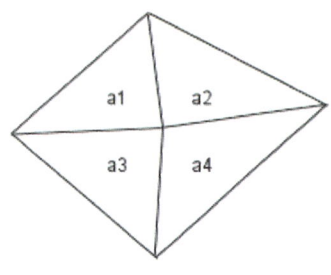

그림 20-20 Taper의 정의

20.8.6 Jacobian

Jacobian은 어떤 시스템에서 두 개의 서로 다른 지점 사이의 특정 값의 차이를 나타낸다. 예를 들자면, 어떤 커브 상의 두 개의 지점에서의 경사의 차이를 Jacobian이라고 표현할 수 있다. Element의 형상 검사에서 Jacobian은 각각의 꼭지점에서 계산되고 이렇게 계산된 값을 이용하여 Jacobian Zero를 정의한다. Parabolic Element로 자동메쉬를 생성할 때 Max Jacobian을 자동으로 체크한다.

20.8.7 Jacobian Zero

Jacobian은 모든 요소의 계산 포인트에 대하여 계산되고, 각각의 요소에서 최소값을 특성 값으로 이용한다. 이러한 값을 이용하여 정확하게 형성되지 않은 요소를 식별할 수 있다. 정확하게 정의된 요소는 각각의 가우스 포인트(Gauss Point)에서 양수를 가지며 다른 가우스 포인트에서의 값과 크게 차이가 없다. 요소의 꼭지점의 각도가 180°에 근접할 때 Jacobian은 0에 접근한다. Jacobian Zero는 가장 작은 특성값으로서 Threshold 값보다 작은 값을 갖게 되면 검사를 통과하지 못한 것이 된다.

20.8.8 Solid Properties 체크

Home 탭 > Checks and Information > More > Checks > Solid Properties Check 기능을 이용하면 메쉬의 각종 솔리드 특성을 체크할 수 있다. Structural 해석에서 이 기능을 이용하여 체크할 수 있는 솔리드 특성은 다음과 같다.

- ▶ 모델의 체적
- ▶ Structural, Nonstructural Mass 및 전체 질량
- ▶ 질량중심
- ▶ 질량중심 또는 지정된 좌표계에 대한 관성모멘트(Mass Moment of Inertia)
- ▶ 주관성모멘트(Principal Mass Moment of Inertia)

열유동 해석을 수행할 때는 이 기능을 이용하여 다음 사항을 체크할 수 있다.

- ▶ 대류와 복사 표면적
- ▶ 모델의 열용량(Thermal Capacitance)

그림 20-21의 대화상자에서 체크할 요소를 선택한 후 기준 좌표계를 설정한다. Evaluation Temperature 옵션 그룹에서 온도를 설정하면 해당 온도에서의 물성치를 이용하여 솔리드 특성치를 계산한다. Display Options 영역에서는 선택한 요소의 무게중심, 주축을 표시할 것인지를 설정할 수 있다.

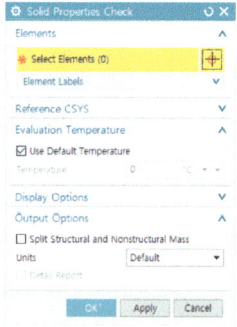

그림 20-21 Solid Properties Check 대화상자

Chapter 20: Element 검사

(빈 페이지)

Chapter 21
Buckling 해석

■ 학습목표

- U Channel의 Buckling 해석을 수행할 수 있다.

Chapter 21: Buckling 해석

21.1 개요

구조물이 하중을 받을 때 정적 하중에 대한 안전계수가 충분하더라도 붕괴될 수 있다. Buckling을 한국어로 표현하면 좌굴 또는 붕괴라고 한다. 이러한 현상은 특정 하중에서 시스템의 탄성 안정성(Elastic Stability)이 무너짐으로써 발생한다. 좌굴이 발생하는 하중을 Critical Load라 하고, Critical Load에서 변형되는 모양을 Buckling Mode라고 한다.

좌굴 분석 방법에는 두 가지가 있다.

▶ 실제 하중을 가하는 경우
▶ 단위 하중(1N)을 가하는 경우

실제 하중을 가하는 경우 결과 값이 1 이하로 나오면 좌굴이 발생한다는 뜻이다. 단위 하중을 가할 경우에는 결과로 나온 값의 하중에 도달하면 좌굴이 발생한다는 뜻이다.

그림 21-1은 단면이 U 형상인 Channel이다. 주어진 하중에 좌굴이 발생하는지 여부를 실제 하중을 가하여 분석해 보자. 종방향 하중(Longitudinal Load)과 횡방향 하중(Lateral Load)에 대하여 결과를 비교한다.

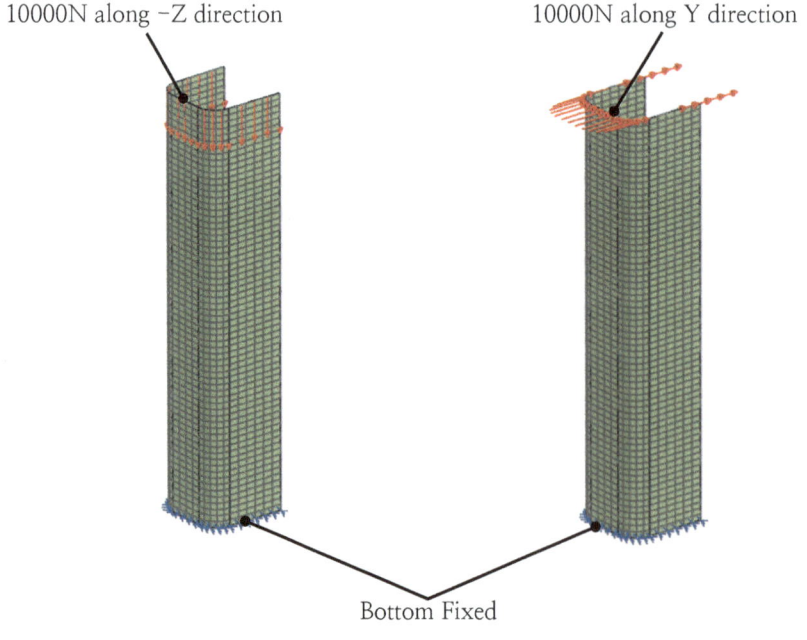

그림 21-1 해석 모델

21.2 모델 생성

1. Model 템플릿으로 새 파일을 생성한다. 파일 이름은 ch21_buckling이라고 입력한다.
2. XY 평면에 스케치를 생성한 후 200mm 돌출시킨다.

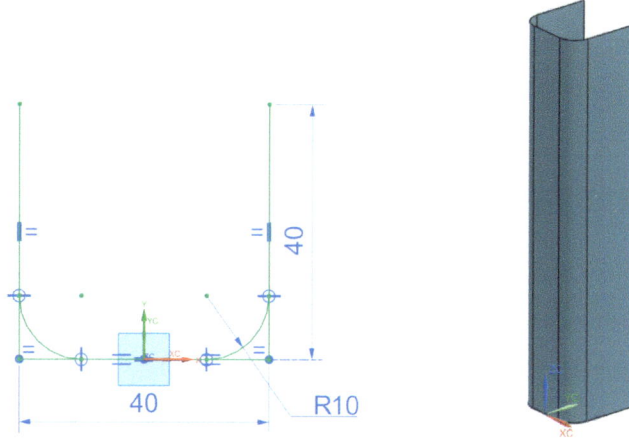

그림 21-2 U Channel 파트

21.3 Meshing

1. Pre/Post 애플리케이션을 실행시킨다.
2. FEM 파일과 SIM 파일을 생성한다. Solver 환경은 NX Nastran Structural Analysis이다.
3. Solution 대화상자에서 Solution Type을 SOL 105 Linear Buckling으로 선택한다.
4. 2D Mesh를 생성한다. Type: CQUAD4, Element Size: 5, 두께: 2mm, Matrial 1: Steel

21.4 변위 구속과 하중

1. Simulation File View 창에서 SIM 파일을 더블클릭 한다.
2. 바닥 모서리에 Fixed 구속을 정의한다.
3. 윗 부분 모서리에 -Z 방향으로 10000N의 하중을 정의한다.

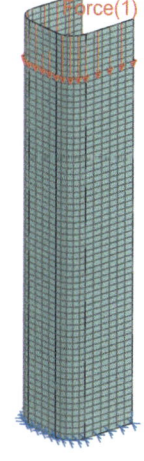

그림 21-3 변위구속과 하중

21.5 Solving

1. Home 탭 > Properties > Modeling Objects 아이콘을 누른다.
2. Modeling Objects Manager 대화상자에서 Real Eigenvalue - Lanczos1을 선택한 후 Edit 버튼을 누른다.
3. Number of Desired Modes를 5로 입력한 후 OK 버튼을 누른다.
4. Modeling Object Manager 대화상자를 닫는다.
5. Solving을 수행한다.

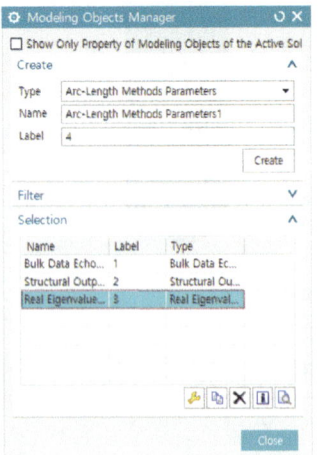 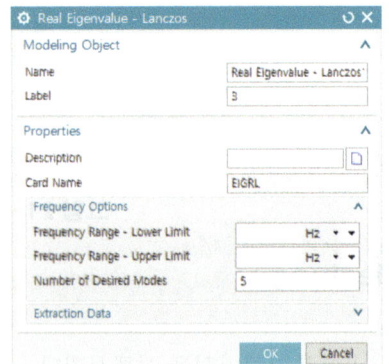

그림 21-4 Buckling Mode 개수 설정

21.6 Post Processing

-ZC 방향 10000N 하중에 대한 응력분포를 보자.

1. Results를 더블클릭한다.
2. Subcase - Buckling Loads 항목을 펼친 후 Stress - Elemental을 더블클릭하여 표시한다. Von Mises Stress가 표시된다.

바닥 부분에서 최대 응력이 발생하며 그 값은 약 57 MPa이다.

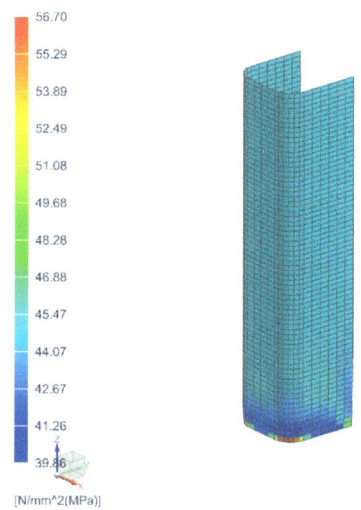

그림 21-5 응력 분포(Von-Mises)

Steel의 항복강도를 알아보자.

1. Home 탭 〉 Properties 〉 Manage Materials 아이콘을 누른다.
2. Manage Materials 대화상자의 Material List 드롭다운 목록에서 Local Materials를 선택하고 Steel을 선택한다.
3. Steel 항목에 우클릭하여 Inspect를 선택한다.
4. Isotropic Material 대화상자에서 Strength를 선택하고 Yield Strength 항목의 자물쇠 심볼을 클릭한 후 Plot(XY)을 선택한다. Viewport를 선택하면 온도에 따른 항복강도 그래프가 표시된다. (그림 21-7)
5. Plot(XY) 메뉴 위에 있는 Info를 선택하면 Table Field 창이 나타나며 20℃에서의 항복강도가 약 138MPa임을 알 수 있다.

따라서 10000N의 정적 하중에 대하여 본 구조물은 항복이 발생하지 않는다. 이것으로 분석의 끝이 아니다. 본 구조물은 두께가 얇아 낮은 하중에서 탄성 안정성이 무너질 수 있다. Buckling Load를 확인해 보자.

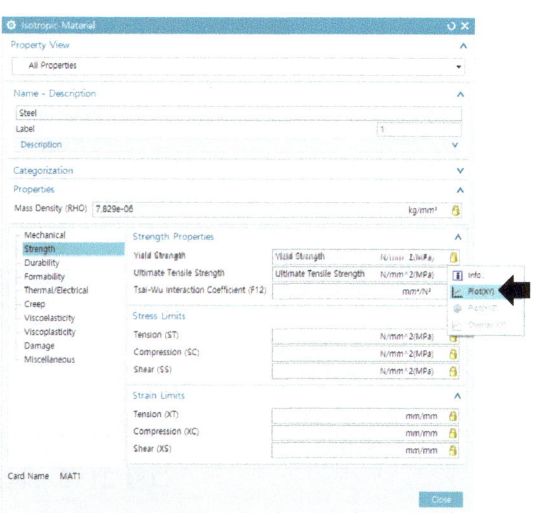

그림 21-6 Isotropic Material 대화상자

Chapter 21: Buckling 해석

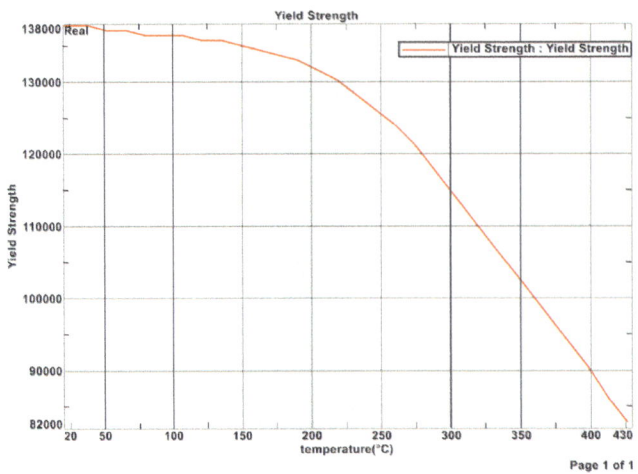

그림 21-7 온도에 따른 항복강도

1. 대화상자를 모두 닫는다.
2. Results 탭을 누른다.
3. Subcase - Buckling Method 항목을 펼친다.

5 개의 Mode가 계산되었다. Mode 1의 Eigenvalue는 6.8이므로 본 구조물은 10000N의 하중에 대하여 Buckling이 발생하지 않음을 알 수 있고, 최대 응력이 항복강도보다 충분히 낮으므로 안전하다고 판단할 수 있다.

4개의 Mode에 대한 Mode Shape은 그림 21-9와 같다.

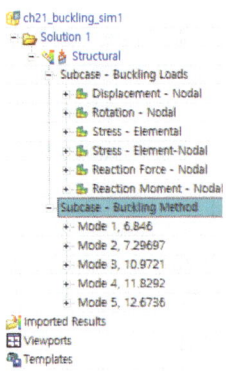

그림 21-8 Buckling Mode

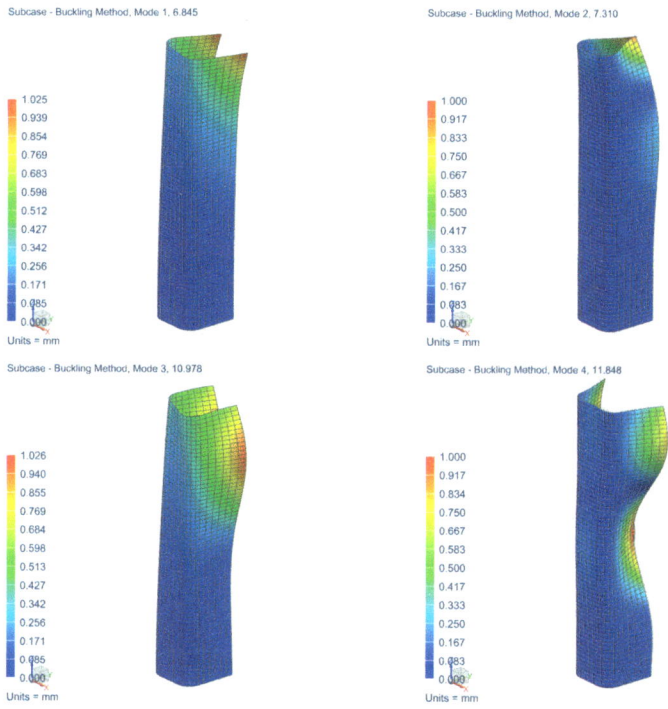

그림 21-9 Buckling Mode

21.7 횡하중에 대한 Buckling 해석

횡하중에 대한 Buckling 해석을 수행하자. Buckling 해석에 대한 Subcase는 생성할 수 없기 때문에 새로운 Solution을 생성해야 한다.

1. Simulation Navigator에서 ch21_buckling_sim1.sim에 우클릭 〉 New Solution을 선택한다.
2. Solution 대화상자에서 Name을 "Lateral Load SOL" 이라고 입력한다.
3. Solution 대화상자에서 Solution Type을 SOL 105 Linear Buckling을 선택한 후 OK 버튼을 누른다.

Chapter 21: Buckling 해석

변위 구속과 하중을 생성하자.

1. Constraint Container에서 Fixed를 드래그하여 Lateral Load SOL 하위에 있는 Constraints에 드롭한다.
2. 윗 부분 모서리에 YC 방향으로 10000N의 하중을 정의한다.

Solving을 수행하고 결과를 확인한다.

5개의 Critical Load는 그림 21-11과 같다. 첫 번째 Mode의 값이 1에 근접하기 때문에 주어진 하중에서 Buckling이 발생할 수 있다.

4개의 Mode에 대한 Mode Shape은 그림 21-12와 같다.

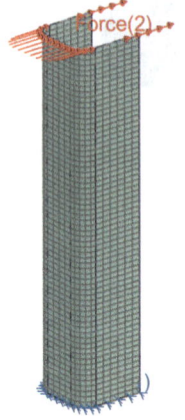
그림 21-10 변위 구속과 하중(Y=10000N)

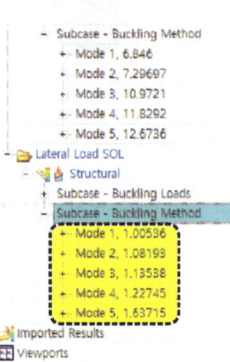
그림 21-11 Buckling Mode(Lateral Load)

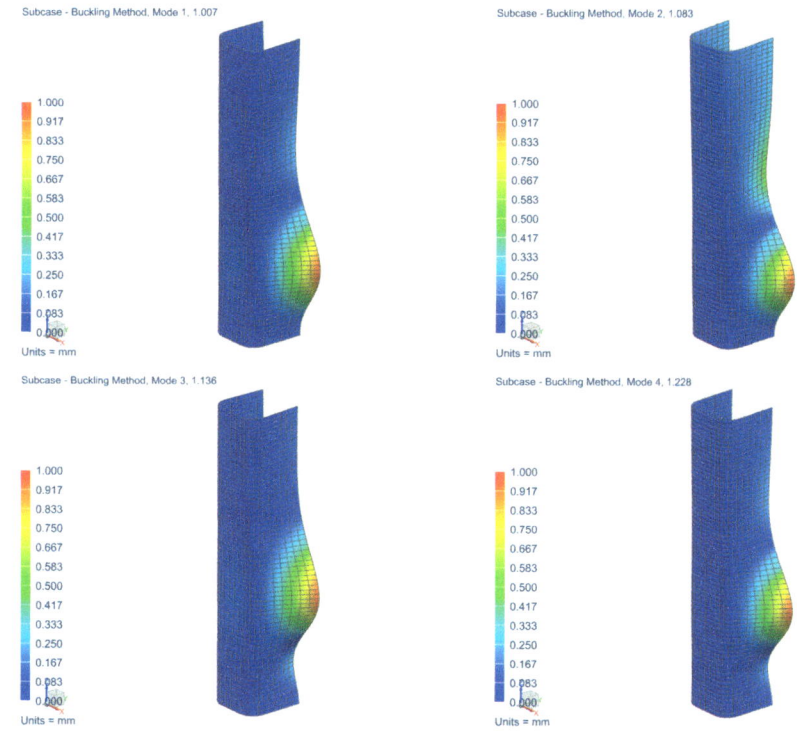

그림 21-12 Buckling Mode

21.8 결과 분석

종하중(Longitudinal Load)에 대한 Critical Load를 볼 때 이 구조물은 주어진 하중에서 좌굴이 발생하지 않으며 그림 21-5의 Von Mises Stress를 볼 때 정적 하중에 대하여 항복이 발생하지 않음을 알 수 있다.

횡하중을 가할 경우 Critical Load는 낮아진다. 일반적으로 길이가 긴 경우와 횡하중이 가해질 경우에 Buckling이 일어날 가능성이 높아진다. 재료의 강도가 약하거나 국부적으로 취약한 부분이 있을 경우에도 Buckling이 쉽게 발생한다. 이 예의 경우 횡하중에 대한 Critical Load가 1이기 때문에 10000N의 하중에서 Buckling이 발생할 위험이 있다. 그러나 그 이전에 10000N의 하중에 의한 최대응력이 1269MPa로써 항복 범위를 초과한다.

Chapter 21: Buckling 해석

(빈 페이지)

Chapter 22
모달 해석

■ 학습목표

- 모달 해석을 통하여 고유 진동수와 모드 형상을 구할 수 있다.
- Assembly FEM 기능을 이용하여 Navigator 어셈블리의 고유 진동수 해석을 수행할 수 있다.
- Surface-to-Surface Gluing을 이용할 수 있다.
- Solution의 이름을 변경하고 복사할 수 있다.

Chapter 22: 모달 해석

22.1 개요

모든 물체는 고유한 동적 특성을 갖는다. 이러한 동적 특성을 나타내는 것이 고유 진동수와 모드 형상이다.

어떤 구조물에 고유 진동수에 해당하는 주파수의 동적 하중이 가해지면 그 주파수에 해당하는 모드 형상을 나타내며 진동한다. 이 때, 구조물의 댐핑(damping)이 진폭을 상쇄시킬만큼 크지 않으면 진폭은 점점 커지고, 마침내 파손된다. 이러한 현상을 공진(resonance)이라고 한다. 따라서 구조물을 설계할 때 외부에서 유입될 수 있는 동적 하중의 주파수를 고려하여 구조물의 고유 진동수가 외력 주파수와 일치하지 않도록 하는 것이 중요하다.

그림 22-1은 Chapter 21에서 Buckling 해석을 수행한 모델이다. 바닥면이 지면에 고정되어 있다고 가정하고 고유진동수와 모드 형상을 구해보자. 모달 해석에서는 하중을 고려하지 않는다. 따라서, Load Type 아이콘이 활성화되지 않는다.

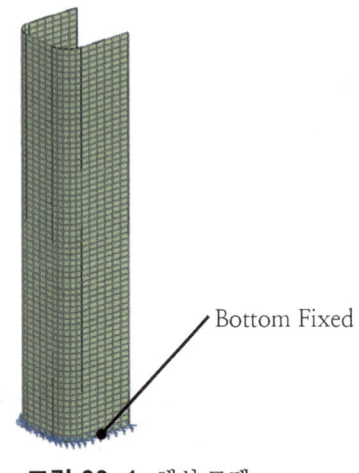

그림 22-1 해석 모델

22.2 모델 준비 및 Meshing

22.2.1 파일 및 Solution 생성

1. Chapter 21의 파트 파일을 ch22_modal.prt로 복사한 후 연다
2. Pre/Post를 실행시킨다.
3. FEM 파일과 SIM 파일을 생성한다. Solver 환경은 NX Nastran Structural Analysis이다.

4. Solution 대화상자에서 Solution Type을 SOL 103 Real Eigenvalues으로 선택한다.
5. Solution Step 대화상자에서 Eigenvalue Method 드롭다운 목록에서 Lanczos를 선택한다.
6. Lanczos Data 옵션에서 Create Modeling Object 버튼을 누른다.
7. Real Eigenvalue - Lanczos1 대화상자에서 Number of Desired Modes에 8을 입력하고 Solution을 생성한다.

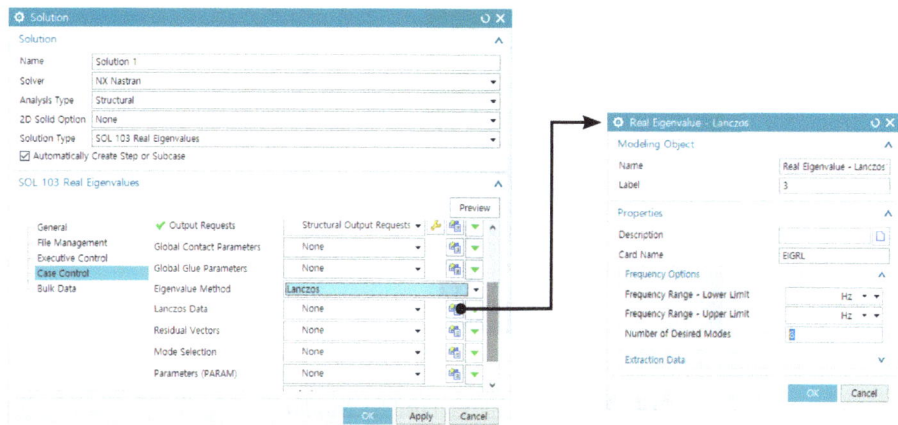

그림 22-2 Lanczos Method 옵션 설정

22.3 Meshing

1. Pre/Post 애플리케이션이 실행된 것을 확인한다. SIM 파일이 표시되어 있으며(Displayed Part) FEM 파일이 Work로 지정되어 있다.
2. 2D Mesh를 생성한다. Type: CQUAD4, Element Size: 5, 두께: 2mm, Matrial 1: Steel

22.4 변위 구속

바닥 모서리에 Fixed 구속을 정의한다.

22.5 Sloving 및 결과 확인

1. Solvinng을 수행한다
2. Results 〉 Structural을 더블클릭 한다.

그림 22-3과 같이 8개의 고유 진동수가 표시된다.

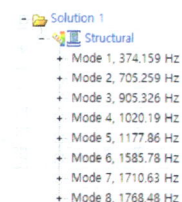

그림 22-3 8개의 고유진동수

Chapter 22: 모달 해석

그림 22-4는 첫 번째 고유 진동수에 대한 모드 형상이다. 즉, 374.2 Hz의 주파수를 갖는 하중을 가하면 그림과 같은 형상을 보이며 진동한다는 뜻이다.

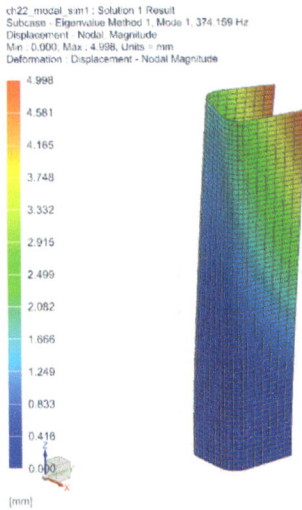

그림 22-4 Displacement (1st Mode)

그림 22-5는 2번째 ~ 5번째 모드 형상을 보여준다.

파일을 저장하고 닫는다.

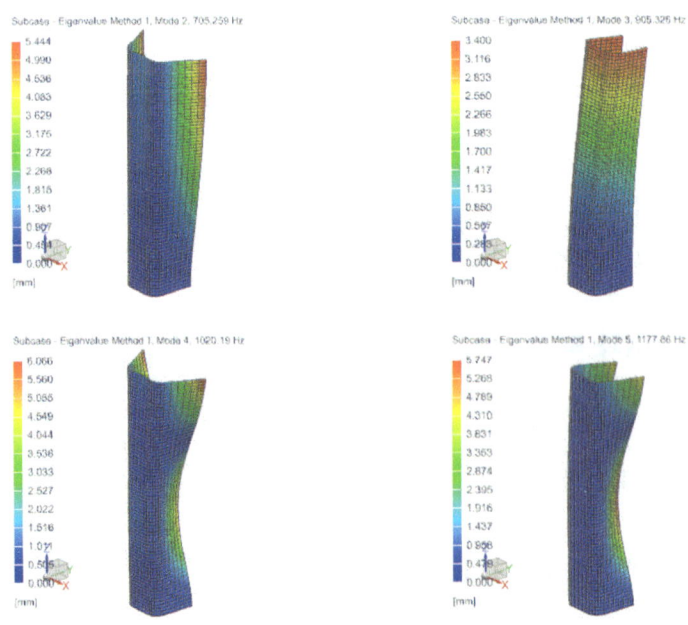

그림 22-5 모드 형상(2nd ~ 5th)

22.6 네비게이터의 모달 해석

22.6.1 개요

그림 22-6과 같은 Navigator 어셈블리가 있다. 이 어셈블리에는 Base와 Angled의 두 개의 Arrangement가 생성되어 있다. "Base" Arrangement는 Support와 Link가 똑바로 연결된 것이고, "Angled" Arrangement는 Support와 Link 사이에 일정 각도로 꺾인 상태이다. 이 예제에서는 Assembly FEM 기능을 이용하여 FE 모델을 생성하고 두 개의 Arrangement에 대한 모달 해석을 어떻게 하는지 살펴볼 것이다. 아울러 부품과 부품 사이를 연결하는 방법 중 하나인 Surface-to-Surface Glue에 대하여 알아본다.

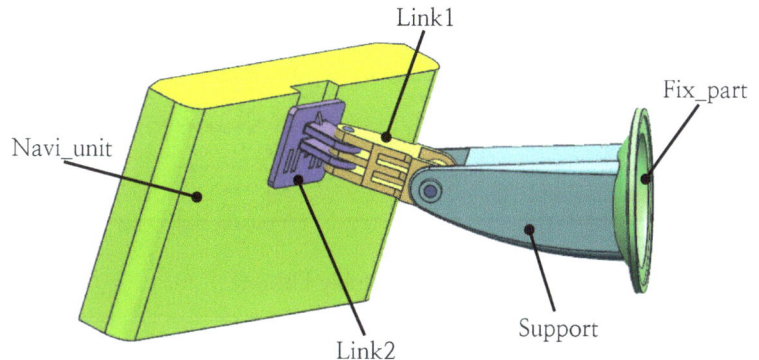

그림 22-6 Navigator 어셈블리("Angled" Arrangement)

22.6.2 파일 오픈 및 확인

1. ch22_navi 폴더에서 navigator_assy.prt 파일을 오픈한다.
2. Assemblies 탭을 확인하고 없으면 Application 탭 > Design 그룹에서 Assemblies 토글을 켠다.
3. Assemblies 탭 > General 그룹 > Arrangement 아이콘을 누른다.
4. Assembly Arrangements 대화상자에서 Base를 선택한 다음 오른쪽에 있는 Use 버튼을 누른다. 어셈블리 컴포넌트의 위치가 바뀌는 것을 확인한다.

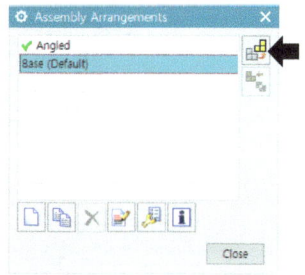

그림 22-7 "Base" Arrangement 사용

22.6.3 Assembly FEM 생성

Assembly FEM 파일 생성

1. Pre/Post 애플리케이션을 실행시킨다.
2. 그림 22-8과 같이 팝업메뉴를 이용하여 Assembly FE 모델을 생성한다. 폴더를 navigator_assy.prt 파일이 있는 곳(ch22_navi)으로 지정하고, Assembly FEM 파일의 이름은 navi_assy_assyfem1.afm으로 하며 생성 옵션을 디폴트로 한다. 모델이 생성된 후 화면에는 아무 것도 나타나지 않는다.

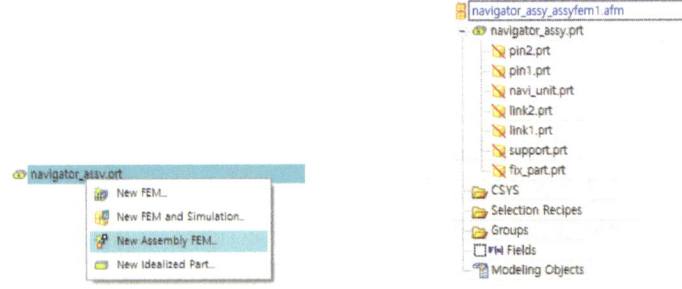

그림 22-8 Assembly FEM 생성

컴포넌트 FE 모델 생성

1. 그림 22-9와 같이 link1에 우클릭 > Map New를 선택한다. New Part File 대화상자가 나타난다. NX Nastran FEM 타입의 템플릿을 선택하고 FE 모델 이름은 link1_fem1.fem으로 한다. New FEM 대화상자에서 Reset 버튼을 누른 후 OK 버튼을 누른다.

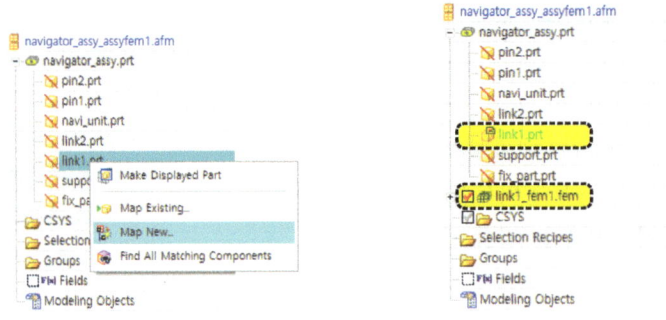

그림 22-9 link1의 FEM 생성

2. Simulation Navigator에서 link1_fem1.fem에 우 클릭 〉 Make Work Part를 선택하고 Element Size 가 3인 CTETRA(4) Mesh를 생성한다. 재질은 ABS 로 하고, 재질과 같은 이름의 Mesh Collector를 생성하여 그 안에 Mesh가 생성되도록 한다. 파일을 저장한다.

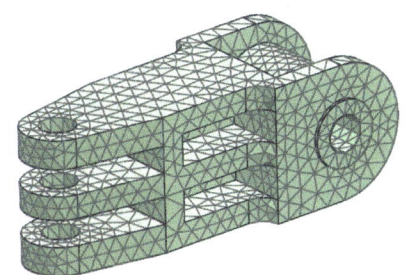

그림 22-10 link1의 Mesh

3. navigator_assy_assyfem1.afm을 Work Part로 지정한 후 같은 방법으로 link2, support, fix_part 컴포넌트에 대하여 FE 모델을 생성한다. Support에 나타나는 polygon face는 숨긴 후 polygon body에만 메쉬를 생성해야 한다. 재질은 ABS로 하고, Element Size는 link2: 2 mm, support 와 fix_part: 3 mm로 하며, Type은 모두 CTETRA(4)로 한다.

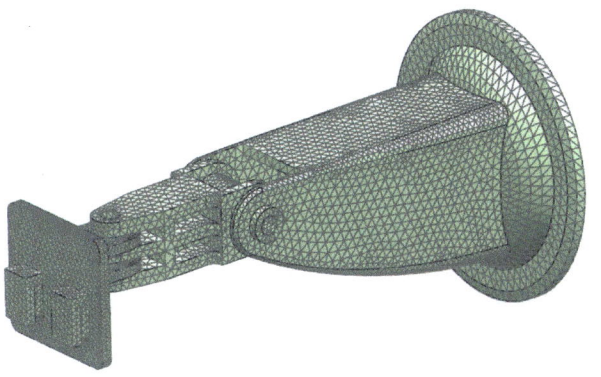

그림 22-11 link1, link2, support, fix_part의 FEM 생성

4. pin1, pin2 컴포넌트에 대하여 FE 모델을 생성한다. 재질은 Steel로 하며 Element Size는 2 로 한다.

5. Navi_unit 컴포넌트에 대한 FE 모델을 생성한다. Mesh Size는 10, Mesh Type은 CTETRA(4) 로 한다. 재질은 Aluminum_2014를 복사하여 Properties 〉 Mass Density를 4e-6 kg/mm³으로 수정한다. 재질의 이름은 Navi로 변경하고, Collector 이름도 Navi로 한다. 값을 입력한 후 대화상자에서 Reset to Default 옵션을 펼치고 변경 부분을 선택해야 OK 버튼이 활성화 된다.

6. navigator_assy_assyfem1.fem 파일을 Work로 지정한 후 모든 파일을 저장한다.

Chapter 22: 모달 해석

Label 수정

assyfem에 우클릭 〉 Assembly Checks 〉 Assembly Label Manager를 실행시켜 대화상자에서 Automatically Resolve 버튼을 눌러 Label을 수정한다. 각 컴포넌트의 FE Model에 있는 Node와 Element의 번호가 Assembly FEM에서 중복되지 않도록 자동으로 고쳐준다.

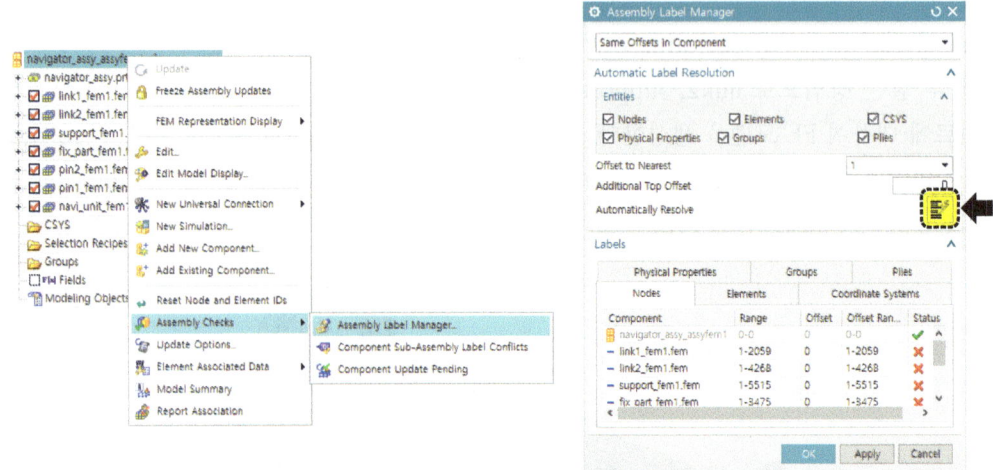

그림 22-12 Label 수정

Simulation 파일 및 Solution 생성

1. Simulation Navigator에서 navigator_assy_assyfem.afm 파일에 우클릭 〉 New Simulation을 선택하여 SIM 파일을 생성한다. NX Nastran SIM 템플릿을 이용하며 파일 이름은 navi_assy_sim1.sim으로 한다.
2. Solution Type: SOL 103 Real Eigenvalues의 Solution을 생성한다. 10 개의 모드를 구하도록 Lanzos Data를 설정한다.

경계조건 및 Surface-to-Surface Glue 생성

1. Fix_part의 바닥면에 Fixed Translation Constraint를 생성한다.
2. Home 탭 〉 Loads and Conditions 〉 Simulation Object Type 〉 Surface-to-Surface Gluing 아이콘을 선택한다.
3. Type 옵션으로 Manual을 선택한 후 Source Region과 Target Retion을 지정하여 fix_part와 support의 접촉면에 Surface-to-Surface Gluing을 생성한다. Surface-to-Surface Gluing은 접촉하는 두 면 사이에 탄성이 강한 Spring이나 용접과 같은 Connection을 생성하여 접촉면 사이에 변형이 전파되도록 해 준다. Source Region의 Element Face에서 벡터를 생성하

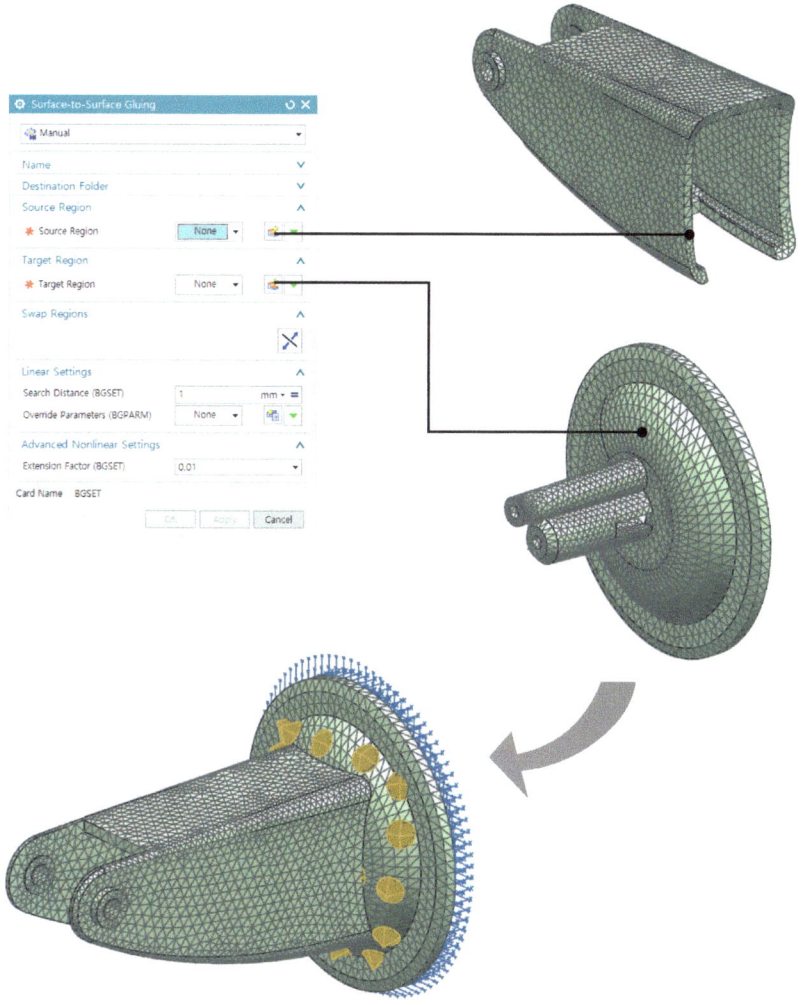

그림 22-13 Surface-to-Surface Gluing 생성

여 Search Distance 거리 내에 있는 다른 Element Face(Target Region)를 찾아 Gluing을 생성한다.

4. Mesh를 모두 숨긴 후 그림 22-14와 같이 pin1과 support의 접촉면에 Gluing을 정의한다. Surface-to-Surface Gluing 대화상자에서 Automatic Pairing 타입을 선택하고 Create Face Pairs 버튼을 누르면 Create Automatic Face Pairs 대화상자가 나타나고 Per Body Pairs 옵션을 이용하면 Distance Tolerance 안에 있는 면에 대하여 Gluing이 자동으로 정의된다. 대화상자의 Preview 버튼을 누르면 어느 곳에 Gluing이 정의되는지 확인할 수 있다.

Chapter 22: 모달 해석

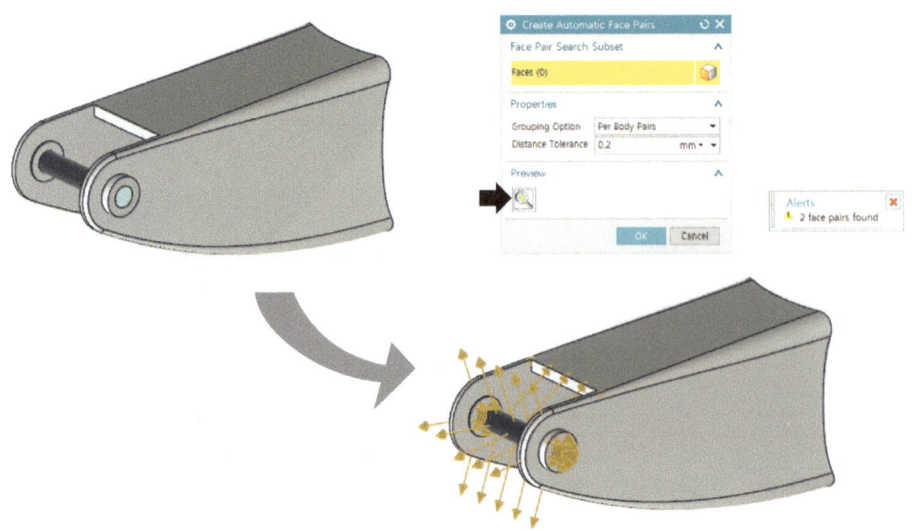

그림 22-14 Support와 pin1 사이의 Gluing

5. 같은 방법으로 모든 연결 부위에 Gluing을 정의한다. Simulation Navigator에 생성되는 Surface-to-Surface Gluing의 이름을 변경한 후 숨겨 놓고 다음 Gluing을 생성하면 혼동을 피할 수 있다.

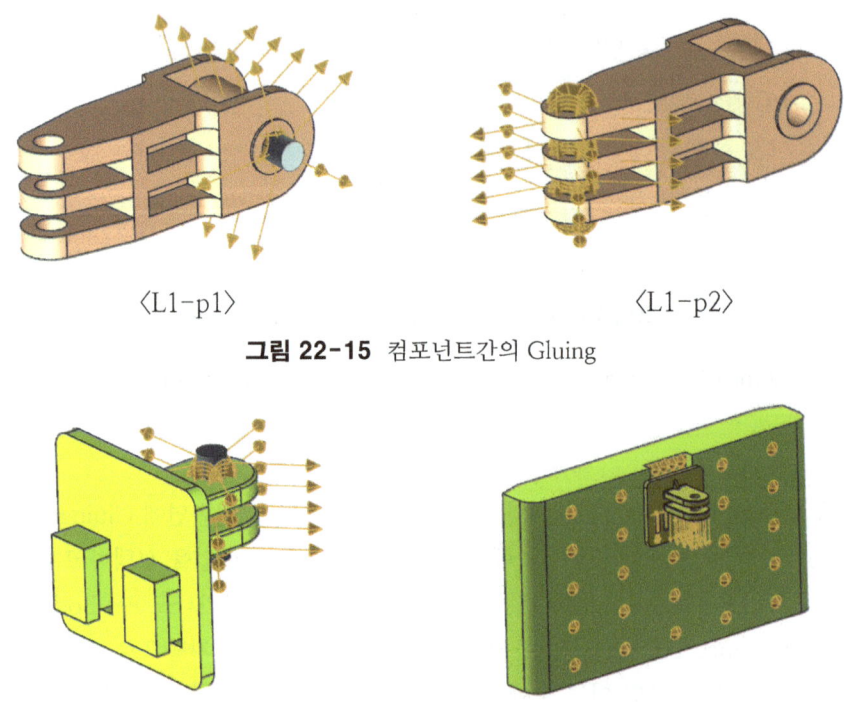

⟨L1-p1⟩　　　　　　　　　⟨L1-p2⟩

그림 22-15 컴포넌트간의 Gluing

⟨L2-p2⟩　　　　　　　　　⟨L2-navi⟩

그림 22-16 컴포넌트간의 Gluing

6. Fix_part와 support 사이의 조립면 사이에 Face-to-Face Gluing을 정의한다. Manual Pairing 방법을 이용한다. 두 면 사이의 간격이 0.7 mm 이므로 기본 설정인 1 mm의 Search Distance로 충분하다.

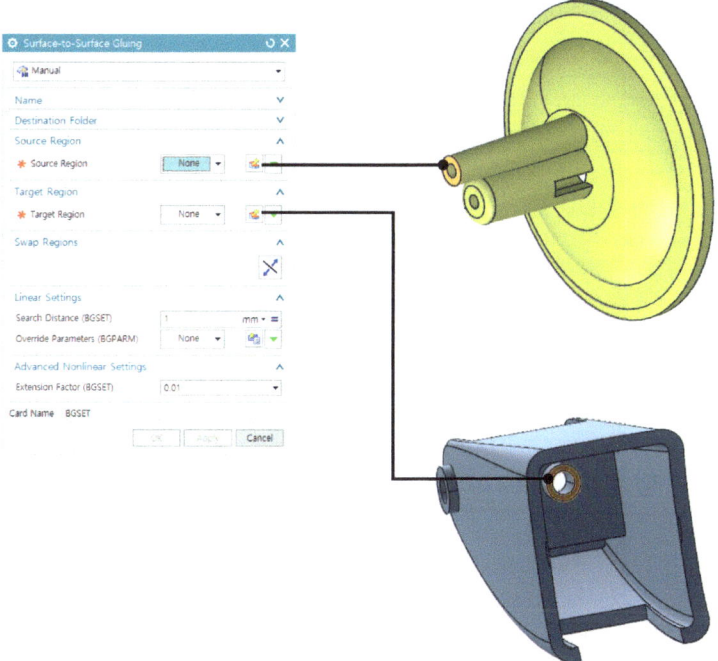

그림 22-17 Support와 fix_part 사이의 Gluing

Glue Parameter 설정

1. Solution에 우클릭 > Edit을 선택한다.
2. Solution 대화상자에서 Case Control을 선택한다.
3. 그림 22-18과 같이 기본 설정으로 Glue Parameter를 생성한다.

Chapter 22: 모달 해석

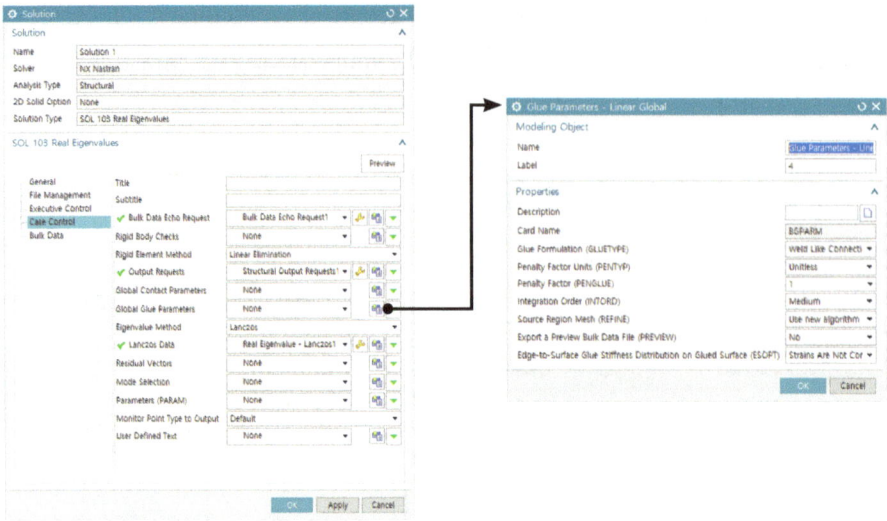

그림 22-18 Glue Parameter 설정

22.6.4 해석 수행 및 Post Processing

1. 파일을 저장한다.

2. Solution1에 우클릭 > Solve를 선택하여 해석을 수행한다. Solution Monitor의 메시지를 확인한다. Glue Face 사이의 Gap이 크다는 Warning Message가 있다면 Search Distance를 0.01 mm로 변경한 후 다시 Solving을 수행한다. 단, support와 fix_part 사이의 Glue에서는 1 mm를 그대로 이용한다.

해석 결과 10 개의 Normal Mode가 얻어진다. Results 탭 > Layout 그룹에서 Nine View 아이콘을 눌러 화면을 9개로 나눈 후 그림 22-20과 같이 1번 ~ 9번까지의 모드 형상을 표시해보자.

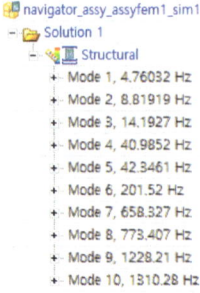

그림 22-19 10개의 고유진동수

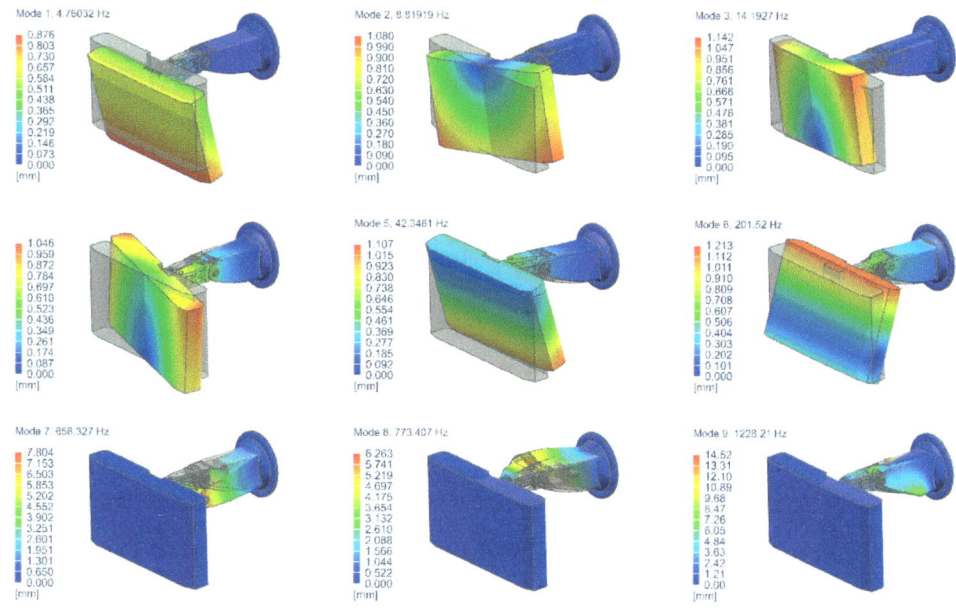

그림 22-20 9개의 모드 형상

22.6.5 "Angled" Arrangement에 대한 해석 수행

Arrangement 설정 및 FEM 업데이트

1. Results 탭 > Layout 그룹 > Single View 아이콘을 눌러 Viewport를 한 개로 만든다.
2. Return to Home 아이콘을 누른다.
3. Simulation File View 창에서 Navigator_assy.prt 파일을 Displayed & Work로 지정한다.
4. Application을 Modeling으로 변경한다.
5. Assemblies 탭 > General 그룹 > Arrangements 아이콘을 누른다.
6. "Angled" Arrangement를 Use로 선택한다.
7. Pre/Post를 실행시킨다.
8. Assembly FEM 파일을 Displayed & Work로 지정한다.
9. Update 아이콘을 눌러 FE 모델을 Update 한다.

Solution 관리

기존 Solution의 결과를 유지한 채 새로운 Solution을 생성한 후 해석을 수행하면 두 Solution의 결과를 비교할 수 있다. Solution을 복사한 후 이름을 변경하자.

1. SIM 파일을 Displayed & Work로 지정한다.
2. Post Processing Navigator에서 Solution1의 결과에 우클릭 > Unload를 선택한다.

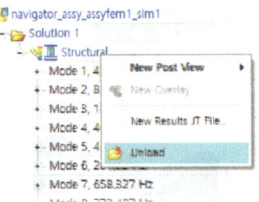

그림 22-21 결과 Unload

3. Simulation Navigator에서 Solution 1에 우클릭 > Rename을 선택하여 이름을 Base SOL로 변경한다. 경고 메시지가 나타나면 1번을 선택한다. Solution 1의 해석 결과 파일도 함께 이름을 변경하겠다는 뜻이다.

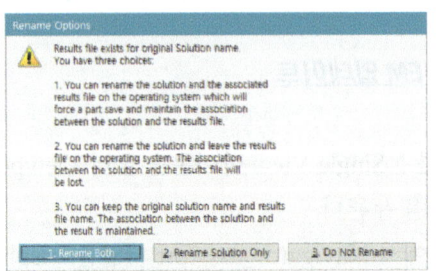

그림 22-22 Rename 옵션

4. Base SOL에 우클릭 > Clone을 선택하고, 복사된 Solution의 이름을 Angled SOL로 변경한다.
5. Angled SOL이 Active로 되어 있음을 확인한다. 그렇지 않다면 Angled SOL에 우클릭 > Make Active를 선택한다.
6. 파일을 모두 저장한 다음 Angled SOL에 대한 해석을 수행한다.

"Angled" Arrangement에 대한 고유 진동수와 노멀 모드는 각각 그림 22-23, 그림 22-24와 같다.

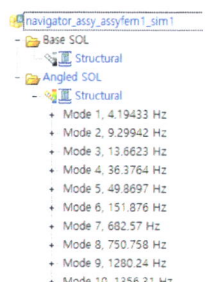

그림 22-23 10개의 고유 진동수

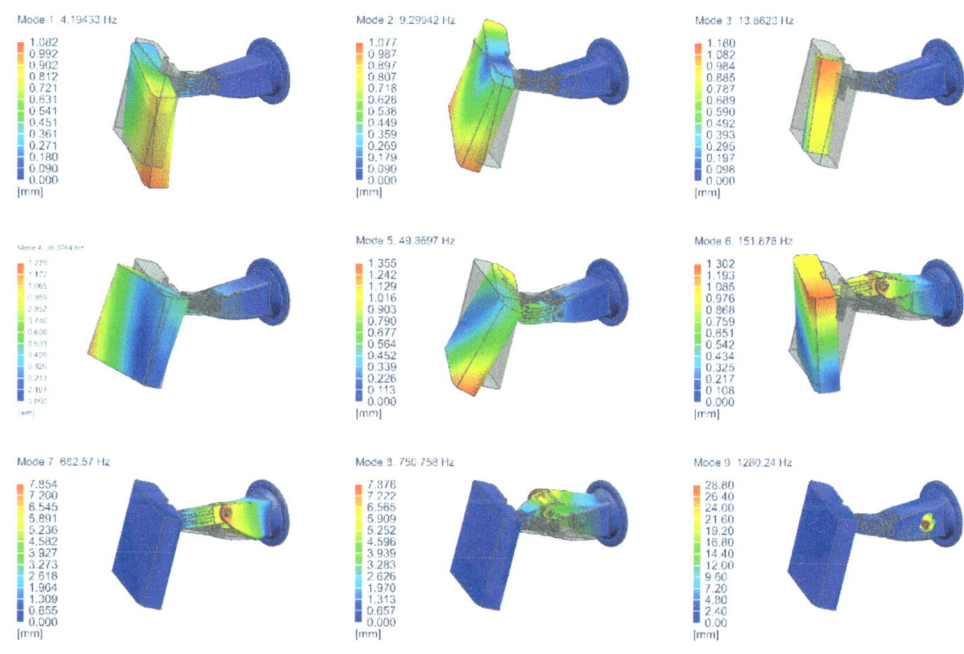

그림 22-24 9개의 모드 형상

Chapter 22: 모달 해석

22.6.6 결과 검토

Base와 Angled의 해석 결과 각 모드의 고유 진동수가 조금씩 다르게 나타남을 알 수 있다. 따라서 이러한 해석을 수행하려면 여러 개의 Arrangement에 대하여 해석을 수행한 다음 서로 비교할 필요가 있으며 Assembly FEM 기능을 이용하면 이러한 해석을 편리하게 수행할 수 있음을 알 수 있다.

이 모델의 모드 형상을 볼 때 link2와 navi_unit이 연결되는 부위가 낮은 진동수에서 취약함을 알 수 있다. 이 모델에서 모든 부품의 물성치는 임의로 사용하였기 때문에 실제 비슷한 제품에서 비슷한 결과를 예상할 수 없다는 점을 밝힌다.

22.7 보충

22.7.1 Glue Parameter

Glue Parameter를 설정하지 않아도 해석을 수행하는데 문제가 없지만 Glue Parameter를 설정하면 해의 정밀도를 향상시킬 수 있다. 기본 설정값을 이용하면 대부분의 경우 문제 없이 해를 구할 수 있다. 만약 해석을 수행한 결과 Glue로 연결한 면이 서로 떨어지는 현상이 발생한다면 PENN 값을 높여준다.

PENN은 접촉면에 수직(Normal) 방향의 Penalty Factor이고, PENT는 접하는(Tangent) 방향의 Penalty Factor이다.

PENTYP 값이 1/length일 경우 Glue로 연결하는 Spring 요소의 각 방향 스프링 상수는 다음과 같이 계산된다.

$$K = e*E*dA$$

여기서 e는 PENN이나 PENT이고, E는 전체 모델의 평균 탄성계수이며, dA는 접촉면적이다.

22.7.2 Assembly Arrangement

여러 개의 Assembly Arrangement를 생성하여 어셈블리에서 컴포넌트의 구속 상태를 다르게 설정하고 적용할 수 있다. Assembly Arrangement에서 New 버튼을 눌러 생성할 수 있고, Use 버튼을 눌러 적용한다.

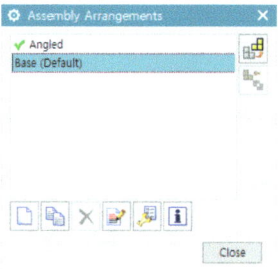

그림 22-25 Assembly Arrangement 대화상자

적용된 Assembly Arrangement의 구속조건에 우클릭 > Arrangement Specific을 선택하면 기하구속은 해당 Arrangement에서 Suppress 할 수 있고, 치수 구속의 경우 Suppress 하거나 다른 수치를 적용할 수 있다.

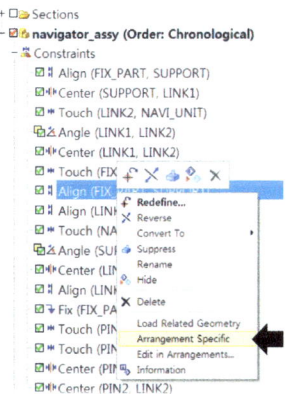

그림 22-26 Arrangement Specific 메뉴

Chapter 22: 모달 해석

(빈 페이지)

Chapter 23
열전달 해석

■ 학습목표

- 열전달 해석의 절차를 이해한다.
- Thermal-Structural 해석의 절차를 이해한다.
- 결과 표시의 범위를 변경할 수 있다.
- Temperature Set을 사용할 수 있다.

Chapter 23: 열전달 해석

23.1 개요

NX Nastran의 Thermal Analysis를 이용하면 정상상태(Steady State) 또는 비정상상태(Transient)의 열 해석을 수행할 수 있다. 정상상태란 어떤 위치에서의 온도가 시간에 따라 변하지 않는 안정된 상태를 말하고, 비정상상태란 시간에 따라 변하는 상태를 말한다. 열전달은 온도의 변화로 인하여 생기는 열적인 불평형 상태에서 발생하며 이러한 평형의 이동 과정을 전도, 대류, 복사의 개념을 이용하여 설명하는 이론이다. 열역학은 어떤 열적 평형상태가 다른 상태로 이동될 때 소모되는 또는 발생하는 열량에 관심을 두는 것이다. 따라서 열역학에서는 열의 전달에 대한 사항이나 시스템 내부에서의 온도 분포는 주요 관심 대상에서 제외된다.

시스템 내부에서 또는 시스템과 외부와 열을 교환하는 방법에는 전도, 대류, 복사의 세 가지가 있다.

23.1.1 전도(Conduction)

전도는 시스템 내부의 분자의 활동성에 의하여 열이 교환되는 것을 말한다. 그림 23-1에서 T_1의 온도가 T_2보다 높다면 T_1측의 분자의 활동성(에너지)이 높아 인접한 분자의 온도를 높이고 결과적으로 T_2 방향으로 열이 이동하게 된다. 이와 같이 두 부분의 온도 차이가 있는 경우 항상 온도가 높은 곳에서 낮은 곳으로 에너지가 전달된다.

1차원 계에서 온도 차이에 의하여 전달되는 열의 양은 Fourier's Law라고 하는 다음 식으로 표현된다.

$$q'' = k * (T_1 - T_2) / L$$

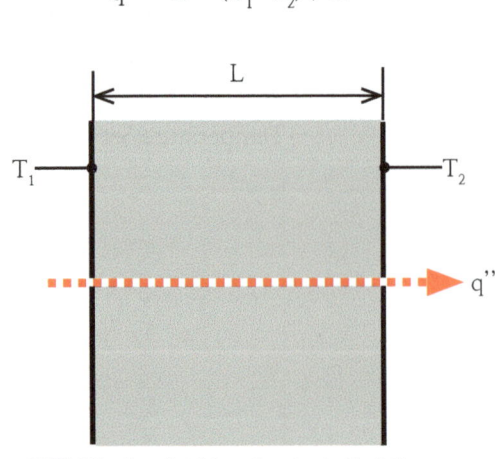

그림 23-1 전도(Conduction) 열전달

여기서 q''를 Heat Flux라 하며 이는 단위 면적 당 전달되는 열의 양을 나타낸다. Heat Flux는 W/m^2의 단위를 가지며 길이에 반비례하고, 온도차에 비례한다. 비례상수인 k를 열전도도(Thermal Conductivity)라고 하며 재료의 특성치에 해당된다. 금속과 같이 열이 잘 전달되는 재료는 k 값이 높고, 플라스틱과 같이 열이 잘 전달되지 않는 재료는 k 값이 낮다. Heat Rate(W)는 Heat Flux에 면적(열의 흐름과 수직인 면의 면적)을 곱하여 얻을 수 있다.

23.1.2 대류(Convection)

어떤 물체의 표면을 통하여 그 물체를 둘러싸고 있는 유체 사이의 열의 이동을 대류(Convection)라고 한다. 표면과 유체 사이의 열은 전도와 같은 분자와 분자 사이의 열 전달에 의하여 이동되기도 하지만, 물체를 둘러싸고 있는 유체는 자유롭게 움직일 수 있기 때문에 이러한 유체의 운동에 의한 열의 전달이 더 크게 작용한다.

표면의 온도가 T_S이고 주변보다 온도가 더 높다면 대류에 의한 열의 이동이 발생하는데, 이때 표면으로부터 충분이 먼 곳에서는 온도의 변화가 나타나지 않는다. 이렇게 표면에서 충분히 멀리 떨어져 있어서 대류에 의한 온도 변화가 없는 온도를 Ambient Temperature라고 하며, 표면에서 떨어져 있는 거리에 따라 온도의 분포가 발생하는 영역을 Thermal Layer라고 한다. Thermal Layer의 존재로 인하여 유체의 운동이 발생하며 이러한 유체의 운동은 유체역학의 이론에 따른다.

대류에 의하여 전달되는 열의 양은 Newton's Law of Cooling이라고 부르는 다음과 같은 식으로 표현된다.

$$q'' = h * (T_S - T_\infty)$$

q''는 Heat Flux이고, h는 비례상수로서 대류열전달계수(Convection Heat Transfer Coefficient)라고 한다. 대류열전달계수는 표면의 형상, 유체의 물리적 특성, 유체의 열역학적인 특성 및 유체 입자의 운동 특성 등이 영향을 받는다.

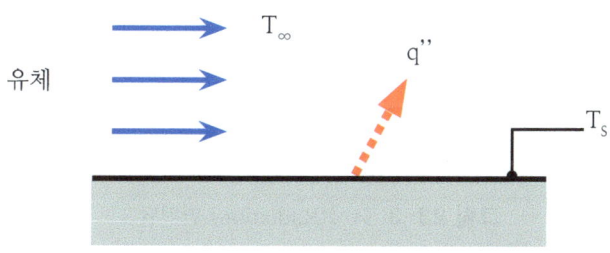

그림 23-2 대류(Convection) 열전달

대류 열전달은 유체의 물리적 특성에 따라 자연 대류와 강제 대류로 분류된다. 강제 대류는 팬이나 펌프, 바람 등과 같은 요인에 의하여 대류가 발생하는 것을 나타낸다. 자연 대류는 이러한 외부적인 요인 없이 유체의 밀도 차이에 의하여 발생하는 대류를 말한다. 기체의 자연 대류에 의한 열전달계수(h)는 대략 2 ~ 25 (W/m²·K)의 범위에 이르고 액체는 50 ~ 10000 사이의 값을 나타낸다.

23.1.3 복사(Radiation)

전도와 대류는 매개 물질을 통하여 열이 전달되는데 반하여 복사는 매개 물질 없이 전자기파에 의하여 에너지가 전달되는 현상이다.

복사에 의하여 전달되는 최대 Heat Flux는 Stephan-Boltzmann Law라고 하는 다음의 식에 의하여 표현된다.

$$q'' = \sigma T_s^4$$

T_s는 표면의 온도(K)이고 σ는 Stephan-Boltzmann 상수(σ =5.67 × 10⁻⁸ W/m²·K⁴)이다. 복사열이 위의 식으로 표현되는 물체를 흑체(Blackbody)라고 한다. 일반적인 물체의 경우에는 표면의 특성에 따라 흑체에서보다 적은 양의 열이 방출된다. 일반 물체의 표면에서 방출되는 복사열의 양과 흑체에서 방출되는 열의 양과의 비율을 Emissivity(ε)라고 하며 이 값은 0과 1사이의 값을 갖게 된다. 반대로 표면에서 복사열을 흡수하는 비율을 Absorptivity(α)라고 한다. 두 개 이상의 물체 사이의 복사열의 교환은 표면의 Emissivity와 Absorptivity의 값에 따른 순수 열전달량을 이용하여 계산하게 된다.

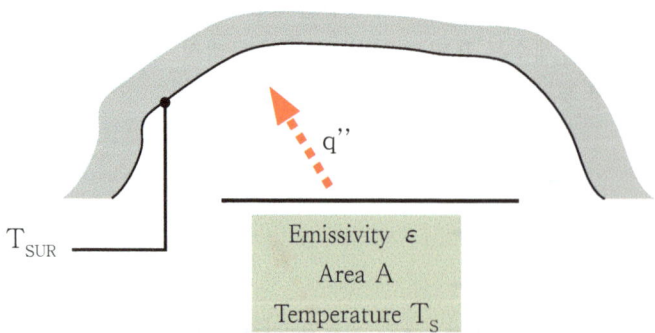

그림 23-3 복사(Radiation) 열전달

23.1.4 Thermal-Structural 해석

열전달 해석을 통하여 얻은 온도분포와 변형이 발생하지 않는 기준 온도와의 차이에 의하여 변형율(Strain)을 계산할 수 있는데, 이때 얻어진 변형률과 선형해석의 기본 관계에 의하여 응력이나 변위를 구할 수 있다. 변형률은 다음과 같은 식으로 표현된다.

$$\varepsilon = \alpha*(T - T_{NS})$$

여기서 α는 물체의 열팽창계수이고, T는 물체의 온도, T_{NS}는 변형이 발생하지 않는 기준 온도를 나타낸다.

NX에서는 먼저 열전달 해석을 통하여 노드에서의 온도분포를 구하고, 여기서 구해진 값을 Temperature Pre-Load로 입력하여 다른 구조하중과 함께 작용할 때의 Linear Statics 해석을 수행할 수 있다.

23.2 해석 과정

간단한 모델을 이용하여 열평형 온도와 그에 따른 열변형을 계산하는 과정을 알아보자. 구조물의 양 끝은 고정되어 있고, 온도는 20℃로 유지된다. Body A는 Aluminum과 Steel로 이루어져 있고, Body B는 Brass로 이루어져 있으며 Body A와 Body B는 붙어 있어서 열이 자유롭게 전달되며 접촉면에서의 변형과 힘도 전달된다. Body A의 면에 2000 W/m²의 Heat Flux가 가해지며 다른 면은 30℃의 공기와 접해 있어서 10W/m² · ℃로 대류 열전달이 발생한다.

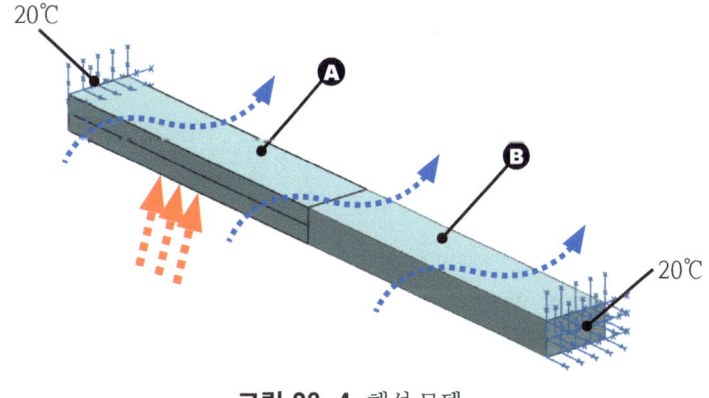

그림 23-4 해석 모델

23.2.1 파일 및 Solution 생성

1. ch23_heat.prt를 연다.
2. Pre/Post을 실행시킨다.
3. New FEM and Simulation 아이콘을 누른다. New FEM and Simulation 대화상자에서 Create Idealized Part 옵션을 체크하고 Analysis Type을 Thermal로 선택한 후 OK 버튼을 누른다.
4. Solution 대화상자에서 Solution Type을 SOL 153으로 선택하고 OK 버튼을 누른다.

23.2.2 Meshing

Idealization

1. Idealized Part를 Displayed & Work로 지정한다.
2. Home 탭 > Start > Promote 아이콘을 누르고 Body A를 선택한다.
3. Split Body 기능을 이용하여 Body A를 데이텀 평면으로 나눈다. Create Mesh Mating Condition 옵션을 체크한다.

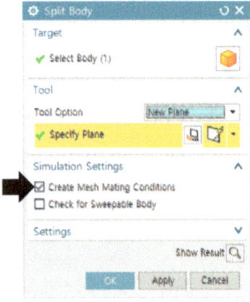
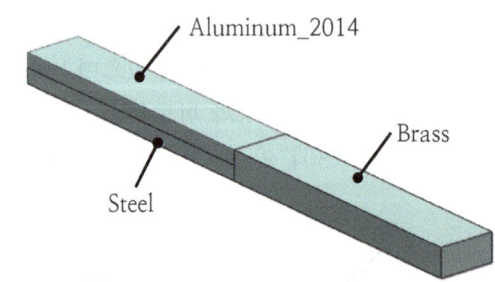

그림 23-5 Split

Meshing

1. FEM 파일을 Displayed & Work로 지정한다.
2. CTETRA(4) 요소를 이용하여 세 개의 Pologon Body에 Mesh를 생성한다. Element Size는 5로 하며 재질은 그림 23-5를 따른다.

23.2.3 Thermal Boundary Condition

열 해석을 위한 경계조건을 부여하자.

1. SIM 파일을 Displayed & Work로 지정한다.
2. Mesh는 화면에서 숨긴다.
3. Home 탭 〉 Loads and Conditions 〉 Constraint Type 〉 Thermal Constraint 아이콘을 누른다.
4. 양쪽 끝 면 세 개를 선택하여 Fixed Temperature 20℃를 설정한다.

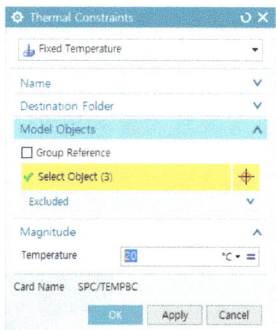

그림 23-6 Temperature 설정

5. Home 탭 〉 Loads and Conditions 〉 Constraint Type 〉 Heat Flux를 선택한다.
6. Body A의 바닥면을 선택하여 2000 W/m²의 Heat Flux를 정의한다.

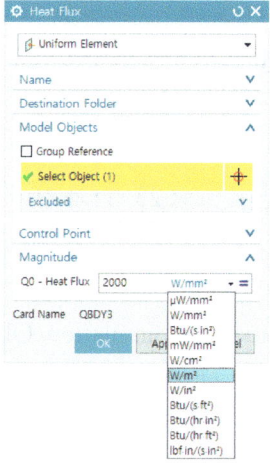

그림 23-7 Heat Flux 설정

7. Home 탭 > Loads and Conditions > Constraint Type > Convection 아이콘을 누른다.

8. 온도를 설정한 끝면과 Heat Flux를 설정한 1 개 면을 제외한 9개의 면을 선택하여 10W/m² · ℃ 의 Convection 경계조건을 정의한다. Ambient Temperature는 30℃로 한다.

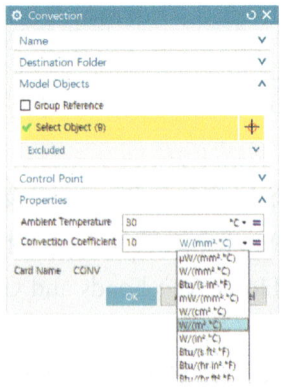

기준 온도를 설정하자.

1. Simulation Navigator의 Solver Set에 우클릭 > New > Temperature Set을 선택한다.

2. Initial/Stress Free Temperature의 Default Temperature 를 20 ℃로 설정한 후 OK를 누른다.

3. Solution의 Temperatures 하위에 등록된 것을 확인한다.

그림 23-8 Convection 설정

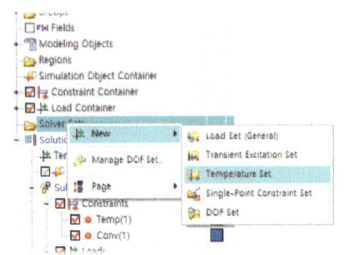

그림 23-9 Temperature Set 메뉴

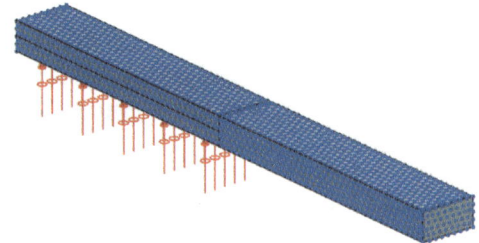

그림 23-10 경계조건을 생성한 후의 모델

23.2.4 Sloving 및 결과 확인

1. 해석을 수행한다.
2. Temperature - Nodal을 표시한다. 그림 23-11과 같이 표시된다. Body A의 열이 Body B 로 전달되지 않음을 알 수 있다.
5. Return to Home 아이콘을 누른다.
6. Home 탭 > Loads and Conditions > Simulation Object Type > Surface-to-Surface Gluing 아이콘을 누른다.
7. Automatic Pairing 옵션으로 Body A와 Body B 사이의 접합면에 Gluing을 설정한다.
8. 해석을 다시 수행한 후 Temperature - Nodal을 표시하면 그림 23-12와 같이 나타난다.

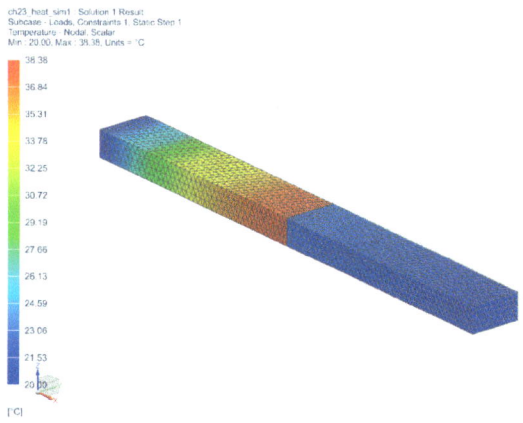

그림 23-11 해석 결과(틀림)

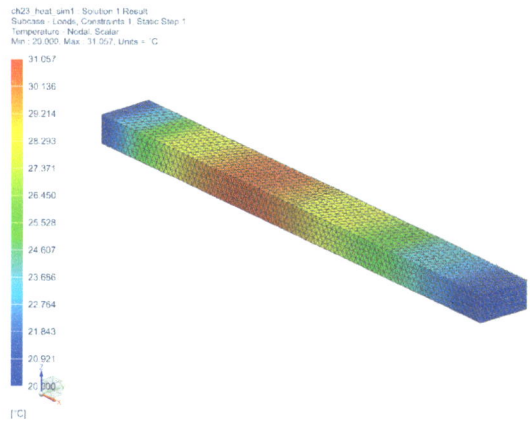

그림 23-12 해석 결과(맞음)

온도 표시의 범위를 변경해 보자.

1. Post View #를 더블클릭한다.
2. Post View 대화상자에서 Legend 탭을 누른다.
3. Color and Bar 옵션에서 Legend Extremes를 Specified로 설정한 후 Min, Max 값을 그림 23-13과 같이 설정한다.
4. Spectrum 옵션을 Thermal로 선택한 후 OK 버튼을 누른다.

Body A의 재질이 Aluminum과 Steel로 되어 있기 때문에 온도 분포가 비대칭으로 나타난다.

Chapter 23: 열전달 해석

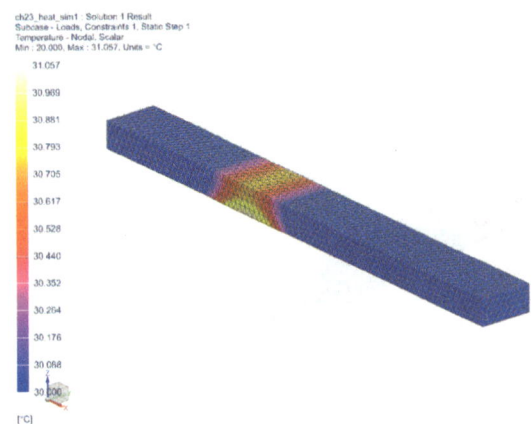 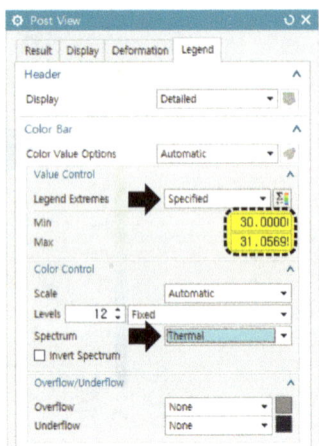

그림 23-13 온도 범위 설정

23.2.5 Thermal – Structural 해석

온도 분포에 따른 구조물의 변형을 알아보자.

새로운 Solution 생성

1. Return to Home 아이콘을 누른다.
2. 파일을 저장한다.
3. SIM 파일에 우클릭 > New Solution을 선택한다.
4. Name을 Structural SOL이라고 입력하고 Analysis Type을 Structural로 Solution Type을 SOL 101로 선택한 후 OK 버튼을 누른다.

Structural Boundary Condition

1. 구조물의 양 끝 면(3개 면)에 Fixed Translation 변위 구속을 정의한다.
2. Simulation Object Container에서 두 개의 Gluing을 드래그하여 Structural SOL의 Simulation Object 항목에 드롭한다.

기준 온도를 설정하고 Thermal 해석의 결과로 얻은 온도분포를 FE 모델에 적용하자.

1. Simulation Navigator의 Solver Set에 우클릭 > New > Temperature Set을 선택한다.
2. Type으로 Temperature Load를 선택하고 Default Temperature를 20 ℃로 설정한다. Temperature Set의 이름을 "for Statics"로 변경한다.

3. "for Statics" 우클릭 > New > Temperature를 선택한다.

4. Type을 Temperature – External Time Unassigned로 선택하고 Thermal 해석의 결과파일 (ch23_heat_sim1-solution_1.op2)을 지정한 후 OK를 누른다.

5. "for Statics"에 우클릭 > Add to active solution or step을 선택한다.

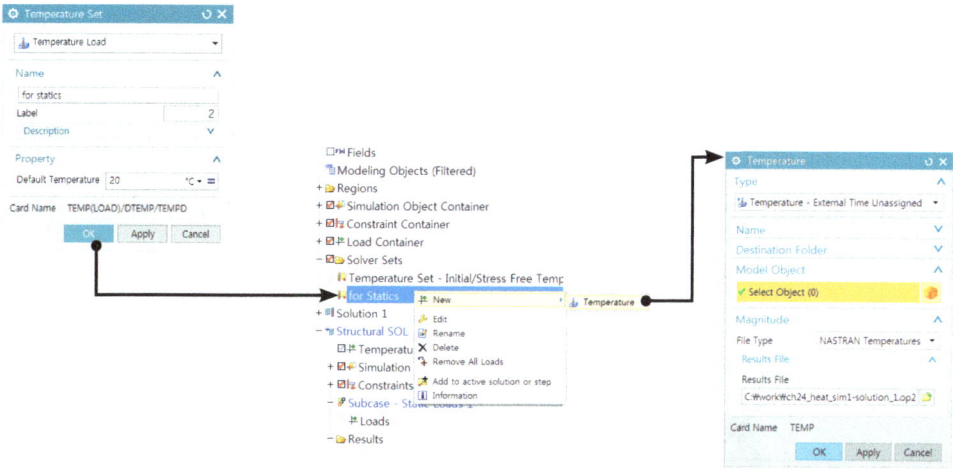

그림 23-14 온도분포 결과 설정

Solving 및 결과 확인

1. Structural SOL에 우클릭 > Solve를 선택하여 해석을 수행한다.
2. Displacement – Nodal을 표시한다. 최대 Deformation 양은 모델 크기의 5%로 설정한다.
3. 파일을 모두 저장하고 닫는다.

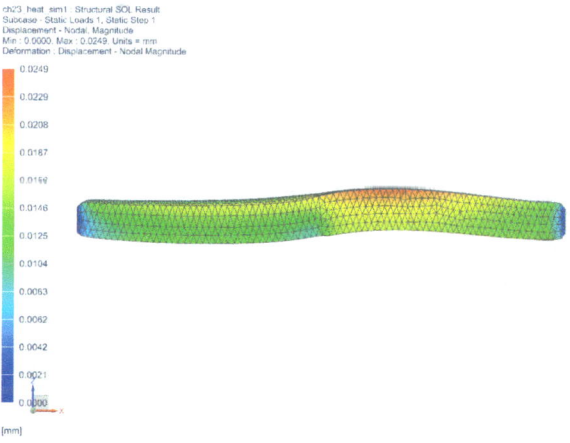

그림 23-15 Deformation

Chapter 23: 열전달 해석

23.3 프라이팬 해석

23.3.1 개요

그림 23-16은 프라이팬 모델이다. 바닥 면에는 열이 가해지고 나머지 부분은 대류를 통하여 주변 공기와 열을 교환한다. 프라이팬은 주물(GC25)로 만들어져 있고, 손잡이는 고분자 재료로 이루어져 있다. 이 예에서는 ABS라고 가정하자. 바닥에서 가해지는 열과 대류를 통하여 소실되는 열은 충분한 시간이 지나면 균형을 이룰 것이다. 열적 평형에 도달하였을 때 각 부분의 온도 분포가 어떻게 되는지, 특히 손잡이의 온도가 어떻게 나타나는지를 알아 보는 것이 이 예제의 목적이다. 손잡이 재료를 프라이팬과 같은 재료로 했을 때의 결과를 살펴본 후 ABS로 변경하였을 때 어떤 효과가 있는지 알아보자.

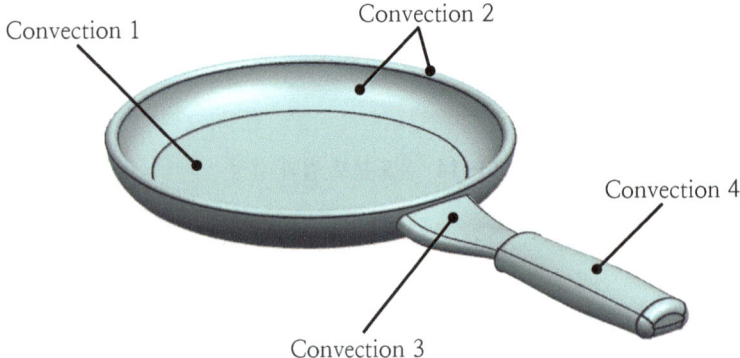

그림 23-16 Convection 경계조건

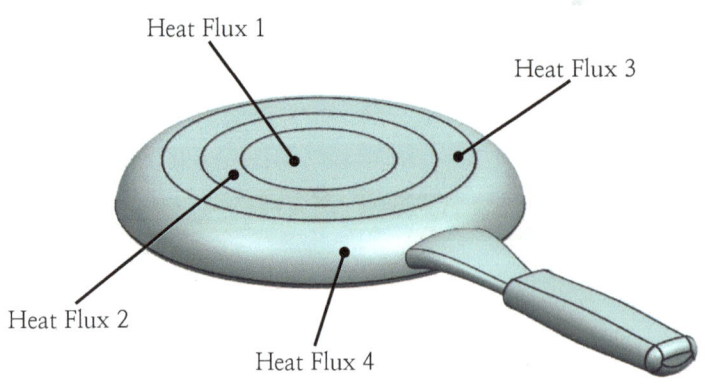

그림 23-17 Heat Flux

23.3.2 파일 및 Solution 생성

1. ch23_frypan.prt를 연다.
2. Pre/Post을 실행시킨다.
3. New FEM and Simulation 아이콘을 누르고 New FEM and Simulation 대화상자를 Reset 한다.
4. Analysis Type을 Thermal로 선택한 후 OK 버튼을 누른다.
5. Solution 대화상자에서 Solution Type을 SOL 153으로 선택하고 OK 버튼을 누른다.

23.3.3 Idealization

1. Idealized Part를 Displayed & Work로 지정한다.
2. Home 탭 〉 Start 〉 Promote 아이콘을 누르고 프라이팬 본체와 손잡이를 선택한다.
3. Divide Face 기능을 이용하여 그림 23-17과 같이 바닥면에 Edge를 생성한다. 안쪽부터 반경은 각각 100mm, 150mm, 200mm이다. Menu 버튼 〉 Insert 〉 Curve 〉 Lines and Arcs 〉 Circle Center -Radius 기능을 이용하여 원을 그릴 수 있다.
4. FEM 파일을 Displayed & Work로 지정한 후 Polygon Body의 이름을 지정한다. 본체 부분을 pan이라 하고, 손잡이 부분을 handle이라고 하자.
5. 손잡이 부분의 끝 면에 Datum Plane을 생성한 후 Divide Face 기능을 이용하여 손잡이에 삽입되는 부분의 면을 나눈다. (그림 23-18의 화살표 부분)

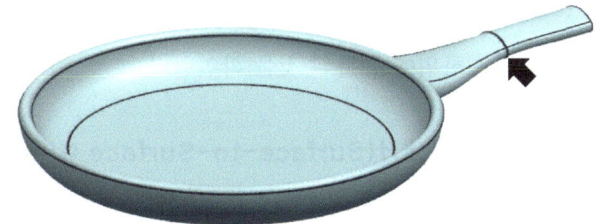

그림 23-18 Divide Face

23.3.4 경계조건 생성

1. SIM 파일을 Displayed & Work로 지정한다.
2. 그림 23-16의 각 부분에 대한 Convection Coefficient를 다음과 같이 설정한다. Convection 3는 노출되어 있는 부분에서만 대류에 의한 열전달이 발생하므로 Handle에 묻혀 있는 부분에서는 Convection이 발생하지 않도록 하여야 한다. 단위에 주의한다.

위치	Convection Coefficient [W/m² · K]	Ambient Temperature [℃]
Convection 1	9.3	150
Convection 2	5.4	150
Convection 3	4.4	30
Convection 4	3.1	20

Note: Convection Coefficient는 표면의 형상, 유체의 특성 등에 따라 다르게 나타나기 때문에 각 부분에 대한 측정값을 이용하여 해석을 수행하여야 한다. 위 값은 임의로 설정한 값이다.

3. 그림 23-17의 각 부분에 대한 Heat Flux를 다음과 같이 입력한다.

위치	Heat Flux [W/m²]
Heat Flux 1	4400
Heat Flux 2	5500
Heat Flux 3	3100
Heat Flux 4	1800

Note: Heat Flux는 가스레인지의 한 개의 버너에서 발생하는 에너지(약 4000W)를 바닥 면적으로 나눈 다음 각 부분에 임의로 분포시킨 것이다. 총 Heat Flux는 14800 W/m²이다.

4. Solver Set에 우클릭 > New > Temperature Set을 선택한다.
5. Initial/Stress Free Temperature의 Default Temperature를 20 ℃로 설정한 후 OK를 누른다.
6. 3. Solution의 Temperatures 하위에 등록된 것을 확인한다.

23.3.5 Simulation Object 생성(Surface-to-Surface Gluing)

1. Home 탭 > Loads and Conditions > Simulation Object Type > Surface-to-Surface Gluing 아이콘을 누른다.
2. Automatic Pairing을 이용하여 pan과 handle의 접촉면 사이에 Gluing을 생성한다.
3. Solution 1에 우클릭 > Edit을 선택한다.
4. Case Control에서 Global Glue Parameter를 설정한다.

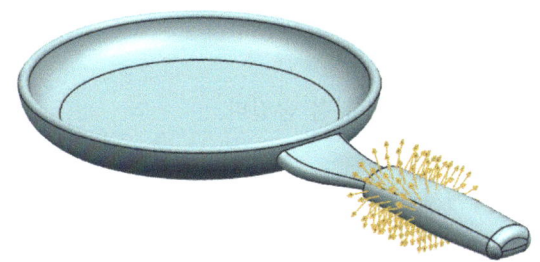

그림 23-19 Surface-to-Surface Gluing

23.3.6 Mesh 생성 및 해석 수행

1. FEM 파일을 Displayed & Work로 지정한다.
2. 프라이팬 몸체 부분에 Element Size 15인 CTETRA(4) 메쉬를 생성한다. 재질은 Iron_Cast_G25로 한다.
3. 손잡이(Handle) 부분에 Element Size 15인 CTETRA(4) 메쉬를 생성한다. 재질은 Iron_Cast_G25로 한다.

23.3.7 해석 수행 및 결과 확인

1. SIM 파일을 Displayed & Work로 지정한다.
2. 파일을 저장한다.
3. 해석을 수행한다.
4. Simulation Navigator에서 Results를 더블클릭하여 Temperature-Nodal 결과값을 표시한다.

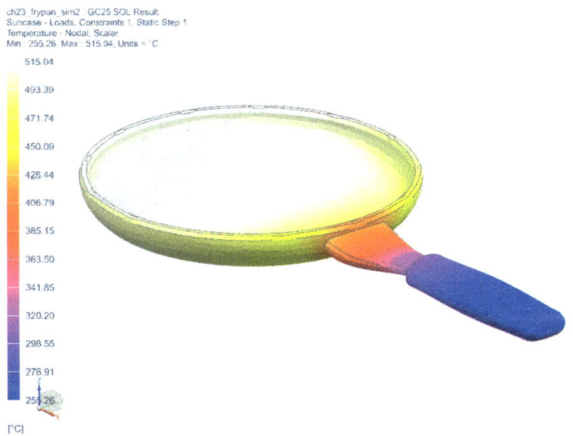

그림 23-20 온도 분포

절단면에서의 결과를 표시해 보자.

1. Post View 항목을 펼친 후 손잡이 부분을 숨긴다.
2. Post View #를 더블클릭 한다.
3. Display on 드롭다운 목록에서 Cutting Plane을 선택한 후 Options 버튼을 누른다.
4. Cutting Plane 옵션을 설정하고 Update 버튼을 누른 후 스크롤바를 움직인다.

손잡이 부분만 표시하면 그림 23-22와 같다.

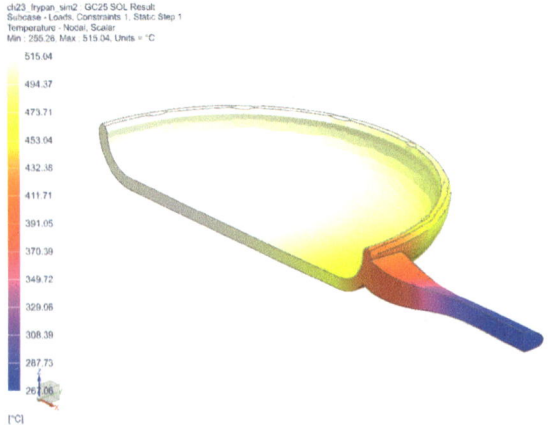

그림 23-21 절단면에서의 온도 분포

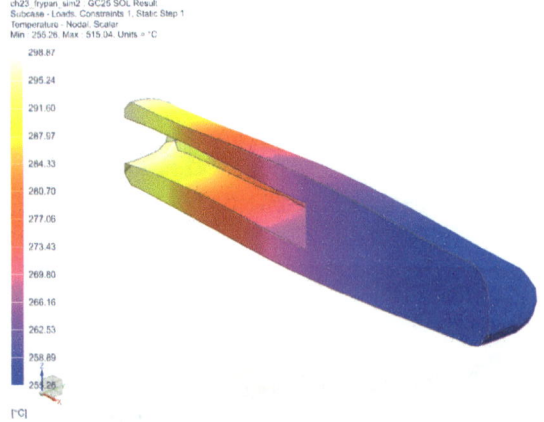

그림 23-22 절단면에서의 온도 분포(손잡이)

23.3.8 손잡이 재질 변경 및 해석 수행

1. Return to Home 아이콘을 누른다.
2. FEM 파일을 Displayed & Work로 지정한다.
3. Simulation Navigator에서 3D Collectors에 우클릭 〉 New Collector를 선택하여 ABS라는 이름으로 Mesh Collector를 생성한다. 재질은 ABS로 한다.
4. Simulation Navigator에서 Handle 부분 메쉬를 드래그하여 ABS Collector 아래로 이동시킨다. 그림 23-23은 Handle을 이동시킨 후의 Simulation Navigator를 보여준다.

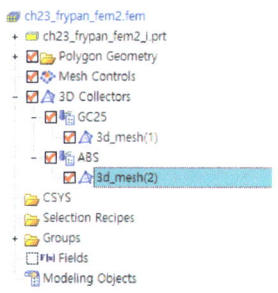

그림 23-23 ABS Mesh

5. SIM 파일을 Displayed & Work로 지정하고 Solution 1의 결과를 Unload 한다.
6. Solution 1의 이름을 GC25 SOL로 변경한다. Solution 1에 우클릭 〉 Rename을 선택하면 그림 23-24와 같은 Rename Options 창이 나타난다. 이 옵션창은 Solution에 해석 결과가 있을 경우 결과 파일(*.op2)의 이름도 함께 변경할 것인지를 묻는 것이다. 변경할 Solution 이름과 결과가 서로 연결되어 차후에 다시 결과를 Post Processing 하려면 1번을 선택하여야 한다.
7. GC25 SOL을 복사(Clone)하여 이름을 ABS SOL로 변경한다.
8. ABS SOL이 Active로 된 것을 확인하고 해석을 수행한다.

그림 23-25는 해석을 수행한 후의 손잡이 부분의 온도분포를 보여준다.

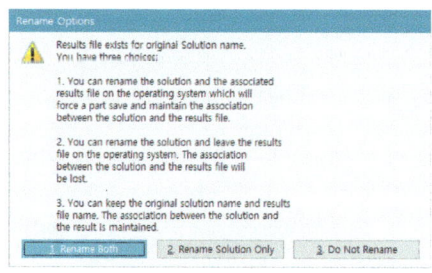

그림 23-24 Rename 옵션

Chapter 23: 열전달 해석

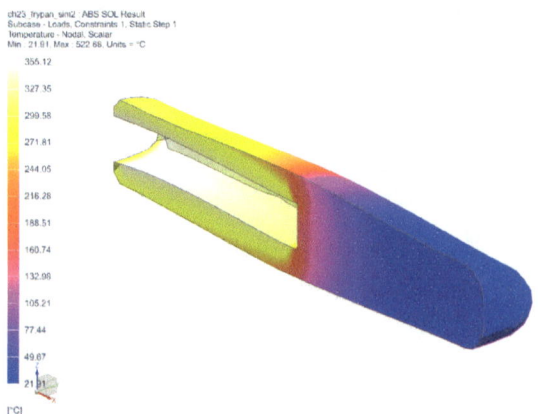

그림 23-25 손잡이 온도 분포(ABS)

23.3.9 결과 검토

손잡이의 재질이 GC25일때와 ABS일 때 결과를 보자. GC25는 내부적인 열전도도가 ABS에 비하여 높기 때문에 프라이팬에 가해진 열이 손잡이 부분으로 잘 전달되며 전체적으로 온도가 높다. GC25일 때 손잡이 끝 부분의 온도는 약 255℃이다.

손잡이 재질을 ABS로 바꾸면 프라이팬과 접촉하는 부분의 온도는 높지만 열이 잘 전달되지 않기 때문에 끝 부분의 온도는 약 22℃로써 GC25일때보다 현저하게 낮다. 그러나 연결부에서의 온도가 ABS의 용융점인 165℃보다 훨씬 높기 때문에 손잡이가 이미 녹았다고 볼 수 있다. 이 해석은 프라이팬에 아무 것도 놓지 않은 상태에 대한 것이므로 만약 그 안에 물이나 식용유 같은 액체가 들어 있다면 증발열로 인하여 전체적인 온도는 더 낮아질 것임을 예상할 수 있다.

Chapter 24
피로 해석

■ 학습목표

- 피로 해석의 기본 이론을 이해한다.
- NX에서 피로 해석을 수행하는 방법을 이해한다.
- 피로 해석 결과의 의미를 이해할 수 있다.
- 다양한 Postprocessing 기법을 배운다.

Chapter 24: 피로 해석

24.1 개요

부품에 특정의 하중이 1회 가해질 때 파손이 일어날 것인가 일어나지 않을 것인가를 판단할 때는 그 부품을 만든 재료의 항복강도(Yield Strength) 또는 파단강도(Ultimate Strength)를 기준으로 삼는다. 즉, 하중으로 인한 응력의 최대값이 재료의 항복강도 또는 파단강도를 초과하게 되면 위험한 것으로 판단할 수 있다. 응력해석을 수행하면 여러 가지 성분의 응력 결과가 나타나는데, 재료의 특성에 따라 Von-Mises나 Maximum Principal Stress 또는 다른 결과 값을 기준으로 파손 여부를 판단하게 된다. 하중에 의하여 발생하는 응력과 항복강도 또는 파단강도와의 비율을 정적안전계수(Static Safety Factor)라고 하며, 이 값이 1보다 크면 안전하다고 판단할 수 있다.

1회 하중을 가할 때는 파손되지 않더라도 같은 하중이 반복적으로 가해지면 파손될 수 있다. 이러한 파손을 피로파손(Fatigue Failure)이라고 한다. 작은 하중이라도 반복적으로 가해지면 취약한 부분에 균열(Crack)이 발생하고, 이렇게 생긴 균열은 점점 다른 곳으로 전파(Propagation)되어 마침내 완전히 파손되게 된다. 피로해석(Fatigue 또는 Durability Analysis)은 어떤 하중 하에 있는 부품의 응력 성분을 이용하여 피로파손이 일어날 것인지, 그에 대한 안전도는 얼마나 되는지 또는 반복적으로 인가되는 하중을 몇 번이나 견딜 수 있는지를 분석하는 해석과정이다.

24.1.1 SN 커브

재질의 피로 특성을 정의할 때는 Bending 실험장치 또는 인장-압축 실험장치를 이용하여 그림 24-1과 같은 교번응력(Alternating Stress)를 발생시켜 균열이 발생할 때까지의 횟수를 측정한다. 여러 개의 시편을 이용하여 교번응력의 크기(Sa)를 변화시키면서 실험을 수행하여 얻어지는 각각의 (Sa, N) 점을 Stress와 Number of Cycle을 축으로 하는 평면에 찍어 연결하면 그림 24-2와 같은 S-N 커브를 얻을 수 있다. 그래프를 볼 때, 교번하중의 크기가 35 ksi인 Steel의 경우 하중이 약 2E5 회 인가되면 크랙이 발생할 것임을 알 수 있다. 이러한 실험은 통계적인 것으로서 대개 50%의 확률을 기준으로 한다.

Steel의 경우 30 ksi 이하의 교번하중을 가할 경우 그 횟수가 아무리 많더라도 균열이 발생하지 않을 것임을 예상할 수 있다. 이 때 기준이 되는 30 ksi라는 응력을 Endurance Limit 또는 Fatigue Strength라고 한다. Steel이나 Titanium과 같은 재료는 명확하게 정의할 수 있는 Fatigue Strength가 존재하지만 일반적으로 그림 24-2의 Aluminum과 같이 교번 하중을 계속 인가하면 언젠가는 균열이 발생하게 된다. 철강재료의 경우 5E6 cycle을 기준으로 하고, 비철금속의 경우 5E8 cycle을 기준으로 하여 Endurance Limit을 정한다.

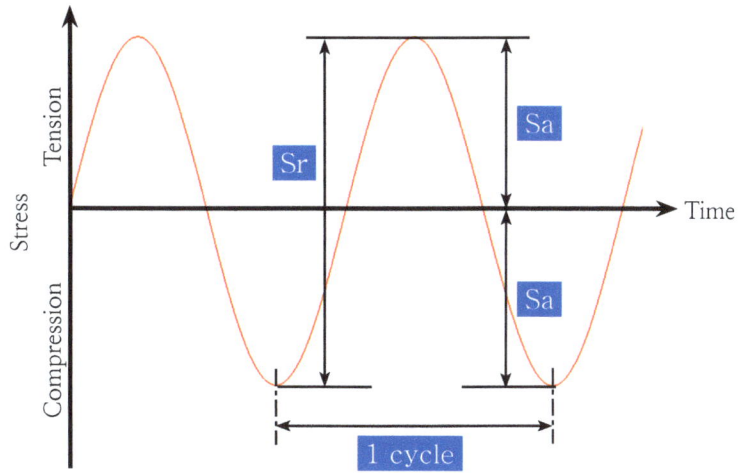

그림 24-1 교번응력(Alternating Stress)

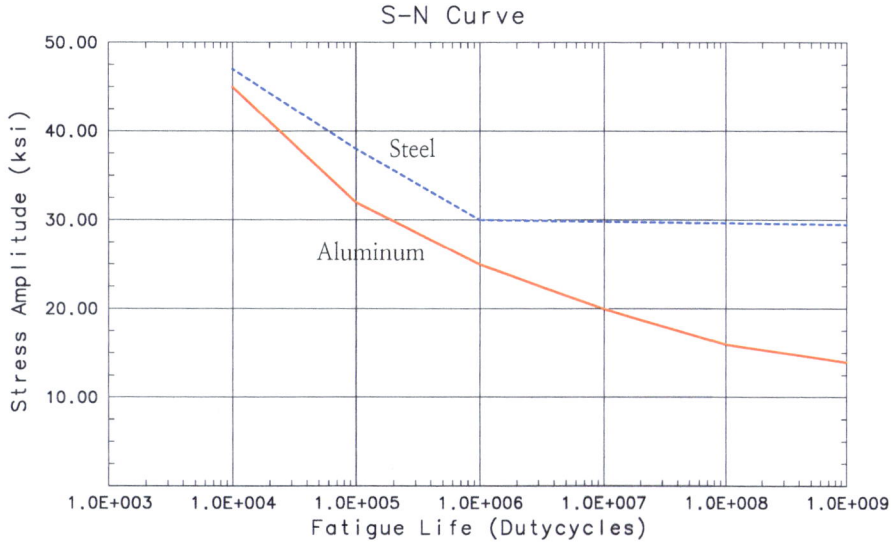

그림 24-2 S-N 커브

SN 커브는 표준 시편을 이용하여 제한적인 조건에 따라 실험을 수행하여 얻는 것이다. 즉, 단면이 부드러운 곡선으로 만들어져 있어서 노치(Notch)의 영향이 없고, 표면은 깨끗하며 단축하중이 작용된다. 그러나 실제 하중조건은 다축하중이고, 표면 처리가 제각각이며 형상도 가지각색이다. 또한 부식이나 응력집중에 의한 영향도 있다. 따라서 시험 결과로 얻은 값을 실제 해석에서 사용하려면 실험 조건과 실제 제품의 상태를 잘 비교하여 수치들을 보정하여 사용해야 한다.

Chapter 24: 피로 해석

24.1.2 피로 특성 분석 방법

어떤 지점에서의 교번응력의 크기(Stress Amplitude)를 알면 경험적으로 얻은 여러 가지 수식을 이용하여 피로 특성을 분석할 수 있다.

교번응력의 크기(S)와 사이클 수(N) 사이에 $S = BN^{-a}$(a, B는 재료의 특성치)의 관계가 성립된다는 경험식을 이용하여 High Cycle 영역(탄성영역)에서의 Stress Amplitude와 Number of Reversal 사이의 관계를 식으로 표현하면 다음과 같다.

$$\frac{\Delta\sigma}{2} = \sigma_f'(2N_f)^b \qquad (식\ 1)$$

$\dfrac{\Delta\sigma}{2}$: Stress Amplitude
$2N_f$: Number of Reversal(1 rev = 1/2 cycle)
σ_f' : Fatigue Strength Coefficient
b : Fatigue Strength Exponent

이를 log-log 그래프로 표현하면 그림 24-3과 같다.

만약 교번응력의 크기가 탄성영역을 벗어난다면 소성영역까지 포함하여 피로 특성을 분석하여야 한다. 소성 영역의 Strain Amplitude와 싸이클 수를 경험식에 넣으면 (식 2)와 같이 된다.

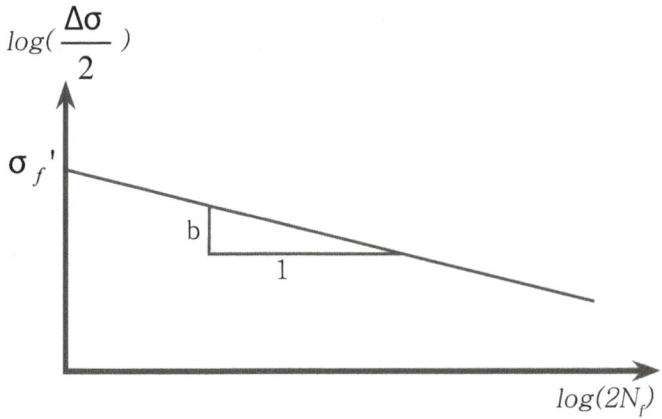

그림 24-3 Stress Life의 log-log 그래프

$$\frac{\Delta\varepsilon_p}{2} = \varepsilon_f{'}(2N_f)^c \qquad (식\ 2)$$

또한 전체 Strain을 탄성 부분과 소성 부분으로 나누어 표현하면 (식 3)과 같다.

$$\frac{\Delta\varepsilon}{2} = \frac{\Delta\varepsilon_e}{2} + \frac{\Delta\varepsilon_p}{2} \qquad (식\ 3)$$

탄성 영역에서 Strain과 Stress의 관계를 이용하면 (식 3)은 다음과 같이 쓸 수 있다.

$$\frac{\Delta\varepsilon}{2} = \frac{\sigma_f{'}}{E}(2N_f)^b + \varepsilon_f{'}(2N_f)^c \qquad (식\ 4)$$

$\dfrac{\Delta\varepsilon}{2}$: Strain Amplitude(SE)
$2N_f$: Number of Reversal(1 rev = 1/2 cycle)
$\varepsilon_f{'}$: Fatigue Ductility Coefficient
c : Fatigue Ductility Exponent

(식 1), (식 2), (식 4)를 log-log 그래프로 표현하면 그림 24-4와 같다.

High Cycle Fatigue는 균열에 이르는 교번응력의 싸이클 수가 대개 100,000회 이상일 경우에 해당되고, 이 때는 (식 1)의 Stress Criteria를 이용하여 피로 특성을 분석한다. Low Cycle Fatigue는 싸이클 수가 1000회 이하일 경우에 해당되고, 이 때는 (식 4)를 이용하여 피로 특성을 분석하여야 의미 있는 결과를 얻을 수 있다.

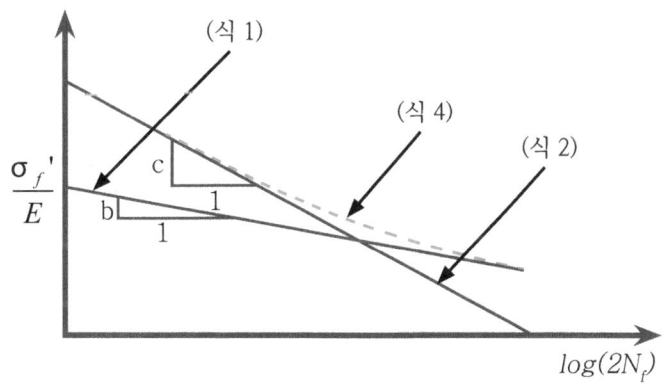

그림 24-4 Strain Life의 log-log 그래프

Chapter 24: 피로 해석

Smith-Watson-Topper의 Fatigue Life 관계식은 다음 (식 5)와 같이 표현되며 이 식은 High Cycle 영역과 Low Cycle 영역에서 모두 사용할 수 있는 일반적인 식이다. 이 식을 이용하면 평균응력(σ_m)을 고려하여 피로 특성을 분석할 수 있다.

$$[\frac{0.5\Delta\sigma + \sigma_m}{\sigma_f(2N_f)^b}]\frac{\Delta\varepsilon}{2} = (\frac{\sigma_f}{E})(2N_f)^b + \varepsilon_f(2N_f)^c \tag{식 5}$$

이상에서 살펴본 바와 같이 피로 특성을 분석하려면 응력해석에 필요한 재료 물성치 외에 다음과 같은 상수가 필요함을 알 수 있다.

- Fatigue Strength Coefficient
- Fatigue Strength Exponent
- Fatigue Ductility Coefficient
- Fatigue Ductility Exponent

이와 같은 특성치가 알려져 있는 재질은 고강도 알루미늄 합금이나 티타늄 합금 외에는 별로 많지 않다. 다른 재질에 대한 피로 해석을 하려면 실험 데이터를 이용하여 구할 수도 있지만 다음과 같은 규칙에 따라 경험적으로 정할 수도 있다.

- Fatigue Strength Coefficient

$\sigma_f' \approx \sigma_f$ (Necking을 고려한 실제 파단강도)

500 BHN 이하의 철강재료의 경우 $\sigma_f \approx S_u + 50$ ksi (S_u: 극한강도)

- Fatigue Strength Exponent, b
대부분의 금속의 경우 -0.05 ~ -0.12의 값을 가짐. SN 커브의 기울기에 해당됨.

- Fatigue Ductility Coefficient, ε_f'

$\varepsilon_f' \approx \varepsilon_f$ (true fracture strain)

$$\varepsilon_f = \ln\frac{A_0}{A_f} = \ln\frac{1}{1-RA}$$

$$RA = \frac{A_0 - A_f}{A_0}$$: 단면적 감소비

A_0: 초기 단면적

A_f: 파단시 단면적

- Fatigue Ductility Exponent, c

일반적으로 -0.5 ~ -0.7의 값을 갖는다.
연성 재질($\varepsilon_f \approx 1$)의 경우 c=-0.6, 강한 재질($\varepsilon_f \approx 0.5$)의 경우 -0.5가 적절함.

24.1.3 응력집중

대부분의 기계 부품에는 형상적인 불연속성 또는 재료 내부의 불균일성에 의하여 응력집중이 발생하며, 응력집중이 발생하는 곳에서는 다른 부분보다 높은 응력을 나타내게 된다. 국부적으로 발생하는 최대 응력과 응력집중이 없는 곳에서의 공칭응력(Nominal Stress)과의 비를 Notch Factor(K_t)라고 한다.

국부적으로 높은 응력이 발생하게 될 경우 피로특성에도 많은 영향을 주는데, 피로해석에서 노치(Notch)의 효과를 고려하는 인자를 Fatigue Notch Factor(K_f)라고 한다. K_f와 K_t는 같은 원인에 의하여 정의되는 것이지만 같은 값은 아니라는 점에 주의하여야 한다.

K_t와 K_f와의 관계를 규명하기 위하여 많은 노력이 진행되어 왔는데, Peterson과 Neuber는 각각 다음과 같은 식을 발표하였다.

Peterson

$$K_f = 1 + \frac{K_t - 1}{(1 + \frac{a}{r})}$$

a : 재질에 따라 정해지는 길이 단위를 갖는 상수
r : 노치 반경

Neuber

$$K_f = 1 + \frac{K_t - 1}{1 + \sqrt{\rho/r}}$$

ρ   : 재질에 따라 정해지는 길이 단위를 갖는 상수
r   : 노치 반경

일반적으로 K_t는 1 ~ 4 사이의 값을 가지며, K_f는 이보다 낮은 값을 갖는다. 노치 반경이 큰 경우 K_t와 K_f는 비슷한 값을 가지며, 노치 반경이 작은 경우 연한 재질은 $K_f \ll K_t$이고, 강한 재질은 K_f와 K_t가 비슷하다. 이로부터 연한 재질의 재료는 피로 특성에 대한 노치 효과가 적음을 알 수 있다.

24.1.4 Damage의 누적

실제로 어떤 시스템이 반복되는 하중을 받을 때는 균일한 형태의 하중만 들어오는 것은 아니다. 예를 들어 자동차는 일반 도로 주행을 할 수도 있고, 비포장 도로를 주행할 수도 있으며, 가끔은 둔턱도 넘는다. 해석을 수행할 때는 대표적인 Event를 정의하고, 여러 개의 Event를 묶어서 시스템의 피로 특성을 분석하게 된다.

여러 개의 Event에 의한 피로 특성을 분석할 때는 각각의 Damage를 선형적으로 합하여 전체 Damage를 구한 다음 그 역수를 취하여 수명을 예측한다. Damage의 선형적인 합산에 대한 원리는 Palmgren과 Miner에 의하여 개발되었다.

다음 표와 같이 두 개의 Event에 대하여 이 이론을 적용해보자.

	Sa	싸이클 수	파손 싸이클 수 (N)
Event 1	1.0	1000	1E6
Event 2	1.5	100	1E4

NX의 피로해석 설정에 나오는 용어를 사용하였다. Sa는 Stress Amplitude이며 NX에서는 기본 계산된 값에 일정한 값(Scaling Factor)을 곱하여 설정한다. 위의 하중은 Event 1 + Event 2 가 반복적으로 가해지는 경우를 나타내는데, 여기서 싸이클 수는 전체가 1회 반복될 때 각각

의 Event을 이루는 싸이클 수를 나타낸다. 파손 싸이클 수는 설정된 크기의 Stress에 대하여 파손이 발생하는 싸이클 수를 나타내고, 이는 SN 커브를 이용하여 구한다.

Damage는 1/N으로 정의되는데, 위와 같은 경우 Event 1의 1회 싸이클에 대한 Damage는 1E-6이므로 총 싸이클 수 1000에 대하여 누적된 Damage는 1000/1E-6 = 0.001이다. Event 2에 대한 총 누적 Damage는 100/1E-4 = 0.01이다. 서로 다른 Event에 대한 Damage도 선형적으로 더할 수 있으므로 두 개의 Damage를 더하면 0.011이 된다. 따라서 전체 Life는 1/0.011 = 90.9가 된다. 즉, 위와 같은 두 가지 하중이 90회 이상 반복하여 시스템에 가해지면 파손될 수 있다는 결론을 얻을 수 있다.

24.2 해석 과정

NX에서 피로해석(Durability)을 수행하려면 Stress, Strain이 있어야 한다. Linear Statics, Transient, Random 해석 결과 및 실험에서 측정한 Stress, Strain을 이용할 수 있다. NX의 Durability 해석에서는 다음과 같은 값을 구한다.

- Strength Safety Factor(정적 안전계수)
- Fatigue Safety Factor(피로 안전계수)
- Fatigue Life(피로 수명)

Durability 해석을 수행하려면 해석을 수행하고자 하는 재료의 Fatigue 물성치를 알아야 한다. 이러한 물성치가 알려져 있는 재료는 많지 않으므로 "24.1.2 피로 특성 분석 방법"에서 소개한 방법에 따라 필요한 값들을 구하여야 한다. 재료의 물성치에 S-N 커브를 입력할 수도 있다.

정적 안전계수(Strength Safety Factor)는 Stress Criterion과 Stress Type의 비율로 계산한다. 이 비율이 1보다 크면 정적 하중에 대하여 안전한 것이고 그렇지 않으면 정적 하중에 의하여 파손이 발생할 수 있음을 의미한다. Stress Criterion과 Stress Type은 재료의 특성에 따라 결정한다.

피로 안전계수(Fatigue Safety Factor)는 Fatigue Stress Criterion과 Stress Amplitude의 비율로 계산한다. Fatigue Stress Criterion을 Infinite Life로 선택하면 Endurance Limit와 Stress Amplitude와의 비율이 피로 안전계수가 되며, Cycles to Failure를 선택하면 Number of Fatigue Duty Cycles에서 지정한 싸이클 수에 해당하는 균열 발생 Stress Amplitude와 Stress Amplitude와의 비율로 계산된다.

24.2.1 Linear Statics 해석

그림 24-5와 같은 Linear Statics 해석을 수행한 결과를 이용하여 피로 해석을 수행하는 과정을 알아보자.

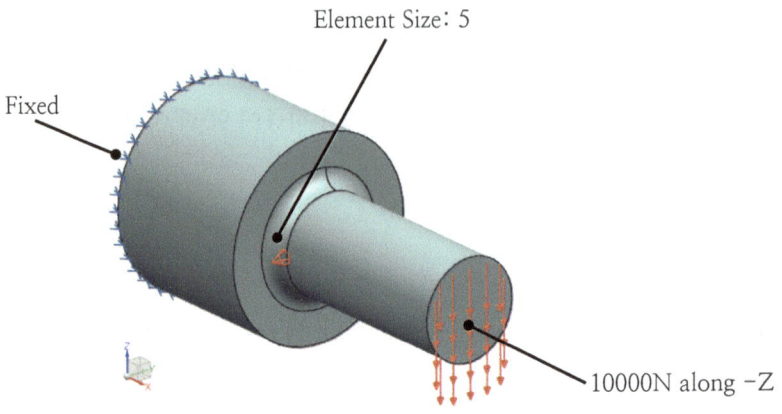

그림 24-5 해석 모델

1. ch24_durability.prt를 연다.
2. 기본설정으로 FEM 파일과 SIM 파일 및 Linear Statics Solution을 생성한다. Output Request에 Strain을 포함시킨다.
3. Mesh를 생성한다. 필렛 부분에 Element Size 5의 Mesh Control을 설정하고 Element Size 10의 CTETRA(4) 요소를 생성한다. 재질은 ANSI_Steel_1005로 한다. 이 재료의 물성치를 보면 Fatigue Strength와 Fatigue Ductility 값이 입력되어 있다. (그림 24-7)
4. 그림 24-5와 같이 경계조건을 생성한 후 해석을 수행한다.

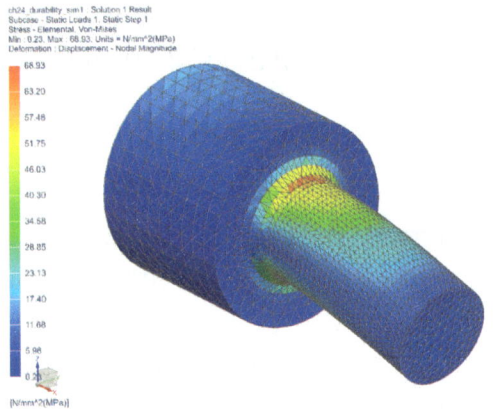

그림 24-6 Stress - Elemental

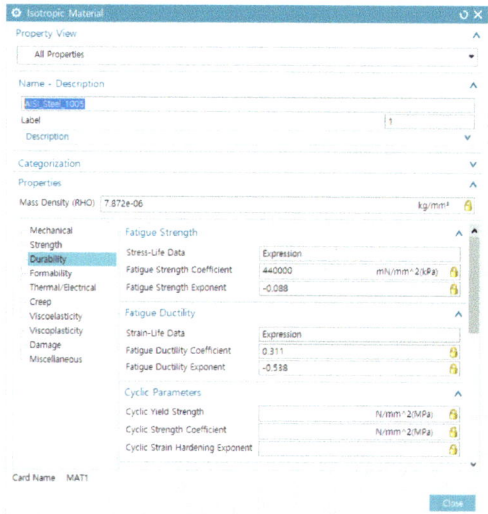

그림 24-7 Durability 물성치

24.2.2 Durability Process와 Event 생성

Durability Solution Process 생성

1. 그림 24-6과 같이 결과를 표시했다면 Return to Home 아이콘을 누른다.
2. Simulation Navigator에서 SIM 파일에 우클릭 > New Solution Process > Durability를 선택한다.
3. Durability 이름을 입력한다. 이 예의 경우 Shaft Durability라고 입력하자.

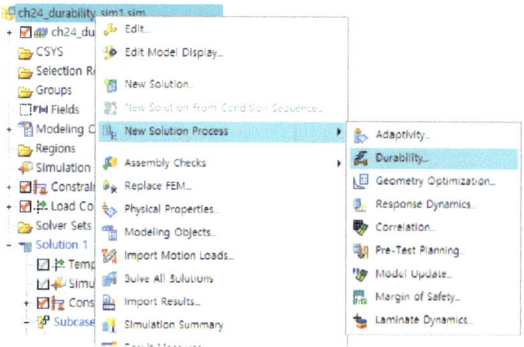

그림 24-8 Durability Process 생성 메뉴

Static Event 생성

1. Simulation Navigator에 생성된 Shaft Durability에 우클릭 > New Event > Static을 선택한다.

Chapter 24: 피로 해석

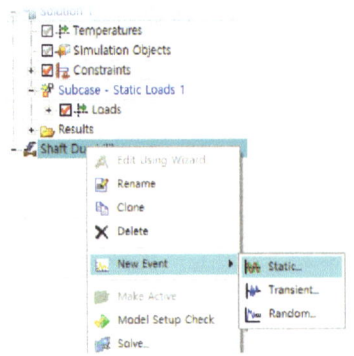

그림 24-9 Static Event 생성 메뉴

2. x1이라는 이름으로 Static Event를 생성한다. Fatigue 탭에 Fatigue 1이라는 이름으로 피로 해석에 대한 옵션이 설정되어 있다. 목록 아래에 있는 Edit Fatigue Settings 버튼을 누르면 옵션을 변경할 수 있다. Failure Index를 체크한다. Failure Index는 Fatigue Safety Factor와 역비례하는 팩터이다. Fatigue Life 계산 옵션과 Fatigue Safety Factor 계산 옵션이 설정되어 있다. Strength 옵션, Axis Search 옵션, Solve 옵션은 디폴트로 한다.

3. x1 Event에 우클릭 > New Excitation을 선택한다.(그림 24-11)

4. Pattern Type으로 Full Unit Cycle을 선택하고 Scale에 1을 입력한다. +10000N의 하중과 -10000N의 하중이 반복적으로 작용하는 경우에 대한 피로 해석을 수행할 것이다.

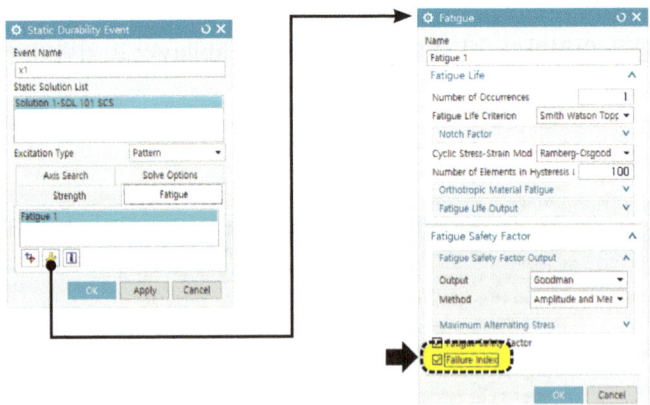

그림 24-10 Static Durability Event 옵션

24.2.3 Solve 및 결과 확인

1. x1 Event에 우클릭 > Solve를 선택한다.
2. Information 창을 확인하고 닫는다. 재료 특성치에 Cyclic Parameter가 없기 때문에 기본

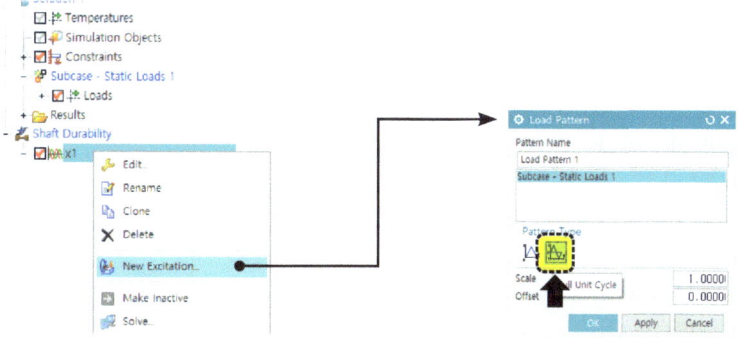

그림 24-11 New Excitation 생성

값을 사용한다는 사항을 알려준다.

3. x1 결과를 더블클릭한다. 그림 24-12와 같은 결과 항목이 나타난다.

4. Fatigue Life를 더블클릭한다. 그림 24-13과 같이 결과가 표시된다. 반복 횟수가 높은 곳이 빨강으로 표시되어 더 위험하게 이해될 수 있다.

5. Post View를 더블클릭한 후 Legend 탭에서 Invert Spectrum 옵션을 체크한다. 그림 24-14와 같이 위험한 곳이 빨강으로 표시된다.

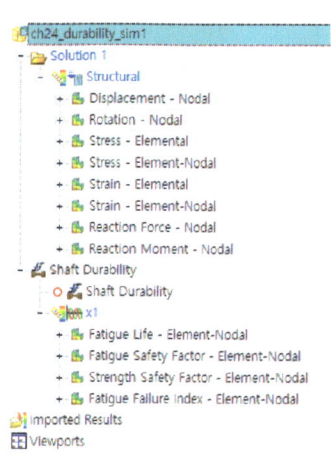

그림 24-12 결과 항목

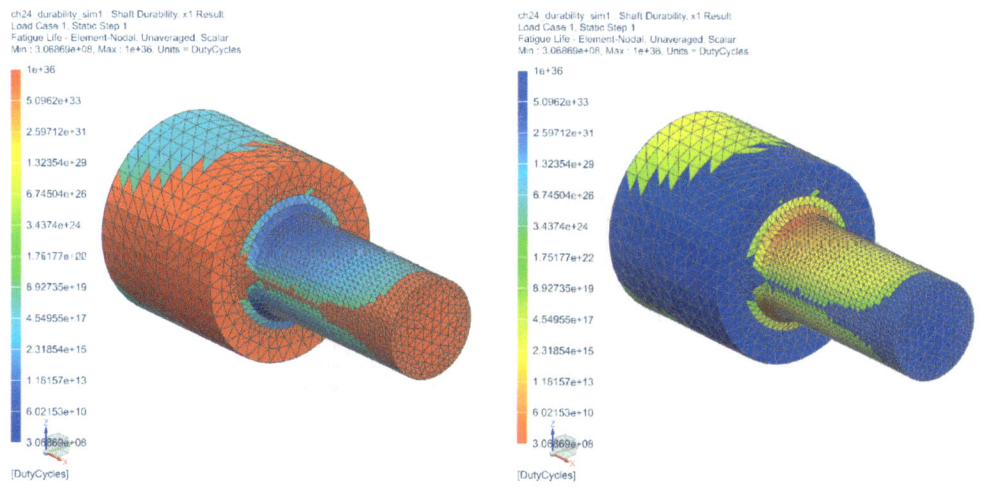

그림 24-13 Fatigue Life   **그림 24-14** Fatigue Life(Invert Spectrum)

505

Chapter 24: 피로 해석

Fatigue Safety Factor와 Fatigue Failure Index 를 표시하면 각각 그림 24-15 및 그림 24-16 과 같다. Fatigue Safety Factor는 1보다 작은 곳이 위험한 부분이다. 이 예의 경우 필렛 부분에서 1보다 작은 값이 나타난다. Failure Index는 1보다 큰 값이 위험한 부분을 의미한다. Fatigue Safety Factor의 역수이다.

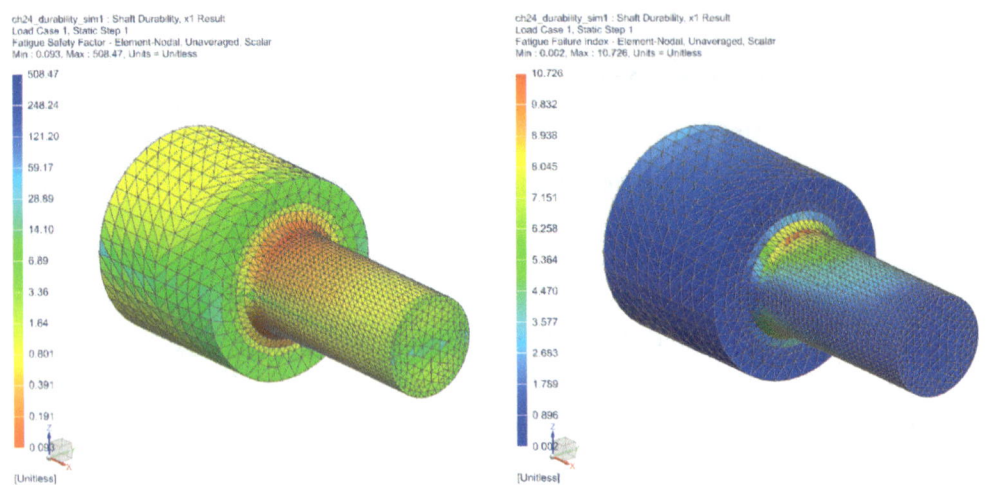

그림 24-15 Fatigue Safety Factor (Invert Spectrum)   그림 24-16 Failure Index

Strength Safety Factor는 Inverse Spectrum 옵션을 사용할 경우 그림 24-17과 같이 나타난다. 낮은 값을 나타내는 부분이 빨간색으로 표시된다. 그런데 최대값이 1393이기 때문에 안전계수가 10 이상인 부분도 빨간색으로 표시되어 위험한 것처럼 보인다. 관심 부분만 집중할 수 있도록 표시해 보자.

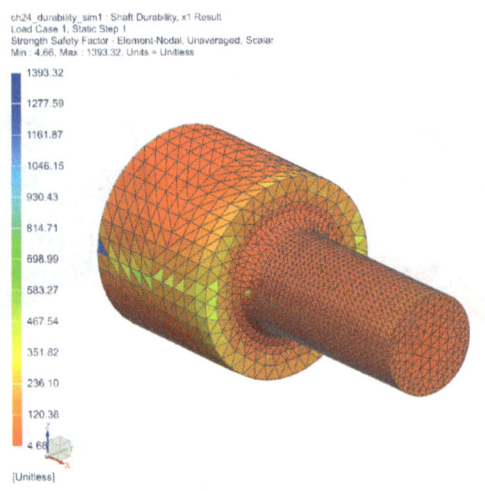

그림 24-17 Strength Safety Factor (Invert Spectrum)

1. Post View#를 더블클릭한다.
2. Post View 대화상자의 Legend 탭을 눌러 그림 24-18과 같이 설정한다. 색깔 표시의 범위를 지정할 수 있다. Overflow 옵션을 체크할 경우 Max 값을 넘는 부분을 지정된 색으로 표시한다.

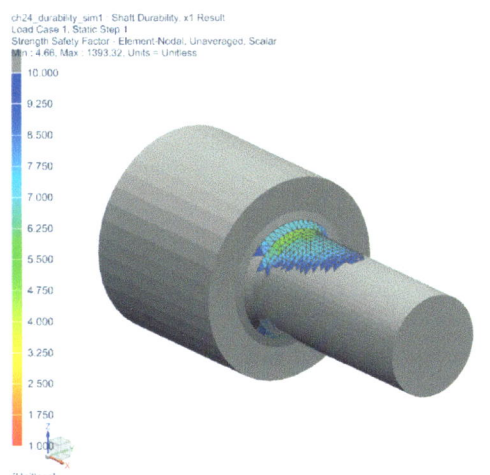 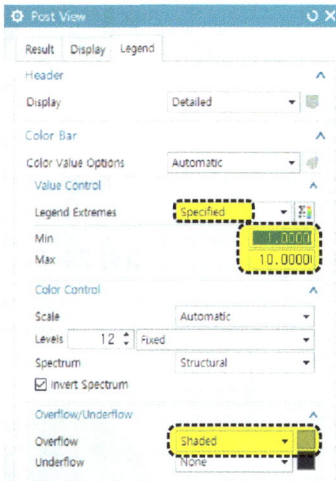

그림 24-18 표시 영역 설정

그림 24-13을 보면 Fatigue Life의 최저값이 3.07E8이다. 이는 일반적인 철강재료의 Endurance Limit인 5E6 cycle보다 높은데도 피로안전계수가 1보다 낮게 나왔다. 이는 Fatigue Setting의 Reversals to Failure 값이 크게 입력되었기 때문이다. 이 값을 5E6으로 입력해 보자.

1. Simulation Navigator에서 x1 Event에 우클릭 > Edit을 선택한다.
2. Fatigue 탭의 Fatigue 1을 선택한 후 Edit Fatigue Settings 버튼을 누른다.
3. Reversals to Failure 값을 5E6으로 입력한다.
4. 대화상자를 닫고 해석을 다시 수행한다.

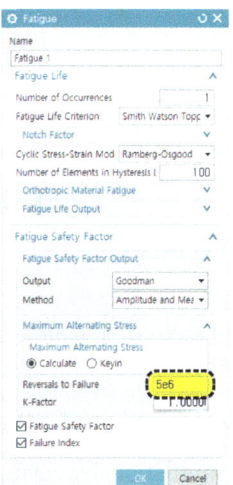

그림 24-19 Reversals to Failure 변경

Fatigue Life를 표시하면 그림 24-20과 같이 나타난다. 이는 Reversals to Failure 값을 변경하기 전과 같다. Fatigue Safety Factor를 표시하면 그림 24-21과 같다. 일반 철강재료의 기준값으로 볼 때 이 부품은 주어진 정적하중이 반복적으로 작용될 경우 피로에 대하여 안전하다고 볼 수 있다. Static Event가 한 개만 있기 때문에 Shaft Durability의 결과와 x1의 결과는 같다.

Chapter 24: 피로 해석

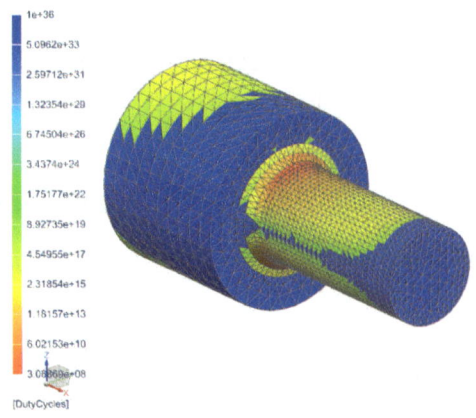

그림 24-20 Fatigue Life(Reversals to Failure: 5E6)

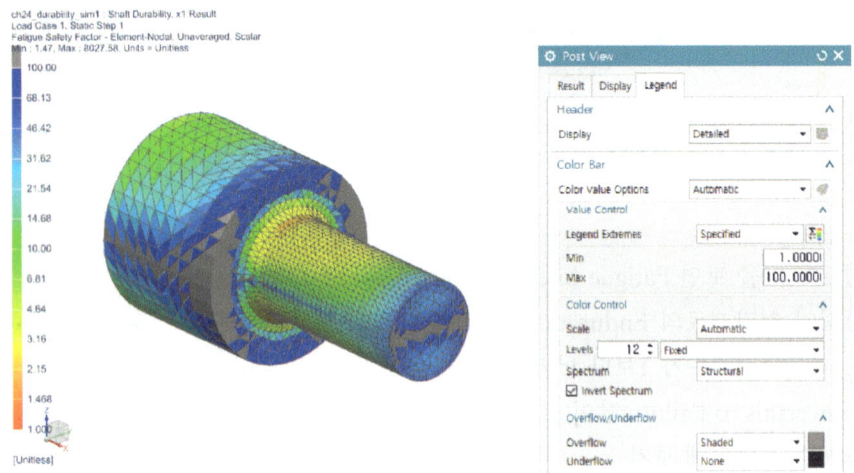

그림 24-21 Fatigue Safety Factor(Reversals to Failure: 5E6)

Event 추가

새로운 Static Event를 추가한 후 결과를 알아보자.

1. Return to Home 아이콘을 누른다.
2. Simulation Navigator에서 Shaft Durability에 우클릭 > New Event > Static을 선택한 후 x2 이름으로 새로운 이벤트를 생성한다. Fatigue 탭에서 Create Fatigue Settings 버튼을 누른다. 이름을 x2 fatigue로 하고 그림 24-22와 같이 입력한다.
3. x2 Event에 우클릭 > New Excitation을 선택한 후 Scale을 3으로 입력한다.
4. Shaft Durability에 우클릭 > Solve를 선택하여 해석을 다시 수행한다. 결과 항목은 그림 24-23과 같다.

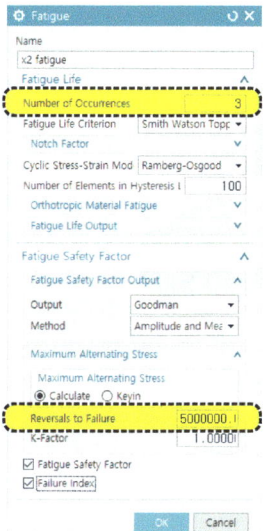
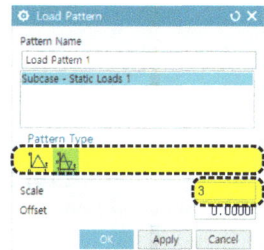

그림 24-22 새로운 Static Event와 Load Pattern 생성

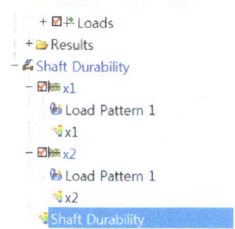

그림 24-23 결과 항목

x1, x2, Shaft Durability의 결과 항목을 표시하면 그림 24-24, 그림 24-25, 그림 24-26과 같다. 두 개 이상의 Event로 이루어진 Durability Solution의 경우 더 위험한 결과가 Durability 결과로 표시된다.

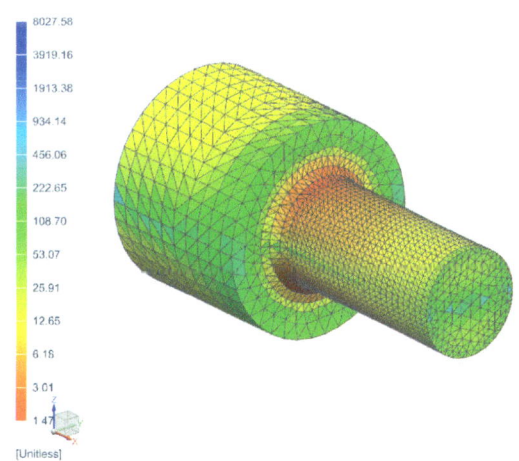

그림 24-24 x1 Event의 FSF

509

Chapter 24: 피로 해석

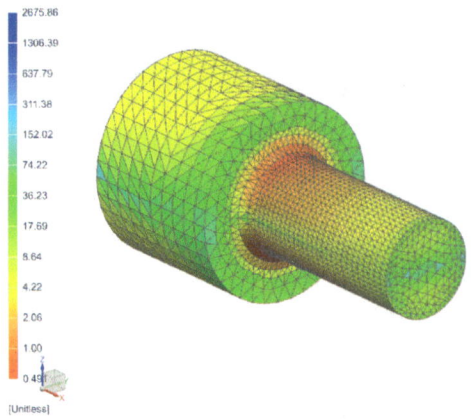

그림 24-25 x2 Event의 FSF

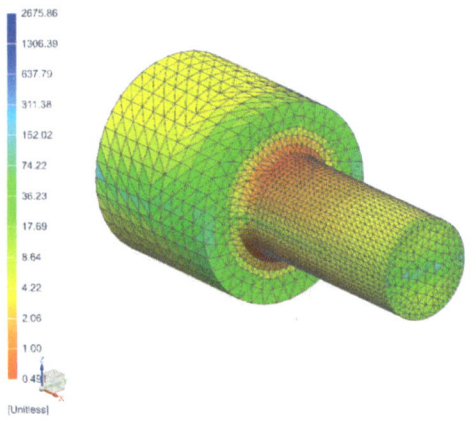

그림 24-26 Shaft Durability의 FSF

Scale은 어떤 형태의 반복하중을 적용할 것인가를 지정하며 미리 계산한 Stress 필드에 곱하는 값이다. Number of Occurances는 한 개의 Cycle에 Event가 몇 번 발생하는가를 설정한다. Event를 여러 개 생성하여 서로 다른 Event가 혼합되어 반복적으로 가해지는 하중에 대한 피로해석을 수행할 수 있다.

References:

JULIE A. BANNANTINE et al., *Fundamentals of Metal fatigue Analysis*, Prentice-Hall, Inc., 1990
Zahavi, Eliahu., *Life Expectancy of Machine Parts : FATIGUE GESIGN*, CRC Press Inc., 1996
"*Fatigue Design Handbook: Second Edition*", 1988, Richard C. Rice et al., SAE Inc.

Chapter 25
Geometry Optimization

■ 학습목표

- 형상 최적화의 목적을 이해한다.
- NX에서 최적화 해석을 수행하는 방법을 이해한다.
- 최적화 해석의 결과를 이해할 수 있다.

25.1 개요

설계를 한다는 것은 구조물 또는 시스템이 정해진 기능을 수행하면서 특정 조건을 만족하도록 여러 가지 설계 인자를 결정하는 것이다. NX에서는 네 가지의 형상 최적화 프로세스를 제공한다.

- Geometry Optimization: 스케치의 치수, 빔 요소의 단면, Shell 요소의 두께 등 파라미터를 이용하여 형상을 최적화 한다.
- Topology Optimization: 유한요소모델을 이용하여 최적 형상을 제시한다.
- Shape Optimization: 특정 부분의 응력집중을 해소하기 위한 형상을 제시한다.
- NX Nastran SOL 200 Design Optimization: 재료 특성 및 요소 관련 데이터(Mesh Associated Data)를 최적화 한다.

최적화 해석의 결과로 얻는 최종 결과는 특정 목표를 만족 시키는 파라미터의 값이다. 이 때 말하는 특정 목표를 NX에서는 Objective라고 하고, 형상 모델링에 사용한 파라미터 중 그 치수를 변경 시키면서 최종 값을 얻어내고자 하는 값을 Design Variable이라고 한다. 또한, 어떤 Objective를 만족 시키는 파라미터를 구하는데 다른 제약조건이 있을 수 있다. 예를 들면 최대 응력이 얼마 이하여야 한다거나, 최대 변위가 어떤 값을 넘지 않아야 한다거나 하는 조건들이 이에 해당된다. 이를 Constraint라고 한다.

NX에서 형상 최적화 해석을 하려면 Objective, Constraint, Design Variable 등을 설정하여야 한다. 최적화 해석의 설정 항목을 예로 들면 다음과 같다.

- A라는 파라미터를 변경 (Design Variable) 시키면서 질량이 최소(Objective)가 되는 값을 찾자. 단, 최대 변위는 X mm 이하여야 한다.(Constraint)
- B라는 파라미터를 변경 (Design Variable) 시키면서 고유 진동수가 X Hz(Objective)가 되도록 하자. 단, 질량은 Y kg 이하여야 한다.(Constraint)

25.1.1 Geometry Optimization 해석의 타입

본 교재에서는 Geometry Optimization 과정에 대하여 알아본다. Geometry Optimization에서는 디자인 치수, 1차원 요소의 단면 형상, 2차원 요소의 두께 등 파라미터의 최적치를 구할 수 있다. 디자인 치수를 최적화 하려면 Master Part가 로드되어 있어야 한다.

Geometry Optimization 해석을 할 때 최종 목표는 어떤 목표를 만족 시키는 Design Variable 을 구하는 것인데, 모델링을 하는데 사용한 많은 파라미터 중에서 어떤 값을 변경하는 것이 가장 효과적일지 알아야 한다. NX 에서는 두 가지 타입의 형상 최적화 해석 옵션이 있는데 그 중 하나가 이러한 용도로 사용하는 Global Sensitivity이다.

Global Sensitivity에서는 몇 개의 Design Variable을 정하고 각각을 정해진 간격으로 변화시키면서 해석을 수행하여 각 변수에 따른 Objective의 변화 양상을 조사한다. 변수 값의 작은 변화에 Objective가 크게 변하면 그 변수에 대한 민감도가 높다고 할 수 있다. 따라서 그러한 변수를 이용하여 최종적으로 형상 최적화 해석을 수행하게 된다. 해석 결과로 각각의 Design Variable이 변화할 때 Objective가 어떻게 변화하는지를 나타내는 그래프와 반복 횟수에 따른 변화 양상을 스프레드시트로 보여준다. Global Sensitivity 해석의 결과로 실제 형상을 변경시켜 최적화 된 최종 형상을 제시하지는 않는다.

NX에서 제공하는 두 번째의 형상 최적화 해석의 타입은 Optimizer이다. Global Sensitivity에서 변경시킬 Design Variable을 정한 다음 Optimizer에서는 그 변수를 변경시키면서 최적화 해석을 수행하여 최적의 Design Variable을 구한 후 그 값에 따라 형상을 변경시킨다.

25.1.2 Geometry Optimization의 절차

Geometry Optimization 해석을 수행하려면 먼저 기초 해석에 대한 결과가 있어야 한다. Linear Statics 해석 또는 Normal Mode 해석 솔루션이 기준 해석이 될 수 있다. Objective나 Limit로 응력 결과를 이용하려면 Linear Statics 해석을 기초로 하여야 하고, 고유 진동수를 Objective로 하려면 Normal Mode 해석을 먼저 수행하여야 한다. Optimization 해석의 일반적인 절차는 다음과 같다.

1. 기초 해석을 수행하여 Objective와 Limit로 설정할 값의 범위를 정한다.
2. Global Sensitivity 해석을 수행하여 Design Variable를 선정한다.
3. Optimization 솔루션 프로세스를 생성한다.
    - Objective 설정
    - Constraint 설정
    - Design Variable 설정
4. Optimization 해석을 수행한다.
5. 최종 결과를 확인하고 검증한다.

25.2 해석 예제

그림 25-1은 지하철 화물용 선반이다. 여기에 사용되는 Support Bracket은 선반에 올려 놓을 화물의 무게를 지탱한다. 이번 예제에서는 다음 조건에 따라 이 브라켓의 질량을 최소화 할 수 있는 치수를 정해보자. 브라켓 1 개의 최초 질량은 0.6187 kg이다. 이는 Menu 버튼 〉 Information 〉 Pre/Post 〉 Solid Properties Check로 확인할 수 있다.

1. Sensitivity 해석은 수행하지 않고 Design Variable을 지정한다.
2. 한 개의 브라켓에 500 kg의 하중이 가해진다.
3. Design Variable은 브라켓의 돌출 두께(변수 명: thk3)와 필렛 반경
(변수 명: fillet)이다.
4. 제약 조건은 브라켓의 최대 변위가 5mm를 넘지 않아야 한다는 것이다.

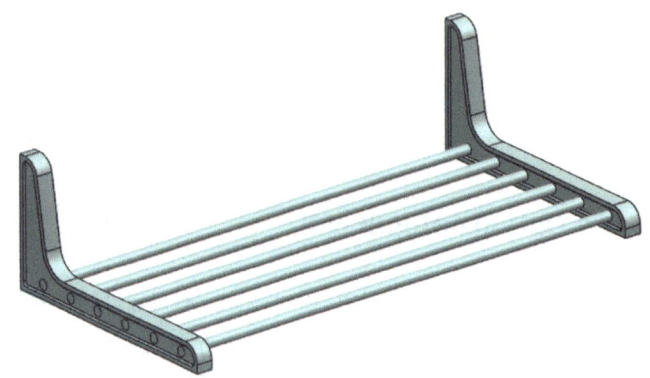

그림 25-1 지하철 화물 선반

25.2.1 Linear Statics 해석

그림 25-2와 같은 Linear Statics 해석을 수행한 결과를 이용하여 피로 해석을 수행하는 과정을 알아보자.

1. ch25_shelf.prt를 열어 Model History를 확인한다. Part Navigator에서 Extrude(2)를 선택하고 Details 창을 보면 돌출에 대한 변수가 thk3=10으로 되어 있음을 알 수 있다. Sketch(1)에서 Fillet 이라는 이름의 변수를 찾아보자.
2. Pre/Post를 실행시키고 FEM 파일, SIM 파일, Idealized Part를 생성한 후 현재의 모델에 기초하여 Linear Statics 해석을 수행한다. Solution의 이름은 statics SOL로 한다. 6mm 크기의 CTETRA(4) 요소를 사용하며 재질은 Aluminum_2014를 이용한다. 경계조건 및 하중은 그림 25-2와 같다.

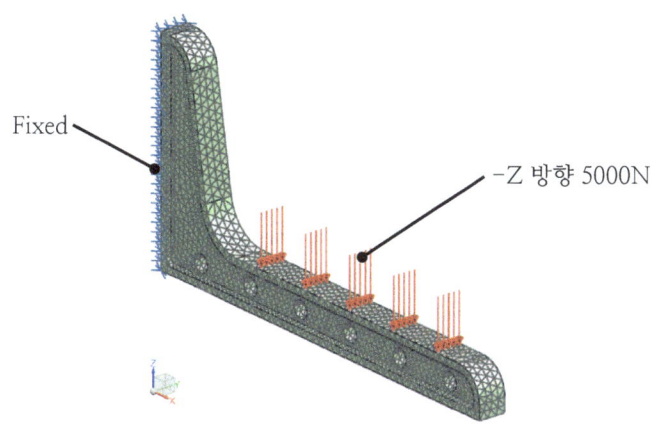

그림 25-2 경계조건과 하중

3. 기초 해석의 결과는 그림 25-3과 같다. 왼쪽 그림은 Z 방향의 변위를 보여주고, 오른쪽 그림은 Stress - Elemental, Von-Mises를 보여준다.

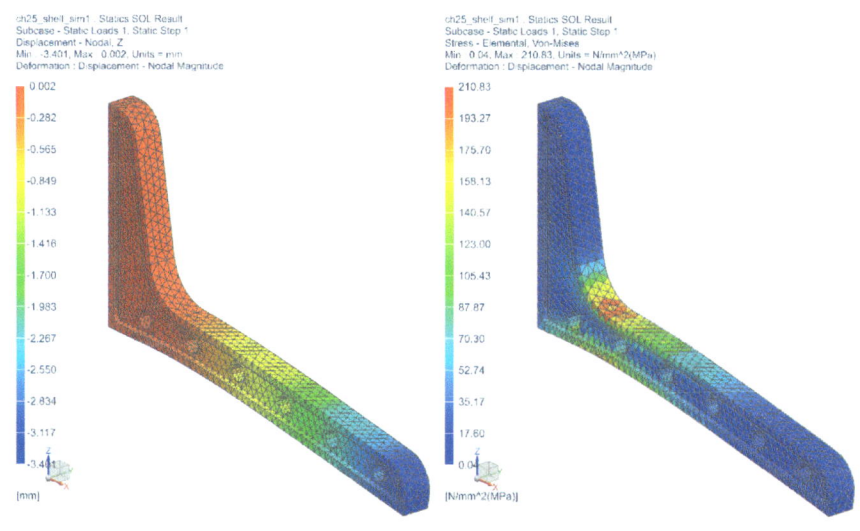

그림 25-3 해석 결과

> **! 기초 해석을 하는 이유**
>
> 형상 최적화 해석을 위한 Constraint를 정하기 위해서는 기초해석의 결과를 참고해야 한다. 이 예에서는 Z 방향의 변위에 대한 제약조건을 설정할 것이기 때문에 Z 방향의 변위를 확인한다. 변위의 제약은 구조물 간의 간섭을 피하기 위하여 설정할 수 있고, 응력을 이용한 제약은 재질의 파손을 피하기 위하여 설정한다.

25.2.2 Optimization 프로세스 생성

Solution Process 생성

1. SIM 파일에 우클릭 > New Solution Process > Geometry Optimization을 선택한다.
2. Name을 입력하고 기초 해석을 수행한 Statics SOL 솔루션을 선택하고 OK 버튼을 누른다.

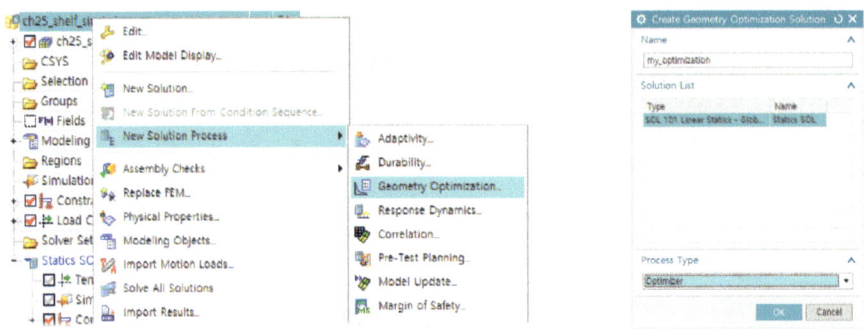

그림 25-4 Solution Process 생성

3. General Setup 단계에서 이름을 확인하고 Optimization 타입을 선택한다. 이 예의 경우 Optimizer를 선택한 후 Next 버튼을 누른다.

Objective 설정

1. Define Objective 단계에서 Type을 Weight로 선택하고 Category에서 Model Objectives를 선택한다. 무게를 최소화 하기 위해 Parameters 옵션에서 Minimize를 선택하고 무게의 단위를 선택한 후 Next 버튼을 누른다.

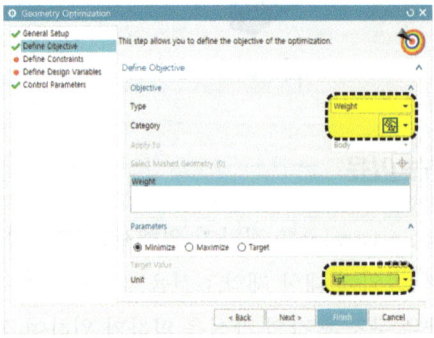

그림 25-5 Objective 설정

Constraints 설정

1. Define Constraints 단계에서 Create Constraint 아이콘을 누른다.
2. Define Constraints 대화상자의 Type 드롭다운목록에서 Result Measure를 선택하고 아이콘을 누른다.
3. Result Measure Manager에서 New 버튼을 누른다.
4. Result Measure 대화상자의 Input 옵션에서 Z 방향 변위를 선택한 후 Expression Name을 z_displacement 라고 입력하고 OK 버튼을 누른다.
5. Result Measure Manager에 변위 제약에 대한 항목이 나타난 것을 확인하고 Close 버튼을 누른다.
6. Define Constraints 대화상자에서 Lower 값을 -5로 입력한 후 OK 버튼을 누른다.
7. Geometry Optimization 대화상자에서 Next 버튼을 누른다.

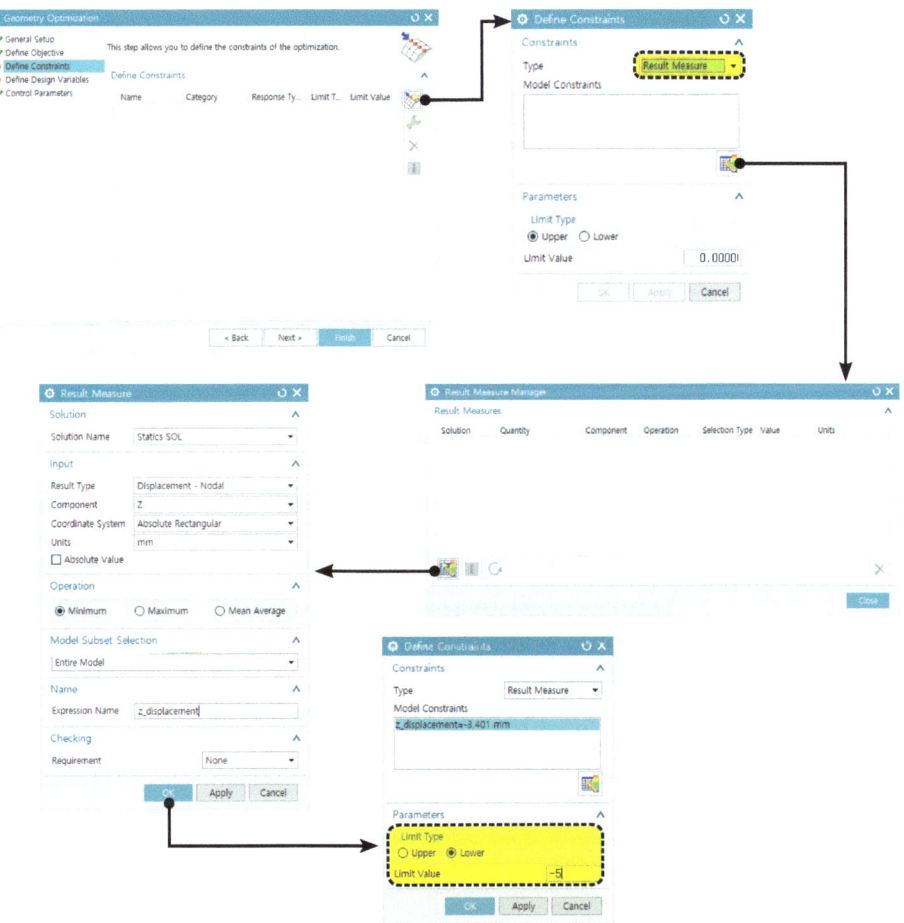

그림 25-6 Constraint 설정

Chapter 25: Geometry Optimization

Design Variables 설정

1. Create Design Variables 아이콘을 누른다.
2. Design Variables의 Type을 Feature Dimensions로 선택한 후 Extrude (2) 피쳐를 선택한다.
3. Feature Expressions 목록창에서 "ch25_shelf"::thk3=10을 선택한 후 Upper Limit과 Lower Limit을 설정한 후 Apply 버튼을 누른다.
4. Design Variables의 Type을 Sketch Dimension으로 선택한 후 SKETCH_000::Sketch(1) 피쳐를 선택한다.
5. Constraint Dimensions 목록창에서 "ch25_shelf"::fillet=30을 선택한 후 Upper Limit과 Lower Limit을 설정한 후 OK 버튼을 누른다.
6. Geometry Optimization 대화상자에 Design Variable이 설정된 것을 확인하고 Next 버튼을 누른다.

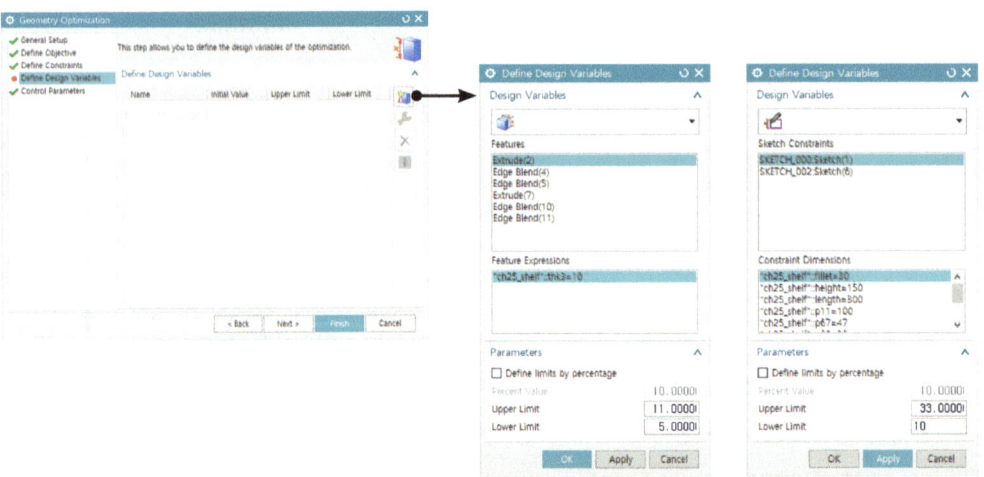

그림 25-7 Design Variable 설정

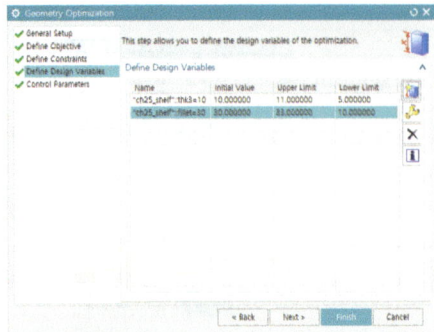

그림 25-8 Design Variable 설정 완료

Control Parameters 설정

1. Control Paremeter를 설정한 후 OK 버튼을 누른다. Max Constraint Violation이 2.5%로 설정되어 있다.
2. Geometry Optimization 대화상자에서 Finish 버튼을 누른다. Geometry Optimization model check warning 메시지를 확인한 후 창을 닫는다.

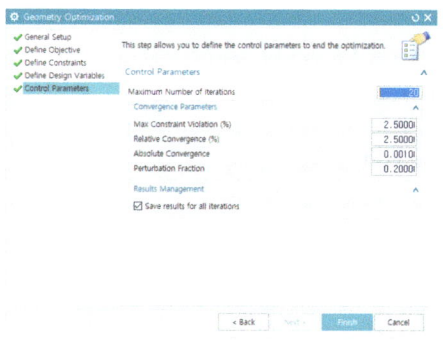

그림 25-9 Control Parameter 설정

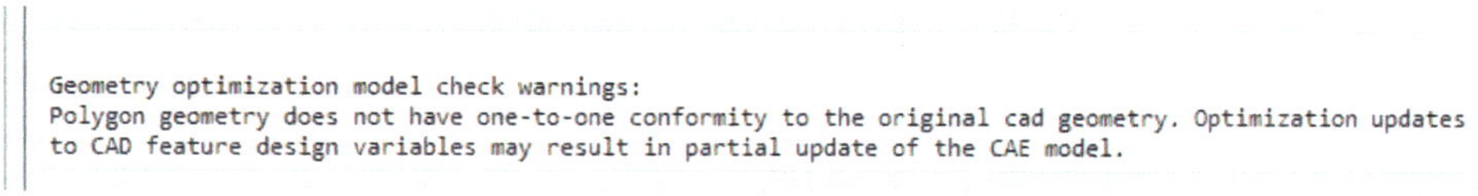

```
Geometry optimization model check warnings:
Polygon geometry does not have one-to-one conformity to the original cad geometry. Optimization updates
to CAD feature design variables may result in partial update of the CAE model.
```

그림 25-10 Model Check Warning 메시지

25.2.3 Solve

1. My_optimization에 우클릭 > Solve를 선택한다.
2. Geometry optimization model check 대화상자가 나타나면 OK 버튼을 누른다.

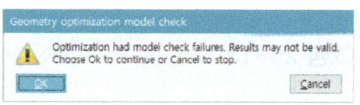

그림 25-11 Model Check Warning 메시지

Excel이 실행되고 반복 계산을 수행한다. 실행이 완전히 끝날 때까지 기다린다.
해석이 완료되면 그림 25-12 ~ 그림 25-15와 같이 Summary와 각 변수의 변화 추이 그래프가 나타난다.

	A	B	C	D	E	F	G	H
1	**Optimization History**							
2	Based on Optimizer							
3								
4	**Design Objective Function Results**							
5	Minimum Weight [kgf]	0	1	2	3	4	5	6
6		0.619205	0.534542	0.61767	0.298466	0.410212	0.409763	0.409929
7								
8	**Design Variable Results**							
9	Name	0	1	2	3	4	5	6
10	"ch25_shelf"::thk3=10	10	8.8	10	5.448529	7.034881	7.02884	7.030205
11	"ch25_shelf"::fillet=30	30	30	25.4	29.97737	29.76393	29.64764	29.95102
12								
13	**Design Constraint Results**							
14		0	1	2	3	4	5	6
15	Result Measure							
16	Lower Limit = -5.000000 [mm]	-3.401	-3.914	-3.4483	-6.6275	-4.9961	-5.0159	-4.9939
17								
18								
19	**Small change in design, run converged.**							
20								
21								

Optimization | Objective | DV1 "ch25_shelf"||thk3=10

그림 25-12 해석 결과 Summary

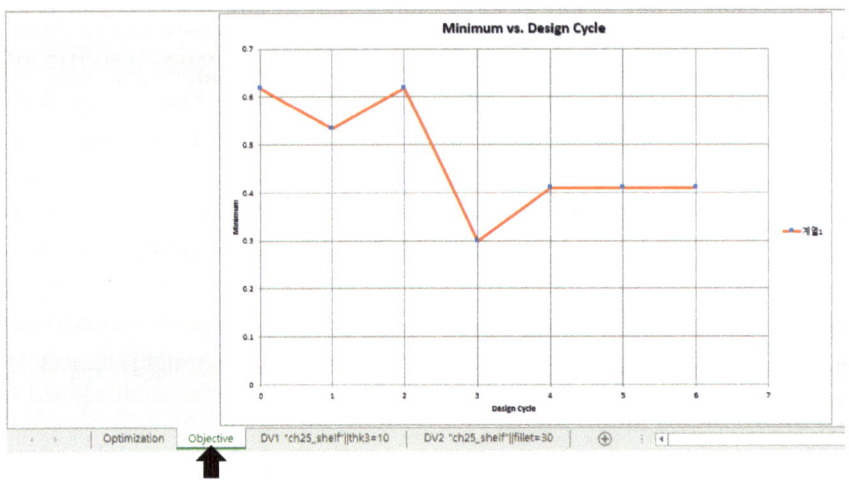

그림 25-13 Objective의 변화 추이

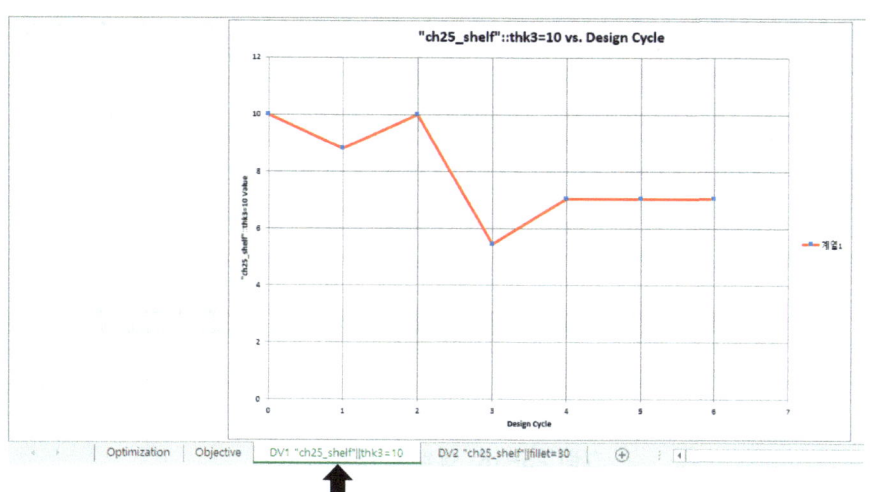

그림 25-14 Design Variable(thk3)의 변화 추이

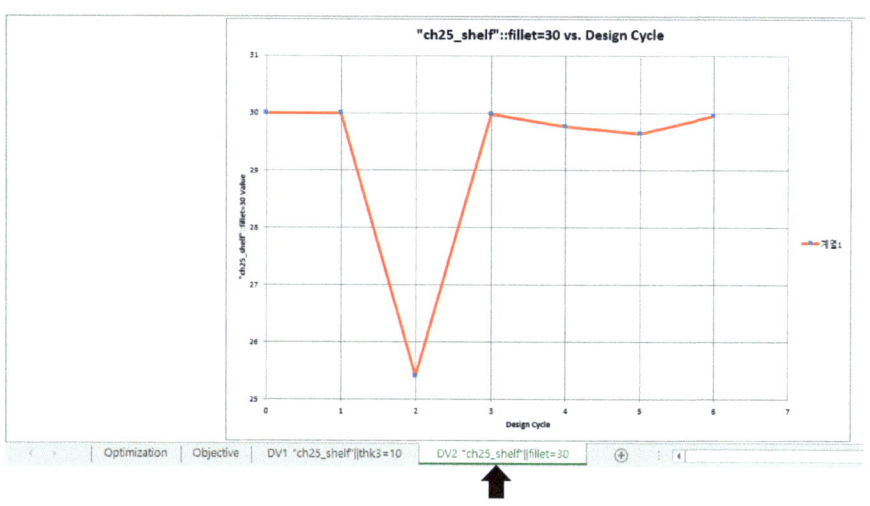

그림 25-15 Design Variable(fillet)의 변화 추이

3. Optimization 탭에서 Design Variable의 값이 있는 셀을 선택한 후 엑셀의 "추가기능" 탭을 누르고 Update Simulation Design Variables 버튼을 누른다.

4. UG Expression Changes 대화상자의 내용을 확인한 후 OK 버튼을 누른다.

5. 엑셀을 닫고 Simulation 파일로 돌아간다. 엑셀이 실행되고 있는 동안에는 NX에서 아무런 작업도 수행할 수 없다. 해석 결과 엑셀 파일을 다시 보려면 Simulation Navigator의 Optimization 프로세스에 우클릭 > Optimization Spreadsheet을 선택하면 된다.

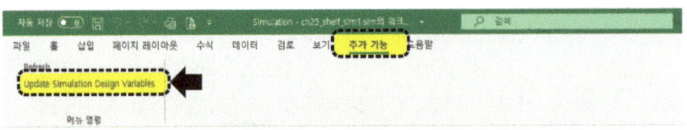

그림 25-16 엑셀의 "추가 기능"

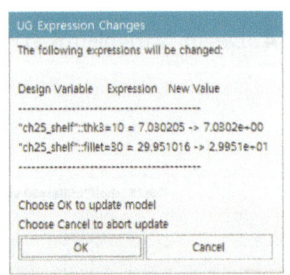

그림 25-17 UG Expression Changes 대화상자

작업창에는 그림 25-18과 같이 변경된 형상이 나타난다.

Results를 더블클릭하면 각 최적화 스텝(Iteration)에서의 Linear Statics 해석 결과가 나타난다. 형상 최적화가 완료된 최종 형상에 대한 변위와 응력 분포는 그림 25-19와 같다.

25.2.4 결과 검토

형상 최적화 결과 최초 무게 0.619 kgf가 0.410 kgf로 약 34% 줄었다. 이 때 Design Variable은 각각 다음과 같이 변경되었다.

	최초 치수	최적화 후의 치수
thk3	10	7.03
fillet	30	29.95

Z 방향의 Displacement는 −4.9939mm로써, 이는 허용치 2.5% 이내이다.

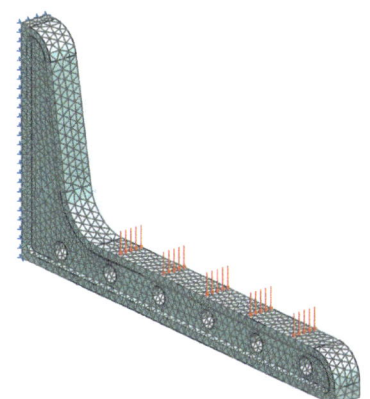

그림 25-18 최종 형상

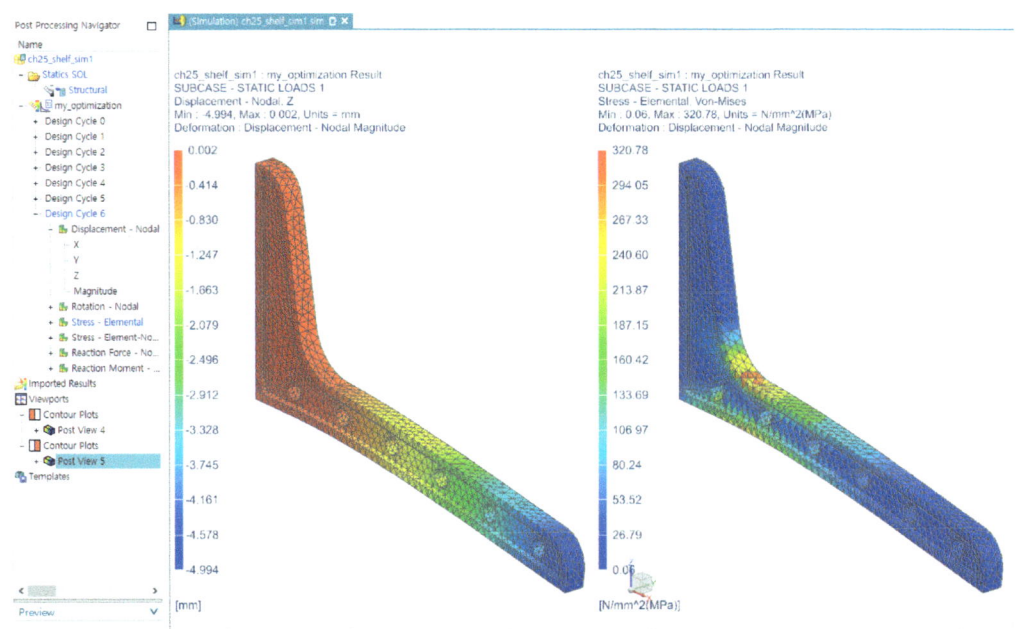

그림 25-19 최종 형상에 대한 변위와 응력 분포

이와 같은 최적화 해석 이후에는 최종 형상의 응력 분포가 적절한 범위 내에 드는지를 다시 한 번 확인할 필요가 있다. 첫 번째 Cycle(최초 형상)의 Stress – Elemental(Von-Mises)와 최종 형상에 대한 값을 화면에 표시하면 그림 25-20과 같다. 최종 형상의 응력이 최초 형상보다 높게 나타나고 있지만 이는 선택한 재료의 항복강도인 393.7 MPa보다 낮으므로 정적인 측면에서 볼 때 안전하다고 판단할 수 있다. 그러나 피로 특성에 대한 해석도 수행할 필요는 있다.

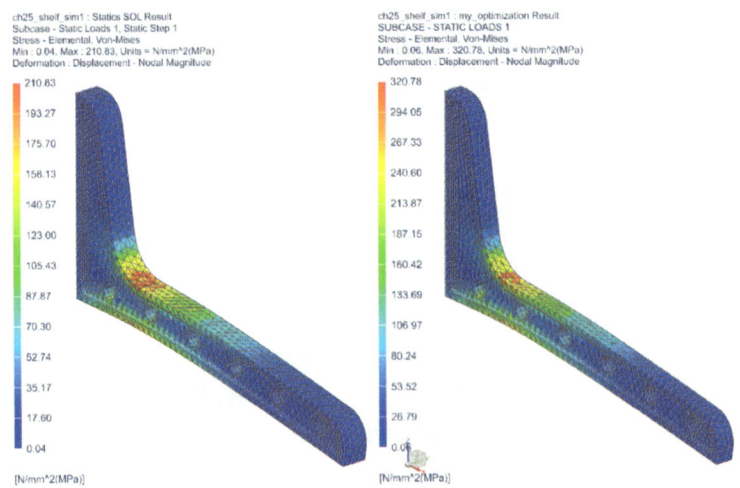

그림 25-20 최초 형상과 최적 형상의 응력 분포

응력 분포가 어떤 범주 안에 들도록 하려면 Constraint로 Stress를 사용할 수도 있고, 필요할 경우 Stress와 Displacement 제약조건을 함께 사용할 수도 있다. 그림 25-21은 Z 방향 변위 -5mm 이하로 하고, Von-Mises Stress의 Upper Limit을 250MPa로 설정한 상태를 보여준다. 그림 25-22는 Design Variable로 fillet과 thk3를 설정한 상태를 보여준다. 이와 같이 변위와 응력을 제약하여 최소 무게를 갖도록 하는 해석의 결과 Report는 그림 25-23과 같다.

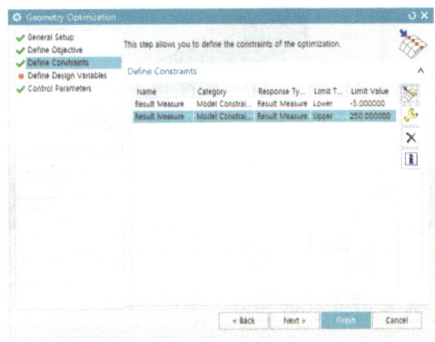

그림 25-21 Constraints 설정

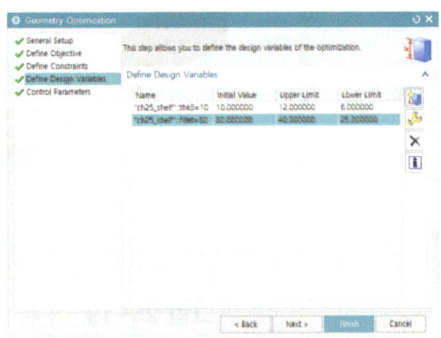

그림 25-22 Design Variables 설정

그림 25-23 해석 결과 Summary

Chapter 25: Geometry Optimization

(빈 페이지)

Chapter 26
Adaptive Analysis

■ 학습목표

- Mesh를 최적화 할 수 있다.

Chapter 27: Adaptive Analysis

26.1 개요

Adaptive Analysis 프로세스를 이용하면 주요 부분에 대한 메쉬 크기를 자동으로 조절할 수 있다. 반복 해석을 수행하면서 h-adaptation 방법을 이용하여 메쉬의 크기를 조절한다. 요소의 크기는 응력의 불연속성을 이용하여 수행하며 불연속성의 오차율에 기반하여 요소의 크기를 조절할 부분을 결정한 후 자동으로 조밀한 메쉬를 생성해 준다. Adaptive Analysis는 새로운 메쉬를 자동으로 생성하는 과정이므로 Adaptive Analysis에 사용한 해석 이외의 다른 해석에 대해서는 Solving을 다시 수행해야 한다.

26.2 해석 예제

지하철 선반 브라켓을 이용하여 Adaptive Analysis를 수행해 보자.

26.2.1 Linear Statics 해석

그림 26-1과 같은 조건으로 Linear Statics 해석을 수행한다.

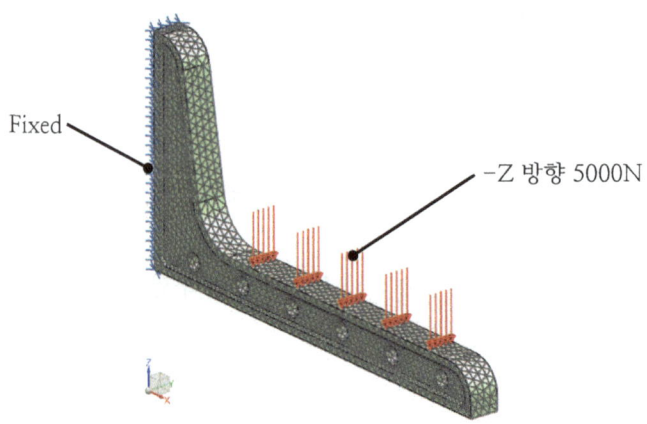

그림 26-1 경계조건과 하중

1. ch26_adaptivity.prt를 연다.
2. Pre/Post를 실행시키고 FEM 파일과 SIM 파일을 생성한다. Solution의 이름은 Statics SOL로 한다. 6mm 크기의 CTETRA(4) 요소를 사용하며 재질은 Aluminum_2014를 이용한다.
3. 기초 해석의 결과는 그림 26-2와 같다.

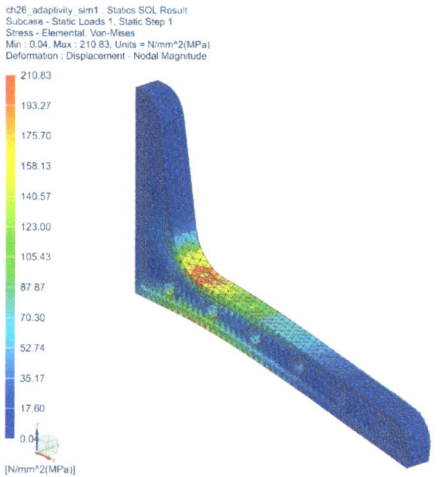

그림 26-2 Stress - Elemental

26.2.2 Adaptive Analysis

Solution Process 생성

1. SIM 파일에 우클릭 > New Solution Process > Adaptivity를 선택한다.
2. Adaptivity Setup 대화상자에서 해석의 옵션을 설정한다. Solution Process의 이름을 "My adaptivity"라고 입력한다. Strain Energy(%)에 2, Maximum Number of Iteration에 5, Target Minimum Element Length에 1을 입력한다. Select Solution 목록창에서는 Statics SOL을 선택하고 OK 버튼을 누른다

그림 26-3 Adaptivity Setup

Chapter 27: Adaptive Analysis

Solving 및 결과 분석

1. 파일을 저장한다.
2. Simulation Navigator에서 My adaptivity에 우클릭 > Solve를 선택한다. 시간이 오래 걸리므로 중간에 종료하지 않도록 주의한다. 반복 계산을 수행한 후 Information 창에 Adaptive Analysis의 결과를 보여준다. 5회 반복 수행 후에도 수렴하지 않았다.
3. My adaptivity 하위에 나타난 Result를 더블클릭한다. Stress Error Norm은 그림 26-5와 같다.

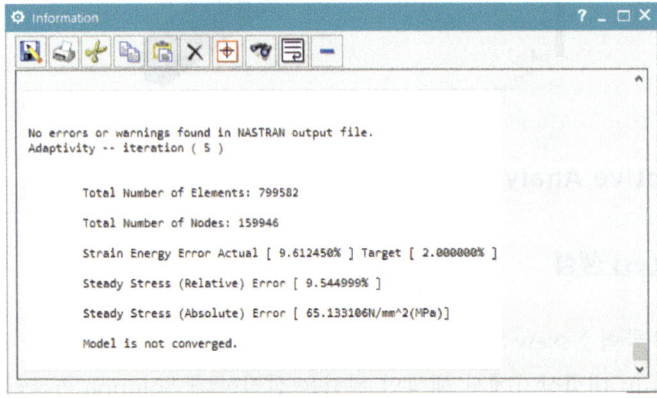

그림 26-4 결과 Information

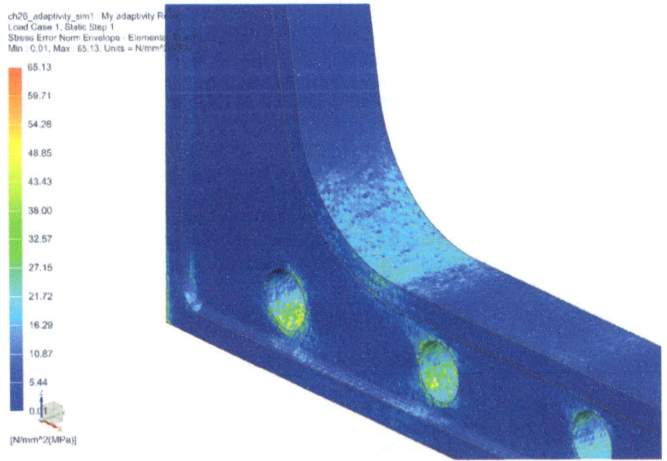

그림 26-5 Stress Error

4. Statics SOL의 결과에 우클릭 > Load를 선택한다.
5. Stress - Elemental을 더블클릭 한다. 그림 26-6과 같이 Mesh Refinement 후의 해석 결과가 나타난다.

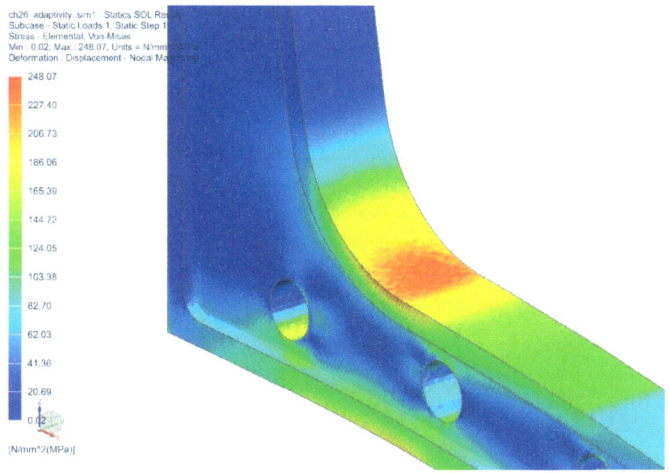

그림 26-6 Stress - Elemental(Refinement 후)

Chapter 27: Adaptive Analysis

(빈 페이지)

색인

영문

A

Adaptive Analysis 528
Add to active solution or step 426,485
ALM(Augmented Lagrangian Method) 378
Along Geometry 438
Alternating stress 494
Annotation 173
Apply Number 207
Arrangement 461
Arrangement Specific 473
Aspect Ratio 434,442
Assembly Arrangement 473
Assembly FEM 462
Assign Materials 164
Attempt Free Mapped Meshing 248
Attempt Mapping 254
Auto Heal 326
Automatic Coupling 397
Automatic Pairing 488
AutoMPC 359,362

B

Backface Culling 242,441
Bailout 288
Beam Cross-Section View 276
Bearing 162,165
Between Nodes 267,301
Bodies to Use 417
Bolt Connection 404
Bolt Pre-Load 412
Border Bar 9
Box With Leader 173
Buckling Mode 448
Bulk Data 330

C

Case Control 330
CBAR 285
CBEAM 285
Chamfer 67
Check 226
Check Analysis Quality 439
Circular Imprint 326,337,411
Classic Toolbars 27
Clone 470
CM 228
Collector 109
Combined Loadcaes 208
Concentrated Mass 272
Conduction 476
CONM1 288
CONM2 228,272,288,302,347,372
Connection Recipe 324
CONROD 286
Constraint 512
Constraint Container 128,158
Constraint Equation 356
Constraints 517
Contact 380
Contact Changes for Convergence 400
Contact Convergence 385
Contact Force 387
Contact Force Tolerance 400
Contact Pressure 387
Contact Result 389
Contact Traction 387
Control Parameters 519
Convection 477,482
Convection Coefficient 488
Copy and Translate 224
Coupling 357,364

i

Crack 494
Create Automatic Face Pairs 465
Critical Load 448,455
Cutting Plane 151,172,490
Cylindrical 204,418

D

Damage 500
Damping 458
Default Temperature 482
Default Thickness 227
Delete Face 345
Dependent 350
Dependent Mesh 260
Design Variable 512,518
Displayed Part 105
Displayed & Work 97
Display Section 271
Divide Face 138,257,326,380,487
Double Dependency 359
Drag 437
Duplicate Nodes 283,304,339
Durability 494,501,503

E

Edge Blend 67
Edge to Edge 362
Edge to Face 364
Edit Mesh Associated Data 230,296,434
Eigenvalue 452
Elastic Stability 448
Element 108
Element Associated Data 434
Element Edge to Element Face 364
Element Edge 체크 373
Element Force 275
Element Iterative Solver 166
Element Normal 226,227,237,438
Element Normal Direction 241

Element Outline 318,373
Element Quality 434,435
Element Thickness and Offset 227,316
Enable FORCE Request 294
Enable STRAIN Request 439
Endurance Limit 494
Event 508
Excluded 351
Executive Control 329
Export Mesh to Solver
        251,255,381,391,422

F

F04 118
F06 118
Failure Index 504
Fatal Message 194,240,281
Fatigue Failure 494
Fatigue Life 501,505,507
Fatigue Notch Factor 499
Fatigue Safety Factor 501,507
Fatigue Strength 494
FEM 파일 102
Fixed 157
Fixed Translation 157
Free Coincident 399

G

Geometry Optimization 512
Geometry Options 279
Global Sensitivity 513
Glue Coincident 398
Glue Non-Coincident 399
Glue Parameter 467,472
Graph 306,384
Gravity 229
Group 353

H

H-adaptation 247,528
Half Model 181
Heat Flux 481
Hexagonal Mesh 417
High Cycle 496
High Cycle Fatigue 497

I

Idealized Part 102,123,325
Idealize Geometry 138
Identify Results 172,207,213,277
Independent 350
Initial/Stress Free Temperature 429
Initial Temperature 482,488
Input File 328
Internal Mesh Gradation 249
Intersection Curve 45,56
Intersection Point 45
Invert Spectrum 505
Iso-Line 150
Iterative Solver 178,350
Iterative Solver Option 129

J

Jacobian 255
Jacobian Zero 444

L

Label Manager 464
Lagrange Multiplier Method 356
Leg Node 358
Leg Node Degrees of Freedom 347
Limit 59
Linear Element 247
Linear Elimination Method 356
Linear Statics 114
Load Container 129,158
Location 241
Lock 283,309,438

Low Cycle Fatigue 497

M

Make Displayed Part 97
Manage Materials 100
Map New 462
Mapped Mesh 257
Master Part 102
Match Edges 255
Material 100
Material Temperature 430
Maximum Principal 440
Max Iteration Force Loop 400
Max Iterations Status Loop 385
Max Jacobian 248
Max Search Distance 383
Merge Edges 256
Merge Face 325
Merge Nodes 283,305,339
Mesh 108
Mesh Associated Data 270,434
Mesh Collector 154
Mesh Control 127,139,436
Mesh Mating Condition 390,397,421
Mesh Point 282,300,337
Midnode Method 248
Midsurface by Face Pairs 138,234,369
Miner 500
Mirror Feature 72
Mirror Geometry 72
MMC 397
Model Display 271
Model Setup Check 88,129
Modulus of Longitudinal Elasticity 113
Modulus of Transverse Elasticity 113
Mohr-Coulomb 217
Move Face 74
MPC 356

M-Set 350, 356

N

Nastran Statement 329
Neuber 499
New Graph 175
Node 108
Node Connectivity 116
Node to Node 361
Node Translate 224
Notch Factor 499
N-Set 350, 356
Number of Desired Modes 459

O

Objective 512, 516
Off Geometry 438
Offset 425
Offset Curve 58
Op2 118
Orient View 18
Output Group 353, 354
Output Request 275, 354
Overflow 507

P

P-adaptation 247
Palmgren 500
Parabolic Element 247, 444
Pattern Geometry 73
Penalty Normal Direction 400
Penalty Tangential Direction 400
PENN 396, 472
PENT 396, 472
PENTYP 472
Per Body Pairs 465
Peterson 499
Physical Property Table 316
Point to Edge 362

Point to Face 362
Point to Point 361
Poisson Ratio 110, 163
Polygon Geometry 93, 126, 128, 325
Post Processing 118
Pre Processing 117
Probing Mode 177
Project Curve 45
Promote 105, 124, 146, 345

Q

Query Curve 174

R

Radiation 478
RBE2 324, 327, 357
RBE3 327, 347, 357, 372
Recovery Point 275
Refinement 439
Rename 183, 470, 491
Rendering Style 18
Repeat Command 19
Reset 326
Resize Blend 76
Resonance 458
Result not loaded 240
Return to Model 100
Reversals to Failure 507
Reverse Normals 237, 438
Rigid Body Motion 116, 194, 392
Rigid Element 286
Rigid Loop 350, 370
Roles 10
Rotation Reference 19
R-Type 286, 349, 356
R 성분 424

S

Search Distance 468

Seed Mesh 256,381,391,397,421,422
Sew 138
Shape Function 247
Shear Modulus 110,113
Shell 67
Show Undeformed Model 149,196
Simulation File View 96
SIM 파일 102
Singular 194,198,202,288,358,392,400
Sketch in Task Environment 146
Skew 436,443
Small Feature Tolerance 249,326
Smith-Watson-Topper 498
S-N 커브 495
SOL 103 Real Eigenvalues 459,480,487
SOL 105 Linear Buckling 449
Solution 178
Solving 118
Sparse Matrix Solver 178,350,378
SPC 356
Specify Vector 270
Spider Connection 404
Split Body 138,182,480
Split Quads 255
Split Shell 226
Spot Weld 405
S-Set 350,356
Static Event 503
Static Safety Factor 494
Stitch Edge 320,373
Strain 112
Strain Energy Norm 440
Strength Safety Factor 501
Stress 111
Stress - Elemental 100,170
Stress - Element-Nodal 100,170
Stress Free Temperature 429,482,488
Stress Safety Factor 501

Stress Stiffening 115
Subcase 169,178
Surface Contact Mesh 378
Surface Curvature Based Size Variation 249
Surface-to-Surface Contact 378,383,392,412
Surface-to-Surface Gluing 461,464,482
Swept Mesh 250
Symmetry 181
Synchronous Modeling 74,134
System Fatal Message 194

T

Taper 444
Temperature 482
Temperature - External Time Unassigned 430,485
Temperature Load 416,423,430,484
Temperature Set 416,418,429,482,484,488
Tensor 95,168
Thermal Expansion Coefficient 416
Thermal-Structural 해석 479
Thickness 227
Thickness Source 238,253,370,434
Thresholds 442
Top 242
Top and Bottom 242,441
Tresca Stress 216
Type Filter 282

U

Unattached Marker Type 272
Unload 470,491
Unlock 283,438,439
Update 139
Use Element Associated Data 434
User Defined Constraint 157,192,198,340
User Fatal Message 240

User Interface 4

V

Viewport 135
View Synchronize 136
Von Mises – Henky 217

W

Warp 255,443
Wave 182
WAVE Geometry Linker 105,124,146
WCS 298
Weld Mesh 404,407
Work Part 105

Y

Young's Modulus 110,113,163

Numbers

1D Connection 302,323,327,346,361
1D Element Section 268,280,295,338
1차원 요소 266
2D Dependent Mesh 260,380,381,396
2D Element Normals 438
2D Mapped Mesh 257
3D Swept Mesh 243,247,250,417,422

한글

ㄱ

가속도 368
강체모드 378
강체 요소 404
결과의 오차 439
결합 208
공진 458
교번응력 494
구면좌표계 198
그래프 174
기하학적 형상 432

ㄴ

노드 108
노멀 모드 470

ㄷ

다중 의존성 327,359
단면 151,268
대류(Convection) 477
대칭 181
댐핑 458
데이텀 좌표계 66
두께 236,241,316

ㄹ

레포트 152

ㅁ

마스터 파트 123
마우스 사용법 11
모드 형상 460
물성치 109

ㅂ

반경 방향 변형 419
범위 483
변위 구속의 충돌 356
변위 좌표계 418
변형률 112
병합 305
보강 341
보강대 144
복사(Radiation) 478
볼트 404,408
뷰포트 136
비틀림 에너지 217
빔 단면 338
빔 요소 268

ㅅ

사용자 인터페이스 4
사용자 정의 구속 198
수동 메쉬 325
수렴성 380,390
수직방향 236
실제값 386

ㅇ

억지끼움 416,421
연결 312,344,350
연결성 317
연성재료 216
열전달 476
열팽창계수 416
열팽창 효과 416
오차 439
오차율 528
오프셋 425
요소 108
요소망 108
요소의 크기 155
용접 404
원통좌표계 198,202,218,393,421,424
육면체 요소 242
응력 111
응력 강화 115
응력-변형률 곡선 114
응력의 성분 168
응력 집중 122,499

ㅈ

자유도 157
장력 368
전단응력 94
전단탄성계수 113
전도(Conduction) 476
절점 108

접촉 380
접촉면 390,392
접촉면 오프셋 425
접촉 해석 378
정상상태 476
정적 안전계수 501
정적 평형상태 339
제약 515
종탄성계수 113
좌굴 448
중간 서피스 369
중력 가속도 303
중복 노드 283,304,339
직교좌표계 198
집중질량 272,288,301,347

ㅊ

초기화 38,326
최대 수직 응력 216,217
최대 전단응력 216
최적화 프로세스 512
최적화 해석 512
충돌 356
취성재료 217

ㅌ

탄성계수 113,163

ㅍ

파괴이론 216
파라미터 288,359
포아송비 114,163
피로 안전계수 501
피로 특성 496
피로해석 501
필렛 122,210

ㅎ

항복강도 451

회전 자유도 340, 344, 349
횡탄성계수 113

ONSIA 출판 서적

- CATIA V5 기본 모델링-2판: ISBN 978-89-94960-27-2
- CATIA V5 서피스와 실무 모델링-2판: ISBN 978-89-94960-31-9
- CATIA V5 유한요소 해석법: ISBN 978-89-94960-28-9
- NX 10 서피스 모델링: ISBN 978-89-94960-25-8
- NX 12 모델링 가이드: ISBN 978-89-94960-29-6
- SIEMENS NX 모델링 가이드: ISBN 978-89-94960-32-6
- SOLIDWORKS 기본 모델링: ISBN 978-89-94960-30-2

(빈 페이지)